五代十國文獻叢書　杜文玉　主編

全五代十國文

杜文玉　編

三

鳳凰出版社

後　周

周太祖

後周開國皇帝（904—954），邢州堯山（今河北隆堯西南堯城）人。姓郭，名威。出身貧苦，英武好鬥。因軍功從軍士逐漸升爲將軍。先後在石敬瑭、劉知遠部下供職，深受信任。後漢高祖時任樞密副使，隱帝即位，遷樞密使。不久出爲鄴都留守、繼續擔任樞密使。乾祐三年（950），因漢隱帝欲鏟除之，遂率大軍攻漢，隱帝被殺。又藉口契丹大舉入侵，率軍北上抵禦。行至澶州，被部下擁立爲帝，取代後漢，建都於汴（今河南開封），國號周，史稱後周。在位期間革除五代積弊，嚴懲貪污，減輕租稅，使社會趨於穩定，生產有所發展。顯德元年（954）病死，終年五十一歲。

榜諭宋州敕　　乾祐二年五月

敕榜宋州，曉諭管內諸縣民等，省前節度使常思所進絲四萬一千四百七兩，言出放在民，例以五月內徵納，其絲并還，元契除放。如已納到者，委巡檢使柴進據數追戶責領歸。榜到速告報知委。

原載《册府元龜》卷160

禱河伯祠文　　乾祐二年

吾奉辭伐罪，以救黎元。

原載《册府元龜》卷26

請册立嗣君疏　乾祐三年十一月

昨者左右熒惑輿駕蒼皇歸闕,師徒未免驚動。帝王出令,其位難虛,軍國事多,早宜册立嗣君,以係人望。伏請太后行教令指揮。

原載《册府元龜》卷 8

請擒縛李業等疏　乾祐三年十一月

昨爲兵士擁至河上,言京中誅史弘肇等盡非聖意,請陛下密詔内班,擒縛李業等送至澶州,詔諭兵士,臣即却歸鄴中。一則雪將相之深冤,一則安陛下之家國。

原載《册府元龜》卷 8

澶州上漢帝疏　乾祐三年十一月

臣發迹寒賤,遭遇聖明,既富且貴,實過平生之望,唯思報國,敢有他圖?今奉詔命,忽令郭崇等殺臣,即時俟死,而諸軍不肯行刑,逼臣赴闕,令臣請罪上前,仍言致有此事,必是陛下左右贊臣耳。今鑾脫至此,天假其便,得伸臣心。三五日當及闕朝,陛下若以臣有欺天之罪,臣豈敢惜死?若實有贊臣者,乞陛下縛送軍前,以快三軍之意,則臣雖死無恨。今托鑾脫附奏以聞。

原載《舊五代史》卷 110

上漢太后箋　乾祐三年十二月

臣事先帝,過承君父之恩,及奉嗣君,願竭腹心之效,豈期禍難,事與願違。方擇當璧之賢,又爽大橫之兆,永言膝下,何慰慈顏。望太后以宗子待微臣,臣敢不奉宗廟如本朝,事太后爲慈母,悃款之至,祈戀增深。

原載《册府元龜》卷 8

監國教　乾祐三年十二月

寡人出自軍戎,本無德望,因緣際會,叨竊寵靈。高祖皇帝甫在經綸,待之心腹,洎登大位,尋付重權,當顧命之時,受忍死之寄,與諸勛舊輔立嗣君。旋屬三叛連衡。四郊多壘,謬膺朝旨,委以專征,兼守重藩,俾當劾敵,敢不橫身勠力,竭節盡心?冀肅靜於疆場,用保安於宗社。不謂奸邪構亂,將相連誅,寡人偶脫鋒鋩,克平患難。志安劉氏,願報漢恩,推擇長君,以紹丕構。遂奏太后,請立徐州相公,奉迎已在於道途,行李未及於都輦,尋以北面事急,敵騎深侵,遂領師徒,徑往掩襲,行次近鎮,已渡洪河。十二月二十日,將登澶州,軍情忽變,旌旗倒指,喊叫連天,引袂牽襟,迫請爲主。環繞而逃避無所,紛紜而逼脅愈堅,頃刻之間,安危莫保,事不獲已,須至徇從。於是馬步諸軍,擁至京闕,今奉太后誥旨,以時運艱危,機務難曠。俾令監國,遜避無由,僶俛遵承,夙夜憂愧云。

原載《舊五代史》卷110

即位赦文　廣順元年正月

自古受命之君,興邦建統,莫不上符天意,下順人心。是以夏德既衰,爰啓有商之祚;炎風不競,肇開皇魏之基。朕早事前朝,久居重位,受遺輔政,敢忘伊霍之忠?仗鉞臨戎,復委韓彭之任。匪躬盡瘁,焦思勞心,討叛渙於河潼,張聲援於岐雍,竟平大憝,粗立微勞。纔旋旆於關西,尋統兵於河北,訓齊師旅,固護邊陲,只將身許國家,不以賊遺君父。外憂少息,內患俄生,群小連謀,大臣遇害,棟梁既壞,社稷將傾。朕方在藩維,亦遭讒構。逃一生於萬死,徑赴闕庭;梟四罪於九衢,幸安區宇。將延漢祚,擇立劉宗。徵命已行,軍情忽變,朕以衆庶所迫,逃避無由,扶擁至京,尊戴爲主。重以中外勸進,方嶽推崇,黽勉雖順於群心,臨御實慚於涼德。改元建號,祇率於舊章;革故鼎新,宜覃於霈澤。朕本姬室之遠裔,虢叔之後昆,積慶累功,格天光表,盛德既延於百世,大命復集於眇躬。今建國宜以大周爲號,改乾祐四年爲廣順元年。自正月五日昧爽已前,應天下見禁人等,罪無輕重,已發覺未發覺,已結正未結正,常赦所不原者,咸赦除之。故漢樞密使楊邠侍衛都指揮使史宏肇三司使王章等,以勞定國,盡節致君,千載逢時,一旦同命,悲感行路,憤結重泉,雖尋雪於沈冤,宜更申於渥澤,并可加等追贈,備禮歸葬,喪事官給,仍訪子孫叙用。其餘同遭枉害者,亦與追贈。馬步都軍將士等,勠力協誠,輸忠效義,先則戡平內難,後乃推戴朕躬。言念勛勞,所宜旌賞。其員僚將士等,各與等第,超加恩命,仍賜功臣名號,已有功臣名號者,別與改賜。應左降官,量加叙錄。亡官失爵之人,宜與齒用。配流徒役人,并許放還。已殁者任從歸葬。所有杜仲威、李守貞、王景崇、趙思綰賓幕元隨親戚及諸色人,先因懼罪,至今逃匿者,并可放還,任自取便。昨者犯罪人蘇逢吉、劉銖、閻晉卿、李業、侯贊、聶文進、郭允明及同時犯罪人等家族骨肉,先已釋罪疏放,其逐人所有親戚,及門客元隨,職掌在諸處者,切慮尚抱憂疑,今并釋放,所在不得更有恐動。內有手下先管莊田錢穀人等,已下三司點檢磨勘了日,一任逐便。諸處有犯罪逃亡之人,及山林草寇等,咸許自新,一切不問,各還鄉里,自務營生,仍仰所在切加安恤。所繇節級,不得衷私妄有恐動。如赦到後,一月不歸本業者,復罪如初。內外文武臣僚致仕官,諸軍將校隨使職員,及前任藩侯郡守文武朝列,前內諸司使副使前禁軍指揮使前資行軍副使等,各與等第加恩。應見任文武臣僚內諸司使諸道行軍副使藩方馬步軍都指揮使,如父母在,未有恩澤者即與恩澤,如亡殁,未曾追封贈者亦與封贈,已封贈者更與封贈。晉漢以來,兵革屢動,賦役煩并,黎庶瘡痍,鰥寡孤惸,不能自濟,爲人父母,曾不憫傷?應天下州縣所欠乾祐元年二年已前夏秋殘稅,及沿徵物色,并三年夏稅,諸色殘欠,并與除放。所有澶州已來,大軍經過之時,沿路人户,恐有蹂踐,其官路兩邊共二十里,并乾祐三年殘欠秋稅并放。應河北緣邊州縣,自去年九月後來曾經契丹蹂踐處。其人户應欠乾祐三年終已前積年殘欠,諸色稅物,并與除放,仍委逐處長吏倍加存撫。至於防守邊塞,優恤疲羸,利害之事,各宜條奏。自前或有拒扞契丹,顯立功勞,及將吏之中,有殁於王事者,具名以聞,當議酬獎。應係三司主持錢穀敗闕場院官,取乾祐元年終已前徵納外,累經較科,灼然無抵當者,委三司分析聞奏,別候指揮。秋夏徵科,舊有規制,如聞諸道州府,別立近限催驅,或緣逼蹙過深,轉致供輸不易,至使蠶欲老而求絲債。禾未熟而取穀錢,但無逋懸,何須急暴?應天下百姓納稅租,并取省限內納畢,不任促限徵督。如是軍期急速,即不拘此例。訪聞諸處人户,逃移在外者,自前省司雖累行招携,多未歸復,兼知逃户稅賦,攤配居人,公私之間,未甚允當。念其疾苦,常軫於懷,宜令所司商量,別行條貫,庶使逃移者即歸鄉土,見居者漸遂舒蘇,免困生靈,以付勤恤,藩侯郡守。寄任非輕,立政之先,養民爲本,每及徵賦,尤要徇公。其逐處倉場庫務,宜令節度使刺史專切鈐轄,掌納官吏,一依省條指揮,不得別納斗餘秤耗。舊來所進羨餘物色,今後一切停罷。朕早在藩鎮,嘗戒奢華,今御寰區,尤思節儉。況國家多事,帑藏甚虚,將緩憂勞,所宜省約。應乘輿服御之物,不得過爲華飾。宫闈器用,并從樸素。太官常膳,一切減損。諸道所有進奉,皆助軍國支費。其珍巧纖華,及奇禽異獸鷹犬之類,不得輒有貢獻。諸無用之物,不急之務,并宜停罷,帝王之道,德化爲先,崇飾虚名,朕所不取。苟致治之未洽,雖多端以奚爲?今後諸道所有祥瑞,不得輒有奏獻,古者用刑,本期止辟,今兹作法,義切禁非。蓋承弊之時,非猛則奸凶難制,及知勸之後,在寬則典憲得宜,相時而行,庶臻中道。今後應犯盜贓及和奸者,并依到天福元年已前條制施行。應諸犯罪人等,除反逆罪外,其餘罪并不得籍没家産,誅及骨肉,一依格令處分。天下諸侯,皆有親校,自可慎擇委任,必當克效參褵,朝廷選差,理或未當,宜矯前失,庶協通規。其先於京諸司,差軍將充諸州郡元從都押牙孔目官内知客等。并可停廢,仍勒却還舊處職役。設官分職,具列司存,離局侵權,誠爲撓紊。今後諸司公事,并須各歸局分,不得越次施行,朝廷之務,顯有舊章,職官具存,安可廢墜?如聞自前諸司公事,多有壅滯,今後并可速疾舉行。國之大事,在祀爲先,苟爽吉蠲,深爲瀆慢。如聞自前祠祭牢饌,頗虧肅敬,今後委監察御史嚴加覺察,必須豐潔,庶達精誠,稍或不恭,國有常典。近代帝王所在陵寢,合禁樵采,俾奉神靈。唐莊宗晉高祖各置守陵十户,以近陵人户充。漢高祖皇帝陵署職員,及守陵宫人時月薦饗,并守陵人户等,一切如故。仍以晉漢之裔,爲二王後,發中書翊下處分。自古聖帝明王,莫不好賢納諫,是以立誹謗之木,采芻蕘之言,時之利病罔不知,政之得失無不察,達聰明目,其在兹乎。應内外文武臣僚,有見識灼然益於治道者,許非時上章聞達。山林草澤之間,懷才抱器之士,切在搜訪,免致遺賢。孝子順孫,義夫節婦,所宜旌表,以勵時風。於戲！致理保邦,非德教無以安萬國；發號施令,非誠信無以示四方。其或言出行違,朝行暮改,是爲秕政,何以子民？更賴棟梁羽翼之臣,左右前後之士,共扶寡昧,同致雍熙。思致器以永安,睹覆車之可戒,納隍馭朽,予豈忘諸？釐革有所未盡者,有司具啓請以聞。

原載《册府元龜》卷 96

遺劉贇書　廣順元年正月

爰念斯人,盡心於主,足以賞其忠義,何由責以悔尤。俟新節度使入城,當各除刺史,公可更以委曲示之。

原載《資治通鑒》卷 290

諭徐州城内軍民書　廣順元年正月

昨以鞏廷美、楊温等不認朝旨,妄蓄疑心,累令招携,明示誠信,雖有章奏,尚未開門。既無果決之心,必是疑君之計。今以指揮王彦超排此大軍,攻討汝等。若能誅斬元惡,應接官軍上城者,若是將校員僚,只與超拜官資,兼授刺史,百姓即給厚賞,穩便安排。但收此絹書,以爲憑信。

原載《册府元龜》卷 123

答北京留守劉崇書　廣順元年正月

朕在澶州之時,軍情推戴之際,先差來直省李光美備見,必想具言。而况遐邇所聞,在後盡當知悉。湘陰公比在宋州駐泊,見令般取赴京,但勿憂疑,必令得所。唯公在彼,固請安心,若能同力扶持,別無顧慮,即當便封王爵,永鎮北門,鐵契丹書,必無愛惜。其諸情素,并令來人口宣。

原載《舊五代史》卷 110

求言詔　廣順元年正月

朕昔在側微,罔親敎學,但明軍旅之事,安知王化之基？而天命眷求，神器自至，涉道斯淺，何德以堪？爰念得之惟難，未若守之不易。況承敝之後，致理尤難，蒼生未得息肩，賢者尚多鉗口。必欲使下情上達，上情下通，聞所未聞，見所未見，莫若開其言路，詢於廷臣。冀時政之得失必論，君道之否臧必告，自然昏蒙漸滌，聽覽有資，致於日新。其在封事，如聞累朝舊制，咸令轉對上書，百辟相循，五日爲準。然或權臣惜短，時主多猜，不敢深切爲言，恐以傷觸獲戾。至有搜羅鄙事，蔓延虛辭，徒牽率以爲勞，於裨補而何取？朕猥惟涼德，肇啓丕圖，矻矻覽於萬機，未能廣其庶績，兢兢念於百姓，何以致之小康？寅畏以居，思慮爲疾，實賴黎獻，誨以讜言，一則究邦國之規模，一則觀卿士之才器。且采縉紳之議，不亦愈於芻蕘之詞？詢賢哲之謀，不亦愈於工瞽之諫？應在朝文武百僚，凡有所見，益國利民之事，并可實封而奏，詣閤門進納。即不可尚習餘風，更循舊轍，無益於理者勿説，不濟於時者勿書。縱使指朕之非，攻朕之短，自當改過不吝，豈但從諫如流？如或武班中，有出自戰功，不親儒墨，苟有殊見，安得惜言？固可假手直書，豈在屬文麗藻？至於藩侯郡牧，當切務於安時，盡於政者必知，利於民者必曉，但關弘益，悉可敷聞。朕今諭此至懷，固非掠其虛美，志在得畫一之道，成可久之規。濟濟英翹，無辭貢直，事有短者不責，理有長者必行，但存輔翼之心，勿以逆鱗爲懼，咸在中外，宜副朕心。

原載《冊府元龜》卷 103

却諸道貢物詔　廣順元年正月

朕以眇末之身，托王公之上，深懼弗類，撫躬匪遑，豈可化未及人，而過自奉養？道未方古，而不知節量？與其耗費以勞人，曷若儉約而克己。昨者所頒赦令已述至懷，宮闈服御之所須，悉從減損；珍巧纖奇之厥貢，并使寢停。尚有未該，再宜條舉。應天下州縣舊貢滋味、食饌之物，所宜除減。其兩浙進細酒、海味、薑瓜，湖南枕子茶、乳糖、白沙糖、橄欖子，鎮州高公米、水梨，易定栗子，河東白杜梨、米粉、綠豆粉、玉屑粹子麵，永興玉田紅花、秔米、新大麥麵，興平蘇小栗子，華州麝香、羚羊角、熊膽、獺肝、朱柿、熊白，河中樹紅棗、五味子、輕錫,同州石鳖餅,晉絳葡萄、黄消梨,陝府鳳栖梨,襄州紫薑、新笋、橘子,安州折粳米、糟味,青州水梨,河陽諸雜果子,許州御李子,鄭州新笋、鵝梨,懷州寒食杏仁,申州蘘荷,亳州蕐蘚,沿淮州郡淮白魚,如聞此等之物,雖即出於土産,亦有取于民家,未免勞煩,率多糜費。至時奔迫以來獻,逐歲收斂以爲常,所奉止于朕躬,所損被于甿庶,加之力役負荷,馳驅道途,積于有司之中,甚爲無用之物,此而不止,孰曰知微? 其常貢上件物色今後并不許進奉。諸州府更有舊例所進食味,其未該者,宜奏取進止。此外猶有數處時新之物,不敢全罷,蓋或奉于太后,薦于祖宗,苟至悉除,恐隳常敬。告于中外,宜副朕心。

原載《册府元龜》卷 168

諭徐州軍民詔　廣順元年正月

朕昨迫于軍情,遂臨帝位,已曾示諭,想備聞知。汝等初得耗音,爭無疑懼,一則顧身,擐甲閉關,須至如是。今覽汝等報姚武文字,備悉心誠。況汝等始則爲使主竭忠,終則向朝廷順命,秉持甚善,節義可嘉,亿侯旌褒,何煩憂懼? 近者已有敕旨,汝等并授郡符,只候新節度使入州,即便施行恩命。朕當示信于天下,汝宜諭旨於城中,凡在軍民,各宜安堵。其諸元從職員并宜安撫。

原載《册府元龜》卷 167

追册故夫人柴氏爲皇后制　廣順元年正月

義之深,無先於作配;禮之重,莫大於追崇。朕當寧載思,撫存懷舊。河洲令德,猶傳荇菜之詩;嬀汭大名,不及珩璜之貴。俾盛副笄之禮,以申求劍之情。故夫人柴氏,代籍貽芳,湘靈集慶。體柔儀而陳闕翟,芬若椒蘭;持貞操以選中璫,譽光圖史。懿範尚留於閨閫,昌言有助於箴規,深唯望氣之艱,彌嘆藏舟之速。將開寶祚,俄謝璧臺,宜正號於軒宮,俾耀潜於坤象。可追命爲皇后。仍令所司定謚,備禮册命。

原載《舊五代史》卷 121

令諸道勸課耕桑敕　廣順元年正月

農桑之務,衣食所資。一夫不耕,有艱食之慮;一婦不織,有無褐之虞。今氣正陽春,候當生發,宜勤用天之業,將觀望歲之心。應諸道州府長吏,宜勸課耕桑,以豐儲積,編民樂業,仍倍撫綏。

原載《冊府元龜》卷70

收瘞暴骸敕　廣順元年正月

含幽育明,哲后法之而致理;掩骼埋胔,賢主著之爲令猷。今寶祚惟新,璿璣在御,踵姬周之至德,體虞舜之深仁。屬三靈改卜之秋,當五兵銷偃之際,或墳塋無主,幽穸毀發於敓攘;或戰陣亡身,遺骸暴露於原野。旅魂無托,言念堪嘆。應天下州府管界內,有墳墓被開發者,無人爲主,本界官吏量與掩閉,勿令漏露。或戰場郊野,有暴骸露骨,亦仰收拾埋瘞以聞。

原載《冊府元龜》卷42

爲漢隱帝發喪敕　廣順元年正月

漢高祖爲義帝發喪,魏明帝正禪陵尊號,一時達禮,千古所稱。況朕久事前朝,常參大政,雖遷虞事夏,見奪於群情,而四海九州,咸知予夙志。宜令所司擇日,爲故主舉喪,仍備山陵葬禮。

原載《五代會要》卷8

宣諭晉絳慈隰諸州軍民敕　廣順元年正月

朕早事劉氏,共立漢朝,當高祖寢疾既危,朕與楊州史弘肇於御床之前,同受顧托。嗣君既立,叛亂繼興,朕討平河中,克寧關內,敢言勞苦,貴保宗祧。自鎮鄴都,復當戎寄,忘食廢寢,夜思晝行,固護邊疆,訓齊師旅,憂時憂國,盡節盡忠。不期群小連謀,蔽惑幼主,忽於內殿,併害大臣。朕方在外藩,亦遭讒構,密降宣命,潛遣行誅。諸將知此無辜,乞除君側之惡,遂與將士,同赴闕廷。凶豎計窮,迫害幼主。朕遂奏太后,請立劉贇。比候到京,方議冊立,便值河北告急,契丹內侵,遂領大軍,徑赴救援。自澶州起程北去,輜重相次先行,旗隊纔移，軍情忽變，喊聲動地，事勢莫知，攢集戈矛，請朕爲主。逃脱無地，扶擁入京，内外臣僚藩岳侯伯表章繼至，推戴益堅，勉副群情，尋登大位，照臨之内，罔不傾心。不謂北京留守劉崇，顯有包藏，輒萌僭竊，散飛文字，誑惑人民，騷動一方，酷虐萬姓，差點丁壯，率掠貨財，殺戮無辜，誅剥難狀。況劉崇自居藩鎮，唯務貪求，刻削軍都，增添税賦，千里之内，民不聊生。今則又作猖狂，更加暴虐，謂人情可以詐取，謂天命可以僭求，顛越如斯，不亡何待？朕方輯寧區宇，拯救黔黎，見舉大軍，往平微孽。爰念河東管界，皆是朕之生靈，被此凶殘，深懷軫惻，即候收復城壘，當議減放税租，内外軍民，并與洗滌。更在沿邊藩鎮，明宣朕懷，接界户人，勿令侵擾。其邊界城池，已令修葺，要辯奸細，切須隄防，安撫生民，以副朕意。

原載《册府元龜》卷 66

宣諭徐宿二州敕　　廣順元年正月

朕猥以寡薄，肇創基圖，思康濟於兆民，推恩信於天下，庶幾致理，漸至平寧。楊温等比事藩維，止爲小校，妄生猜懼，輒閉城門。朕亦累賜敕書，開懷示信，諭以安危之道，俾全忠孝之名。亦繼有文字進呈，止望朝廷恕捨。朕念端倪未審之際，事勢使然，彼既無心，豈忍加罪。是以授之郡牧，許以自新。而不體優恩，尚敢拒命，執迷罔悟，但作遷延。今已差兵士往彼攻取，期於旦夕必易蕩平。汝等皆居封境之中，各懷仁義之節，況屬陽和之候，方當農養之時，暫駐兵甲，固無騷擾，宜思齊力安家。

原載《册府元龜》卷 66

獎隰州刺史許遷破敵詔　　廣順元年二月

凶狂烏合，來犯軍城；醜類蜂屯，罔識天命。汝誓平國蠹，固彼人心，率驍鋭以前衝，履鋒芒而直進。機籌神助，部伍風生，偏將活擒，殘妖碎首，心堅鐵石，城固金湯，蛇豕既殲，梯衝并爇，孽豎偷生而遁迹，雄師賈勇以追奔。言念忠貞，優無倫比，嘉賞愧嘆，再三不忘。

原載《册府元龜》卷 435

賜王彥超詔　廣順元年二月

昨以鞏廷美、楊溫等妄抱憂疑，輒敢違拒，累令招諭，未體誠懷。須至加兵，以安民衆。切慮破城之後，玉石難分，卿可告諭諸軍，勿令殺人放火，但誅惡黨，宜捨脅從，眷惟許國之心，當體好生之意。

原載《冊府元龜》卷 66

定赴任程期敕　廣順元年二月

自前朝廷除官，銓司選授，當其用闕，皆棄舊規。近聞所得官人，或他事所留，或染疾淹駐，始赴任者，既過月限，後之官者，遂失期程，以至相沿漸成非次，是致新官參謝欲上，舊官考秩未終，待滿替移，動逾時月，凋殘一處，新舊二官，在迎送以爲勞，必公私之失緒。今後應諸道州府録事參軍、判司、縣令、主簿等，宜令本州府以到任月日旋具申奏及報吏部，此後，中書及銓司以到任月日用闕，永爲定制。其見任州縣官限，敕到，仰便具先到任月日，一齊分析申奏及報吏部。其有諸色事故及丁憂，并請假十旬滿日，亦仰旋具申奏，兼報吏部。其新受官，準令式給程限外，如不到本任參上，致本處無憑申奏到任月日，便仰吏部同違程不上收闕使用。其諸見闕，亦不得差官攝權，輒便隱留，如違敕條，罪在本判官。録事參軍、孔目官已下。

原載《冊府元龜》卷 634

前資官準聽外居敕　廣順元年二月

朕祇膺景命，淹有中區，每思順物之情，從衆之欲，將使照臨之下，咸遂寬舒；仕宦之流，自安進退。往者時有拘忌，人或滯留，所在前資，并遣赴闕，輦轂之下，多寄食僦舍之人；歲月之間，動懷土念家之志。宜循大體，用革前規。應諸道州府，有前資朝官居住，如未赴京，不得發遣。其行軍副使已下幕職，州縣等官，得替求官，自有月限，年月未滿，一聽外居。如非時詔徵，不在此限。但闕員有數，入官者多，苟無定規，必生躁競。凡爾進取，知朕意焉。

原載《冊府元龜》卷 634

賜高保融詔　廣順元年三月

　　安審琦奏湖南船網行監押節級官健四百九人在襄州。朕以武陵長沙尋戈結釁，既道塗而梗澀，致官健以淹留。卿義在恤鄰，志惟體國，俾歸途而無滯，副軫念以在茲。已降宣命下襄州，取逐人便穩，如願歸本道者，即差人管押至荊南候到，卿可差人部送至湖南。

原載《册府元龜》卷 167

賜蘇逢吉劉銖家屬莊宅詔　廣順元年三月

　　故蘇逢吉劉銖，頃在漢朝，與朕同事，朕自平禍亂，不念仇讎，尋示優弘，與全家屬，尚以幼稚無托，衣食是艱，將行矜恤之恩，俾獲生存之路，報怨以德，非我負人。賜逢吉骨肉洛京莊宅各一，賜劉銖骨肉陝州莊宅各一。

原載《舊五代史》卷 111

赦潞州俘馘詔　廣順元年三月

　　卿摧敵有方，執俘甚衆。據茲惡黨，固有常刑。但念彼之賊軍，悉是朕之赤子，遭罹凶暴，迫脅征行，以至就擒，良亦可憫。察其情狀，爭忍加誅？配於邊遐，亦所不欲。其賊軍并以釋罪，各與衫袴巾履，遣供奉官張諲，管押至河東界首，放歸本家。諒卿明敏，當體朕懷。

原載《册府元龜》卷 435

收復徐州詔　廣順元年三月

　　城内逆首楊溫及親近徒黨并處斬，其餘無名目人及本城軍都將校職掌吏民等，雖被脅從，本非同惡，并釋放。兼知自前楊溫招喚草賊，同力守把，朕以村墅小民。偶被煽誘，念其庸賤，特與含容。其招入城草賊，并放歸農，仍倍加安撫。湘陰公夫人并骨肉在彼，仰差人安撫守護，勿令驚恐。

原載《舊五代史》卷 111

定銅法敕　廣順元年三月

敕銅法："今後官中，更不禁斷，一任興販。所有一色，即不得瀉破爲銅器貨賣。如有犯者，有人糺告捉獲，所犯人不計多少斤兩，并處死。其地方所由節級，決脊杖十七。放鄰保人，臀杖十七。放其告事人，給與賞錢一百貫文。"

原載《册府元龜》卷 501

定府州從事等當直人力數敕　廣順元年三月

職當參佐，位列賓僚，苟無職馭之人，頗異築臺之禮，雖事因改易，而理未酌中。宜降明文，庶永爲制。副留守、節度副使、行軍兩京少尹、留守判官兩使判命，竝許差定當直人力，不得過十五人；節度推官、防禦團練軍事判官，不得過十人；諸府少尹書記友使、防禦團練副使，不得過七人，竝取本廳。舊當職人力數少，不及新定數目，只仰依舊人數差定，仍令逐處係帳收管。此外如敢不遵條制，多有占差額外影占人户，其本官當行朝典。

原載《册府元龜》卷 61

放散諸州抽差敕　廣順元年三月

敕前朝於諸州府差散從親事官等："前朝創置，蓋出權宜，苟便一時，本非舊貫。近者遍詢群議，兼采封章，具言前件抽差，於理不甚允當。一則礙州縣之色役，一則妨春夏之耕耘，貧乏者困於供須，豪富者幸於影庇，既爲煩擾，須至改更。況當東作之時，宜罷不急之務，其諸州所在差散從親事官竝宜放散，自逐田農。自去年四月已前州縣元管係人數，一切如舊，其遞鋪如已前招到者且仰仍舊，今後更不得招召。其諸處場院竝不得影庇兩税人户。所有河北諸州及澤、潞、晉、絳、慈、隰、解等州於先差散從親事官内選到弓箭手，只且留在本州管係，其餘放散。"

原載《册府元龜》卷 160

禁沿淮州縣軍鎮侵略淮南敕　廣順元年三月

敕沿淮州鎮："朝廷比與淮南，素非仇怨，互分疆土，各有人民，商旅往來,比無阻滯,兵師屯戍,自守關防。其自近朝,稍聞多事,烟塵時動,生聚無聊。爰當開創之初,每求安静之道。沿淮千里,所宜禁暴戢兵;比屋小民,漸冀息肩樂土。庶期歲月,馴致和平。凡我疆場之臣,當體霄旰之念。應沿淮州縣軍鎮,今後自守疆土,鈐轄兵士,鄉軍不得縱一人一騎擅入淮南地分,稍或違令,不宜輕恕。商旅行李經過,輒不得妄致邀難,如聞滯留,必行勘罪。更仰指揮沿邊巡檢,止絶賊盗,務在道途清肅,人户謐寧。詔到速散行管界,凡津要口鋪,可丁寧曉告。

《册府元龜》卷66

牛皮人犯重處敕　廣順元年三月

諸道州府牛皮,今後犯一張,本犯人徒三年,刺配重處色役,本管節級所由杖九十。兩張以上,本人處死,本管節級所由徒二年半,刺配重處色役。告事人賞錢五十千。其人户有牛死者,其本户報告本地方所由節級、鄰保人,仰當日内同檢驗過,令本主畫時剥皮,及申報本處官吏,限十日内須送納畢。其筋骨不得隱落。

原載《五代會要》卷25

均禄敕　廣順元年四月

牧守之任,委遇非輕。分憂之務既同,制禄之數宜等。自前有富庶之郡,請給則優。或邊遠之州,俸料素簿,以致遷除之際,擬議亦難。既論資叙之高低,又患禄秩之昇降。所宜分多益寡,均利同恩,冀無黨偏,以勸勛效。今重定則例,諸州防禦使料錢二百貫,禄粟百石,食鹽五石,馬十匹草粟,元隨三十人衣糧。團練使料錢一百五十貫,禄粟七十石,食鹽五石,馬十匹草粟,元隨三十人衣糧。刺史料錢一百貫,禄粟五十石,食鹽五石,馬五匹草粟,元隨二十人衣糧。仍取今年五月一日後到任者,依新定例支。其已前在任者,所請如故。

原載《册府元龜》卷508

許淮南糴易詔　廣順元年四月

淮南雖是殊邦,未通中國,近聞歉食,深所軫懷。天灾流行,分野代有,苟或閉糴,豈是愛人! 彼之生靈,與此何異。宜申惻隱,用濟餱糧,宜令沿淮州縣渡口鎮舖,不得止淮南。

原載《冊府元龜》卷 42

允皇子榮請放免散戶詔　廣順元年四月

卿作鎮王畿,留心政道,雖米鹽細務,不懈於躬親;而會斂無名,盡思於蠲放,能惠窮困,深協眷懷。已降宣命指揮使竝放爲散戶。

原載《冊府元龜》卷 160

磨勘州縣前資官敕　廣順元年五月

朕祇荷上玄,恭臨大寶,慮一夫之不獲,期四海之攸歸。近知銓選人多,州縣闕少,或經年而空掩桂玉,未授一官,或欲歸而暗想鄉閭,又遙千里,以斯去住,虛歷歲時。其間或妄乞官者,多是逾違,自稱淹滯;或未合格者,不遵條制,顯紊公方。宜行釐革之文,以絕倖求之路。宜令自今月十一日已前,州縣前資官及諸色選人等,曾經中書陳狀者,并送吏部南曹磨勘。如今年冬合格無殿犯違礙者,即送中書除官。未合格并諸色違礙格敕,及曾殿黜得洗雪者,并仰各守格敕叙理赴集。其漢朝州縣爲徵科不了,及擅用破逃戶停官人數,并令赴吏部南曹投狀磨勘,實是無過停替者,本朝解由公憑及牒三司灼然,過準格成一考前停官者,可送名中書除官;一考後兩考前停官者,減一選;兩考已上者,上理本官選數,并取解赴集。起今後,應有前資州縣官并諸色選人等,及曾經黜該恩得雪者,并仰各守敕格赴選,不得妄有乞官。如敢故違,宜殿兩選,將來降一資注擬。如或本司不依格敕,妄有滯留,罪在所司,當行典憲。一則俾守規程之道,一則稍除躁競之門,免恣逾濫,貴尊條制。如是特恩,不拘是例。

原載《冊府元龜》卷 634

給還籍沒田産敕　廣順元年五月

朕臨御以來,憂勤無怠,慮庶政之尚闕,恐蒸民之未安,寢食不遑,凤宵若屬。早歲雍、岐連叛,兵革薦興,迨至討平,可知傷弊。誠念負罪之黨，尋以誅夷；亡命之徒，近皆滌蕩，則被釋放者，皆爲赤子；經鑾革者，悉是平人。雖性命之永全，在生涯之何着？興言軫閔，未嘗去懷。其京兆、鳳翔府先因攻討之時及收復之後，應有諸色犯罪人第宅、莊園、店舍、水磑曾經籍没及本主未歸者，已宣下本道，却給付罪人骨肉爲主，仍仰逐處嚴切指揮，勿令所由裏私闌畜，邀求資金，庶令存濟，用副朕懷。

原載《册府元龜》卷 167

禁濫薦敕　廣順元年五月

朝廷設爵命官，求賢取士，或以資叙進，或以科級升，至有白首窮經，方諧一第；半生守選，始遂一官，是以國無幸民，士無濫進。近年州郡奏薦，多無出身前官，或因權勢書題，或是衷私請托，既難阻意，便授真恩，遂使躁求僥倖之徒，爭游捷徑；辛苦孤寒之士，盡泣窮途。將期激濁揚清，所宜循名責實，凡百有位，當體朕懷。今後，州府不得奏薦無前官及無出身人。如有奇才異行，越衆超群，亦許具名以聞，便可隨表赴闕，當令有司考試，朕亦自更披詳斷。其否臧倖之是黜，庶使人不謬舉，野無遺才，冀廣得人，以資從政。

原載《册府元龜》卷 634

盛夏決滯獄敕　廣順元年五月

朕肇啓丕基，躬臨庶政，深慕泣辜之道，以弘恕物之心。今則方屬炎蒸，正當長養，黄沙繁縶，宜矜非罪之人；丹筆重輕，切戒舞文之吏。凡有獄訟，不得淹延，務令囚絶拘留，刑無枉濫。冀叶雍熙之化，用符欽恤之情。應京都、諸道州府見禁人等，宜令逐處長吏限敕到應有獄囚當面録問，事小者，便須遣決；案未成者，即嚴切指揮，疾速勘決，據罪詳斷疏放，勿令停滯及致冤抑。庶召和氣，俾悦群心。

原載《册府元龜》卷 151

四廟行事官除官敕　廣順元年六月

追尊四廟，諸司、寺監合差行事官，宜令差補。漢末七州停替，州縣官充候行事了，各與除官。如行事官人數未足，以前資州縣官已合格并過選者充，仍歷勘官牒，委無違礙，方得差補。

原載《册府元龜》卷 634

追毁出身敕　廣順元年六月

今年正月五日恩赦前，應諸色官員有過犯，合追毁出身歷任官牒，至今尚未追毁，其本官叙理，仍各依格敕處分。

原載《册府元龜》卷 634

答竇貞固進晉朝實録敕　廣順元年七月

貞固等："群書睹奥，直筆記言，成一代之明文，繼百王之盛典，豈特洪纖靡漏，抑亦褒貶有彰。將播無窮，永傳不朽。嘆重褒美，頃刻不忘。"

原載《册府元龜》卷 557

貶監察御史劉頊復州司户參軍敕　廣順元年七月

頊名昇通籍，官列憲司。凡繫所爲，尤宜知禁，不能爲子諍父。而乃離局侵官，宜謫掾於方州，俾省愆于終日。

原載《册府元龜》卷 925

定催科賞罰敕　廣順元年七月

秋、夏徵賦，素有常規，苟或催督及時，官吏奉法，自然辦及，不至愆期。前後所行條流，頗甚苛細，殊虧大體，且類空言。宜有改更，以示懲勸。起今後，秋、夏徵賦，省限滿後，十分係欠三分者，縣令、主簿罰一百直，勒停；録事、參軍、本曹官，罰七十直；殿兩選孔目官，罰七十直；降職次；本孔目勾押官典决，停本判官，罰七十直。若係欠三分已上，奏取進止；係欠三分已下者，等第科斷殿罰。其州縣徵科，節級所由，委本州重行决責。其本判官、録事、參軍、本曹官、孔目、勾押官，典取一州，都徵上比較，縣令、主簿，即本縣都徵上比較，分數州縣官吏等各處員僚，司分寄任，所徵賦税，乃是職司，苟或慢公，何以食禄？將勸能吏，仍立賞科。應諸州縣令録佐官在任徵科，依省限了絶者，至參選日，若是四選已上者，減一選；若不及四選者，則與轉官。其已前所行賞罰條流，一切不行。

原載《册府元龜》卷 488

賜昭義節度使常思詔　廣順元年七月

朕以君臣之道，則外有朝廷之儀；骨肉之親，則内有少長之敬；且朕與卿當夙昔之共事，實敦叙于周親，安可此時使渝曩分？卿執恭爲行，瀝懇上章，雖謙謙之道可嘉，而親親之義難替。家人之禮，朕當必行。

原載《册府元龜》卷 172

贈趙瑩太傅制　廣順元年八月

禮云：利禄先死者而後生者，則民不悖；先亡者後存者，則民可以托。聖人垂訓，與我同心。因嗟既没之賢，俾舉追崇之典。晉故中書令趙瑩，行高言善，性達心平，鼎號函牛，斯爲重器；劍稱斬馬，可謂靈鋒。遺清白於子孫，行忠信於蠻貊。斷魂外境，歸骨中華，於是盡傷，載深軫悼。俾贈三師之秩，以伸一去之悲，可贈太傅。

原載《册府元龜》卷 140

撫恤沿邊流民敕　廣順元年八月

朕以沿邊百姓適因灾沴，遂至流亡，抛棄鄉園，扶携老幼，未有安泊之地，深懷愍念之心。宜切撫綏，庶令存濟。其邊界流移人户，差使臣與所在官吏撫恤安泊。其滄、景、德管内甚有河淤退灘之土、蒿萊無主之田，頗是膏腴，少人耕種，可令新來百姓量力佃蒔，只不得虛占土田，有妨別户居止。如是願在別管界内居住者，亦聽取便，所在關津口岸不得阻滯。如邊界有親識可依，亦聽從便，仍人給斗粟，委三司支給。候安泊定，取便耕種放差税。

原載《册府元龜》卷 167

答宰臣王峻詔　廣順元年十月

朕生長軍戎,勤勞南北,雖用心於鈐匱,且無暇於詩書。世務時艱,粗經閱歷,前言往行,未甚討尋。卿有佐命立國之勳,居代天調鼎之任,恒慮眇德,未及古人,於是采掇箴規,弼諧寡昧。披文閱理,懌意怡神,究爲君治國之源,審修已御人之要,帝王之道,盡在於兹。辭翰俱高,珠寶何貴? 再三省覽,深用愧嘉。其所進圖,已令於行坐處張懸,所冀出入看讀,用爲鑒戒。

原載《舊五代史》卷112

賜慕容彥超詔　廣順二年正月

朕與卿久叙兄弟,比無嫌隙,自前歲奔逃之後,尋時慰納如初,察憂疑則推以赤心,邀信誓則指之白日。留男不歸,大職欲已,只在舊藩,動必依從,斷無疑阻,何故執心不定,率意而行? 聚草寇于城中,修戰具于衙内,發言不遜,舉事無常。差遣元隨主持鎮務,恣令殘害,任便誅求,率配之名,三四十件,搶拾事力,贍養奸凶,一境生靈,不勝其苦。南則結連淮寇,北則勾喚劉崇。早者差都押牙鄭麟口奏敷陳,乞移藩閫。朕推心嘉納,回詔允俞。昨上表請赴闕廷,朕亦一從卿意。復成欺侮,翻有指名,兼更僞詐鄆州書題,點染齊王勛德,且非奇計,何必如斯? 近者東面諸侯相繼奏報,稱卿差點管内人户團併義營,欲議發軍攻取鄰道,衆情不服,闔境波逃,其百姓皆併力同心,殺却元隨。鎮將例各將家迴避,散投外界潛藏。或則保聚山林,就便構置寨柵,懼卿挾讎屠害,不保朝昏,懸望官軍救護爲主。朕爲人父母,能不痛心? 吊伐之行,蓋不獲已。今差侍衛步軍都指揮使曹英等部領馬步大軍,問卿情狀。卿若能改心知過,束身歸朝,當許全生,待之如舊。朕或違信,是謂自欺;卿若拒張,便令攻取。今更飛此詔,始末指陳,冀卿静慮深思,庶幾轉禍爲福。言盡於此,卿其圖之!

原載《册府元龜》卷167

討慕容彥超敕　廣順二年正月

兗州節度使慕容彥超不知恩信,輒恣凶狂。北則勾喚劉崇,南則結連淮寇，劫掠鄰縣，邀截路行，差補元隨主持鎮務，一向殘害生聚，百般誅斂貨財，贍養奸凶，圖謀悖亂，割剝之苦所不忍聞。朕每爲含容，欲全終始。近據東西諸處申奏，慕容彥超偏於管内抽點鄉軍，人户不伏追差，逐處殺劫鎮將，又懼挾讎屠害，悉是逃竄山林。言念衆多盡能忠孝。嗟我赤子遇此亂臣。方當寒凍之時，可想艱辛之狀，須行吊伐以救孤危。今差侍衛步軍都指揮使曹英等統領大軍往彼問罪。已指揮告報諸軍入兗州界，并不得下路村舍，斫伐桑棗，驅虜牛驢，毀拆舍屋，發掘墳墓。如有犯者，便行軍令。候至城下，委曹英散行指揮，安撫人户，兼勒諸縣令依舊勾當公事。仍差使臣於兗州四面邊界，招唤百姓，令著營養。如有惡黨接便爲非者，即就彼處斷。其人户不得更於堡塞團集，仍勒縣鎮官員節級明具朝廷。指揮告報勸課農桑，無失春計。兼自前有兗州管内人户被慕容彥超迫虜誑惑誘引見在州城内者，及有元在兗州充職人等，必是逐人各有骨肉房親在城，今官中一切不問。宜令州縣倍加安撫，勿縱節級所繇衷私恐嚇。若有全家并在兗州城内者，或有莊田店宅及諸般物産如元有人句，當勒一切仍舊。若無人主張，即委鄰人檢校看守，勿信任人妄有占據及毀拆斫伐，候收復城池，分付本主。一夫作亂，萬姓何辜？興言疚懷，傷嘆無已，故兹告諭各令知委。

原載《册府元龜》卷118

令諸道勸課農桑　廣順二年正月

敕諸道府州吏："六府允修，無先重穀；九扈分職，厥惟勤農。今則東作聿興，西成係望，我有群后，政在養民。苟不懈於行春，諒倍登於多稼。卿分憂事任，道俗廉平，樹以風聲，靡如草偃。必污萊之地，并作百纏；游惰之民，咸勤四體。用洽帶牛之化，更彰栖畝之謡。眷倚之懷，寤興斯切。詔到，卿可散下管内勸課。鄉縣百姓依時耕種，栽接桑棗，勿縱游惰，務在精勤。"

原載《册府元龜》卷70

諭金州屯戍兵士敕　廣順二年二月

一昨慕容彥超結連草寇,毒寇蒸民,側近縣鎮鄉村無名脅從徒害,人神憤怒,須議討除。朝廷已發大軍,往彼攻取,汝等屯戍邊境,勞苦經時,言念忠勤,不忘寤寐。所有汝等家口竝在兗州城內,屬此背違,想皆憂念。在朕誠意,暫不弭忘,已降宣命指揮曹英,候收復城池日,晝時選得力負寨部領兵士率先入城,占據本營,安撫逐人骨肉家口,不得輒有驚恐。

原載《冊府元龜》卷 167

授錢宏俶天下兵馬元帥敕　廣順二年二月

古之王者,啓邦經野,分職設官,疇建殊庸,懋昭大德,我有重臣,世膺王爵,雖任一方之帥,未超極品之榮。漢法非劉不王,唐制元帥爲重,茲惟大任,寧授非人?用錫名藩,永扶昌運。咨爾檢校太師守尚書令上柱國吳越國王錢宏俶,乾坤間氣,海嶽孕靈,爲民物之綱維,實朝廷之藩屏。承家保國,奕世羨堂構之賢;治亂持危,四方推英豪之主。梯航時登乎丹陛,兵革靡及乎蒼生,才足以尊主而庇民,德足以移風而易俗,肆歸建極,不替忱誠。有齊桓尊周之心,而忠義式逾乎齊;有晉悼駕楚之略,而功名不忝乎晉。建之都督,則百辟允諧;使之元戎,則三軍用命。表海受一方之寄,真王啓萬戶之封,匪爾令名,曷兼衆職?爾其不墜善始,永圖令終,承我履言,毋忝厥位。可特授天下兵馬都元帥,餘如故。

原載《吳越備史》卷 3,《五代史書彙編》

西京冊廟行事人減選敕　廣順二年三月

應京諸司職掌赴西京冊廟行事,八十有六人,宜令吏部南曹別驗出身、歷任行事,無遺闕曆子,委無違礙,與各減一選。如有今年冬初合格又已過選者,銓司注官日,與加一階。其不該選數已經補奏者,減一年勞。

原載《冊府元龜》卷 634

諸道奏薦僧尼道士人數敕　廣順二年四月

永壽節，每年諸道節度防禦團練使、刺史奏薦僧尼道士紫衣師號，今後見任帶使相共奏二人，見任防禦團練、刺史只許奏一人，在朝文武臣僚及前任官，今後更不得奏薦。

原載《五代會要》卷 12

恤刑敕　廣順二年四月

朕以寡昧，獲主黎元，將以召天地之和，每思去刑政之弊。寅恭於此，宵旰爲勞。今以節及長嬴，時臨暑熱，耕農之户，蠶麥將忙，宜於獄訟之間特示憂勤之旨。應有刑獄，切慮淹滯，詔至所有重輕繫囚，疾速勘鞫斷遣，無令冤抑。慮有淹延，若輕罪畫時決遣，其婚田争訟，務内勿治。若事要定奪，即須疾速區分；若斷遣不平，許人糾告，官典必議徵斷。

原載《册府元龜》卷 151

幸兗州札　廣順二年四月

昨以慕容彦超違負國朝，閉據城壘，尚稽顯戮，未決群情，方屬灾蒸，正勞師旅。朕恭臨萬國，深居九重，處宮闕之清虚，雖然遂性，念將士之勤苦，寧免疚心。暫自省巡，往申慰撫，況非遠路，不至甚勞。凡我臣僚，當體兹意。朕取五月五日進發，離京赴兗州城下，慰勞行營將士。沿路側近節度、防禦、團練使、刺史不得離本州府來赴朝覲。其隨駕一行供頓，並取係省錢物準備，差侍臣勾當，仍預告報，一路州縣並不得别有排比。其隨從臣僚、内外諸司官中已有供給，州縣亦不得别有破費祇供。其要載動用什物車乘，亦已指揮備辦，如闕少之時，候見宣命，即得供應，只不得預前排比。如衷私有人小小取索，并不得應副。或軍都及諸色人於路途店肆買所須什物，先還價錢。兩京留司百官只於遞中附表起居。時熱，不用差官至行在沿路所指揮事件。車駕回日，亦依此施行。

原載《册府元龜》卷 118

贈閻宏魯崔周度官敕　廣順二年五月

閻弘魯、崔周度死義之臣,禮加二等,所以滲漏澤而賁黃泉也。爾等貞節昭彰,正容肅厲,以從順爲己任,以立義作身謀。履此禍機,並罹冤橫。宜伸贈典,以慰貞魂。弘魯贈驍衛大將軍,周度贈秘書少監。

原載《册府元龜》卷140

平兗州大赦文　廣順二年五月

在昔哲王,承天育物,莫不内修庶政,外撫諸侯。推誠以待人,人皆自信;虛己以馭下,下無弗從。是以車書大同,革兵不試,動植遂和平之性,蒸黎絶愁嘆之聲。朕以眇躬,猥承大統,側微自效,嘗從軍旅之中;億兆所推,獲托王公之上。涉道斯淺,於德未章,致其毒螫之凶,爲我生靈之患。逆賊慕容彦超,興臺賤類,闒茸微人,歷郡牧而至藩侯,扇貪風而彰惡迹。洎予臨馭,無間綏懷,而乃顛越不恭,奸邪是恣,北則結連戎虜,南則臣事淮夷,每與劉崇潛通人使,剖割萬姓,傷殘乃杼軸其空,盜橫一州,嚴酷如爐炭之上,招呼亡命,剽劫鄰封,繕甲治兵,深溝高壘。既顯悖違之狀,須興討伐之師,朕昨暫御戎車,來巡軍寨,睹貔貅之賈勇,憤蛇豕以爲妖,咸請先登,不容假息。士怒未泄,逆壘俄平,盜泉已涸其源流,惡草盡除其滋蔓。班師振旅,六軍方樂于凱旋;蕩穢滌瑕,一境宜罩於霈澤。可赦兗州管内,取五月二十七日見禁罪人及未發覺者,大辟以下并赦除。元凶流毒,同黨濟奸,國有常刑,皆合顯戮。特示好生之道,偎寬連坐之誅。應曾與慕容彦超同惡之人逃避潛藏者并與釋放,仰於所在自出陳首;百日不首者獲罪如初。應已伏誅逆黨人等於諸處有骨肉者,先已指揮放罪招安,尚慮本身抵法之後却有驚疑,宜令所在州縣明行告諭,并釋放不問。兗州城内幕職及州縣官吏、軍府將校,今并放罪。其衙前州使兩院職役人、本城軍都并赦仍舊。自慕容彦超違背已來,鄉州山寨豪强人等接便爲非,劫掠擄殺,今因收復,并與洗滌,一切不問。外諸軍將士等勇於爲主奮不顧身所有没於王事者,各等第給孝絹,仍以本人半分衣糧與本家一年,有親子者官中并與收録安排。自軍使、都頭以上皆與贈官職。賊據一城，民殘四境，或撤毀其墙屋，或蹂躪其田疇，概于徵取供軍點集應役，并宜矜恤，俾漸蘇舒。應兗州城内所有徵取今年屋稅及鹽食鹽鐵諸雜稅物，并與除放。城外官軍下寨處四面去州城五里内所毁，今年夏稅苗子鹽食鹽鐵并諸雜沿徵錢物并與除放；五里外十里内，除放今年夏苗子，三分中減放一分。并兗州城内百姓被慕容彦超閉門已來無辜殺害者，宜令本州存恤其家；其被殺官員，宜令本州官具録奏聞，當行恩澤。所有被毁折却舍屋極多，及收城之時延火燒爇，官中給賜材木，重令蓋造。攻取城池，須資力役，既臨矢石，或致喪亡，致人殞身，在朕深念。諸州差別人夫内有遭矢石身死者，宜令逐州縣分拆姓名聞奏，官中各給絹三匹，以省庫物充，仍放下三年諸雜差遣，勒本縣給與文帖。其部領人夫州縣官等到城下施功者，據勞役日月等第加減選。萊蕪監所抽點到諸縣義軍已各指揮放散，今後更不得管係名額。其權充都將節級者，亦不得此後於鄉村内更有稱呼。於戲！夏爲長贏，勞軍民以從役；聖職教化，用干戈而剪凶。惟予不明，增愧于是，尚賴穹旻之祐，漸期寰海之安。告爾魯人，咸體茲意。

原載《册府元龜》卷 96

諭李穀扶疾視事詔　廣順二年八月

卿方秉國鈞，實籍維持之效；復兼邦計，最爲繁劇之司，稍失區分，便成雍滯。雖近有傷損，未復痊平，宜強扶持。且就臨莅，無妨卧理，仍放朝參。勉卿忍苦之誠，副我仰成之意。

原載《册府元龜》卷 319

改定鹽麴條法敕　廣順二年八月

承前所立鹽麴條法，每犯至少盡處極刑。近年以來，抵罪甚重，兼以邑居人户，隨稅請鹽，既不許將入城隍，又不容向外破賣，立法之弊，一至于斯。爰自新朝，尚沿舊制。昨因鄭州按獄，備見百姓銜冤，既詳斷之逾違，亦條令之疑誤。睹兹深刻，須議改更，庶令輕重得中，兼復上下知禁。國計之重，立法爲先，貴在必行，何須過當。凡鹽麴犯,一斤以下至一兩,杖臀十七,配役一年。五斤以下一斤已上,杖脊二十,役三年。五斤以上,杖死之。煎鹻鹽犯,一斤已下,杖脊二十,役三年。一斤已上,杖死之。若捉獲鹻土及水煎成鹽了,秤之定罪。顆鹽末鹽,各有界分,如界分相侵,同犯鹽罪論。鄉村所請蠶鹽,只自充用,不得將入城邑。村坊郭博易貨賣如違,同犯鹽論。所請蠶鹽處,道路津鎮,須驗公憑。凡賣鹽麴,并須官場官務,若衷私興販,同犯鹽麴例論。官場官務有羨餘鹽麴,并盡底納官。如輒將貨賣,同犯鹽麴論。凡鹽戶酒戶衷私,與場官院官買賣,同犯例論。凡鹽麴同情共犯,若是卑幼骨肉奴婢同犯,只罪家長。主者不知情,只罪造意者,其餘減等。凡城郭人戶係屋稅鹽,并于城內請給。若外縣鎮郭下人戶,亦許將所請鹽歸家供食。即本部官據人戶合請數,都討于俵場請數點檢入城,不得因便帶入。其郭下戶或城外有莊田合并戶稅者,亦本處官預前分説,勿令逐處都請。凡鹽麴鹽鹻,隨處地分節級,專切捉搦,如透漏,必重科斷。其告犯鹽麴人死罪者,賞錢五十千文;不死罪,賞三十千文,以本處係省錢充。故斟酌輕重,立此科條,宜令三司施行。其中有合指揮件目,隨事處分以聞。

原載《冊府元龜》卷 613

禁吏民舉留守牧敕　廣順二年八月

諸州縣吏民緇黃繼來詣闕,留舉刺史、縣令。牧宰之任,委寄非輕,繫蒸庶之慘舒,布朝廷之條法。若廉勤奉職,撫字及民,自有政聲達於朝聽,何勞民庶遠致舉留？既妨農養之時,又耗路途之費,所宜釐革,免致勞煩。今刺史、縣令顯有政能,觀察使審詳事狀,朝廷當議獎升。百姓僧道更不得舉請,一切止絕。

原載《冊府元龜》卷 160

令黃知筠往兗州收埋暴骨敕　廣順二年九月

兗州自逆臣盜據,多有殺傷,永爲葬朽之仁式,示掩骸之義。宜令樂院使黃知筠往兗州收暴露骸骨,於高地爲壙埋瘞,祭奠以聞。

原載《冊府元龜》卷 135

更定招安戶口賞例敕　廣順二年九月

朝廷命官分治州縣，至于招安戶口，增益稅租，明立賞科，以勸勤吏。近朝釐革，雖有敕文，俱未適中，難仍舊貫。晉代則傷於容易，啓僥倖之門；漢朝則過於艱難，妨進趨之路，既非允當，須議改更。宜令應州縣官所招添到戶口課績，自今日已前罷任者，并準天福八年三月十一日敕施行，其漢乾祐三年七月二十五日敕不行。起今後，應罷縣令、主簿招添到戶口，其一千戶已下縣，每增添滿二百戶者，減一選；三千戶已下縣，每三百戶減一選；五千戶已下縣，每四百戶減一選；萬戶已下縣，每五百戶減一選，并所有增添戶及租稅，并須分明於曆子解由內錄都數。若是減及三選已上，更有增添及戶數者，縣令與改服色；已賜緋者，與轉官；其主簿，與加階轉官。

原載《冊府元龜》卷634

追封乳母楚國太夫人制　廣順二年九月

敦叙九族，紃綏六親，生者錫其寵臨，没者優其追贈，哲王茂典，歷代芳規。故南陽郡韓氏，婉淑居貞，賢明垂範，奉嬪率禮，興家道於仁孝之基，諸母推恩，撫朕躬於幼冲之歲。朝露溘先而奚速，慶雲華陰以彌高，宜洽明恩，追崇大國，式是載揚之美，寧攄欲報之情，庶俾後昆，永覃清懿，噫嘻貞魄，享此儀章。可追封楚國太夫人。

原載《冊府元龜》卷38

併三銓爲一敕　廣順二年十月

選部公事，比置三銓，所有員闕選人，分在三處，每至注擬之際，資叙難得相當，況又今年選人不多。宜令三銓公事，併爲一處，委本司長官、通判，同商量可否施行，所冀掄選得中，銓綜有序。其吏部尚書銓見闕，宜差禮部尚書王易權判。

原載《冊府元龜》卷634

禁越訴敕　廣順二年十月

致理安邦，必先刑政；分争辦訟，各有職司。內則臺省官僚，外則州縣曹局,共承寄任,同體憂勤,苟衆務之有條,則蒸民之無怨。比來百姓訴訟,不得越次訴論,近日繼有便詣朝廷,不經州縣,宜再止絶,免致逾違。今後百姓凡有訴論及言灾瀰,先訴於縣;縣如不治,即訴於州;州治不平,訴於觀察使;或斷遣不當,即可詣臺省。如或越次訴論,所司不得承接。如有抵犯,準律科懲。其訴事文狀,或自手寫,或是雇人,并于狀後書其名姓并住止處所;如無人寫狀,許過白紙事條并須爲己。如或容訴,是挾阿私,鞫得其情,必議嚴斷。若所經處所,斷遣不平,致詣朝廷,長史推司,當行謫罰。

原載《冊府元龜》卷66

宣李穀入見敕　廣順二年十月

昨回批答,已丁寧宣諭,卿所掌至重,代難其人,苟濟事權,何勞勤見? 朕於便殿待卿,可暫入來,與卿款叙。

原載《資治通鑒》卷291

令李仲玉祀唐陵廟敕　廣順二年十一月

唐明宗五廟,在至德宮安置。其徽陵上下宮所管土田、舍宇,宜令新除右監門衛將軍李重玉爲主;其徽陵下宮及至德宮,緣廟合留物外,宜令內養劉延韜於金銀器物數內,量事給李重玉遷葬。故淑妃王氏及許王外,餘並付李重玉並尼惠能、惠燈、惠嚴等,令重玉以時祀陵廟,務在豐潔。

原載《冊府元龜》卷174

定皮革税敕　廣順二年十一月

累朝已來,用兵不息。至於繕治甲胄,未免配斂生靈,取乃民資,助成軍器。就中皮革,尤峻科刑,稍犯嚴條,皆抵極典。鄉縣以之生事,奸滑得以侵漁。宜立新規,用革前弊,應天下所納牛皮,今將逐年所納數三分內減放二分,其一分於人户苗畝上配定,每秋、夏苗共十頃,納連角牛皮一張;其黄牛納乾筋四兩、水牛半斤、犢子不在納限。其皮人户自詣本州送納,所司不得邀難。所有牛、馬、騾、皮、筋、角,今後官中，更不禁斷，并許私家供使。買賣只不得將出化外敵境，仍仰關津界首，仔細覺察，捕捉所犯人，必加深罪。其州縣先置巡檢牛皮節級，及朝廷先降條法，一切停廢。其合分擘納黃牛、水牛皮、筋處，其間有未盡事件，委所司取便處分，庶免編民犯禁，且使人戶資家。既便公私，用除苛弊。

原載《册府元龜》卷 488

親喪未葬不準選舉詔　廣順二年十一月

古者立封樹之制，定喪葬之期，著在典經，是爲名教。洎乎世俗衰薄，風化陵遲，親歿而多闕送終，身後而便爲無主，或羈束於仕宦，或拘忌於陰陽，旅櫬不歸，遺骸何托？但以先王垂訓，孝子因心，非以厚葬爲賢，只以稱家爲禮，掃地而祭，尚可以告虔；負土成墳，所貴乎盡力。宜頒條令，用警因循，庶使九原絶抱恨之魂，千古無不歸之骨。應内外職官及選人等，今後有父母、祖父母亡没，未經遷葬，其主家之長，不得輒求仕進，所由司亦不得申舉解送。如是卑幼在下者，不在此限。其合赴舉選者，或是葬事禮畢，或是卑幼在下，勒於所納家狀内具言，不得罔冒。宜令御史臺及逐處長吏、本司長官，所由司覺察申舉。其中有兵戈阻滯，或是朝廷特恩除拜，起復追徵及内外管軍職員，皆以金革從事，并不拘此例。

原載《册府元龜》卷 634

賜鄴都副留守陳光穗詔書　廣順中

汝澶淵倅職之時，值漢室釁生之際。潛齎密旨，將陷朕躬。神色不祐於苞藏，機事尋當於發露。汝稟勛賢之指使，效奔走之勤勞。徑自河壖，報於鄴下。忠孝之規迴著，旌酬之道未弘，每慊朕懷。仍宣公論，宜膺列郡，用賞前功，今授汝博州刺史。

原載《册府元龜》卷 766

賜劉言詔　廣順三年正月

卿卓立功勛，明彰臣節，復馬氏所亡之地，安楚人仍舊之邦，一境土疆,方資節制,大朝藩屏,殊切倚毗。凡於錫賜之恩,皆獎削平之效。惟卿敏達,知朕眷懷,今賜卿舊屬湖南在京及諸處莊宅、樓店、邸務、舍屋等。

原載《冊府元龜》卷 179

令三京及諸道勸課農桑詔　廣順三年正月

宜令三京及諸道州府,委長吏指揮管內人户,勉勤耕稼,廣闢田疇,勿使蒿萊有廢。膏腴之地,務添桑棗用資,種養之方。仍令常切撫綏,不得輒加科役。所貴野無曠土,廬有環桑,致穀帛以豐盈,遂蒸黎之蘇息。

原載《冊府元龜》卷 70

賜青州敕　廣順三年正月

敕:青州在城及諸縣、鎮、鄉村人户等,朕臨御已來,安民是切,務除疾苦,俾逐蘇舒。據知州閣門使張凝近奏,陳八事於人不便,積久相承,宜降指揮,并從改正。其一:屬州營田後槽兩務所管課利、斛、斗、錢、物、人户、牛具、屯官等,宜并割屬州縣官,舊額稅課,其務及職員并廢。其課額內,有紅花、紫草、菜、淀、麻等,據時估納錢,折絲絹。亦不得其係官桑土、牛具、什物并賜見佃人,爲永業。其城郭內宅舍、房店,奏取進止。其秋、夏納稅匹段,不成端匹者,許人户合端匹,不得以零尺納錢,其匹并須本色,不得邀納價錢,改換色目。如省司品配,不在此限。其二:省司元納夏、秋稅匹段,每匹納十錢,每貫七錢,絲綿細緣,每十納耗半兩,糧食每石耗一斗八錢,蒿草每十束耗一束,錢五分,鞋每兩一錢,此外別無配率。今後青州所管州縣,并依省司則例供輸,如違罪無輕恕。其三:劉銖在任時,於苗畝上每畝徵車腳錢,每頃配柴炭。今後并止絕。其四:州司每年配和買秆草及苫營草,今後并止絕;如有關三司指揮及五所徵食鹽錢,每貫別納腳錢,今後止絕。其六:別徵進奏院糧課錢及遞鋪錢鞋,分配縣鎮,今後并止絕,要即於州司公用錢內支遣。其七:州司配徵啖馬藥及泛配藥,又縣鎮科配石炭、紅花、紫草,今後并止絕,不得配率。又州司于夏苗上配納麥麪,今後據州合用多少,量于近縣配納,不得遍據諸縣。其八:舊例:州縣供納夏、秋租稅皆畢,頃追人吏到州勘會,此後止絕。稅無欠少,不得追集縣吏。已前事件,已降宣命處分。其屬郡淄、登、萊等州,如有前項舊弊,亦依青州例施行。

原載《冊府元龜》卷 488

宣慰麟州刺史楊仲訓敕　　*廣順三年正月*

麟州刺史楊仲訓及軍州將吏職員等,據夏州節度使李彝殷奏,得汝等狀稱劉崇拒命聖朝,堅其逆壘,今被部族侵迫,乞垂救解。兼已稱大朝正朔,立門逆命,邊郡無歸,值妖孽之脅從,致朝貢之阻絕。今則蕃部兵民助我討違,汝等哀告蕃鄰,欲謀歸向,備睹變通之意,特用弘納之仁。宜示撫安,用獎忠順。已指揮州府及諸蕃部不令進攻汝等,便宜明宣朝旨,告諭軍民。應是通河東道路口岸,畫時遣人守禦,不得通人來往,凡有公事,一一奏取朝廷指揮。其官員將校職掌一切依舊,仍分折名銜申奏。當議等第加恩,兼之酬賞。

原載《冊府元龜》卷 167

朗州昇大都督府敕　　*廣順三年正月*

頃者淮海陸梁,舉干戈而入寇;湖湘覆没,致黎庶之倒懸。惟彼武陵,素稱雄鎮,連營比屋,皆懷勇烈之心;戮力協謀,盡復江山之境。宜降褒崇之命,以昇忠義之邦,俾列大藩,永率南夏。其朗州宜昇爲大都督府,在潭、桂之上。

原載《五代會要》卷 19

賜鄭仁誨手敕　　*廣順三年夏*

切慮德妃以朕至兗州行營,津置內人承侍,緣諸軍在野,不可自安。令鄭仁誨專心體候,如德妃津置內人東來,便須上聞約住,或取索鞍馬,不得供應。如意堅確,即以手敕示之。

原載《舊五代史》卷 121

減損永壽節臣僚設齋供敕　　廣順三年七月

內外文武臣寮遇永籌節辰,皆於寺觀起置道場,便爲齋供。訪聞皆是醵金,所宜減損,以足公私。今後中書門下與文武百官等共設一齋,樞密使與內諸司使、副等共設一齋,侍衛親軍馬步督軍指揮使已下共設一齋。其餘前任官員及諸司職掌,并不得更開置道場及設齋。

原載《五代會要》卷5

令州縣軍鎮各守職分敕　　廣順三年七月

賦稅婚田,比來州縣之職;盜賊烟火,元係巡鎮之司,各有區分,不相逾越,或侵職分,是紊規繩。切慮所在職員,尚循舊弊,須行條貫,以正紀綱。京兆鳳翔府同、華、邠、鄜、耀等州所管州縣軍鎮,頃因唐末藩鎮殊風,久歷歲時,未能釐革,政途不一,何以教民?其婚田聽訟賦稅丁徭,合是令佐之職;其擒奸捕盜、庇護部民,合是軍鎮警察之職。今後各守職分,專切提撕,如所職疏,遣各行按責。其州府不得差監徵軍將下縣,庶期静辨,無使煩勞。

原載《册府元龜》卷61

諭彰義軍民吏詔　　廣順三年九月

朕以史懿自鎮邊蕃,克勤王事,眷言勛舊,深副倚毗。爰自近年,多嬰疾苦,邇來頻有發動,乞赴闕尋醫。既覽奏陳,須議俞允,已差客省使楊廷章往彼知軍州事,即令史懿發來京師。朕念涇州久夾瘡痍之地,軍人百姓,撫愛皆同,今已指揮楊廷章,候到日凡事倍加撫安,不得輒有科率,俾令衆庶,皆遂蘇舒。

原載《册府元龜》卷136

遣曹匪躬點檢佃租敕　　廣順三年九月

京兆府耀州莊宅,三白渠使所管莊宅,宜并屬州縣,其本務職貢節級,一切停廢。除見管水磑及州縣鎮郭下店宅外,應有系官桑土、屋宇、園林、車牛動用,并賜見佃人充本業。如已有莊田,自來被本務或形勢影占令出課利者,并勒見佃人爲主,依例納租。條理未盡處,委三司區分，仍差尚書刑部員外郎曹匪躬專往點檢，割屬州縣。

原載《五代會要》卷15

禁習天文圖緯諸書敕　廣順三年九月

辰象玄遠，罕克精研；術數幽深，驟難窮究，則有閭閻之內，卜祝之流，粗學陰陽，務求衣食，妄談休咎，以誑民氓。比設律條，止茲誕妄，久疏法網，是啓妖訛。自今後玄象品物，天文圖書，讖記、七曜曆、太一、雷公、式法等，私家不合有及衷私傳習，見有者，并須焚毀。司天臺、翰林院本司職員，不得以前件所禁文書出外借人傳寫。其諸時日五行占筮之書，不得禁限。其年曆日，須候本司算造奏定，方得雕印，所司不得衷私示外，如違，準律科斷。遍下諸道州府，各令告示。

原載《冊府元龜》卷613

嚴究落第舉人騰謗并不得受薦托敕　廣順三年九月

國家開仕進之路，設儒學之科，校業掄才，登賢舉俊。其或藝能素淺，履行無聞，來造科場，妄求僥倖，及當試落，便起怨嗟，謗議沸騰，是非蜂起，至有僞造制敕之語，扇惑儕流；巧爲誣毀之言，隱藏名姓，以茲取事，得非薄徒。宜立憲章，以示澄汰。其禮部貢院條奏宜依，仍於引試之時，精詳考校，逐場去留。無藝者雖應年深，不得饒僭場數；若有藝者，雖當黜落，并許訴陳，祇不得於街市省門，故爲喧競，及投無名文字，訕毀主司。如有故違，必行嚴斷。本司鏁宿後，御史臺、開封府所差守當人專切覺察，其有不自苦辛，祇憑勢援，潛求薦托，俯拾科名，致使孤寒滯於進取。起今後主司不得受薦托書題，如有書題，密具姓名聞奏，其舉人不得就試。今後舉人須取本鄉貫文解，若鄉貫阻隔，祇許兩京給解。

原載《冊府元龜》卷642

檢勘受官不赴謝人敕　廣順三年十月

起今後更有受官不赴衙謝人，宜令門下省、御史臺檢舉，追勘聞奏。其授官後違程不赴任，并准元敕殿選。如選未滿便來乞官者除外，別行降敕施行。

原載《五代會要》卷 6

答馮道等上尊號詔　　廣順三年十月

眇覯前王德之盛者，或弦弧剡矢，去天下之暴，或手胼足胝，服四載之勤。德普施於民而民不知其力，蓋爲而不有，建之若偷，巍巍聖功，曾無稱號，苟異於是，孰不近名。朕歷數在躬，艱難承統，莫識三皇之道，徒知萬乘之尊，至於翼翼小心，孜孜庶政，推識待物，損己益人，上帝佑予，于茲三祀，日慎一日，無德可稱。夫五禮交修，四時不忒，振頹綱於會府，致函夏之小康，斯乃公輔庶臣，舉職之明效也。七德訓戒，四鄙不聳，執干戈而衛社，撫封域以安民，此又勛臣將校，爲時而宣力也。至若蟲螟消疹，風雨不愆，歲被豐登，民躋富壽，茲乃乾坤育物，宗社貽休，敢貪天功，以爲己力！而公卿叶議，中外同詞，詣闕拜章，增予美號，雖爲臣之義，將順則然，諒愛君之心，殊不在此。朕願寡薄，非所宜當，即斷來章，無至固執。所請宜不允。

原載《冊府元龜》卷 17

貶寶州刺史張建武制　　廣順三年十月

頃以野雞蕃族，蓋賊邊陲。俾爾率領兵師，於彼進討，殺牛族孰戶，素不陸梁，而無故侵搔，致其鬩敵。彼戎既然殺戮，去者寧不夷傷？俾將士罹殃，職爾之罪。授之散秩，猶爲寬恩。爾當再三深自咎責，可行左司禦率府副率。

原載《冊府元龜》卷 446

令所司備南郊儀注札　　廣順三年十月

王者應運開基，子民育物，罔不承天事地，尊祖敬宗。燔柴於泰壇，用昭乾德；瘞玉於方澤，以答坤靈。朕受命上玄，宅心下土，時已歷於三載，漸至小康，禮未展於二儀，深虧大典。夙宵愧畏，不敢遑寧，宜叶蓍龜，式陳籩豆，庶展吉蠲之禮，用傾昭事之誠。朕以來年正月一日於東京有事於南郊,宜令所司各備儀注。務從省約,無致勞煩,凡有供需并用官物,府縣不得因便差配,諸道州府不得以進奉南郊爲名,輒有率斂。庶俾嚴靜,以奉郊禋,中外臣僚,當體予意。

原載《冊府元龜》卷 34

策禮樂兵刑問　廣順三年十一月

王者以禮御人倫,以樂和天地,以兵柔萬國,以刑齊兆民。四者何先,殊途同治,或因或革,各適所宜。故五帝殊時,不相襲禮,三王異世,不相沿樂。兵有務戰不戰之異,刑有輕次重次之差,歷朝張施,繁不具引。自唐祖混一函夏,太宗嗣成聖功,言其禮則三正有常,言其樂則七宗有秩,兵息而臣道咸順,刑措而民心不渝。五帝三王,不足尚也。越自天寶之後,國經混然,禮樂湮墜,而衆不知;兵刑煩擾,而下不畏。朱梁晉漢,皆用因仍。洎我朝開創以來,力務興振,然薰歊爐滅,歷年滋多,焦思勞神,觀效未著。予欲父慈子孝,兄友弟恭,君仁臣忠,夫義婦聽,聲明文物無其缺,祝嘏辭説必有序。萬儀咸秩,百神受職,家肥國肥,知禮之尊也。當用何理,副兹虛懷?予欲六律、六呂、七政、九變、金石絲竹之器,羽旄干戚之容,歌其政,舞其德,與夫文音武坐比崇。昔時天和地平,知樂之崇也,子當深辨其理,爲時陳之。予欲混同天下,親征未服,手振金鼓,跋履山川,如商高宗之伐鬼方,若魏武帝之登柳塞,則六師所至,供億無窮,衆興民勞,自古皆慎。若但任偏將,屯於邊鄙,縱兵時入,茹食居人,交尸塞路,暴骨盈野,終歲如是,得無憫然?何以令佳兵不興,彼魁革面,王途無所扞隔,方貢自來駿奔,更思爾謀,以逮明略。予欲斧鉞不用,刀鋸不興,桎梏朽蠹,無所設施,無城春鬼薪之役,無三居五宅之流,畫衣冠而人不犯,虛囹圄而人不入。無刑之理,何以致諸?子大夫博識洽聞,窮微睹奧,提筆既干於奇遇,撞鐘必應於嘉音。抱屈將伸,直言勿隱。

原載《冊府元龜》卷 644

磨勘郊禮行事官敕　廣順三年十一月

郊禮行事官,并差在京求仕官充。各據出身歷任,仔細磨勘,委無違礙,方得差補。如曾有殿犯除名免官勒停等人,未經恩洗雪者,不在收補之限。若已取解及免取解赴選在外未來者,不得著人承替。如收補行事後,將來赴選,南曹磨勘,別有違礙,所補官司與本人并當勘斷。

原載《冊府元龜》卷 634

遣趙延休相度租賦敕　廣順三年十一月

廢衛州共城縣稻田務,并歸州縣,任人佃蒔。宜令戶部郎中趙延休,往彼相度利害,及所定租賦聞奏。

原載《冊府元龜》卷 495

命以天下縣戶口定望緊上中下次第敕　廣順三年十一月

天下縣邑,素有等差,歷年月以既深,或增損之不一。其中有戶口雖衆,地望則卑,地望雖高,而戶口至少,每至調集,不便銓衡。及有久歷官途,却授隘狹之縣,纔升仕進,便臨繁庶之民,宜立成規,庶叶公共。應天下縣,除赤縣畿縣次赤次畿外,其餘三千戶已上爲望縣,二千戶已上爲緊縣,一千戶已上爲上縣,五百戶已上爲中縣,不滿五百戶爲中下縣。選人資叙合入下縣者,今許入中下縣。宜令所司據今年天下縣戶口數,定望緊上中下次第聞奏。

原載《五代會要》卷 20

賜趙鳳自盡敕　廣順三年十二月

趙鳳驟承委寄,合稟憲章,臨民不利於撫綏,率性但聞於凶暴。沿淮巡寇,當年之殘忍難名,近郡頒條,在任之貪虐尤甚,奪部民之妻女,率州戶之資財,招納賊徒,搔擾生聚。爾不奉法,國有常刑,其趙鳳宜削奪在身官爵,賜自盡。

原載《冊府元龜》卷 699

命魚崇諒復位詔　廣順三年

卿向以母親高年,久嬰疾恙,解職歸止,徇意承顔。始於疾辭,今聞疾愈,臻此康寧之福,緜其感應之誠。苟徵命以猶稽,則才能而虛滯,復乃職位,式佇論思。載覽表章,尚形眷戀,諭以前詔,俾之侍行。子道既以光揚,君恩亦須承順。速宜祗赴,無或再三。

原載《册府元龜》卷 550

升朝官賜緋敕節文　顯德元年正月

今後升朝官,四任以上着綠,十五周年者與賜緋。凡州縣官歷任內曾經五度參選者,雖未及十六考,與授朝散大夫階。年七十已上合授優散官者,并賜緋。非時特恩,不拘此例。

原載《五代會要》卷 6

寺監官滿七年同明經出身敕　顯德元年正月

其諸寺監攝官,任滿七周年已上,應奉公事無遺闕,文書灼然者,并與同明經出身。如不滿七周年者,任逐便穩。今將寺監,不得以白身署攝。如違,本司官吏并行朝典。

原載《五代會要》卷 17

周世宗

後周皇帝(921—959),邢州龍岡(今河北邢臺西南)人。本姓柴,名榮,郭威養子。周太祖郭威代漢自立,任鎮寧軍節度使。廣順三年(953),爲開封府尹,進封晉王。顯德元年(954),太祖病死,即皇帝位,廟號世宗,亦稱柴世宗。即位後即親率軍隊,擊敗北漢主劉崇對後周的進攻。戰後整頓禁軍,裁汰老弱,賞罰分明,自此"士卒精強","驕將惰兵,無不知懼"。發動對南唐的戰爭,奪取淮南了十四州。又奪取了後蜀的秦、鳳、階、成四州,鞏固了周邊的局勢。他還推行了抑佛政策,廢寺院 30336 所,還俗僧尼 61200 人,收取佛像銅器鑄錢。改革稅制,清查土地,精勵圖治,懲治貪吏。他以收復燕雲十六州爲目的,於顯德六年(959),率軍北伐,收復瓦橋關、益津關、淤口關及瀛州、莫州、易州等三關三州之地。遼兵望風而逃,正當乘勝進軍幽州之時，不幸身染重病，撤軍回京，不久病死。周世宗的經營，爲北宋統一全國奠定基礎。

授王溥中書侍郎平章事制　　顯德元年正月

鴻遇順風，比事者美良賢之任；鵬征積水，寓言者伸遠大之圖。位非才而不居，才非位而不展，兩端相叩，庶績方凝。爰升佐命之臣，以授調元之職。端明殿學士、通議大夫、尚書户部侍郎、上柱國、太原縣開國男、食邑三百户、賜紫金魚袋王溥，智出於衆，行高於人，茂學懿文，而策名長才，廣度以成器，始歸霸府，當效折衝。泊翊造邦，尋參宥密，摛禁林之詞翰，伸秘殿之論思，履順持謙，奉公處正。紫宸三接，在注意以方深；黄閣九遷，諒登庸而允協，俾宣相業，共贊皇猷。食邑贈封，功臣改號，仍進階資之貴，俱爲輔弼之光。爾其師克儉於焚機，繼在公於補衮，止辭而出，奉義而行，將聯賡載之歌，長保虔恭之位，佩服兹訓，式昭德音。可紫金光禄大夫、中書侍郎、平章事。

原載《册府元龜》卷74

即位大赦文　　顯德元年三月

凡神聖之功，乃開基以創業；惟帝皇之德，遂垂制而立文。生成參天地之靈，悠久鍾子孫之福，寧禹湯而獨美，豈堯舜以無倫？先皇帝出震安時，膺乾啓運，改相仍喪亂之轍，造勃興開泰之邦，儉静其身，寬慈于物。寒耕熱耨之苦，嘗念三農；宵衣旰食之勤，不忘萬務，恩霑庶彙，義結群心。周室肇興，安神器而方固；軒臺邈往，望仙駕以不迴。肆予冲人，獲紹丕構，孤藐自視，寡昧何知，禀理命之丁寧，副衆情之推奉，中心憂塞，罔有津涯。易月之禮制尋終，在天之感慕無已，負荷斯重，恭默以居。宜從作解之文，以治當陽之澤。可大赦天下。應三月七日昧爽以前，所犯罪人，已結正未結正、已發覺未發覺，常赦所不原者，咸赦除之。諸貶降責授官等，量與升陟叙用。應配流徒役人及縱逢恩赦不在放還并常知所在者，並放逐便。諸處有草寇團集，仰所在州府及巡檢使臣曉諭恩赦招唤，各令歸農。兩京及諸道州府人户所欠去年秋夏税租及沿徵物帛，并與除放。其鄉村逃移人户，并仰招唤歸業。内外見在文武職官、致仕官及諸軍將校，并與加恩。其前任京官幕職州縣官，至今授官日施行。諸將軍校自開創以來，有没于戰陣及身死疆場者，并與追贈，如有親嫡子孫未曾録用者，并與録用。文武外朝官及内諸司使副使、禁軍都指揮使以上、諸道行軍副使、藩方馬步軍都指揮使父母在者并與恩澤，忘殁者與封贈；其妻未叙封者特與叙封。應沿邊州府接近西川、河南、契丹、河東界處，仰所在州府及巡檢使臣鈐轄，兵士及邊上人户不得侵擾外界及虜掠人畜，務要静守疆場，勿令搔動。其投來人户，仍仰倍加安撫。大行皇帝山陵有期準遺命，不得勞擾百姓者，宜令所司奉承先旨，無至隳違。應緣山陵公事合使工人役夫，并須先給錢物雇覓，諸雜費用一切取官物供給，不得差遣人户科配州縣。文武班列，親近臣僚，愛國誠堅，致君心切，苟或聞朕躬之過失，睹時政之否臧，無借敷陳，以輔寡昧。苦口良藥，逆耳忠言，裨益至多，翹仁惟切。今後内外臣僚或有所見及有所裨益，可具實封章表以聞，或欲面對，便仰閣門司畫時引見。懷才抱器，出衆超群，或養素于衡門，或屈迹于末位，孤寒難進，志業何伸？咸用搜羅，待以爵秩。諸隱遁不仕及卑官下位中有文武幹略灼見可稱者，所在具名以聞。化理之本，孝弟爲先，苟或虧違，實亂名教。其有士庶之内凶率之徒，不順于父兄，不恭于尊長，狂悖難狀，訓誨莫從，親族容隱而不言，里巷畏避而不告，傷風敗俗，莫甚于兹。今後或有不孝不義之人，違戾尊長，喧悖毁辱，及父母在異財别居略不供侍，如此之輩，不計官宦軍人百姓之家，宜令御史臺及本軍本使所在州縣厢界彈舉覺察，如或容縱，不切檢舉，罪有歸處。其有孝子順孫義夫節婦，宜所旌表，以厚人倫。恭惟先皇帝推誠損己，焦思勞神，念將士之忠勤，知戰伐之辛苦，餱糧禄賜，無非經手經心，土地官封，不惜酬勛酬效，生靈是念，稼穡爲憂，罷非理之差徭，去無名之侵耗，不貪游宴，盡去奢華，减後宫冗食之人，停諸司不急之務，方嶽止甘鮮之貢，殿庭絶珠玉之珍，獄訟無冤，刑戮不濫，凡關物務，盡立規繩。予小子纘紹丕基，恭稟遺訓，仰承法度，不敢逾違。更賴將相公卿，左右前後，共遵先旨，同守成規，庶裨冲人，不墜洪業。赦書有所未該,所司速具聞奏。

原載《冊府元龜》卷 96

親征劉崇御札　顯德元年三月

朕自遭閔凶,再經晦朔,山陵已卜,日月有期。未忘荼蓼之情,豈願干戈之役?而河東劉崇幸灾樂禍,安忍阻兵,乘我大喪,犯予邊境,勾引蕃寇,抽率鄉兵,殺害生靈,覬覦州郡。朕爲萬姓之父母,守先帝之基扃,聞此侵凌,難以啓處,所宜順天地不容之意,從驍雄共憤之心,親御甲兵,往寧邊鄙。務清患難,敢避驅馳。凡在衆多,當體兹意。朕取此月十一日親率大軍取河陽路親征,仁平妖孽,永泰寰區。應沿路排當,并不得差遣百姓,科配州縣及於人户處借索劫掠。遠近節度刺史并不得輒離理所,求赴朝觀。應諸司各宜應奉公事者,即仰從駕。諸無事者,不在扈隨,務從省要,免至勞煩。故兹札示,想宜知悉。

原載《冊府元龜》卷 118

平劉崇赦文　顯德元年四月

昨者劉崇縱肆毒螫,勾引蕃戎,困我生民,深入澤潞。朕所以泣辭神御,親總甲兵,抑荼蓼之哀懷,殄豺狼之凶黨。誠賴玄穹垂祐,將士輸忠,大剪寇讎,尋清源野。覽賊寇經繇之地,深切憫傷,當城池圍閉之時,良資捍禦。適因駐蹕,宜示特恩。應潞州諸縣,取今月二十七日已前見禁罪人,除死罪外,并宜與釋放。當州數縣昨經賊軍傷殘處人户,所徵今年夏稅斛斗錢帛三分與放一分;内有村坊元不遭賊寇殘傷者,不在蠲放之限。潞州昨經圍閉,將校職員同力守禦,兼以大駕駐蹕,迎奉無闕,應在城將校官吏職員宜令本州具名銜以聞,各加恩澤。昨殺戮賊軍之處及四面山谷間尸首絕多,宜令逐處官吏差人收斂埋瘗,勿令暴露。逐處墳墓曾被賊軍發掘者,指揮掩閉。河東及契丹敗散兵士,其中有潛竄山谷間者,并令招喚,不得輒有傷害;如是義軍百姓,便可放歸本家;若是軍人及諸色人,并監送至駕前,各與穩便安排。遼沁二州,新屬潞州,久陷賊境,深可憫傷,委本道節度使倍加安撫。所有劉崇煩苛事件并與蠲放。

原載《冊府元龜》卷96

贈史彥超檢校太師制　顯德元年七月

故輸忠翊戴功臣、鎮國軍節度、華商等州觀察處置等使兼河東道行營先鋒都指揮使、檢校太保史彥超，嚴能齊衆，武可摧凶，振鐸號軍，伸其膽勇，登鋒捍寇，誓以身先。一昨北戎阻兵，同惡相濟。爾乃力排群醜，體中重瘡。雖虜騎已大奔，而將軍之先歾，衽金革而剛强已矣，聽鼓鼙而傷嘆如何！言念純臣，宜膺褒美，俾追贈於崇秩，用報慰於重泉。可贈檢校太師。

原載《冊府元龜》卷140

授景範中書侍郎平章事制　顯德元年七月

朕自履宸極，思平泰階，出一令慮下民之未從，行一事懼上元之罔祐，晨興夕惕，終歲於茲。雖禮讓漸聞興行，而風雨未之咸若，豈刑政之斯闕，而德教之未孚哉？繇是進用良臣，輔宣元化，雖朕志先定，亦興情具瞻，爰擇佳辰，誕敷明命。樞密院直學士中大夫尚書工部侍郎上柱國晉陽縣開國男食邑三百户賜紫金魚袋景範，昔佐先帝，每罄嘉謨，逮事眇躬，愈傾忠節，奉上得大臣之體，檢身爲君子之儒。一昨戎輅親征，皇都是守，贊勛賢於留府，副徵發於行營，軍政所需，國用無闕。今則靈臺偃革，宣室圖功，思先朝欲用之言，成聖考得賢之美，俾參大政，仍掌利權。爾其明聽朕言，往敷元化。予欲則垂象而清品彙，爾則順天道以序彝倫；余欲恤刑名而息戰爭，爾則謹憲章而恢廟略。天人之際懸合，軍民之事罔渝。則國相之尊，非爾孰處？邦計之重，惟材是臧。勉思倜儻以致君，勿效因循而保立。佇聞成績，用副虛懷。可正議大夫、中書侍郎平章事，判三司。

原載《舊五代史》卷127

差人收挐盜賊逃軍凶命人敕　顯德元年十月

應諸司賊盜，宜委本州府節度防禦團練等使、刺史專切斷除。其部内凡有賊盗及逃走軍健、諸色亡命之人,并須覺察,設計差人收拏,不計遠近,以獲爲限。應有婚姻鬥競、賊盗公事,仰逐處長吏躬親鞠問,仍令本判官不住提舉,疾速區分,庶俟救命。凡有大辟罪斷訖,其公案申奏,今後仰抄録要當事節,兼于前面朱書罪人入禁至斷了日數聞奏。

原載《五代會要》卷 10

祭司寒敕　顯德元年十月

據《月令》,孟冬祭司寒於北郊。其司寒一祠,宜准《月令》施行。藏冰開水,祭司寒之神,事屬別祭,候有冰室,當取指揮。

原載《册府元龜》卷 596

解送監生須是監中受業敕　顯德元年十一月

國子監所解送廣順三年已前監生人數,宜令禮部貢院收納文解。其今年内新收補監生,并仰落下。今後須是監中受業,方得准令式收補解送。近年有諸州府不得解舉人,即投監請補。

原載《五代會要》卷 16

命薦舉令録詔　顯德二年正月

令録之官,政理之本,親民總務,在幹與廉,雖銓衡舊規,每常慎擇,而縉紳多士,難以具知。爰開舉善之門,以廣用才之道。應在朝文資官翰林學士兩省官内,有曾歷藩郡賓職州縣官者,宜令各舉堪爲令録者一人,務在強明清慎,公平勤恪。其中有已曾任令録,亦許稱舉,并當擢用。不拘選限資序,雖姻族近親,亦無妨嫌,只須舉狀内具言。除官之日,仍署舉主姓名。若在官貪濁不公,懦弱不治,或職業廢缺,或處斷乖違,并量事狀輕重,連坐舉主。仍令御史臺催促本官,旋具奏聞,限兩月内舉狀齊足。如出使在外者,候回日準此指揮。務在稱揚循吏,激勸官途,庶符用乂之方,共布惟和之政。

原載《五代會要》卷 4

令張昭田敏校勘經典釋文敕　　顯德二年二月

經典之來，訓釋爲重，須資鴻博，共正疑訛，庶使文字精研，免至傳習眩惑。其《經典釋文》，已經本監官員校勘外，宜差兵部尚書張昭、太常卿田敏詳校。

原載《册府元龜》卷 608

求言詔　　顯德二年三月

善操理者不能有全功，善處身者不能無過失。雖堯舜禹湯之上聖，文武成康之至明，尚猶思逆耳之言，求苦口之藥，何况後之人不逮哉？朕承先帝之靈，居至尊之位，涉道猶淺，經事未深，常懼昏蒙，不克負荷。自臨宸極，已過周星，至於刑政取舍之間，國家措置之事，豈能盡是？須有未周，朕猶自知，人豈不察？而在位者未有一人指朕躬之過失，食禄者曾無一言論時政之是非，豈朕之寡昧不足與言邪？豈人之循默未肯盡心耶？豈左右前後有所畏忌邪？豈高卑疏近自生間别邪？古人云：‘君子，大言受大禄，小言受小禄。’又云：‘官箴王闕。’則是士大夫之有禄位，無不言之人。然則爲人上者不能感其心而致其言，此朕之過也。得不求骨鯁之辭，詢正直之議，共申裨益，庶洽治平？朕於卿大夫，才不能盡知，面不能盡識，若不采其言而觀其行，審其意而察其忠，則何以見器略之淺深，任用之當否？若言之不入，罪實在予；苟求之不言，將誰執咎？應内外文武臣僚，今後或有所見所聞，竝許上章論諫；若朕躬之有闕失，得以盡言時政之有瑕疵，勿宜有隱。方求名實，豈尚虚華？苟或素不攻文，但可直書其事。理有謬誤者，當期舍短；言涉傷忤者，必與留中；冀所盡情，免至多慮。諸有司局公事者，各宜舉職，事有不便者，革之可也；理有可行者，舉之可也；勿務因循，漸成訛謬。臣僚有出使在外迴者，苟或知黎庶之利病，聞官吏之優劣，當具敷奏，以廣聽聞。班行職位之中，遷除改轉之際，即當考陳力之輕重，較言事之臧否。奉公切直者，當議甄升；臨事蓄縮者，須行抑退。翰林學士、兩省官、職官居侍從，乃論思諫諍之司。御史臺官任處憲司，是擊搏糾彈之地，論其職分，尤異群官。如逐任官内，無所獻替啟發彈舉者，三月限滿，合遷轉時，宜令中書門下先奏取進止。凡爾有位,宜悉朕懷。

原載《册府元龜》卷 103

駁落新進士嚴説等敕　顯德二年三月

尚書禮部貢院奏,今年新及第進士李覃、嚴説、何儼、武允成、王紛、閭丘舜卿、楊徽之、任惟吉、趙鄰幾、周度、張慎微、王霽、馬文、劉選、程浩然、李震等一十六人所試詩賦文論策等,國家設貢舉之司,求英俊之士,務詢文行,方中科名。比聞近年已來,多有濫進,或以年勞而得第,或因媒勢以出身,今歲所放舉人,試令看詳,果見紕繆,須至去留。其李覃、何儼、楊徽之、趙鄰幾等四人,宜放令及第。其嚴説、武允成、王汾、閭丘舜卿、任惟吉、周度、張慎微、王霽、馬文、劉選、程浩然、李震等一十二人,藝學未精,并宜勾落,且令苦學,以俟再來。禮部侍郎劉温叟,失於選士,頗屬因循,據其過尤,合行譴謫。尚示寬恕,特與矜容。劉温叟放罪。其將來貢舉公事,仍令所司別具條理聞奏。

原載《五代會要》卷 22

未朝謝御史不得受供給敕　顯德二年四月

起今後,應有自外新除御史,未經朝謝者,經過州府,不得受館驛供給及所在公禮。

原載《五代會要》卷 17

供給無家罪人水米敕　顯德二年四月

應諸道見禁罪人,無家人供備喫食者,每人逐日破官米二升,不得信任獄子節級減稍罪人口食。仍令不住供給水漿,掃灑獄內,每五日一度洗刷枷杻。如有疾病者,畫時差人看承醫療。

原載《五代會要》卷 10

京城別築羅城詔　顯德二年四月

惟王建國,實曰京師,度地居民,固有前則。東京華夷臻湊,水陸會通,時向隆平,日增繁盛。而都城因舊,制度未恢,諸衛軍營,或多窄陝,百司公署,無處興修。加以坊市之中,邸店有限,工商外至,億兆無窮,僦賃之資,增添不定,貧闕之户,供辦實艱。而又屋宇交連,街衢湫隘,入夏有暑濕之苦,居常多烟火之憂。將便公私,須廣都邑,宜令所司於京城四面,別築羅城,先立標幟,候將來冬末春初農務開時,即量差近甸人夫漸次修築。春作纔動,便令放散,如或土功未畢,則迤邐次年修築,所冀寬容辦集。今後凡有營葬及興置宅竈并草市并須去標幟七里外,其標幟内候官中擘畫,定街巷、軍營、倉場、諸司公廨院,務了,即任百姓營造。

原載《册府元龜》卷 14

毁私建寺院禁私度僧尼詔　顯德二年五月

釋氏貞宗,聖人妙道,助世勸善,其利甚優。前代以來,累有條貫,近年已降,頗紊規繩。近覽諸州奏聞,繼有緇徒犯法,蓋無科禁,遂至尤違。私度僧尼,日增猥雜,創修寺院,漸至繁多。鄉村之中,其弊轉甚。漏網背軍之輩,苟剃削以逃刑;行奸爲盜之徒,托住持而隱惡。將隆教法,須辨否臧,宜舉舊章,用革前弊。諸道府州縣鎮村坊應有敕額寺院,一切仍舊,其無敕額者,并仰停廢。所有功德佛像及僧尼,并騰併於合留寺院内安置。天下諸縣城郭内,若無敕額寺院,祇於合停廢寺院内,選功德屋宇最多者,或寺院僧尼各留一所。若無尼住,祇留僧寺院一所。諸軍鎮坊郭及二百户已上者,亦依諸縣例指揮。如邊遠州郡無敕額寺院處,於停廢寺院内,僧尼各留兩所。今後并不得創造寺院蘭若。王公戚里諸道節刺已下,今後不得奏請創造寺院,及請開置戒壇。男子女子,如有志願出家者,并取父母祖父母處分,已孤者取同居伯叔兄弟處分,候聽許方得出家。男年十五已上,念得經文一百紙,或讀得經文五百紙;女年十三已上,念得經文七十紙,或讀得經文三百紙者,經本府陳狀乞剃頭,委録事參軍本判官試驗經文。其未剃頭閒,須留髮髻。如有私剃頭者,却勒還俗。其本師主決重杖勒還俗,仍配役三年。兩京大名府京兆府青州各處置戒壇,候受戒時,兩京委祠部差官引試,其大名府等三處,祇委本判官録事參軍引試。如有私受戒者，其本人師主臨壇三綱知事僧尼，并同私剃頭例科罪。應合剃頭受戒人等，逐處聞奏，候敕下委祠部給付憑由，方得剃頭受戒。應男女有父母祖父母在，別無兒息侍養，不聽出家。曾有罪犯，遭官司刑責之人，及棄背父母逃亡奴婢，奸人細作，惡逆徒黨，山林亡命，未獲賊徒，負罪潛竄人等，并不得出家剃頭。如有寺院輒容受者，其本人及師主三綱知事僧尼，鄰房同住僧尼，并仰收捉禁勘，申奏取裁。僧尼俗士，自前多有捨身、燒臂、鍊指、釘截手足、帶鈴挂燈，諸般毀壞身體，戲弄道具，符禁左道，妄稱變現，還魂坐化，聖水聖燈妖幻之類，皆是聚衆眩惑流俗。今後一切止絕，如有此色人，仰所在嚴斷，遞配邊遠，仍勒歸俗，其所犯罪重者，準格律處分。每年造僧帳兩本，其一本奏聞，一本申祠部，逐年四月十五日後，勒諸縣取索管界寺院僧尼數目申州，州司攢帳，至五月終已前，文帳到京。僧尼籍帳內無名者，并勒還俗，其巡禮行脚，出入往來，一切取便。

原載《舊五代史》卷 115

逃戶莊田各市地人請射敕　顯德二年正月

應自前及今後有逃戶莊田，許人請射承佃，供納租税。如三周年內，本戶來歸業者，其桑土不以荒熟，并莊田交還一半，五周年內歸業者，三分交還一分。應已上承佃戶，如是自出力別蓋造到屋舍，及栽種到樹木園圃，并不在交還之限。如五周年外歸田者，莊田除本戶墳塋外，不在交付。如有荒廢桑土，承佃戶自來無力佃蒔，祇仰交各與歸業人戶佃蒔。一、近北諸州，自契丹離亂，鄉村人戶多被番軍打虜向北，近來多有百姓自番界回來，其莊田已被別戶請射，無處歸托。令後如有五周年內，其本主還來識認，不以桑土荒熟，并莊園三分中交還二分；十周年內來者，交還一半；十五周年內來者，三分中交還一分。應上項承佃戶，如是自出力別蓋造到屋舍，及栽種到樹木園圃，并不在給還之限。如十五周年外歸業者，其莊田除本戶墳塋外，不在交還。如有荒廢桑土，承佃戶自來無力佃蒔，祇仰交割與歸業人戶佃蒔。一、應有坐家破逃人戶，其戶下物業，并許別戶陳告，請射承佃，供納租税，充爲永業，不限年歲，不在論認之限。所有本戶及鄉村節級,重行斷決。一、諸州應有冒佃逃戶物業,不納租稅者,其本戶歸業之時,不計年限,并許論認。仰本縣立差人檢勘,交割與本戶爲主。如本戶不來歸業,亦許別戶請射爲主。所有冒佃人戶及本縣節級,重行科斷。如冒佃人戶自來陳首承認租稅者,特與免罪。一、顯德二年正月二十五日已前,應有逃戶拋下莊田,自來全段無人承佃,曾經省司指揮,開闢租稅者,宜令本州縣招携人戶歸業,及許別戶請射爲主,與免一年差科色役。至第二年已後,據見在桑土及租蒔到見苗,詣實供通,輸納租稅。

原載《五代會要》卷25

不得奏薦判官詔　顯德二年六月

兩京、諸道州府留守判官、兩使判官、少尹、防禦團練軍事判官,今後并不得奏薦。如隨郡已歷前件官職任者,不在此限。其防禦團練、刺史州各置推官一員。

原載《五代會要》卷25

令點檢祠祭詔　顯德二年八月

今後諸處祠祭應有牲牢香幣饌料供具等,仰委本司官吏躬親檢校,務在精至。行事儀式,依《禮經》。大祠祭合用樂者,仍須祀前教習。凡關祀事,宜令太常博士及監察御史用心點檢,稍或因循,必行朝典。

原載《冊府元龜》卷34

太廟及諸祠非親祀不用犢敕　顯德二年八月

祭祀尚誠,祝史貴信,非誠與信,何以事神?禘祭重於殺牛,黍稷輕於明德,犧牲之數,具載典經。前代以來,或有增損,宜采酌中之禮,且從貴少之文。起今後祭圓丘方澤社稷,并依舊用犢。其太廟及諸祠,宜準上元二年九月二十一日制,并不用犢。如皇帝親行事,則依常式。

原載《五代會要》卷3

令毀銅器鑄錢敕　顯德二年九月

國家之利,泉貨爲先。近朝已來,久絕鑄造。至於私下,不禁銷鎔。歲月漸深,奸弊尤甚。今采銅興冶,立監鑄錢,冀使公私,宜行條制,起今後,除朝廷法物,軍器官物,及鏡,并寺觀鐘、磬、鈸、相輪、火珠、鈴鐸外,其餘銅器,一切禁斷。應兩京諸道州府銅像器物及諸色裝鉸,所用銅,限敕到五十日內,立須毀折送官。其私下所納到銅,據斤兩給付價錢。如出限,輒有隱藏及埋窖使用者,一兩至一斤,所犯人并加等第刑責。至五斤已上,不計多少,所犯人處死。其銅鏡,今後官中鑄造於東京,置場貨賣,許人收買於諸處興販。其朝廷及諸州見管法物軍器官物,舊用銅製造并裝飾者,候經使用破壞,即時改造。仍今後不得更使銅,內有合使銅者。奏取進止。

原載《冊府元龜》卷 501

平秦成階等州德音　顯德二年十一月

朕承宗社之靈,居億兆之上,祗臨太寶,于茲再周。每念晉漢以來,朝野多故,疆宇日削,生聚未堪,常懷拯救之心,冀答天人之意,至於夙夜,不敢荒寧,求安邊拓境之謀,思濟世息民之計。乃眷秦鳳,地接巴邛,頃屬亂離,因茲阻隔。千里之地,大朝之聲教不通;十年之中,百姓之艱苦難狀。昨者興發師旅,經略封陲,鼓鼙絕震於郊原,蛇豕難逃於鋒刃,僵尸遍野,棄甲如山。秦成階等州管內將校官吏軍人百姓等,喜寇孽之逋逃,舉城壘而歸順,飛章送款,協力同謀,父老相歡,山河如故。而僞署鳳州節度使王環等獨迷去就,尚據城池,朕念彼孤危,繼令招諭,惜一城之士庶,開三面之綱羅,豈期拒轍之徒,不體好生之德。遂令攻擊,立見蕩平,渠帥就擒,秦隴無梗。宜降惟新之澤,庶隆及物之恩。應秦鳳階等州管內,自顯德二年十一月已前有罪犯者,無問輕重,一切釋放。應馬步行營將士等各與恩澤。其有歿於王事者,自付兵馬使已上并與贈官,仍賜賻贈物。城下攻歿百姓爲矢石所害致死者,本戶除二稅外,放免三年差徭,仍賜本家孝服絹三匹。其倍署人夫州縣官并與加階減選。秦城階等州歸明將士,自長行以上等第支賜優給,其官吏將校職員等并與加恩;其中有西川人員除恩澤賞賜外，如願駐留者厚與請受，如願歸去者并給盤纏，用慰衆情，免違物性。應收捉到賊軍將校，一切放罪，并令押送赴闕，各與恩澤。自何重建等歸投西川已來，訪聞管內州縣連歲饑荒，百姓軍人倍加勞役，科斂頻併，法令滋章，既爲吾民，宜革前弊，今後除秋夏兩稅徵科外，應僞蜀所立諸般科率名目及非理徭役，一切停罷。德音未該者，宜令所司相次指揮。

原載《册府元龜》卷96

征淮南敕　顯德二年十一月

朕自纘承基構，統御寰瀛，方當恭己臨朝，誕修文德，豈欲興兵動衆，專耀武功？顧茲昏亂之邦，須舉弔伐之義，蠢爾淮甸，敢拒大邦，因唐室之陵遲，接黃寇之紛亂，飛揚跋扈，垂六十年，盜據一方，僭稱僞號。倖數朝之多事，與北境以交通，厚啓戎心，誘爲邊患。晉漢之代，寰海未寧，而乃招納叛亡，朋助凶慝。李金全之據安陸，李守貞之叛河中，大起師徒，來爲應援。攻侵高密，殺掠吏民，迫奪閩越之封疆，塗炭湘潭之士庶。以至我朝啓運，東魯不庭，發兵而應接慕容，觀釁而憑陵徐部。沭陽之役，曲直可知，尚示包荒，猶稽問罪。爾後維揚一境，連歲阻饑，我國家念彼災荒，大許糶易，前後擒獲將士，皆遣放還。自來禁戢邊兵，不令侵撓，我無所負，彼實多奸。勾誘契丹，至今未已，結連并寇，與我世讎，罪惡難名，人神共憤。今則推輪命將，鳴鼓出師，徵浙右之樓船，下朗陵之戈甲，東西合勢，水陸齊攻。吳孫晧之計窮，自當歸命；陳叔寶之數盡，何處偷生？應淮南將士軍人百姓等，久隔朝廷，莫聞聲教，雖從僞俗，應樂華風。必須善擇安危，早圖去就。如能投戈獻款，舉郡來降，具牛酒以犒師，奉圭府而請命，車服玉帛，豈吝旌酬？土地山河，誠無愛惜。刑賞之令，信若丹青。苟或執迷，寧免後悔？王師所至，軍政甚明，不犯秋毫，有同時雨。百姓父老，各務安居，剽虜焚燒，必令禁止。自茲兩地，永爲一家。凡爾蒸黎，當體誠意。

原載《舊五代史》卷115

授高麗國王王昭開府儀同三司檢校太尉制　顯德二年十一月

姬旦分疆，肅慎列明堂之位；武王尊德，朝鮮受箕子之封。矧乃代守東藩，材稱間世。襲衣冠而奉正朔，瞻象魏以走梯航，推誠遠慕於華風，重譯來朝於興運。嘉乃丕績，宜覃懋恩。特進檢校太尉、使持節玄菟州都督、大義軍節度使、上柱國、高麗國王王昭，地控辰韓，風行日域。命氏本神仙之族，炳靈分象緯之精。爲仁自契於太平，既觀縣已，述職罔殊於諸夏，來奉充庭。朕嗣守鴻圖，方崇王道。禮樂征伐之柄，盡出眇躬；山河帶礪之盟，思傳不朽。但遵聲教，豈限遐遥。俾光煮土之封，更假自天之寵。於戲！儀同三事，無先開府之尊；冠聳四梁，愈見上公之貴。琢蒼玉爲爾佩，飾豐貂爲爾冠，用報好音，且彰柔遠。爾其仰宣朝命，下慰州民。泛濟水爲恩波，還同在藻；指家山於緱嶺，免咏式微。永爲屬國之賓，無闕外臣之禮。可授開府儀同三司、檢校太尉，依前使持節玄菟州諸軍事、行玄菟州都督、充大義軍使、高麗國王，勛如故。

原載《册府元龜》卷 965

求遺書詔　顯德二年十二月

史館所少書籍，宜令本館諸處求訪補填。如有收藏書籍之家，并許進納。其進書人據部帙多少等第，各與恩澤。如卷帙少者，量給資帛。如館内已有之書，不在進納之限。仍委中書門下於朝官中選差三十人，據見在書求真本校勘，刊正舛誤，仍於逐卷後署校勘官姓名，宜令館司逐月具功課，申中書門下。

原載《五代會要》卷 18

南征御札　顯德三年正月

朕以中原雖静，四表未寧，臨戎罔憚於躬親，問罪須勤於櫛沐，今訓齊驍鋭，巡幸邊陲，用壯軍容，永安國步。宜取此月内車駕進發，暫幸淮上。凡關舊儀，有司準式。

原載《册府元龜》卷 118

答張昭進兵法詔　顯德三年二月

朕昔覽兵書,粗知前事,將觀機要,委卿撰述,曾未逾時,遠來呈進,披尋之際,備見精詳,論戰法之大綱,與孫吳而共貫,賴卿博學,副朕所懷,宜示頒宣,用明恩寵,嘉獎在念,再三不忘。今賜卿衣着二百匹,銀器一百兩。

原載《册府元龜》卷 607

賜劉仁贍詔　顯德三年三月

朕昨者再幸淮涘,盡平諸砦,念一城之生靈,久困重圍;豁三面之疏網,少寬疲瘵。果聞感義,累貢來章。卿受任江南,鎮兹淮甸,逾年固守,誠節不虧,近代封疆之臣,卿且無愧忠烈。迴翔之際,不失事機,萬民獲保於安全,一境便期於舒泰。卿便可宣達恩信,慰撫軍城,將觀儀形,良增欣沃。覽奏嘉獎,再三在懷。

原載《册府元龜》卷 167

又賜劉仁贍詔　顯德三年三月

朕臨御萬邦,推誠克己,當五兵未戢,雷霆宣震耀之功;暨萬旅投戈,覆載示生成之德。況卿等受任本國,保兹列藩,戮力邦家,將帥常道,救援不及,迴翔得宜,事主盡心,何罪之有? 已令宣諭,當體優恩。勉自保調,無更疑慮,稱獎在念,寤思不忘。

原載《册府元龜》卷 167

賜李景璽書　顯德三年三月

頃自有唐失御,天步方艱,巢、蔡喪亂之餘,朱、李戰争之後,中夏多故,六紀於兹,海縣瓜分,英豪鼎峙,自爲聲教,各擅蒸黎。連衡而交結四夷,乘釁而憑陵上國。華風不競,否運所鍾。凡百有心,孰不興憤? 朕猥承先訓,恭荷永圖,德不追於前王,道未方於往古。然而擅一百州之富庶,握三十萬之甲兵,農戰交修,士卒樂甲,思欲報累朝之宿怨,刷萬姓之包羞。是以踐位已來,懷安不暇,破幽并之巨寇,收秦鳳之全封,兵不告疲,民有餘力。一昨迴軍隴上,問罪江干,我實有辭，咎將安執？朕親提金鼓，尋渡淮泚，上順天心，下符人欲，前鋒所向。彼寇無遺，棄甲僵尸，動盈川谷，收城徇地，已過滁陽。豈有落其爪牙，折其羽翼，潰其心腹，扼其吭喉，而能不亡者哉？早者泗州主將遞送到書一函，尋又使人鍾謨李德明至，賫所上表，及貢奉衣服、腰帶、金銀器、帛、茶、藥、牛、酒等；近差健步進到第二表；今月十六日使人孫晟等至，賫到第三表，及進奉金銀等；并到行朝，深誠厚意。觀其降身聽命，引咎告窮。所謂君子見幾，不俟終日，苟非達識，孰能若斯？但以奮武興戎，所以討不服；惇信明義，所以來遠人。五帝三王，盛德大業，嘗用此道，以正萬邦。朕今躬統戎師，襲行討伐，告於郊廟社稷，詢於將相公卿，天誘其衷，國無異論。苟不能恢復外地，自畫邊疆，便議班師，真同戲劇，則何以光祖宗之烈，厭士庶之心？匪徒違天，兼且咈衆。但以淮南部內，已定六州，廬、壽、濠、黃，大軍悉集，指期克日，拉朽焚枯，其餘數城，非足介意。必若盡淮甸之土地，爲大國之提封，猶是遠圖，豈同迷復？如此，則江南吏卒，悉遣放還，江北軍民，并當留住，免違物類之性，俾安鄉土之情。至於削去尊稱，願輸臣禮。非爲故事，實有前規。蕭詧奉周，不失附庸之道；孫權事魏，自同藩國之儀。古也雖然，今則不取，但存帝號，何爽歲寒？倘堅事大之心，終不迫人於險。事實真愨，詞匪枝游。俟諸郡之悉來，即大軍之立罷。質於天地，信若丹青。我無彼欺，爾無我詐，言盡於此，皆不須云。苟曰未然，請從茲絕。竊以陽春在候，庶務繁思，願無廢於節宣，更自期於愛重。音塵匪遠，風壤猶殊，翹想所深，勞於夢寐。

原載《冊府元龜》卷 167

賜李景將佐書　顯德三年三月

朕自類禡興師，麾旌問罪，絕長淮而電擊，指建業以鷹揚，旦夕之間，克捷相繼。至若兵興之所自，釁起之所來，勝負之端倪，戎甲之次第，不勞盡諭，必想具知。近者金陵使人，繼來行闕，追悔前事，委質大朝，非無謝咎之辭，亦有罪軍之請。但以南邦之土地，本中夏之封疆，苟失克復之期，大孤朝野之望。已興是役，固不徒還，必若自淮以南，畫江爲界，盡歸中國，猶是遠圖。所云願爲外臣，乞比湖浙，彼既服義，朕豈忍人？必當別議崇封，待以殊禮。凡爾將佐，各盡乃心，善爲國家之謀，勉擇恒久之利。

原載《册府元龜》卷 167

平揚州諭諸道詔　顯德三年四月

朕自渡長淮，尋清千里戎輅；方期於南下，金陵哀告而上章。乞駐禁軍，稱臣待罪。念其危迫，未遣攻收，不謂忽逞狂謀，又屯殘寇。韓令坤、趙諱等憤其奸詐，戮力掃除。銳旅纔交，賊徒大敗。生擒偏將，盡奪樓船。佇于旦夕之間，便見澄清之運。凡聞克捷，諒極歡呼。

原載《册府元龜》卷 118

公私織造須合制度制　顯德三年五月

化民成俗，須務真純。蠱物害能，莫先浮僞。織紝杼軸之制，素有規程。裨販貿易之徒，不許違越。久無條理，漸致澆訛。苟所鬻之或精，則酬直之必重。宜從樸厚，用革輕浮應天下。今後公私織造，到絹帛紬布綾羅錦綺及諸色匹段，其幅尺斤兩，并須合向來制度，不得輕弱假僞，罔冒取價。如有已上物色等，限一百日内，并須破貨了絶。如限外敢有違犯織造貨賣者，即所在節級所由擒捉送官。

原載《册府元龜》卷 504

平淮南德音　顯德三年五月

王者經營四方，式遏亂略，懷安逸而亡戰伐，則雄圖莫震；有雪霜而無雨露，則歲功不成。日者革輅親征，靈旗問罪，正陽之役，吳師無匹馬之歸；六合之征，楚甲有齊山之積。今長江以北，半爲我疆，實賴將相協謀，貔貅宣力，破彼勍敵，成兹茂勛。宜敷曠蕩之恩，用慰輕揚之俗。澤流沾於動植，寵豈忘於忠勤？聲教惟新，甄賞斯在。可特赦淮南道諸州管内見禁罪人，取顯德三年六月十一日已前，凡有違犯，不問輕重，并不窮問。其江北諸州縣有未收復處，宜令行營大將明申招諭，儻能知幾變，歸順朝廷，其向來名位俱一切如故，仍選明藩大郡厚加旌賞，其軍都自長行以上并與優給，其中有願歸江南者亦聽自便。應隨駕淮南行營諸軍等，或破敵成功，或攻城效力，或收降州縣，或護衛乘輿，咸積忠勤，宜加酬獎，各與等第優給。從駕職官及諸色人員等，從征在外，奉事有勞，各與加恩，以獎勤幹。諸州夫役自來有沒於矢石者，其本戶放免三年差徭，仍每人支賜贈孝絹三匹。淮南道諸州縣先屬江南之時，頗有非理科徭無名配率，今後一切停罷。事有不利於民、無益於時者，宜令長史條奏以聞。

原載《冊府元龜》卷 96

許京城街道取便種樹掘井詔　顯德三年六月

輦轂之下，謂之浩穰，萬國駿奔，四方繁會。此地比爲藩翰，近建京都，人物諠闐，閭巷隘陝，雨雪則有泥濘之患，風旱則多火燭之憂，每遇炎蒸，易生疫疾。近者開廣都邑，展引街坊，雖然暫勞，久成大利。朕昨自淮上迴及京師，周覽康衢，更思通濟，千門萬戶，庶諧安逸之心，盛暑隆冬，倍減寒溫之苦。其京城內街道闊五十步者，許兩邊人戶各於五步內取便種樹掘井、修蓋凉棚，其三十步以下至二十五步者，各與三步，其次有差。

原載《冊府元龜》卷 14

毀廢妖妄占卜書敕　顯德三年八月

應諸色陰陽占卜書，宜令司天臺、翰林院集官詳定。其書如是曾經前代聖賢行用合正道者，只可存留，其有淺近妖妄不依典據者，并可毀廢。

原載《五代會要》卷 11

織造絹布不得夾帶粉藥敕　顯德三年十月

舊制織絁絹布、綾羅錦綺、紗縠等，幅闊二尺。起來年後，公私織造，并須及二尺五分，不得夾帶粉藥。宜令諸道州府嚴切指揮，來年所納官絹，每匹須及一十二兩。河北諸州并萊、登、沂、密州，須及一十二兩。絁紬正要夾密停勻，不定斤兩，絁紬絹長依舊四十二尺。

原載《五代會要》卷 25

减鹽稅敕　顯德三年十月

齊州管内,元于秋苗上俵配鹽、鹽,謂之察頭鹽,每一石徵錢三千文。苗畝雖減於舊時,鹽數不侈於往日。且聞黎庶頗亦艱辛,其滄、棣、濱、淄、青五州管内,所請鹽、鹽,每一石徵絹一匹。地里相接,苦樂頓殊。輸輕者量與增添,賦重者時宜蠲減。庶無偏黨,用示均平。其齊州所納鹽價錢,特與減放一半,只徵一千五百文。其滄、棣、濱、淄、青等州,每鹽一石,舊徵絹一匹,起來年後,加一匹。

原載《册府元龜》卷 488

任鄉村煎鹽敕　顯德三年十月

漳河已北州府管界,元是官場糶鹽,今後除城郭草市内,仍舊禁法,其鄉村并不有鹽貨通商。逐處有鹹滷之地,一任人户煎煉,興販則不得逾越漳河,入不通商界。

原載《五代會要》卷 26

慎擇諸司寺監官詔　顯德三年十月

諸司職員,皆係奏補,當執役之際,悉藉公勤;及聽選之時,尤資幹敏。苟非慎擇,漸致因循。應諸司寺監,今後收補役人,并須人材俊利,身言可采,書札堪中,自前行止,委無訛濫。勒本司關送吏部,引驗人材,考校筆札,其中選者,連所試書迹及正身,引過中書,餘從前後格敕處分,仍每年祇得一度奏補。

原載《舊五代史》卷 116

修太祖實録詔　顯德三年十二月

伏以太祖聖神恭肅文武孝皇帝削平多難,開啓洪圖,用干戈而清域中,修禮樂而治天下,克勤克儉,乃武乃文。八紘方混於車書,三載忽遺於弓劍。英謀睿略,既高冠於前王;聖德神功,尚未編於信史。詢於典禮,闕孰甚焉! 宜垂不刊之文,以永無疆之美。其太祖聖神恭肅文武孝皇帝實録,宜差兵部尚書張昭修纂,其同修纂官員,委張昭定名奏請。

原載《册府元龜》卷 557

修梁均帝唐清泰帝實録詔　顯德三年十二月

書契已來,史冊相繼,明君暗主,罔或遺之。所以紀一時之興亡,爲千古之鑒誡。梁均帝、唐清泰二主,皆居大寶,奄宅中區。雖負扆當陽,不享延洪之數;而編年紀事,宜存纂録之規。用備闕文,永傳來裔。其梁均帝、唐清泰二主實録,宜差兵部尚書張昭修纂,其同修纂官員,亦委張昭定名奏請。

原載《冊府元龜》卷557

幸淮上御札　顯德四年正月

朕躬臨庶政,志静八方。顧淮海之未賓,命師徒而致討,克捷相繼,殺獲甚多。料彼孤危,安能抵拒?然以將士在外,攻戰逾年,竭力盡忠,摧凶破敵。念兹辛苦,常軫憂勞,暫議省巡,親行慰撫。且地理之不遠,諒回復以非遥。今取二月内,暫幸淮上,應自來緣路供頓,務從省略。凡有費用,并以官物供備,所在不得科配。其諸約束條件一如近年巡按之例。

原載《冊府元龜》卷118

春令赦宥詔　顯德四年正月

朕自守丕圖,常勤庶政,念萬方之至廣,終日勞心,恐一物之未蘇,通宵不寐。屬乾元資始,春日載陽,升紫殿以發德音,秉鎮圭而朝群后,順青帝發生之令,體玄穹亭育之仁,思與群生,同慶嘉運。及物之澤,罔間於幽遐;作解之恩,宜均於雷雨。應天下見禁罪人除犯大辟外,一切釋放。應諸色亡命之人官中自來追捕未獲者,今并放罪。諸道州府應欠顯德三年終已前秋夏税物,并與除放。諸處敗闕場院人員自來累行徵督尚有逋欠實無抵當者,宜令三司具欠分析數目聞奏,別候指揮。内外文武職官自前曾有犯罪停免黜削人等,宜令中書門下樞密院具罪犯因繇聞奏,別候進止。應淮南界内百姓,宜令行營將校告報諸軍,不得俘虜傷害。應有文學之吏、武勇之人,或幕府州縣官等,臨事强明,在任有所振舉,爲衆稱譽者,宜令所在長吏具名聞奏。在朝文武臣僚於知識人中有如此者,亦可公舉,并當擢用,待之厚禄。於戲！帝王之於億兆也，教之化之，納於仁壽。當五兵未戢，舜干暫舞於兩階；洎中夏小康，湯綱宜開於三面。用示好生之德，仁遵且格之言，凡被炤臨，體予朕意。

原載《冊府元龜》卷 96

秋夏徵了追攝公事敕　顯德四年二月

諸道州府所管屬縣，每年秋夏徵科了畢後，多是却追縣典上州會末文鈔，因茲科配斂掠，宜令今後秋夏徵科了足日，仰本州府但取倉場庫務內欠文鈔。如無異同，不在更追官典。諸道州府管內縣內鎮，每有追攝公事，自前多差衙前使院職員及散從步奏官，今後如是常程，追攝公事，祇令府□□□承受遞送，不得更差專人。若要切公事及軍期，不在此限。

原載《五代會要》卷 25

受壽州降諭天下詔　顯德四年三月

朕昨者再舉銳師，重清淮甸，憑玄穹之助順，賴將相之協心。盡至援軍，便臨孤壘。劉仁贍智勇俱竭，請罪軍門，相次遣男奉表輸誠，乞全生聚。今月十一日，大陳兵眾，直抵城池，劉仁贍率在城兵士一萬餘眾及軍府將吏、僧道、百姓等出城納款，尋便撫安。壽春既靜於烟塵，江表仁同於文軌。遠聞克捷，當慰哀誠。

原載《冊府元龜》卷第一百一十八

收壽州戰骨并優給陣歿將士愛物詔　顯德四年三月

自攻討壽州已來，應有將士歿於王事者，宜差殿直劉漢卿於壽州四面，收斂其尸，以官物祭奠，本家仍以優給，有男者量與叙用。

原載《冊府元龜》卷 135

降壽州赦文　顯德四年三月

朕受天明命，繼統中區，寰瀛將保於大同，征伐蓋非於獲已。一昨以壽春未拔，吳寇重來，內外張皇，烽火相接，罔避暫勞之役，須興再駕之師,步騎長驅,水陸齊進,戈船苦栅,一鼓蕩平。劉仁贍以衆意憂危,援兵覆没,遣子上表,瀝血求哀。矜彼含生,許其納款。兵革之後,黎庶未安,念孤壘之初開,解疏羅而示德,宜覃在宥之澤,俾安向化之心。可赦壽州管内見禁罪人,自今月二十一日昧爽已前凡有過犯,無問輕重,并從釋放。應歸順官吏將校職員,并與等第加恩。壽州管界去城五十里内,與放今年及明年秋夏租税。自來百姓有曾受江南文字聚集山林者,押逐處長吏使臣招唤歸家,并不問罪。如曾有傷害者,今後不得更有相酬及經官論訴。兼自用兵已來被擄劫骨肉者,不計遠近,并許本家識認,官中給物收贖,所在不得藏占。曾經陣敵處所暴露骸骨,仰差人收拾埋瘞。自前後政令有不便於民者,委本州條列聞奏,當行釐革。

原載《册府元龜》卷 96

加贈皇從弟守願等官制　顯德四年四月

故皇從弟、贈左領軍衛將軍守願,贈左監門衛將軍奉超、贈左千牛衛將軍懯等,天潢演派,棣萼騰芳,咸敦孝悌之情,并著謙和之譽,頃因季代,不享遐齡,每念作孽,難忘有慟,宜加贈典,復賁泉扃。守願可贈左衛大將軍,奉超可贈左衛大將軍,懯可贈左武衛大將軍。

原載《册府元龜》卷 277

追封郯王侗等制　顯德四年四月

禮以緣情,恩以悼往。矧在友于之列,尤鐘惻愴之思。故皇帝贈太保侗、贈司空信等,玉葉聯芳,金莖比瑞,屬景運之初啓,何大年之不登,未剪桐珪,連雕棣萼,俾予終鮮,寔動永懷,既登叙以無階,在疏封而起悌。贈其王爵,慰我天倫。侗追封郯,信追封杞王。

原載《册府元龜》卷 296

追封越王誼等詔　顯德四年四月

父子之道,聖賢不忘,再思禾闕之瑞,愈動悲良之抱。故皇子賜左驍衛大將軍誼、贈左武衛大將軍誠、贈左屯衛大將軍諴等,鳳雛龍翰,聳常其殊姿,玉拆蘭摧,早罹於非禍。載惟往事,有足傷懷。宜贈一字之封,仍贈三臺之秩,表吾追念,慰乃英靈。誼追封越王,誠追封吳王,誠追封韓王。

原載《册府元龜》卷296

求直言詔　顯德四年五月

朕暇日觀書,見前代名臣,議時政得失,皆直指其事,不尚枝詞,舉一善必適其材,懲一惡必當其咎。故能中外無壅,悔吝不生,居上者聽之而不疑,在下者言之而無罪。嘻!埋輪都亭,惡梁冀也;陳尸下室,進蘧瑗也。曹參期獄市無撓,充國議屯田之制,李勉嫉惡,謂盧杞爲奸邪,詩人樂善,美張仲之孝友。皆明述臧否,端若貫珠,時主聞之,可以區別。施於臣僚,得事君盡忠之義;用之邦國,有從諫如流之稱。爰自近朝,頗虧公道,上封事者,言無可采,議刑罰者,事不酌中,論阿黨則莫顯姓名,述正直則曾無按據。卒歲延納,終無可觀,爲臣事君,不當如是。今後每遇入閤,其待制官候對,及文武臣僚非時所上章疏,竝須直書其事,不得隱情,但云某人有文,某人有武,某人曉錢穀,某人能理人,某處所官吏因循,某州縣刑獄冤濫,某事利於國而未舉,某事害於民而未除,經營四方者術策何施,裨贊萬機者闕遺何補,何人黨正之士,何人詐僞之端。苟上下同心,則綱紀有序。當寡昧求理之際,適賢良獻可之時,當極言之,朕自詳覽。黜陟二柄,期於必行,咨爾群僚,各體深意。其待制候對官,今後於文班内論次充不在,只取刑法官。

原載《册府元龜》卷103

命再舉令録敕　顯德四年六月

應在朝文資官,各令再舉一人堪充令、録及兩使防禦、團練、軍事判官者。自前或因公過微有殿犯者,亦許稱舉。餘准顯德二年正月二十一日御札處分。

原載《五代會要》卷4

停罷官麵許人户自造詔　顯德四年七月

諸道州府麴務，今後一依往例。官中禁法賣麴，逐處先置都務，候敕到日，并仰停罷。據見在麴數，依時踏造。候人户將價錢，據數給麴，不得賒賣，抑配與人。應鄉村人户，今後并許自造米醋，及買糟造醋供食。仍許於本州縣界就精美處酤賣其酒，麴法條依舊施行。

原載《册府元龜》卷 504

餉州縣清釐詞狀詔　顯德四年七月

準令諸論田宅婚姻，起十一月一日至三月三十日，州縣爭論，舊有釐革，每至農月，貴塞訟端。近聞官吏因循，緣此成弊，凡有訴競，故作逗遛，至時而不與盡詞，入務而即便停罷，强猾者因此得志，孤弱者無以自伸。起今後應有人論訴物業婚姻，取十一月一日後許陳詞狀，至二月三十日權停。自二月三十日已前，如已有陳詞，至權停日公事未了絶者，仰本處州縣亦與盡理勘逐，須見定奪了絶。其本處官吏如敢違慢，并當重責。其三月一日後至十月三十日前，如有婚田詞訟者，州縣不得與理，若是交相侵奪，情理妨害，不可停滯者，不拘此限。

原載《舊五代史》卷 117

令舉軍職詔　顯德四年八月

文武之道迭用，軍旅之事非輕。朝廷方整車徒，欲清區宇，咸資戎事，甚渴雄才。勇鷙之人，每延頸而在念；炤臨之内，非博訪以難知。應在朝上將軍、統軍大將、軍將、軍率、府率、副率等，宜令各舉有武勇膽力、騎射趫捷、堪爲軍職者三兩人，仍具年幾及歷職去處奏聞。如已在禁軍者，不在稱舉，俟舉到日，并當此職騎射。看驗人材，雖是姻親，亦許公舉，但於狀内具言。如任用之後，不副所舉，即量事輕重，連坐舉主。

原載《册府元龜》卷 68

李穀罷相制　顯德四年八月

鴻水未堙，舟楫賴濟川之用；密雲既雨，郊原成利物之功。惟賢哲之保躬，蹈初終於元吉。我有良相，時惟正人，七年竭力於扶持，六氣遂乖於頤養，逾歲伏枕，九陳讓章，敦諭雖頻，告請彌切。暫輟秉鈞之任，不移論道之資，仍益戶封，斯爲異數，推忠協謀，佐理功臣。特進、守司空門下侍郎、同中書門下平章事、監修國史、上柱國、隴西郡開國公、食邑一千五百戶、食實封二百戶李穀，昔事先朝，勤勞王室，曁登上相，佐佑朕躬。疾因憂國而有加，志在避權而知足，煩燮調而斯久，釋難重以爲宜，漸俟痊平，別期委任，俾展輅車之禮，用光水土之官。惟爾誠明，當體優異，凡百有位，知予尚賢。可守司空，加食邑五百戶、食實封二百戶，功臣、散官、勳如故，仍令所司擇日備禮冊命。

原載《冊府元龜》卷 333

幸淮上御札　顯德四年十月

向者以淮甸未平，王師致討，寔賴忠貞之力，繼成克捷之功。漸屬嚴凝，念彼征役，況今邊陲無事，軍旅正雄，須議省巡，親躬撫問，將布混同之化，罔辭櫛沐之勞。止期一兩月間，車駕却還京闕。凡在中外，當體朕懷。今取此月內，暫幸淮上，應往來沿路供頓，務從省略。凡有費用，并以官物供備，所在不得科配。

原載《冊府元龜》卷 118

興制舉制　顯德四年十月

制策懸科，前朝盛事，莫不訪賢良於側陋，求讜正於箴規，殿庭之間，帝王親試。其或大裨於國政，有益於時機，則必待以優恩，縻之好爵，拔奇取異，無尚於茲。得人者昌，於是乎在，爰從近代，久廢此科，懷才抱器者鬱而不伸，隱耀韜光者晦而莫出。遂使翹翹之楚，多致於棄捐；皎皎之駒，莫就於縶縶。遺才滯用，闕孰甚焉。天下諸色人中，有賢良方正，能直言極諫，經學優深，可爲師法，詳閑吏理，達於教化者，不限前資見任職官，黃衣草澤，并許應詔。其逐處州府，依每歲貢舉人試列，差官別考試解送尚書吏部，仍量試策論三道，共三千言以上。當日內取文理俱優人物爽秀者,方得解送,取來年十月集上都,其登朝官亦許上表自舉。

原載《五代會要》卷 22

定考滿月限詔　顯德五年正月

職官攸設,數易則弊生;政理所施,久行則民信。前典有三載考績之義,昔賢垂三年報政之規,將欲化民,莫如師古。諸道幕職州縣官,依舊制,以三十個月爲滿,起今年正月一日後,所授官并以三周年爲月限,閏月不在其內。每年常調選人及諸色求仕人,取十月一日已前到京下納文解及陳乞文狀,委所司依舊例磨勘注授,至十二月上旬終,并須了畢,便令赴官,限二月終以前到任。若違程,仰本處不得放上,且令舊官在任。如是無故違程,依格殿選;其有故違程者,須分明出給得所在憑由,許至前冬赴集。今年赴任者,不在此例。其特敕除授及隨幕判官赴任,不拘時月之限。應授官人,至滿日替人未到間,宜令且守本官,主當公事,依舊請俸,州府亦不得差署攝官替下。如是遭喪停任,身故假滿,非時闕官之時,只可差前資正官及有出身人承攝。如逐處無正官及有出身人,即選清强人承攝,仍依正官例支與俸錢,具名奏聞。

原載《冊府元龜》卷 634

駁落郭峻趙保雍等及第詔　顯德五年三月

比者以近年貢舉,頗是因循,頻詔有司,精加試練,所冀去留無濫,優劣昭然。昨據貢院奏,今年新及第進士等所試文書,或有臧否,爰命詞臣,再令考核,庶涇、渭之不雜,免玉石之相參。其劉垣、單貽慶、李慶、徐緯、張覲等,詩賦稍優,宜放及第。王汾據其文詞,亦未精敏,念以頃曾駁落,特與成名。熊若谷、陳保衡皆是遠人,深可嗟念,亦放及第。郭峻、趙保雍、楊丹、安元度、張助、董咸則、杜思道等,未甚精者,并從退黜,更宜修進,以俟將來。知貢舉右諫議大夫劉濤,選人不當,有失用心,可責授右贊善大夫,俾令省過,以戒當官。

原載《五代會要》卷 22

賜江南國主李景書　顯德五年三月

皇帝致書恭問江南國主，別睹來章，備形縟旨，叙此日傳讓之意，述向來高尚之懷，仍以數歲已還，交兵不息，備論追悔之事，無非克責之辭，雖古人有引咎責躬，因災致懼，亦無以過此也。況君血氣方剛，春秋甚富，爲一方之英主，得百姓之驩心，即今南北纔通，疆場甫定。是玉帛交馳之始，乃干戈載戢之初，豈可高謝君臨，輕辭世務？與其慕希夷之道，何若行康濟之心。重念天灾流行，分野常事，前代賢哲，所不能逃。苟盛德之日新，則景福之彌遠，勉修政理，勿倦經綸。保高義於初終，垂遠圖於家國，流芳貽慶，不亦美乎？諒惟英敏，必照誠懷。

原載《舊五代史》卷118

賜江南國主李景書　顯德五年三月

皇帝恭問江南國主：劉承遇至，賚到草表，分割廬、舒、蘄、黃等州，畫江爲界，兼重疊見謝者，頃逢多事，莫通玉帛之歡；適自近年，遂構干戈之役，兩地之交兵未息，蒸民之受弊斯多。一昨再辱使人，重尋前意，將敷久要，須盡縷陳。今者承遇爰來，封函復至，請割州郡，仍定封疆，猥形信誓之詞，備認始終之意。既能如是，又復何求？邊陲頓靜於烟塵，師旅便還於京闕，永言欣慰，深切誠懷。其常、潤一路及沿江兵棹，今已指揮抽退；兼兩浙、荆南水路將士，各降詔示，竝令罷兵；其廬、黃、蘄三路將士，亦遣抽拔近外。若彼中起揭，逐處將員兵士及軍都家口了畢，只請差人勾喚在彼將校，交割州城。所有江內舟船或慮上下，須有往來，已指揮只令就北岸牽駕。盡合披陳，幸惟體認。

原載《册府元龜》卷167

諸道俸料不得分配人户敕　顯德五年四月

應諸道州府進奏，逐月合請俸料及紙筆等錢，宜令今後于本州公使錢內支給，不得分配人户及州縣門户。如本州公使錢少，不便支給處，祗不要置進奏官，仰於衙前差有名糧職員充，進奏聞院副知。仍二周年替罷,本州優與安排。

原載《五代會要》卷24

命在朝文官再舉幕職詔　顯德五年五月

在朝文資官各令再舉堪爲幕職令、録者一人。所舉幕職,州縣官罷任後,便與除官,仍并許赴闕。

原載《五代會要》卷4

御崇元殿德音　顯德五年五月

疆場未寧,旗鼓下出師之命;氛霾既静,雲雷覃及物之恩。四維張而載戢五兵,武功成而必修文德。朕戎衣再御,三載親征,令行而霆霹爭雄,陣起而龍蛇合勢。蓋舟車之所及,諒聲教以咸臻,敢言涼德之懷柔,實賴忠臣之宣力。積水激朝宗之浪,事等疏川;客星迴拱極之光,瑞增懸象。今則斗柄建午,火正司南,順玄穹長養之心,伸有國亭毒之令。眷彼戎士,咸遵武經,或從我征行,久服勤于甲胄;或守兹城邑,能安定於封圻。宜舉彝章,首膺懋賞。應侍衛殿前及諸道馬步軍將士等各賜等第優給,餘從宣命處分。疾風勁草,既驗忠誠;臨難捐軀,所宜旌異。應淮南行營將士殁于王事者,各與贈官,逐人若有親嫡子孫,并與叙録;内有傷中殘廢不任征行者,等第各給救接錢帛。排難疆場,馬革無慚於壯志;遺骸暴露,牛岡有軫于深仁。載尋掩骼之文,俾什窮泉之恨。凡經戰陣處應有暴露骨骸,仰逐處州縣收拾埋瘞。淮南界内逐處墳墓有曾遭發掘處,委逐處州縣差人掩閉。用兵之際,力役是供,當矜貸之在展,諒優給之宜被。自去年十月後來,沿淮人户曾充夫役,内有遭傷殺不回者,本家各給絹三匹,仍放免本户下三年諸雜差役。江南疲俗,克復方新,特示蠲除,俾令存濟。楊、泰、通、滁、和、濠、泗、楚、光、壽、舒、廬、蘄、黄州、漣水、漢陽、汶川等縣,自去年終已前所欠秋夏殘税及諸色徵科配斂博徵物色等,并與除放。自東南用兵,首尾三載,沿淮州郡應奉軍期,飛挽頻仍,力役勞併。念其艱苦,深軫所懷。其徐、宿、朱、亳、陳、潁、許、蔡等州人户所欠去年秋夏税,并與除放。於戲! 江表來賓,顧車書之已混;寰中未

义,資將相之同心。所宜共率憲章,動遵王度,咨爾三事,達于庶官,
當整嘉謀,弼予不逮。

原載《冊府元龜》卷66

賜江南國主李景書　顯德五年五月

皇帝恭問江南國主,煮海之利,在彼海濱,屬疆壤之初分,慮供食
之有闕。江左諸郡,素號繁饒,然於川澤之間,舊無斥鹵之地。曾承
素旨,常在所懷。願均收積之餘,以助軍旅之用。

原載《舊五代史》卷118

賜江南國主李景璽書　顯德五年五月

皇帝恭問江南國主:竊以道契昌隆,撫有疆宇,控朱方而定霸,總
澤國以稱雄,五嶺三江,風聲自遠,重光奕世,基構無窮。不有奇傑之
才,孰副民庶之望! 朕猥以涼德,奄宅中區,接風壤以非遙,幸馬牛之
相及,引領南望,久渴徽猷,果契素誠,獲親高義。一昨繼勞使介,頻
奉好音,方在行朝,未遑報命。近還宮闕,合遣軺車,俾伸玉帛之歡,
少答歲寒之意。

原載《冊府元龜》卷167

賜江南國主李景璽書　顯德五年六月

朕居大寶之尊,爲萬邦之主,體穹昊從人之意,法禹、湯罪己之
心,豁開襟懷,昭示寰海,方務協和之德,豈忘曠蕩之恩。戴想融明,諒
應鑒認! 相次收到江南諸軍員僚兵士四千六百八十七人,今竝放歸。

原載《冊府元龜》卷167

興販牛畜抽稅敕　顯德五年六月

諸道州府應有商賈興販牛畜,不計黃牛、水牛,凡經過處,并不得
抽稅。如是貨賣處,祇仰據賣價每一千抽稅錢二十,不得別有邀難。

原載《五代會要》卷25

杖臀不過十五敕　顯德五年七月

州縣自官已，因公事行責情杖，量情狀輕重用，不得過臀十五杖。因責情杖致死者，具事由聞奏。

原載《五代會要》卷 10

頒賜諸道元稹均田圖詔　顯德五年七月

朕以寰宇雖安，蒸民未泰，當乙夜觀書之際，校前賢阜俗之方。近覽元稹《長慶集》見在同州時所上《均田表》，較當時之利病，曲盡其情，俾一境之生靈，咸受其賜。傳於方册，可得披尋。因令製素成圖，直書其事，庶公王觀覽，觸目驚心。利於國而便於民，無亂條制；背經合道，盡繫變通。但要適宜，所冀濟務，緊乃勛舊，共庇黎元。今賜元稹所奏《均田圖》一面，至可領也。

原載《五代會要》卷 25

選大戶爲耆長詔　顯德五年十月

諸道州府令團并鄉村，大率以百戶爲一團，選三大戶爲耆長。凡民家之奸盜者，三大戶察之，民田之有耗登者，三大戶均之。仍每及三載，即一如是。

原載《五代會要》卷 25

賜諸道均田詔　顯德五年十月

朕以干戈既弭，寰海漸寧，言念地徵，罕臻藝極。須議并行均定，所冀永適重輕。卿受任方隅，深窮治本，必能副寡昧平分之意，察鄉閭致弊之源，明示條章，用分寄任，佇令集事，允屬推公。今差使臣往彼檢括，餘從別敕。

原載《五代會要》卷 25

答竇儼詔　顯德五年十一月

竇儼所上封章，備陳政要，舉當今之急務，疾近世之因循，器識可嘉，辭理甚當，故能立事，無愧莅官。所請編集《大周通禮》《大周正樂》,宜依。仍令於内外職官前資前名中,選擇文學之士,同共編集,具名以聞。委儼總領其事。所須紙筆,下有司供給。

原載《册府元龜》卷 570

定學士朝請例詔　顯德五年十一月

翰林學士,職係禁庭,地居親近,與班行而既異,在朝請以宜殊。起今後當直下直學士,并宜令逐日起居,其當直學士,仍赴晚朝。

原載《五代會要》卷 13

省廢兩京五府諸州曹官敕　顯德五年十二月

兩京五府少尹、司録、參軍,先各置兩員,今後只置一員。六曹判司内,只置户曹、法曹各一員,其餘曹官及諸州觀察支使、兩蕃判官,并宜省廢。

原載《五代會要》卷 20

賜江南國主李景璽書　顯德五年十二月

皇帝致書恭問江南國主:星聚湖關,挺生英哲,命世既崇於基構,承家撫有於江山。顧寡昧之膺圖,與君王之契協。屬兹誕日,遂舉舊章,仍輟近臣,往修國命,導所懷於樂土,期福履之無疆。今差樞密承旨曹翰押生辰國信往彼,到希見領。

原載《册府元龜》卷 167

行盜三犯決殺敕　顯德五年

諸盜經斷後仍便行盜,前後三犯,并曾經官司推問伏罪,不問赦前後、贜多少,并取決殺。

原載《五代會要》卷 25

詳定雅樂詔　顯德六年正月

禮樂之重,國家所先。近朝已來,雅音廢墜,雖時運之多故,亦官守之因循。遂使擊拊之音,空留梗概;旋相之法,莫究指歸。樞密使王朴,博識古今,懸通律吕,討尋舊典,撰集新聲,定六代之正音,成一朝之盛事。其王樸所奏旋宮之法,宜依張昭等議狀行,仍令有司依調制曲,其間或有疑滯,更委王樸裁酌施行。

原載《舊五代史》卷 145

停銅魚敕　顯德六年三月

銅魚之設,雖載前編,原其始初,蓋防偽濫。今諸道牧守,每遇除移,竝特降放制書,又何假於符契。如聞請納,頗是煩勞,宜易前規,罷茲虛器,其銅魚並宜停廢。

原載《冊府元龜》卷 61

幸滄州御札　顯德六年三月

朕猥以涼德,紹此丕圖,既為萬乘之君,宜去兆民之患。雖晨興夕惕,每常思於萬機,而紫塞黃河,猶未親於經略,秋夏則波濤罔測,三冬則邊鄙驚搔,將期安國利人,豈憚櫛風沐雨?今取此月內,駕幸滄州。已來應沿路排頓,并以官物充,餘依舊例。

原載《冊府元龜》卷 118

賜偽泉州節度使留從效詔　顯德六年六月

黃禹錫至省所上表歸附大朝兼於京都置邸務事具悉。卿自保全土宇,專養黎元,立功早達於機權,臨事固無於凝滯。乃能望中原而內附,陳方略以輸誠,永言恭勤,良多嘉獎。爰自江南通和之後,朝廷禮遇方深,用恩信以綏懷,俾寰區而是則。兼以卿本道地鄰江表,常奉金陵,遽有改圖,理宜盡善。如上都置邸,與彼抗衡,雖百谷朝宗,無以異也!

原載《冊府元龜》卷 167

周恭帝

後周末代皇帝(953—973),世宗之子,本姓柴,名宗訓。顯德六年(959)六月,授特進、左衛上將軍,封梁王。周世宗死後,即皇帝位。

顯德七年(960)正月,殿前都點檢趙匡胤稱契丹大舉入侵,奉命率軍抵御。大軍行至汴梁城北四十里的陳橋驛,軍士嘩變,黃袍加身,擁戴趙匡胤爲皇帝。趙匡胤率軍回到守備空虛的汴梁,建立宋朝。封柴宗訓爲鄭王,奉皇太后爲周太后。宋開寶六年(973),柴宗訓死于房陵,謚曰恭皇帝。

定攝官出身敕 顯德六年七月

攝官承乏,或久罄於公勤,因時側揚,宜特行於旌録。諸處自前應有攝官,曾經五度者,與一時出身。仍先令所司磨勘,須得任親公事文書,解由分明,每攝須及半年已上,方得充爲任數。仍行所司引驗人材,及考試書判,的然堪録用者,方得施行。

原載《五代會要》卷17

禪位詔 顯德七年正月

天生蒸民,樹之司牧,二帝推公而禪位,三王乘時以革命,其極一也。予末小子,遭家不造,人心已去,國命有歸。咨爾歸德軍節度使、殿前都點檢趙匡允,稟上聖之姿,有神武之略,佐我高祖,格於皇天,逮事世宗,功存納麓,東征西怨,厥績懋焉。天地鬼神,享於有德,謳謠獄訟,附於至仁。應天順民,法堯禪舜,如釋重負,予其作賓。嗚呼欽哉,祗畏天命。

原載《舊五代史》卷120

許 遷

漢周時官員,鄆州(今山東東平縣西北)人。後漢時歷任左屯衛將軍、左監門大將軍。後周時任隰州刺史。

破河東賊奏

河東賊軍侵我,今月十一日,遣步軍都指揮使孫繼業等,領兵三百,至州北長壽寺掩殺,獲賊砦將程筠、軍使冒干、王仁原、供奉官李演竝駝馬等。所獲賊將較竝斬之。不數日，賊引軍攻城，四面齊進。臣與判官李昉都指揮使趙太、糧料使王光裔官員職掌百姓，守把拒門，焚賊攻具，死者五百餘，傷者千餘，信宿遁去。

原載《全唐文》卷856

李昭文

後周官員。撰此志時署攝房州房陵縣令、將仕郎、試大理評事。

大周故晉州義勝軍都指揮使銀青光禄大夫檢校禮部尚書兼御史大夫上柱國贈光州刺史□公（殷）墓志銘

前攝房州房陵縣令將仕郎試大理評事李昭文述

夫生滅之理修短之期，貴賤賢愚雖有差，生死病老不能免。有壽考焉，有夭折焉，故昔賢興過隙之言，先聖起在川之嘆者哉！

公諱殷，字得臣，睢陽宋城人也。曾祖寔，不仕。祖妣潁川陳氏。祖匡，不仕。祖妣扶風馬氏。考存，不仕。妣陳留何氏。公即存之子也。幼負老成之器，長懷終鮮之志。入仕轅門，敦詩悅禮，抱倒屣投轄之義，延賓朋接待之儀。自發宦途，以飄榮路。府君時嚴衛軍主，張司徒名璠，罷統禁軍，剖符虢郡，公乃投迹而事之，署隨使押衙。太守遷房牧到郡，委在虢焉。天道有漢，曆數歸周，萬國駿奔，唯并門不軌。瑯琊公、侍中臨鎮晉州，命公充隨使都押衙，仍監麴務。後敕授銀青光禄大夫、檢校禮部尚書兼御史大夫、上柱國，又充金興鎮過使，又充晉州在城都巡檢使。旋罷授左廂馬步使都虞候。瑯琊公奉國專心，戡難志切將清國步，權集義軍，以拒并門侵境，授公爲義勝軍都指揮使。忽爲勁弩中其面焉，□謂腠理疾作，五藥無功，幽泉遽启，辛亥歲三月一日啓手足於晉州崇德坊之私第，享年五十有五。贈光州刺史，恩賜絹三十匹，羊酒有差。府君□□裨校，立於轅門，生著軍功，歿居列岳。而自平陽扶護，用廣順元年七月廿五日葬於虢州弘農縣鄴義鄉新□里，禮也。

公娶清河張氏，有子三人：長曰光祚，娶新婦柳氏。次曰會哥。

女大姐。孫男二人：曰大奴，曰慈淌。孫女一人，曰婆嫌。公壽者有
數，名位可稱。所痛者未畢將圖，空存遺美。悠悠丹旐，指阡陌之荒
涼；黯黯玄宮，閟英靈於永遠。昭文夙通分義契襟情，奉諸孤勳請之
心，述府君精修之德，詞不盡□。□紀銘云：

> 禀秀山河，挺生英俊。孝友內著，忠信外彰。履歷宦途，毗贊有
方。抑揚職業，民□吏藏。幼懷武略，征戰疆場。方期極位，爵秩延
昌。統之義勇，遽失隄防。百藥無效，膝理靡及。遄歸大夜，奄謝明
時。路阻先塋，禮遵權卜。吉地葉從，靈壙斯屬。蕭衰封樹，寂寞芳
塵。永留實録，刊在貞珉。

原載《新中國出土墓志》(河南貳)

劉　晦

後周時人。撰此志時署鄉貢進士。

周故中散大夫檢校尚書戶部郎中國子毛詩博士柱國賜紫金魚袋隴西李公墓志銘并序

門吏鄉貢進士劉晦撰

公諱沼，字潤之，其先隴西成紀人，漢上郡太守廣之裔也。後世
徙家河朔，今爲饒陽郡人焉。大王父諱華，皇不仕。王父諱遷，贈大
理司直。考諱球，累贈右諫議大夫。而皆拂衣林壑，守道丘園。隱耀
潛光，屈壯圖於當代；積仁累德，鍾多福於後昆。妣彭城劉氏，追封本
郡太君。公即大諫府君之長子也。次曰瑾，無禄早世，先公而歿。公
家傳清白，世襲丘墳。唐長興中，三史及第。起家深州樂壽縣主簿，
從鴻漸也。秩滿，補國子、四門博士。轉太子右贊善大夫，錫銀印朱
紱，贊導儲闈，綽有令裕。未幾，充順國軍節度判官，假省銜、憲秩以
寵之。參佐藩侯，不吐不茹。尋加金紫，旌其能也。入爲國子、毛詩
博士，太學之中，號爲耆德。周廣順元年九月八日寢疾終於洛陽思順
坊之私第，享年六十。卜其年十一月九日用大葬之禮窆於河南縣伊
水鄉諸葛里。嗚呼！公幼而好學，長而不羈。聲音如鐘，髭鬚若盡。

朱弦無以諭其直,定鏡無以方其明。體貌矜嚴,器宇沉厚。信於朋友,孝於閨門。非聖之書,靡所關慮。無益之事,略不經心。雖臧獲童稚,未嘗見懈怠之色。古人稱正其衣冠,尊其瞻視。儼然人望而畏之者,於公見□矣,其律身行己有如此者。公群從昆弟,濟濟八人,十年之間,零落俱盡。公字孤撫幼,咸得歡心。飲寒食飢,曲盡能事,其友愛仁慈有如此者。晉朝天福之歲,公之仲氏居相位也,權寵之盛,時無比焉,從而附離者甚多。公獨端嘿自處,不以苟進為懷。及相國之遇害也,從而得罪者又甚多。公獨恬澹忘憂,不為非禍所累。淑人君子,伏其見機,其防微慎獨有如此者。漢朝乾祐之歲,東南數州水旱為沴,分命庭臣,往加巡覆。公奉命從事,累當是行。均其地征,恤其人隱。民受其惠,吏不忍欺,其益民便國有如此者。單州金鄉,古之劇邑。邑之令長,政非循良。叫勢作威,折人手足。有詔以公為制使,往按鞫之。公岡避勢家,不畏強禦。臨事能斷,嫉惡若讎。浹句之間,盡得其罪。具獄上奏,朝廷嘉之,其貞幹強明有如此者。國之帑藏,洛都稱雄。四方貨財,半聚於此。監守之任,舊難其人。以公臨之,時議為允。至止之後,盡革前非,其滅私徇公有如此者。嗚呼!以公之才、公之道,凡臨一官、苞一事,曷嘗不遺愛在人。厚德及物,引而伸之。可以兼濟天下,而不躋貴位、不享永年。皇天無知,殲奪良善。噫!時不幸歟,公不幸歟。夫人清河張氏,封本郡縣君。賢明罕對,懿淑無儔。始自笄年,聘茲名族。母儀婦道,無得逾焉。嗣子一人昉,登進士第。解褐秘書郎,克遵庭訓,深有父風。策命桂宮,歷官芸閣。朋儕之內,咸推仰之。居喪盡哀,動必合禮,皆公慈導之所致也。猶子五人,長曰□,前深州軍事判官;次曰曉,慶州合水縣令;次曰晙,前華州鄭縣令;次曰旿、曰昫尚幼。并珠明玉潤,雪白蘭薰。咸揚竹巷之名,不墜羅囊之訓。積善餘慶,信而有徵。晦韜齔之年,門闌托迹。自幼及長,受公重知。敦鄉曲之情,垂兒侄之愛。此而不感,何者是恩。天高莫問於浮生,地厚難勝於永恨。小蓬衘哀襄事,見托斯文。感亡念存,心骨俱碎。濡涕揮翰,敬作銘云:

　　泰山其頹,哲人其萎。玉碎貞質,塵埋令儀。掩佐時之才業,成終天之別離。嗚呼李公,何痛如之。夜漫漫兮風動帷,月黯黯兮露沾衣。逝川兮不返,靈魄兮何歸。伊水鄉兮諸葛里,龜筮叶從年月利。望北闕之崔嵬,枕南山之迤邐。嗚呼李公,閉玄堂於此地。

□弟將仕郎試大理評事前守亳州城父縣主簿同延□

原載《偃師碑志選粹》

王德成

後周時官員。歷任前涇原渭武等州觀察巡官、將仕郎、試秘書省校書郎。

清河郡太君張氏墓志銘并序

前涇州觀察巡官王德成撰

粵以靈椿得歲,西成易變於風霜;智水利人,東注難停於晝夜。榮落既拘於定數,古今詎脫於彝章。垂令問者居先,獲遐齡者爲上。其有閨門積慶,流慈愛於子孫;風樹纏悲,展孝思於祖妣。悲夫！母儀兼著,子道備臻,襲斷織之嚴規,契班衣之素願。即何以因親之戒,守內則之紀綱;從子之榮,授明朝之綸綍。生標其異稟,死□其盛儀者哉！

清河郡太君張氏,即累贈太常少卿王玕之妻,泰寧軍節度□使筠之母,其先本京兆韋曲人也。曾祖弘,祖益,名高許史,族本涓函,尚淳厚之古風,鄙輕肥之末俗,皆高尚不仕。自周漢已降,嗣胤繁,代有賢良,史稱焕赫。父知章,唐昭宗御宇也,充鹽鐵轉運副使。負經濟之才,力資邦用;鍾英靈之氣,庇及家謀。是時四海塵清,八方風偃,邊庭執贊,江佐珍奇,常充溢於門欄,悉依歸於權勢。太君始笄之歲,綽有閑澹之風,略不掛於懷抱。旋屬灾生丹陛,賊號黄巾,逐□萬乘於川林,滅兆民於劍戟。重門甲第,隨灰燼以無遺;玉季金昆,没戈誕而□不返。於是從家於汴,即今之上都,乃適於累贈太常少卿,恭承舊訓,爰結良因,奉姑舅於高堂,服勤夙夜;睦宗親於異族,妙□寒暄。生長女適河間俞氏。次子,即今泰寧軍節度副使。季女適單州都糧料使侯氏。咸彰令譽,今削繁文。無何,累贈少卿,先太君而亡,於今九年矣。嘆桃李之半凋，先歸有恨；念弓裘之已繼，後事無□。泊乎終喪，不改夙願。常素服蔬食，禮佛誦經。晉開運元年，封清河郡太君。今朝乾祐元年，又封清河郡太君，皆從副使品秩序進也。至乾祐三年八月十二日，遘疾終於東京道德里之第，享年八十有五。終遺其語曰："我以內典是依，爾以儉葬爲戒。"副使於是自委解官，奔赴喪事，念當罔極，痛切至誠，哀號咸動於四鄰，孝感彌先於百行。泣高柴之血，何止三時；絕曾子之漿，尋餘七日。即以明年十一月廿一日，扶護祔葬於河南府河清縣長泉先少卿之塋。嗚呼！狂風乍扇，祥雲忽散於遙空；赫日方臨，甘露寧留於寸晷。今則宗族畢會，時日告通。背隨岸之烟嵐，長辭舊里；對邙山之隴樹，永閉長泉。白楊蕭颯兮寒日斜，黃壤深沉兮悲風起，天長地久兮芳猷不泯，陸遷谷變兮訣別難尋。叨在下流，誠非博學，載承重旨，俾述前修，退讓難□，乃爲銘曰：

荊山蘊玉，麗水生金。至柔爲性，內則咸欽。婦道爰成，母儀是正。宗親克和，家門□慶。從其令子，授其進封。絲綸赫赫，雨露重重。大保遐齡，終乎上壽。會葬有期，良時無咎。汴水家遠，邙山路□。沉沉黃壤，颯颯白楊。絕漿泣血兮鄉里□嗟，叩地號天兮風雲慘惻。陵遷谷變兮令問彌彰，萬歲千秋兮慈顏永□。

原載《全唐文補編》卷106

大周故將仕郎檢校尚書庫部郎中守太子左贊善大夫賜紫金魚袋彭城郡劉公（彥融）墓志銘并序

前涇原渭武等州觀察巡官將仕郎試秘書省校書郎王德成撰并書

粵以君子□當年而功不立，沒世而名不彰，蓋前代之褒稱，固丈夫之事業，將書摭實，其在茲乎？夫四河降靈，賢傑誕生而資始；天地積數，英奇代謝以善終。

公諱彥融，字子明，本燕人也。曾祖諱晏，皇不仕。祖諱霸，皇任薊州玉田縣令。父諱清，皇任平州刺史。姓氏之來，圖諜備載。有唐之御天下也，國步雖康，邊烽未滅。思韓彭爲上將，控燕薊爲北門。乃時君委平州史君之戎事也，遂代爲燕人矣。公即平州使君第二子也。皇母太夫人田氏。公抱崆峒之器，直道居懷；繼閥閱之門，雄風稟物。自尚幼之歲，播成人之名。旋屬鄉國纏災，番胡肆醜，人子廢詩書之訓，諸侯擅征伐之權。公喟然嘆曰："爲儒遵前聖之言，懷土本小人之志。"遂游學於千里，次從宦於兩京。長興三年，故同帥趙公奏授同州馮翊縣主簿。清泰元年，遷同州錄事參軍。故相國安公之鎮蒲津也，知公蘊幃幄之策，非州縣之才。天福二年，乃奏請授河中府管内觀察支使、試大理司直、兼監察御史。三年，轉加兼殿中侍御史，賜緋魚袋。五年，轉加檢校尚書虞部員外郎、兼侍御史。其年四月，又奏授陳、許、蔡等州觀察判官，賜紫金魚袋。七年，又奏兗、沂、密等州觀察判官、檢校尚書户部員外郎。其年十一月，轉加檢校尚書職方員外郎。蜀先主之顧孔明，將圖霸業；齊桓公之求管仲，盡委事權。開運三年，除授滑、衛等州觀察判官、檢校尚書屯田郎中。乾祐元年，轉加檢校尚書庫部郎中。廣順元年，屬先皇帝奄有之初，以公屈陪臣之職次，頗換檀榆，允幹政之敷陳，許朝旒冕。徵拜太子左贊善大夫。東宮得路，方施贊導之謀；北闕安居，兼遂養頤之性。無何，逝波難駐，落景易沉。針醫不救於膏肓，邦國遽嗟於殄瘁。以顯德元年二月二十六日遘疾，啓手足於洛陽修善坊之私第，享年六十有六。嗚呼！生則登清朝而躋上壽，死則述餘烈而刊貞珉，可不謂立其功而揚其名矣。公寬而不紊，質而有文，愛敬盡於君親，信義篤於親友。至於任替古之力，膺縻爵之求，治賦租，聽獄訟，未嘗不以均勞逸，審曲直爲務，造次顛沛，無逾是焉。宜乎啓于公之門，庇臧孫之後。

娶夫人東平康氏。情牽偕老，恨屬未亡。執婦道以宜家，擇善鄰而訓子。長女適清河張氏。次子懷德，補太廟齋郎。念鍾天性，孝稟生知。曾參纏風樹之悲，莫伸敬養；原涉□墓廬之節，冀答劬勞。即以其年四月二十九日，扶護葬於河南府河南縣平洛鄉杜澤村，禮也。時日告之，山川叶吉，壓龍崗之氣象，附鳳闕之基局。望桑水之鄉園，難追往事；卜邙山之宅兆，永閉貞魂。德成譽愧國華，親聯宅相。搦管而悲辛莫遏，臨棺而見託□□。賦梁苑之繁華，早慚末至；紀渭陽之德業，孰謂當仁。退讓靡從，乃爲銘曰：

天道資始，三才□生。爰降賢傑，式壯寰瀛。千連交辟，萬乘知名。懿推樽俎，貴列簪纓。每著前言，成功者退。物拘定理，高舉者墜。大鵬作化，鳴蟬自蛻。皇天無知，哲人不諱。慶延令子，孝鍾德門。追思茹慕，擗踊煩冤。吉兆已卜，北邙之原。貞魂永寄，杜澤之村。□重劬勞，念深罔極。望絶晨昏，禮終窀穸。霧慘郊垠，風號松柏。萬歲千秋，銘於貞石。

原載《全唐文補編》卷106

張　穎

漢周時官員，太原（今山西太原西南）人。後漢時歷任諸衛將軍。後周時任華州行軍司馬，郢、懷二州刺史，遷安州防禦使。

形鹽賦以“入用調鼎和羹”爲韻

形鹽似虎，岐嶬山立。虎則百獸最威，鹽乃萬人取給。合二美以成體，何衆羞之能及。厥貢惟錯，將蛤蜃以俱來。充君之庖，與昌歜而齊入。麗哉！其義可嘉，其美可頌。魯崇宴賞，周公實來。殷作和羹，傅説登用。向若美景初霽，奇狀不遥。映金盤以皎皬，臨象箸而光昭。遠則雪山出地，近則白虎戲朝。瞿瞿其肉，威而且猱。眈眈其目，視而不恍。立而成形也，白黑相對。融而司味也，鹹酸必調。厥味伊何，物不可并。水火相濟，爲君子以成八珍。上下協諧，具公餗而登五鼎。利我者則衆，成我者幾何。備物象形，即賤不干貴。皆可適口，豈同而不和。至如大君式宴，鑄俎充盈，形鹽具矣，以爲賓榮。意者取則國君，文足昭德，武以弭兵。時之所貴，物莫能京。故天官叙其職，春秋美其名。必也見遺，則陸沉於懷土。如或可用，當濟代之和羹。儻有裨於家國，在吾道之應行。

原載《文苑英華》卷83

徐　繪

後周官員。任文林郎、澤州司法參軍。

大周澤州陽城縣龍泉禪院記

文林郎守澤州司法參軍徐綸撰

鄉貢進士王獻可後序并書

講上生經沙門師誠篆額

詳夫域中之制，王者爲尊；方外之門，佛則無上。贅二諦而塞諸漏，宏六度而攝群生。覺樹開花，定結菩提之果；慈雲布潤，終消火宅之災。常存而無，去無來永，濟而可大可久，信所謂有情慈父。彼岸長梁神通，豈世智能窮功，行將河沙，詎算乃知綿劫已往。十號稱尊之聖，何莫由斯迫也。粵自周禎，載騎漢夢，有徵東流，貝葉之文，西仰真如之影。由是人飡法味，家飲教風，斯固契彼，有緣經遠無墜。是迺有落髮披緇之士，厭俗奉釋之流，嚴飾精藍，羅列像設。或巖栖谷處，或要路通津，隨便制宜，攝心化物，則有焚修灑掃之敬，則有誦持贊嘆之規。或施一財以求因，或持半偈而取證，具陳難悉，起教多塗。蓋人且識分不同，而善則隨機有礙。噫！諸佛大權方便之門，或隱或顯，即色即空，浩浩蕩蕩遍十方，而包大千。迎隨莫測其畔岸，稱大不可思議之理者。如此矧龍泉院者，人天集福之所也。耆舊相傳，其來寖遠，刊勒無寄，罔究攉輿。一說云是院之東十數里，孤峰之上，有黃沙古祠。時有一僧，莫詳所自，於彼祠內諷讀金剛般若之經。一日，有白兔馴擾而來，銜所轉經文，蹶然而前去，因從而追之，至于是院之東數十步，先有泉時謂之龍泉，於彼泉後而止。僧異之而感悟焉，因結草庵，坐誓於其地，始建剎焉。亦莫究其年代矣。人烟豈復基趾，常存同靈鷲，以通幽類，給孤而建，號東鄰郭社之陌。前據金谷之垠，既名額以未標，稱郭谷而斯久。至有唐乾寧初，東蜀惠義精舍，稟津沙門諱順慜，振錫東海，游浮一遠逝，偶及是院，遂欲栖心。莫非廊廡凋殘，才庇風雨，垣墉頓擗，豈限狐狸，經窗塵没，以癬斑藥檻，草荒而地。古披荊榛而通過路，掇薇蕨以事晨飱。日往月來，以近及遠，歸依者如蟻，慕唱和者若蟬聯。雖云興廢有時，亦繫方圓，任器添棟宇於仍舊，求柱石於他山，紺殿故而復新，雲房卑而曲盡其妙。以廣其居，漸加少而爲多，變其質而增麗，凡添新修舊屋宇并正殿等，共柒拾餘間。其院東龍泉後，面結庵之所，三紀已前徵認故迹，今則堙沒矣。且泉之所有時，人無知者，失其狀也，噴涌而出，喻虎眼射人，鯨口呴沫。通注遽盈於溝洫，奔涌若駭於風雷，夏寒疑冰，冬溫若沸。比鏡瑩澈，同醴甘香，不獨飲酌，所須可以塵垢旋滌矣。懋公運心，匠磨智鐸，俾令堰作方塘，漲爲澄沼。且嘉魚成窟，抛生死轉以隨人，或穢觸沉波，吐沫淋漓，而覆水有斯錄異，甚警凡愚。自邇及遐，惟畏與敬，而又植弱柳，則扶疏而春媚；種循篁，則蓊蔚以冬青。長小松爲喬松，接山果爲家果，功既崇矣，景亦備矣。一日，懋公語諸門人曰：是院也，厥初住持所重幽僻，止期課誦，以盡年齡，敢望循崇，有若斯壯麗者矣。吾聞寂寂者正真之本，名言者誘化之宗。如來亦假於莊嚴，氓俗漸歸於方便，得不申請院額，增飾教門者耶。時郡牧隴西公果俞，革故之謀，俾建即新之號，因飛箋奏，遂降敕文，額爲龍泉禪院矣，時唐乾寧元年十月二十五日也。懋公著名律學，爲眾推重，住持軌則依稟宗師，歷四十年，終始若一。至唐天祐十九年七月五日，順寂于本院建塔於院之右。門人上哲敬臻，爰自具戒，便慕巡游，二十年間，參尋勝事。雖素稟律，德而遽曉禪機，既適道而與立，或乖且殊途，而同歸一致者也。臻公道惟無礙學，以了空彌，緘出世之譚，未即當仁之座。爰以此院精專二食，供施十方，遂致五湖四海之流，嚮風慕義而至。師爲山主，於今僅二十年矣。次曰敬詮，見住院于本縣之南。次曰敬諲，稟氣不雜居塵，自高持百部之花，嚴酬四恩於法界，而又克荷先師之訓，復稟同學之儀，勠力齊心，上行下效，相須若左右手，不遠猶水乳和共，宏利益之方。愈有葺修之盛，爲院主亦三十年。次曰敬謙、敬審等，皆能不辜法乳，永保衣珠，共匡教門，將俟悠久。綸維桑左輔，浙窟高都，以臻公、諲公二上人，嘗沐開懷，許玩佳致，是因誤有請托，謂業文辭，且綸壯歲。已前明經登第，成事本非於染翰片，文才冀於飾身。遵承則難釐於磨鉛，漏略且宣泄於代斲。將何致遠，取愧貞珉。時大周開基之二載歲直壬子三月辛亥朔二十二日壬申記。

院主敬諲，第一座匡懋，維那懷德，典座懷朗，直歲懷悟，上足小師懷智、懷蘊、懷辯、懷堅、懷譜、懷恩、懷壽、懷海，童子小德、宜哥、六兒。

原載《八瓊室金石補正》卷81

賈 緯

　　五代官員(？—952)，真定獲鹿(今河北鹿泉獲鹿鎮)人。後唐任趙州軍事判官，遷石邑縣令。後晉歷監察御史、太常博士、起居郎、史館修撰、中書舍人。賈緯有史才，撰有《唐年補錄》65 卷，參與《舊唐書》的修撰。後漢時復任史館修撰，判館事。其雖有史才，然褒貶任情，頗爲時人訴病。後周時出爲平盧軍行軍司馬。廣順二年(952)卒。

大晉故金紫光禄大夫檢校尚書左僕射兼御史大夫贈秘書監博平郡馬公(文操)神道碑銘并序

　　　　朝議郎起居郎充史館修撰賜緋魚袋臣賈緯奉敕撰
　　　　待詔將仕郎守太僕丞賜緋魚袋臣高廷矩奉敕書

　　一人有慶，萬國咸寧。巍乎焕乎之功，被洪荒之外；油然需然之澤，流玄壤之中。無遠不通，無幽不及，則有顯如周，士傑比漢。臣思遷壽宮，泣奏明闕。覽表既從於新卜，凝旒因想於故規。以爲行成於先，是王政之首；名立於後，乃國風之光。不有絲綸，何以表爾；不有銘頌，何以志之。乃遣微臣，式揚懿緒。臣聞豫章之木，生七年而後知，始知也，離披冷月楚山之圻；華表之禽，歷千載而後出，始出也，隱映疏烟遼海之壖。及夫根盤地中，有槙有幹，起乃泫氏象亢兮構明王之殿；聲警天外，爲祥爲祺，散乃菊裳金衣兮，泛哲后之池。故養道者養於丘園，行義者行於鄉黨。或默或語，偃息户庭；優哉游哉，吟咏情性。莫不以善爲鐘鼓，以德作藩籬。立之於身，自成孝子；仕之於國，則曰忠臣。芬若椒蘭，璨如金玉。所以純精混乎天地，景福通之鬼神。有鱣落其家，四代皆居太尉；有鳩飛於室，七人俱至列卿。胤嗣繁昌，門閥興啓。今公也，始自祖禰，相兮汪汪洋洋；延及子孫，間出兮磊磊落落。軒冕既盛，勛業彌光。非其靈族靈苗，孰能與於此矣。

　　公諱文操，字守道，其先起於造父，周穆王賜以趙城。六國時，裔孫有名奢者，封馬服君，因而氏焉。洎後漢已來，有唐之後，援則尚武,自扶風而陟將壇;周乃好文,起茌平而提相印。其名焜燿,其功穹隆,已備簡書,斯皆剪削。中令周始封高堂公。高堂,博平郡之邑也。有虞至姬屬魯,春秋初屬齊,末屬魏。公即高堂之後,今爲廣晉人也。曾祖諱長榮,鴻碩自負,闊略不羈。蔡伯喈有書,書八千卷;鄭康成每飲,飲三百杯。比期頡頏天衢,恢帝道。以璆琳琅玕之寶,自薦廟朝;取黼黻絺繡之華,首興門户。旋屬兩河有亂,中原用兵。金虎臺邊,號反側之俗;銅駝陌上,降姑息之文。而乃遯以居貞,蒙而養正。所神者道神,李耳谷神;所爵者仁爵,孟軻天爵。其歌也,謂滄浪可濯其足;其醉也,對泰山不見其形。因能在險如夷,處亂若治。有川則濟,何必逐乎蛟龍;有陸則通,自不逢於。窮理知命,以盡天和。祖遺俊,勇氣慕於農山,射藝精於魯圃。沈寥之外,彎弓而幾落秋鴻;蘩薄之中,飲羽而曾穿石兔。常思有用,終嘆無時。然而克踐中庸,匪逾大德。室多列女,世有義夫。棣萼芬華,不歇三荆之色;弦歌清越,長飄兩巷之音。道既貞肥,人皆景慕。考諱良佐,太羹不致,大音希聲。動若塞翁,齊其倚伏;靜如蒙叟,達彼浮休。鶡自保於丘中,龜紐遠遺於身外。或朝游草閣,或暮宴竹林。紅粒充盤,味周顗之早韭;黄花泛席,玩陶潛之素琴。諸侯之玉帛皆辭,天子之几杖乃授。怡怡然不知老之將至,故遠近目爲高士。總斯三哲,相繼百年。思楚國先賢,諒爲眇眛;覺陳留耆舊,何太寂寥。胤興於公,其理明矣。公即高士之長子也,混然偉器,昭彼令門。瑞雀止肩,其生有異;神人授手,所禀且奇。洎禮樂兼明,文武足用。天矯莫遏,有徐陵麒麟之稱;昂藏可高,負趙岐鴻鵠之志。時以大國運衰中德,四方政多門。每有出師,起良家子弟,因思折節,事列土諸侯。奮自麻衣,入趨玉帳,初授魏州經略副使,次遷右轅,遂歷掌戎事,寵陪五校,聲冠三軍。諸葛亮之創銅牙,每多機巧;韋孝寬之堅玉璧,莫測權謀。當馳突之時,十矢齊發;及底寧之後,一士不傷。人用以和,敵望而畏。後以功累奏加至金紫光禄大夫、檢校尚書左僕射。會唐天祐乙丑歲,公寓直戎府,以燧生亳社,焰亘吴宮,變忽起於蕭墻,勢莫防於豕竇。公臨難無免,見義必爲,揮矟鳴弦,斃數百輩,俄爲流矢所傷,即以其年正月十六日,薨於州之依仁里私第。於戲! 斷臂而衛社稷,大節非虧;飲頭以滅渠魁，□功未集。然君子所疾，疾世無所稱。昔趙盾，晉上卿，反覆而不全至義；李斯，秦冢宰，儴俛而亦失純誠。今公慨然以没王事，則生而奉親也，始不失其孝；往而報主也，終不失其忠。求之古人，孰過於此！公以後唐末贈右領軍大將軍，今朝再贈秘書監。至矣！信所謂令問令望，久而彌芳者也。

郯國太夫人王氏，宗分縱嶺，派出淮流。自誕生偉人，踐履艱運。有壁氏之問，後其父而先其君；起漆室之憂，始於家而終於國。繼光淑譽，是列名封。今則陽報之道昭，内協叔敖之德；陰事之風著，外資胡廣之名。克保令猷，得爲賢母。公長子昭義軍節度澤潞遼沁等州觀察處置等使、特進、檢校太尉、充大都督府長史、食邑七百户全節。神珠生赤水之下，英玉來玄圃之中。李固龜文，既彰奇稱；張顥鵲印，早契殊祥。始則以從唐氏於漳潰，對梁人於河上。勇而有禮，首居君子之營；重而且威，别振將軍之令。故强敵多死，將兵而無異獨行；大寇數奔，授矢而未嘗再發。功成勿伐，戰勝無驕。不喜大言，自比岸頭之虎；長嫌高颺，有如鞲上之鷹。慎千鈞之機，重萬□之命。動而必克，向則有成。是得名播旌常，官崇保傅，以次將而升上將；金鉞宣威，從列郡而至列藩。油幢耀美，踐揚重位，聯翩幾年。順慈旨於北堂，菫魚甘滑；極孝思於冬祀，黍稷馨香。自國家以麟吐圖書，睹其周滅；木成文篆，知我晉興。大風起兮雲飛，聖人作而物睹。時太尉分麾厭次，駐旆井陘。張耳推誠，先歸漢祖；任光送款，首奉蕭王。捨偽從真，開門解印。清洛之表，既尋散於征人；滄海之隅，遂載膚於廉牧。言亦出而千里斯應，化已行而三年□□。月照戍樓，警夜不聞於鉦鼓；草生邊路，眠春空見於馬牛。朝廷以大布人謡，顯加天秩，遠降征黄之詔，渴見良臣；竟違借寇之章，促還明闕。禮既陳於執玉，政獨議於賜金。由是翼序九賓，肩隨群后，睹在鎬之飲，聽有虞之歌。□篠璇臺，入則接天中之會；葳蕤羽蓋，出則陪象外之游。復聞居寵若驚，以榮爲畏。雖弈弈賜命，車服以庸，而恭恭禮儀，進退有度。誠至止君子，乃不忒淑人。動有鸞聲，對如醇酒。非仲尼之聖，何以識萍實之甘；非簡子之英，何以辯鈞天之雅。□德既重，其名愈光。旋以承命浚郊，出藩郇邑。食昴之彗，偶照灼於斗墟；嗜血之蛟，忽蜿蜒於夢澤。爰授兵柄,以討賊營。屬乎雲結奇峰,星流大火,沙明欲爛,當農夫釋耒之時;天廣無陰,非戰士搴旗之日。太尉密趨險路,首犯炎颷。履出生入死之危,振先聲後實之利。衽席不寐,期好謀而成;組甲以行,見大敵則勇。人將薄我,我匪奪人。孫臏之奇,非萬弩不發;曹劌之秘,待三鼓乃攻。高風起而籜自零,疾雷驚而耳莫掩。隕星夜散,不利遼人。走氣朝分,乃擒蜀將。既尋收烽火,而盡獲戈船。一戰濟西,在昔之曾聞破竹;千年漢上,到今而方繼沉碑。聖上始自獻俘,俄令振旅。計功叙賞,雖褒五色之書;論德受官,載沃九霄之澤。式從安陸,移鎮壺關。壠上聞聲,則趙后躬耕之地;嶺頭駕馴,是穆王親狩之邦。而復位進上公,秩升三事。妓八鍾肆,已早列於寵章;錦被雲屏,乃別膺於異數。昔周勃以丞相正拜,李暐以柱國兼司,非有大勛,孰膺至命。泊十乘將,四牡言馳。愛我名聲,所過則國人如堵;服其威望,亦臨而郡守前驅。富貴崇高,掩映前後。然而不奪縣政,偏惜民時。卧羊鞟以無華,食麥餅而從儉。蒲鞭示恥,竹馬表誠。倉公境中,人多畫像;祖君部内,生欲立祠。信所謂期月不逾,風俗斯變。雨隨軒而風逐扇,蝗入海而虎渡河。大有告成,方愜東封玉檢;太行作固,永爲北面金城。猗歟偉歟,言之者無以盡其美也。

樂安郡夫人齊氏,素標望族,早配賢侯。鸞鶴仙姿,克傳家法。笙簧雅韻,永播閨風。次子檢校工部尚書、充邢州馬步軍副都指揮使全罕,少而多力,晚乃知機。跨馬如飛,咸疑著翅;遇龍則鬥,幾說燒鬚。所圖功名,匪好游博。荊軻俠氣,筋雖怒而不青;謝石雄姿,面欲勝而先白。官已榮於省座,寄復重於戎權。聲協鵾原,翼光雁序。弟三子全鐸,比通文史,亦善韜鈐。雙貫攫雕,早稱能者。併擒搏虎,咸謂智人。方縮禁兵,難留天壽,終於六軍諸校。公有孫三人,皆出於太尉。一曰令詢,檢校工部尚書,職在内廷;一曰令威,檢校尚書右僕射,侍從戎府;一曰賢哥,則小字也,幼而未仕,英英瑞彩,歷歷寒光。演在清商,則神仙之至籟;郁乎香爇,乃宗廟之靈茅。已能學劍求功,方可上書言事。有以表公之地望,有以明公之家聲。滎澤之源,上爲沇而下爲濟;丹山之穴,紫曰鳳而青曰鸞。增譜諜之華,吐縑緗之美。太尉謂天時既靜,國步當平。事上則忠,奉先惟孝。蹈其霜露,惻君子之心；聽彼蓼莪，動詩人之感。以公舊葬府垣之東，從當年之宜也。傍枕川澤，密通水泉。訪於鴻生，既有不修之戒；稽之戀典，恐成忘本之嫌。爰卜故閭，載安重阜。即以天福五年歲在庚子十一月壬戌朔十一日壬申，遷公於沙山鄉德化里，祔其先塋，禮也。玄廬内平，飛鼂四起。朝光杲杲，協滕公鳴馬之期；夕影森森，信陶氏眠牛之地。時也咽邊箛於隧路，鏘楚挽於松庭。人賦白華，謂諸孤之且美；天啼大鳥，惜上善以不還。紫芝曄兮將生，昭乎神感；白兔馴兮莫去，光我皇風。足以見君君臣臣，窮至德要道之本；父父子子，極慎終追遠之誠。日照月臨，天長地久。臣學虧氏族，名竊史官。以大朝賞彼勛庸，將題周尹之頌；考其義烈，先旌左伯之碑。撝實去華，敬爲銘曰：

惟公之家，顓頊分葩。疏封造父，得姓趙奢。扶風偉望，首推名將。博平英風，近出良相。邈彼諸耋，而有高節。迹雖沉潛，道乃昭晰。不愚如愚，不拙若拙。積行閨門，散志薇蕨。一壑一丘，高謝王侯。咏之不足，樂以忘憂。或如應耀，或比莊周。寧曳龜尾，勿趍龍樓。薦逢叔季，未嘗憂畏。依止有神，處御可貴。黃衣童兒，既懷其惠。綉領丈夫，每呈乎瑞。緬公之賢，實藉其先。積善爲慶，流液成泉。奮身白屋，耀迹紅旃。精誠貫日，聲響聞天。侯□失守，謀生二肘。髮既衝，膽且如斗。稅公濺衣，仇氏碎首。大節克彰，盛名不朽。懿哉夢熊，誕我卧龍。位光九牧，秩寵三公。安石内處，有芝蘭風。仲樂出討，有雷霆功。自臨上黨，道愈周廣。勸俗帶牛，歸民負襁。搏無鷙蟲，戎無伏莽。大朝其依，群方是仰。友于義光，貽厥謀長。六吕間奏，五色含章。非我大監，何以發祥。非我太尉，何以成昌。哲人久往，孝子長想。爰祔先塋，載安神壤。晚隧塵收，夜臺月朗。生福邦家，歿榮鄉黨。下詔雲天，刻石松阡。龜趺鎮地，螭首浮烟。桑田或變，陵谷自遷。高風茂烈，終古昭然。

天福六年歲次辛丑五月庚申朔二十五日甲申建。

　　　　原載日本京都大學人文科學研究所藏五代碑刻文字拓本

上唐年補遺録奏

伏睹國史館，唐高祖至代宗已有紀傳，德宗至文宗亦存實録，武

宗至濟陰廢帝凡六代,唯有武宗實錄一卷,餘皆缺落。臣今采訪遺文
及耆舊傳説,編成五十五卷,目爲《唐年補遺録》以備將來史官修述。
臣聞裴子野之修《宋略》爰在梁時。姚思廉之纂《陳書》乃於唐世。
咸因喪墜,是有研尋。皇帝陛下與日齊明,固天縱聖。華山歸馬,宗
文之道已行。虎殿延儒,質疑之論斯啓。一昨聿宣綸誥,精擇史官,
以李氏又終。想唐年遺事,雖追名上號,其制相沿,而創法定儀,於文
或異。恐謡俗之訛變,致信實以湮沉。將輯亡書,以修墜典。臣久居
職分,深恥闕遺。今録淺聞,別陳短序。伏冀特迴睿鑒,俯念愚衷。
芸閣蓬山,誠莫裨於良直。蹄涔掬土,願少效於高深。請下有司,用
資取證。

原載《全唐文》卷 856

拜給事中自訴奏

　　臣久塵西掖,近綴東臺。既居封駁之官,兼處編修之職。凡關聞
見,合補聰明。苟避事不言,是上孤至聖。臣聞"無偏無黨,王道蕩
蕩。無黨無偏,王道平平"前書所載言之者,誠千古大君恐有毫髮之
私也。臣睹陛下降赦後,普行恩敕。武臣之内,咸協舊規。文吏之
中,未符通論。臣竊見改轉朝官,自太子少保尚書丞郎内,例超秩次,
仍峻户封。惟兩省侍從卿監之官及員外郎贊洗等,依資升進者,不過
數人,餘并止於一階。或自右入左,上下都不畫一。臣伏思階勛爵
邑,至爲重事。當以德以勞,次第而進。雖遇慶澤,不可妄加。況
官者代天理物,國家公器。雖有親昵,無得輕授。故曰官不必備,
惟其人。若才稱其官,當時當有顯議。能不副職官,便無宜濫昇。
以公器而爲普恩,以普恩而有差等,一厚一薄,何疏何親。臣不敢
封還制書,以阻成命。乞陛下顯詢故事,爰下有司。不次超拜者,
必徵殊美。以第進秩者,須守常規。望明庭再與僉諧,願下曲留省
察。兼有前朝并爲執政見排,左授官秩者,及在官無累,或丁憂已
滿,未蒙叙遷,各許進狀,以自申明。或顯見於章疏,幸特頒於制
命,或期效用,不致沉埋。則免使得路者自伐自衒,結恩私室。失
意者愈嗟愈嘆,流怨公朝。光陛下聖明之規,表陛下均平之德。將

恢至理,以致太和。

原載《全唐文》卷 856

昭義軍節度使安元信謚議

叨居禮職,式考儒經。德雖以百行相成,謚乃取一善爲定。公經邦緯俗,積行累功。宜立總名,用彰殊號。按《謚法》:"事君盡節曰忠,體和居中曰懿。"《左傳》曰:"公家之事,知無不爲,忠也。"《春秋正義》曰:"保已精粹,立行純厚,懿也。"公抑揚事任,周旋盛明。嘗險阻艱難,秉溫良恭儉。或宣風千里,有負襁之民。或布政百城,致隨軒之雨。道光群后,功著歷朝。凡士大夫,嘆開幕之芙蕖久謝,無賢不肖。感成蹊之桃李空存,焕彼緹緗。豐諸碑版,令被實録,非讓古人。事君既有忠規,爲臣足以御衆。復彰懿行,從政備焉。前代所高,斯謚爲當。請謚曰"忠懿"。

原載《全唐文》卷 856

<h2 align="center">侯殷□</h2>

後周官員。任顯陵守當使。

侯殷造陁羅尼經幢

佛頂尊勝陁羅尼真言曰:文時大周廣順三年歲次癸丑四月辛亥朔二十一日庚□建。顯陵守當使侯殷□。

(經文略)

廣大圓滿無障礙大悲心陁羅尼真言曰:

(經文略)

伏聞至理希夷,視聽罔能究其極;真場幽邃,智訓無以達其源,斯可謂鑽之彌堅,磨而不磷。於戲!我佛教演三乘,是開方便,山摧五蘊,拔彼牢籠。以像相榮初心,以色聲誘迷類,睹質勤奉,稱一方而□善道,聆音省察,持一句而滅繁殃。而或洞展慈光,高燃惠炬。仗□□於大士,尊勝威靈,拯異生於衆禽,塵沾影拂。殊切莫大,曠古傳休。墨塵之□有窮，清峻之猷無盡。今有顯陵司部蜀國夫人崔氏□麼宮癥，事歷繁難。兢兢則夜寐夙興，惕惕則臨深履薄。頻更興廢，惻愴徒增。□身世之□□，念宗親之無托。繇是抽僧□哺，匠石鐫文，願預□□之因，自作全牧之利，敢冀堅牢藏里。他時無隱□□□幽遠冥間，異日有證明之瑞。紀由敘事，和□□文。

時大周廣順三年歲次癸丑四月辛亥朔二十一日庚□建。

顯陵守當使侯殷□。

原載《五代石刻校注》

按：據《五代石刻校注》此文的校注[八]云，原拓在"侯殷"後一字模糊，從其輪廓看，似"遇"字。誤。清陸心源《儀顧堂題跋·顯陵司部蜀國夫人建尊勝幢記跋》曰"是記爲顯陵守當使侯殷述訪碑"云云，如其説不誤，應爲"述"。又，《五代石刻校注》將此碑定名爲"殷遇造陀羅尼經幢"。亦誤。"顯陵"爲晉高祖陵，"守當使"爲使職官名，故此人之名應爲侯殷□。

郭　峭

後周官員。撰此志時署節度判官、朝議郎、試大理評事、賜緋魚袋。

故推誠望戴功臣金紫光禄大夫檢校太保使持節綏州諸軍事綏州刺史兼御史大夫上柱國李公（彝謹）墓志銘并序

徒表侄節度判官朝議郎試大理評事賜緋魚袋郭峭撰

昔後魏威振朔陲，聲揚諸夏。控弦之士，動逾十萬；食魚之客，何啻三千。參合陘中，頻有經天之氣；榆林塞外，常觀夾日之祥。爾後慴服君王豪，通和列國。平北之功勛益著，圖南之謀略潛施。動必應機，舉無遺算。保全大魏，吞并中原。立事建功，光前絕後。故得家留餘慶，代不乏賢。枝脉相因，英雄間出，果於唐祚，又降奇才。尋遇國步艱難，人情叛亂，值劉琨之夜舞，當樊噲之橫行。公先代首合師，誓除奸賊，安一人於反仄，領十道之車徒。重立皇綱，始自公之先祖。

今乃略而述之,不可盡也。

公諱彝謹,字令謙,本鄉客之大族,後魏之萃系焉。曾祖諱重建,皇任大都督府安撫平下番落使。祖妣破丑氏,累贈梁國太夫人。祖諱思□,皇任京城四面都統教練使,累贈太師。祖母梁氏,封魏國太夫人。烈考諱仁福,皇任定難軍節度使,累贈韓王。妣濆氏,封吳國太夫人。公即韓王第二子也。爰自加冠,便謀入仕。非賢不舉,惟善是求。操心而有始有終,儉己而何憂何懼。遂得篋規衙事,標表戎行。家門傳可久之風,軍府起從長之論。外爲手足,内作腹心。或事匪合宜,縱龍鱗而亦犯;直而不撓,在鷄□以爭先。而乃仗信安人,傾忠事主,常據左右,要藉咨謀,傾忠中權,出臨屬郡。府上有去思之意,綏州傳來暮之言。寔謂民戴二天,時謠五袴。期年之内,闔境晏然。□□勸課耕業,修崇廨署。減俸財而添濟,勉工役於劬勞。雖土木暫興,致金湯永固。作河山之襟帶,爲疆境之□□。而況此州適當大路,山水發道流之思,輪蹄通泉貨之源。逢彼正人,理兹名郡。隨軒致雨,扣火迴風,感應屢彰,古□□異。喜怒不形於容色,豈讓於顔子推;絲毫盡繫於心神,有同於諸葛亮。不意兩楹入夢,二竪經災。猶於卧□之間,大布行春之化。府主大王以鴒原軫念,鷹序興懷。遣三代之良醫,練十全之上藥。其奈嚴霜遍地,難存□□之姿;落日歆山,莫住桑榆之景。時廣順二年壬子歲正月十七日,薨於綏州正寢,享年五十六。

府主大王忽聞□□,□過哀號。縮地里以無方,叫天暗之不及。良久而嘆曰:“吾之一身,如損一臂。哲人云亡,吾不濟矣。”公六年爲政,萬户承恩。法絕煩嚴,事惟平允。邵伯之棠陰勿伐,張公之多麥秀長聞。遍爾鄉閭,如喪考妣。莫不千門罷市,萬衆輟耕。瞻日月以蒼黄,視山川之黯慘。卜其年四月二十四日,歸葬於夏府朔方縣儀鳳鄉鳳正里烏水原之禮也。青烏叶兆,白鹿呈祥。契千載之休徵,鍾五靈之殊應。公婚沛國郡里氏,先公而亡。賢而舉案,和以服家。比希蘭蕙同香,豈料梧桐半死。次婚下邳郡祁氏,能修四德,善睦六親。恒依禮以事夫,曾著書而誠女。男五人:長曰光琇,守職綏州衙内指揮使。次曰光璉,守職綏州左都押衙。次曰光義,守職節度押衙充馬軍第二都軍使。次曰光璘，守職押衙充元從都軍使。次曰光琮，不仕。皆以温恭約己，忠孝流芳。修文傳賈馬之踪，講武踵孫吴之迹。女三人：長曰適野由氏，次曰適蘇氏，先公而亡。次曰在室，亦先公而亡。可謂容欺朱粉，節過松筠。或歸王鄭名家，并是金張盛族。昆季四人：長曰彝温，守職隨使都押衙。次曰彝超，皇任定難軍節度使、檢校太傅，亦先公而亡。皆以情通讓棗，理絶分荆。麟鳳龜龍，總作明時之瑞；珪璋琮璧，俱爲異代之珥。慶惟襲於一門，官盡分於五篲。賈生榮顯，虚留三虎之名；荀氏風流，徒説八龍之貴。公本從釋褐，至於中年，授霸府職資者八，承大朝綸綍者三。携幾經轉遷，不可勝紀。公克明且哲，善始令終，曾臨陣以忘身，嘗見危而致命。終以慎行，常恐墜於家風；執法奉公，不忘尊於王室。修短之期到此，哀榮之分必然。生也無涯，論之不及。峭早依公門館，偏忝恩知。誠慚鳧脛之才，莫出龍頭之德。辭不獲已，寧無愧乎。乃爲銘曰：

代有英特，賢生朔方。家傳將相，道契皇王。分符共治，拓土開疆。視民若子，憫物如傷。事昭千載，功立一世。添人襦袴，作國金湯。橋無白虎，里絶飛蝗。言詞諤諤，容貞堂堂。珠藴川媚，蘭標國香。文山高特，心劍深藏。施恩春雨，出令秋霜。志同韓白，政比龔黄。法唯扶薤，境不逆業。刃矜功大，能謙道光。榮連後魏，貴係前唐。德澤流霈，仁風扇揚。名彰忠孝，譽著賢良。徵民不辭，牧守□□。向負天地，須摧棟梁。薤露歌咽，松阡夜長。塵飛碧落，水泛滄浪。六年遺愛，萬代不忘。永存淚碑，勿剪甘棠。

節度押衙充隨使孔目官楊從溥書。

都料匠劉敬萬鐫。

原載《全唐文補遺》第八輯

王　覃

後周廣順中人。前鄉貢進士。

故鳳翔節度行軍司馬光禄大夫檢校司空兼御史大夫上柱國扶風郡開國侯食邑一千户馬公(從徽)墓志銘并序

前鄉貢進士王覃撰

馬氏之先,時義大矣。策名趙國,方徵誕姓之基;胙土邯鄲,載驗承家之始。援則功宣武力,立銅柱於南荒;融則業嗣儒術,垂絳紗於東漢。洎乎歷代,至於巨唐,乃公乃侯,爲將爲相。昔太宗御寰宇也,革去前弊,鼎新大業,納百揆於樞機,懸九流之衡鏡,武得文守,念茲在茲,我遠祖丞相舉賢良之策也。武皇起河朔也,雲雷尚屯,龍蛇方作,媧天缺而未補,鰲柱傾而載安。原始要終,自家刑國,則我烈考驃騎参帷幄之謀也。

公諱從徽,字順美,驃騎第三子。曾祖已降,宗族之盛,以佐命功,唐史有傳,此不復書。公生則不群,長而好古。慕項籍之學劍,當敵萬人;壯永貴之移書,耻爲博士。時莊宗洗兵海岱,誓衆并汾。神劍一麾,晉鄭之三軍殞首;白旄戴秉,商紂之前徒倒戈。奄有中夏,大賚四海。以公肅衛之效,授銀青光禄大夫、檢校兵部尚書,擢居近侍。越天成、長興,居明宗之世也,假右僕射,領羽林將軍。秩兼憲臺,勛崇柱國。未幾,加金紫,轉左揆,授左千牛衛大將軍。鍾家難解職。起復雲麾將軍。命秩空土,錫爵男服,食邑三百户。清泰初,加爵一等,增户七百,遷右領衛。自天福至乾祐,晉漢之代也,録舊德,進階二品,拜左千牛衛上將軍。擢材能,益户九百。除滄州行軍司馬,避家諱,不赴。尋改平盧、永寧二鎮行軍,并赴朝謝而已。眷茲分陝,界於上京,兵柄之難,非人不授,拜保義軍行軍司馬。金行失御,炎靈改卜。常山濘水,猶屯伏莽之戎;隴坻秦亭,嘯聚萑蒲之盗。俾安三輔,允賴全才,徙爲鳳翔節度行軍司馬、賜開國侯,封一千户。先庚後甲,三令五申,貞師律以御戎,化人文而成俗。方考嘉績,俄嬰美疹,朝露難挹,閬水成悲。以乾祐元年五月四日薨於位,享年四十有五。越大周廣順二年八月二日乙酉,遷葬於壽安縣連理鄉任村營管,禮也。婚史氏,累封陳留郡夫人。以王謝高門,適金長華胄,懿範令德,家邦必聞,再疏石窌之封,方襲魚軒之貴。嗣子二人,孟曰繼業,仲曰繼敏,如珪如璋,俱爲國器;良弓良冶,各紹家聲。女四人:長適韓氏,次適李氏,叔爲尼,季尚幼。大家稟訓,主中饋而得昌宗;宿業生知,資勝因而希妙果。惟公中和毓質,上善怡神,仕撥亂反正之君,懷盡忠補過之道。既善其始,亦令其終;期日月之貿遷,防陵谷之移變,俾刊翠琰,用播清風。慚非幼婦之辭,敢志滕公之墓,其銘曰:

　　馬服命氏,弈世其昌。伏波仕漢,承相輔唐。佐命中興,嘉謀孔彰。入居環衛,出護藩方。天不愁遺,人之云亡。公之去兮,朱軒綉軸。公之來兮,唅瓊賵玉。美櫬成行兮永閟佳城,貞石刊辭兮長存令名。

原載《芒洛冢墓遺文四編》卷 6

劉仁濟

　　後周官員,大名府(今河北大名東北)人。任文林郎、守虢州弘農縣令。

周故樞密副承旨銀青光禄大夫檢校兵部尚書兼御史大夫上柱國彭城劉府君(琪)墓志銘并序

　　長子文林郎守虢州弘農縣令仁濟撰

　　劉氏出陶唐之後,累以御龍事夏孔甲。載籍始著,厥族漸昌。炎漢之興,矯秦之弊。大封同姓,以廣維城。裂土分疆,遍於天下。魏晉已降,周隋迄今,或以儒術顯盛名,或以武功登貴仕。徵諸簡策,實我族爲望矣。

　　先府君諱琪,字潤之。先代沛國人,避亂徙家於鄴,今遂爲大名府人焉。曾祖諱霸,祖諱約,皆以高尚不仕。父諱貴,皇任萊州司馬。母魏郡邵夫人。先府君即萊州之子也,百鍊不銷,千尋直上。清濁無撓,通介有常。以禮樂爲身文,以經綸爲己任。喜愠之色,不見於容;是非之言不出於口。唐朝中否,梁室僭稱,開戰伐之場,塞貢舉之路。漢陽趙壹,爰得計吏之名;蠻府郝隆,遽就參軍之號。仕大名府,假户曹掾。唐莊宗皇帝即位於鄴,擢居樞密院,授將仕郎、徵州司馬。天成中,累遷銀青光禄大夫、同州長史、兼御史大夫、上柱國。又改青州別駕。晉室受命，轉檢校工部尚書。俄轉朝議大夫、檢校尚書工部郎中、行開封府考城縣令兼侍御史。臥錦仙曹，調弦帝甸。慘舒是任，寬猛相資。勸一方游墮之民，咸勤耕稼；招四境逋亡之衆，盡復鄉閭。政績有聞，旌酬旋至。轉檢校尚書兵部郎中。秩未滿，徵入爲樞密副承旨。復授銀青光祿大夫、檢校兵部尚書、兼御史大夫、上柱國。不幸以漢乾祐元年正月三十日，寢疾歿於京都道德里私第，時年五十五，以是年二月八日權窆於金義門外。

先妣楊夫人，大名府人，家世官族，故貝州節度判官諱璘第二女也。瑤瑟含音，瓊花不豔。秀出閨門之内，挺生閨壺之中。雅尚和柔，不好戲笑，禮待冠鍾王之右，文章過□謝之先。洎乎榛栗有歸，蘋蘩是奉。非圖史之言不出於口；非纖紝之事不經於□。衣絶綺紈，食無粱肉。宗親以睦，家道益肥。豈圖瑞露難停，卿雲易散，綸綍未封於大國，鉛華遽委於重泉。積善有徵，斯言或妄。以唐長興二年閏五月二十八日寢疾，先府君而逝，時年三十一。即以大周廣順二年十月十四日，自東都奉先府君之靈，與先太夫人合葬於洛京河南府河南縣平洛鄉杜郭村，禮也。府君又娶弘農楊夫人。有子四人：先夫人生二人，長曰仁濟，即弘農縣令也。次曰仁濬，前曹州南華縣主簿。再娶楊夫人生二人，弘濟，允濟。嗚呼哀哉，蒼天自我先考妣違養之後，於今多歷年矣。每至追尋遺迹，想像慈顏，血淚空垂，心骨俱碎。今則再營封樹，別卜丘墳。岡阜連延，川原平曠。敬從旅窆，遷祔新塋，雖送終之道無虧，而欲養之心何及。哀慕號泣，謹爲銘曰：

陟岵陟屺兮增傷，人有父母兮我亡。去日如馳兮苦長，終天飲恨兮難忘。丘壟新遷兮北邙，松柏羅列兮成行。靈車復號兮路旁，安神於此兮庶子孫之必昌。

前攝太常寺郊社署令常令顗書

原載《全唐文補遺》第一輯

張 濯

後周官員。廣順中任將仕郎、守貝州歷亭縣主簿。

有周故幽州盧龍軍右教練使關府君(欽裕)墓志銘并序

將仕郎守貝州歷亭縣主簿張濯撰

府君諱欽裕,字貴德,幽州歸義縣人也。著姓之始,列仙是宗。屬國成功,羽擅將軍之號;漢室登仕,臂高博士之名。析派漸長,清流益濬。公纔當對日,已失所天。鄉土困兵戈之秋,家諱忌祖考之事。幼負奇志,動有臧謀。屬唐祚凌遲,周藩強盛,等百雄之違制,謂五大之在邊,繕甲治兵,以吞併之在我,恃險輿馬,量撥亂之由人。漸廣訓齊司濟驍果,公投巨石擊長繩試於軍門,登諸戎籍。以寡敵眾,致勝之道全;排難解紛,奉上之忠富。以共累奏遷右教練使、銀青光祿大夫、檢校右散騎常侍、兼御史大夫,從賞典也。先甲行令,肯避乎宮人;參乘設官,乃錫從天子。公以元戎不軌,諸子非賢,琮琦欠友悌之稱,譚尚結干戈之釁,行之惟艱者陳力,利有攸往者就安。避地旋於兵園,樂天冀養於情性。其愚難及,雖可繼於古人,福善無徵,因幾復於載籍。於廣順二年五月二十六日啓手足於福善里之公署,享年七十有八,卜其年十月二十日歸葬於河南縣伊洛鄉幹村,禮也。崆峒迢遞,難思種玉之田;郊廓坦夷,永息定鼎之地。

婚渤海高氏,治內以柔順,睦親以惠和。慶方叶於家肥,恨滅纏於神往。嗣子六人:長曰謙,娶京兆郡田氏。次曰嶼,前娶汾陽郭氏,早亡,復婚南安焦氏。任幽州良鄉孫縣令匡國軍館驛巡官。次曰瓊,娶琅琊王氏。次曰彬,娶清河張氏。當胡馬南牧之時,僅同懷土;泊越鳥營巢之處,不得同飛。次曰通,娶天水趙氏,與三長兄早即世。或蹈□高節,畏桎梏於冠冕之中;或蓄之多才,張黼黻於文章之內。生美玉者崐岫,敗蕖□者秋風。次曰勛,娶清河張氏,右推岐嶷,長而溫恭,以不事筆硯爲英風,謂長守富貴爲高論,必從微至著,宜自邇陟遐,冀因人以奮身,遂擇木以托迹。相國隴西公典磁州,置於馬步都虞候,審於五聽,畏在四知,裨良牧之政,刑生闔境之歌頌。河東薛公鎮同州,充知客押衙,從宣命也。序賓以禮,備進退俯仰之容;事上以恭,挺正直純樸之性。今相君□□地征,用廣兵賦,思之洛邑,頗盛殷民,委之以戶部□官,興利除害,去私殉公。居倚廬之庭,克著絕漿之事;擇眠牛之地,今成縣窆之儀。謙之長子曰永,次曰節,二女:長適樂安孫氏,次適清河張氏。嶼之子一人曰遠。瓊之四人,長曰式,次浦,次鎬,次玘,幼女一人,曰趙留女。彬之子二人,長曰鉉,次胤。通之子,長曰丘,次曰望翁。幼女一人,善留女。高于公之門,共弘基址;分麰女之氣,咸尚英華。載□□□□□□□。嗚呼! 公戴仁抱義,原始要終,時不來何,記□以非,至道既在,俄晦迹爲閑,□四水□之中天五福,斯獲上壽,太山成夢,比陰講書,既□難駐於竣烏,卜兆唯占於青烏,濯雖塵官□本異詞人,爰稟請托之言,恭稟祖述之事,俾刊貞石,用志新阡,電俛抽毫,謹書銘曰:

丘隴風生愁雲起,薤露歌飛咽流水。執緋人,送葬土,泣涕相看指蒿里。嗚呼! 高岸爲谷志於此。

原載《河洛墓刻拾零》

尹克鶴

後周官員。廣順中,任登仕郎、前守汝州軍事判官。

周天平軍右武備弟三都軍使銀青光祿大夫檢校左散騎常侍兼御史大夫武騎尉薄公（可扶）墓志并序

登仕郎前守汝州軍事判官尹克鶴撰并書篆

悲夫! 衛鶴□軒,靡造長生之境;藤城開日,徒爲不朽之年。枝分樹號衆香,脉散江横九派。

公諱可扶,字保用,睢陽人也。公三代不仕也。梁太祖開基之後,魏朝啓運之初,委若周勃,用如韓信。授天平軍本勛,上則秉將軍之命,中則取太子之風。禄未及時,寢疾逝矣。享年四十有三。娶京兆郡田氏。明三從之義,保六親之和,事夫則舉桉稱賢,誡女則著書垂法。次寢疾,權葬許州長葛縣,禮也。享年五十有四。胤女一人,適清河大族也。胤子三人:長昌嗣,龍掖左弟六軍弟五指揮、弟五都將、虞候。娶晁氏,先亡。次娶趙氏。次子昌頊,守忠武軍節度押衙、銀青光祿大夫、檢枝太子賓客、兼監察御史、武騎尉。執節大朝,藩維馴幹。修文禮,則臣以事君;篤親愛,子之事父。娶周氏。次子昌進,不仕。見胤子胤孫:伴姨、吳七、伴哥、醋茶、吳八、吳九、吳十、姐奴。嗟乎! 草□水清兮北邙山上,刊磚勒石兮子孫重葬。其年再卜,大周廣順貳年歲次壬子十月二十六日,翻葬於洛京河南縣金谷鄉佛如村,備大禮也。卜地之日,青烏來赴,白鹿呈祥。一代支親,九族榮顯。不度斐然,乃爲銘曰:

　　濟川多士兮,臥北邙山西。堂堂威儀兮,名□華夷。葬土依臥兮,日月可照。封□□□兮,乾坤普知。

　　塋地四畝三角,地主冀彦章。

原載《全唐文補遺・千唐志齋新藏專輯》

劉　戴

　　後周官員。歷任節度掌書記、將仕郎、試大理評事、殿中侍御史。

大周故贈太師王公(重立)墓志銘并序

　　節度掌書記將仕郎試大理評事劉戴撰

　　王氏之先出畢公之胤,其後畢高受封於魏,至才冑稱王,因而命氏。靈源自遠,茂族其昌。離翦在秦,咸稱上將;基昶於魏,實號良臣。五侯譽播於漢朝,三良名垂於晉室。史無停綴,代有其人。公諱重立,字霸元,徐州藤縣人也。曾祖璆,不仕,曾祖母彭城劉氏;祖坦,不仕,累贈太保,祖母清河張氏,累封魯國太夫人;父佶,不仕,累贈太傅,母南陽韓氏,累封燕國太夫人。公即太傅之長子也。稟志孤高,爲人淳厚,得老氏和同之性,達仲尼用捨之機。常以爵禄可辭,唯務高尚其事,或則開獎詡之徑,自樂優游;或則閉子陵之關,方甘隱遁。厥疾俄遘,既無誤於杯蛇,急景難留,終有悲於隙駟,即以梁唐天祐十五年十一月七日終於故里,享壽六十二。累贈太師。公有弟一人,先從朝露。夫人汝南周氏,累封晉國太夫人。芝蘭有秀,桃李無言,從夫之榮,生未開國,以子而貴,没乃分封。公有子一人,即今推誠奉義同德翊戴功臣、武寧節度、徐宿等州觀察處置等使、特進、檢校太師、兼侍中、行徐州大都督府長史、上柱國、太原郡開國公、食邑五千户、食實封一千二百户晏。英才傑出，異質挺生，抱猿臂之貞姿，得燕頷之奇表，自奮身汗馬，發迹轅門，繼以戰功，累升裨將。當晉祚之末也，群胡犯闕，神器無歸，帝圖斯艱，大盜移國。太師侍中乃瞻并汾之王氣，舉陝虢之義師，憤雜虜之亂華，佐英主而定霸。及漢祖之有天下也，尋分戎閫，繼列侯封。逮周王之御寰中也，移鎮平陽，觀風徐土，秩兼内署，非唯蟬冕之尊，榮返故鄉，實耀錦衣之貴，積善垂慶，既承有後之基，揚名顯親，備極崇先之寵。即以周廣順二年十月二十六日，遷先太師，奉先太夫人祔之，從大禮也。杜氏之葬，既得祔於西階，樗里之墳，終無當於武庫，謹爲銘曰：

天開之祚，弈世其昌。綿綿不絶，久久彌芳。

彌芳伊何，哲人實多。再生賢傑，作鎮山河。

歸故里兮改葬，依連崗兮開阡；陵一閉兮千古，神永安兮萬年。

原載《山東石刻分類全集》

王 璹

後周官員。廣順中，任前建雄軍節度掌書記、朝散大夫、試大理司直、兼殿中侍御史。

大周故宿州符離縣令武府君(敏)墓志

前建雄軍節度掌書記朝散大夫試大理司直兼殿中侍御史王璹撰

公諱敏，字德美，太原晉陽人也。洪河演派，紀方濁而達圓清；建木盤根，聳千尋而蔭九野。胄胤克光於家諜，英奇迭美於信書。大王父昭，王父清。皆肥遁抗情，遵養晦迹。馬游有鄉里之譽，顏回無禄仕之心。烈考儔，生負壯圖，殁揚令德。富貴每輕於脱屣，恩華終錫於漏泉。累贈左監門衛將軍。公則將軍之嗣子也。九戎律度，百鍊鋒鋩。諧和真理世之音，剸割盡投虛之利。謝安未起，咸知拔俗之才；祖瑩早年，便蘊不群之器。屬唐莊宗將圖大業，方樂偉人，一見奇之，御署太原府交城縣主簿。鴻漸資始，鸞栖共嗟。式逢開創之朝，遽奮騰翔之翼。俄授嵐州静樂縣令。風生百里，化洽一同。秩滿，授隰州隰川縣令。吏不敢欺，民皆胥悦。次任潞州襄垣縣令。寬平致理，魯恭但美於當時。次任單州單父縣令。清静撫人，子賤復生於今日；廉勤自許，終始不渝於昔時。秩滿，授宿州符離縣令。入境問疾苦，下車蕭權豪。逋逃盡復於耕桑，狡猾咸遵於法度。課最尤異，貧弊頓棘蘇，雖考秩已終，而留戀不捨。公抑其頏□，方就燕安。韓稜未陟於亨衢，聲伯遽徵於妖夢。以漢乾祐三年七月十一日，啓手足□符離縣之私第，享年六十有六歲。

夫人太原王氏，先公二年而亡。貴胄承榮，德門襲慶，柔儀懿範，玉潔蘭芬。從夫自叶於和鳴，爲母實貽於令胤。孟子守珪，幼親黌館，長隸和門。方期於用之則行，終嘆於苗而不秀。仲子若訥，任徐宿等州觀察判官。季子若拙，隸晉帥牙門校。皆珪璋稟質，蘇酪馳名。迴弘開物之謀，俱積肥家之望。長女適瑯琊王氏。次女適彭城劉氏。織紝盡妙，瀚濯無奢。咸從傅姆之規，俱得宜家之道。唯仲子若訥，荆藍擅價，燕趙標奇。儒林克振於聲華，侯府早膺於維縶。霜露所感，奄歳是思。以大周廣順二年十一月三日，卜葬於河南府河南縣平洛鄉杜樨里，以先夫人王氏祔之，禮也。龍崗盤屈，馬鬣悠揚。如開滕氏之佳城，實契孫家之貴兆。璹詞源甚涸，學圃尤荒，幸叨仲子之交，同列將軍之幕。見托撰述，深愧疏蕪。謹爲銘曰：

玄黄儲結，愚智平分。智者伊何，符離令君。其一。踐行履言，本仁祖義。清白律身，方圓任器。其二。寒暄遘厲，修短難期。濟洹有夢，易簀興悲。其三。生負奇名，殁存昌裔。安此佳城，千秋萬歲。其四。

原載《全唐文補遺·千唐志齋新藏專輯》

高行周

五代大將（885—952），幽州（今北京西南）人。早年從燕王劉仁恭父子，後歸附李克用父子，下爲將，累加檢校太保，領端州刺史。明宗即位，遷潁州團練使、振武節度使。後晉時歷任西京留守、襄州行營都部署、侍衛親軍都指揮使，改歸德軍節度使。後漢加守太傅、兼

中書令、天平節度使。乾祐中，入覲，加守太師，進封鄴王，復授天平
節度使。後周建立後，加尚書令。廣順二年(952)卒。

辭讓詔不呼名奏

　　陛下每降詔書，過逾常制，耳聞宣讀，心不遑安。詔書呼名，人臣
常分，乞不逾聖制者。

原載《全唐文》卷856

趙延乂

　　五代官員，泰州(今江蘇泰州市)人。在前蜀爲翰林待詔。入唐
爲翰林天文，天成中，兼衛尉少卿。清泰、天福中爲司天監。入漢守
舊職。周廣順初加檢校司徒，二年(952)授太府卿，判司天監事。

嫂喪宜依令式服大功議

　　臣聞三代之制，禮無降減之名。五服之容，喪有寧戚之義。此蓋
聖人隨時設教，稱情立文。沿革不同，吉凶相變。或服繇恩制，或喪
以禮加。太宗文皇帝引彼至仁，推其大義。因覽同爨有緦之義，遂制
嫂叔小功之服。列聖尊行，已爲故事。傳於令式，加於大功。今馬縞
奏論，以爲錯謬。況縞昔事本朝，概至梁室。曾爲博士，累歷歲年。
今始奏陳，未爲允當。謹按儀禮，凡制五服，或以名加，或以尊制，或
推恩而有服，或引義而當喪。故嫂叔大功，良有以也。其如叔以嫂之
子爲猶子，爲猶子之妻，叔服大功。今嫂是猶子之母，安可却服小功？
若以名加，嫂豈疏疏於猶子之婦？ 若以尊制，嫂豈卑於猶子之妻？ 論
恩則有生同骨肉之情，引義則有死同宅兆之理。若以推而遠之爲是，
即令式兼無小功。既有稱情制宜之文，何止大功九月。請依令式，永
作彝倫。

原載《全唐文》卷856

張仁琢

後周官員。晉天福三年（938），任大理正。周廣順二年（952），以左庶子爲大理卿。

請令瘞埋刑人奏

臣常歷外任，見州府刑殺罪人，雖有骨肉尋時，不容收瘞，皆令給喪葬行人載於城外，殘害尸髮，多至邀求，實越彝章，頗傷仁化。准《獄官令》："諸大辟罪，并官給酒食，聽親故辭訣，宣告犯狀日，末後乃刑。"《注》云："決之經宿，所司即爲埋瘞。若有親故，亦任收葬。"又條："諸囚死無親戚者，官給棺於官地埋瘞，置磚銘於壙內，立牌於冢上，書姓名。"請依令指揮。

原載《全唐文》卷 856

法寺置議獄堂奏

臣伏見咸通十年二月二十九日，大理少卿劉慶初奏，請於法寺置議獄堂。每寺丞詳斷刑獄畢，集大卿、二少卿、二正、六丞、四司直、八評事、十司，於議獄堂參詳，令依典式。其法官中能辨雪冤獄、迹狀尤異者，二人已上者請書上下考，三人、四人已上者超資與官。今欲望依慶初所奏，法寺置議獄堂，凡斷公事，并集法官詳議，然後連署奏聞。天下諸州案牘，亦望本判官與副使已下都廳會議。

原載《五代會要》卷 16

論史在德罪議

大理寺所斷，即依律文。凡斷罪合取最後敕爲定。詳《編敕》云："官典鞫獄枉濫，或經臺授軌，勘問不虛，元推官典，并當誅罰。"又嘗有忻州法椽郭業，故入張仁安一人死罪，合當誅罰處分。今在德故入八人罪，法寺不援後敕，准據律文。今以郭業比附，在德合處極典。

原載《全唐文》卷 856

李元懿

後周官員。廣順二年(952),官北海令。

上六事疏

臣爲北海令時,夏秋苗上每畝麻農具等錢,省司元定錢十六。及劉銖到任,每畝上加四十五,每頃配柴五圍、炭三秤。省條之外,嚴刑立使限徵。臣竊聞諸道,亦有如劉銖配處,望令禁止。

臣在任時,奉劉銖文字,放絲三萬兩,配織絹五千匹。管内七縣,大抵如是。及徵收在賦稅之前,督責抑凌,借役户民,多造店宅碾磑典庫。請朝廷指揮,許人論告,差軍人百姓五工已上,出放物至匹斤,以坐贓論。自然止絶斯弊。

臣在任時,見劉銖擅棄國章,便行決配。凡罪人,或剌面填都,或決配沙門島。大凡配流加役,是朝廷格律,今後更請以不道論。

臣見諸處商稅,有越常規。乃至草木蟲魚,無不取稅。更有歲定稅率,即令兒侄傔從主張,便行枷棒。作事非法,有紊國章。今後請三司差人主持,止絶斯弊。

臣伏見晉朝曾配百姓食鹽錢,每頃配鹽二十斤,納錢五十五,數足然後許百姓私買煎造。自後鹽鐵使指以贍軍爲名,禁斷鹽法。苗畝所配,不放納錢。稅物重徵,生靈不易。今逢理代,宜有改更。使人口淡食者多,其主糶職員,又入沙石硝鹵大半。今後如國家立法糶鹽,乞放却苗上率配,稍撫蒸民,以安國本。

臣見麴法一條,最未中理。多與州縣民歲定課利,至於酤酢賣糟,爲弊尤甚。臣請州府権酒户,鄉村不禁,許令私造。依明宗朝所行稅户,每畝納麴錢三,則酒酢之流,民得便用。

向 訓

後周大將。歷任宮苑使、客省使、宣徽使、鎮安軍節度使、淮南節度使、襄州節度使等職。在進攻後蜀、南唐的戰爭中,頗有功勳。

誓約蕃部奏

所屬蕃部侵盜漢戶,臣已招喚諸部酋率設酒食,仍令誓約,更不敢侵犯。

原載《冊府元龜》卷 397

田景儒

後周顯德時陝州夏縣人。

佛頂尊勝陀羅尼經幢序

伏以景儒等生居塵網,長在牢籠。汩没愛河,豈有涯□□身是幻,假四大以成刑。悟性空時,莫不憑善道如電露。似石火而難停,若□□坊衆□□□□□□□□□□□□□□□□不悟以去逞津梁無准。景儒等自□年前,遂見當院精藍寶地,是皈依作福之田。結□善緣,乃爲衆會,名羅漢邑□。景儒等遂又不改善果真誠,年五十,敬造尊勝陀羅尼經幢一尊,奉供□□□□□□□□□□□□□□□□□圓就所修上善功德。各各□備,早立勝緣。已俟他歲,略述其宗,不可具載。奉爲國皇萬□歲,帝祚遐昌。文武官僚,常居禄位。□祈□坊表幼永保清貞。過去未亡,俱登清净之境。一切時□沾□利■。

特廣順三年歲次癸丑十二月丁未朔二日戊申□,立羅漢邑衆壹拾陸人,維那田景儒、□□□,邑録事谷□,邑人張□、邑人王全德、邑人李□□、邑人□□、邑人□□、邑人張□、邑人□□,本師和尚智明,歿故院主僧紹□,院主僧□□,寄住僧□□,小師□□,匠人馮□,邑人劉□□、□□、邑人馬思、邑人張□、邑人賈□、邑人□□、邑人□

□、邑人□□,同學僧紹宗、□□、□□。

王　殷

五代大臣(?—953),瀛州(今河北河間)人。後唐同光中,任華州馬步軍副指揮使。天成中,授靈武都指揮使。清泰中,遷祁州刺史。後晉時,累遷奉國右厢都指揮使。乾祐末,遷侍衛步軍都指揮使,領夔州節度使。後周太祖時,爲天雄軍節度使,加同平章事。廣順三年(953),因其桀傲不馴,殺之。

辭奪情疏

臣爲末將,出處無損益於國家。臣本燕人,值鄉國離亂,少罹偏罰。因母鞠養訓導,方得成人。不忍遽釋苴麻,遠離廬墓。伏願許臣終母喪紀。

石公霸

後周官員。廣順三年(953),官隴州防禦使。

本管縣鎮越訴鳳翔奏

元管三縣五鎮,自秦州阻隔,廢定戎新關兩鎮,唯汧源皆稱直屬本府。及官吏批書歷子,考較課最,賊盜寇攘,户民減損,又責州司,職分何以檢校。昨汧陽令李玉上府主簿林萼下鄉,州司不曾指揮,本縣亦無申報。每有提舉,皆稱本府追呼。無以指縱,何能致理。其間户口,多有逃亡。預虞大比之時,恐速小臣之罪。伏睹近敕,凡有訴訟,尚委逐處區分,不得驀越。豈可本屬縣鎮,每事直詣鳳翔。望降新規,以滌舊弊。

馬裔孫

　　五代官員(？—953)，棣州商河(今山東商河縣)人。少舉進士，爲後唐潞王河中觀察支使。清泰初，累拜中書侍郎、同中書門下平章事。晉高祖入立，罷歸田里。周太祖即位，加檢校禮部尚書、太子賓客，分司洛陽。廣順三年(953)卒。

免史在德言事罪詔

　　左補闕劉濤等奏：太常丞史在德所上章疏，中書門下駁奏，未奉宣諭，乞將施行，分明黜陟。朕嘗覽貞觀故事，見太宗之理。以貞觀昇平之運，太宗明聖之君，野無遺才，朝無闕政。盡善盡美，無得而名。而陝縣丞皇甫德參輒上封章，恣行訕謗。人臣無禮，罪不容誅。賴文貞彌縫，恕德參之狂瞽。徵奏太宗曰：“陛下思聞得失，只可恣其所陳。若所言不中，亦何損於國家。”朕每思之，誠要言也。遂得下情上達，德盛業隆。太宗之道彌光，文貞之節斯箸。朕惟寡昧，獲奉宗祧。業業兢兢，懼不克何。思欲率循古道，采拔時材。懷忠抱直之人，虛心渴見。便佞詭隨之説，杜耳惡聞。史在德近所貢陳，誠無避忌。中書以文字紕繆，比類僭差，改易人名，觸犯廟諱，請歸憲法，以示戒懲。蓋以中書既委參詳，合盡事理。朕纘承前緒，誘勸將來。多言數窮，惟聖祖之所戒。千慮一得，冀愚者之可從。因覽文貞之言，遂寬在德之罪。爰令停寢，不遣宣行。劉濤等官列諫垣，宜陳讜議。請定短長之理，以行黜陟之文。昔魏徵則請賞德參，今濤等請黜在德。事同言異，何相遠哉！將議允俞，恐虧開納。方今朝廷粗理，俊乂畢臻。留一在德，不足爲多。去一在德，不足爲少。苟可懲勸，朕何愛焉。但緣情在傾輸，理難黜責。濤等敷奏，朕亦優容。宜體含洪，勉思竭盡。凡百在位，悉聽朕言。

原載《全唐文》卷 856

盧 損

五代官員（873—953），范陽（今北京西南）人。後梁進士及第，後梁貞明中，累遷至右司員外郎。唐天成初，由兵部郎中、史館修撰轉諫議大夫。唐末帝即位，任御史中丞。晉天福中，爲右散騎常侍，轉秘書監，授户部尚書致仕。廣順三年（953）卒。

五日起居如舊奏

準天成元年七月敕，加每月十五日入閣，罷五日起居。臣等以中旬排伏，有勞聖躬。請只以月首入閣，五日起居如舊。

原載《册府元龜》卷 476

請停春關宴奏

天成二年二月敕：“每年進士，合有聞喜宴、春關宴，牒用綾紙并官給。”臣等以舉人既成名第，宴席所費屬私，況國用未充，枉有勞費。請依舊制不賜。

原載《全唐文》卷 856

酌定不便時宜條件奏

臣等先編聯制敕，外有比非故實，不便於時條件，准天成元年七月及四年十一月敕，應中外官除授，不許品秩一例宣賜告身，請依舊制合賜外，各令自出綾紙。又天成元年八月敕：“除授旨授令録，皆令内殿辭謝。”臣等以令録卑微，不可内廷展謝，請依舊制正衙辭謝。又天成三年五月、長興二年七月敕：“許節度使帶使相歲薦五人，餘薦三人，防禦團練使二人。”臣惟州縣員缺甚少，若容薦舉，則每年銓選，何以注擬，請特行釐革。又長興二年八月敕：“州縣簿尉判司差充軍判官，仍同一任。”自爾以來，頗傷物論，以爲不當。請行止絶，依舊令衙前選任。

原載《全唐文》卷 856

陳時政奏

　　先罪犯譴逐，殁於遐方者，請準南郊赦文，并許歸葬，仍還舊秩處
分。鳳翔山南已來，長吏有兩川界內人戶，任還鄉里。願住者即加安
撫。前任節度使、刺史、防禦等使，請五日隨例起居。

原載《冊府元龜》卷 475

陳五事疏

　　臣睹陛下勤儉爲本，宵旰是專。日新之德繼聲，時病之憂漸息。
事纔達聽，言乃必行。若有隱於聖明，必貽咎於陰責。器小而誠難測
海，日下而但合傾心。今欲曉諭中外臣僚，戴星登車，端門待漏，寅初
開鑰，日出排班。中興殿庶事未通，乞光降宣不坐，冀視朝之制合古，
事君之禮得中。匪懈之誠咸專，未明之求外顯。

　　臣聞食其時則百骸皆理，失其言而駟馬難追。利便可行，疏闊莫
返。況開閤之制，出入須常。且貴賤而不分，恃強壯而爭進。此後逐
日早辰，軍人百姓，馬群放牧，令兩掖門出，廣列尊卑。

　　帝居皇宅，法象大微。取則皆自於上元，隳度無違於古道。標正
影端之語，萬世不逾。從權就便之規，一時難守。臣見九衢巷陌，已
是漸微。兆庶街坊，未止侵占。陛下仁恕在念，約絕難行。且乞五鳳
樓南，定鼎門北，禁止搭棚籬圈，籠樹舍檐，取土填街，引渠穢路。請
指揮金吾軍巡止絕。

　　橋號天津，名實帝道。人臣履歷，尚合兢趨。牛車往來，公然縱
恣。請止絕，天津橋中道兩頭下關，駕出即開兩傍之路，士庶往來，其
車牛并浮橋路來往。

　　朝廷所重，名器爲先，叙禮樂，道尊卑，明貴賤。伏見禁門之內，人馬
出入極多。臣請凡官員除將被袋馬外，其餘騎從，并令於光政門外下馬。

原載《全唐文》卷 856

胡　嶠

　　後晉時任同州郃陽縣令，被擄入契丹七年，後周廣順三年（953）

回歸中原。

陷北記

自幽州西北入居庸關，明日又西北入石門關。關路崖狹，一夫可以當百，此中國控扼契丹之險也。又三日至可汗州，南望五臺山，其一峰最高者東臺也。又三日至新武州，西北行五十里，有雞鳴山，云唐太宗北伐，聞雞鳴於此，因以名山。明日入永定關北，此唐故關也。又四日至歸化州。又三日登天嶺，嶺東西連亘，有路北下，四顧冥然。黃雲白草，不可窮極。契丹謂嶠曰：“此辭鄉嶺也，可一南望而爲永訣。”同行者皆慟哭，往往絕而復蘇。

又行三四日至黑榆林。時七月，寒如深冬。又明日入斜谷，長五十里，高崖峻谷，仰不見日，而寒尤甚。已出谷得平地，氣稍溫。又行二日渡湟水，又明日渡黑水，又二日至湯城淀，地氣最溫。契丹苦大寒，則就溫於此。其水泉清泠，草軟如茸，可藉以寢，而多異花。記其二種，一曰旱金，大如掌，金色爍人；一曰青囊，如中國金燈，而色類藍可愛。又二日至儀坤州，渡麝香河。自幽州至此無里候，其所向不知爲南北。又二日至赤崖，蕭翰與世宗兀欲相及，遂及述律后戰於沙河。述律兵敗而北，兀欲追至獨樹渡，遂囚述律於撲馬山。又行三日，遂至上京，所謂西樓也。西樓有邑屋市肆，交易無錢而用布。有綾錦諸工作，宦者、翰林、伎術、教坊、角觝、秀才、僧尼、道士等，皆中國人，而并、汾、幽、薊之人尤多。自上京東去四十里，至真珠寨，始食菜。明日東行，地勢漸高，西望平地，松林鬱然。數十里遂入平川，多草木，始食西瓜。云契丹破回紇，得此種，以牛糞覆棚而種，大如中國東瓜而味甘。又行東至裊潭，始有柳，而水草豐美。有息雞草尤美，而本大，馬食不過十本而飽。自裊潭入大山，行十餘日而出。過一大林，長二三里，皆蕪荑，枝葉有芒刺如箭羽，其地皆無草。兀欲時卓帳於此，會部人葬太宗。自此西南行，日六十里，行七日至大山門。兩高山相去一里，而長松豐草，珍禽野卉。有屋室碑石曰陵所，兀欲入祭，諸部大人惟執祭器者得入。入而門闔，明日開門，曰拋盞。禮畢，問其禮，皆秘不肯言。嶠所目見囚述律、葬太宗等事，與中國所記差異。

　　已而翰得罪被鏁，嶠與部曲東至福州。福州翰所治也。嶠等東行，過一山，名十三山。云此西南去幽州二千里。又東行數日過衛州，有居人三十餘家，蓋契丹初虜中國衛州人，築城而居之。嶠至福州，而契丹多憐嶠。教其逃歸，嶠因得其諸國種類。近云距契丹國東至於海，有鐵甸。其族野居皮帳，而人剛勇。其地少草木，水鹹濁，色如血，澄之久而後可飲。又東女真，善射。多牛鹿野狗，其人無定居，行以牛負物，遇雨則張革爲屋。常作鹿鳴，呼鹿而射之，食其生肉。能釀麋爲酒，醉則縛之而睡，醒而後解，不然則殺人。又東南渤海，又東遼國，皆與契丹略同。其南海曲有魚鹽之利，又南奚與契丹略同，而人好殺戮。又南至於榆關矣，西南至儒州，皆故漢地。西則突厥回紇，西北至嫗厥律，其人長大髦頭，酋長全其髮，盛以紫囊。地苦寒，水出大魚，契丹仰食。又多黑白黃貂鼠皮，北方諸國皆仰足。其人最勇，鄰國不敢侵。又其西轄戛，又其北單于突厥，皆與嫗厥律略同。又北黑車子，善作車帳。其人知孝義，地貧無所產。云契丹之先，常役回紇，後背之走黑車子，始學作車帳。又北牛蹄突厥，人身牛足。其地尤寒，水曰瓠盧瓜河，夏秋冰厚二尺，春冬冰徹底，常燒器消冰乃得飲。東北至襪劫子，其人髦首披布爲衣，不鞍而騎，大弓長箭，尤善射，遇人輒殺，而生食其肉，契丹等國皆畏之。契丹五騎遇一襪劫子，皆散走。其國三面皆室韋，一曰室韋，二曰黃頭室韋，三曰獸室韋。其地多銅鐵金銀，其人工巧，銅鐵諸器皆精好。善織毛錦。地尤寒，馬溺至地成冰堆。又北狗國，人身狗首，長毛不衣，手搏猛獸，語爲犬嘷。其妻皆人，能漢語，生男爲狗，爲女人。自婚嫁穴居食生，而妻女人食。云常有中國人至其國，其妻憐之，使逃歸。與其箸十餘隻，教其走十餘里遺一箸。狗夫追之，見其家物，則銜而歸，則不能追矣。其說如此。又曰，契丹常選百里馬二十匹，遣十人齎乾鈔北行，窮其所見。其人自黑車子歷牛蹄國以北，行一年，經四十三城，居人多以木皮爲屋。其語言無譯者，不知其國地山川部族名號。其地氣遇平地則温和，山林則寒冽。至三十三城，得一人，能鐵甸語。其言頗可解，云地名頡利烏于邪堰，云自此以北，龍蛇猛獸，魑魅群行，不可往矣。其人乃還。此北荒之極也。契丹謂嶠曰:"夷狄之人,豈能勝中國。"然晉所以敗者,主暗而臣不忠。因具道諸國事,曰:"子歸,悉以語漢人,使漢人努力事其主,無爲夷狄所虜。吾國非人境也。"

原載《文獻通考》卷345

李知損

五代官員,大梁(今河南開封)人。後梁時歷任左補闕、刑兵二員外郎、度支判官、右司郎中。因受賄貶居均州。後漢初返朝,任右司郎中、兼侍御史知雜事。後周太祖時,任右諫議大夫。因出使江浙受賄,貶棣州司馬。周世宗徵其入朝,再度受賄,流配沙門島。

請禁錮王昶使人林恩鄭元弼奏

王昶僭逾名器,漫瀆朝廷。雖天罰之未行,在國章而當正。所頒命詔,過示寬恩。且匹夫犯法之贓,尚猶徵納。而遐裔不臣之物,豈可放還。伏請禁錮來人,籍没綱運。

原載《全唐文》卷858

陳鹽法利弊疏

臣以前承御札,許進言者,直書其闕,況在諫司,不敢避事。臣近聞衆議,云國家將變鹽法,有司即欲宣行。竊知以諸道所糶賣鹽,令逐處更添一倍,委州司量其屋宇,均配城内户人,每歲勒兩限俵鹽,隨二稅納價。言雖易,作之極難,此法若行,甚非穩便。然則歷代變法,先取其益國利人。前王開基,本在于安時恤物,設國無所益,人不聊生,斯乃害時之理昭然,變法之功何有? 今添配鹽貨資困弊者有二,作敗亂者有三,何則? 念寰海烝民,屬梁朝季運,困之以兵革,重之以科徭,幾經宗社改更,刑法變换,地經百戰,往年之事力都無,室告九空。到處之鄉村未復,止於州城衆户所在,貧乏者多。臣頻曾守職藩方,莫不詳觀利病,且常年城内居户,例于屋稅請鹽,比其徵納之時,備見艱難之狀,以至須勞鞭樸,尚有逋懸,況所請之數甚徵,應督之期猶失。若以逐州場院鹽貨於合賣數，增倍俵之，以稅錢均攤，則貧富高低而不等；以屋宇紐配，則盈虛剩少以難齊。於功罕全，與物為病，其資困弊者一也。逐處州府，必委官吏行之。官雖強明而吏藏奸倖，斯蓋必然之理，可得而知。儻官乏能名，吏多欺詐，則力不足者，重傷于增配；家已給者，却獲其輕均。是則率百姓而因國家，虐貧窮而緣胥吏，其資困弊者二也。且諸州糶鹽收利，省司差官置場所掌者，國家之利權，安得假厚薄而輒廢？所立者，國家之法制，豈可沿輕重而濫施？使四方之人，何以取則？聞一朝之令，孰不見疑？散利權於諸州，變鹽法於天下，俵給不均而民弊，徵催不便而民逃。國無利而喪權，民積困而失業，其作敗亂者一也。所在之處，多有土鹽，或煎而食之，或藏而貨之，流行既深，紊亂非細。如無告訐，莫得追尋。若配俵之權，憑于官吏，誠嚴之法，委自藩方，則民漸困以何幸？國轉虛而何利？其作敗亂者二也。天下鹽鐵，國家大權常重，慎于施張。助國家之經費，喻河流之不竭，同嶽鎮以無傾。蓋轉運所引，行之如水，禁嚴其固，挺之若山，豈可緣支用而絕本源，為迫切而摧重大？權衡一失，整頓甚難，利害再思，辯明極易。是則民有害而可救，國無利而何圖？其作敗亂者三也。困弊敗亂，願陛下細而思之，審而行之，恐不宜以為常事而不軫聖慮也。大凡錢穀之利，祇以聚斂為能，至於度支之司，唯以濟辦為效。殊不知人心小失，所憂之事非常；王道大行，所悅之方蓋遠。臣竊慮有司，以配鹽事件敷奏聖聰，必云百姓賒得食鹽半年，然後納價，國家隨其二稅頭段，徵得鹽錢。場院既免遷延，官典更無逋欠，民獲其濟，國有所資。臣請詰之，以解前說。且百姓窮困，十八九焉，或市肆經營，取錐刀宜利，至於日食鹽酪，辦即買之，偶或無錢，不妨淡食。今以半年鹽味，配給貧民，請歸其家，殆非所濟。當俵鹽之日，已不欣歡，及納價之時，可量困躓。復有稅租甚大，舍屋頗多，骨肉替令，家事牢落，官中以戶門而須配，本人懼條法以難辭，剩請官鹽，莫之為用，都徵省債，無足可償，以此通民，何州不有？以此編戶，何處不空？是則百姓因之逃亡，鹽錢固所虧失，省司指本州本使，不管流移，州司追鄰人保人，須令攤配。如此則已傷殘而重困，未波逃而復驅。益國濟民，其利安在？蠹時害政，不亦多乎？所司或對云：自古理民，有利則有害。當今贍國，不斂則不充。諫官秖以憂民為詞，不知經國之務。臣請再詰，以證斯言。夫國家取利之方，王者安民之道，雖或甚利於國，微損于民，聖君尚以割股啗腹而為言，本固邦寧而垂誡，何況有甚害于物而小益于時者乎？必欲糶賣鹽錢，須要倍于往日，唯宜減落鹽價，慎選場官，示諭諸州，峻整公法。凡經半年課利，但令逐處較量，比及周正，必期集事。如糶壹倍於元數，課租濟於朝廷，則必授以殊資別委，主之重務。如或所賣，不及於元數，所資不濟於朝廷，則必顯示斷懲，永更不令任使。既鹽價極輕而鹽法甚重，則民間不犯而貨易自通。州府以公家在心，場院以貞幹為事，自然國有其利，民無所傷，與夫配百姓而失經費之資，其利害懸於天壤矣！伏惟皇帝陛下，每憂勤庶政，常咨訪群臣，當明君求諫之秋，是微列得言之日。

原載《册府元龜》卷 494

請禁宰耕牛戰馬疏

臣近自作補闕，擢■員外，守刑法之司，非諫諍之任。雖越職干議，典制固所不容，而為臣事君，聞見宜其無隱。臣晚於相國寺內，忽睹聚眾殺病瘦馬，或説奉旨宣賜。臣愚昧所見，竊有感傷。大凡天下耕牛，不可宰殺。有所犯者，罪在無赦。國家切有禁防，蓋以力耕為用。今之瘦馬，抑有前勞。是皆久歷戰征，備經辛苦。以致筋齒疏尨，飲齕細微，振奮莫能，廢損及此。當於佛寺被眾軍人以布巾蒙其頭，大鑊鎚其胸，及刲剝之際，為觀者所傷。方今時未銷兵，軍非厭馬。木曜方臨於鄭分，鑾輿暫幸於梁園。誠能迴賜與之恩，亦憫傷之旨。矧復京師之內，不同營寨之中。況軍人米糧，無所乏缺。病馬肌肉，不濟烹炮。伏望明敕所司，應有病散令宣賜要者任便餧養，顯示不殺之恩。念羸牛之力耕，猶存令式。恤老馬之苦戰，願立新規。臣謬列清朝，無裨聖運。苟有所見，合具上聞。

原載《全唐文》卷 858

高紹基

後周官員。任延州衙内指揮使。

請捕録李勛奏

　　觀察判官李彬承節度使薨變,結構内外,謀殺都指揮使及行軍副使,自據城池,已伏誅。其李彬妻劉氏、子懷義、懷義妻高氏并已收捕。其高氏是臣親姊,乞留在臣家持服。李彬弟勛見充河中馬步都指揮使,彬兄景韜一房九口、彬侄懷貞一房十一口、彬媵妾一人,并已收捕在州,其李勛請行捕録。

原載《册府元龜》卷 933

釋戒貞

後周顯德中,爲修行寺僧。

周西京修行寺故講律臨壇大德賜紫尼戒恩尊勝幢記

　　佛興西土,法自東傳,教明了義之因,各顯修行之果,大德尼法■修行寺講律臨壇大德尼慧燈手下出家,得遂披剃,進■講律臨壇,秉法度人,衆推孤節。蒙留守太尹太師侍中聞其戒行清高,動表聞天,於廣順二年七月皇帝永壽節宣賜紫衣。至廣順三年三月,得疾■顏同學等六人,善因、悟真、了真、戒通、戒恩五人,并已淪没■力進身比望,永紹宗門,長爲法乳。何期壽命短長,遽歸淪■《佛頂尊勝陀羅尼真言》幢子。況《佛頂尊勝陀羅尼》者,於永淳■賴佛陀波利號如來智印,喻曰藏摩尼,顯彰七反之功,招感諸佛之■塵沾觸,免三塗種種之形類,受千劫重重之福因。經載難恩,佛稱■結菩提之眷休,成離恨之,緣罪若冰銷,魔如電散然,願見存法■切含靈,普沾斯善。時顯德元年歲次甲寅二月丙午朔二十四■修行寺講律臨壇大德戒貞記。

原載《唐文續拾》卷 8

應　文

後周開元寺僧、圓照大師。

周邢郡坊里社衆創修六曹軒宇四時祭敬記并序

開元寺圓照大師賜紫應文撰

詳夫幽顯難昧，陰陽詎測，大則五山四瀆，列祀典以欽崇；深則地府冥開，標祭書而敬奉。變通假式，徵感□靈，應虔禱以流慈，遜諸泳昔；逐齊莊而示德，□百祆□。是以清廟聿興，嚴相大壯。三□四□，□當陳如在之勤；萬井九流，醲脯薦至誠之款。祝其歡□，□以威容，苟或時旱傷苗；煩霖雨之沃□；□□□□，□□□之權衡。怒目張而魑魅偷□，□□開而休徵顯被，露霾電□，瘵□冰消，皆憑收捲之功，密伏慘舒之力。精禴筐筥之饋，□鮮蘋藻之登，鑽仰玄猷，披戴陰騭，其來久矣，孰敢漫焉？

惟六曹上德，九□名僚，沖和別遭於天然，朗悟殊凌於坤府。山含玉潤，珠貯川明，正直難忏，守位甯私於胕臅；英襟莫儗，當仁何啻於優庸。肯托名以爲妭，未因河而作怪。同匡泰嶽，各掌一司，羽翼天齊，股肱王室。揮毫案牘，人倫之事有盛衰；指顧史官，鬼部之情懸憂樂。吉凶俯仰，禍福華夷，應無迂曲之□，自有翕張之理。撫忠讜之流輩，漸陟亨衢；懲奸宄之儕僚，遐埋穢迹。蘊兹貞固之問，譽動陰君；叶彼委録之宜，運符幽贊。朱袍□簡，儼然臺署之姿；玉佩金章，焕矣鴛鴻之列。

爰有坊郭邑鄉墅社公□□□□□□□□人，各抱謹恪，俱懷柔良，偁偁風彩，閂閂儀容，寒松之節概難移，璞玉之温朗易秀。或隸職轅門，或業居商賈，知機識變，見義行仁，能炯誠於探湯，善人交于淡水。公暇相誨，□□同籌，□生各便於經圖，濟活咸充於贍給。歲忻靖泰，物樂豐盈，承一人垂拱之恩，普安閑放；荷二天袴襦之惠，盡慶優游。左右中良，内外齊肅，撫我厚我，懷德懷仁，曷無禱祭之勞，胡答休祥之澤，須憑香火，用報神靈，緜□共竭丹衷，鳩會祇醮，一約卒集,久醵鑼呋。始天福□年,屆廣順三載,凡經一紀,罔替初終,擇地慎材,創墸構棟。雅容肇塑,想玄室之儀□;美狀方圖,挺陽間之氣骨。分曹列扃,若窺緑算之文;端秉正形,如慎憲章之理。四時殷薦,六珍嚴具,紅鱗白鹿,殫水陸之新鮮;清酌紫蓴,畢庖肴之甘滑。至於車輿壯飾,金碧相宣,畜馬雄强,丹素交瑩,向司方而竦敬,瀝瀝傾情;對員位以肅恭,勤勤初洗。所冀降靈就玷,歆胙臨床,執杯肆意于蘭漿,猶乎夜飯;下箸□□於鼎實,勿類羊羹。率奉少牢,妄邀多福,俾夫帝利廣運,逾八極而混車□;相府永居,伏一方而降惠愛。上卿小相,實敦毗贊之能;右職左僚,閎益匡扶之略。然後龍調十雨,亘川之稼穡有秋;兵戢三連,通野之樵漁□畏。老少富壽,泉貨奔屯,遠者來而近者安,亢者臧而勃者遜。百祥五福,貽慶緒於社人;三苗四凶,殲叛亡□徒黨。將俟夫戮力無怠,拳□有修,宗厚地之列官,奉明神之享禘。遂索貞瑨於巖嶠,鑿贔屭之形軀,聳奠巨鰲,雕鐫大篆。□古不古,勿迷苔蘚之痕;劫灰莫灰,更麗菁華之迹。何將盛事,見顧非才,刊辭未棄於斐然,摭拾終慚於莧爾。乃爲銘曰:

厚壤諸英,正直聰明。無阿無讜,心平理平。縻賢掌簿,任材司冥。批殞録毗,注活蒼生。虔祈祈錫祚,昭告□情。薦之薄醴,向于至誠。功潛護物,力著加貞。岱嶽良佐,崇山福星。曹扃惠愛,邪僻消停。塑象興宇,列饌唯馨。牲牢肥腯,漿液潔泠。勤拳儼肅,竦栗惕兢。粢盛歲序,車馬縱横。楮□茂贊,彩妓繪繒。春憑夏禱,秋賽冬蒸。奠酹殷屬。固有專□。皇屋基壯,堯舜聖名。紅旆鎮永,龔黄令聲。三辰耀朗,九土和寧。休牛放馬,務農銷兵。漁歌樵唱,富□鬱興。最肩□酒,無敢漫輕。公私亨叶,上下登升。福謙助順,獎善禍盈。凶殲薑削,地平天成。風調雨穆,海宴河清。□琰龍□,隸篆鰲擎。摭詞記事,萬古千齡。顯德元年歲次甲寅八月癸酉朔二十八日□巳建。

輸忠翊戴功臣、安國軍節度邢洺等州觀察處置等使、金紫光禄大夫、檢校太保、使持節邢州諸軍事、邢州刺史,兼御史大夫、上柱國、京兆縣開國公、食邑七百户田景咸。

節度行軍司馬、銀青光禄大夫、檢校尚書右僕射、兼御史大夫、上柱國王保勛。

節度副使、光禄大夫、檢校太保、兼御史大夫、上柱國、太原縣開
國伯、食邑七百户王□□。

節度判官、朝請大夫、檢校禮部尚書、兼御史大夫、上柱國、賜紫
金魚袋王□□。

觀察判官、朝議郎、試大理司直、兼殿中侍御史崔説。

節度掌書記、朝議郎、試大理司直、兼監察御史何翰。

觀察支使、將仕郎、試大理評事、兼御史大夫李摶。

馬步軍都指揮使、檢校司空、昭州刺史、兼御史大夫、上柱國曹
□金。

衙内都指揮使田漢明。

馬步都虞候、銀青光禄大夫、檢校太子賓客、兼侍御史、飛騎尉□
守□。

原載《八瓊室金石補正續編》卷40

穎 贄

後周時人，前鄉貢進士。

大周護國軍節度行軍司馬金紫光禄大夫檢校司徒兼御史大夫上柱國武威縣開國男食邑三百户安公（重遇）墓志銘并序

前鄉貢進士穎贄撰

夫死者歸也，可尚者手足之無傷；葬者藏也，所貴者祭祀不輟。
其或遵彼周儀，若雙龍之再合；刊諸燕石，備百代之所疑。即知義方
垂教子之規，陰德積貽孫之慶。考之今古，惟公有焉。

公諱重遇，字繼榮，雁門人也。銀青光禄大夫、檢校尚書右僕射
兼御史大夫諱弘璋之孫也。金紫光禄大夫、檢校司空兼御史大夫諱
福遷之子也。推忠致理佐命保國功臣、河中護國軍節度管内觀察處
置等使、開府儀同三司、檢校太師兼中書令、行河中尹、上柱國、汧國
公、食邑二千五百户、食實封三百户諱重誨之弟也。生於貴門，少有

奇志。文武之道，尹翁標雙美之才；然諾之誠，季布擅百金之譽。同
光元年，起家爲邢州長史，鴻漸之勢，識者知其摩天矣。明宗繼統，成
務思賢。難兄内舉以無疑，聖主搜揚而罔聞。天成元年，加檢校尚書
右僕射，授安國軍節度行軍司馬。道光初席，德道邁列藩。俄辭幕府
之中，遂廁諸侯之内。旌別淑忒，何期明哉？天成三年，授洺州團練
使、加金紫光禄大夫、檢校司空兼御史大夫、上柱國。長興元年，改授
鄭州防禦使，轉檢校司徒，餘如故。教化風行，似出芝蘭之室；歌謠玉
振，雅符正始之音。古所謂吏不敢欺民知所措者，斯之是也。天子以
爲良二千石。繇是鬱然有擁旄之望耳。無何，明皇有悔，輔臣貽覆餗
之殃；宗子承祧，郡守入勾陳之衛。清泰元年，命公爲武衛將軍。公
以時移事改，志屈道窮。隨百谷以朝宗，罷談涇渭；逐四時而成歲，但
慕松喬。無恥具臣，自爲君子。晉漢二代，名隱十年。歷成德、河陽、
護國三任行軍司馬，封武威縣開國男，食邑三百戶。有以見欲寡其過
矣，有以見優游卒歲矣。如斯而已，豈非賢哉？大周受命，先帝好賢。
蒲輪將降於九霄，薤露俄悲於一世。於廣順元年九月四日，寢疾終於
西京福善坊私第，享年六十有一。哀聞洛水，尋興罷市之悲；信到圃
田，即起輟舂之念。若使承國家之枕倚，倚展胸臆之謨。猷可以踵黃
霸之芳踪，繼魯恭之高躅。仰裨聖政，丕變古風。人之云亡，孰不惋
□之者乎？

　　公婚劉氏，封彭城縣君。有德有容，宜家宜室。先公三載歿於舜
城。長子前鄭州衙内都指揮使、銀青光禄大夫、檢校工部尚書兼御史
大夫、上柱國崇禮等。次子崇□，次侄崇文，次子崇貞，次侄崇勛，次
子崇義、崇智。天養侄女，見侍羅氏，前任右驍衛將軍延魯。長女見
侍張氏，任棣州團練使延翰。次女見侍王氏任右屯衛將軍繼昌。次
女見侍康氏，前攝徐州節度推官琳。次侄女先侍李氏。次女見許符
氏。長子新婦高氏等。奉公理命，敬事無遺。卜宅兆於河南縣平樂
鄉朱陽村，以彭城縣君祔葬焉，即顯德元年十一月八日也。經云："孝
子之事親終矣。"此之謂乎？夫顯親揚名，期於不朽。勒石表墓，宜屬
多才。冀丹青其出處之取，用鼓吹其卷舒之韻。以防爲谷，令嘆非
常。薄才既辱於見知，滯思勉伸於撰述。庶使琼璜發彩，如假石於他

山;蘭蕙吐芳,若乘風於空穴。謹作陳信,謹爲銘云:

海邊留舄,赤玉熒煌。宮中剖腹,太子元良。神仙胤嗣,義烈暉光。爰生英哲,用贊君王。公之祖考,翼佐武莊。有功有德,盟府攸藏。公之同氣,顯位明皇。咎周之際,謀無不臧。伐紂之後,立不易方。天下瞻仰,海内稱揚。使民嚮化,致主垂裳。知公有作,内舉含章。爰從上佐,首贊金湯。旋策共理,克奉如傷。洛波澄湛,鄭圃芬芳。連枝既折,良□乃亡。遂抛郡印,來踐朝行。罔求聞達,但務周防。晉漢二代,出入十霜。樽罍自守,優游不妨。惟周受命,得士者昌。將隨駟騎,去佐皇綱。天奪其壽,今也則亡。所懷者德,罔念者鄉。牛崗應□,馬鬣當陽。有子嗣續,有孫蒸嘗。千秋萬歲,永宅於邙。

重曰:公齊體兮縣君,公同穴兮良辰。雙魂安兮莫分,四維去兮無親。

鐫字人翟玟。

原載《全唐文補遺》第一輯

郭 玘

後周官員。任朝請大夫、守宗正丞。

大周故金紫光禄大夫檢校尚書右僕射左監門衛將軍兼御史大夫上柱國劉公(光贊)墓志銘文

朝請大夫守宗正丞柱國郭玘撰

劉氏之先,帝堯之後。夏則顯御龍之號,殷乃立封豕之名。在秦居侯爵之芳,有晉處納言之位。洎漢室應運,太守臨藩,葵心奉君,蒲鞭示吏。其後,汝南徙居於梁國,肥鄉本屬於廣平。騰芳代不乏賢,胤族乃世繼其美。公即唐中書舍人林甫之後也。曾祖勤,皇不仕。祖奕,皇不仕。考倚,累贈太常少卿。外李氏,追封本郡太君。

公諱光贊,字顯國,本大名府冠氏縣人也。幼知禮樂,神授聰明。戲則爲碑,智過稱象。洎乎成立,爰負變通。有子張爵禄之心,務蕭何刀筆之譽。乃入仕於本鄉公府也。鏗鏘立事，謹嚴奉公。嫉惡若仇，見善必舉。名價既高於故里，行藏俄擢於省庭。自天成年至開運歲，安陽計兵食，白馬料軍儲，邢臺兼都竅之權，洛汭總麴蘗之務。雖數歷脂膏任，而俱揚冰蘗名。聲光漸峻於強能，委寄轉資於難重。至戊申歲，授渦口都商稅使。職未二年，官加三品。就除右羽林衛將軍，階兼金紫。昔廖省署，玉未偶於三朝；今列天庭，鵬已摶於萬里。秩滿，適洛。周初，復除左監門衛將軍，官檢右揆。哲後宵衣旰食，一日萬機。念稼穡之艱難，務供輸之均濟。乃擢幹士，遷檢疲民。公即奉命南燕也，盡歷鄉川，普觀禾黍。清通是執，絕胥吏之愛憎；舒慘得儀，分農家之苦樂。事將復命，殃出不期，於癸丑年孟冬十有二日，因浴暴卒於滑州荷恩禪院浴室，享年六十六。用甲寅年仲冬二十六日，歸葬於洛陽縣玄象鄉南陶里。嘻！公之忠孝過人，剛柔莅事。舉直措枉，見賢思齊。始以書算立名，加以言行積德。五司繁重，雨陟通班。平生不昧於心誠，畢壽果非於疾疢。

公先娶汾陽郭氏，先公而謝，今則同歸。次娶太原王氏，初授本縣君，次加本郡君。賢和治下，柔順睦親。舉案事夫，踓如賓於上古；貞明誡女，可垂法於後人。有子一人，早任古城尉。晉祚既衰，鬼方恣盛。上國乃胡笳之地，中原為戎馬之郊。郡城有蹂踐之憂，士庶負塗炭之苦。乃陷塞外，莫遂生還。有女四人：長適曲氏，不幸早亡。次適白氏。次迪高氏。皆從三道顯，德四光前。孤鴻雖無依，壯志不可奪。其次適曹氏。閨闈秉訓，令善叶儀。在家不怠於女工，出聘無愧於婦節。有外甥五人，或立身弓劍，或酷志文章，盡疑構廈之材，俱有出囊之銳。玘屢承請揖，言撰斯文，慚無吐鳳之詞，直紀如龍之美。銘曰：

巍巍上古，濟濟賢良。山河孕秀，日月騰芳。林茂枝本，脉散源長。代繼其美，將軍道光。幼負奇才，長修今德。彈冠公府，揚名故國。一列省庭，五司重職。金石為心，脂膏不惑。爰升朝籍，行綴勛賢。位居三品，官由兩遷。朝趨北闕，亦使南燕。惟壽有恨，非仙莫延。膏肓不兆，疾疢不纏。方寸不亂，神魂去焉。代惟周兮盛矣，歲直寅兮宜然。月建子兮稱利，塋卜周兮光前，走烏兔兮天長地久，刊貞石兮千年萬年。

原載《隋唐五代墓志彙編》(洛陽卷)

蘇允平

後周官員。顯德二年(955)，任安州防禦判官、朝散大夫、檢校尚書工部員外郎、兼殿中侍御史。

妙樂寺重修真身舍利塔碑并序

安州防禦判官、朝散大夫、檢校尚書工部員外郎、兼殿中侍御史蘇允 平撰 。

永慶禪院沙門匡 寶 書。

夫三界之内，六道之中，無始劫來，庶類輪轉，其悟者與物無競，惟道是從。衆居則和光同塵，獨處則謹身節用，心□□□□□□虛，常懷濟物之□，每抱特□之□，爲人子者，能竭其力；爲人臣者，能致其身。欽有德如至尊，愛黎民如□□，言而有信，富而無驕，道本既深，善根不易，從因至果，自有入無，知一切法空，了一切法性，生來死去，天上 人 間，□□□□□□□陟漸入□□□□慧水離□□□善者□□爲 伍 ，與惡爲伴。愛河廣闊，皆但樂於泛游；苦海深沉，咸不殷□没溺。□知有其彼岸，鮮肯上於法舡，縱達平地之時，還落險道之内。既經苦難，尚不覺知而□仁義□□□□□□□□□乏。事親者少□□孝，事君者鮮克盡忠，既闕五常，不重三寶。匪植德本，詎種福田。見賢無思齊之□，見惡無探湯之懼，多恚癡之所惱，復貪愛之所□，欺誑常行，煞害不已，無明所蔽，有漏相緣，誠同於狼□□□□□□□□□□□才藝以取□□圖之，□者即謂己能圖之，否者匪云天命，殊不知肥馬輕裘，珥貂金印，貴冠百辟，富□千金者，宿種良因，曩修勝福之所致也。又不知損親捨族，剃髮披緇，或諷金經，或談玉偈，講傳妙法教□□□□□□□□□□□□□佛寺□苾□有所歸□□□庶有所依瞻，勸彼多人，令歸正見者，是□□□先佛□弟子奉佛敕之所然也。既因果之不曉，而罪福之莫分，或誹善人，或謗真法，致三途之內，輪迴億劫之中，□□□□□不具□□□□□□，或疥癩癰□，衣不蓋形，食不充口，生生相續，苦苦相連，如是諸哀，無時間歇。乃有觀音慈廣救苦□□婆之間，地藏願深擾難於閻浮之內，既菩薩施其無畏，羅漢化其有情，心心慇傷，頭頭拯濟，尚存 惡 □□□□□縱然□□□功，即劫中道而廢， 例 抱剛強之性，莫從詎伏之言，恒執愚迷，岡離陷溺，慳貪嫉妒之所纏□，憂悲苦惱之□□煮。

即有我釋迦牟尼佛，無量劫前，修持苦行，蘊慈悲喜捨之道，懷勇猛精進之心。或爲流水，救□□□澤池；或□□埵，飴餓虎於林谷，作常不輕菩薩之時，則增□慢者信伏；作第十六沙彌之日，則《妙法華經》普聞。嘗爲國王，□□太子，捐捨世榮，勤求大法，積功累德，從凡入聖，所以超出群倫，成等正覺，十號具定，十□不共，得四□□□□解脫，□□二相八十□好，佛身莊嚴，翰墨奚述。既得其深祕藏，乃轉不退法輪，始於波羅奈，或於忉利□□日億□□十方刹化度，既懷慈慇，爲濟苦難，而乃下生人間，如當□來之彌勒也。雖久成於佛道，而再示於修行，但□□□□□□□既成，諸魔競起，因伏外道，即現神通。或則納須彌於芥子之中，或則引滄海於蹄涔之內，或在祇樹之□，□居靈鷲之山。爲六趣衆生說三乘教法，以火宅爲譬喻之體，以化城爲止息之程，以親友衣裏之珠，□土□□□□□□□□□□無上□菩提，開八方法門，演□□因緣，隨其根性，示其方便，解苦縛，拔衆邪，爲□之法王，爲人之慈父。□常在世，恐生憍恣厭怠之心，故現涅盤，俾懷慕戀。渴仰之意，如狂子之父實在而言死，但天人之師□□□□□□□□倒□□□□□是造塔起八萬四千，此土□一十九所此塔，是其一數也。既睹支提之相，因興思慕之心，所表真□，以存像法。

而後風摧雨擊，古往今來，全隳窣堵之形，微有定基之址，荊棘生焉，□□踐焉。乃有此丘自□□□俗，□法出家，□□□石之堅，□□□柏之操，行頭陀之行，衣布弊之衣。知生老病死之身，非爲究竟；以柔和善順之道，是□恒常。舉步不離於道場，出言皆合於典教，慈能恤物，直不妄談。睹此古基，因發大願。既立修崇之誓，爰虔□□□誠，而則募有緣□□□□□□□□□至誠感神，惟德是輔。乃得維那戮力,檀越齊心,而復史君清河公太夫人梁氏、郡夫人劉氏,各捨净財,共崇勝事。自大周廣順三年癸丑歲興工,至顯德元年甲寅歲畢功。不□二載,□成□塔。□身高一百尺,相輪高二十三尺,縱廣相稱,層層離地,岌岌聳空。雖不至於梵世,而已□於雲漢。上穿紫霧,傍惹紺烟,寶鐸撼清風,金輪燦白日。億人始睹,疑阿育之初興;四眾乍觀,謂多寶之再現。繇是□徒霧集,俗士雲屯,懈怠者向此迴心,追慕者於兹墮淚。盤陳法喜,爐爇栴檀,歌唄之韻齊興,鐃鈸之音相續。或燃一□,□捨全身,翼翼傾心,種種供養。

但觀是相,如對先佛,以斯諸眾,皆是宿緣。於恒沙塵劫之前,已曾親近;在五濁□世之内,方得見瞻。故立窣堵波,以表菩提相。彼干禄之士,勿謂直上之丹梯;斷鰲之流,勿謂擎天之獨柱。有諸佛□,□諸天人,每結精誠,時來巡禮,奈何流俗不起敬恭。故童子取沙,猶成佛道;支公建塔,何量殊因。在其維那及諸檀□,或捨力,或施財,或□言轉勸於多人,或潔己□崇於勝果。凡施績效,皆獲福緣。故作善降之百祥,作不善降之百殃,□□尚標,佛語非□。故經云:"若有善男子、善女人過佛塔寺,大乘經典,新者佈施供養;瞻禮贊嘆,恭敬合掌。若遇□者,或毀懷者,修補营理,或獨發心,或勸多人,同共發心。如是等輩,三十生中,當爲國王;檀越之人,當爲轉輪王。還□□法教□諸小國王□□更能於塔廟前發□向心,如是國王,乃及諸人,盡成佛道。以此果報,無量無邊。"又云:"若人於塔廟,寶像及畫像,以花香幡蓋,敬心□供養。或有人禮拜,或復但合掌,乃至舉一手,或復小低頭。以此供養像,漸見□□佛,自成無上道。"又云:"人於塔廟中,一稱南無佛,皆以成佛道。"此蓋金□所宣,寶藏所貯,但陳斯述,皆案教文。於戲!當濁惡世,□夢□身,急急自修,分分□□,若見是塔,但設恭敬,作禮尊重,必獲因果,此是釋迦牟尼佛真身舍□□塔也。恐眾未達,故再直書,勿生輕慢,勿起毀呰。苟發謗言,必墮惡道,願希多士,俯聽誠□。

允平雖處儒門,粗親釋教,知佛法是歸依之地,知此身非究竟之途,苟利養之所拘,在增修之靡怠。恒願當當來世,長作沙門;漸漸積功,冀睹彌勒苟諧拔擢,即期出離前歲,爰承辟命,倅彼懷覃。今則旋奉奏章,佐於安陸□□,隨□旌斾,離郡經由,幸□鄙愚,獲瞻□妙。遂見他山之石,未有文告之辭,雖揣荒虛,因許撰施,每於公退,乃作斯文。□思臨箋,對色絲□□愧;成章絕筆,想披錦以增慚。洎著拙辭,未攄佳嘆,爰徵典實,遂作銘焉。

我佛釋迦,辯才啴犎。以慈修身,成等正覺。懇念沉淪,勢力拔擢。化世非世,□學無學。於三千界,化百億身。升高寶座,轉大法輪。教諸菩薩,洎諸天人。俾成善果,使就良因。爲大因緣,出現於□。脱其苦縛,拔其苦濟。愚者根鈍,貪愛自蔽。爰開便門,而顯大勢。示其火宅,現其化城。初□□法,誘彼□□。後諭□車,恣彼游行。復如大樹,枝葉芳榮。久住世間,恐生厭怠。故現涅盤;俾其追□。但謂滅度,焉知實在。常居鷲嶺,劫壞不壞。佛之出世,如優曇華。佛之壽理,如恒河沙。故□□滅,但遣□□。既知難遇,因種善芽。舍利爰存,國王是王。造八萬塔,安十方土。瞻禮妙軀,憶念慈□。焚香如雲,泣淚如雨。日往月來,自今及古。磚石隤壞,荊棘成林。曙旦烟合,春殘草深。□□雖在,□□□□。□□高僧,法名自悟。道行淳實。志性堅固。□談直言,身衣麁布。因睹隩基,遂發□□。既宜誓願,再構修崇。勸募多士,興建衆功。頭頭教化,事事親躬。其心惟一,其道克隆。自癸丑年,至甲寅歲。□□爰成,厥功畢制。炭炭妙形,巍巍大勢。雲鶴難逾,斗牛欲蔽。縱廣正等,稱其崇□。紅日才照,金輪顯昭。清風既至,寶鐸重搖。烟巒碧蓋,霧覆殷綃。聳踊凌空,稜層峭拔。□道□衝,雲衢上□。□□華嶽,右對扶桑。前臨少室,後據太行。表刹既興,天人下禮。每設一拜,俱投五體。□聖萃臻,圍繞階陛。蕭蕭虔虔,雍雍濟濟。造者果就,禮者福全。慕貴獲貴,慕天生天。所述□□,□出秘典。至□直宣,繁辭俱剪。嗚呼衆流,殷勤崇善。慎勿毁呰,慎勿□唉□嘆。既興寶塔,爰立貞□。□□贔屭,身壓元龜。功惟廣大,文不珍奇。但紀勝事,千載不隳。

佛功德海,嘆莫能□,□搜□文,復爲偈曰:

□□大聖尊,濁世中出現。能化百億身,非論十八變,欲調庶匯情,先與群魔戰。法鼓震祥雲,□□□□電。衆生業重身,幾個遭逢見。□緣聞佛名,□□睹佛面。久居在世間,□衆懷厭賤。是故現涅盤,□□□慕戀。皆爲實滅度,豈識眞方便。常在靈鷲山,或游沙界遍。國王得舍利,造塔餘八萬。劫□□□□,此□重修建。一心構勝緣,□載□宏願。表刹既興隆,善緣□□□。□志劫修崇,虔誠禮供養。□□□□主,□獲皆無量。果位從此興,菩提漸無上。今告衆多人,願欽衆妙相。所陳簡直辭,□□□□□。無非居因緣,無非稽典則。審諦聽是言,勉勵植衆德。願同□□□,當來遇彌勒。

□□顯德二年歲次乙卯。修塔僧自悟,功德主僧玄□。懷州刺史、銀青光禄大夫、檢校太子賓客、殿中侍御史、雲騎尉吉仁雲。施主:前攝邢州別駕周萬達。前攝邢州司馬周延肇。宣徽院兵馬使、充相輪都維那王廷。□□□大夫、檢校尚書右僕射、使持節懷州諸軍事、行懷州刺史、兼御史大夫、上柱國、武都縣開國男、食邑三百户符(户)。軍事判官、登仕郎、試大理司直、兼監察御史王□。林郎、軍事參□□□□御史、賜緋魚袋石。徵仕郎、試大理評事、守懷州武陟縣令續。將仕郎、守懷州武陟縣主簿蕭。河陽隨使、押衙、充武陟鎮遏使白。□州防禦使、光禄大夫、檢校司空、兼御史大夫、上柱國、清河縣開國男、食邑三百户張穎。□□奉義翊戴功臣、前靜難軍節度、邠寧慶衍等州觀察處置管内營田押藩落等使、特進、檢校太尉、行邠州諸軍事、守邠州刺史、兼御史大夫、上柱國、廣平郡開國公、食邑五千五百户、食實封七百户宋彥筠。輸誠翊戴功臣□大軍節度鄜坊等州觀察處置等使、金紫光禄大夫、檢校太傅、使持節鄜州諸軍事、鄜州刺史、兼御史大夫、上柱國、京兆縣開國伯、食邑七百户□□□。

原載《道光武陟縣志》卷21

馮 道

五代大臣(882—954),瀛州景城(今河北滄州西北)人。少刻苦儉約。唐末爲劉守光參軍。守光敗,遁歸太原爲巡官。後爲李存勗所用。後唐同光元年(923)爲翰林學士、户部侍郎。歷相明宗、閔帝、末帝,又事後晉、後漢、後周,前後歷四朝十君,在相位逾二十年。曾主持校定《九經》文字,雕版印書,世稱“五代監本”,爲我國官府正式刻印書籍之始。其晚年作《長樂老叙》,對自己的一生進行了回顧,著名學者歐陽修認爲其没有氣節,斥之爲“其可謂無廉耻者矣”。

上唐明宗徽號册

維長興元年,歲次庚寅,四月甲午朔二十五日戊午,金紫光禄大夫、守尚書左僕射兼門下侍郎、同中書門下平章事、充太微宫使、弘文館大學士、上柱國、始平郡開國侯、食邑一千五百户、食實封一百户臣馮道,銀青光禄大夫、門下侍郎兼吏部尚書、同中書門下平章事、監修國史、判集賢院事、上柱國、天水郡開國伯、食邑七百户臣趙鳳,及文武百官特進、太子少傅、上柱國、酒泉郡開國侯、食邑一千户臣李琪等五千八百九十七人言:

臣聞天不稱高而體尊,地不矜厚而形大。厚無不戴,高無不覆。四時行乎内,萬物生其間。總神祇之靈,叶帝王之運。日出而星辰自戢,龍飛而雷雨皆行。元氣和而天下和,庶事正而天下正。伏惟皇帝陛下天授一德,時歷多艱。翊太祖以興邦,佐先皇而定難。拯嗣昭於潞困,救德威於燕危。遏思遠而全鄴都,誅彦章而下梁苑。成再造之業,由四征之功。洎纂鴻圖,每敷皇化。去内庫而省庖膳,出宫人而減伶官。輕寶玉之珍,却鷹鸇之貢。淳風既洽,嘉瑞自臻。故登極之前,人皆不足。改元之後,時便有年。遐荒旋斃於戎王,重譯往來於蠻子。東巡而守殷殛,北討而王都殲。破契丹而燕趙無虞,控靈武而瓜沙并復。近以饗上元而薦太廟,就吉土而配昊天。輅已降而雨沾,事欲行而月見。燔柴禮畢,作解恩覃。帝命咸均,人情普悦。非陛下有道有德,至聖至明,動不疑人,静惟恭己,常敦孝禮,每納忠言,則何以臨御五年,澄清四海。時久纏於灾害,民驟見於和平。休徵備載於簡編,徽號過持於謙讓。三年不允,衆志皆堅。天不以上帝自崇,日不以大明自貴。於蒸民有惠,於元后同符。列聖皆然,舊章斯在。今以明庭百辟,列土諸侯,中外同辭,再三瀝懇。臣等不勝大願,謹奉玉寶玉册,上號曰“聖明神武文德恭孝皇帝”。伏惟皇帝陛下體堯舜之至道,法日月於太虚。威於夷狄,恩及蟲魚。奉國者繼加榮寵,違天

者咸就誅鋤。典禮當告成之後，夙夜思即位之初。千秋萬歲，永混
車書。

原載《舊五代史》卷 41

請以聖壽日爲啓聖節表

臣等聞大電繞樞，哲后繼犧農之運。五星聚井，真人啓文景之
基。昌圖允洽於千年，嘉號宜光於載誕。不有稱述，曷顯休明。伏惟
皇帝陛下玉律調元，金華啓旦。上帝錫九齡之夢，迺人聞下武之詩。
德協無爲，民知有慶。當大雨時行之日，乃常星不見之辰。將歡宇縣
之心，竊效華封之祝。臣等不勝大願，望以六月二十七日爲啓聖節，
著於甲令，告彼萬方。使地角天涯，望南山而祝壽，九州四海，仰北極
以傾心。誠乖致主之功，輒敢稱君之美。

原載《全唐文》卷 857

請上尊號表

先以中外同詞，華夷叶慶，敬尊往制，特上徽名。天眷未回，王言
疊降，過持謙柄，尚拘群情，將永顯於洪休，須再陳於丹素。伏惟皇帝
陛下，中興纘祀，下武應期，務實去華，還淳返樸。有聞善必行之聖，
有無幽不燭之明，以神武戡定四方，以文德懷柔八極，惟恭與孝，繼祖
承祧。臣等考尋帝載，奉揚休烈，請上尊號曰聖明文武恭孝皇帝，約
就望而臆譚堯德，叙聲身而首贊禹謨。此際，陛下以郊禋未展於泰
壇，帝饗未修於清廟，易水之殘妖未殄，江陵之闔境未寧，堅違丹赤之
誠，更待和平之日。今則乾坤大定，書軌混同，北暨幽陵，南窮丹徼，
東逾滄海，西越流沙，率梯航者，願布腹心，俟干羽者，已陶聲教。圓
丘報本，顯陳燔燎之儀；宗佑告虔，親奉雲韶之薦。而況萬邦胥悦，百
穀順成，天垂上瑞之文，人樂蘇庚之化，鷄竿作解，風紀維新，野喧擊
壤之歌，兵入囊弓之咏，人祇訴合，日月重光，明哉康哉，美矣盛矣。
臣等生逢景運，仰纘丕圖，是將億兆之心，虔貢再三之請，冀茂實永光
於圖史，徽猷式冠於古今，上契天心，下從人欲，凡厥臣庶，恭俟允俞。

原載《冊府元龜》卷 17

請上尊號表

粤以惟帝事天,惟臣奉主,就陽展禮,一人虔報本之心,揆德弘猷,萬國切歸尊之願。載揚明號,思稱洪休,瞻旒冕以獻言,望昊穹而垂允。臣等頓首:臣聞德所以誕敷四海,名所以馳裕萬邦,苟黼藻之頌不傳,則就望之容何著。故質文迭用,賓實相符,禮有常尊,臣子合遵於舊典,功無與讓,君親當協於至公。伏望皇帝陛下,清明在躬,純德受命,弘要道於天下,暢貞風於域中,通達無方,淵源不測,此所謂聖以合道也。外宣百度,上法三光,銅渾昭乾健之規,玉燭朗陽舒之景,無幽不燭,有感皆通,此所謂明以燭遠也。至如用姬公之典以御十倫,敬孔子之祠以興四教,觀書乙夜,徇鐸孟春,遠服殊鄰,王道無偏而蕩蕩,親平判斝,天網不漏而恢恢,虜帳以是魂銷,并土以之脅息,此所謂文以興教,武以宅功也。又若煦嫗萬物,昭蘇九圍,協天載以無聲,恢帝猷而有截,涵如東海,固比南山,此所謂仁以阜成,德以順正者也。皇帝陛下,聖廣造化,明均炤臨,同文班黼黻之章,常武蓄雷霆之勢,仁兼孝以并率,德與道而相權,總集衆方,光揚茂實。臣等不勝大願,謹上尊號曰聖明文武仁德皇帝。恭惟雍熙之代,開泰之朝,君臣崇相正之規,天地無不交之象,《書》曰"一人有慶",當皇極之盛隆,《詩》曰"萬國作孚",在鴻名之遠逮。臣等幸逢景運,獲事朝廷,表端位而列群司,各承豐澤,章至尊而舒盛德,敢怠前規。瀝懇傾輸,望恩俞允。

原載《冊府元龜》卷 17

請徽號內加廣道法天四字表

臣等聞乾文上布,常居莫大之尊;坤體下凝,克闡無疆之道。以是發生悠久,亭育運行。人識玄功,遂配高明之號,世祥陰德,爰標博厚之名,皆彰得一之靈,盡合通三之稱。帝王繼統,古今同符,皇風愈至於洽平,群願并虔於將順。伏惟聖明神武文德恭孝皇帝陛下,乾坤正氣,日月并明,千年膺出震之期,萬乘發承祧之日;寬仁大度,映悙史於前王,儉德淳風,契徽猷於太古。而自削平多難,纂紹洪基,視兆庶以如傷,致八紘之丕變,蠻夷率服,稼穡豐登,普天揚溢美之聲,當寧固持謙之旨，夙堅衆志，久抑鴻名。洎展禮祖宗，告虔天地，乃從人而降命，獲奉册以陳誠，紀述聖謨，但務屬詞之實，申明拜典，方諧得理之宜。郊祀以來，日新其化，四年益理，九土咸寧。惡黨挺妖，仗天威而悉殄，遠藩效順，感帝德以皆來。塞外休兵，域中無事，保深根而固蒂，延地久以天長。臣等輒據群情，虔徵故事，合增加於徽稱，免漏略於宸猷。伏以道爲廣大之宗，天布生成之惠，仰惟一德，宜摠二名。臣等伏請於尊號内加廣道法天四字，庶得彰明典禮，若傾翊戴之心，輝煥簡編，永表雍熙之運。

原載《册府元龜》卷 17

請依舊置樞密使表

竊以樞密使創自前朝，置諸近侍，其來已久，所便尤多。頃歲樞密使劉處讓，偶屬家艱，爰拘喪制，既從罷免，暫議改更。不曾顯降敕文，永停使額。所願各歸職分，豈敢苟避繁難。伏請依舊置樞密使。

原載《全唐文》卷 857

請以聖壽日爲天和節奏

臣聞惟睿作聖，千年乃契於貞期。大德曰生，萬國咸思於令節。將詮懿號，仰慶休辰。傾心未出於常名，近意有塵於嘉會。伏惟皇帝陛下應天順人，握圖御宇。拯寰瀛於否極，俾動植以泰來。允符鳴社之祥，方顯繞樞之瑞。而况斗柄正卯，律吹仲春。當帝王出震之方，是天地同和之月。斯辰誕聖，衆靈咸歸。顧前代而罕同，在舊章而宜舉。垂諸不朽，簡編既溢於徽猷。必也正名，稱謂須符於景貺。伏願以來年二月二十八日爲天和節，庶夫觴稱萬壽，稍申將順之心。節配四時，永洽好生之德。

原載《全唐文》卷 857

請正朝班奏

宰臣朝見辭謝，在朝堂橫街之南。逮至餘官，則悉於崇元門内。夫表著之列，豈可逾之。故古先明王，必正其位服。此實事因偶爾，習以爲常。又入閣禮畢之時，群官退於門外，定班如初，俟宣放仗。唯翰林學士、前任郡守等，不隨百辟，即時直出。二者禮僭序失，其使正之。

原載《全唐文》卷 857

論安不忘危狀

臣爲河東掌書記時，奉使中山，過井陘之險，懼馬蹶失，不敢怠於御轡。及至平地，謂無足慮，遽跌而傷。凡蹈危者慮深而獲全，居安者患生於所忽。此人情之常也。

原載《全唐文》卷 857

移文宣王廟記

勾官楊思進書

清泰中，道初領鎮之時，遍謁廟之際，再拜宣聖，久立荒祠。後臨街而地位窮，前逼城而日光少。羊觸藩而來者衆，豕負塗而去者多。雨信納污，風知逐臭。以濫爲弟子，忝作公侯。得富貴而因詩書，擁旌旄而輕俎豆。何以爲漢相，何以見魯人。遂申如在之誠，別卜維新之所，乃移於通衢之北，在馮翊縣之西。龜筮相從，官吏相合。不煩隧正，不擾里胥，不妨農，不害物。畚鍤者、楨幹者、斧斤者、繪者，一無闕；垣墉、棟宇、榱桷、階序、門屏，一無闕。自山龍已降，至絺繡，一無闕。河目、海口、堯頭、舜項之相亦依然。其文也，布在四方；其教也，傳於萬代。依其教者順而正，違其教者逆而邪。德與天地齊明，與日月等。昔賢云：「自生人已來，未有如夫子者也。」非此心此口而可稱贊。時以拙於爲政，昧於立功。民未蘇而責躬，廟纔成而赴闕。別離七縣，倏忽小年。今又此來，固非所望。手持龍節，顯奉新恩。目睹象環，虔瞻舊制。於漆沮之地，有洙泗之風。念伯魚之學時，可知家法；想祖龍之焚處，自墜皇圖。今逢下武之時，無失上丁之節。公卿總睦，侯伯皆忠。將戢干戈，永安宗社。文武之道，邦家之基。共分宵旰之憂，同保車書之運。老夫之幸，明神所知，謹以崇儒移廟之懇，紀於公門南之左。

時開運三年正月十五日記。守正弘德保邦致理功臣、建國軍節度管內觀察處置等使、開府儀同三司、檢校太師兼侍使、權同州諸軍事、行同州刺史、上柱國、秦國公、食邑八千五百户、食實封一千二百户馮道。

原載《五代石刻校注》

長樂老自叙

余世家宗族，本始平、長樂二郡。歷代之名實，具載於國史家牒。余先自燕亡歸晉，事莊宗、明宗、閔帝、清泰帝，又事晉高祖皇帝、少帝。契丹據汴京，爲戎二主所制。自鎮州與文武臣僚馬步將士歸漢朝，事高祖皇帝今上。顧以久叨禄位，備歷艱危，上顯祖宗，下光親戚。亡曾祖諱湊，累贈至太傅。亡曾祖母崔氏，追封梁國太夫人。亡祖諱炯，累贈至太師。亡祖母褚氏，追封吳國太夫人。亡父諱良建，秘書少監致仕，累贈至尚書令。亡母張氏，追封魏國太夫人。

余階自將仕郎轉朝議郎、朝散大夫、朝議大夫、銀青光禄大夫、金紫光禄大夫、特進開府儀同三司。職自幽州節度巡官、河東節度巡官、掌書記，再爲翰林學士。改授端明殿學士、集賢殿大學士、太微宮使。再爲弘文館大學士，又充諸道鹽鐵轉運使、南郊大禮使、明宗皇帝晉高祖皇帝山陵使。再授定國軍節度、同州管內觀察處置等使。一爲長春宮使，又授武勝軍節度使，鄧、隨、均、房等州管內觀察處置等使。官自攝幽府參軍試大理評事、檢校尚書祠部郎中兼侍御史、檢校吏部郎中兼御史中丞、檢校太尉同中書門下平章事、檢校太師兼侍中，又授檢校太師兼中書令。正官自行臺中書舍人，再爲户部侍郎，轉兵部侍郎、中書侍郎，再爲門下侍郎、刑户吏部尚書、右僕射，三爲司空，兩在中書，一守本官。又授司徒兼侍中，賜私門十六戟。又授太尉兼侍中，又授戎太傅，又授漢太師。爵自開國男至開國公、魯國公，再封秦國公、梁國公、燕國公、齊國公。食邑自三百户至一萬一千户，食實封自一百户至一千八百户。勛自柱國至上柱國。功臣名自經邦致理翊贊功臣至守正崇德保邦致理功臣、安時處順守義崇静功臣、崇仁保德寧邦翊聖功臣。

先娶故德州户掾褚諱濆女,早亡。後娶故景州弓高縣孫明府諱
師禮女,累封蜀國夫人,亡。長子平,自秘書郎授右拾遺工部度支員
外郎。次子吉,自秘書省校書郎授膳部金部職方員外郎屯田郎中。
第三亡子可,自秘書省正字授殿中丞工部户部員外郎。第四子幼亡。
第五子義,自秘書郎改授銀青光禄大夫檢校國子祭酒兼御史中丞,充
定國軍衙内都指揮使;職罷改授朝散大夫、左春坊太子司議郎,授太
常丞。第六子正,自協律郎改授銀青光禄大夫檢校國子祭酒兼御史
中丞,充定國軍節度使;職罷改授朝散大夫太僕丞。長女適故兵部崔
侍郎諱衍子太僕少卿名絢,封萬年縣君。三女子早亡。二孫幼亡。

唐長興二年敕:"瀛州景城縣莊來蘇鄉改爲元輔鄉,朝漢里改爲
孝行里。"洛南莊貫河南府洛陽縣三川鄉靈臺里,奉晉天福五年敕:
"三州鄉改爲上相鄉,靈臺里改爲中臺里。"時守司徒兼侍中,又奉八
年敕,上相鄉改爲太尉鄉中臺里改爲侍中里。時守太尉兼侍中,靜思
本末,慶及存亡,蓋自國恩,盡從家法。承訓誨之旨,關教化之源,在
孝於家忠於國。口無不道之言,門無不義之貨。所願者,下不欺於
地,中不欺於人,上不欺於天。以三不欺爲素,賤如是,貴如是,長如
是,老如是。事親、事君、事長,臨人之道,曠蒙天恕。累經難而獲多
福,曾陷蕃而歸中華。非人之謀,是天之祐。六合之内有幸者,百歲
之後有歸所。無以珠玉含,當以時服斂。以篷篨葬,及擇不食之地而
葬焉。以不及於古人,故祭以特羊。戒殺生也,當以不害命之物祭。
無立神道碑,以三代墳前不獲立碑故。無請謚號,以無德故。又念自
賓佐至王佐,及領藩鎮時,或有微益於國之事節,皆形於公籍。所著
文章篇咏,因多事散失外,收拾得者,編於家集。其間見其志,知之
者、罪之者,未知衆寡矣。有莊有宅有群書,有二子,可以襲其業於
此。日五盥,日三省,尚猶日知其所亡。月無忘其所能,爲子爲弟,爲
人臣、爲師長,爲夫爲父。有子有猶子有孫。奉身即有餘矣,爲時乃
不足。不足者何? 不能爲大君致一統,定八方,誠有愧於歷職歷官,
何以答乾坤之施。時開一卷,時飲一杯,食味別聲被色,老安於當代
耶。老而自樂,何樂如之。時乾祐三年朱明月,長樂老序云。

唐明宗諡議

按《諡法》，發號出令能悦民曰和，克定禍亂曰武。大行皇帝道契天和，功定神武，請改“聖智仁德”四字爲“聖德和武”，余依太常所議。

原載《五代會要》卷1

楊凝式

五代官員、著名書法家（873—954），華陰（今陝西華陰）人。因官至太子少師，世稱楊少師。又因縱誕狂放，曾佯瘋自誨，故又有“楊風子”之稱。唐末爲秘書郎，後歷任梁、唐、晉、漢、周五朝。以心疾致仕，居洛陽。凝式自幼穎悟過人，富有文藻，長於歌詩，爲時輩所推重，而尤善書法。《宣和書譜》稱：“凝式善作字，尤工顏草，筆迹獨存雄強。與顏真卿行書相上下，自是當時翰墨中豪傑。”存世書迹有《神仙起居法》《韭花帖》《夏熱帖》《盧鴻草堂十志圖題跋》及刻本《大仙帖》《長壽華嚴際東壁詩》等。

唐故禮部尚書致仕贈太子少保趙郡李公（德休）墓志銘并序

朝散大夫守右散騎常侍柱國賜紫金魚袋楊凝式撰

文林郎前守鄭州原武縣主簿李光願書并篆蓋

公諱德休，字表逸，趙郡贊皇人也。皋陶佐舜，即啟其宗；老子生周，載隆厥緒。綿漢歷魏，迄於巨唐，間出英賢，道濟文武，布在簡册，此不殫論。曾祖元善，襄州録事參軍，累贈司空。曾祖姚博陵崔氏，累追封博陵郡太夫人。祖絳，皇任山南西道節度使，累贈中書令，在憲宗時，由翰苑秉鈞樞，獻替公忠，時推第一。祖姚范陽盧氏，累封闓國太夫人。考璋，皇宣、歙、池等州觀察使，累贈太保。克荷基構，鬱爲藩籬。令範素風，以貽厥後。姚范陽盧氏，累追封燕國太夫人，生五子，公即太保第五子也。乾寧初，春官侍郎李公擇下，登進士第，昇甲科。丞相判鹽鐵，辟爲巡官，試秘校，改京兆府渭南尉，拜監察御史，轉右補闕、殿中侍御史，稍遷侍御史，勳柱國。遍歷三院，高綴七人。動振清聲，静修吉德。天祐初，國步多難，周鼎未安。公以先見之明，拂衣遐舉，且省仲兄於中山，主帥王公倒屣迎之，奏充觀察判官、檢校金部員外。尋加禮部郎中，賜緋，又改吏部郎中兼中丞，遷左常侍，兼大夫、上柱國、賜紫。每屬中山易帥，軍民闕守，即命公權領府事者前後十餘。莊宗皇帝萬方既戴，百揆重興，鄴宮之創行臺，以公權知御史府事。此際法駕未備，朝綱未整，公篤行故事，不失軌物，朝庭賴之，拜太中大夫、守御史中丞。銓鏡百吏，黜陟之最，兼判吏部侍郎，改正議大夫、兵部侍郎、贊皇縣開國男、食邑三百户，復除吏部侍郎，遷禮部尚書、判左右丞事。五禮既墜而復舉，六職有條而不紊。年俯耳順，志在辭榮，上疏求解去，即以本官致政。四五年間，紓衣縞帶，或游或息，晏如也。悉兹五福。窮彼三樂，何善如之。長興二年八月二十四日寢疾，薨於延祺里之第，享年七十有四。以明年正月三日乙酉，歸葬於河南府洛陽縣清風鄉積潤里先塋之次，禮也。薨之翌日，天子廢朝，詔有司贈太子少保，賻以布絹百段，粟麥百斛，君臣之分盡矣。嗚呼！以公之風流儒雅，宣慈惠和，克孝於家，克忠於國，生且榮，死且達，適來時也，適去順也，又何成恨於風燭哉。

公娶榮陽鄭氏，封本郡夫人，故丞相鄭公畋之女也。有容有德，先公而逝，今同穴焉。如夫人欒氏，亦幹於家，生一子欽魯，好學慕善，必繼家聲。三女：長方笄，二幼，居喪之禮，人有聞焉。凝式親即表甥也，分即忘形也，睹令子之襄事，述丈人之遺烈，愧在不周，敢有文飾，謹爲銘曰：

鼎甲之冑，聖賢之後。趙郡清顯，士林標首。儀爲鳳穴，瑞爲天酒。間氣偉人，無代不有。穆穆李公，櫋華桂宮。漸陟丹地，彌振清風。時即不利，道實未窮，賢侯下榻，水渌蓮紅。天地開泰，雲龍際會。執法霜飛，承恩雨霈。貳卿八座，有功有最。制度盡張，搢紳斯賴。俄及懸車，逍遥二疏。膏肓搆疾，手足啓予。清洛聲咽，白楊影孤。千秋萬祀，不泯此勒石之書。

原載《全唐文補遺》第五輯

大唐故天下兵馬都元帥尚父吳越國王謚武肅神道碑銘并序

聖朝神武文德恭孝皇帝御極之七載,歲在執徐三月二十八日,天慘東南,星昏牛斗。惟靈臺之觀祲,慮吳鄉之薄祐。還九夏之生魄,覽萬里之飛奏。當青帝之迴時,果真王之歸壽。何國不幸,而珍瘁於此辰。謂天無私,乃殲奪於兹晝。聖上投袂震駭,當寧惻怛。雪泣盈於重瞳,視朝廢於丹禁。以爲鋒摧倚天劍,柱折不周山。愴宸衷於既往,增寵章於未備。司禮以之考儀,執事其無安位。或贈襚以軫悼,或易名以昭賁。將作監李鍇銜吊祭之命,有加於賵賻。太常博士段禹等議始終之迹,定謚爲“武肅”。贈既絶於人爵,葬乃錫其王禮。睿思聖感,星繁波委。煌煌焉冠今古而無儔,穆穆焉充區宇而何已。尚慊爲王稱霸之雄,命世誕生之德。簡册雖著,金石未刊。豈使太丘延陵,翻存不朽之迹。沂山峴首,獨彰可久之文。非好辭無以叙元勛,非貞珉無以輝億載。廢而不舉,闕孰甚焉。遂詔工部侍郎楊凝式曰:“爾以儒素簪裾,嘗爲我左右侍從。撰論之稱,人謂爾宜。匡合之功,爾爲予志。俾披文仰止,等高大於崑丘。垂裕無窮,掩綿長於淮水。”臣凝式百拜稽首。仲宣體弱,馬卿思遲。寅奉絲言,俯伏金瓸。徬徨憂畏,凌兢周章。荷明天子旨,當大手筆。挾泰山而越滄海,猶或云易。染柔翰以勒丹碑,孰敢無愧。傴僂述作,采摭幽秘。訪小説於稗官,徵實録於史氏。謹肅然奉詔,斐然抽思。

蓋聞雷雨方作,天機發而龍蛇起。象緯騰秀,星精降而賢哲生。百六草昧之時,九三經綸之際。海縣則雲蒸霧涌,雄傑則虎變鷹揚。日月爲之昏霾,山河由其分裂。或力侔八柱,或敵號萬人。或水灌晉陽,或泥封函谷。召兵車之會,上落欃槍。啓國社之崇,旁開分野。鬼神叶力,河岳同功。攝干將而佩烏號,瞰扶桑而瞵濛汜。望高於周召,業盛於桓文。越前代以成家,冠群后而爲德者,吳越國王蓋其人也。王姓錢氏,諱鏐,字具美,杭州安國人。其先出自黃帝,武德中陪葬功臣潭州大都督巢國九隴之八代孫。由軒后而疏宗,本枝已茂。因彭祖而受姓,祚允彌興。或仕宦移家,烏城成其舊地。或精神滿腹,晉室重其英聲。騰實家牒,傳芳肉譜。乃江南之大姓,固海内之強族。大王父沛,宣州旌德縣令,累贈吏部尚書。王父宙,累贈太尉。

烈考寬，威勝軍節度推官職方郎中，遷禮部尚書，賜紫金魚袋，累贈開府儀同三司太師。皆代有馴行，世濟偉人。宣慈惠和，溫良恭儉。垂芳餌以釣國，偶乏良時。積陰德以貽孫，遂開洪緒。王則太師之長子也。

　　五行鍾秀，四氣均和。白雲起於封中，丹霞呈於日側。地不愛寶，賢惟間生。吉夢先來，既享鈞天之樂。壯心未遂，常爲梁甫之吟。識者多奇，衆皆暗許。乃人中之瑞，實天下之雄。虎踞龍盤，江山爲之作氣。鷹瞵鳳喙，英傑以之成形。由是元悟神姝，應期靈叟。囷久事於筆硯，思在屬於囊鞬。遂罷計偕，言參戎律。鵝鸛鳥雲之勢，堪與風角之術。洞若生知，宛如神授。雖陳相出奇秘，風后善孤虛。與之同年，雅有慚德。屬時艱已甚，天隙方開。值庚子之亂離，同戊辰之俶擾。入夜則日高三丈，當參則暈結七重。見蚩尤之張旗，逢王良之策馬。人烟斷絕，原野有厭肉之謠。山嶽沸騰，黎庶無息肩之地。兵興之苦，江東尤深。王以出衆之才，膺冠軍之號。八都倡義，張正正之旌旗。一呼連衡，結堂堂之行陣。深明去就，多識變通。或開君子營，或坐將軍樹。斬嚴殺屬，孰爲貞律之師。靖亂平妖，獨有勤王之志。時彭城漢宏，亂常干紀，負澮憑嶠，刻孫述之僞文，采齊巫之狂說，晝伏夜動，豕突鯨吞，爲患滋多，尋戈未已。王刑牲釁鼓，按劍陳師。若李廣之飛來，效賈復之深入。長風破浪，得艅艎於水中。利刃摐喉，取蜇弧於城上。士怒未泄，賊壘俄平。有壯戎容，遂光霸業。不久仙芝竊發，黃巢暴興。心恣豺狼，牙磨猰貐。盜淮南之郡邑，爲世上之瘡痍。人苦倒懸，力疲奔命。王英謀電發，銳氣星馳。應高駢之羽書，舉臨安之組甲。舳艫所至，烈火之燎鴻毛。旌旐所及，太華之壓鳥卵。國家方虞多壘，克賴蓋臣。併録奇功，遞頒好爵。乃命爲杭州刺史，尋移潤州，鎮海軍額，授節制焉。名登王府，位列侯藩。雨露方濃，聖主願觀其畫像。鄉間不改，故人皆羨於晝行。昔王與董氏，爰在初服，同興義旅。定神交於擾攘，陳大節於匡扶。酒染血鍉，共結忠貞之誓。心明河水，長存慷慨之詞。對壘握兵，夾江爲郡。言猶在耳，董已渝盟。幸乘輿順動之時，假圖讖不經之語。嬰城自固，竊號稔奸。王執銳披堅，瞋目張膽。令如時雨，勢若疾雷。橫金鼓以指妖巢，揮羽扇而蕩强寇。眉皆見軾，大陵爲之無光。首盡奔□，京觀由是特起。時三精上黷，萬乘西巡。王報國推心，誓江立志。獻戎捷而自遠，問官守以無虧。

多難識忠臣，疾風知勁草。昭宗聞名早嘆，見節彌嘉。得寳融於西河，既寧天保。倚安國於東界，尋輟宵衣。遂命兼領越州，仍頒鐵契。丹青示信，帶礪言盟。列在世家，藏於宗廟。慶天門之奇士，纔督八州。畫雲臺之功臣，不過四縣。論德則彼或無取，較寵則斯實居多。自此外繕甲兵，內修耕織。好賢寶穀，親仁善鄰。張管子之四維，樹周書之八柲。開拓疆宇，延任英豪。謀無不臧，人思盡力。五蛇爲輔，遂隆霸主之基。九武訓戎，屢喪敵人之膽。廢興由其指顧，遠近憚其威聲。況俯接閩川，遝通楚塞。瑯琊則時稱賢帥，扶風則世號寵王。皆戰艦凌空，征旗蔽野。據東甌而保大，處南海以稱雄。莫不欣接犬牙，請徵於盟會。願爲龍虎，以詑於輔車。而乃楊氏阻兵，據廣陵作梗。繼渝鄰好，屢警邊烽。頃常全率車徒，擅侵封部。王妙陳三覆，宏肆七擒。纔揮善戰之師，遽見數奔之衆。示武經而戡定，取戎首以凱旋。尋乃玉磬請和，銅盤受制。初聞釋憾，還君子之鍾儀。無復當鋒，見人傑之韓信。疆場自謐，方略特高。精貫元穹，義形霜雪。總中權而作翰，陳左祖以輸誠。許國致君，不渝於金石。獻琛奉贄，罔限於高深。固得三鎮節旄，千里疆土。令僕調鼎之重，師保論道之尊。生祠列康衢，畫戟羅私第。備隆徽數，仍啓全吳。軺軒旁午於道途，綸誥葳蕤於藩屏。名垂信史，功在景鐘。近世以來，求之未得。

及梁園興僭，皇運中微。前在列藩，敦魯衛之兄弟。洎當新室，修秦晉之婚姻。殊禮洊加，積功是仰。王以爲時有否泰，道屬污隆。明且未傷，義無或爽。乃受其尚父守尚書令之命，尋加天下兵馬元帥。莊宗皇帝參墟振翼，牧野成功。應黄星以御宏圖，仗白旗而行大戮。九江既導，江漢於是朝宗。七曜重新，天地以之貞觀。乃眷星紀，時惟國楨。定傾之碩略遐彰，蓋世之宏勛斯在。再造之始，大典將融。唐堯之光宅未遑，周武之下車興會。超於徽數，簡自聖心。遂命有司，擇日備禮，册爲吳越國王，賜金印玉册。臨軒遣吏部侍郎李德休往行册命,尚父守尚書令天下兵馬元帥如故。大矣哉若是之禮也!

昔武王問師尚父曰:“三皇五帝之道存乎?”師尚父曰“在丹書”乃齋戒端冕西面,道丹書之言。武王拜而受之。此尚父之事也。《周禮》:“王者以六轡御天下。”又李固有言曰:“北斗爲天之喉舌。”尚書亦天子之喉舌。令也者,總是六官,納於百揆,爲大化之本,居會府之宗,此尚書令之職也。昔太公賜履,五侯九伯,實得征之。又授晉文大輅戎略之服,彤弓旅弓之數,命之曰:“以綏四方,糾逖王慝。”此元帥之謂也。成王以周公爲有勳勞於天下,封於曲阜。地方七百里,革車千乘。命之以禮樂旌旗,言廣魯於天下,此立國之道也。高皇漢法,無尺土之封,故大封同姓。又刑白馬爲盟,有非漢世而王,天下共擊之,此重王之義也。有一人於此,人猶貴之,而五事在躬,四方拭目,名器莫之大也,功業莫之高也,人臣莫之比也,豈不謂非常之人,而有非常之事者乎? 皇帝西京立議,北極居尊。執大象以臨人,宅中州而撫運。重熙累洽,端拱垂衣。恨七聖之迷途,未還淳樸。樂三王之無事,高謝干戈。而内注宸襟,遐思列土。坐明堂而布政,稱伯舅以圖勳,特下天書,遐頒驛騎。顯舉不名之典,愈宏敬老之文。王戴舜彌堅,尊周益至。苞茅縮酒,恒共於閟宮。葵藿向陽,不違於黃道。屬天禍吳越,疾在膏肓。未及浣腸之醫,遽聞含玉之賜。桑田忽變,悲夫橫海之鱗。霜露俄高,已失蟠桃之樹。嗚呼哀哉! 薨於正寢之日,享年八十有一。理命諸子曰:“吾遭乾綱隳地之時,爲雄豪所推服,奮臂起義,爲國朝除暴亂,屢蒙以功進律,賜壤賜圭。天寵所臨,辭不獲命。至於憂愧在位,尊獎王室,不敢以貴驕人,不敢以功自伐,爾曹亦見之矣。且知足不辱,道宗明誡。吾謝之後,慎勿蹈吾之迹,惟忠爲令德,可以長有富貴。諸車服府舍有過制者,悉命撤去之,無存王庭之儀,當可奉而行也。”天子聞而嘆悼之。以長興五年歲次甲午正月壬申朔十一日壬午,葬於吳越國杭州都督府安國縣衣錦鄉勳貴里,禮也。

公室豐碑,既遵遠日,珠襦玉匣,永閉佳城。臨水流闕之祥,邢山高顯之勢。風急雲愁,自昏■整題湊以將歸,揭素旗而先遠。湮波□

暮,田橫之薤露淒涼。□□氣歸天,周勃之□簫鳴咽。王□□紹□□叔王侯。代歷累朝,時更五紀。處至崇之位,著不賞之功。必得其禄,必得其壽。子孫保之,祠廟享之。其福德也如此。保大定功,建邦啓土。四海膏腴之地,六朝文物之鄉。握貔貅以主諸侯,控江山以尊天子。昔泰伯斷髮端委以開吳,句踐嘗膽辛勤而霸越。舉一羽之策,兼三國之雄。其霸王也又如此。洗兵海島,振旅江城。戈船蔽於長洲,戎輅盈於檇李。盛氣而風雲迴合,援枹而山岳動搖。以此摧敵,何敵不陷。以此守土,何土不興。其强大也又如此。□□□□地利天時。章郡積於青銅,海陵厭於紅粟。決渠降雨,鄭國不足語其豐。連袵成帷,臨淄不足論其衆。其富庶也又如此。麟趾公子,不下百人。鳳穴羽儀,皆居五等。或對昇鼎鉉,或俱列土茅。比屋未蘇,則任棠水薤。鄰兵尚熾,則鍾會戈矛。所以生在謝庭,□□□□。游於豐市,但見公侯。其允緒也又如此。八千子弟,昔且散亡。五百功臣,今稱□□。成及奮爪牙之力,建徽獻腹心之謀。故得帳下偏裨,皆持瑞節。幕中賓客,盡陟齋壇。其將佐也又如此。廣明之後,大亂相仍。朝廷有失鹿之虞,鑾輅見逐螢之窘。蜂飛蝟起,幸殷室之丘墟。霧集飆馳,問周鼎之輕重。義士猶或失節,奸雄俱已搖心。王能運機籌,不迷風雨。偕程昱之捧日,兼以梯航。類袁安之憂時,形於涕泗。其忠藎也又如此。以寡敵衆,背水囊沙。説禮樂而敦詩書,擊東南而備西北。取薛朗如摧朽,敗徐約若建瓴。臨變生機,圖難於易。張子房之帷幄,頓覺空虛。謝安石之棋枰,不爲匆遽。其韜略也又如此。愛如父母,政若神明。雖左右咸見於得人,而大小多聞於躬決。棄申韓爲末造,實黃老爲上科。法簡秋荼,威收夏日。遂使吳中子弟,羞論磔鼠之才。浙右封陲,杜絶成牛之氣。其善改也又如此。虛心應物,屈己臨人。船問□□□□齊□□□郊碣石之宮。纔聽商歌,即吐麒麟之哺。未加楚醴,不張瑋瑎之筵。其待士也又如此。律呂笑談,文章草隸。縱橫自得,冠絶時人。雖復觀周樂之知音,却衛軍之大辨。顏延之雕繢滿目,張伯英筋肉俱全。□不罷聽而吞聲,面墻而閣筆。□□屢□篇迦葉□監多存真迹。其才藝也又如此。雅洞真筌,居爲外護。慕佛乘之妙道,割天性之深慈。法相太師子,妙雲太師女也。既脱屣軒裳，拂衣羅綺。謝有爲而宴坐，悟□利以出家。於是對櫂慈舟，雙興□殿。山陰都講，時間出於空門。剡縣相□飛□□於貝葉。其崇信也又如此。浪起海門，潮衝羅刹。若天綱之雕瘵，震地軸以連軒。雷公翻然其憑凌，犀炬莫窮其怪異。王激拔山之志，踵立埒之規。百萬爲徒，晝夜交作。塞洪波而爲大陸，排巨浸而廣名區。輕塵不飛，失□胥之憤氣。長川罷波，雪精衛之冤心。其神□也又如此。丕變荆榛，廓開衝要。既冠山而構臺閣，又亘野以啓郊郛。飛甍上拂於招搖，頹壤旁吞於坱圠率由心匠，似匪人功。歷九土之繁華，□方巨麗。覽八都之詞賦，不遠宏規。其創業也又如此。五十年之生聚，一千載之井田。德澤仁風，家至户到。方安福地，遽失藏舟。莫不走群望以無階，萎哲人而有慟。興謡輟想，悲深子産之亡。罷市冰鬚，痛極羊公之謝。其遺愛也又如此。

　今復起雲麾鎮海鎮東等軍節度使新授守中書令元瓘，紀地四溟，麗天□□應龍得水，雕虎生風。□引可大之年，聞詩聞禮。苟羨中書之歲，且公且侯。知機元悟於寶花，好德早承於良冶。雅通金匱，屢坐寅車。振妙算於中堅，遏驚飆於四面。英華外散，和順内凝。中嶽稱其降神，左氏書其有後。皇帝得之巨屏，既若長城。聞觸地以無容，念分閫而何寄。難□□□制書，墨晉侯之斬纓。從魯公之金革，疇庸疏爵。仍正位於黄樞，移孝資忠。又增華於蓍旆，自天降命，延賞推恩。九霄之寵詔星飛，一境之歡聲雷動。今復起中吳建武等軍節度使檢校太尉兼中書令元璙，久臨□部，克著嘉猷。雖情厚□□□□□拘金皋。今起復靖海軍節度使檢校太傅元瓚，早秉圭符，遥分節鉞。方藉求瘼，難避奪情。并奕世勛名，同時將相。雖元成繼美，襲鳳詔以持衡。紀隋承家，賜雲屏而隔坐。未足多也，又何加焉。其紹續也又如此。至於立德立言，允文允武，宏五霸之略，垂萬世之□□□□□遂道全經緯。英概必舉，振古莫儔，自列國以來，未有如吳越國王者矣。夫如是，則隘燕然之石，未可殫書。罄嶰谷之筠，不能盡紀。臣凝式胸中學淺，日下名輕。叙事多謝於子長，待詔有慚於徐樂。恭承睿旨，從事斯文。每懷響而必彈，庶爲陵而更顯。雖五藏在地，終非吐鳳之詞。而百代可知，請俟獲麟之筆。謹爲銘曰。

茫茫宇宙，悠悠帝先。成形在地，成象在天。有精有粹，爲英爲賢。復振勛烈，出正危顛。三辰不軌，四郊多壘。運否時屯，風飛雲起。鏌鏌耀耀，英豪自喜。始學龍韜，終惟虎視。時乃真王，出自軒皇。金玉蘊器，融結殊祥。奮臂有勇，其鋒莫當。知機應變，取亂侮亡。八都義舉，群凶膏斧。俾爾除殘，推我作主。失律斯凶，止戈爲武。是曰壯師，信如是兩。漢宏興僞，董氏憑妖。徐約鳳臝，薛朗咆虓。披攘蕩拂，果毅戎昭。魚爛於鼎，鳥焚其巢。明明天子，念動□古。命爲諸侯，分茅胙土。忠作唐臣，尊稱仲父。有赫旂常，無忝宗祖。累清多難，屢播奇功。既開赤社，亦賜彤弓。吳越全壤，齊晉舊風。千雲比峻，負海稱雄。年過八十，勢高二伯。乃子乃孫，羅旂設戟。惟天所相，不索而獲。亮此霸圖，光乎史册。一寒一暑，如水斯傾。適來適去，孰肯忘情，香銷玉釜，露盡金莖。還茲厚穸，非復長生。綵幕晨張，塗車永去。劍履空存，杯盤不御。今日豐碑，昔時棠樹。萬古千秋，凝陰宿露。

原載《全唐文》卷 858

唐故金紫光禄大夫檢校户部尚書前守右威衛大將軍兼御史大夫上柱國清河縣開國男食邑三百户張公（季澄）墓志銘并序

弟季鸞篆蓋

門吏中大夫尚書兵部侍郎柱國賜紫金魚袋弘農楊凝式撰

昔者黄帝第五子蔵事於代，因而命氏，乃公姓系之始也。於是良推漢傑，耳號趙王，盛族嘗續於貂冠，前列實光於鵲印。廷尉治獄，天下無冤；御史埋輪，京師所憚。博物丞相，平吳功茂於晉朝；持麾將軍，破虜勛高於魏室。尚書令以專對而命秩，博望侯因乘傳而開封。累朝之賢哲寔繁，弈葉之功名繼踵。不可勝紀，無復備陳。曾祖誠，累贈太師、尚書令。遵養爲志，高尚不迴。鄧禹流芳，教子寔標於世法；李通垂範，訓家不讓於官庭。曾祖妣，累贈秦國太夫人任氏，叶盛德之齊眉，彰令名於截髮。和柔婦道，慈愛母宜。爰有大勛，彰彼令嗣。祖全義，皇忠武軍節度使、檢校太師、尚書令，食邑一萬四千户，食實封一千一百户，齊王册贈太師，謚曰忠肅。天上星精，人間月角。

應五百年之期運,伸九萬里之扶搖。武緯文經,兵機廟略,格皇天者伊尹,光四海者周公。使賢任能,陳師鞠旅。列鎮而悉遵正表,連營而咸負威聲。累進三公,頻兼十乘。拱北極而位升元輔,保東郊而化洽疲民。承煨燼之餘,再修天苑;闢荊榛之所,復創神皋。近閱遠來,刑清令肅。四十載難儔政績,千萬祀不泯功名。蓮府嘉賓,悉是枚皋之德;柳營列校,咸聞起翦之威。於是,赫赫炎炎,孫孫子子。祖妣,天水郡夫人姜氏,和順叶德,婉娩垂芳。總鍾氏之禮容,擅郤家之法則。元勛齊體,盛族宜家。忠肅公乃建豐功,旋伸內助。仰彼先代,爰興覆翼之祥;泊及高門,愈顯維嵩之慶。克揚懿範,實誕忠賢。皇河陽節度觀察留後、檢校太保繼業,即公之顯考也。擢本千尋,弘襟萬頃。早叶承平之運,挺生特達之姿。自齊王每總齋壇,皆司留事。知子之道,事父之規,忠孝克全,寬猛相濟。寨帷汶水,咸歌共理之能;求瘼圃田,皆咏頒條之最。旋臨曲洧,尤睹攀轅。伯陽祠嘗濬化源,杜預橋猶聞政績。幄中三令,堂上六奇,象先之稱彌彰,訓子之方益勵。佐洪勛而實資劉驥,居德門而首冠荀龍。先妣郡夫人雁門解氏,詩推邦媛,禮著家肥。敷四德以傳規,處六姻而承範。琴瑟合奏,鳳凰和鳴。既光鞠育之勞,實顯嗣續之慶。三從之盛,猗歟!偉歟!

公諱季澄,字德清。爰從卉歲,咸謂老成。齊王於保抱之中,識雋達之性。泊乎七德俱備,四教克修,叔文不墜於風流,懷範必興於門祚。靄然休譽,亟踐崇資。詔徵授銀青光禄大夫、檢校左散騎常侍、右武衛將軍同正兼御史大夫。敷奏詳閑,風神整肅。就列之榮罕比,起家之拜斯崇。轉檢校工部尚書、左監門衛將軍,改右衛將軍,加檢校戶部尚書,拜金紫光禄大夫、右威衛大將軍。屬先太保即世,難抑因心,幾至滅性。茹荼之痛何極,絲綸之命旋臨。遽奪苴麻,俾從金革。爰授起復雲麾將軍,餘如故。遇莊宗晏駕,公恭陳警衛。禮畢橋山,進封開國男,食邑三百户。服闋,落起復階,官勛封并如故。公資忠履信,積行累功。克懋端修,勳彰難進。尊主安民之道,運籌決勝之機,咸自家傳,迄光世德。而又昆弟間各揚名稱,悉務矜持。逸少揮毫,俱有換鵝之迹;陳琳仰咏,孰侔飛兔之文。公自列彤庭,累居環衛,克振令望,咸仰雄稜。明宗眷注彌深,嘉稱每切。公堅辭貴位,唯事燕居。知止之時,比疏傅而何其壯也;遺榮之際,期陶令而不亦宜乎!四聰備熟乎前修,仟齒屢思於延賞。欲縻好爵,終避優恩。於是,静處林泉,忘機軒冕,或討論經史,或賞玩琴樽,訪玄域以怡神,散廪儲而布惠。而又歸心釋氏,抗迹人寰,彩繪蓮宫,崇修貝葉。孰偕趣尚,咸服清高。穹蒼不賦其遐齡,奄奅倐沉於偉器,搢紳共嘆,親戚咸悲。於清泰二年歲在乙未七月二十日,疾終於洛都永泰里之私第,享年三十有八。即以清泰三年二月十三日,葬於河南府河南縣金谷鄉徐婁里,祔於先塋,禮也。檢校太保、右驍衛上將軍繼祚,即公之仲父也。大護正音,長離上瑞。六律叶禮神之奏,九苞呈應運之祥。矧乃武以揚威,文惟設教。襦袴洽行春之咏,機鈐參緹騎之崇。有惠化以臨人,有勛庸而許國。政以正立,功由公聞,實間代之英髦,挺一心於忠孝。而以謝囊垂誠,阮巷敦情。咸列崇班,莫比分封之盛;俄悲長夜,遽違十起之慈。公仲弟前度支巡官季鷺,杞梓宏材,琳琅重器,令宜令問,聞禮聞詩。繇是朝野所欽,公卿共仰。頃自從師之際,便諧捧檄之榮。爰奉相筵,嘗參邦計。芝蘭玉樹,既顯瑞於階庭;威鳳祥麟,仃來宜於表著。允契必復之兆,實彰餘慶之基。唯咏友于,罔分優劣。

夫人渤海郡高氏,即故左神武軍統軍、檢校太保允貞之女也。琴瑟斯和,蘋蘩奉職。比謝家之才辯,同王氏之神情。以配英賢,爰資令淑。生子一人元吉,韶齔之歲,岐嶷有聞。將紹弓箕,克光閥閱。公之慶盛榮華,曠代無比。或銘傳鐘鼎,或勛列旂常。外戚則秦晉貴封,内屬則潘楊華族。迄今赫弈,不其偉歟!今令弟季鷺,以手足銜哀,幽明遽隔,闋松門之追痛,悲棣蕚以凋零。將啓玄堂,永銘黄壤。以凝式嘗游館閣,早熟徽猷,佩觿已睹於龍章,就列俄陪於鴛序。緬懷眷待,固異等倫。今則過隙興嗟,藏舟是感,徒追事素,永曠音容。慙非温潤之才,但務摭實之紀。敢辭來請,乃作銘云:

猗歟華裔,肇自軒皇。列宿命氏,上天降祥。跨趙則耳,霸漢唯良。邈彼先世,慶流源長。門承耿光,代有令胤。嘗續貂冠,爰明鵲印。持麾在魏,博物居晉。善繼家聲,英髦益振。埋輪可憚,治獄呈功。書失專對,河源必窮。輝煌貴冑,嗣續良弓。焕在惇史,穆如清風。半千之運,實誕忠肅。克儉克勤,受天百祿。宜民宜人,降是遐福。子子孫孫,公侯必復。逮於顯考,實象其先。惠化克洽,功名茂宣。隆中三顧,圯上一篇。鍾彼盛德,箕裘以傳。堂堂乎張,君子是式。觸類而長,其宜不忒。在家必聞,往踐乃職。祈父宿衛,顯顯令德。潘楊華族,秦晉貴封。勛在盟府,銘傳景鍾。紛綸姻婭,炳焕音容。九族既睦,和鸞雍雍。竹林斯崇,棣萼茲盛。追彼疏傅,慕其陶令。堅辭寵榮,志切安靜。知足常足,逍遥遂性。散財濟眾,愈振其名。於何不壽,奄奪遐齡。龍韜機略,燕頷宜形。天不整遺,葬乎泉扃。人之云亡,莫問穹蒼。慘慘玄崗,蕭蕭白楊。逝川已矣,大夜茫茫。垂範後昆,永銘遺芳。

前河陽隨使押衙銀青光禄大夫檢校國子祭酒兼監察御史柱國郭興書

原載《全唐文補遺》第六輯

晉故光禄大夫檢校司空兼御史大夫張公(繼昇)墓志銘并序

門吏太中大夫守史部尚書柱國賜紫金魚袋致仕弘農楊凝式撰

公諱繼昇,字德素,清河人也。曾祖諱璉,累贈尚書左僕射;曾祖妣沛郡朱氏,追封楚國太夫人。祖諱成,累贈太師。祖妣樂安郡任氏,追封秦國太夫人。先考諱全恩,累贈檢校太保,守懷州刺史。先妣始平郡馮氏,封太君。本張氏之先,出軒皇之胤,生子而異,其手有文,左弓右長,因而命氏。戰國而下,兩晉以還。儀良以籌策匡邦,鬱爲卿相;飛耳以干戈衛社,盡作侯主。鑄銅渾而衡僅通獲,神筭杖而騫稱奉使。史無停綴,代有奇人。粵自前朝,尤光茂族。公即懷州使君之第三子也。幼而勵業,長乃從戎。劍耻學於一人,書每嗤其十字。五公貽慶,且殊王母之白環;千里爲期,何必華山之綠耳。公初任太子舍人、賜緋。次任銀青光禄大夫、檢校工部尚書。次任金紫光禄大夫、檢校尚書右僕射、左領衛將軍。次任金紫光禄大夫、檢校尚書左僕射、左領衛將軍。次任光禄大夫、檢校尚書左僕射、左神武將軍。次任光禄大夫、檢校司空、行左神武將軍。上古之秩,司空以平秩爲重。西京之謀,亞相以弄印爲尊。雖異真銜,亦非輕受。公侯未復,方慊於下僚。陵谷遽遷,俄悲於逝水。

先娶清河郡儲氏。肥家有譽,淑德素彰。不幸早亡,人皆追嘆。後婚宋城郡葛氏,封縣君。以駕鶴之仙才,配鳴珂之貴胄。半開半落,桃李芬芳以無言;一宮一商,琴瑟諧和而合奏。六姻推美,四德咸昭,事長撫孤,禮無違者。公以天福四年十月十一日,啓手足於洛京之私第,享年四十有四。

子一人歲哥,尚幼。親侄季弘,諸堂侄皆孝敬承家,端良有譽。仁登貴仕,克振德門。侄女二人,一人出適牛氏,皆稱令淑,配於君子,播在閨儀。卜天福四年歲在己亥十二月二十三日窆於河南縣梓澤鄉宋村,遷儲氏亡夫人祔之,從於大塋,禮也。諸郎君以凝式早依南巷,久荷殊私,懷舊悲凉,臨風慘怛。將刊貞石,猥訪譾才,載惟畢大之言,深愧不孤之托。略爲銘曰:

丹旐悠悠兮出故關,雙輪軋軋兮指防山。慕通人之薄葬,非前代之開阡。年月日時俱吉兮,天長地久兮無後艱。

將侍郎前守嬀州録事參軍劉珙書。

鐫字人韓延密、賈知遠。

原載《全唐文補遺》第五輯

夏熱帖

凝式啓:夏熱體履佳宜,長作酥密水,即欲致法席,苦非乳之供,酥似不如也。■病筆書(下殘)

原載劉曉標《遼河碑林碑刻選》

韭花帖

晝寢乍興,輒飢正甚。忽蒙簡翰,猥賜盤飧。當一葉報秋之初,乃韭花逞味之始。助其肥羜,實謂珍羞。充腹之餘,銘肌載切。謹修狀陳謝,伏惟鑒察。謹狀。

原載《全唐文》卷858

料度齋宮事件奏

諸祠祀之所,并無齋宮。遣前染院使周重興監造,與留司計會,具料度事件以聞。其太廟郊社,要補葺處,仍便撿計。

原載《全唐文》卷 858

西京置留臺省奏

舊制:臺省在西京,東都置留臺留省,及分司官屬。請依舊制,於西京置留臺省,如本朝東都之制。

原載《册府元龜》卷 475

神仙起居法

行住坐臥處,手摩脅與肚。心腹通快時,兩手腸下踞。踞之徹膀腰,背拳摩腎部。才覺力倦來,即使家人助。行之不厭頻,晝夜無窮數。歲久積功成,漸入神仙路。乾祐元年冬殘臘暮,華陽焦上人尊師處,傳楊凝式。

原載《十二硯齋金石過眼錄》卷 15

王彝訓

後周官員。顯德中,任朝議大夫、檢校尚書户部員外郎、河南府潁陽縣令、兼殿中侍御史。

周故金紫光禄大夫檢校刑部尚書左武衞將軍兼御史大夫上柱國隴西郡李公(重直)墓志銘并序

朝議大夫檢校尚書户部員外郎河南府潁陽縣令兼殿中侍御史王彝訓述

玄元大聖祖之胤,唐明宗皇帝之孫,故武勝軍節度使贈太師洋王諱從璋之第三子。諱重直,字表正。驥子龍駒,騰驤罔測。金枝玉葉,光彩難名。幼號神童,長推英物。敦詩閲禮,惟孝惟忠。控六鈞可非當落雁,佩三尺劍何止衞身。凛凛宏材,亭亭奇表。纔途弱冠,即仕禁庭。入親旒冕之嚴,常承其寵。出達絲綸之命,所至皆安。將欲執干戈,衛社稷。長城千里,膏雨一方。韓信登壇,豈同諸將。亞夫披甲,不拜至尊。初授護國軍衙內都指揮使,銀青光祿大夫、檢校左散騎常侍,兼御史大夫、上柱國。次授檢校工部尚書。次授西頭供奉官、檢校禮部尚書。次任右千牛衛將軍,依前檢校禮部尚書。次任左領衛將軍、金紫光祿大夫、檢校禮部尚書。次任右武衛將軍,依前金紫階,檢校刑部尚書。環佩鏘鏘,門庭赫赫。岸虎仍敖曹之氣概,天麟爲徐氏之精神。出入累朝,踐揚崇秩。雁行雍穆,鵬翅開張。固合鐘鼎傳勛,用垂不朽。節旄受寄,以至無窮。誰謂星隕長天,舟移巨壑。不遇迴生之草,倏摧構厦之材。痛此王門,失兹公器。朝行鬱結,行路傷嗟。粵以顯德元年歲在甲寅十月二日疾薨於洛京之私第,享年三十二。即以次年乙卯正月二十七日葬於河南府河南縣甘泉縣中良村依先王之塋,禮也。妣京兆郡夫人田氏,隔屏聽治,克成善果之賢。盡像垂名,早顯日碑之孝。兄孟曰故檢校司徒、商州刺史諱重俊。仲曰前右金吾衛長史重興。季弟西頭供奉官重泰。兼金玨玉,維熊維羆。鄙荆樹以何兮,恨槿花之又落。公娶故密州刺史孟公之女,累進封平昌郡君。蘭薰雪白,松茂竹苞。方期開國之榮,遽起帷堂之哭。有子六人,女三人。長遂顯、次遂貞,其餘并丱歲,俱當稚齒,皆稟義方,可嗣弓箕,必諧琴瑟。乳母范陽盧氏,適人不願,誓終鞠養之心。垂老堪哀,永抱孤惸之嘆。嗚呼。百年待盡,修短難言。五月爲期,禮儀斯在。彝托獲叨密兮,得叙遺風。有懷漏略之慚,罔整刊鐫之美。徒多零涕,謹作銘曰:

度沙胤序,維嶽神靈。材標巨棟,勢拂青冥。未逾壯室,迭膺秉律。官重嫖姚,功期混一。忠孝相傳,宜享遐年。短長繫命,俄歸下泉。下泉冽冽,喪予英傑。喪予英傑兮堪哀,福彼子孫兮無絶。

原載《秦晉豫新出墓志搜佚》

劉德潤

後周官員。顯德中,爲鄉貢進士、前攝齊州防禦巡官。

大周故金紫光禄大夫檢校司徒使持節單州諸軍事單州刺史兼御史大夫上柱國天水郡開國侯食邑一千户趙公(鳳)墓志銘并序

前攝齊州防禦巡官鄉貢進士劉德潤撰

夫山之高有其崩，海之深有其竭，木之榮有其朽，草之盛有其衰。是知賢愚貴賤，在死生之數齊等，悲哉！

公諱鳳，字國祥，冀州棗强人也。其先黄帝苗裔，國封於趙，遂爲氏焉。自後，勝則履珠表其貴，衰則畏日顯其名。遁則爲忠臣，歧則爲高士，條分葉散，源遠流□。□□鮮惠，懷黄佩紫。覽國史，考家諜，不可勝紀也。曾祖諱貞，皇不仕。夫人王氏。祖諱素，皇不仕。夫人鍾氏。考諱彦章，皇銀青光禄大夫、檢校工部尚書、冀州別駕兼御史大夫、上柱國、贈太子右贊善大夫。妣崔氏，贈博陵郡太君。公即長子也。學九天之法，讀百王之書。幼爲神童，長爲猛士。虎頭犀額，燕頷蛇鼻。染翰則崩雲，揮戈則却日。拔劍則斬鮫煞虎，彎弓則落雁號猿。文武相兼，古今莫比。初童子及第，再修三傳。業仲尼之經、丘明之傳，莫不研精覃思，索隱鈎深，詣貢闈，數上不捷。於是乎鄙燕雀之群，有鴻鵠之志焉。能折節卽望，稱心學班超之擲筆也。有晉闢統之年，去事鎮州節度使安鐵胡。公早蘊沉機，未蒙録用，無以申其志，無以立其功，遂潛奔投北朝皇帝。起家銀青光禄大夫、檢校尚書右僕射兼御史大夫、上柱國，充幽州關南巡檢都指揮使。量其材，當其任。因警巡有功，轉招收都指揮使，則有索鐵伸鈎之士，搏虎拽牛之人。誘掖多方，自遠咸至，遂致國之多兵也。又加金紫光禄大夫、檢校司徒，餘如故。改充右羽林都指揮使。既遣管軍，將謀大用。屬有晉負義，法駕南巡，爲東路都部署使。至南朝，因除授宿州團練使，食邑三百户。遠驅熊軾，初授魚符。能整肅於三軍，善綏撫於百姓。便值戎王歸國，漢帝臨朝，雖遇覃恩，例爲僞命。非次除授河陽節度行軍司馬、加食邑至五百户。月限已滿，得替還京。又授右龍武軍將軍，加食邑至七百户。方居顯列，俄鍾外艱。思欲報之恩，行盡哀之禮。相次又丁内艱，雖居苫塊之儀，可勝金革之事。奪情除授，起復雲麾將軍，餘如故。轉右千牛衛大將軍，加天水縣開國男。值漢室漸微，周朝重霸，四方多事，一人掛懷。奉宣差充宋、亳、宿、單、穎五州巡檢使,加天水郡開國侯,食邑一千户。所爲雈蒲□□,黎獻爲災。致五郡之無虞,得萬家之樂業。能名已播,爰抽赴闕,除授單州刺史。早明政術,惟務清通。或峻法深文,或勸善懲惡。其俗也勁,其民也頑。急之則例抱□□,緩之則自□□敗。既當重位,豈愜高懷。尋得替人見。因□□不樂,於廣順三年十二月五日,終於旅館,享年四十有一。嗚呼哀哉!碎陸機之珠,折嵇康之玉,不返逝川之水,難停過隙之駒,信有之矣。嘗有言曰:"死以速朽爲妙,受唅之後,切須火焚。"至時,紅焰高,黑烟盛,感有野鵝之施於上,悲鳴不已,一投火而斃,一灑血而飛。路人見之,無不殞淚。嗟乎!何有比異也。

公娶夫人樂安孫氏,早值用兵之時,因有隔闊,別娶夫人彭城郡君劉氏。皆簪裾令族,鐘鼎名家。能訓子以斷機,常敬夫之舉案。池方魚比,鏡忽鸞孤。有弟二人:仲□諱貞,僚直第三番行首。季曰璘,銀青光禄大夫、檢校太子賓客兼監察御史、武騎尉、前單州衙内指揮使。可謂逐日名駒,倚天利刃,秉文兼武,履孝資忠。則知佩金龜、戴蟬冕有日矣。有男五人:長曰咸雍,次曰咸明,并是左番殿直。次曰小字,二十五;次曰霸孫。幼曰侄喜哥。并早解親師,兼能擇友朋。射御書數,守宣慈惠和。若繼家風,全憑令胤。有女四人:長曰榮姐。次曰興姐。次曰迎新小娘子。幼曰侄女羅姐。房弟翼,元從孔目官康翩。自隨旌斾,累換槐檀。感出生入死之恩,誓粉骨捐軀之報。玄穹可鑒,丹懇難申。越明年,改廣順爲顯德元年。至二年歲次乙卯二月庚子朔四日癸卯,與衙内同部署扶護靈櫬,卜吉地,葬於洛京河南縣梓澤鄉宣武村,禮也。噫!雲慘遥山,風悲古木。仙客之玄鶴來吊,故人之白馬臨喪。於是愛弟璘,生事之以禮,死葬之以禮。有始有卒,念兹在兹。德潤器乏青雲,才非白地。偶承見托,俾述斯文。雖則時然後言,敢以直書其事,乃爲銘曰:

公爲人兮英雄,治編民兮清通。懷不憤兮人佞,思欲立兮軍功。天柱折兮雲霧空翳,梁木壞兮燕雀何依。路人睹兮掩泣,野鳥鳴兮不飛。悲夫!卜宅兆兮卦已吉,嘆佳城兮魂比歸。哀哉!

地主郭再榮。東老□廟宣武皇帝,南萬安龍門山泰山府君廟,北伊洛瀍澗孝文皇帝，西金水河隨樓焦穀村。

原載《全唐文補編》卷 106

杜　韓

後周官員。顯德二年（955），任朝請大夫、右補闕。

大唐推誠翊戴功臣金紫光祿大夫檢校司徒使持節衛州諸軍事衛州刺史兼御史大夫上柱國太原縣開國男食邑三百户郭公（進）屏盜碑銘

朝請大夫行右補闕柱國臣杜韓奉敕撰

翰林待詔登仕郎守司農寺丞臣孫崇望奉敕書

臣聞宣宗知民間之事，則曰共理者其臣惟良。唐太宗爲天下之君，且云刺史乃我當自擇，是知雖皇王□統馭□□□□□□子之□□□于事有美有惡。難將一馬同歸，或隆或污。實類九□相遠，失人則苛政喻於猛虎，得士則善吏□□良□可不慎乎。可不重乎，皇帝纂丕圖，臨萬有，以授受難乎選，以理治急乎才。漸行日月之□輾成古道。終扇陰陽之炭，銷盡兵鋒。一日□承□曰衛州。士庶列狀以聞，述去盜之由，稱守臣之美。宜乎旌其長□其□命之刊勒□其□光乃敕朝請大夫行右補闕柱國臣杜韓□乃銘之。臣虔奉□□□□□□□□□式□□□固□仁者安人，斯其至矣。盜亦有道，其可尚乎！矧乃抱奇□之□□昂藏之□奮迅於平陂，綿亘於數□誠大丈夫號□太守□□□□□□□□回□□竹□□□□□□□□□□□□□卦豈同亡□□□□□麟經□契奔奉之事□□汾陽公其人也。公名進，□州□□人也。皇帝即位之年，自登而牧衛。維彼商墟，□□□□任俠自尚，剛壯相沿。□□□而□疾成風，橫綠波而流惡不盡。公至止未幾，□□而思。且□□求中，静乎内而勸乎外。□身率下，儉於己而便於人。未有澄其沙而水之不清，去其□而木之不茂，先之以力制，次之以德攻。化俗於斯，何盜之有。公集□地□□于天府，一度量□□□謹出納□間審重輕之數，拔規求之□塞□□之源□□□先去其□廩之□乎？夫馬寒則毛縮，魚勞則尾赬。物之生也，豈有異哉。公能□□□□□之附益□□羊之□□□□□□得不謂先去其杼軸之盜乎。□之□邑，□乃有經，□符令則削煩，省督責則息費。得不謂先去其簿書之盜乎？□□於日中，貨來於天下，宏羊適至，不韋未歸。法前□□通同，抑有司之侵利。得不謂先去其闤闠之盜乎？公之臨事以自懲，貪吏因時而變態。於是乎卜要衝之所，布□諭之文，既革面以□□或洗心而尚晚。俄乃付之逮□□以刑章。夏蟲適性以疑冰，夜蛾舞空而赴火。或巢摧而梟散，或穴□以兔奔。雖沿波之時，固討源而是切。且拔茅之後，恐連茹以宏多。迴思顧望之徒，□設并容之術。□□化之勉之，撫之安之。曰爾胡不盜天時地利，以耕鑿超衣食之源。爾胡不盜毛群介蟲，以捕獵求山澤之產。或剖石采玉，或披沙汰金。取之不爲貪，得之不爲竊。□□□□梁上偷生草中。始務匿藏，終貽剿絕。明申□甲，休拘趙禮之兄。盡滌昨非，不問展禽之弟。於是眾相謂曰："嫉惡如讎，公於國□。視民如子，私於我□。"聞其美言，何□酬於布帛。服其異政，何以答於袴襦。由是□其□知其禁，強梁者遷善，返側者銷憂。棄戟捐矛，却問農耕之早晚。帶牛佩犢，遂勤稼穡之艱難。□所謂□乎内而勸乎外，儉於己而便於人者也。自然山□□□□清里開，戴若思之投劍，誰預客船。陶士衡之駐車，不言官柳。官家相慶，上下咸和。爾乃□□□□□□□集醯酸而蚊至肉羶□□□適桑土而長謠，登春臺而胥□可以□乎孟可以召乎江山下火而爲賁丘園。雲上天而□需酒食。政既成矣，獎□至矣。公神□□□□□沉□□□□□□□□□□見風雲之氣洞達□機命□而□藉時而□蛟龍遇水□□□□雕鶚乘□□□□刺於坊磁又遷於□登衛□□之才聲華迭□□□□□鍊轉見晶熒，樂至九□益聞清越。□編清史□紀□□□□□赴童子□□源流□爾□卿賜三公□□千載交輝，美矣盛矣。論者曰□之藏用在乎□□□□□□□□猛於□□自□熊之後善□□民垂畏愛於□門流忠孝於昭代。闈庭稱□風俗自新。□□周有亂臣，翻使衛多君子。皇帝下□書□□□□□□□□□□□必□傚側帽之□□□效墊巾之□其則不遠，見賢思齊。引而伸之，則□知矣。紀太□而有□□明府以居多，未若當鈴閣之前。於□門之□之貞玉，傳之子孫。臣幸□近□曾□□□□□鏤□而見誚，□□瓦以

非工。謬承聖主之恩,用播賢臣之美。凝神握管,空成蝌斗之書。拭目披文,不稱□□之□。强抽秘思,謹作銘云:

□□□□□□□連珠有爛,合璧無□。固本維何,在民者矣。共理□□擇人而已。倬彼郭侯,系我成周。□□□李事異□劉鄉曲□□□烟□擊劍引□□弓開霹靂,鼓隨畫角。□逐朱輪,誰□□□自樂行春。始刺於坊,今牧於衛。□海便宜,□川煩碎。方圓并□思愛齊□□□□□盜散萑蒲。帝王兮念功,□□兮愛賜。他山兮□□□蓮兮晶屭。□之兮二天,勒之兮八字。剖竹兮有光,操觚兮無愧。

顯德二年歲次乙卯五月戊辰朔十一日戊寅題。

原載《金石萃編》卷 121

王昭懿

後周官員。顯德二年(955),任朝散大夫、檢校屯田員外郎、前澠池縣令、兼監察御史。

故漢開國佐命匡聖功臣特進守司空門下侍郎平章事監修國史上柱國武功郡開國公食邑二千户實封四百户蘇公(逢吉)墓志銘并序

門吏朝散大夫檢校屯田員外郎前澠池縣令兼監察御史王昭懿奉命撰

公諱逢吉,字慶之,京兆武功人也。皇任荆南節度使、吏部尚書、累贈太保□,大王父也。汧國夫人、贈齊國太夫人河東柳氏,曾祖母也。皇任考功郎中、累贈太子太傅冲,王父也。范陽盧氏,贈衛國太夫人,祖母也。皇任安國軍節度判官、贈太子太師悦,烈考也。滎陽縣君,贈楚國夫人鄭氏,先妣也。裔苗顓頊,家世武功,簪裾則水廣流長,榮盛則柢深難朽。自家形國,積慶累功,將登開泰之基,是降星辰之瑞。公即太師之長子也。生而有異,幼乃不群,戲游而衆目神童,仕學而夙成王佐。爰當稚齒,鍾以外艱,嚴事宮師,肅承家法,既弓箕之克肖,遂羔雁以盈門。時漢高祖歷試諸難,作藩分陝,恭行聘禮,委掌軍書。公起家人陝東幕府,應招引也。總孔璋之筆硯,奉文舉之樽疊,簪玳瑁而履真珠,愈頤風而捐脚氣。次授許州、宋州二記室,轉省衙、加朱紱,酬婉畫也。梁王右席,魏主西園,貼蘭省以芳儉筵,錫銀章而光衛幕。尋改大名少尹,又授河東察判檢校正郎。未改星霜,忽邁荼毒,即太師之大艱也。公仁慈孝友,篤愛純和,鍾此憫凶,幾將滅性。水漿不入,終孝子之悲摧;孌棘居懷,盡詩人之哀思。服闋,奏職河東戎判,復賓資也。時以北戎肆暴,入寇隄封,劉琨清嘯以無功,李牧堅城而不暇。漢祖以犬羊傑黠,施展七擒;公以樽俎笑談,折衝千里。既成戡定,式降渥恩,幕府賓從,優加有等。公賜金紫繒彩對衣,酬前節也。其後以奸臣内構,醜虜復興,腥膻盈趙魏之郊,氈毳滿康逵之内。大盜移國,陸海群飛。衆懷巢幕之虞,共有瞻烏之望。漢祖夙府推戴,克賴匡扶,驅除既屬于沛公,圖籍必歸於蕭相。授公開國佐命匡聖功臣、中書侍郎平章事、集賢殿大學士。從駕至京,加户部尚書,轉左僕射、門下侍郎平章事、監修國史,增加井賦。旋以鄴臣拒命,大駕省方,七旬既格於苗民,三面遂聞於湯綱。省臺已復,鸞輅言旋。綏懷允計於大君,畫策亦資於賢輔。鄴城平矣,公之力焉。舜干方舞於兩階,隋帳尋歌於二竪,即漢皇崩矣。公雲龍叶契,君父情深,幾增梧野之悲,莫挽喬山之駕。嗣君紹統,録以元臣。錫爰田井邑之封,旌送往事居之節。開輔之内,三鎮扇妖。嗣主以示德不悛,稔惡彌盛。於是上將激憤,賢輔天謀,斬帥傾巢,相次殄覆。有制加司空,酬廟算也。三公位重,九德勛高,已崇浴鳳之榮,更陟鳲鳩之秩。尋奉敕攝太尉行事,册皇太后禮。父天母地,旌一人孝治之風;玉册金輿,掌大禮敬規之典。時漢祚臨季,周室將基,諸侯潛會於商郊,君子夜謀於曹社。公將身許國,見危盡忠,大厦已傾,豈一柱之可擬也?既而,天地反覆,人事蒼黄,致命殉君,言所不忍。太祖皇帝知其盡節,事出奸臣,垂湛露之恩,給洛陽之第,恤孤幼也。

　　公先婚滎陽鄭氏夫人,後婚太原武氏,封越國夫人,皆先公去世。從夫有秩,肥家著稱。魚軒適何於朝榮,穰李俱悲於薤露。有男四人:長黑哥,陰叙國子監丞。次波斯。次二哥。次三哥。綽有才冠,聿修祖風。鳳推鸑鷟,俱抱雲霄之勢;謙高卑下,無勞喬梓之規。女一人,尚幼。漢太后賜金冠霞帔。幄珠自瑩,叢蘭有薰,容工克稟於女儀,耿介聿資於天性。公之諸幼遭斯喪亂,誰可撫循。前司門外郎晏,即公從父之元昆也。撫從佩鞿,誨以儀方,鄧攸可嘆於無兒,郄鑒唯欣於吐哺,字孤猶子,情無間焉。而今而後,在家必達,在邦必達,一日千里,開國承家。公之諸孤,良可畏也。公昔赴弓旌,嘗奉樽俎,洎開基構,便掌鈞衡,必欲伊尹佐湯,程嬰立趙,使生靈再造,彝廟永安。追太古之淳風,致中和之仁壽。天不與善,豈不恨哉! 乾祐三年十一月二十二日,薨於嗣君之側,時年四十二。遂權厝於東京城之北。嗚呼哀哉! 司門外郎情敦玉季,念極鶺鴒,與嗣子等思就良辰,以營儉葬。以遠祖松楸先在京兆,近代塋域亦在并汾。一則關輔遙睇,一則郊圻阻隔,今卜京邑,義有旨焉,蓋將仲甫之墳,鄰以國僑之喪,遂自東京與越國夫人同至於此。弟崇吉,前許州半刺,早亡。才高位下,履信資忠,雁行方戛於烟霄,唐棣半凋於花蕚。今改睢陽之旅櫬,就洛下之新塋。即於顯德二年歲在乙卯八月乙酉朔一日丁酉,葬於洛陽北原金谷鄉尹之里,禮也。邙山之曲,清洛之陽,中得佳城,宜符石椁,既叶烏占之兆,是安馬鬣之封。昭懿識昧土肝,學非肉譜,早依門館,偎彼生成。將筲斗之見聞,叙鼎鍾之勤業。所冀千年偶聖,長留作礪之功;深谷爲陵,永記生之字。申乎一慟,銘之九原。嗚呼哀哉,謹爲銘曰:

九天鍾秀兮孕三才,維嶽降神兮會雲雷。扶持至化兮廓氛霾,調和庶品兮作鹽梅。淳風煦物兮陟春,贊協皇靈兮重□來。釁起蕭墻兮始禍胎,膚受奸萌兮首亂階。物謂何先兮必有開,鼎新革故兮坼中台。黑霧周身兮去不迴,白首同歸兮竟堪哀。貞魂今葬兮北邙隈,列樹松楸兮永閟哉。

原載《隋唐五代墓志彙編》(洛陽卷)

王　玭

後周官員。顯德中,任節度推官、將仕郎、試大理司直、兼監察御史。

彰信軍節度使曹單等州觀察處置等使韓通故隴西郡夫人董氏墓志銘并序

節度推官將仕郎試大理司直兼監察御史王批撰

前少府監丞將仕郎試秘書省校書郎楚光祚書

夫積慶庭闈，騰芳壺奥。未簪筓珥，虔遵聖善之規；載咏鵲巢，獨擅肅雍之敬。良由胎教，不墜姆儀，即今太傅故隴西郡夫人其美也。

夫人姓董氏，和順成家，貞專立性，儼中閨而凛若，探内則以焕然。舉善進賢，擬樊姬之無妒；地寒壽促，符鍾琰之深知。香濃而芝吐六莖，譽美而玉含十德。爰自縈纓去室，告廟侍姑，信張家之識陳平，徐氏之歸王濬。由是，鸞鳳比翼，桃李成陰，感明君必敬之文，契君子好求之趣。采蘩奉職，睦族含仁，靡渝恬淡之容，宛是閨房之秀矣。而又因流娣姒，禮束筋骸，正人倫之大綱，叶公侯之齊體。主粢嘗而罔倦，歷寒暑以彌勤。方疏命婦之封，是表勛臣之貴。豈期忽縈沉痼，頓促遐齡。鳥過目前，浮生若此；水流川上，逝者如斯。家人泣别於鉛華，兄女痛傷於骨髓。所痛者，值太傅去清邊鄙，未復雄藩，辭白日而暗謝忠良，赴夜壑而遥伸訣別。悲哉！殁於曹南公衙之正寝，享年四十三。於是太傅遽聆告訃，不覺慘凄。乃曰："吾履鋒恒守於三邊，長聞斂枕；躍馬將行於千里，誰爲牽衣。苟璨悼亡，誠難再得；管寧嘆逝，恨不雙全。"方營卜宅之儀，未弭揮戈之役，付之愛子，葬彼慈親。又曰："吾憂國步未寧，亦私門絶想矣。"

夫人有子二人：長曰衙内都指揮使守鈞，婚李氏。飲月純精，决雲利器。王思遠之懷冰度暑，陸惠曉之抱鏡臨人。加以有德者親，非禮勿視。正君臣而資孝行，讀周公孔父之書；挫強暴而羡忠勤，獵樂毅相如之傳。共欽少貴，偕曰老成。次曰守素，方處童蒙，良多清秀。有女二人：長曰八師，次曰九師，偏鍾美愛，頓失慈憐，香銷一握之蘭，淚滯千行之血。兒女等彌堅盡孝，勤怨閔凶，顔丁尤善於居喪，萊子肯虞於滅性。杯圈不飲，靈物告休，來吊鶴於凶庭，得卧牛之吉地。何殊丹雀，豈辭銜土之勞；尤似神仙，共感設爪之惠。嗚呼！宜備送終之禮，永安不待之親。以顯德二年歲次乙卯九月七日，卜葬於洛水之北邙山之東,其實曰河南府河南縣平樂鄉杜澤里,禮也。白楊秋草,縈苦霧以何多;丹旐素蟠,摇凄風而不定。毗叩爲幕吏,謬齒文儒,既奉命抽毫,乃直書其事。謹再拜而銘曰:

家傳懿範,德備閨房。聖善鍾慶,蘭桂齊芳。姆儀不墜,婦道從長。天生淑女,宜匹忠良。其一。爰自初笄,聘於高國。無忿肅雍,不矜顔色。柔順肥家,公侯貴德。女史滕芳,千年作則。其二。能修榛栗。善侍舅姑。三從規範,百拜楷模。賢一女子,配大丈夫。告虔主祀,不亦宜乎?其三。和順積中,專貞自顧。命婦因夫,自天垂露。石窌覃恩,金璋延譽。焕爛庭闈,進賢無妒。其四。擇乎將相,宜爾室家。生男異寶,有女穠華。無輕侄娣,靡縱驕奢。優游淑善,杜絶回邪。其五。婦既賢兮夫其良,圖地久兮與天長。五神不集靈府,七魄尋抛於玉房。辭公侯於白日,痛兒女於寸腸。游東岱兮邐迤,近北邙兮凄凉。掩泉臺而赴夜壑,卷丹旐而樹自楊。環佩之聲寂滅,死生之貴光揚。已矣乎!聖賢知命,乃曰是常。

原載日本京都大學人文科學研究所藏五代碑刻文字拓本

釋藏瑩

後周顯德中,爲右街講論僧。

周晉州慈雲寺長講維摩經僧普静捨身記

右街内講論表自大德藏瑩撰

講論沙門雲靄書

都料匠亢重福

經曰:是身無常,速朽之法,須生厭患,當樂堅牢。棄朝形朝散之鄉,固不去不來之理,從乎凡位,創彼聖基。行二利門,越三祗劫,功何齊於施法,善莫等於焚身。施法接品彙之遠因,焚身趣菩提之近果。居凡者甚矣,慕聖者鮮歟!慈雲寺長講維摩經座主名諱普静者,俗姓茹氏,家貫洪洞縣人也。門昌歷代,仁務五常,貴胤宗支,繼承王相。上人幼懷聰敏,宿藴英靈,潔若冰壺,静如水鏡。自辯李之歲,聚沙之年，便認榮枯，頓生厭患，心思離俗，情切歸真，遂對二親輒形辭告："今擬出家事佛，入寺依師，願慮順緣，冀回從聽。"父母曰："汝既慕道，吾何障留，好保去心，莫忘前志。"尋已，□言下淚□拜伸辭："身回骨肉之前，目無返顧；足到伽藍之地，面有頻怡。"庠序可觀，優柔何匹。至彼寺，果遇奇人，即師惠澄和尚也。尋從披剃，頗習止持。奉佛而合掌翹親，授經而歷耳熟記。手每持菩提子，口常頌維摩經。應潤舊根，契諧新業。勤心練志，日居月諸。遽抛救蟻之功，已守護鵝之戒。纔過初夏，意在巡游，而西至鳳翔，後東□雁沼至宋州已。久淹講肆，數易炎凉。百王之教知源，三藏之言得趣。至年二十七，于龍興寺講净名經，果克一乘，備貫□□功深，天傑神機，僧降俗仰。旋有幽州僧諗進等一十二人，先是同師候回禀授，遂請往單州，前後二年，講開三遍，轉堅本志，方擢初心。漸謂名振九衢，譽聞八表。積雪偷光之士，遠遠梟移；擔簦員笈之徒，朝朝雁列。又有僧□□□滿□□前，僧眾符結多緣，愍乎眾望，請赴陳、蔡、曹、亳、泗州廣敷譚柄，頗繼芳踪。歸誨喻者，如病獲良醫；遇提携者，似貧諧至寶。真乎佛使回日。宗師自癸酉年至乙未歲，講二十九座矣。授業學徒三十餘人，亦乃價重融生，道超基仿，驚人藝遠，接物名高，海内僧徒孰不敬也。邇後，上人願游五峰境，遥禮七佛。師頗達靈，踪深融聖，性道名轉，愈節行更孤。而又回錫梁園，志便講誠，學人千數荷法，一時龍象降心，王臣稽首。至天福八年癸卯歲，乃潛思故里，欲擢初心，撫行止以何拘。指歸程而并切。遂別上國，却返平陽。俗接僧迎，若唐三藏西回之日；朝參暮禮，如竺法藍東至之秋。到舊日家園，入先師房院，相次城隍蟻湊，法乳雁行，州牧、檀那無不誠重。是感兩寺之眾、三學之僧，請爲後學肇而講也。或化人指喻，常濟物行慈。承紹者多，得解者眾。上人每念生遇良緣，長承佛蔭，荷經施法，揉念輪環，斷食田衣，恩兢檀越。遂發願當捨千身，趣正覺源，愍勞生苦。至顯德二年乙卯歲初，而遇請佛真身入慈雲寺，因瞻化現，頓潑捐軀，遂寫行藏，備陳鈞聽。幸遇弘農郡太傅，上遵王道，旁慕佛乘，是暴即潛，無善不舉，覽斯誠願，深認悛傷，復念無上勝緣，不可妨閑，既諧本志，符懿前心。別平陽城，赴廣勝寺。或獻之香果，或引之幡花。四眾送以徘徊,一身去而踊躍。至四月八日,真身塔前,合掌竦身,諦而告佛,言曰:"普静早發卑願,志焚千身,永棄凡流,當樂佛果,今焚此身,以酬前願。又捨此身已,若生地獄中,願代一切地獄苦;若生餓鬼界,願代一切餓鬼饑;若生傍生中,願代一切傍生業;若生人中,却願爲僧,還講本經,亦善法義。又焚一身,當捨千身。如上願成,相續不斷。至於菩提,今焚此身,是千數中一身也。"發此願已,便入柴庵。言切切以勸人,身巍巍而踞火。是時九天霧慘,百谷雲愁,二衆痛而心摧,四人悲之眼滅,真不思議,是未曾聞。當壽六十九年,計講四十二遍。邑衆等睹斯猛利,盡悔心田。召拾前踪,以裨後學,但藏瑩鹿林片葉,象季纖埃。幼無夢鳳之才,素寡比人之藝。迂承驅策,堅過讓辭,既叙長能,實慚小拙,工鐫美石,搜紀芳猷,等地等天,斯固斯永。

顯德二年歲次乙卯九月丙寅朔二十八日癸巳建立。

邑頭李延暉。

當寺大德賜紫從沼、前寺主大德澄鑒、寺主大德匡朗、大德義暹、內禪大德尼智静、尼法恩。

邑人押衙充副開圻官銀青光禄大夫檢校國子祭酒兼御史大夫騎都尉陳延誨、張弘彥、衛延福、郭知柔、尉福謙、王道安、李密、焦諗、焦光範、高智蘊、王美。

都料匠亢重福。

原載《三晉石刻大全·臨汾市洪洞縣卷》

李 穆

後周顯德二年(955),爲前鄉貢進士。

大周故朝請大夫左領軍衛將軍同正柱國清河張君(仁嗣)墓志銘并序

前鄉貢進士李穆撰

天子□九,有家四海,不賴夫股肱輔相,則庶事匪康,彝倫是斁。財成啓沃,資乎相君。天子乃負扆凝旒,責成功於輔相。輔相所以固宗社,調陰陽,撮萬機,總百揆,亦有其佐以助。相君行代天之業,則丞相府有堂後之職,是其任也。或兼授於典午題輿之命,同正於環尹亞卿之資,或紆墨綬而宰齊民,出相府而通閨籍。得人斯授,匪才不居。

清河張君諱仁嗣,字廣銳,以幹事貞廉,寔在茲職。張,著姓也。或出或處,世有奇人;且公且侯,代無虛位。綿綿濟美,此不殫書。將仕郎守華州華陰縣令文用,曾祖也。中大夫、行同州別駕、上柱國、賜紫金魚袋叔真,祖也。朝散大夫、行宣州別駕、柱國邵,考也。京兆郡田氏,妣也。自曾至考,所傳者忠恕道,所遺者清白業,弓冶不墜,習以爲常。故君生即弘仁,長而懿行。神錐纖而秘穎,太阿利而韜鋩。謙柔則不離須臾,所以見稱鄉黨;孝悌則罔違顛沛,所以載穆閨門。雖天理自然,抑亦餘慶所及也。梁貞明初,君始筮仕,即效職於文昌南宮,授將仕郎,守密州司戶參軍,俄遷寧州司馬充職。洎唐明宗以燔柴展禮,類帝禋宗,君時亦得掌行其事。圓丘禮畢,授深州別駕充職,旌其勞也。居無何,相府以堂後之職,寔裨台鼎,正員有缺,甚嘆其才。以君名推一時,譽在眾口,遂副當仁之選,允諧具美之稱。不數年,莅事有能名,大爲相國所知,遂遷授晉州別駕充職,仍加柱國。歷晉及漢。授邠州別駕充職。復遷朝請大夫、左千牛衛將軍同正。又遷左監門衛將軍同正。迨至民人歌舜,夷夏歸周。我太祖皇帝務在擇人,急於求理,以君久事相府,獨有令聲,授左領軍衛將軍同正。君周旋三紀,踐歷五朝,動若畏於四鄰,居不欺於暗室。食期於飽,不事兼珍之味;家期於給,匪求潤屋之資。道非直不經於心,事非公弗談於口。詩所謂其宜不忒,書所謂直哉惟清。宜乎享期頤,躋眉壽,何福善之竟昧,而降年之詎長? 以廣順二年夏四月有九日,終於私家,春秋五十有五。

先娶汾陽郭氏,富有令儀,來爲內則。方展齊眉之敬,先臨就木之期。次婚太原王氏,載善肥家,頗昭前美。有子三人:長曰光振,翰林待詔、朝議大夫、行司農丞。次子二人并促齡夭謝。女五人:一稚齒,四從夫。皆朝露易晞,蕣華蚤落。惟長子光振,哀煢在疚,孤藐成家,尊養繼親,負荷遺構。先是灼龜不利,藁葬於東京之西北隅。即以顯德二年閏九月二十九日,遷神於洛都西北杜翟村,以汾陽郭氏祔之,禮也。嗚呼!玄景運周,四時飛電,人生如寄,一旦浮雲。是以仁者惜舟舟之流年,必汲汲於爲善,及乎瞑目,雖死猶生。惟茲張君,力行靡倦,志於墓石,無愧斯言。銘曰:

猗歟夫君,詢美且仁。淑慎厥德,懷柔抱德。懷柔維何,能敬於仁。抱能維何,弗渝其真。吁嗟君兮,不永斯壽。始遇蓬年,旋啓曾手。生也不藏,曷用長久。死而且穀,曷俟鮐耇。歲在單閼兮,月建丁亥。爰卜宅兆兮,得其爽塏。朽壤窮泉兮,萬齡千載。

顯德二年歲次乙卯閏九月丙申朔二十九日甲子建。

原載《邙洛碑志三百種》

許　　□

後周顯德二年(955),爲鄉貢進士。

龍興寺百法院禮佛會石幢記

鄉貢進士許□撰并序贊。

三峰講經論沙門惠深舍□書。□壹石作都料張進貴,男仁美鐫字。當院法眷僧和韜,會主當講傳經論沙門□□□遷。

伏惟佛生中國,當此土周昭王初■,暨乎聲教,流傳始自漢皇感夢。自後支那國內廣布流行,歸之者盡悟,無生敬之者,皆超彼岸,有求皆應,無願不從,似影隨形,如聲響應。爰有百法大德者,始從無棣,携杖錫以南來。既至磐陽□龍興寺駐足,是以繼開瑞典,論講明門■,四方之負笈雲臻,寰海之聞名悉至。實謂塞嶮道而歸正道,摧邪見以悟真宗,六事行圓,人皆稽首。弟子等曾游法會,睹六事,以精嚴暫聽分宣,似衣中之得寶,是以學親六事,共結二因,閭巷相□,朋儕共允,展轉相呼,來者甚衆。信士既多,標禮■佛會,是以長於月圓,日宿净三業,旦入寺中,隨僧贊唱以連天,五體投誠而迎地,雖爲歲久,未□標題。乃有都副維那幢會糾首與會衆商議,擬造石幢壹座,鐫上下經兩軸,會衆既聞,無不允許。遂□□□良匠,選拒材,各捨蜻蚨,共崇勝業。今則功圓□妙,不讓於兜率陁天,鸚鵡頻伽,恰似移

西方在此。幢儀既就列,姓氏以雕鎸,顯示當來瞻敬者,皆獲斯善,□多愚少,□輒順尊情,書述荒詞,略爲序贊:

（贊文略）

時顯德□年歲次乙卯閏九月■。

原載《山左金石志》卷14

劉從乂

後周官員。顯德中,任節度掌書記、朝議郎、試大理司直。

大周廣慈禪院記

節度掌書記、朝議郎、試大理司直劉從乂撰

原夫了無相之因,乃歸寂默。現有爲之教,即示莊嚴。攝□生浮想於是□無相而詮真諦,以有爲而誘鈍根。嗟乎! 却□動地,但漲情□□負冤而不能堙苦海之波蟻,有術而不能■以指迷津。而□彼岸開惠日而破昏衢。未廣度於能仁,應機誤□隨業化緣。質□□難信之疑,立像法相沿之理。不有開士,孰匡■故思遠禪師之經始也。禪師本王氏子,回中人也。道性元通,■調象馬能降懫□之情。體化蒲蘆,盡作如來之種。微言殆絶,景行彌高。扣■無階,駕真乘而長往,詳僧傳則於是乎在,創佛宮則可得而言。禪■化南昌教□□□時洪州廉使侍中彭城公請住香城禪院,□□□二紀有志,四方乃振錫浮江,□徒登路。念三輔五陵之豪族,想規天矩地,□□□思□鷲峰遂歸□松柄未揮。歸依者掎裳連袂而來,檀施者接足駕肩而至。感優曇□之良緣,莫不童子標花,神人獻柱。競施布金之地,□投累壁之錢。□材朽宅之頹基,構正殿中蹲而□起。長廊四注以雲舒,蟾蜍納□葩於藻井。文楣憐亂,畫栱攢羅。達法堂以悟空,設真教以陶智。□定布經行之地以豫游,無里閈之囂塵。□□泉之爽氣,聿成佛□我皇祖在宥之二載也。太尉袁公罷侍□玉節,次宗結社,潛懷出俗之心。靈運居官,已熟生天之業。拜封□榜以斯題,遂敕賜號廣慈禪院,以廣□慈□等苦節橫霜,高名跨世。精進而身田自潤,住持而眼界常空。

□□而下，蔭欲於寶刹思勒貞珉，托叙美於非才，庶傳芳於不□存摭實之辭。時歲在單閼月旅季秋記。

■僧道清□維那僧道遂、典座僧道□、共養主僧師□。

顯德二年十月十□日建立。

安彥■

修府衙記

■以序四民之業，故曰强不■致壽昌藏文顯用已來，漸成奸詐，眷言■職四海澄波，當闕外之罷征，念關中之待治，■甸斯地也，今稱盛府，昔號名都，黃圖赤縣■綺錯，里閈星繁，臨高乎翼張，守要而襟束■道往來，資糧屝屨之饋，治煩按劇，非■靜勤身以致力，因事以制宜，鏡懸而遠取四■後甲，每出令以風行；今袴昔襦，聽徒歌而響合。■溫，所以致其附，剛而斷，所以滅其私，寬而栗■樹其仁而恤隱，絕其利而革邪，引義以正其身，■美，曲盡其能，比夫黃霸米鹽，細民受賜；李崇枹鼓■語哉。急務皆臻，期年盡化。嘗以府衙本文昌■亭祀浸遠，棟宇傾頹，因周覽疚懷，不怡終日。且曰■高張，提八校而正軍容，備九牢而迎■需于歡，有司決具獄之冤，裨將展屬鞬之禮，雖迴■宇荒階，略無完緝；寒來暑往，但恣因循。乃命度方■於舊趾，聳崇構於新規，危檐靄若以雲橫，大廈巋■棟虹舒，見暫勞永逸之謀，見經始圖終之義，甋稜■免翬飛，見府城之改觀。加以不貪爲寶，以■之高封，不戲稼穡，耀■絕歌堂舞閣之歡，屏飛蓋照棋之樂，匪開謀政無■之儀形作■。叨依■三千，雖塵接武；鐵錢十萬，敢謂憐才。奉命直書，俾刊■將來，時顯德五年歲次戊午九月一日記。石刻

邊　蔚

五代官員（885—955），長安（今陝西西安）人。後唐莊宗伐蜀，詔令權領軍府事。後晉天福中，歷開封府、廣晉府少尹。晉少帝嗣

位,拜左散騎常侍,轉工部左、右侍郎。開運初,任亳州防禦使,入爲
戶部侍郎。後漢初,拜御史中丞,轉兵部侍郎。周太祖入立,遷太常
卿。顯德二年(955)卒。

請改樂舞名疏

前朝改祖孝孫所定十二和之名,文舞曰"治安"之舞,武舞曰"振
德"之舞。今請改"治安"爲"政和"之舞,"振德"爲"善勝"之舞。前
朝改貞觀中二舞名,文舞曰"觀象"之舞,武舞曰"講功"之舞。今請
改"觀象"爲"崇德"之舞,"講功"爲"象成"之舞。又議改十二成,今
改爲順。十二順,樂曲名。祭天神奏禋成,請改爲昭順之樂。祭地祇
奏順成,請改爲寧順之樂。祭宗廟奏裕成,請改爲肅順之樂。祭天地
宗廟登歌奏肅成,今請改爲感順之樂。皇帝臨軒奏政成,請改爲治順
之樂。王公出入奏弼成,請改爲忠順之樂。皇帝食舉奏德成,請改爲
康順之樂。皇帝受朝皇后入宮奏宸成,請改爲雍順之樂。皇太子軒
懸出入奏允成,請改爲溫順之樂。元日冬至皇帝禮會登歌奏慶成,請
改爲禮順之樂。郊廟俎入奏駪成,請改爲禋順之樂。皇帝祭享酌獻
讀祝及飲福受胙奏壽成,請改爲福順之樂。梁武帝改九夏爲十二雅,
以協陽律陰呂十二管旋宮之義,祖孝孫改爲十二和,開元中乃益三
和,前朝去二和改一雅,今去雅,只用十二順之曲。祭孔宣父齊太公
廟降神奏師雅,請同用禮順之樂。三公升殿下階履行同用弼成,今請
同用忠順之樂。享耤田同用寧順之樂。

原載《全唐文》卷 858

和　凝

五代大臣(898—955),鄆州須昌(今山東東平須城鎮西北)人。
後梁時進士及第。唐天成中,入拜殿中侍御史,歷禮部、刑部員外郎,
改主客員外郎、知制誥,尋入翰林學士,轉主客郎中充職,兼權知貢
舉。遷中書舍人、工部侍郎,皆充學士。後晉時拜端明殿學士,兼判
度支,轉戶部侍郎。天福五年(940),拜中書侍郎、平章事。開運初,

罷相守本官,未幾轉左僕射。後漢初,授太子太保。後周建立,遷太子太傅。顯德二年(955)病卒。

唐故特進太子少保致仕贈少傅戴公(思遠)墓志銘并序

門吏翰林學士朝議大夫守尚書工部侍郎知制誥賜紫金魚袋和凝撰

粤以鴟夷功大,泛扁舟而不迴;疏傅位尊,出東門而長往。此乃明虧盈之道,知盛衰之源。生立殊庸,歿留懿範,其能繼之者,唯故少保戴公,則其人也。

公諱思遠,字克寬,其先譙郡人。本宋戴穆公之苗裔,後因官於碭山,遂爲單州碭山人也。自洪源引派,巨幹疏枝,代產英賢,出爲嘉瑞。漢侍中以該通邁衆,奪席彰名;晉高士以趣尚不群,破琴擅譽。爾後門風愈盛,祖德彌隆,圖諜備存,簡編斯在。曾祖諱政,皇任碭山縣令,夫人吳郡朱氏。祖諱榮進,皇累贈尚書左僕射。夫人潁川郡許氏,累追封沛國夫人。父諱重讓,皇任銀青光禄大夫、檢校左散騎常侍,累贈司空。夫人武威郡段氏,累追封韓國太夫人。于公積善,終開高大之門;畢萬成占,果啓番昌之胤。公即贈司空府君之長子也。稟重厚之氣,負奇傑之才。忠孝兩全,鄙王陽之偏見;文武兼備,誚盧植之虛名。中和初,值土德中微,金精方熾。乘風破浪,因興慷慨之言;攬轡登高,遂有澄清之志。旋乃委身戎事,效質和門,初繼領於偏師,後擢升於上將。郤中軍之臨敵,不廢敦詩;羊都督之理戎,無妨綏帶。其減竈曳柴之計,擁砂拔幟之謀,動必中規,謨無遺算。後以軍功,累遷單州刺史、檢校司空,又歷左右羽林兩統軍,加檢校司徒。牧民有術,御下多方。外揚簡惠之風,内蘊寬明之德。疲羸蘇息,感知太守之功;禁衛肅清,盡伏將軍之令。又累遷晉華洺防禦團練、三郡刺史,加檢校太保。又轉保義、横海兩節度使,加特進、檢校太傅,進封譙郡開國侯,加至食邑一千户。官崇論道,任重建牙,善政彌新,芳猷益著。勸農務穡,黎元遵佩犢之規;分少絕甘,士卒感投醪之惠。旋又入司緹騎,復綰禁兵。備輸警夜之勞,愈勵拱辰之節。又累遷鎮國、宣化、天平、威勝四節度觀察留後。天成初,授武定軍節度使,加食邑五百戶。民瘼盡去，政聲洽聞。布仁和而風滿東陽，彰感瑞而珠還合浦。下車之日，則來暮興歌；罷郡之時，則去思結恨。凡周旋五紀，綿歷數朝，四領方州，七臨巨鎮。此外，登壇受命，仗鉞徂征。所理則草偃風行，所攻則雷驅電卷。功已成矣，榮已極矣。然後拂衣高蹈，鼓缶遺榮。連傾告老之誠，竟遂懸車之請。尋加太子少保致仕。方諧養素，正樂含華。無何，釁起奠楹，災生夢竪。以清泰二年八月十七日，薨於洛京惠和坊之私第，享年七十有六。天子震悼，賻弔有加，輟視朝一日。旋追贈太子少傅。

　　先娶夫人吳郡朱氏，早亡。後娶夫人太原郡王氏，早亡。皆進封郡君。而并和柔著譽、婉淑標容。道雖叶於好仇，志莫諧於偕老。又再娶夫人成陽郡孟氏，進封郡君。閨閫擅秀，桃李騰英。殲良遽嘆於天窅，執禮寧聞於夜哭。弟思義，早亡，金紫光禄大夫、檢校尚書右僕射。次曰思瑾，早亡，銀青光禄大夫、檢校國子祭酒。而并克揚士範，備顯時名。荆枝暫慶於聯芳，棣萼尋傷於易落。次曰思安，銀青光禄大夫、檢校户部尚書。價高二驥，道邁八龍。在原方切於急難，哭廟豈勝於哀慟。長男懷玉，早亡，銀青光禄大夫、檢校刑部尚書。雖登顯仕，不享遐齡。徒云其德象賢，終嘆華而不實。次曰懷超，金紫光禄大夫、檢校司空、康州刺史。次曰懷溥，前横海軍節度行軍司馬、光禄大夫、檢校司空兼御史大夫、上柱國、譙縣開國男，食邑三百户。次曰懷傑，將仕郎，前守河南府王屋縣主簿。并承家令器，幹世長才。自鍾風樹之憂，罔極蓼莪之痛。侄懷昭，銀青光禄大夫、檢校左散騎常侍。次曰懷德，銀青光禄大夫、檢校國子祭酒兼御史大夫。次曰懷衍。孫光弼，殿直、銀青光禄大夫、檢校户部尚書。次曰光昱，殿前承旨。次曰光被、光贊，或念睹囊之訓，孺慕尤深；或思傅硯之恩，涕洟無已。即以清泰三年二月七日，葬公於河南府伊闕縣歸善鄉府下里之原，禮也。於戲！冥冥夜壑，莫固藏舟；杳杳重泉，永傷埋玉。式揚休烈，乃作銘云：

　　大昂鍾粹，維嵩降祥。誕此良帥，光於我唐。才謀倜儻，氣貌昂藏。周旋履歷，雜沓恩光。門嚴啓戟，績耀旂常。令問令望，如珪如璋。賢哉丈夫，允矣君子。得天之道，窮物之理。功成而休，漏盡而止。志傲松喬，迹追園綺。方養耆年，俄隨逝水。五福俱全，一時無比。

　　門吏將仕郎前守安州應山縣令楊弘正書

原載《洛陽新獲墓志》

大晉故天下兵馬都元帥守尚書令吳越國王謚文穆錢公（元瓘）神道碑并序

　　推忠興運致理功臣、銀青光祿大夫、守右僕射、兼中書侍郎、同中書門下平章事、上柱國、汝南縣開國子、食邑五百户、實封一百户臣和凝奉敕撰。

　　宣賜碑文兼書碑使、朝請大夫、守司農寺卿、上柱國臣權令詢奉敕書、兼篆額。

　　噓唏！化北溟而歸南溟者，豈藩籬之羽翼。行西海而游東海者，非池沼之鬐鱗。大鵬搏扶，文鰩迅疾，一息萬里，壯哉偉哉。所以二華截靈河，不無擘者。六鰲負仙島，亦有釣人。豈殊乎傑出一時，雄誇千古。開桓文之列國，襲吳越之真王。况牽牛婺女之奧區，允常壽夢之故地。犀渠鶴膝，俗尚英豪。煮海鎔山，人多富庶。有九谿六谷之廣，通三江四瀆之饒。非間世英奇，豈能開創丕構。非承家賢哲，豈能光大勛門。尊長累朝，綿聯數世，今見吳越國矣。武肅王以雄傑之姿，居喪亂之代。拂衣雲壑，礪劍烟巖。立勤勞於六十年間，拓封疆於三千里外。名光華夏，誓著山河。當四境多虞，即主盟而稱霸。及中原甫定，即述職以來廷。履行功庸，富貴壽考，已載於世家矣。

　　王爰居長德，早已嗣承。益昌家國之基，復積子孫之慶。方繫夾輔，忽罹淪亡。巨嶽其頹，上元不愁。英靈謝世，德澤在人。爰有嗣王，克光前烈。陳元方序先君之美，胡伯始稱乃父之清。乞書無愧之碑，願列不刊之史。皇帝孝治寰海，仁守寶圖。終覽奏章，備明哀懇。恩殊常品，寵異群藩。爰詔輔臣，俾光先正。序曰：錢氏之系，□□□□。按《氏族廣類風俗通》曰：“周禮有錢府上士之官，其後氏焉，晉史有錢鳳，宋史有錢樂之，陳史有錢導戢，前朝有配饗功臣巢公錢九隴，近則有翰林學士右丞錢起。”光前映後，皆見信書。列派分枝，咸

爲著姓。曾祖宙,累贈太尉,尊道貴德,應運適時。韞陸瑁之義風,包
王常之忠節。德星聚處,早光陳寔之門。仙鶴去時,已云孫鍾之貴。
祖寬,累贈太師,澡身浴德,著信立誠。幼則比其雙珠,長則方於三
虎。簪纓劍佩,生參臺省之資。簠簋鉶登,歿享公王之祭。考諱鏐,
天下兵馬都元帥□□□□尚父吳越國王,謚武肅。七曜祥光,五行秀
氣,躬嘗墮於九日,夢曾到於八天。項籍暗嗚,人皆披靡。甘寧謦欬,
敵已悚惶。頃者土德崩離,乾綱弛紊。當戎馬生郊之後,乃龍蛇起陸
之時。於是金璧延才,英賢畢附。豆觴撫土,勇毅爭歸。纔思倚柱之
謠,尋應懸刀之夢。苦身焦思,沐雨櫛風。戰波浪以拓城隍,滅烟塵
而靜邊鄙。神資福地,民咏樂郊。所以翼子貽孫,永使尊周輔漢。

　　王即武肅之第七子也,諱元瓘,字文寶,杭州安國縣人也。龍章
鳳資,金相玉振。五色露迥推溫潤,九天霞別是輝鮮。象弭宏開,射
雲鴻而中鏑。金壺墨涌,書巖石以成文。智自神傳,才由天縱。馬鄭
將□於學校,早洞禮經。孫吳未演於韜鈐,已明兵法。薩孤延之沈
勇,電爇虬鬚。豆盧績之至誠,泉生馬足。三時不害,六府孔修。理
民則簡靜居懷,恤物則仁慈在念。銅斗鐵尺,俾列肆以均平。魚網兔
罝,試小民之游惰。五稼則分歧合穗,萬民則棄戟捐矛。每行皂蓋之
春,復繼緇衣之美。王起家爲鹽鐵發運巡官,奏授尚書金部郎中,賜
紫金魚袋。尋以偏裨許再思、徐綰等狼心素野,鼠首無恒,忽構狂謀,
私邀外寇。田頵言惟樂禍,志欲朋奸。遽興烏合之徒,將逞鶏連之
勢。及聊加賞犒,即請叙姻親。荀家共舉於慈明,郄氏果求其逸少。
遂請行而赴選,用繼好以恤人。雖駐危郊,益宏善道。俟銷釁隙,尋
却歸寧。既自孝以移忠,宜經文而緯武。承制改其端揆,授以親軍。
左旋右抽,每加訓整。先偏後伍,益顯機謀。尋摧貔虎之師,遂展鷹
鸇之勢。於是領吳郡組練,破處郡妖狂。牲牢纔襏於軍牙,露布已懸
其賊首。其後邊烽忽舉,鄰寇相侵。六奇先視於贏師,三鼓俄觀於酣
戰。纔交鋒鏑,大廓氛霾。陸征則活擒李濤,水鬬則兼誅渦信。既係
俘囚而塞路,收器甲以齊山。邇後欲率鄰藩,同修職貢。知不從於藥
石,遂再動於征轚。王躬領舟師,壓其□境。威生霆霹,光奪雪霜。
熊羆晝布於江心,雕鶚旌飛於天面。火鎔鎖斷,共仗奇謀。箭壓舟

平,咸推敏智。鯨噴駭浪,龍吼驚濤。擒賊將以尋誅,獲戰船而猶在。因兹大捷,永絕相侵。備奏豐功,請覃茂賞。自此曾無虛歲,紹受明恩。總青旌元纛之權,兼黃閣紫垣之秩。匡時濟代,福國庇民。事父事君,惟忠惟孝。尚父武肅王疾生六氣,奠應兩楹。欲嘗藥以無徵,幾絕漿而過毀。將兹冥福,爰構嚴祠。修道宮於割錦之坊,創佛寺於布金之地。紅樓紺殿,豈殊七寶之金。玉磬瓊鐘,不讓五雲之境。尋以恭承治命,退國稱藩。俯順群情,割哀視事。連營受賜,比屋知恩。給親族以優豐,待友于而敦睦。拱極之誠益至,勤王之節不渝。洎大晉開基,中原無事。續整梯航之禮,益傾鐵石之心。推戴既堅,旌酬亦至。封吳越國王,授天下兵馬都元帥。又授尚書令,金印玉册,□黻□裳。并復世官,可明朝獎。九重城內,解寶帶以頒宣。十二閑中,選名駒而錫賚。天福六年□□王以弟兄歸任,絲竹張筵,因抒嘉篇,久吟警句:“別淚已多紅蠟淚,離杯須滿綠荷杯。”詩罷酒闌,情傷疾作。其後融風忽扇,烈焰俄烘。駭愕既多,虛羸遂甚。上池之藥無效,聚穴之香不神。至八月二十有四日,薨於瑤臺之正寢。享年五十有五。即以七年二月乙卯朔十九日癸酉,備鹵簿葬於國城之南原,禮也。先皇帝初聞訃奏,倍極悲傷。久輟視朝,厚頒祭禮。

　　王娶扶風馬氏,故雄武軍節度使同平章事綽之女也。賢明無對,令淑罕儔。玩圖史之華,著組紃之妙。如賓合禮,逮下符詩。乃繫內助之功,忽動早凋之嘆。手拳魯字,既叶嘉祥。腸繞吳門,復彰吉夢。先二年夢。有子十三人。嗣王宏佐,粹和正氣,嚴重英姿。鵷雛著瑞世之文,驥子騁睨雲之步。無益之事,略不經心。非法之言,未嘗出口。咸推夙習,共仰老成。服周孔之楷模,繼曾顏之士行。實興門之良允,乃構夏之全材。自罹憫凶,共傷羸瘵。楚棄疾正當拜處,早顯神符。孫仲謀未是哭時,須從衆議。尋知國事,經稟朝恩,行慶賜以合人心,省科徭而求民瘼。而況郭汾陽之將佐,皆是公侯。蕭丞相之宗親,咸從軍旅。同心協力,送往事居。市無易肆之喧,戶有不局之咏。朝廷喜其嗣襲,尋降渥恩,便封列土之王,用獎克家之子。制授宏佐起復鎮軍大將軍、左金吾衛上將軍、員外置同正員、檢校太師、兼中書令鎮海鎮東等軍節度、浙江東西等道管內觀察處置兼兩浙鹽鐵制置發運營田等使、杭州越州大都督、上柱國、吳越國王，食邑一萬户，食實封一千户，仍賜保邦宣化忠正功臣。次年又加食邑七千户，食實封三千户，仍賜保邦宣化忠正翊戴功臣。長子宏傑，温州静海軍使，先一年卒。次曰宏俶，東府安撫都指揮使。次曰宏侑，弓馬諸軍都指揮使。次曰宏傅，先立爲吳越世子，先一年薨。次曰宏倧，衙内諸軍副都指揮使檢校司徒。次曰宏偡，衙内諸軍左都知兵馬使檢校司空。次曰宏俶，衙内諸軍右都知兵馬使檢校司空。次曰宏億，衙内諸軍左右馬步都虞候檢校左僕射。次曰宏偓宏儼、宏仰，并檢校禮部尚書。瑶山并秀，珠樹相輝。學禮言詩，咸聞博贍。彎弧擊劍，盡富韜鈐。姜被同歡，田荆永茂。次曰宏儒，爲國披緇，法號元悟。捨王公之娱樂，就法宇之清幽。湯休尚著於文章，支遁猶憐於逸駿。有女四人，三人各有粉田，一人早栖禪宇。

王惠洽三吳，咸加百越。近則同趙佗士燮，遠則方句踐闔廬。服太叔之九言，師宣尼之四教。十朝獎重，三紀光華。擇吉日以宣恩，選名臣而將命。癸巳歲命將作監李鍇爲起復使，户部侍郎張文寶、吏部郎中張絢爲守中書令使。甲午歲命給事中張延、兵部員外郎馬義爲册封吳王使。乙未歲命右常侍孔昭序、駕部員外郎張璹爲册封越王使。丙申歲命禮部尚書兼太常寺卿李懌、户部郎中姚遐致爲吳越王金印使。戊戌歲命禮部尚書兼太常卿程遜、兵部員外郎韋税充吳越國王官告使。己亥歲命尚書右丞王延、司門郎中張守素充吳越國王册禮使。庚子歲命刑部尚書李懌、膳部郎中薛鈞充天下兵馬元帥官告使。辛丑歲命右諫議大夫高延賞、兵部郎中李元龜充天下兵馬都元帥并尚書令官告使。壬寅歲命太子賓客聶延祚、吏部郎中盧撰爲尚書令册禮使。議者以王三端迥著，五福俱全。且夫體物緣情，才思逸於盧駱。象形會意，筆法繼於歐虞。補芸閣之舊編，著錦樓之新集。六角扇義之讓美，五朵雲韋陟慚工。褒之者入雲霄，挫之者墜泥滓。孰不避王之筆端乎？勇可抉門，力能扛鼎。燧象燬牛之智，屢有成功。添竈減竈之謀，累聞破敵。射穿蹲甲，彈落翔禽。著白袍黑稍之威，受旅矢彤弓之錫。陸斷犀兕，水斬蛟螭。孰不避王之劍端乎？智周物表，言合機先。能悦豫以使人，善撫循而感物。剛柔有節，語默中規。通白虎之群書，繼碧雞之秀辨。孰不避王之舌端乎？爰自妙齡，至壯齒，聳風姿而岳立，蘊氣度以川淳。凡有位而必升，至無官而可授。天下之馨香已播，人間之榮樂實多。雖未及鮐背雞膚，亦已有霜髯雪鬢。豈不曰壽乎？鎮千乘之邦，食萬鍾之祿。明珠大貝，輻湊一方。霧縠冰紈，雲屯百帛。龍猛之金□頗小，齊奴之錦帳未多。采聲妓於娃宮，合絲簧於綺閣。豈不曰攸好德乎？疾疹雖加，襟懷不撓。如浮雲之易散，念急景之難停。啓手足而保全，傳箕裘而得所。豈不曰考終命乎？有是眾美，夫何恨焉。臣素乏口才，仍疏腹稿。方愧弼諧之績，又虧紀述之能。仰奉絲綸，俾銘貞琬。辭讓不獲，漏略茲多。雖文過江南，不及韓陵之石，而恩深浙右，必同峴嶺之碑。仰副聖慈，謹爲銘曰：

　　雲起龍驤，化爲侯王。鴻騫鳳翥，鶚立鷹揚。凛然勁氣，卓爾雄鋩。大名之後，五世其昌。武肅開基，奄有吳越。恩洽百城，名馳雙闕。既委招懷，復專征伐。燾土苴茅，秉旄仗鉞。尚父棄代，元帥承家。傳榮集慶，奕葉重葩。有典有則，去甚去奢。威名烜赫，事望光華。譚藪縱橫，詞源浩渺。曹植思遲，崔儦書少。月夕花朝，猿巖雁沼。筆落彩箋，風清綠篠。神傳射訣，天富兵鈐。龜文月角，燕頷虹髯。威能伏獸，名可愈痁。撫眾以惠，待士持謙。事必有恒，政皆求理。扶弱遏強，先人後己。但見偃風，莫聞狎水。阜康丞黎，廓清邊鄙。量陂素廣，德岳彌高。禮延耆舊，令肅權豪。庭趨忠烈，府集英髦。講論韜略，獎勸勛勞。自再稱藩，益勤述職。虔布詔條，動遵楷式。每陳貢輸，常逾萬億。表率方隅，匡扶社稷。功庸罕對，渥澤無倫。禮優伯舅，位極人臣。鏉金鏤玉，龜紐龍綸。永言當代，莫繼芳塵。禁暴戢兵，取威定霸。方賴控臨，忽聞夢謝。雲慘長空，星沈永夜。號慟軍民，涕泗華夏。初聞訃奏，尋輟視朝。深嗟旦奭，不及松喬。倍加贈襚，久罷簫韶。君臣分至，水陸程遙。間傑淪亡，英賢繼襲。擗踊悲摧，無所迨及。益務撫循，加之周給。人情既安，兵威自戢。一方肅靖，三世輝榮。朝宗事大，誓表傾城。欲光家世，上奏聖明。願書貞石，用顯聲名。金玉令人，鼓旗良帥。德盛功崇，文經武緯。述之莫窮，言之無愧。庶幾乎萬歲千秋，人見之而墮淚。

原載《兩浙金石志》卷 4

請置醫學奏

當貞觀之朝,則廣開醫學;及開元之代,則親制方書。爰在明朝,宜遵故事。方今暄燠在近,疫癘是虞,言念軍民,宜加軫閔。其邊遠戍卒,及貧下農人,既難息於苦辛,宜偶縈於疾患,地僻既無藥物,家貧難召醫師,遂致疾深,多罹物故。荷戈執耒,皆展力於當年,問疾賜醫,宜覃恩於此日。其諸處屯戍兵士,令太醫署修合傷寒、時氣、瘧痢等藥,量事給付。大軍主掌以給有病士卒之家;百姓亦准疾疹,令合和藥物,救其貧戶。兼請依本朝州置醫博士,令考尋醫方,合和藥物,以濟部人;其御制《廣濟》《廣利》等方書,亦請翰林醫官重校定,頒行天下。

原載《全唐文》卷 859

請减明法科選限奏

臣竊見明法一科,久無人應。今應令請减其選限,必當漸舉人。謹案考課令諸明法試律令十條,以識達義理問無疑滯者為通,所貴懸科待士,自勤講學之功。為官擇人,終免曠遺之咎,況當明代,宜舉此科。

原載《全唐文》卷 859

補奏齋郎奏

臣當司管補奏齋郎,今重起請如後:

一、應諸補齋郎等,舊例,當司祇憑都省發到狀,便給補牒。旋團甲申奏:"伏緣當司已前久無正官,多是諸司權判,或有投狀多時并不團奏,或有纔投文狀即先團奏,遂積聚人數不少。自同光二年二月後,至今年十月已前,共計一百一十人未曾團奏。"今臣點檢,除有礙格條、一官并補兩人三人,并使祖蔭者落下外,猶有一百七十餘人。人數既多,虛謬不少。若取年深者團奏,終成滯積。今欲限一月內,并須正身將已前所受補牒,到當司磨勘後,委是正身,及是嫡子,年顏人材不繆者,團甲引過中書門下,引驗後一齊申奏。

一、合使蔭官,請自今後若遇改官,須是轉品,即許更補一人。明言是長子、次子,仍須不得過三人。其所補齋郎,五品已上蔭太廟齋郎,六品蔭郊社齋郎,仍須是嫡子。以侄繼院者,即初補時狀內,言某無子,今以侄某繼院爲子使蔭。

一、應補齋郎等,祇憑都省發狀,便給補牒。請自今後,須得正身齎狀到當司比試呈驗。除三省官外,并引驗告敕,及取保任官狀,委是親子,即給補牒。每年旋於八月上旬,具狀解送赴南曹。仍團奏時,別具子細三代鄉貫、使官蔭狀,齎赴中書門下引驗,候無差繆,即得團甲申奏。仍每年祇限團甲奏一年一甲三十人,以爲常式。

一、按《六典》,所補齋郎,并試兩小經,取粗通文義者充。奏補之後,非久爲官,若不達經書,則難通吏理。請自今後,齋郎所投文字狀,并須親書,仍須念得十卷書者,即得補奏。

一、使父皇任官蔭者,并須將前任告敕呈驗,仍取在朝三員清資官充保,及移牒所曾任官、臺、省、寺、監,勘有此官及年月日同否,委無虛繆,即得補奏。仍准千牛、進馬例,不得過十年。其所使祖皇任官蔭者,年月深遠,難知子細,今後請不許補奏。

原載《五代會要》卷 16

請放榜後貢舉官晚出奏

舉人就試日,請皇城司差人於院門前聽察。舉人挾帶文書入院,請殿將來舉數,自一舉至三舉。放榜後,及第人看榜訖,便綴行于五鳳樓前,謝恩後,赴國學謝先師。舊例,侵星張榜訖,貢舉考試官便出院,蓋恐人榜下喧訴。今年請放榜後,貢舉官已下至晚出。

原載《冊府元龜》卷 642

立四廟議

恭以肇啓鴻圖,惟新黃屋。左宗廟而右社稷,率由舊章。崇祖禰而辨尊卑,載於前史。雖文質互變,義趣各殊。式觀損益之規,咸繫興隆之始。伏惟皇帝陛下體元立極，本義祖仁。開變家成國之基，尊奉先思孝之道。言爲軌範，動合典墳。起百代之哲王，總一時之盛業。據禮官議立四親廟，允叶前文。

原載《全唐文》卷 859

趙 礪

後周官員。乾祐二年（949），任西京留臺侍御史。周顯德初，爲知雜侍御史。二年（955），以太常博士權知宿州軍州事，坐推劾弛慢，除名。

劾奏太子太保王延太子洗馬張季凝托故曠班狀

臺司奉去年四月敕，西京留司官員，雖有留臺點簡，故聞多不整齊，宜令太子太師盧文紀都更提轄。今有自去年五月後至今，每稱疾請假，最多太子太保王延、太子洗馬張季凝。舊例朝臣百日假滿落班簿，延與季凝，每遇百日將滿，即一度赴拜表行香，俱是拜跪不任。昨高祖神主祔廟之時，留司班列至彭婆鎮，奉迎其主。延只到五鳳樓前，季凝稱有疾不出。陳力就列，往聖之明規。拜表行香，留司之常務。既疾疢不任於出入，筋骸難强於扶時，所宜上稟憲章，内思貪冒。虔瀝退休之懇，用循止足之文。雖優宏繫自於朝廷，而彈舉敢隳於職業。

原載《全唐文》卷 859

艾 穎

五代官員。後唐長興中進士及第。後漢乾祐二年（949），任中書舍人。後周顯德中，任左散騎常侍。

請復入閣起居奏

近制一月兩度入閣，五日一度起居。近年以來，入閣多廢，每遇朔望,不面天顔。臣請命後朔望入閣,即從常禮。如不入閣,即請朔望日起居。冀面聖顔,以伸誠敬。

張　皓

後周官員。顯德二年(955),官御厨副使。

藏冰賦 以"堅明潔鏡"爲韻

　　國之造物,時惟用天。履在歲之窮紀,知層冰之腹堅。可以備用,凌人主焉。利秬黍以爲薦,率司寒而是先。於是入坎窞,逾崢嶸。乍逼側以經險,復趑趄而不征。爽氣旁達,凝陰上清。始峨峨而不見,遽冲冲而有聲。是伐是取,登乎上京。候朝風而益壯,對夜月而俱明。崇凌既啓,陰井方渫。含聲色而轉深,拂霜威而逾潔。不劚不剾,如磋如切。掩下方以涸冱,匪上騰之發泄。方見象於爲寒,且多驚於内熱。顧惟不佞,括結成性。彼蓄物以俟用,亦何異乎藏冰。將有冒於嚴凝,豈見遺於水鏡。

對去師之妻判

　　甲受業於乙,乃去乙之妻。同門以爲失弟子之禮,郡欲科罪甲,云行古之道也。所由不能定。

　　對:學以居士,人斯守業。曾射御之必習,在師資而有敬。甲性匪生知,才殊特達。將祈代耕之禄,式執摳衣之訓。既而請益不倦,寧止於五經。廣業惟勤,實包乎六藝。庶將貽厥小學,冀亦臻夫大成。判孔氏之四科,登周官之一命。且猶父之禮,義固非經。從夫而尊,敬亦宜廣。厥妻雖忘於母訓,惟乙且豫於人師。縱鄰樹以致謙,匪門生之或譴。何乃窺其家室,專務去彼。遂使老萊之婦,坐失齊眉之歡。買臣之妻,終成反目之恨。況人實有偶,甲則無良。訐以爲直,嘗聞君子之惡。犯而不隱,乃昧事師之迹。失禮之告,誠爲有孚。

行古之道，未知其可。

原載《文苑英華》卷 509

許 遜

後周官員。清泰二年（935），爲右拾遺。後周顯德二年（955），任秘書少監。貶蔡州別駕。

請停越局言事疏

臣見上封事者，多不關時政得失。或以事不合已，或有位未及人。但欲虛鼓聲名，妄邀抽擢。全非切當，空事游詞。數件之中，無一可取。不惟熒惑聖聽，兼屬侮慢朝綱。今後請除兩省官合上封事者，其別班除論本司公事外，請准太和二年敕，輪轉待制給事，合司封奏。大凡食禄之道，本在致君。不可獨善一身，歸惡萬乘。惜暫時之逆耳，貽他日之痛心。事切三思，理實不可。其切要言者，或居上情耽酒色，志好畋游，言動稍乖，理須論諍。職司其事，合在諫官。況陛下嗣位已來，憂勤庶政，鮮有過誤，無可陳論。朝廷班外之宜，職在御史臺。如有愆違，御史彈糾。其餘鞫獄，自有法司。事若有違，他自論奏。此外越局言事，并望寢停。

原載《全唐文》卷 860

韓 桂

後周官員。顯德三年（956），爲前攝寧州軍事衙推。

大周故輸誠效議功臣光禄大夫檢校太保前行寧州刺史權知階州軍州事濮陽郡開國侯食邑一千戶袁公（彥進）墓志并序

公振武人也，諱彥進。曾祖璠，不仕。曾祖母張氏，生祖諱殷，一子，曾爲本州將吏，遷至左都押衙。祖母薛氏，亦生一男。父諱宗慶，少仕武皇，幼從戎仵，軍功繼立，相次遞遷，充鐵林指揮使。至天祐三

年正月二日,柏鄉陣殁,終身王事。至天福八年十二月日,奉敕贈左
監門衛將軍。母王氏,與父同□。禮娶之妻,相次滅亡,亦於父同時
追贈太原縣君。公當父殁之時,年才十四歲。奉莊宗皇帝詔旨,□保
衛小底。公年十九,母與禮婚康氏爲妻。妻父諱行儒,幼事明皇,殁
身軍陣。更無兒女,亦絶弟兄。妻母徐氏,唯生一女,經十年,絶繼後
昆。至唐末晉興,龍蹲虎踞,當玉石難分之日,在英雄未辨之秋,事勢
咸歸,軍心多易,即數營將首,皆忘其家,悉於清泰三年六月十九日,
塗嘆於河內耶。公自後頗經任使,累歷艱辛,每臨大敵之時,皆立功
於陣所。至大晉天福初,制超授檢校工部尚書。又二年四月十九日,
准宣□奉德衝隊都軍使,轉授指揮使。同年月轉授檢校刑部尚書。
公又至四十五歲,再娶楊氏爲妻。妻父諱敏,邢州人也。妻母宋氏,
只生一女。儀容美麗,處世溫柔。荆玉難藏,獨有輝華之色;驪珠易
隱,迥超出室之光。公歆之芳妍,堅慕求矣。娶生四子,二已長成。
至開運二年正月一日,加弘農縣君。又至乾祐元年,再加弘農郡君。
長子名繼忠,字仁節。次子名繼文,字智通。皆前寧州衙內指揮使及
衙內都虞候,各授銀青光禄大夫、檢校太子賓客兼殿中侍御史。二子
住哥、四哥,皆幼小耳。長子禮婚王氏爲妻。妻父諱瓌,任鳳州防禦
副使,妻母高氏。次子亦禮婚定楊氏爲妻。妻父諱保孫,前右千牛衛
將軍,妻母佐氏。并居門蔭,未經迎禮,公身已薨。又至晉少帝,胡塵
競起,華夏未寧。常領禁師,以静邊鄙,每於陣所,無不成功。至八年
八月日,轉授忠貞保衛功臣、護聖右第六軍都虞候、檢校户部尚書。
又至開運元年七月日,轉授殿前散員散指揮使、左右廂都虞候、檢校
兵部尚書。同年,授武衛都指揮使。同年十一月日,轉授護聖左第五
軍都指揮使、使持節勛州刺史。二年六月日,轉授右護四軍都指揮
使、檢校尚書右僕射。同年十月廿六日,轉授左第四軍都指揮使。又
天福十二年,大漢初立,方構丕基,委以兵權,特加渥澤。九月日,改
授忠貞佐聖功臣、右第三軍都指揮使、檢校司空、使持節饒州刺史、濮
陽縣開國男、食邑三百户。同年十二月日,超授左第二軍都指揮使。
又乾祐元年正月日,漢少主登先帝之位,覃及遠方,賜臣下之恩,皆露
草木。公三月日,轉授右廂都指揮使、檢校司徒、使持節果州防禦使、

開國子、食邑五百户。二年九月日,轉授左厢都指揮使、檢校太保、使持節閬州防禦使。又廣順元年,大周丕構,肇啓鴻基,既肆赦於寰中,乃覃恩於臣下。公知難而退,欲麗將權。心以言而口未言,首雖免而身未免。三月日,加金紫光禄大夫階。同年四月日,改授輸誠效義功臣,除左驍衛大將軍。公得其無事,樂在班行,猶奉敕諜,同征魯地。三年三月日,除授寧州刺史。公到郡未期,大周奄棄。少主登位,又加爵秩。顯德元年二月日,加開國伯、食邑七百户。同年八月日,轉授光禄大夫、濮陽郡開國侯、食邑一千户。二年五月日,罷郡歸闕。六月廿七日,朝參,未及兩旬,又委兵柄。令於川界,權任階州。公平生節儉,常戒貪叨。五德之中,絶於奢逸。三惑之内,酒樂難迷。自幼及耆,坐論知足。方當葺理,以贊明時,忽二竪來纏,覺三魂去爽。其於針藥,無能及焉。享年六十五,顯德二年十一月二十二日,薨於階州,長子繼忠,知之傾喪,泊遠奔扶。歧路毀身,不泯殘息。至鳳翔府,有知判孔目官張紹節,在衙都部署關從誨等,號天叩地,護從輼車,雖食旨不甘,且同樂不樂,同隨神櫬,歸於洛京。乃命良師,擇其塋域。依周公之禮制,備方伯之威儀,旗旐啓行,薤輅相次。至顯德三年丙辰歲七月辛卯朔十三日癸卯,葬於河南縣宣武鄉。乃爲銘曰:

皇天無親兮惟德是輔,高而不危兮以長守富,昔龔遂到兮别布六條,今袁公來兮民歌五袴,公之德也。擊長蛇陣兮公有奇作,百戰百勝兮血流溝壑,肅静邊疆兮戎犬不侵,唐晉漢周兮總圖凌閣,公之功也。臨危不變兮忘家忘身,自執剛斫兮知僞知真,禀帝代命兮何吝百世,心懷鐵石兮罔懼三分,公之忠也。併食亡身兮不顧全生,齊君焚券兮□□知名,推梨之士兮情猶未讓,斷金永棄兮史册難輕,公之義也。陟岵詩言兮幼禀義方,南陔篇述兮不闕於牆,五起視枕兮知衣厚薄,三牲日煞兮公意非良,公之孝也。玄宫一閉兮古柏蒼蒼,逝水東流兮波注茫茫,魂魄杳杳兮骨肉空念,嗁咷咽咽兮日月無光。回首總幰兮凝神不語,重泉之下地久天長。

顯德三年七月十三日。前攝寧州軍事衙推韓桂撰。孔目官張紹節書。

原載《隋唐五代墓志彙編》(洛陽卷)

蕭士明

後周時人，宋州（今河南商丘南）人。撰此志時署前鄉貢進士。

大周故光禄大夫檢校司徒行右金吾衛將軍兼御史大夫上柱國蘭陵縣開國男食邑三百戶贈漢州防禦使蕭公（處仁）墓志銘并序

從侄前鄉貢進士士明撰

公諱處仁，字正己，蘭陵人也。因封錫姓，先君襲慶於殷商；繼別為宗，相國世家於關輔。然乃王公迭貴，百代何知，氏族居高，萬民所望。枝葉芳於史諜，軒冕焕乎人倫，則為時之備詳，故斯文之可略也。曾祖諱濬，唐饒州刺史。祖諱元，蘇州別駕。父諱符，歷仕唐、梁二朝，自河北道招討判官，累遷右威衛大將軍、左藏庫使，因家於洛陽，終於所任，贈右金吾衛上將軍。母瑯琊王氏，累贈本郡太君。有子八人，四男四女，咸縻好爵，各適名家。公即執金之第四子也。幼而孝悌，長而廉貞。立性端莊，執心果毅。尤便弓馬，雅好詩書。十七，蔭千牛備身，二十，授四門博士，復選沁水主簿，後除通事舍人。至晉祚始構，皇圖未安，洛下興妖，鄴中連禍。公監臨討伐，次第蕩平，轉西上閣門副使。其後安陸畔援，常山俶擾，公又承前監護，刻日掃除，轉東上閣門使。次又復收襄陽，轉四方館主兼衛尉少卿，後以疆場未寧，獫狁多故，公監臨步騎，固護邊陲。至於太原，出於大漠，東西千里，首尾十年，累轉官階，繼有錫賚。後除坊州刺史，下車而政治，不言而化成，吏伏其清通，民感其惠愛。及奉詔歸闕，將整行軒，百姓遮留，不得去者旬日。公避其美名，迫於王命，單騎而出，乃得赴朝。其奉上牧民之效，有如此矣。復授左武威將軍、檢校司空。至我周太祖皇帝，加食邑，除涇州節度副使。嗣皇帝詔還，授魏府節度副使。皆禦衆有術，舉職不疑，盡佐治之方，得貳車之體。雖居藩翰，尚屈才能。詔還，授右金吾衛將軍、檢校司徒。俄以江表不庭，淮夷作梗，天子櫛風沐雨，親馭六軍，命公為前鋒兵馬都監，用其能也。公感激忠勇，訓齊師旅，驍騎所至，其鋒莫當。自秋及春，繼立勞績，以聖上駐蹕壽春,命公攻取滁州。鎧馬纔臨,江城莫守,遂入北郭,及於大逵。公以捕逐遺寇,爲流矢所傷而没,即顯德三年一月八日也,享年五十有四。哀動仕伍,悲感行路。皇帝撫几興悼,聞釁改容,念敵盡而云亡,嘆功成而不見。贈漢州防禦使,賵賻之數加於常等,旌忠盡也。

公三娶夫人,皆清河張氏。咸以蘋藻有儀,言容合度,懿行成於内則,箴訓輯其家法,并先公而終。二子:長曰守勗。懷州武陟簿,教稟義方,性合孝道。有求之恨既類顔丁,如斬之情復侔縣子。少曰守彬。先從公南行,執事左右,靡瞻何怙,罔極終天。雖卞盱之忠孝萃門,乘名死寇;念灌夫之勇果出衆,有志讎吴。宣補西頭供奉官,繼功闕也。一女,適襄州節度副使康長子懷正,婉娩有聞,賢淑播譽,絲枲承於姆教,肅雍著於婦德。於戲! 以公之臨事倜儻,接物温恭,孝行振於家門,義勇冠於軍旅,卑以自牧,嚴而不猛。絶甘分少,得撫士之仁;僕表決漏,見監軍之令。宜介景福,以保大勛,命也如何,彼蒼莫問。惜哉! 以其年七月二十四日,奉神樞歸葬於洛京河南縣平樂鄉樂善里之原,以三夫人祔焉,禮也。士明以早預宗盟,得詳履行,俾撰名實,所難讓辭。蓋取録其見聞,豈足徵於紀述。亦在勛勞不朽,有殊冥寞之君;陵谷或遷,庶識忠良之宅。嗚呼哀哉! 乃作銘曰:

皇祖有慶,垂譽無極。代生人傑,世濟令德。載誕我公,邦之司直。累朝受寵,四方宣力。仁孝作程,忠勇是則。不兢不絿,有嚴有翼。見危致命,忘家利國。扈從平吴,爲王前驅。啓行莫當,克敵如無。勢同破竹,聲若摧枯。志取未畢,禍出不圖。傷公奈何,哲人云殂。念此在此,天乎命乎。我后念勖,惟家是恤。恩禄有後,贈逾常秩。封崇既加,禮命非一。哀東行路,寵驚私室。死生有所,輝光無匹。春辭兮南鄙,奄岁兮東周。背邙兮面洛,一壑兮一丘。有恨兮何平,有志兮何酬。茫茫兮原野,慘慘兮松楸。重壤兮永閟,九原兮誰游。

鄉貢進士石惟忠書。

原載《芒洛冢墓遺文三編》

楊　贊

後周官員。顯德三年(956)，爲前攝萊州長史。

■清河郡張公墓志銘并序

前攝萊州長史楊贊撰并書

　　■自■之盛縮，是□清河公□□異鄉□■鄉張村人也。■凶■祖之位，遣■種内■周□旋離。以禮葬，蔭子□□省職榮■明宗登御省旬海授國恩，特轉官資，加授銀青光禄大夫、檢校右散騎常侍、兼御史大夫、上柱國。□□裕慶，□□昂行，幼居偏侍，早立綱紀之志，夙彰敦孝之心，晨暮於■道□頻上，而知■額增盈，後白波而爲木場。材無棄物，懷川護[廩]，軍民無給□□□■山貢□以濟邦之利。□□掌持鐵冶，久駐凌雲，□勾三星傳終，一政省深，皆獲延於富家。□志□於□□□□□□母親□□郡趙氏，早抱貞媷，久懷素節，而至享年八十有久。自顯德二年□□歲十月二十九日，□□□□□年三月二十七丙□，葬於洛京河南縣金谷鄉尹村□主楊温地内□□，東西長二十五步，南北長二十三步，四至并地主。

　　其男廷裕，方持孝制未□。公□□□忽，□□畏□□□□□年七月十日殞逝。其男也生前歷職，繼屬京畿，榮達三十餘年，壽命五十有九。□□□罪，□□□與□□□慕游□□□□宣武陵邊建修塋所。本期大願克奉尊■嵩岳會仙之境，□男廷裕比則親躬汶上扶護靈□。何期自及，□□罔求。■公有在世長女清河郡君，令淑有聞，賢德俱美，適於彭城公，故■英雄久從軍□□□將之累叩□勛□郡□□□□之□叙及門□□□□□乃有右□。次女清河縣君，四德素聞，三從有備，適於太□公故孟司徒□公之子也。早事禁庭，久居班列，名位夙彰於朝要，渥恩俄降於閨媷。乃公有二女，長適□公□，皆封□庭。是曰同□□力，共報劬勞。乃命良師云通歲便決以□堅改葬合袝■□靈延□□□□光許游□行途徑□故里。豈備顯張之禮，寧爲享告之儀。潛竊開墳包藏真物，歷幾□之□□處□□河是避艱難□懷嶮，是假親屬之力，獲安旅迹之魂，今則以奉良辰合祔於□□□□□□顯德三年丙辰歲十一月十四日坤時，淹閉於郊原也。

故男廷裕有先亡新婦顏，□□婚洛陽□□□早世。□□荒田昨□□□娶天水郡趙氏，同於歲月月日時，先期禮葬，今則亦同此□并□□顏新婦之墳。□□□□故男廷裕有在世再婚新婦姓王，洛京人也。素懷婦道，夙著溫和。□□□□□□□有齊眉之德。以有腹生子一人，小名□哥，□是清河之的胤。□子方在□□□□□戒□□□□之節，何停哀苦之悲。故男廷裕有在世的女一人，小名二姐，年十四，是故顏新婦之□■未越笄年。□□□□□□□負罔極之苦。■銘曰：

□□赫□，□□□躬。杳杳□□，古□□□。今□□宗，□求聖姜。出離□記，黄□□壤。□子二重，□□□□。□□□□，永作□□。□□□□，□□長空。□□默然，□□□□，陽□□。□。□□□□，人自□□。□□□□，□□□□。聞禮典□，□□□□。□□□□，□□□□。□□□□，□□□□，□□□□。□□。

趙如游

後周顯德時人。

大周潞州大都督府澤州陵川縣龍川普安雞鳴等三鄉共造二聖神碑并序

頌者爲蟲蝗越境，挂□文中，又爲□□大駕親領全師煞戎醜而土崩瓦解，咫尺□不入縣界，有願又□城患之感，□□□□本□□□□□。

夫圓天□側□月蓮而西行方地東傾，江河轉而東注。起自無爲之道，窮源兮未凤，力辨洪荒□業教和楊□來兮初分清濁，三才從兹立像，遂植□□而地□□□高□□，將此□刻，而□□□□夜□□□

□□,住流轉不定之源,盈縮矢長,曠代難尋,其體假生假滅迴形質而左轔皇都時去時來,未現靈。□而匡扶□社稷六從,而潤澤九土。因此興隆福及士民,恩□草木。

　　樂氏二聖□玉皇□質□帝釋呈姿,生自梵閣天中,長於率□國內,朝游西土,與王母講論清虛;暮履東州,共五嶽對談榮辱。舉足而龍天八部引雨招雲,□俞□鶴駕鸞驟雷興電起。掛霓裳七丈璨瓓霞舒,戴芙蓉百寶之冠祥光赫弈。是日,權離紫府,暫別桂宮。表萬歲之呈祥,赴千年之應瑞。無限慶雲俱集,異草齊芳;多般喜氣來臻,靈花遍出。垂揺德□,興唐□□。

　　王道再起,堯風□□□掘安和并重新於舜日,聖賢□治,降陰騭,以相扶。隱俗凡間,托化高都之地,寄闋浮十載,□大上之半年,顯聖留踪,得道升天於上黨。是時,彩雲降下,白日升霄,無限天人駕龍車而捧擁,麻姑婺女隨□□而迎空;洛浦仙娥從對鸞歌,擊金鐘而韻響。聖迹因而不泯,宛似乎生;靈踪自此而存,儼然長在。岩邊仙洞,真似昔日桃源;潤下澄泉,不異武陵□畔。千年桂樹,萬歲貞松,異獸靈禽,時來時往,自後名傳遠近。奏上帝業立,厝圖形,施雨露,而沾法界,剎□變於禍福,須臾化作吉凶,濟國利民。皆賴神仙之德,爰有彭城,患土沂州,本貫驟入高都,雖不務於耕業,值純陽而久虧甘雨,時當春盡夏首,未立田疇,汲牛不順於陰陽石□,有違於天道,至□千家失業,萬戶愁生,□棄父母,□□□□,祈雨□□,神情似醉,魂識如□托景,緣生許願碑於本宅,遂拖牌於郡邑,遍化於城隍。召名工,選擇良材,喻為山,而初興一簣,二鄉,道首□斬審□,心懷嶽瀆,量此江□□□而志并松□敬明神而意同金石。甲寅歲長平陷虜,積尸遍地如山,不異牧野交鋒,白刃揮而血流漂□,生擒十萬,活捉五千,煞氣飛而星宿混□,□聲動而山崩地裂,迄今鬼哭□□□□酸。當縣咫尺烽烟,戶人略無驚恐,例得安家樂業,□□舒全賴於聖慈。夙夜專精,一心虔禱,幸遇我皇高道,垂衣而治八方。希業中祇懸德立,而來朝萬國,西戎招權六郡,南蠻降伏七州。陛下親統全師人馬,踴而□山倒海,兆庶咸歌於七聖,八方贊咏於九皇,野老□□□□王化,路歧坦蕩,人物駢闐。

喜逢君聖臣明，啓願而報於□眷德，壬寅年重修新□，嚴妝粉壁□墙，後殿前宮，想瓦情之莫辨，盡帳毳摩之寶，錯落星□，錦幃□琥珀，□□□□昏日月。其歲，蟲蝗作□，諸道而皆□殤殘，仰告神仙，飛蝗而當時越境，不日招於郢匠本殿，以立豐碑，蛟龍吞五色之珠，□負此千斤之字，後值戈鋌交集，烽燧相連，土壤人稀，野火□□□□并遭煨燼，再去本□遠立施力，不讓於前，功圓滿今辰，顯名張於萬□。其地也，幟風□□，盡帳周迴，盤龍山而鬱茂嶊巍，伏虎崗而氛氳峭峻，東連巨海烟峰而秀氣重，西接流沙嵐岫而□□□，叠叠前盟聿向臨朱雀，森奔幹田後玄武，而皆枕清凉，匀鋪金地，南瞻大阜峇峨，穿日月之傍，北望壺關森聳，透星河之側，洞裏見長生之境，巘邊游不夜之鄉，綠雲盈聚於長空，□□□□氣停於嶺岫，睹斯景象，聖事無邊，具載風儀後贊帝王之德。

伏惟當今皇帝七星□彩，九□流輝，布道德而□乾坤，施法教而和萬物，感神龜送吉，三邊祥和而永去鋒□，龍馬來祥，四□寧而□漲弧矢，□朝野有十亂，進榮以九籌安□社稷，以智德昭明，統山河而賢才□□□□□□比府，大王開基撥亂，定難安危，曾張下楚之權，每展陷燕之略，雙輪千陣，祗戰百場，立勇義以佐皇都，施猛列而安國業，過戎醜土崩瓦解，滅胡虜喪膽之魂，安民非雨，郡欽風和，衆感四方，慕化□□。□□□州太保，輔國重臣，匡君上將，蘊武侯之略，震怒而鬼怕神驚，恒韜孫主之權，憤□而龍飛虎走，布惠愛重新，五□舉法則□政六條，郡内不住於謠歌鄉黨，絶聞於凋□。

當縣侍御，簪纓□户，鐘鼎朱門，官資已茂於三槐，爵秩早榮於五□，琴懸壁□，公清羨咏於弦歌，安鏡匣中，明道善張於風化，茜袍不久，續遷於政事堂中，銀印□濯拜於蓮花幕下。

鎮□射功勞累效，佐主三朝，施弓□雁鳴猿號，舞釰懼星移斗轉，狂徒屏迹，惡黨銷除，煞氣飛而魑魅潛藏，怒色起而□魔奔走。

縣判官□歲盈，書三□髫年文爛，八千辭林比五嶽巉岩，才辨并三江深邃，十入文陣，如平地而攀花，奪戰禮幃，若眼前之折桂，暫超百里，鄉□普遍於□膏□，助琴堂百姓，利皆肥潤。

維□道首靳□等，并是三秦英彦，六郡豪公，敦信義而和衆安人，

重禮樂而於家爲國,舉紀綱憐孤恤寡,立法則愛老矜貴,東鄰道合於
□□□,西舍背明□讓□遍,長從短能舉直,而錯諸撫弱凌強,公道絕
聞於同黨,遂乃各□愛物,共結良因,再起豐碑,同酬□聖事。丙辰之
歲,顯德三年,無射下旬刊標備矣,伏願上安宗社長榮,玉葉金枝,下
保黔黎四人,興而永固。

　　明代永清於八□,狼烟恒静於三邊,□旗幡爲庶品之衣,毀鈌戟
鑄農田之器,尊早仰,重少長,歸依不逢盜,謹之年長,過豐登之歲,狂
簡之繁亂,斐然造次,而成不避□□,後留言而再訟,白天中之天長,
衆外之象,別是仙鄉,無爲大道,聖力難量,定洪荒樸略,開天地陰陽,
與其造化,運變五常,不助無德之主,偏佐有道君王。二日睹斯二聖,
無窮變現,萬里神通,潛形隱於下界,替佐明代皇風,不□化身天路靈
異,遍滿虛空紫團聖地,隱迹留踪,□□□□,無限祥雲瑞氣,因依建
造靈宮,後乃有求皆應,所申願者依從,三日乾坤運動變化,非雖神通
萬里,感應千般,翻書作廢,日月輪還,櫛風沐雨,吐霧權烟,本居長生
國内,暫時托此凡間,暫居塵世間,代聖賢不日□,昇霄漢,五雲捧擁
歸天,□自後,揚名世代,恩流遍滿鄉。

　　儒林郎行陵川縣主簿王守進
　　宣德郎守陵川縣令劉承輝
　　陵川鎮□□光禄大夫檢校太子賓客兼殿中侍御史雲□□續令
　　隨使攏官充陵川鎮副兵馬使李進
　　隨使廳頭充陵川鎮判官兼□稅焦斌
　　隨使廳頭充陵川鎮都□□秦思萬
　　録事史□ 王□　張福　王美和　嗣貼同　蘇開趙　郭顯　王
習 李賓
　　縣押司都□拆科司郭澄王環趙郅趙顯
　　趙□ 趙誼 崔裕　禮生秦貞
　　押司秦懷 佐史秦密 李贇　趙謙 □□里正秦裕 趙貴 司貞私備
孫共□□録事史堯榮 趙□ 趙密 秦岳都斌 秦澄 崔超
　　□□廳於張□和滿□申□ 靳明 □申 李□ 團頭趙□周 雜職趙
瑾 楊誼 李超 秦文緒

鎮押司秦武所申趙斌於□王奔遇 李瓊 雜職趙琛

税務押司張登□□ 護國軍右弟四指揮□□四都副兵馬使雍福

龍川鄉批書靳□録事趙威

雞鳴鄉批書申安録事韓實

前絳州神山縣主簿秦彦 □□□前澤州衙討招□使□青光禄大夫□校國子祭酒上柱國趙琛

前高平陵川兩縣巡部使趙韜

前澤州長史武□能

鄉貢三禮靳禹□□□□秘書省校書郎靳仁侃

□□□□□馬使銀□光禄大夫□檢□□於癸酉王□

鄉紳官趙進

前攝光禄寺主簿趙□□

鄉貢三禮王隱

鄉貢三禮趙守一

鄉貢三傳張珪

前澤州衙推李元進

鄉貢三傳馮璨

前澤州司馬趙賢

前澤州司馬唐儼

前攝澤州司馬前□豐比趙情願施神地□臻四至州,蓋不生留難。一家長幼内外宗枝,富貴高遷,世代子孫榮盛。上至天地日月,下至神道有靈,一切空虛聖賢共爲□證。

同施地□□稠□□重昌侄男,□侄男智恒侄男智全孫男□□王□黑□小哥小。

□後□伏願明神長樂□何言□。

西□人崔珣,西□人趙瞻都科。

撰文西□人西□人趙如游

原載《三晉石刻大全·晉城市陵川縣卷》

左　華

後周官員。撰此志時署將仕郎、試秘書省校書郎。

故太原夫人王氏墓志銘并序

將仕郎試秘書省校書郎左華撰

太原夫人王氏，即故青州長史□之長女，本東京雍丘人也。生而婉麗，長乃幽閒，儀并九包，體同十德，容過燕趙，香越蘭蓀。能吟咏雪之詩，解審絕弦之曲。洎及適娉，益見雍和，乖爲婦之儀，曲盡如賓之道。夫僕射麻周廷衛軍授討擊副使。榮通秦晉，美極絲蘿，克從龜策之征，果葉鸞凰之好。本望同歡，共老齊體，終年不期，鶴別瑤琴，鸞孤菱鏡，年未及於耆□，魂先返於幽冥。夫人傷痛火燒，淚悲泉涌，食終忘味，言發酸心，直侵蒲柳之年，始染膏肓之病。水上之浮漚莫久，雲中之飛電難停。語言不□，魂魄俄逝，以大周顯德四年三月五日疾，終於河陽私第，享年七十有六。以日□月未利，權堂儀焉。即以其年九月二日于河陽縣爲霖鄉元和里莊之西南，卜塋葬矣。司空先德僕射河東喪逝，榆次墳圍，以兩地未通，無門合祔。夫人有子三人，長曰洪千，控鶴右第二軍都虞候、效忠保節功臣、金紫光禄大夫、檢校尚書左僕射、兼御史大夫、上柱國、上穀縣開國男、食邑三百户。幼而有異，長乃多奇，效叔敖之斬蛇，別彰碩德，傳記昌之射虱，迴有神功。洎主雄師，繼平叛黨，手携霜刃，身掛鐵衣，未迎九錫之榮，已播七擒之略。夫人病篤，深有遺言，時以天墜鳧毛，兵臨淮甸，書未來於八表，帝親御于六師。司空扈從鑾輿，討伐城壘，忽窺訃誥，深動悲號，屠裂肺肝，哽咽朝暮。紀信方當于主難，王戎不見於母亡。乃令長男具於葬事。次曰洪進，北京馬直副兵馬使，心堅鐵石，性禀松筠，走必挾□，勇能拔幟，免胄赴敵，臨陣亡軀。次曰□遇，虎捷左第一軍第二指揮第二都軍將，勇猛超群，機謀動衆，已聞三捷，猶滯九遷。

嗚呼！夫人之懿行芳猷，難窮刊勒，門代之嘉名碩德，莫盡鋪舒。莘也業類編苫，才非織錦。叨承見請，敬述銘云。

幼生異相,長有芳容。勤敬父母,承禀姑翁。魂逐逝水,蘭起香風。卜葬此地,絕述難窮。

原載《河南孟縣出土後周太原夫人王氏墓志》

大周故山南東道節度副使銀青光禄大夫檢校户部尚書兼御史大夫上柱國京兆郡段公(延勛)墓志銘并序

將仕郎試秘書省校書郎左華撰

公諱延勛,字德高,太原人也。其先鄭共叔之後,因而氏焉。漢則太尉潁建平戎之功,晉則太守均荷守方之任,代爲著姓,世濟通人。源浚流長,本固枝茂,福垂後裔,信而有徵。公始自射蓬,迴彰符彩,漸及探穴,鬱播英風,鸞凰自致於烟霄,騏驎寧偕步驟。泊明宗御極,已歷官常;及晉主承乾,頗著聲績。比年莅事,終日勤王,果自階升,終期鴻漸。初授西頭供奉官,累轉内諸司副使,稍遷翰林使。周太祖之撫運也,尋奏宣白波護戎,未期,授河陽貳職。纔云罷秩,爰降明恩,授襄州節度副使。峴山幽景,同追致酒之歡;漢水名區,共布理人之化。未迎分竹,俄夢涉洹,藥絕靈丹,命歸幽壤。以大周顯德五年八月二十二日疾終於襄州官舍,享年五十有一。謀就業塋葬,乃法僧茶毗。

曾祖貞,祖震,并天爵自高,時英莫比。考詮,守汾州别駕,推稱題輿,公即别駕之長子也。公先娶夫人隴西李氏,後婚夫人渤海冀氏,又婚夫人彭城劉氏。三奠并祭,九畹騰芳,莫測短修,皆先俎謝。即以其年十二月十八日歸於洛京河清縣河陰鄉長刀村創卜塋祔葬,禮也。公有男四人,女一人:長男允恭、女曰汴姐、男允能,即冀氏夫人所生。男允審、伴哥,即劉氏夫人所生。於是牛崗卜地,馬鬣封墳,階起愁雲,樹凝慘色。華也才非吐鳳,學比鏤冰,見請再三,莫能避讓。不度荒拙,敬述銘云:

間傳令族,世繼簪裳。瓜瓞蔓延,源派流長。四子有後,三英早亡。職居陪貳,疾人膏肓。青烏選地,白兔呈祥。卜地祔葬,地久天長。

原載《五代墓志彙考》

扈 載

後周官員。廣順初，舉進士高第。拜校書郎、直史館，遷監察御史。世宗時遷翰林學士、中書舍人、知制誥。病卒，年僅36歲。

大周贈太尉瑯琊王公(柔)墓志

朝議郎秘書郎直史館扈載文

世德之謂顯，粹靈之謂英，垂裕之謂賢，享報之謂福。斯四者，疇能兼之，其惟贈太尉瑯琊公乎？

公諱柔，字來遠，幽國華池人也。皇祖、烈考并貞晦不仕。伊王氏之先也，系於周，盛於漢，鐘鼎於魏晉，袞冕於隋唐。雖五行有金木之遷，三統變質文之用，而公侯之位，代有其人，竹素之名，世無遺紀。斯可謂氏族之著，世德之顯者耶？周人幽土，後稷所興，遺風泱泱而在民，舊德熙熙而寖俗。西北涼秋之勁，山川右地之雄，精氣所鍾，惟公載誕，斯所謂賢傑之生，粹靈之英者耶！惜乎！賦天之才而不賦壽之考，為世之賢而不為時之用。幽蘭九畹，隱深谷以無聞；建木千壽，朽靈黐而不出。優游下國，慷慨雄圖，寢疾而終，年方壯室，言之可為太息也。然則嘉遁者，賢人之操；積善者，賢人之資。晦而後彰，斯為令德。

今彰德軍節度使、檢校太尉兼侍中饒，字受益，即公之長子也。神生峻極，氣稟崆峒，七星武典之光，五偉雄金之性。負傑出之略，濟之以孫謀；有生知之才，資之以義訓。動無悔而雷豫，謀不訾而風行，奮庸當草昧之秋，投袂起玄黃之野。故能荷靈慶，建大勛，佐興王，登貴仕。苴茅土壤，盟帶礪於侯封；秬鬯宗彝，薦蒸嘗於禰廟。漏泉之澤，式慰於孝思；埶燧之祥，果符於吉夢。斯所謂垂裕之賢，享報之福者耶？次子邠州別駕順，早亡。公娶安定皇甫氏，累贈衛國夫人。閨壼之德，宗屬範焉；椒蘭之美，女史頌焉。泪纏寡鵠之悲，獨□□□□輔而侍中，而侍中孝由心至，豐厚養於庭闈；夫人訓以慈深，享令名於家國。陔蘭方茂，風樹先驚；閱水不迴，昊天何訴。以天福十二年秋九月,薨於東京私第,享年七十二,權窆於近郊樊氏之舍。蓋惟積德厚者其慶遠,濬源深者其流長。夫如是,則太尉之德存於生,鍾於嗣,介享贈典,可謂厚矣。侍中之功著於時,貴於國,振發洪緒,可謂長矣。封樹之象,蓋取諸大過;合祔之禮,不改於周公。古今之通制也。即以顯德二年夏五月三日,合太尉衛國夫人之葬於西京河南縣谷陽鄉,禮也。悲風蕭蕭,佳城鬱鬱,高岸兮深谷,千年兮白日,貞魂來兮安此室,斯銘在兮期永吉。銘曰:

御天風兮排列星,涉銀潢兮朝玉京。月爲佩兮霓爲旌,公之魂兮游太清。爇泉扉兮窆玄紼,掩佳城兮藏白日。殷之棺兮夏之聖,公之神兮安此室。敞高門兮容列駟,生貴臣兮爲令嗣。鍾其勛兮鼎其位,公之德兮昌永世。兆青烏兮占守龜,署長阡兮洛之涯。葬有識兮墓有碑,公之名兮終古垂。

彰德軍節度使、檢校太尉兼侍中王饒,妻蔡國夫人劉氏新婦。

此是南山石。

原載《全唐文補遺》第五輯

大周故銀青光禄大夫中書侍郎同中書門下平章事上柱國晉陽縣開國伯食邑三百户贈侍中景(範)公神道碑銘并序

翰林學士、朝議郎、尚書水部員外郎、知制誥、柱國、賜緋魚臣扈載奉敕撰。

翰林待詔、朝議郎、守司農寺丞臣孫崇望奉敕書

帝軒轅乘土德之運,其臣曰豢龍、祝融,能辨方域,以制區夏。帝嫣氏禪陶唐之基,其臣曰伯夷、后夔,能典禮樂,以和人神。上古佐命之道,□□□□□焉。三政嗣興,圖史寖盛。彌綸輔翊,代有其人。皆金册丹書,絢繪功業。垂其訓聚而爲墳典,形其美流而爲歌頌。陋篆籀之質略,我則潤之以□□□□□之淪朽,我則鏤之以貞珉。銘以紀功,碑以志行。千載之下,燦然可觀者,其惟神道之表乎?故中書侍郎平章事景公諱範,□□□□皇朝元佐,顯德二祀冬十一月,薨於淄川郡之私第。天子廢視朝,軫殲奪之令。制贈侍中,遣使贈奠。飾終之典優而厚,詔詞臣□文□炎盛矣。孔悝彝鼎,不出廟門。杜預豐

碑，空沉漢水。始自矜於名氏，誠未顯於家邦。與夫輝煌帝恩，導揚
休烈。□□□□□□□者，可同日而語也。□□□□綸言，直而叙
之，用丕顯我大君之命。臣聞景氏之先，出於羋姓。從楚王於夢澤，
差□侍臣。畫漢□於雲臺，丹推名將。濟美垂□□□□□生偉人。
惟周之輔，長山之下，淄濟爲川，地勝氣清，惟公故里。夫嘉遁絕世，
高卧於是者，足以□顯氣而爲□□；□□□□，□生於是者，足以□□
□而爲世傑。故公之先，由烈考太僕府君之上，曰王父賓、大王父聞，
皆貞晦不仕。介享天爵，而巢、許□□。□□□□□□伯□□，仲
曰篆，公曰範，□□世□□聿登相位，而申甫之祥著矣。昔者聖人之
教天下也，本之以仁義，制之以經籍，是謂人文。是謂人□□□□□
□以□開物成務者。□□□□所于此□□。以公輔之位，必由稽古
昇。廊廟之才，必以經術顯。而公以明經擢第於春官氏，則賢哲之□
□□□□□爲吏於青陽，□□□□□□□□□□掾於高密郡。秩
滿而□授范縣令。大鵬之翼，鍛北溟以未舒。蟄雷之聲，殷南山而不
起。然則□□□□□□於之□□□□□□□□□□□□□□□通
人之才變而順，則方圓之量不能局。故公之佐縣政也，人謂其勤且潔
矣。典刑書也，人謂其嚴而明矣。□□□□邑恪□以□□□□□□
□□使□政□而從之者，則人謂其賢且能矣。

　粤若日月之彩，得天而大明。風雲之期，遇屯而勃起。□□□□
□□□□□磻溪□璜□□□□□□□我大周聖神恭肅文武孝皇
帝，建大功於漢室，爲北藩於魏邦。初筵既開，得賢斯盛。於是我公
□□□□□□□□而君臣之□□□□□□□□□龍飛在天，躬載
曜靈。至於霄極。皇建肇建，制以公爲秋曹郎，進階至朝散大夫。而
□□□□□□□□□萬□□□□□□□□□□□□之樞，惟聖人執
左契，臨萬邦，經久制大命。日政之機，國之大柄，總於樞務者，可謂
重矣。而公□□□□□□□□□忠而賢□□□□□□□□□□□公
爲左司郎中，充樞密直學士，尋轉諫議大夫充職。今皇帝嗣位之始，
登用舊臣。而并人乘我大喪，擁衆南寇，親征之舉，迅若奔雷。分命
大臣，保釐□□□□□□於公，仍拜貳卿。□□□□□□□□振
帝伐張。黃鉞白旄，殱群凶而皆盡。參旗河鼓，導清蹕以言旋。大袞

既已平,九服又已定。□□□□時惟輔臣。而公昌言,可□□□□□
□□□□□□聖謨,碩望可以鎮流俗。爰立之命,帝心允乎。六府肇
修,兵賦充大邦之調用,□□□□□公自立不回,信而有守。□□□
□□□□□□□哉。大運逢時,洪鈞在手。資忠孝於君父,享富貴之
崇高。而盡瘁之勞,因成恙疾。封章累上,優詔褒稱。聽解利權,□
專□□□□□□以列卿歸第,懸車故鄉。嗟風樹之忽驚,訴昊天兮
何及,見星而往,夕露方多。泣血以居,晨漿屢絕。哀與性盡,臥疾而
終。享年五十有二。■□□觀。夫公之行事,則其道也淳而粹,充充
焉無能稱。其言也直而肆,謇謇焉無所忌。耿介以自安,勁直以自
□。故其仕也,□一命之卑,□三□□□□□無悔吝。古人之操,
何以尚也。秉筆者得無愧於詞矣。許國夫人李氏,嗣子太廟齋郎儼、
信等,□□□靈□光□□烝嘗,翼翼賢人,□□□□□□□□□子,事
終之禮,佳城閉日,長楸箸雲。勒銘垂休,以示千古。其詞曰:

　　長山蒼蒼,淄水湯湯。哲人之生,逢時會昌。哲人之逝,魂游舊
鄉。高山兮峨峨,逝水兮驚波。□而□死□□□□□□□□□□
□□□□□□□。山有頹坂,水有高岸。人何世而弗新,善有名兮獨
遠。猗歟公兮,時用丕顯。

原載《金石萃編》卷 121

劉　載

後周官員。顯德中,爲殿中侍御史。

內殿彈奏儀奏

自漢朝次,每遇內殿起居,臺司定左右巡使先入,起居後,於殿廷
左右立定,百官始入起居。有失官儀,便宜彈奏者。今後欲依入閤彈
奏儀折署。

奏後,宣微使言:"所奏知通事舍人喝拜,再拜訖便退。如兩巡使
自有失儀,亦候班退互相彈奏。"

原載《五代會要》卷 17

許九言

後周官員。撰此志時署朝散大夫、試大理評事、行秦州成紀縣令兼監察御史。

故鳳翔節度使秦王贈尚書令李公（從曮）楚國夫人高平朱氏墓志銘并序

朝散大夫試大理評事行秦州成紀縣令兼監察御史許九言撰

粤若衛人興咏，莊姜推賢德之名；周道克隆，文母預功臣之數。豈不以關關叶美，灼灼摛華，彰懿范於一時，飛英聲於千古。自天鐘秀，何代無人，則我故楚國夫人之謂也。夫人梁祖嫡孫，冀王長女。王即帝之長子也，諱友謙，字德光。處親賢之地，力贊經綸；當禪代之時，首分茅社。初司留於陝服，後節制於蒲津。旋屬季弟臨朝，嗣君失德，懼奸臣之構亂，思轉禍以圖安。觀三氣於晉陽，瞻烏送款；求援師於陳寶，插羽論親。果因協比之謀，克就中興之業。書諸信史，載在豐碑。母燕國夫人張氏。生本將家，稱爲賢婦。贊梁室惟新之兆，宣王門內佐之風，國人咸賦於鵲巢，帝澤遂封於石竆。夫人之兄并蠅頭學贍，鯉腹書精，爰從問禮之庭，皆未專征之任。貂皮蟬翼，裝冠冕以臨民；虎節龍旌，擁貔貅而制敵。或登壇於左輔，或推轂于於許田。三戟交門，萬石當世。先秦王素稱霸業，奄有關畿，四海仰之爲真人，諸侯奉之爲盟主。後秦王以地居冢嫡，任在股肱，方作翰於回中，兼握兵於岐下。五彩百兩，親迎有期，納吉問名，御輪無爽，結援甯同於鄭忽，捧匜靦愧於懷嬴。夫人誕自皇闈，育於朱邸。幼則謝公庭際，咏飛絮以稱奇；長則齊主宮中，破連環而震譽。言足以中規矩，行足以睦宗親，才足以助彌綸，智足以辯邪正。總是具美，歸於令門，致允叶於一方，非尋常之四德。蘋蘩筐筥，無違祭祀之儀；絲竹宮商，洞曉鏗鏘之妙。始號高平縣主，改封楚國夫人。祖爲帝而父爲王，兄爲相而弟爲將。夫乃霸君之子，身爲賢王之妻。享富貴以無雙，治閨門而有法。嗟乎！青天甚遠，痛偕老以莫諧；隻翼堪傷，抱沈痾而不起。

未畢三年之制，已縈二豎之災。兼之以盜據城池，公行剽掠，因兹駭愕，遂至彌留。大漢乾祐二年己酉歲六月七日殂於鳳翔府私第，享年五十一，權殯於中堂之奧室。

有子一十三人：曰永熙、永吉、永義、永忠、永幹、永粲、永嗣、永浩、永勝、永嵩、永固、永載、永濟。女七人：長適蘭陵蕭渥，次適高陽許九言，次適供奉官趙延祚，次適左龍武統軍趙匡贊，次適前郿州節院使焦守珪，兩人幼而在室。潁川郡夫人蔡氏，中郎遠裔，太守名家。叔隗儻來，我則推賢而讓善；孟子云卒，此乃繼室者何人。且以骨未化於重泉，時已經於一紀，痛心疾首，叩地號天。大周顯德五年歲次戊午正月日，用大禮葬於岐山縣鳳栖鄉，祔秦王之新塋也。昔日鳳凰之卦，式叶同心；此時松檟之墳，別封偃斧。良有以也，何足道哉！慘行路以若斯，閟英魂而已矣。九言門館下吏，儒墨承家，偶趨上國以立身，幸忝真王之擇聟。今則方拘十室，無由伸臨穴之哀；雖奉八行，不那乏碎金之作。多慚漏略，勉副指踪，閔惲斐然，强爲銘曰：

帝王之子兮王公之妻，富貴莫二兮今古莫齊。智可照奸兮才堪助理，行必合道兮言且中規。金石絲竹兮悉窮其妙，纖紝纂組兮罔違其道。柔良内積兮無爽和鳴，賢善外彰兮式歌窈窕。顏如蕣英兮未及中年，痛彼殲奪兮遽遘沉綿。不醫不卜兮願從下土，有始有卒兮庶叶終天。郡號辛勤兮率勵諸子，菲食薄衣兮送歸蒿里。英魂烈魄兮宅此佳城，萬古千秋兮識兹名氏。

原載《五代墓志彙考》

董 玭

後周官員。顯德中，攝絳州絳縣主簿。

大周解州聞喜縣清通鄉董池聖母廟碑記

前攝絳州絳縣主簿董玭製文

蓋聞乾坤之内，覆載之中，華夷共稟於虛祇，君臣道合於陰騭。名峰海内，皆遵五嶽之祠；古派寰瀛，悉稽四流之宇。自歷三皇之代，

經五帝之朝,黔黎托聖德以安家,萬物憑陰陽以榮朽。若無靈德護
助,固難非遇奢華。濟時育物之舒蘇,莫過陰光推拔之力。雲飛帝
管,無變化而豈得潤鮮;地烈九州,有賦輿而寧虧末耗。咸欽玄化,日
月無私。混沌已來,山河定矣。龍神造化,或廣或微。廣即遍滿坤
原,微即如塵如芥。歲歲豐登南畝,年年雨灑東皋,克獲收成,盡賴神
明之力。斯廟也,地居勝境,翁鬱菜芳。貞松韶神鬼之殊風,古柏蹙
龍蛇之異氣。階前瑞草,因瀝[醇]而別長馨香;朱檻祥花,噴旃檀而
自然□異。池亭鴛鷺,添佳景而富貴無涯;岸發春光,鶯蝶飛而吟哦
有韻。古今聲譽,莫過斯神。出游即五彩飛□,入駕即三牲□□。祈
求者風無損樹,雨有滋苗,增福壽而官秩清新,益和美而私添稱遂。
伏遇周朝聖化,日月重明,登寶位而垂拱萬方,治兆民而普沾渥澤。
剪除妖詐,恩加得□之神。率土咸歡,皆揚聖壽,當廟向來古迹,薦更
加恩,鄉耆啓更變之心,皆起揚名之意。於是條心洗目,求石巖巒,畿
內徵功,鐫雕篆刻。王書取樣,夙夜剪裁,拂拭金石,搜吟詞頌。人能
齊心留記,神能遍覆垂恩。喜躍而恭敬無灾,怒擊而偏傷怠慢,實有
如斯之驗也。本自洞庭之聖,非凡世之容。姿離水府,精閣珠宮,治
錦波於晉封境。董龍孝義,皆因當時之遭逢,得遇朝班,并賴龍女之
佐也。是日也,秦軍作亂,欲擾封疆,龍□銳衆之兵,不下妖氛之黨,
故知凡無異氣,烽燧難消。龍女興戰法之除匈,旌旗□而欃槍絶迹。
輸忠爲主,國有如斯,滅秦於關外之城,壯晉於三山之地。歐陽景府,
爲當代之昌榮。董澤宮城,□□□迹,各留祠宇,以顯庶僚。犧酌慚
虧,民多失望。唯有董池聖母,貞魂常存,拯黎民準□之成,薦崇備改
秩之寵。靈祇罕則,每點陰軍,助變輿而□□遐方,除患難而克清天
地。致得朝綱謳咏,庶俗咸安,修廟居晉伐之前,止迹於秦疆之側。
流傳後代,祭祀無虧。自大曆八年,縣官再建。雖修宮舍,片石無鐫。
今又重立廟堂,曹吳□樣,靈通甚大,顯化無邊。生佑昔日之君侯,歿
助如今之帝業。陰兵戰勝,勃逆處到便消除;電擁雷驅,攙搶處自然
無事。駿鷺托夢,薦拔須臾,乃玄象變化之星辰,是人間靈通之聖事。
若無陰注陽榮,何歸於萬彙也。婆婆聖母,尊號古今,靈德叶慶。山
河得重,揮雲震地。祠堂再立,丹膑□裝。寶髻梳而龍門争,金縷掛

而鳳飛舞。硾衣珠珞，多穿七寶之珍；臉吐輕紅，艷奪三春之色。笙竽不歇，鼓瑟長搖。春排花發，盤筵秋賽，收成犧饌。人烟遠至，咸湊階前。井邑奔馳，車軒悉至。游人償玩，高懸禱祝之文；公子停驂，標名贊揚之句。鳳原西側，麗景名川。獨置龍湫，時添凍水，不流不溢，不減不無。一片皎潔清波，千里喧聲歌咏。楊蒲滿岸，蓮藕生心覺雨；石鷰爭飛，似澇□蛇出見。神靈甚驗，舉動無傷。祭饗駢闐，皆臻祉福。四顧幽境，各載陬夷。東連華嶠，珠玉多焉。西對稷峰，乃是神祇之祖。南橫峭聳，賢公隱迹之巖。北倚鷄足之山，有晉朝將軍之衛護也。中開水宅，長分秋月之明。岸立祠堂，實爲龍神之地。廟立千鶴之歲，不廢祈求。使四方萬户之人，自然仰敬。長歌連騎，服冕舞於三春；執枊躬詞，每願心而先啓。大樹不藏妖怪，廟祠頻換丹彤。案前乃喝水成龍，壁上□驅風化鬼，陰中神理，無以倫斯。五夜長發陰兵，四時每行絲雨。寧□不立碑記，須議勛功，廣贊靈通，再修宮室。有維那吕□政、副維那陳知遇等，生居浮世，恒仰神明，勤恪化衆之資，堅苦其崇之志。鄉耆信士，喜捨情專。今已廟宇成圓，乃爲頌曰：

聖母威德，顯化神祇。龍宮龍女，澔浪韶姿。減截巨水，獨制鯨池。廟居晉境，分水留儀。輸惠爲國，戰勝秦歸。標名金宇，宮舍瑠璃。金星還往，玉女相隨。乘龍駕鶴，五彩奔馳。輕風韻樹，細雨如絲。暗增福壽，蔭覆黔黎。再崇祠□，鐫克神碑。維那心志，遠近鄉耆。公侯伯子，文武銜題。聲先四海，萬古人知。

顯德五年，歲次戊午四月十五日丙寅樹立碑記。

原載《五代石刻校注》

許中孚

後周顯德時人，撰此志時署鄉貢進士。

敕留啓母少姨廟記
緱氏縣唐興鄉皇甫村

鄉貢進士許中孚撰。沙門比丘僧惠林書。

宗周嗣位之二葉也，命授神宗，德符昊穹，寢彼武功，復乎 淳 風。皇教於是遐通，車書以之混同。異域咸賓，遠 丘 格白環之贄。嘉祥自兆，阿閣巢丹穴之禽。曷覆燾之洪均，致蒸黎之雍穆。古由今也，不其偉歟！

時有縣尹外郎彭城劉公名渙，字廣澤，故丞相譙國公之元子也。鼎鼐名家，公台令族。奇姿碩德，爲時所稱。莫不宏其學以開之，高其才以文之，崇其禮以節之，敦其信以成之。卧錦爲郎，立事於文昌宮裏。握蘭就列，馳芳於建禮門中。洎以清白不容，權政所忌。賈誼賢而見謫，屈平忠而自遷。諒州縣之徒勞，實銅墨之非貴。有以見拘驥騄之足，淹社稷之才也。先莅伊陽，次宰斯邑，未嘗不稽力任以資賦庚，敷德惠以董逋逃。除暴慢以恤惸黎，示好惡以平獄訟。下車而民受其賜，涖事而吏伏其明。三年之政化大行，百里之煩苛盡去。屬我皇帝翼翼萬機，孜孜庶政，爲下民之革弊，慮昏屬之作災。用止訛風，乃頒明詔。曰當聰明正直以福及人者，則可以靡息宗禋。或妖回魑魅以禍苟人者，則可以特加翦伐。式絕淫祀，永作恒規。粵是邑皇甫村有古祠者，即啓母少姨之神也。

夫勝事芳猷，神通靈應，備於嵩少二室，本廟碑表載之也，斯不復書。又有濟瀆神宇一所袝焉，誠彩仗之行宮，復雲駕之別館。欒櫨穹崇而特起，丹腹照灼以相鮮。杳遞虹梁，聳若龍驤之狀。徘徊雉堞，高侔矢立之形。風來而蕙帳香生，雨霽而晴軒翠滿。歸然妙績，迴跨神皋。輪焉奐焉，不可得而論也。廟貌嚴肅，明靈暗通。望之者敬由是興，祈之者福由是集。稻粱黍稷，春秋而遂布時羞。絲竹陶匏，庭砌而遽陳商角。是得歲時序，風雨順，生植暢，田疇開。人獲困阜之豐，里有謳謠之韻。以作景福，以助太和。人之禱既如斯，神之應又如此。於是下以利之事達於上，上以留之義令於下。班基且廓，魯壤弗加。等靈光之獨存，同甘泉之但闢。獲永薦奠，得壯祠宮。潔以祈恩，馳特牲而可進。固夫層構，任迅景以頻移。邑人牛敬賓等，欲示後生，宜刊貞石。乃爲見托，俾述斯文。中孚學不逮於古人，詞莫窮於前事。徒抽馬卿之思，強濡王粲之毫，豈敢繁言,庶存實録。

時顯德五年歲在戊午七月十二日記。

鐫字都料林贇。

原載《金石續編》卷 12

崔去非

後周官員。撰此志時署前攝歸德軍館驛巡官、鄉貢進士。

前攝歸德軍館驛巡官鄉貢進士崔去非奉命撰故太尉(索萬進)墓志

粤天配冬夏,主成肅殺在其中;人稟陰陽,温良恭儉拘其表。暨孚形影附,激濁揚清。日月東西,無遠近而不照;水鏡鑒潔,何妍醜以難分。是知會總三元,運成四發。慕其寵辱,可正于人紀人綱;建彼公侯,方顯於立言立事。奇才異術,經國化人。懸爵禄於中原,釣英雄於四野。

大周有故輸忠保節功臣、彰信軍節度、曹單等州觀察處置等使、光禄大夫、檢校太尉、使持節曹州諸軍事、行曹州刺史兼御史大夫、上柱國、京兆郡開國公,食邑一千五百户索公墓志。諱萬進,字德翔。本貫并州清原縣府御鄉程曲里人也。公之曾諱景薆,不仕。祖諱繼昭,終於太常卿。父贈侍中,諱自通,字得之。一承天澤,六鎮山河,竭節推誠,銘鐘鏤鼎。公之外氏姓曹,兼連國戚,塋奉俱畢,禮備哀儀。公乃顯習箕裘,素精騎射,加以平田獲走,寒空接飛,比再立於金人,而更遷於銅柱。公之夫人成氏,心同葛壘,志異絲蘿,孝以顯於婦儀,慈又彰於母愛。公言語倜儻,神采嶷然,天縱多能,人皆率服。天成三年十月内,公授忠正軍衙内都指揮使,侍從尊親,聯綿鎮戍。時屬長興末運,清泰俄臨,遽忝皇恩,令守内職,未逾星歲,復縮戎斾。向安陸以征行,衆推勇幹;滅淮夷而克定,獨立全功。而又漢水一澄,滹沱幾静,青丘愈下,平棘無虞。北杜飛狐,自得九天之理;南填白馬,誰參六巳之謀。每有見危,無不授命。傾心向日,遇敵擎天。縱竭忠勤,難酬造化,可謂盈床鈿軸,遍體金瘡,不要君以剪髮,奉撫軍而吮血。秖如陽城陣上，曾陳必死之心；真定府中，又解倒懸之患。降及周室，起自澶泉。公部領兵師，方敵獫狁。此際人情未一，國步多艱。帝乃密賜勾抽，公即急來應副。公自貝州領手下五指揮人馬，一程至滑州詣行在。尋時草見，親奉聖謨，委以傳宣，果然定疊共致。一人警蹕，萬姓悦遂，劉子陂中揮白刃而殘兵解甲，慕容城下控雕弓而逆黨全平。以此酬勛，遠隼淮西之岸；再承玄造，遷觀兖海之風。爾後，坤軸無搖，乾綱不墜，方期保聚，忽染沉痾。子乃端心求醫，公亦不倦服藥。又賜節越，令赴延安。雖荷皇恩，抱纏綿而不赴。複頒綸誥，委任曹南，所苦未平，特容卧理。當官半載，得替六年，萬計醫治，一無痊損。豈料秦針夫準，□藥無征。雖即居閑，不住宣賜。公於顯德五年七月二十三日疾殛，遺囑未盡，至二十六日夜子時，薨于東京，享六十歲，積得二萬一千六百餘日。有二男，皆拘禁職。長曰延勛，西頭供奉官副都知。次曰延昌，西頭供奉官。女三人，長曰巳，從史氏。次曰許，定白家。小者在室。言猶動口，氣已隨風，雖品彙萬端，而死生一貫。書曰："命者性之始，死者生之終。唯此兩途，於何不有。"大孝曰："哀哀父母，生我劬勞。中心藏之，何日忘之。"三十日權厝在堂，選日於西京河南縣平洛鄉朱陽村立契買李洪安戶下祖業地壹拾三畝，東西南北，并目至其地，不計年代，剩少在內，上徹清天，下及黃泉，永充索氏之墳闕耶。葬於九月二十二日。准地價錢伍拾貫文，都計伍萬金。敢不宿陳篝篡，致敬幽靈，俎豆豐而玄□斟，薤露喧而貞石刊。去非一依門館，八換炎凉，凡是表箋，無不應副，承茲請命，罔敢讓辭。但磬謏才，乃爲銘曰：

其一。氣稟星辰，量弘江海。傑出唐朝，力扶周代。忠孝既全，功名可愛。刊石書勛，千秋萬載。其二。一拘戎律，幾曆塞垣。南平百越，北靜六番。見危致命，服冕乘軒。美之爲美，玄之又玄。其三。爲君爲臣，以感以慰。正屬雄圖，忽嗟蟬脱。推義而行，不患無位。善始令終，功成名遂。其四。左社右稷，安土樂天。明資法令，洞曉方圓。渾然一氣，配以三元。酬勛未了，歸逝何湍。其五。許國之忠，自天之佑。抱此三無，贊成九有。碩德彌彰，雄名不朽。日往月來，天長地久。

軍將李承義奉處分書。

原載《秦晉豫新出墓志搜佚》

馬去非

後周官員。顯德五年(958)，官節度使掌書記、將仕郎、大理評事。

周太尉清河公祖母安定郡太夫人(梁氏)墓志銘

夫人姓梁氏，河東平遥人也。祖考以桎梏衣冠，囹圄禄位，人盡爲貴，我獨知難。莊叟畏犧，楚不能相；許由洗耳，堯不能君。耕釣不僭，寵辱莫及，所謂德成而上，樂在其中。場繫白駒，略非健羨；霧藏玄豹，竟得宴如。譚笑於秦，則仲連復出；偃息於魏，則干木更生。頗揚上士之風，懸在後人之口，永光野史，勿墜家聲。男抱才良，指鯉庭以垂訓；女高令淑，徵鵲巢以申明。夫人之賢，繼以從夫之教。醴泉既出，寗共派於百川；靈芝忽芳，不同根於蔓草。而自非寇婚媾，謂嫁曰歸，玉爲德兮無瑕，石匪心乎豈轉。晏子之婦，未足齊眉；鮑宣之妻，何可接席。蔑聞妒忌，惟集柔良，克符淑女之詩，竟展婦人之德。爲婦人之道也如此。粵當授室，咸謂宜家，勤勞常預於雞鳴，恭謹靡聞於叱狗。佐口執禮，右備忘疲，善事舅姑，若尊父母，稟上之道又如此。示子以信，不妄談鄰里之豬；教子以廉，未省食鹽池之鮓。葳子以事主，動引王陵之親；勸子以治人，每舉崔實之母。爲母之道又如此。有子二人：長曰師訓，年十三，於太原六祖禪院，受業於長老和尚，不臣天子，不友諸侯，實無玷於佛筌，永見輝於僧史。次曰穎，字德星，娶劉氏。大周廣順元年，授郢州刺史，次授懷州刺史，次授安州防禦使，先於夫人三載終於位。魂游蒿里，應追陟屺之章；骨委佳城，莫拜甘泉之像。有女二人：長於太原常樂坊蘇家院授業。免於浮世，終四德以從夫；但向空門，求半偈而成佛。次歸寵氏。有侄三人：長曰紹鄴，次曰紹斌，次曰紹璘。有孫永德，字抱一，尚周晉國長公主，初授和州刺史，次授貴州團練使，次授泗州防禦使，次授武信軍節度

使兼殿前都指揮使,次授義成軍節度使,次授鎮甯軍節度使兼殿前都
點檢檢校太尉。夫人每教之曰:"攀龍附鳳,富貴以來,憂國如家,忠
貞莫忘。其或命當授鉞,任處鼙門,宜深金匱之謀,用立鐵碑之效,勿
使李驍騎偏擅解鞍,勿使霍嫖姚獨稱辭第。"又曰:"□臨藩翰,勉恤蒸
梨,佩勃海之牛,深橫勸課,却安定之馬,足範貞廉。勿使照乘虛珍,
偏還合浦,勿使栖梧瑞質,獨見瀛川。"爲祖之道又如此。惟顯德五
年夏四月,侵疾彌留,終於澶泉之公宅,享壽八十有一。冬十月七
日,遷葬於洛京新安縣國川鄉狗村,從其兆也。太尉清河公以去非
忝居載筆,特諭爲銘。詒彤管於人間,母儀難限;期貞珉於泉下,祖
德彌光。銘曰:

夫人兮素積善,積善兮可聞天。何難得乎九□,不容滿乎百年。
一。何若木之瑞,不與嫦娥并肩。何太華之巔,獨□□女登仙。二。
忽同過隙,永嘆逝川。念堇澤之悄悄,勞蒿里以綿綿。嗚呼哀哉! 永
閟黄泉。三。

大周歲次戊午十月七日。

原載《全唐文補編》卷107

黎陽大伾山寺准敕不停廢記

節度掌書記馬去非撰。

大伾山者,上摩乾象,下壓坤牛,左巨浸而右太行,誠爲壯觀。南
夷門而北大魏,最擅繁華。遐重昔人,能擢勝境,以兹山之足爲佛足
矣,以兹山之頂爲佛頂焉。寺內有缺□碑銘,載相續日月,儼三十二
相,亦四五百年。首簇連珠,肩限合璧。或孤鴻夜至,移雁塔而自他
方。六出朝飛,拔雪山而歸此處。神功捧護,巨靈措手以難開。佛力
昭彰,秦后著鞭而不動。傍臨迴漢,顯超岸於當時。俯瞰危峰,類投
崖於今日。不待龍吟深谷,我有法雨而濟陳根。何須虎嘯幽巖,我有
惠風而吹昏垢。潛施殊福,溥及群生。雖日用不知,且人何以鄙。今
皇帝均臨區宇,子視黎元。慮一夫不耕,天下有餒者。一婦不織,天
下有寒者。向乃頒行天命條貫,僧居有敕額者存,無敕額者廢。非輕
釋氏,用誡游民。勞哲后以去華,使空王之保大。兹寺也,詢諸耆老,

唯曰“大伾”。蓋前古之寺名，非近年之敕額。如斯敷列，胡免廢停。我主公都尉指命僧徒，繕録銘記。閱其狀迹，頗歷光陰。遽爲奏陳，却獲仍舊。寺主僧從超住持最久，焚禮甚精。初議毁除，鬱有白氎之嘆。及聞存惜，爲刊黄絹之辭。去非碑謝溲鷄，文慚吐鳳。既高僧之固請，乃下筆以直書。庶紀厥由，終無革故。

時大周顯德五年歲次戊午。大周顯德六年歲次己未七月末旬寅時建立。

前黎陽發運使、銀青光禄大夫、檢校工部尚書兼御史大夫、上柱國孫郜；大伾山寺主業行願經大德賜紫老從小師廟諱志、廟諱進、廟諱珠、廟諱懿、廟諱真、廟諱通、廟諱美、廟諱義，□□，住僧萬均；前儒林郎、試大理評事、守令兼監察御史、賜緋魚袋孫昭□；前承務郎中、主簿王守正；前坊州軍事判官、將仕郎、試大理評事□□；前義成軍隨使押衙、□鎮遏使、□□王□；鎮將陳緯；將仕郎、試大理司直、□□□□□□□令兼殿中侍御史郎光□；登仕郎、□□□□□□□□□祚；前□青州别駕知稅侯紹□；義成軍隨使押衙□□稅王繼勖；水軍指揮使、銀青光禄大夫、檢校太子賓客、兼上柱國□□□；三司押衙、□□州倉張琪；三司押衙、□□州倉□□；德軍押衙、寄倉專官劉□；□奴張素，楊□，王琪，李貞；□軍押衙、寄倉□□□□□□□□□□蔡□；都料匠人李柔。

敕文：

□□□□□析到在州，及□城有敕及無敕，并年深寺院其肆伯陸拾三所，内叁所舊有敕兹年深失墜文牒，□指揮者黎陽縣大伾山寺胙城縣契心禪院在州東城内□□□，已上三所宜并令依舊住持者：大佛院主□□察小師□□，□□院主左街傳經大師□□。

高　弼

後周官員。顯德五年（958），任前攝潁州潁上縣令。

大周故開府儀同三司太子太師致仕蔡國公贈侍中宋公（彥筠）墓志銘并序

前攝潁州潁上縣令高弼撰

軍將高繼昇奉處分書

公諱彥筠，其先河南人也。周武王封微子於宋，闕伯邑於商丘，因而氏焉。人龍之善價爰高，去獸之嘉聲更遠。弓裘不墜，胤嗣彌昌。王父諱續，贈光祿卿。祖母王氏，贈琅琊郡夫人。烈考諱章，贈太子少保。皇妣張氏，贈清河郡太夫人。公即少保之長子也。弱冠從軍，壯年立效，初從梁朝將，攻取幽州，陷其南壘。豎直繩而示勇，越斷布以登陴。尋授滑州徵武都頭，後遷左崇衞指揮使。聞敵必喜，馭衆惟嚴。遠近知名，行藏有異。遂擢授楊劉口戰棹都指揮使，拒鯨鯢於碧浪，教樓櫓於洪河。雖宗慤之長風，王濬之巨舫，未可加也。後充夾馬都指揮使，累功遷宣武軍內衙都指揮使。莊宗允膺曆數，大有寰區。記以姓名，嘉其忠赤。遂超授神捷都指揮使。時西蜀未賓，王師出封，命公爲前鋒都指揮使。先下劍門關，相次於東西兩蜀，降下綿、漢等四十餘城。大軍方至成都，乃授維、渝兩州刺史。明宗皇帝應天馭極，法地承祧，特念忠勤，詔歸畿甸。尋授虢州刺史。二年，改授武州刺史，禦北狄也。清泰初，命掌禁軍，充嚴衞右廂都指揮使兼和州刺史。續除授萊州刺史。下車求瘼，入郡褰幃，吏不敢欺，民知其惠，政成赴闕。天福二年中，張從賓屯兵氾水，擬犯梁園。晉高祖皇帝命以近臣，宣於便殿，令權虎旅，尋破梟巢，乃授汝州防禦使。方歷周年，就加匡國軍節度使，授代赴鄴宮朝覲，便值安從進鴟張嵼首，蟻聚襄陽，恃漢水之狂濤，結常山之逆黨。朝廷以公頻經戰伐，洞曉機鈐，命公充副招討使。攻下逆城，便授武勝軍節度使、特進、檢校太□。經二年，就加建雄軍節度使。平陽士庶，頗聞來暮之謠；穰宛生靈，甚有去思之咏。俄而承詔歸闕，旋命持節授保義軍節度使。纔到棠陰，方思布政，忽聞星使，又遣禦戎。遂命銜鎮於滄、貝、邢州。巡檢至漳河，拒迴契丹。晉少主親至黎陽，詔赴行闕，從駕還京，再授鄧州節度使。二年，詔赴闕，授北面行營諸道步軍都指揮使，從元帥杜公拒戎王於澶川。時戎馬控弦者數十萬，澶水泛溢，王師不得渡，糧運俱絕,元帥已降,公猶力戰。戎王慕其忠節,尋換麾幢,移授靜難軍節度使。值漢祖龍飛,旋歸象闕。忽逢晏駕,遂乞懸車。至周高祖皇帝統極,徵起充左衛上將軍,示優恩也。今上皇帝嗣位之初,公以身名早遂,年齒漸高,堅乞掛冠,方容致政。請老於唐虞之代,怡情於汝洛之間。火發崑山,美玉莫全於光彩;霜飛寒谷,芳蘭難免於凋零。於顯德五年□月十日,薨於伊川之別墅,享年七十有八。國人罷市,天子輟朝。何期金石之人,亦欠松椿之壽。

公先婚夫人張氏,早亡。次婚夫人戴氏,早亡。次婚夫人劉氏,早亡。今夫人李氏,河洲播美,令儀有聞。既虧偕老之名,但負孀居之苦。公有弟彥勖,充客省副使、金紫光祿大夫、檢校尚書左僕射。婚隴西縣君李氏。公有長子崇義,充東頭供奉官,監護南征,沒於王事。朝庭嘉其忠勇,追贈左衛將軍。婚新婦張氏。男可言,九歲,授殿直,蓋旌其父之功也。何積功累德,傳子及孫,有如是哉?即以其年歲次戊午十月十一日朔戊子日,與先夫人張氏、戴氏、劉氏,祔葬於洛京河南縣北邙之原,禮也。公早陳勇略,累踐藩垣。惟務貢輸,仍多崇信。齋僧數百萬,造寺七十餘。生有令名,沒無長物。忠孝既全於當代,真空亦悟於將來。弼學異通儒,才非健筆。輒敢紀於貞石,勒彼殊功。蓋表直書,謹為銘曰:

闕伯古封,殷湯舊號。傳子傳孫,惟忠惟孝。代有偉人,時推雄操。弱冠從軍,壯年立效。搴旗陷陣,冒刃登陴。彎弧落雁,拔劍剚犀。惟思探虎,豈待聞雞。首摧薊北,先破巴西。建隼渝江,還珠汝海。馮翊政殊,虎牢功大。戰伐頗經,麾幢頻改。勳烈旂常,名光鼎鼐。既逢歸馬,□□□□。□□□□,俄至薨殂。風悲雲慘,罷市登□。邙山北顧,誰不欷歔。

原載《全唐文補遺》第一輯

崔 遜

後周官員。顯德中,任鎮國軍節度判官、朝請大夫、試大理司直、兼殿中侍御史。

大周贈太傅晉故推忠興運致理功臣特進中書令弘文館大學士上柱國 天水郡 開國公食邑三千户食實封伍佰户天水趙公（瑩）墓志銘并序

維顯德五年歲次戊午十月戊寅朔十七日甲午,改葬於還義鄉

鎮國軍節度判官朝請大夫試大理司直兼殿中侍御史崔遜撰并書篆

有唐再造之季運也,王室如燬,群后離心以罔歸;天道無親,兆民崩角而靡告。晉高祖皇帝發號施令,起於潛躍之間;開國承家,力定艱難之業,實有良輔,同匡聖謀。其生也,稟嵩岳之靈,運機籌於幃幄;其歿也,感台星之坼,摧梁棟於廟堂。積德累仁,功成身退,垂名於不朽,延慶於後昆,即太傅令公其人也。公諱瑩,字光圖,其先天水人也,因祖禰徙家於華陰。又爲人焉,少昊之源流,伯益之苗裔,造父之逢周室,穆王之賜趙城,因爲氏焉。自戰國已還,暴秦之後,涉兩漢而歷三國,南陽下邳廣其居;越二晉而經六朝,金城淮安分其系。其後代襲冠冕,世濟英豪,祖德家風,光前絶後,此得略書其美矣。大王父諱溥,累贈太子太保。曾祖母南陽郡太夫人郭氏,追封汧國太夫人。王父諱孺,累贈太子太傅。祖母太原郡太夫人溫氏,累封莒國太夫人。烈考諱居晦,贈太子太師。顯揚先祖,早傳世禄之榮;將興吾門,預知堂構之盛。先妣彭城郡太夫人劉氏,追封秦國太夫人。感懸鈴之夢,必誕偉人;得浮磬之精,果鍾令胤。公即太師之第三子也。弱不好弄,知者謂之神童;生而有文,識者謂之人傑。壯室譽高於鄉曲,彈冠名動於京師。江東俊人,伏其致君之略;河北才子,許其經國之謀。天成初,晉高祖皇帝歷試諸難也,方總親軍,兼領戎鎮,聘以羔雁之禮,延於鎛俎之間,三接恩深,一言道合。自陝郊而移汴水,臨滹川而鎮孟津。魏郡建牙,并門仗鉞。十年入幕,從容可以論政經;六鎮從軍,折衝足以陳兵要。及龍飛晉野,一人應受命之符;鳳翥洛郊,四海慶卜年之運。公力匡宗社,首預經綸,即日登庸,爲時爰立。天福丙申歲冬十一月,制授推忠興運致理功臣、金紫光禄大夫、守吏部尚書、同中書門下平章事、監修國史、上柱國、天水郡開國伯,食邑七百户。以天縱之才弘燮理,豈有喘牛;以廟勝之略定攙搶,但聞歸馬。翊萬機而執人柄,熙庶績而代天工。啓沃勣崇,弼諧道著。上以鎮撫

關內,委在蕭何;尹正邦畿,任先張敞。癸卯年四月授晉昌軍節度、雍耀等州觀察處置等使、特進、檢校太尉、兼中書令、京兆尹、兼三白渠使,進封開國侯,加食邑二千户,食實封壹佰户。公下車而軍民咸悦,出令而桴鼓不鳴,刑禁屢空,風俗一變。開運二年五月,移授鎮國軍節度、華商等州觀察處置等使,雙旌并列,五馬齊驅,渤海理繩,父老悦迎於龔遂;會稽衣錦,鄉閭喜拜於買臣。吏畏其威,不驚夜犬;民觀其政,罷飲晨羊。盡闢污萊,重斯里閈。上以寄分 清 穰,必資鈎拒之能;任在保釐,須仗股肱之力。三年六月,拜開封尹、管内河堤使。於是日親鳳扆,時奉龍綸,優賢養人,無太簡太密之譽;抑强扶弱,有盡善盡美之名。畎澮無虞,隄防永固,大君注意,再命爲霖,百辟具瞻,重觀補袞。其年冬十二月,授特進、中書令、弘文館大學士,加食邑三千户,食實封伍佰户。時屬少主在位,罔遵駁朽之言;直臣立朝,不納弼違之諫。公志欲連衡稷卨,并駕夔龍,慮不得成輔相之功,致雍熙之運,重叠上表,堅確辭榮。敦諭再三,不獲已而承命,蓋避讒間之釁也。始則恩歸元老,賴舟檝以濟川;終則政在强臣,見巖廊之充位。是故諂佞之徒得進,權倖之門廣開。賞罰有私,中外懷怨,□致不羈之虜,潛興猾夏之祅。鼙鼓相聞,寰區大駭。上有詔授大名帥、駙馬都尉京兆杜公專北伐之柄,付上將之權。公素知都尉非千夫長,無萬人敵,有魏絳和戎之志,寡樊噲請行之言,必不能開八陣以摧凶,奮六奇而決勝,别舉良將,用滅匈奴。上不納極言,罔追前制。公退朝而論曰:"統軍旅之事,非社稷之臣,邦家之危亡無日矣!"都尉既總戎律,廣會兵車,戈鋋繼起於鄴臺,旗旆方臨於趙郡。穹廬之種,已繞恒山;背水之營,傍臨中渡。胡王擁左衽之異類,重圍我師;都尉挫中權之威聲,深懼彼衆。一千里不通挽粟,十萬軍果見投戈。四方諸侯啓顙於酋長,萬乘天子歸命於虜庭。神器於是播遷,生靈以之塗炭。論者曰:雖天之曆數,亦由不納公選將之謀使之然也。公履此危時,終能遠害,罷黄樞之貴,從紫蓋而行。一陷龍沙,五更鳳曆,馬如羊而不入廐,金如粟而不入懷。胡王詔赴幽都,將期大用,賜以良田廣宅、玉帛子女,皆辭讓不受,即秉心可知也。公爰從解褐,逮至經邦,兩秉台衡,薦持使節,再爲大尹,屢益真封,録勳賜功臣,累階至特進。貴必知懼，寵必若驚。有功德於時，無毀譽於世。搢紳仰其令範，鍾鼎傳其芳名。猗歟偉歟，美矣盛矣。公恥於去國，遂遘沉痾，驗桐君之藥録無徵，得扁氏之醫術莫愈。嗚呼！天不憖遺，人之云亡，以廣順辛亥歲六月十五日，薨於幽州私第，享年六十七。泰山其頹，梁木其壞，釋耒於耕者，罷相於春人，遠邇銜哀，如喪考妣。胡王痛惜，有詔褒崇，贈太子太師。錫之秘器，殮以公衮，賜絹布各一百匹，米麵緡錢等倍於前賜，差使致祭於靈前，命嗣子易從扶護輀車達於京輦。我國聖明文武仁德皇帝悲傷聖念，嘆失賢良，奔走王人，叠加賻贈，仍命三師之秩，俾慰九原之魂，特示殊恩，追贈太傅，哀榮之禮備矣。以顯德元年二月二十一日，葬於華陰縣爲霖鄉寺南村，禮也。青烏叶吉，白鶴吊哀。傍臨楊震之墳，似近要離之冢。掩珠鳧而藏玉雁，儉葬雖無；乘白馬而駕素車，送喪皆至。九族悲蒿里之奠，千人感薤露之歌。公先婚南安郡夫人焦氏，次婚濮陽郡夫人吳氏，進封魏國夫人，皆先公而亡，今并祔焉。垂内則而早保家肥，主中饋而夙成邦媛，所謂靈芝薦廟，不保長榮；芳蘭蔭墀，固當早敗。公有子四人：長曰易則，前尚書刑部郎中，賜紫金魚袋；次曰易從，前秘書省秘書郎，賜緋魚袋；次曰易知，前秘書省校書郎；次曰易禄，前弘文館校書郎。并博聞强記，礪節砥名，于家將慶於高門，吳氏不乏於季子。人謂之玉昆金弟，信不虛言。有女一人，富道韞之才，生知箴誡；弘絡秀之德，長有言容。適右拾遺桑坦，即晉相魏國公之長子也。公自策名委質也，具善始令終，之後或雲臺畫像，或烟閣圖形，間代之名，國史具載；垂裕之慶，家譜備書，此不可殫論矣。遂譽愧四英，才非五儁，早逢聖代，曾趨北闕上書；今奉賢侯，且逐西園飛蓋，遇天子祭高禖之日，是星郎主襄事之期。見托斯文，直書無愧。謹爲銘曰：

　　民厭唐德，諸侯叛離。天啓晉祚，萬國樂推。幸逢聖祖，爰舉義旗。君唱臣和，千載一時。穆王賜城，造父得姓。氏族傳榮，衣冠更盛。有誰間出，唯我中令。作相封侯，佐時執政。或持虎節，或駕隼旗。黃龍望府，白鹿隨車。理繩無比，衣錦難如。表則雙闕，出入中書。醜虜鴟張，少主虎視。不納忠言，誤擇戎帥。諸將投戈，一人失位。不保皇家，遂遷神器。公之去國，遠害全身。公之歿世，抱義戴仁。胡王之寵,褒崇罕倫。聖朝之澤,賵贈咸陳。不享遐齡,早終淑媛。玄寢同安,貞魂俱戀。葬歸鄉兮嗣子主喪,冢象山兮邑人皆羨。播勛名兮地久天長,紀歲時兮陵遷谷變。

原載《大唐西市博物館藏墓志》

劉　應

後周官員。顯德中,任朔方軍節度掌書記、朝議郎、試大理司直、兼監察御史、賜緋魚袋。

周朔方軍節度使中書令衛王故馮公(暉)墓志銘

朔方軍節度掌書記朝議郎試大理司直兼監察御史賜緋魚袋劉應撰

噫夫!分類錫形,同玄稟氣,圓爲蓋而方爲輿,英作賢而鄙作愚。勞我佚我以無窮,其名不朽;來時去時而有限,此理難明。五虎交馳,四蛇侵耗,懷三毒而役夢,走二竪以巡環。風樹增悲,壞梁興嘆。弗能追也,寔在茲乎?

王諱暉,字廣照,鄴都高唐人也。瑞叶狻猊,祥臻鷥鷺,葆蓋顯韶年之異,龍泉彰弱冠之奇。運偶搏牛,可鬥蒙輪之勇;時逢探虎,堪爭拔距之強。夾九曲以傳名,爲十八寨行首;佐累朝而用命,經千百陣立功,灌嬰也。頻縮軍戎,累更郡牧。長蛇散而虧七縱,猛虎去而順六條。洎朝庭問罪於西蜀,王爲大軍先鋒,獨運奇謨,取小劍路入,偷下劍門關。其時迴振聲名,咸推績效。邇後,南越波濤之路,北穿砂磧之程。備歷辛勤,嘗經險阻。職列縱微而至著,行藏自下以升高。晉天福戊戌歲,白麻加光禄大夫、檢校太保,授滑州節度使。守慎無渝,廉平有素,政塞衆民之口,聲騰大國之衢。己亥春,靈武、清河太尉事故,千門釁起,一境灾纏,深邊染患以思醫,聖主開壇而擇將。當時制命,改轉功臣,兼加食邑,除靈武節度使。王之到任也,沉機護塞,設法蘇民。來萬里之梯航,服四郊之種落。俄更五稔,斗變一方。天福有六辛丑歲,恩命改功臣,加檢校太傅。播美勤王,垂休莅職。

動宸嚴之企望，集庶俗以攀留。晉少主開運乙巳杪秋，麻制加特進、檢校太尉，移鎮邠州節度使。離邊也，制置極多，積糧草一百萬；赴任也，貢獻不少，進駝馬五六千，并人馬衣甲器械全。未幾，詔銜新平，入統禁旅，侍衛步軍都指揮使、北面行營先鋒、馬步軍都指揮使。雄藩戀德，鳳闕欽風。揚李牧之佳聲，振趙奢之美譽。丙午中春，降麻加開國公，移鎮河陽節度使。軍權正係，藩翰方臨。民嚴化理之條，士肅清通之令。其年，瑯琊太傅在朔方，不諳蕃漢事，有失軍民情。玉石俄焚，烟塵驟起。遽見飛章告急，朝野僉曰：“能安彼俗者，非王不才。”敕可，再授朔方軍節度使。偏師總領，十道齊徵，潼關出而意氣高，玉塞趨而山河迴。仲秋中旬十有三日，騖青崗之險路，破玄化之狂戎。煞破萬餘人，血流數十里，承勝王沓屆於府庭焉。孤城解難，衆庶咸安。鄉村勵其耕農，堡障迴其戍守。丁未，直綸恩加檢校太師。邊庭肅静，寰海沸騰。彌堅奉國之心，固守全家之節。戊申歲夏初，漢高祖加同中書門下平章事。功勛轉重，問望潛隆，昴星更耀於台星，鶴塞恒清於雁塞。其年季冬，加兼侍中。戴蟬冠而道亞，栖虎帳以名高。達識殼中，沉謨術內。乾祐二年己酉，漢少主加兼中書令。洪蒙德重，猶龍譽振於九圍；瀲灧池深，浴鳳光凝於五色。廣順元年辛亥，周高祖降册禮備封王，加推誠奉義同德翊戴功臣、開府儀同三司、檢校太師兼中書令、陳留郡王，食邑七千五百户。食實封一千五百户。七元暗敗，三盜明侵，既蒲柳以雜任，且金玉而何守。壬子年五月二十五日，薨於公署，享壽五十九矣。癸丑夏末，贈衛王。嗚呼叙實，翠嶽傾而神傷；硬咽言真，驪珠碎而日慘。王中山郡夫人王氏。男孟曰繼勛，癸丑年沽洗月亡，朔方軍衙内都部署使、金紫光禄大夫、檢校司徒、榮州刺史，同時陪葬。男美，銀青光禄大夫、檢校太子賓客。仲曰繼朗，丁未年三月二十五日亡，朔方軍節院使、銀青光禄大夫、檢校工部尚書，同時陪葬。季曰繼玉，癸丑年夷則月亡，朔方軍節院使、銀青光禄大夫、檢校左散騎常侍，同時陪葬。男醜兒。次曰繼洪，乙卯年七月廿八日亡，攝朔方軍節度推官，同時陪葬。次曰繼昭，朔方軍子城使、銀青光禄大夫、檢校國子祭酒。長女師姑兒，出家，癸卯年十月十四日亡，同時陪葬。次曰三姐，未適他門。次曰捨慈,出家證惠大師。夫人杜氏,癸卯年七月十三日殞,同時祔葬。男繼遠,朔方軍衙内都部署使、銀青光禄大夫、檢校刑部尚書。女惠明,出家寶懿大師。夫人馬氏,無子。王阿姊,適王氏;男令豐,朔方軍右馬步都虞候、銀青光禄大夫、檢校太子賓客兼侍御史、飛騎尉。堂弟延塞,行靈州左司馬、銀青光禄大夫、檢校太子賓客兼侍御史。室家增慶,世禄推賢。常敦舉案之謙,每切過庭之訓。同牢固禀,合巹彌彰。騰潤色於於崙崗,鑠精光於麗派。蘭芳露殞,桂茂霜凋。俄傾半嶽之峰,迪墮中河之月。王南陽郡夫人賈氏,顯德四年丁巳八月十五日,傾逝磚靈州官舍,享年五十二焉,同時祔葬。男於休,西陲襲慶,南陽孕靈,類董卓之儀形,愛謝玄之器度。經綸有智,通變多機。匪膺間代之才,曷處超倫之事。推誠翊戴功臣、朔方軍節度、靈環等州觀察處置管内營田押蕃落度支温池、榷税等使、金紫光禄大夫、檢校太傅兼御史大夫、上柱國、陳留縣開國男,食邑三百户。長女大姐,次女二姐。次男説,銀青光禄大夫、檢校太子賓客。次女醜姐,次女迎弟。太傅以父母及諸骨肉封樹紀迹,志銘流芳,俾陵谷變而長標,使天地恒而不泯。顯德五年日卜葬於邠州新平縣臨涇鄉禄堡村。爰取龜謀之吉,仍觀馬鬣之宜。桐閣冀就於玄扃,玉匣將臻於夜壑。應沓承旨顧,敢怠搜羅。旌烈績於繁文,載鴻猷於翠琰。懷兹罔極,厥勒銘焉。其銘曰:

乾坤孕靈兮集禎祥,奇運會合兮降賢良。龍蛇未辯兮風慘切,海嶽競摇兮日蒼凉。玉鈐金匱兮韜兼略,寶馬鐵衣兮劍與槍。皂蓋重移兮條綱振,碧油累换兮惠愛彰。遠朝鳳闕兮傾進奉,薦臨鶴塞兮積倉場。雄摧北虜兮安士庶,勇懾西陲兮走梯航。福隆滄海兮彌厚禄,貴躍荀池兮極封王。室家多慶兮增邑號,象賢襲世兮擁兒郎。大地時至兮皆須盡,百年數窮兮勢不長。三十餘載兮日在位,五十有九兮人云亡。峴山德化兮咸涕泣,田門簪履兮洞悲傷。新平倚郭兮古豳國,禄堡隈山兮臨涇鄉。封册焚告兮生且異,賵賻吟襚兮事非常。言下莫窮兮論鳳彩,筆頭難盡兮紀龍光。功勛鏤鼎兮流萬古,史籍標名兮散八方。挽鐸玲玲兮飄霬緋,佳城鬱鬱兮對牛崗。埋魂委骨兮空黯澹,鶴來燕去兮競飛翔。松風冷落兮嘯寒月,夜臺蕭索兮閉穸堂。

生前歿後兮福渺渺,古往今來兮事茫茫。累功積德兮述不盡,門庭襲慶兮勢無疆。

原載《咸陽碑刻》下

洪　範

後周顯德中僧人。

顯德五年(九五八)洪範大師牒

（前缺）

宣旨,仍奉遣差□□□□□今則見賚詔命,尋達會稽安下訖,將□台鼎,預切忻愉,謹先具狀聞,謹録狀上。

牒件狀如前,謹牒。

顯德五年二月　日左街洪範大師賜紫■

原載敦煌文書 S. 196

安審琦

五代大將(897—959),沙陀族人。早年在唐莊宗部下任義直軍使。清泰中,任捧聖指揮使、領順化軍節度使。後晉初加檢校太傅、同平章事,充天平軍節度使、兼侍衛馬步軍都指揮使。後漢初,授襄州節度使、兼中書令。顯德初,進封陳王,歷任諸鎮節度使。顯德六年(959),被其部下所害。

請射莊宅奏

臣近于莊宅營田務,請射到萬年縣春明門陳知溫莊壹所,涇陽臨涇教坊莊、孫藏用莊、王思讓莊三所,營田依例輸納夏秋省租,逐元不管園林桑棗樹木牛具,只有沿莊舊管田土,一切見系莊司管屬,欲割歸縣久遠承佃,供輸兩稅,伏候指揮。

原載《唐文續拾》卷 7

王 朴

後周大臣(915—959),東平(今山東東平縣)人。後漢乾祐中,進士及第,授校書郎。後周建立,在世宗幕府任記室參軍。世宗即位後,授比部郎中,遷左諫議大夫,知開封府事。此後,歷任端明殿學士、樞密副使、樞密使,頗受重用。顯德六年(959),病卒。

奏進欽天曆表

臣聞聖人之作也,在乎知天人之變者也。人情之動,則可以言知之。天道之動,則當以數知之。數之爲用也,聖人以之觀天道焉。歲月日時,由斯而成。陰陽寒暑,由斯而節。四方之政,由斯而行。夫爲國家者,履端立極,必體其元。布政考績,必因其歲。禮動樂舉,必正其朔。三農百工,必授其時。五刑九伐,必順其氣。庶務有爲,必從其日月。六籍宗之爲大典,百王執之爲要道。是以聖人受命,必治曆數。故得五紀有常度,庶徵有常應,正朔行之於天下也。自唐而下,凡歷數朝,亂日失天,垂將百載。天之歷數,汩陳而已矣。

今陛下順考古道,寅畏上天。咨詢庶官,振舉墜典。以臣薄游曲藝,常涉舊史。遂降述作之命,俾究迎推之要。雖非能者,敢不奉詔。乃包萬象以爲法,齊七政以立元。測圭箭以候氣,審朓朒以定朔。明九道以步月,校遲疾以推星。考黃道之斜正,辨天勢之昇降,而交蝕詳焉。夫立天之道,曰陰與陽。陰陽各有數,合則化成矣。陽之策三十六,陰之策二十四。奇偶相命,兩陽三陰,同得七十二,同則陰陽之數合。七十二者,化成之數也。化成則謂之五行之數。五行得期之數,過者謂之氣盈,不及謂之朔虛。至於應變分用,無所不通,所謂包象矣。故以七十二爲經法。經者,常也,常用之法也。百者,數之節也。隨法進退,不失舊位,故謂之通法。以通法進經法,得七千二百,謂之統法,自元入經,先用此法,統歷之諸法也。以通法進統法,得七十二萬。氣朔之下,收分必盡,謂之全率。以通法進全率,得七千二百萬,謂之大率,而元紀生焉。元者,歲月日時皆甲子,月日五星,合在子正之宿。當盈縮先後之中，所謂七政齊矣。古之植圭於陽城者，以其近洛故也。蓋尚慊其中，乃在洛之東偏。開元十二年，遣使天下候影，南距林邑國，北距橫野軍中，得浚儀之岳臺，應南北弦居地之中。皇家建國，定都于梁。今樹圭置箭，測岳臺晷漏以爲中數。晷漏正，則日之所至，氣之所應得之矣。

　　日月皆有盈縮，日盈月縮，則後中而朔。月盈日縮，則先中而朔。自古朓朒之法，率皆平行之數。入歷既有前次，而又衰稍。不論皇極舊術，則迂迴而難用。降及諸歷，則疏遠而多失。今以月離朓朒，隨歷校定日躔。朓朒臨用，加減所得者，入歷定日也。一日之中，分爲九限。逐限損益，衰稍有倫。朓朒之法，可謂審矣。赤道者，天之紘帶也。其勢圓而平，紀宿度之常數焉。黃道者，日軌也。其半在赤道內，半在赤道外。去赤道極遠二十四度，當與赤道交，則其勢斜。當去赤道遠，則其勢直。當斜則日行宜遲，當直則日行宜速。故二分前後加其度，二至前後減其度。九道者月軌也，其半在黃道內，半在黃道外。去黃道極遠六度，出黃道謂之正交，入黃道謂之中交。若正交在秋分之宿，中交在春分之宿，則比黃道益斜。若正交在春分之宿，中交在秋分之宿，則比黃道反直。若正交中交在二至之宿，則其勢差斜。故較去二至二分遠近，以考斜正，乃得加減之數。自古雖有九道之說，蓋亦知而未詳，空有祖述之文，全無推步之用。今以黃道一周，分爲八節，一節之中，分用九道。盡七十二道，而復使日月二軌，無所隱其斜正之勢焉。九道之法，可謂明矣。星之行也，近日而疾。遠日而遲，去日極遠，勢盡而留。自古諸歷，分段失實，降降無準。今日行分尚多，次日便留。自留而退，唯用平行。仍以入段行度爲入歷之數，皆非本理，遂至乖戾。今校定逐日行分積，逐日行分積以爲變段，于是自疾而漸遲，勢盡而留。自留而行，亦積微而後多。別立諸段變歷，以推變差。俾諸段變差，際會相合，星之遲疾，可得而知之矣。自古相傳，皆謂去交十五度以下，則日月有蝕。殊不知日月之相掩，與暗虛之所射，其理有異焉。今以日月經度之大小，較去交之遠近，以黃道之斜正，天勢之昇降，度仰視旁視之分數，則交虧得其實矣。乃以一篇步日，一篇步月，一篇步星。案：以下脫一篇。步發斂五字下云以卦候沒滅爲之下篇者,言爲步發斂之下篇。歐陽史約其文稱謹以步日、步月、步星、步發斂爲四篇是也。以卦候没滅爲之下篇,都四篇。爲歷經一卷,歷十一卷,草三卷,顯德三年七政細行歷一卷。臣檢討先代圖籍,今古歷書,皆無蝕神首尾之文,蓋天竺胡僧之妖說也。近自司天卜祝小術不能舉其大體,遂爲等接之法。蓋從假用以求徑捷,于是乎交有逆行之數,後學者不能詳知,便言歷者有九道,以爲注歷之恒式,今并削而去之。

昔在唐堯,欽若昊天。陛下親降聖謨,考歷象日月星辰,唐堯之道也。其歷謹以顯德欽天爲名,天道元遠,非微臣之所盡知。但竭兩端,以奉明詔。疏略乖謬,甘俟罪戾。

原載《全唐文》卷 860

詳定雅樂疏

夫樂作于人心,成聲于物。聲氣既和,反感于人心者也。所假之物,大小有數,九者成數也。是以黃帝吹九寸之管,得黃鐘之聲,爲樂之端也。半之清聲也,倍之緩聲也,三分其一以損益之,相生之聲也。十二變而復,黃鐘之總數也,乃命之曰十二律。旋迭爲均,均有七調,合八十四調。播之於八音,著之於歌頌。宗周而上,率由斯道。自秦而下,旋宮聲廢。洎東漢雖有太子丞鮑鄴興之,人亡而政息,無嗣續之者。漢至隋垂十代,凡數百年,所存者黃鐘之宮一調而已。十二律中,惟用七聲。其餘五律,謂之啞鐘,蓋不用故也。

唐太宗復古道,乃用祖孝孫、張文收考正雅樂,而旋宮八十四調,復見于時。在懸之器,方無啞者。安史之亂,京都爲墟,器之與工,十不存一。所用歌奏,漸多紕繆。逮乎黃巢之餘,工器都盡,購募不獲,文記亦亡。集官詳酌,終不知其制度。時有太常博士殷盈孫,案《周官·考工記》之文,鑄鎛鐘十二,編鐘二百四十,處士蕭承訓校定石磬,今之在懸者是也。雖有樂器之狀,殊無相應之和。逮乎朱梁後唐,歷晉與漢,皆享國不遠,未暇及於禮樂,以至於十二鎛鐘,不問聲律宮商,但循還而擊。編鐘編磬,徒懸而已。絲竹匏土,僅有七聲。作黃鐘之宮一調,亦不和備。其餘八十三調,於是乎泯絕。樂之缺壞,無甚於今。

　　陛下天縱文武，奄宅中區。思復三代之風，臨視樂懸，親自考聽，知其亡失。深動上心，乃命中書舍人竇儼參詳太常樂。事不逾月，調品八音，粗加和會。以臣嘗學律歷，宣示古今樂録，令臣討論。臣雖不敏，敢不奉詔。遂以周法以秬黍校定尺度，長九寸，虛徑三分，爲黃鐘之管，與見在黃鐘之聲相應。以上下相生之法推之，得十二律管，以爲衆管互吹，用聲不便。乃作律準十三弦宣聲，長九尺，張弦各加黃鐘之聲。以第八弦六尺設柱爲林鐘，第三弦八尺設柱爲太簇，第十弦五尺三寸四分設柱爲南呂，第五弦七尺一寸三分設柱爲姑洗，第十二弦四尺七寸五分設柱爲應鐘，第七弦六尺三寸三分設柱爲蕤賓，第二弦八尺四寸四分設柱爲大呂，第九弦五尺六寸三分設柱爲夷則，第四弦七尺五寸一分設柱爲夾鐘，第十一弦五尺一分設柱爲無射，第六弦六尺六寸八分設柱爲中呂，第十三弦四尺五寸設柱爲黃鐘之清聲。十二律中，旋用七聲爲均。爲均之主者宮也，徵商羽角，變宮變徵次焉。發其均主之聲，歸乎本音之律，七聲迭應而不亂，乃成其調。均有七調，聲有十二均，合八十四調。歌奏之曲，由之出焉。

　　伏以旋宮之聲久絶，一日而補出，臣獨見恐未詳悉，望集百官及內外知音者，校其得失，然後依調制曲。八十四調曲有數百，見存者九曲而已，皆謂之黃鐘之宮。今詳其音數，內三曲即是黃鐘宮聲，其餘六曲，錯雜諸調，蓋傳習之誤也。唐初雖有旋宮之樂，至于用曲，多與禮文相違。既不敢用唐爲則，臣又懼學獨力，未能備究古今，亦望集多聞知禮文者，上本古曲，下順常道，定其義理。於何月行何禮，合用何調何曲，聲數長短，幾變幾成，議定而制曲，方可久長行用。所補雅樂旋宮八十四調，并所定尺。所吹黃鐘管，所作律準，謹同上進。

原載《全唐文》卷 860

平邊策

　　唐失道而失吳、蜀，晉失道而失幽、并。觀所以失之由，知所以平之術。當失之時，君暗政亂，兵驕民困。近者奸於內，遠者叛於外。小不制而至於僭，大不制而至於濫。天下離心，人不用命。吳蜀乘其亂而竊其號，幽并乘其間而據其地。平之之說，在乎反唐晉之失而已。必先進賢退不肖，以清其時。用能去不能，以審其材。恩信號令，以結其心。賞功罰罪，以盡其力。恭儉節用，以豐其財。徭役以時，以阜其民。俟其倉廩實，器用備，人可用而舉之。彼方之民，知我政化大行，上下同心，力强財足，人安將和，有必取之勢，則知彼情狀者，願爲之間諜，知彼山川者，願爲之先導。彼民與此民之心同，是與天意同。與天意同，則無不成之功。攻取之道，從易者始。當今惟吳易圖。東至海，南至江，可撓之地二千里，從少備處先撓之。備東則撓西，備西則撓東。彼必奔走以救其弊。奔走之間，可以知彼之虛實，衆之强弱。攻虛擊弱，則所向無前矣。勿大舉，但以輕兵撓之。彼人怯弱，知我入其地，必大發以來應。數大發，則民困而國竭。一不大發，則我獲其利。彼竭我利，則江北諸州，皆國家之所有也。既得江北，則用彼之民，揚我之兵，江之南亦不難平也。如此則用力少而收功多。得吳則桂、廣皆爲内臣，岷蜀則飛書而召之。如不至，則四面并進，席捲而蜀平矣。吳蜀平，幽可望風而至。唯并必死之寇，不可以恩信誘，必須以强兵攻。力已竭，氣已喪，不足以爲邊患，可爲後圖。方今兵力精練，器用具備，群下知法，諸將用命。一稔之後，可以平邊。臣書生也，不足以講大事。至於不達大體，不合機變，惟陛下寬之。

原載《全唐文》卷 860

太清神鑒序

　　至神無體，妙萬物以爲體。至道無方，鼓萬物以爲用。故渾淪未判，一氣湛然。太極纔分，三才備位。是以陰陽無私，順萬物之理以生之。天地無爲，輔萬物之性以成之。夫人生居天地之中，雖稟五行之英，爲萬物之秀者，其形未兆，其體未分。即夙具其美惡，蘊其吉凶。故其生也，天地豈容巧於其間哉！莫非順其世，循其理，輔其自然而已。故夙積其善，則賦其形美而界福禄。素積其惡，則流其質凶而處夭賤。此其灼然可知，其確然不易也。是以古之賢聖，察其人則觀其形，觀其形則知其性，知其性則盡知其心，知其心則知其道。觀形則善惡分,識性則吉凶著。且伏羲日角,黃帝龍顏,舜目重瞳,文王四乳,斯皆古之瑞相,見之間降之聖人也。其諸賢愚修短,猶之指掌。微毫絲末,豈得逃乎? 故相論形神之術,自此而興焉。其來極多,其論至冗。許負袁天綱陶隱居李淳風之後,不可勝計。然皆窮幽探賾,得之至妙。其或紊亂所説,或異或同,至使學者不能貫於一致。余自稺歲,潛心於此。考古驗今,無不徵效。遂特離林屋洞,下山三載,遍搜古今,考之極元者,集成一家之書,目之曰《太清神鑒》,以其至大至明,形無不鑒。至清至瑩,象無不分。然未足奪天地賦形之機,亦可盡人之性情耳。謹序。

原載《全唐文》卷 860

薛冲乂

後周官員。顯德中,任左散騎常侍、工部侍郎。

詳覆吕澄贓犯狀

吕澄贓賂事發,因鎮將上論,乞取之贓,又無文簿。鎮將遍下鄉村勘問,又無人户姓名。積數雖多,未嘗正格。量其情狀,難逭刑章。

原載《全唐文》卷 860

李 瑩

後周官員。顯德中,任登仕郎、試大理司直、河中護國軍節度掌書記。

栖嚴寺新修舍利塔殿經藏記

節度掌書記將仕郎試大理司直李瑩撰,張靄書。

蒲城東南十五里,抵中條山,登山復五里,屆栖嚴寺,隋武元皇帝藏舍利之塔廟也。邇來因時因事,或廢或興,具諸僧史,此不復載。

我國家以聖繼聖，武功成，文德修，恒思驅天下蒼生於富壽間，其術在於擇長吏而已。丙辰秋八月，詔今府主太尉移北庭節度，鎮於蒲。蓋北庭之能政聞於天，而蒲之疲民渴於理也。一之歲，省案牘，有節目不利於政者咸去之；二之歲，訪井邑，有風俗而無益於民者盡革之；三之歲，千里之地，遠者近者，公者私者，熙熙閑閑，各遂其所。屢欲揭碑表於九達之衢，以揚府主之化理，府主極詞以止之。然方有暇於宴游出處，用示其成政也。己未春，登中條，憩栖嚴，山水形勝，盡於歷覽。顧謂僚佐曰：“今之化人，能令終夕之間，佩服道德者，甚爲難事。佛之垂教，使無量劫，出生死海，登菩提岸，較其功德，實懸天地。而或縱其湮没，其如何哉？嗟乎！佛之像貌，去世逾遠，其所遺者，有舍利在。今塔廟圮毁，訖爲平地，我將表餙之。佛之言行，著於經文，今依山架龕，嵐氣腐潤，匪朝伊夕，磨滅無睹，我將嚴護之。”於是搜材索匠，揆日傭工，始則構高楹，闢大宇，乃壯乃麗，軒如翼如，所以覆舍利也。中則斫楩楠，布龕室，乃金乃碧，輪焉奐焉，所以藏經文也。觀其宏敞之狀，固密之功，雖歷永劫，無騫崩之憂，次使衆生有歸敬之地。

論者曰：“佛之大教，囑於正人。事立則民敬，民敬則福生，福生則清浄之緣結矣。今府主以是福力，興斯善緣，復聞以少香少花，一句一偈者，猶獲福無量，而此覆舍利、藏經文之功，諒百千劫中，永爲供養。豈不以是法力，助府主之福，歷百千劫，亦復如是者哉！”瑩幸預賓階，實聞時議，况承嚴命，因敢直書。

時大周顯德六年歲次己未九月癸卯朔九日辛亥，稽首謹記。

輸忠保節功臣、河中護國軍節度管内觀察處直等使、光禄大夫、檢校太尉、行河中尹兼御史大夫、上柱國、清河郡開國伯、食邑一千户張鐸建。

原載《金石續編》卷 12

張 諤

後周官員。顯德中，任彰信軍節度掌書記、朝散大夫、試大理司直、兼殿中侍御史。

大宋故曹州節度使妻弘農郡夫人楊氏墓志

彰信軍節度掌書記朝散大夫試大理司直兼殿中侍御史張諤撰

維周顯德六年秋八月二十八日夫人寢疾薨於陝州公署，享年五十二。未亂有告日，一日不起。請權窆於東京舊墳之側，以俟吉期，別卜安厝。貴□先人丘隴也。閨屬稟其明惠，一以從之。夫人信都饒陽人也。其先姬周貴緒，炎漢華宗。因其服冕乘軒，遂至分葩散萼。清華之後，家諜詳焉。曾祖鳳，真定府功曹參軍。妣，琅邪王氏。祖翥，景城縣尉。妣，汾陽郭氏。父顯，九門縣令。妣，北海唐氏。夫人即是九門宰之長女也。夫人天縱柔和，生懷聰慧。才高咏絮，何慚謝弈門風；性本知音，不辱蔡邕家□。洎禮成奠雁，敬展齊眉。綏撫六親，儀範九族。采蘩著頌，早光蟀首之客；石窌疏封，更耀鵲巢之美。方期內贊雅正，未詳何久禱以不靈，忽兩楹而遘禍。嗚呼！秦樓月照，空勞尋鸞鳳從由。峽□雲歸，無處問神仙消息。夫人五男一女。女適江夏黃氏。男長曰重遇，殿前散指揮使。次令珂，威州衙內指揮使。次可鈞，殿直。次可勛，西頭供奉官。次可瓊，曹州衙內都指揮使。四人早世，今唯可勛、可瓊扶護。侍中喪自曹之洛及梁，發軔齊行。以其年十一月二十四日祔葬於洛陽北原金谷鄉，禮也。可謂有終有始，生共樂於華堂；不比不飛，歿同歸於幽壤。令珂新婦天水趙氏，可勛新婦清河張氏，可瓊新婦潁川韓氏，并送葬焉。二子等痛極倚盧，情深泣血。恨劬勞之罔報，請刊勒以伸哀。諤素乏苦辛，幸承假託。止期實錄，不昧佳城。乃爲銘曰：

粵有令族，久而彌芳。寒來暑往，振響騰光。爰生淑態，乃配忠良。孝稱九族，行謹五常。德高文母，賢過姬姜。內爲贊輔，外播馨香。降年何促，忽云遷殃。載睹清晝，永閉玄堂。風蕭蕭兮白楊暗，草凄凄兮古道荒。寂寂寥寥兮何處覓，歲歲年年兮不可忘。

原載《秦晉豫新出墓志搜佚續編》

大宋故推誠奉義翊戴功臣彰信軍節度曹單等州觀察處置等使光禄大夫檢校太師使持節曹州諸軍事行曹州刺史兼御史大夫上柱國河內郡開國公食邑一千五百户贈侍中藥公（元福）墓志銘并序

前彰信軍節度掌書記朝散大夫試大理司直兼殿中侍御史張諤撰

維皇宋元年秋八月二十六日，公寢疾薨於藩守，享年七十七。天子聞訃，嗟痛久之，輟朝兩日，遣使吊祭，贈侍中，崇禮異也。不周山折，夜壑舟藏，既罷市以興哀，諒牧民之有惠。陵谷慮遷，勳迹聊書。公太原壽陽人也，其先少暭之苗裔，世因職業，因賜氏焉。析派分流，始濫觴於一勺；傳枝易葉，遂輝赫于華宗。簪紱冠綬，家諜備載。曾王父道紀、王父規和，雲州左教練使、應州都知兵馬使，以公貴贈千牛衛將軍、金吾衛將軍。曾王妣范氏、王父妣張氏，追封南陽縣君、清河縣君。列考紹言，檢校工部尚書，累贈司徒。妣閻氏，追封河南郡太夫人。公即是司徒令子也。岳瀆孕靈，星辰鐘秀，幼不好弄，長乃沉機。見鴻圖百六之初，看豹變九三之趨。潛游侯甸，起足下之程；竟歷和門，展縠中之術。龍德中，履邢、鄆、鄧等州廳頭軍使。天成間轉拱衛、威和等指揮使。清泰中，又轉親從、馬門等都指揮使。公倜儻有勇，果敢馳聲，累立戰功，亟承恩渥。天福初，授金紫光禄大夫、檢校司空、行深州刺史，兼進户封相。次兩移原州，首尾五年，周旋三任，每至罷秩，咸有去思。後除千牛衛將軍，隨駕澶淵，鬥敵醜虜。兵罷，授湊、威二州刺史，兼命統領師徒，剪除部落，開通靈武、青崗一路。授取回鶻進奉諸番。未及歸朝，又有詔旨，令攻收雍州趙思綰，孤城欲拔，又改充鳳翔行營馬步軍都虞候。持矛蕩寇，破川軍于石鼻關西；挑軼攻城，陷逆壘於鳴鷄祠畔。歸闕，授淄州刺史。未及征還，屬以彭門遽敢跋扈，召公充行營兵馬都監，盡其力也。城下授檢校司徒，行陳州防禦使，仍進户封。綺襦才泳，刁門還興。平陽告急于闕庭，丹鳳四征於將帥。詔充西北面行營都排陣使。重圍立解，群賊奔歸。劍戟方擬於銷鎔，洙泗復雲於檣机。又詔充行營馬步軍都虞候。慕容夙在戎行，服公武略，杜門守杞，不敢鬥敵。數月之間，盡誅朋黨。制授建雄軍節度、晉慈隰等州觀察處置等使。北軍不起，畏黑稍之威稜；東道仍開，延青錢之事業。二年，移定國軍節度、同州管內觀察處置等使。旋召隨駕攻討并門。師回，改授保義軍節度、陝虢等州觀察處置等使。六年在鎮，逆迎無一日曾虧；八面受敵，遲遻仰五申之令。國家優寵，特移近藩。未及周星，以在降恩渥，就加檢校太師，兼進國公、食邑。公從微至著，積行累功，無夷險以不登，是艱難而皆歷。聲揚名遂，冠古絕今。仁風喧六郡之中，惠愛布四鎮之內。比期犀節，臨濟水以長居；不謂龍泉，躍平津而不返。公娶河南賀氏、弘農楊氏，先公而終，繼室天水趙氏，皆閨庭積訓，蘭蕙爭芳。石窌疏封，俱耀雍和之德；鵲巢著咏，彌光婉娩之容。公五男一女。女適江夏黃氏。男長曰重遇，殿前散指揮使；次令珂，威州衙內指揮使；次可鈞，殿直；次可勛，西頭供奉官；次可瓊，曹州衙內都指揮使。雲情鶴態，士林之趣俱高；趙璧隋珠，寶肆之光交映。四人早世，今唯可勛、可瓊護喪，自曹之洛，以其年十一月二十四日，葬于洛陽北原金穀鄉。弘農郡夫人祔焉，禮也。□深輟社，痛極絕漿，欲報劬勞，請雕琬琰。諤披砂雖學，濅瓦無功，徽猷莫叙於佳城，實□茂草，乃爲銘曰：

元後臨軒，凄□□隨。怪天有始，疑神不明。壞我梁棟，毀我長城。一念前事，皆□□生。南攻北討，東戰西征。無所不去，所去俱平。實是心腹，真個股肱。褰帷漸貴，登壇益榮。平陽著頌，馮翊流聲。甘棠播美，陶丘積馨。方當重寄，俄忽雲傾。柳翣動兮朝露泣，薤歌叢兮愁雲興。卜京洛之北，宅瀍澗之濱。此時魂魄雖歸地，萬古聲光不化塵。

原載《藥元福墓志考——兼論藥氏的源流與沙陀化》

張萬進

後周官員。顯德中，任客省承旨、朝散大夫。

後周張萬進造象

客省承旨、朝散大夫、守衛州□□張萬進，奉宣差押□□元帥大王官告、國信、經歷到院。睹聖迹羅漢，發心鎸一尊，爲父母、小男永壽，保安身位，闔家眷屬，福壽延長。顯德六年十一月日，永爲不朽。

原載《十二硯齋金石過眼錄》卷15

梁文誼

後周官員。顯德六年(959)，任閤門承旨。

後周梁文誼造象

閤門承旨梁文誼，奉宣差押元帥大王官告、國信、經歷到院。睹五百羅漢，發心捨净財鑄造一尊，爲亡父母、小女子七娘，充供養，永爲不朽之身。顯德六年十一月日永記。

原載《十二硯齋金石過眼録》卷 15

杜 良

後周顯德時人。

唐文皇畫像記

太宗已定天下，而高祖已登九五矣。太宗於閭閻疾瘝，干戈勤勞，且盡知之。於仁義之治，興大平極治之功，容或有未究焉耳。既作文學館，延四方英俊，講貫紳繹，薰陶耳目者，莫非帝王之事。彼十八登瀛人，必曰爲如是事而治，爲如是事而亂。以太宗之明，刻記於心，肯圖衰亂乎？一意於求治而已。仁爐義韝，道薪德火。日往月來，就聖神之模。其爲宗廟社稷生靈者，炳焉與三代無以異矣。故太宗之功烈，自漢高以降，莫之與敵，十八人之力也。

原載《全唐文》卷 860

于德辰

五代官員，元城(今河北大名縣東)人。唐明宗鎮邢州時，爲其屬邑官員。後長期在地方州縣任職，歷仕晉、漢、周。官至工部尚書。

陳九事奏

其一："文武兩班,有年深不遷官,不改服色者,或遭喪闋而不追者,今遇聖朝,幸均渥澤。"其二："每年貢舉,人數極多,登科者少。伏恐淹滯賢能,乞量增所放人數。"其三："潭郎茶貨,只至襄州,客旅并不北來。請三司差清強官,於襄州自立茶務,收稅買茶,足以贍國。"其四："湖南見食嶺南鹽。請置官綱於湖南,立務權賣。"其五："文武兩班,差使出入,所令部轄幹濟者,聊加酬獎。"其六："河朔緣邊,豪俠丁壯,能抵拒契丹鬥戰者,官中訪聞擢用。"其七："臣伏見官禁牛皮,條流太重。每請甲科合要皮,請量於地畝上配納。若民間牛死損,亦從許貨賣其皮,價不得過錢五百。"其八："昨山陵宜仗一行道路人户配米者,未納已納,并請放免。"其九："西道行營立功將卒,早宜賞勞。"

原載《冊府元龜》卷 476

邊　魯

五代時人。

儒林郎試大理評事行幽都府路縣令邊府君(敏)墓石

維丙戌之歲,仲商之月,又十六日。嗚呼! 我先伯父長官邁疾傾殂於故里,以■月十四日,攢塗於正寢。欲詢逾月之制,得以送終。繼逢逐鹿之秋,未遑安厝。綿聯歲序,可得而知。粵有朝議郎、試大理評事、前行鄭州鄭縣令、兼侍御史、賜緋魚袋慎奇,光禄大夫、守刑部尚書、行御史中丞、上柱國陳留縣開國伯食邑、一千五百户歸讜,即長官之弟□侄也。念深同氣,痛切嚴書。因感義於鶺鴒,遂撫心於霜露。特齎餘俸,卜葬先靈。乃謂諸侄孫曰："方今海宇寧謐,三農告隙。俾營遠日之禮,貴就叶龜之吉。若非刊勒,莫紀聲容。其所志銘,汝當論撰。罔遺其善,弗虛其美。"魯仰奉明誨,難愧匪詞。追往質今,對揚實録,謹叙。

長官姓邊諱敏,字德成,其先陳留人也。本支百世,代不乏賢。

或魚符而列職,或墨綬以聯芳。王父諱行存,順州司馬。神情磊落,
間氣深沉。抱瑰偉之奇才,蘊中和之至德。妥鍾厥後,實曰俊明。烈
考諱承遇,任丘令。孝治承家,温恭秉性。莅事每勤於夙夜,臨民恒
示於愛威。而教彼子孫,備有趨庭之訓。敬其祖禰,必勤薦享之儀。
先妣太夫人太原郡王氏,天資益秀,婦道彌芳。含兹淑善之風,終啓
繁昌之允。恭惟長官英姿倜儻,偉量恢宏。辭才則賈馬無稱,孝敬乃
曾顔讓美。當未登顯仕,恒奉温清。見喜色以問安,露憂容而侍疾。
身能禮樂,性存典墳。爰從赴聘於招弓,便可分榮於宰字,擢爲高陽
縣令。莅政之後,嘉聞允彰。單父臨民,綽有七絲之咏。中牟作宰,
不無三異之稱。及罷任之初,未及逾載,而除官路縣,復起頌聲。屏
宣卧虎之威,廳集巢鳩之美。立言必雅,莫常顯已所長。用意絶私,
未可屈人之短。大小之物,罔不躬決。聞望俱高,位禄已重。賦潘岳
閒居之咏,起陶潛歸去之思。固罷厥官,却訪田里。豈謂景福未終,
昊天不祐。碧落之孤雲易失,風窗之短焰難停。歷任三十年,享壽五
十八。我伯母平昌郡孟氏,亦以不登遐壽,奄逝流光。貞魂諒合於延
年,青骨同安於蒿里。有子四人。長曰照,故幽都府永清縣令。松筠
定操,金玉温身。方傳襲慶之榮,俄遘涉洹之夢。次曰隱,前攝鄭州
長史。仁義兼資,温恭有譽。守其祭祀,不怠厥初。次曰延徽,以積
慶韜光,未趨顯仕而殁。幼子商裔,運州左都押衙。以職居鄉外,身
列陪臣。空深怙恃之思,莫奉松楸之禮。孫子六人:讓能、去非、光乂
霸孫、嵐孫、天留,并謙冲立志,詩禮飭身。咸懷踵慶之風,大有興宗
之譽。孫女三人:義姐、王師、小姐,或訖有絲蘿,或年纔韶齒,克著雍
容之德,允守貞順之規。於戲! 生而無過,殁而有後者,其爲長□□
幼□□□□□不歌春杵不鳴,歸墟也□連車乃鄧梁之□贈吊有□則
金張之絲,以庚申年十一月廿四日,安神於任丘縣長丘鄉孝慈里靖隧
先墳之次,禮也。靈輀駕野,丹旌懸空。爰開烏兆之塋,實掩賢英之
墓。恭承曰照嚴旨,謹作銘云。

　　博哉貴胄,踵慶於門。山河其度,金玉其身。蘊十善道,爲百里
君。立功於國,流愛於民。豈期遘禍,一旦歸魂。委宅幽壤,慮謝音
塵。爰刊貞琬,紀録其勤。日往月來兮良銘此地,付子孫兮傳揚兮

萬春。

師 頌

五代官員,大名内黄(今河南今黄縣)人。少篤學,與弟師頎齊名。五代末,任秘書省著作佐郎。

宿伯曾點贊

百行之本,教學以慈。曾氏有子,其殆庶幾。倚門而歌,季孫受嘶。舞雩咏道,聖人稱之。

陳保衡

後周時人,撰此志時署前鄉貢進士。

故檢校太尉同中書門下平章事使持節鄆濟等州觀察處置等使兼侍衛親軍馬步軍副都指揮使仍加食邑伍伯户食實封貳伯户贈中書令韓公(通)墓志

前鄉貢進士陳保衡撰

崇蘭之馥,信有敗於商飂;瑞玉之華,忽無薦於清廟。靡不有此,曷致厥終。我相公諱通,字仲達,太原人也,享年五十三。時耶!命耶!歲在涒灘,月戒太簇,卜葬事于洛水之北平洛鄉杜澤村,以隴西董氏、衛國蔣氏二夫人祔之,禮也。考祥誄德,宜屬辭人,衡乃不才承哀托,況預下賓,豈遑退讓,敢取魯史之文,直述往行,庶傳美於終古。惟韓氏之姓,華宗茂族,其來盛焉。若九曲洪河,千尋建木,不言知遠大矣。曾祖諱瑩,授太子太保。曾祖母京兆郡第五氏,封汧國夫人。祖,授左驍衛將軍、贈太傅。祖母清河郡太君張氏,封衛國夫人。父諱章,授左龍武軍大將軍、贈太子太師。母譙郡太夫人李氏,封陳國太夫人。嘻山岳之厚，植貞操之材，長必爲梁棟；賢哲之裔，産奇特之子，起必爲公相，公即太師長子也。幼不好弄則天付龍駒，長乃有謀則神傅英略。漢高祖起義河東，於軍伍之中見公，謂左右曰：此子有淵角之表。遂授公銀青光禄大夫、檢校太子賓客、兼侍御史，充飛騎尉。天福七禩，轉檢校國子祭酒、兼御史中丞、驍騎尉，餘如故。劍埋豐部，難掩光芒，璞在荆山，終逢聖鑒。八年，超授檢校尚書右僕射，仍改賜忠貞佐聖功臣，餘如故。雲方捧日，漸窺舒卷之容；濟乃截溟，別展澄清之志。乾祐初，少帝嗣位，授檢校尚書右僕射。二年，轉檢校尚書左僕射、使持節雷州刺史、兼御史大夫。應分選之命，酬征伐之勞，竭勇志以榮勛，蕩援巢而絶迹。大周廣順元年，太祖自鄴中起，以公混金璞玉，難拘瓦礫之間，附鳳攀龍已拯烟霄之上。轉金紫光禄大夫，超授檢校太保、使持節睦州諸軍事、睦州刺史、充本州防禦使、兼御史大夫，封南陽縣開國男、食邑三百户，仍改賜輸忠翊戴功臣，餘如故。孟冬，授檢校太保、使持節永州諸軍事、永州刺史、充本州防禦使、兼御史大夫。知豹略之精微，軍功衆許，奮鷹楊之志氣，忠節自持。三年，進封南陽郡開國侯加食邑七百户。仲夏，復授檢校太保、兼御史大夫，充保義軍節度觀察留後，功臣如故。顯德元年，授檢校太保、陝州大都督府長史、兼御史大夫、充保義軍節度使、陝虢等州觀察處置等使，仍加食邑三百户，功臣散官如故。爲明君之心腹，作聖代之爪牙。地接洛師，猶觀雄盛，津當陝服，須藉龍韜。仲秋，授檢校太傅、使持節曹州諸軍事、曹州刺史、兼御史大夫、充彰信軍節度使、曹單等州觀察處置等使，進封開國公，加食邑五百户，仍改賜推誠奉義翊戴功臣，散官如故。三年，公授特進、檢校太尉、持節許州諸軍事、行許刺史、兼御史大夫、充忠武軍節度使、許蔡等州綱察處置等使，仍加食邑七百户，功臣如故。五年，授檢校太尉、使特節宋州諸軍事、行宋州刺史、兼御史大夫、充歸德軍節度使、宋亳等州觀察處置等使、侍衛親軍馬步軍都虞候，功臣勛封如故。傾摧八陳，戒嚴六師，璧假酬勛，未爲多得，商墟受命，所較幾何。六年，授檢校大尉、同中書門下平章事、行宋州節度使，散官勛封如故。斧鉞壇場分閫，顯將軍之貴，鹽梅鼎鼐持衡，見承相之尊。仲秋，授檢校太尉、同中書門下平章事、使持節鄆濟等州觀察處置等使,兼侍衛親軍馬步軍副都指揮使,仍加食邑五百户、食實封貳伯户,功臣如故。數地之英風凛物,臨民之利刃投虛,封土廓清,奸邪屏迹,五方異俗,更無晨飲之羊,千里同風,旋止夜吠之犬。雖叠承鴻渥,未釋總戎,嚴肅禁掖,撫察京都。值今皇帝天命有屬,人心所歸,雪刃前交,莫辯良善,雲師才定,巳溺干戈,亦猶火炎崑崗,玉石俱毀。聖上哀診忠赤,追念移時,乃命天人,用營葬事,兼贈中書令。長子鈞,二十二,終尚食副。使大小娘子,適彭城劉福祚,充西頭供奉官。二小娘,年十三,保安年十一,終充節院使。三哥九歲終,三小娘子五歲,四小娘子四歲,七哥三歲,授東頭供奉官。守諒侄、男守玩,充東班第二班都知。嗚呼哀哉!公之德不可得而備言,公之行不可得而備録,雖有大位而不永。追齡逝水,驚波闊長,臆而不返,白駒流影,過空隙而無回,刻石他山,聊伸識墓,披文異日庶備變陵。銘曰:

星辰之精,河岳之英。出爲間□,來扶聖明。器宇恢偉,武略縱橫。有典有則,唯忠唯貞。力負乾坤,手擎日月。龍韜一受,狼烟四滅。佐邦棟梁,瑞時英哲。後擁旌旗,前持斧鉞,無名無功。君子之窮,有爵有位。君子之貴,令善令德。余之紀兮,直筆直言,幸無愧兮。

建隆元年庚申歲正月辛丑朔二月二日壬申,寄葬于河南縣平洛鄉杜澤村記耳。

原載《芒洛冢墓遺文》卷下

崔　憲

後周官員。顯德六年(959),任前楚州防禦推官、將仕郎、試大理評事。

大周故楚州防禦使武都郡符府君(彥能)墓志并序

門吏前楚州防禦推官將仕郎試大理評事崔憲撰

夫高明下覆,大星配賢者之風;川瀆宏流,百谷薦忠臣之象。良由長淮筮遠,青海功陰,華宗慶可久之基,大族應莫京之地者哉。府君諱彥能,字光義,代爲陳人。公生於晉陽,家於彼,又爲晉陽人也。公之祖禰,自蒲氏而盛,代止秦主,生有其文,家牒、國史靡不詳焉。曾祖諱政,追封楚國公,曾祖母劉氏,追封楚國太夫人。祖諱楚,追封鄭王,祖母李氏,追封秦國太夫人。父諱存審,事唐莊宗爲番漢總管,累鎮至宣武軍節度使,贈齊王,《唐史》有傳。終葬於并州西南數裏,豐碑在焉。母郭氏,追封齊國太夫人。

先王有八子,皆公侯貴盛,近代無以比方。公即弟五子也。奇骨峻立,英姿異常,廉慎忠貞,蓋天生也。自初從先王,總領將士,爲廳子都指揮使,出征入討,所在成功。又爲昭義左司馬,複曆兗州衙内都部署。洎歸閭裏,而值晉室舉義,皇綱不經,應龍上飛,代馬南牧,公罹彼禍難,構乎迍蒙。及晉祖開基,以公忠幹不撓,孝悌無渝,授公洛州團練使。到任,善政及民,清名苾俗。及征公入覲,授左千牛衛大將軍,又授石州刺史。逾年,百姓詣闕舉請,朝廷特降敕書獎諭。罷任非久。公之兄,今魏王也,任鄜州節度使。朝廷徵兵,將命上將,以公就鄜州巡檢使。時青州不軌,六師出征,魏王奉命伐叛,公又爲偏裨,首率驍雄,先下淄郡,以其功授淄州刺史。逾年,百姓詣闕舉留,有敕俞允。青州既平,又授公懷州刺史。周載政成,百姓舉留,本藩聞奏,以政聲又授公沂州刺史。將行,父老遮留,公以王命已行,潛出他門,以即郵舍。時偶會同稱年,中原喪亂,改授公磁州刺史。不渝月,又改授深州刺史。未行而聞漢祖龍飛,公徑赴中牟而見,漢祖慰勞非常,及授公萊州刺史。到郡異政,逾年,百姓舉請,特降敕書,厚加獎逾。洎得替赴闕,時高祖登基,授公耀州團練使。公下車治理,逾年,萬戶同詞,飛章上奏,請立德政碑。公乃陳貢封章,實有牢讓,朝廷特降敕書,深加獎諭。明年,高祖以公戚里名賢,郡侯善譽,授洛京都巡檢使。自及京,盜竊屏迹。方肅庶務,旋奉急征,以河東外結戎虜,入寇邊陲,命公爲先鋒都監。時世祖親征,公先率前茅,直抵高平之陣。及賊破,嘉其功,又授公澤州防禦使。洎大駕還京,又授公耀州防禦使。數年,人惜如父母,吏畏若冰霜,百姓詣永興,告河府,請具奏聞,朝庭又降敕書,再三獎諭。前後兩任,相承七載。世祖以山陽重地,降星使急征,欲委任也。將離郡,累日百姓詣衙,皆垂涕截道攀留。公以君命迅速，乃潛謀單騎而出，自他門及越境，所在百姓遮留如其初，本州具事敷奏。及朝見，又降敕書獎飾，尋授公楚州防禦使。公到郡，百姓大治。方旬月，無何，天不佑善，遽染沉痾，征莫效于秦醫，夢已集于殷奠，即以顯德六年九月二十九日終於楚州公署，享年五十有六。公，太后之叔也，聖上以戚里之念，特降中使吊祭。十一月，扶護神櫬至洛京。明年二月十四日，以并汾路阻，權葬于河南縣龍門鄉南王村。匪遠天府，實曰佳城。

公先婚故東平王女房氏，合範内則，郁有名聞，先公而亡，葬于先王之墳側。又婚今夫人王氏，累封太原郡夫人，則故天雄軍節度副使司徒之女也。德行婉約，慈順昭彰。九族重其嚴明，六親推其賢智。公有子五人：長曰昭遜，前耀州衙内指揮使、銀青光禄大夫、檢校工部尚書、兼御史大夫、上柱國，性實純和，言行端愨；次子昭懿，前楚州衙内指揮使、銀青光禄大夫、檢校太子賓客、兼監察禦史、武騎尉，文才富贍，賢識優通；次子昭度，前楚州子城使，銀青光禄大夫、檢校太子賓客、兼監察禦史、武騎尉，俊邁出群，風格有異；次子昭遂，前楚州子城副使，清而且秀，幼而有貞；次子泥陽，美有令儀，善得天性。有女四人：長適扶風馬氏，今懷州使君即佳婿也；次女適故鳳州防禦使長子史氏，早亡；次女即大漢故陳王夫人也，先薨；次女惠真慕道，出家爲尼，精進大師，賜紫。

公凡所歷任，皆有殊政，以功勛德業，累轉推誠翊戴功臣、光禄大夫、檢校太保、使持節楚州諸軍事行楚州刺史、充本州防禦使、兼御史大夫、上柱國、武都郡開國公、食邑二千一百户。公其生也，愛民如子，戴君若天；其没也，播名於人，書勛於國。嗚呼！身雖没而名不朽，其是之謂乎？何仁德若斯，而降年不永，天道玄默，何所問歪？憲托迹門欄十五餘載，慘愴紀事，安敢言才，勛業穹崇，門族茂盛，片石難寫，荒文莫陳。且非婉而成章，固乃直書其事，詞曰：

其一。顥氣含元，星辰配麗，有德者昌，非賢孰契。唯公挺生，爲時經濟。大昴儲靈，前踪可繼。其二。德門令祀，源流乃遐。清白垂范，忠貞保家。國高貴胄，王謝宗華。披牒視譜，昭然可嘉。其三。雲龍應期，弼扶英睿。出典符冀，入居環衛。累擁兵戎，慮分民制。

十二雄州,功名無際。其四。化及疲瘵,以民爲憂。迎彼并收,挽斯鄧侯。飛章奏請,所在攀留。光前絕後,永播芳猷。其五。天何賓賓,孰窮其至。道有長生,公無久視。高門立言,令子成器。不朽之名,竹帛難秘。其六。白楊翠柏,悲聲慘人。龍門之下,伊水之濱,子儀留像,樂天有真。清風朗月,孰非其鄰。其七。德業茂兮世家,功勛傳兮鼎蕭。思直史兮可書,何片石兮盡載。洛水爲轂兮長流,嵩山爲陵兮永對。縱陵轂兮遷移,知斯文兮長在。

　　却于大宋乙亥歲十一月四日從孫再遇鐫,魏王改葬洛陽縣陶村原,禮也。軍將董擇書。

原載《洛陽新獲墓志》二〇一五

竇　儼

　　後周官員。後漢時任左拾遺、史館修撰。後周任中書舍人、判太常寺事。

竇儼水論

　　夫水沴所具,厥有二理:一曰數,二曰政。天地有五德:一曰潤,二曰暵,三曰生,四曰成,五曰動。五德者,陰陽之使也;陰陽者,水火之本也。陰陽有常德,故水火有常分。奇偶收半,盈虛有準,謂之通正;羨倍過亢,極無不至,謂之咎徵。二者大期,率有常數。除之主始於淵獻,水之行紀於九六。凡千有七百二十有八歲,爲浩浩之會。當是時也,陰布固陽,澍雨天下,百水眠注,漲其通川。岸不受餘,則旁吞原濕;科坎平概,則漂墊方割。雖堯、舜在上,皋、夔佑政,亦不能弭其沴也。過此以還,則係於時政。如其后辟狂妄以自率,權臣冒昧以下專,政不明,賢不章,則苦雨數至,潦水積厚。然陰陽之數也。貞元壬申之水,匪數之期,乃政之感也。德宗之在位也,啓導邪政,狎暱小人。裴延齡專利爲心,陰潛引納;陸贄有其位,棄其言。由是明明上帝,不駿其德,乃降常雨,害於粢盛。百川沸騰,壞民廬舍,固其宜也。王者苟能修五政,崇五禮,禮不瀆,政不紊。則五日一霏微,十日一霡霖,十五日一滂沱,謂之時雨,所以正五運之制節。占象晷刻,無有差爽,則神農之世其驗歟?

請禁諸鎮酷刑疏

　　臣伏睹名律例疏云:“死刑者,古先哲王則天垂象,本欲生之,義期止殺。絞斬之坐,皆刑之極也。”又准天成三年閏八月二十三日敕,行極法日,宜不舉樂、減常膳。又刑部式決重杖一頓處死,以代極法。斯皆仁君哀矜不捨之道也。竊以蚩尤爲五虐之科,尚行鞭撲;漢祖約三章之法,止有死刑。絞者筋骨相連,斬者頭項異處,大辟之目,不出兩端,淫刑所興,近聞數等,蓋緣外地不守通規,肆率情性。或以長釘貫簽人手足,或以短刀纚割人肌膚。乃至累朝半生半死,俾冤聲而上達,致和氣以有傷,將弘守位之仁,在峻惟刑之令。欲乞特下明敕,嚴加禁斷者。

上治道事宜疏

　　伏以歷代至理,六綱爲首。一曰明禮,禮不明則彝倫不敘。二曰崇樂,樂不崇則二儀不和。三曰熙政,政不熙則群務不整。四曰正刑,刑不正則巨奸不懾。五曰勸農,農不勸則資澤不流。六曰經武,武不經則軍功不盛。故禮有紀,若人之衣冠;樂有章,若人之喉舌;政有統,若人之情性;刑有制,若人之呼吸;農爲本,若人之飲食;武爲用,若人之手足。斯六者,不可斯須而去身也。陛下思服帝猷,寤寐獻納。亟下方正之詔,廓開藝能之路。士有一技,必得自效;學攻百端,靡不明至。故小臣不揆愚鄙,欲有陳導於禮樂刑政之内,勸農經武之中。相今所宜,各具疏列。其一曰:夫禮者,太一之紀,品物之崇。與天地同其節,與陰陽順其道。協於分藝,行於國家,本之以忠孝,文之以倫義。君臣、父子、夫婦之制,冠、婚、喪、祭、射、御之容,朝聘、享宴之宜,軍旅、田獵之事,各有宜稱,不相侵越。所以講信修睦,所以洗心防患。上得之尊,下得之安。定親疏而別同異,明是非而彰

貴賤。執之則致福，繆之則招悔。憲物成教，崇政明本，未有不繇於
禮者也。自五帝之後，三王以來，有益有損，或因或革，咸有章憲，書
於册書，浩浩千編，不可遽悉。越在唐室，典章頗盛程軌，量昭采物，
酌中古訓，垂法百代，則有《開元禮》在；紀先後，明得失，次其沿變，志
其楷式，則有《通典》在；録一朝之事，包五禮之儀，義類相從，討尋不
紊，則有《會要》在。此三者，聖教經制，國之大綜也。爰自梁朝之後，
仍世多故。典臺之官，皆差使於公務；禮直之吏，悉昧昏於撿按。至
今每有戎祀之事、朝會之期，多於市廛草議定注，前後矛盾，卒多粃
稗。臣竊以保殘守缺，因狹就寡，乃暗主之事，非明君所爲。豈可以
光陛下超世之宏圖，爲大朝千載之盛美也。所宜闡崇令猷，以立國
典。綴叙舊書，以爲邦紀。義在精審，理資端要，可以範圍五帝，楷則
萬古，彰陛下之聖，明禮不虛道者也。伏請依《唐會要》所設門類，上
自五帝，迄於聖朝。凡所施爲，悉令編次。凡關禮樂，無有闕漏，《開
元禮》《通典》之書，包綜於內，名之曰《大周禮》，俾禮院掌之太常博
士，如得其人，宜久其職，年深則兼官，在任勿使旁轉。如是則助風
教，以彌隆升，典制於將替，隱核前軌，聲施無窮者也。其二曰：夫樂
者，以德爲本，以聲傳御。中出所以導志，外揚所以審政。有天地辰
宿，有軌數形色，有陰陽逆順，有離合隱見。天數五，地數六，六五相
合，故十一月至生黃鍾。黃鍾者，同律之主，五音之元宮也。元宮之
諧於仲呂，母子也。傳於林鍾，夫婦也。迴於大簇，父子也。聚於南
呂，子婦也。兩陽必爭，二陰必乖。故抗衡者多異，前五相追，而後五
相隨，蓋繇是也。一章之中，凡有七閏。亥、未、己、丑、酉、午、寅者，
七閏之正也。日有盈縮之度，月有遲速之期，故或進於前，或退於後，
陰陽之理也。六鍾、六間、十二節，凡二十有四位，聲氣之大率也。平
分爲七，直而略其餘，則子、寅、卯、己、未、酉、戌謂之羽，子、寅、辰、
午、未、酉、亥謂之宮，子、丑、卯、己、未、申、戌謂之角，子、卯、辰、巳、
未、酉、戌謂之商。此四者，靡靡成章。峻而且厲，鄭、衛之音，此之謂
也。雖高有所忽微，中有所闕漏，與夫推歷生律，以律合呂，九、六之
偶，旋相爲宮。三正生天地之美，七宗固陰陽之序者，於其通人神，宣
歲功，生成軌儀之德，紀協長大之算，則精粗異矣！在乎審治亂，察盛

衰，原性情，應形兆，則殊途而同歸也。三正者，一爲天，二爲地，三爲人；七宗者，黃鍾爲宮，大蔟爲商，姑洗爲角，林鍾爲徵，南呂爲羽，應鍾爲變宮，蕤賓爲變徵。角爲木，商爲金，宮爲土，變徵爲日，變宮爲月，徵爲火，羽爲水。龍角、元龜、天豕、井候主乎角，平亢、河鼓、婁聚、輿鬼主乎商，天根、須女、庖俎、烏喙主乎宮，辰馬、陰虛、旄頭、天都主乎變徵，大火、丘封、天高、烏搏主乎變宮，龍尾、玄室、四兵、天倡主乎徵，天津、東璧、參伐、轅車主乎羽。角之數六十有四、商之數七十有二、宮之數八十有一、變徵之數五十有六、變宮之數四十有二、徵之數五十有四、羽之數四十有八、極商之數九十、陽之數一百二十有八、陰之數一百一十有二，五音之數畢矣！神無形而有化，處乎聲之門，故昭之以音，合之以算。音以定主，算以來象。觸於耳而激於心，然後可言其樂也。其音五，其聲十二，其調六十，雅部之樂也。其音四，其聲八，其調二十有四，胡部之樂也。隋唐以來，樂兼夷夏。天寶之世，雅部大備。寶應之後，音律漸衰。郊廟殿廷，舊事失次。洎黃巢蕩覆京兆，鐘磬皆毀。龍紀返正之歲，有司別創樂懸。乘風雖存，旋宮何在？音範寢失，至今闕然。豈可以一時偶失之事，爲百代無窮之制？何以訓正四方，綏和百神，軌物垂則，示人之極也？昔唐虞歷載，頌聲方作；文武相繼，樂教大同。陛下布昭聖武，彰信天下，宗社靈祇，聿監明德。所宜憲章成式，不失舊物，原始以要終，體本以正末。使樂與天地同和，禮與天地同節。伏請命博通之士，上自五帝，迄於聖朝，凡樂章沿革，總次編錄。凡三弦之通、七弦之琴、十三弦之箏、二十弦之離、二十五弦之瑟、三漏之籥、六漏之篪、七漏之笛、八漏之篪、十三管之和、十七管之笙、十九管之巢、二十三管之簫，皆列譜記，對而合之，類從聲等，雖異必通。編於歷代《樂録》之後，永爲定式，名之《大周正樂》，俾樂寺掌之，依文教習，務在齊肅。如是則可以移風俗，和上下。和順之象著，則嘉盛之德備，則六變至幽深，九奏達高明，知樂之爲大者也。其三曰：夫政者，正也。以正率下，下思盡誠，則上無闕政。人能持政，非政持人。若失人而務政，則雖勤而何益？故人道敏政，政在擇人。擇人之先，自相而始。登庸廊廟，則有經啓措置之權；入侍帷幄，則有將近承弼之任。機事攸綜，號令攸發。

平章於百揆，維制於四方，不可不重也。唐末政出中要，輕於爰立。才處輔相之任，便兼公揆之官。卿大夫奔競公行，禮讓道息。未得之日，則以致身富貴爲馳騖；既得之後，則以與國休戚爲憂虞。乃三緘於統要之司，獨善於兼濟之職。但思解密勿之，務守崇重之官。逍遥林亭，保安宗族，於身之謀甚利，於國之效如何？方今宰臣，實罄忠力，燮和元化，則歲以之豐稔；攸叙彝倫，則時以之雍靖。上無闕政，下無異議，固能明舉賢才，羅濟經略也。伏請令宰臣於南宫三品之中、兩省給舍已上，有能經營國家，寧衛社稷者，具名以舉。若陛下素諳才業，上符定制，則輔相公揆之授，誠亦得宜。陛下嚮不知名，或官品未稱，則令以本官權知政事。若尚書丞郎，權知政事，則兼散騎常侍之官。陛下歲年之間，察其爲作。如能興利除害，獻可替否，進賢才，退不肖，則遷其官，加其秩。官高者則受平章事，未高者但循資而轉，且令權知。如其非才，即便守本官，罷知政事，讓其舉主，令廷謝知過。亦繇子玉敗軍，令尹當責之義也。《書》曰"試可乃已。"又曰："歷試諸艱。"今班行之中，有員無職者，大半可令量才授任，臨事制宜，出則以公務效試，入則以舊位登叙，任事者有賞，不任事者當黜。黜陟既明，天下自正。此則爲政之道畢矣！其四曰：刑者，五行之鞭策，五性之權衡，下民之隄防，有國之紀律。自古五刑之設，期於無刑。仲尼曰："民有輕辠，必求其善，以赦其過；民有大罪，必原其故，以輔其化；如有死罪，期使之生，則其善也。"刑肅俗弊，禮謂疵國；勝殘去殺，《傳》稱善人。昔漢文斷獄四百，殆致刑措。唐朝貞觀之世，歲決死罪二人。今陛下恤刑慎獄，義權情恕，非不至也，而天下冒禁麗法者甚衆，殊死大辟者頗多，蓋繇未塞其原，而理其著者也。省刑之要，厥有二端。一者謹吏，二者息盗。謹吏在乎責長，息盗在乎類取。吳姬群笑，孫武加戮於隊長，此責長之明效也。襄民不道班伯，得賊於酋豪，此息盗之良術也。夫一縣之政，總於令長。令長正，下吏自肅。一州之權，統於牧守，牧守繆，僚屬必濫。濫之與肅，上使然也。近代下民之訟，多訟令佐，敢訴牧守，十中或一。訟令佐者，皆得理察；訟牧守者，十無一問。縱或詰之，而歸罪陪隸者衆矣！斧鉞不用，刀鋸日弊，古人恥之。典刑不阿貴賤，貴猶當罰，賤者自戒。如是則官吏畏法,刑損其半矣!而又除其寇盜,使無逸越。除盜之術,大概有三。一者,使賤人徒侶,自相糾告。糾告不虛,則以所告賊產之半,賞其告者。或一人能告十賊,亦以十賊半產與之。親屬之間,比許容隱,在於用權救弊,亦可暫更。今後有骨肉爲非,許令首告。然所被告者,不可令至極刑,傷宗族之情,失風教之義。只令通指同行徒侶,則除惡甚多,骨肉所首之人,特與疏放。如是則同惡自相疑阻,爭先於陳告;骨肉欲保其親,競來於原首。此息盜之上策也。二者,如鄭州新鄭一縣,團結鄉社之人,名爲義營,分立將佐。一户爲賊,則累其一村;一户被劫,則罪其一將。大舉鼓聲之所,壯丁雲集,賊徒至多,不過一二十數,義營所聚,動及百人。賊人奔逃,無有免者。今鄭州封内,唯新鄭獨免敓攘。頃歲尉氏强民,潛往密縣行劫,迴入新鄭疆界,殺獲苦無漏遺,豈止自部之中,不留凶慝,兼令涉境之寇,難出網羅,此息盜之中策也。三者,有賊之後,村人報鎮,鎮將詣村驗踪,團保限外,不能獲賊,罪罰鎮戍,此息盜之下策也。如是則奸盜漸息,刑又損其半矣!何慮漢文之年,貞觀之世,不在於今時矣!其五曰:農者,至正之道,自然之資,爲邦大本,當今急務。欲國家之康濟,在府庫之充盈;欲府庫之充盈,在田疇之修闢。人力可以課致,地利可以計生。若地利有遺,人力不勸,欲邦寧本固,化洽時雍,不可得也。今宰牧怠職,百姓怠業,曠土不墾,履畝是憂。但隨宜以耕耘,惟天時而是賴。苟有水旱,其將奈何?危殆之機,在乎返掌。晉朝開運之歲,即其驗歟?夫欲富國强兵,愛民利物,興事任力,崇德尊道,敷至化,恢長御,革頹風,洽豐澤,無不縣家給人足,而馴至其道也。家給人足,始於務農,務農之原,實有三術。一曰廣田,二曰已債,三曰節費。廣田則所獲豐羨,已債則儲積可保,節費則歲計有餘。今民不廣田,良有以也。蓋慮無盡地之稼,括爲稅簿,則并竭所收,輸不滿要,誰不懼也。晉、漢二代,累發德音,使民多種廣耕,只以舊額供賦。既種之後,旋以見苗計租,以至倉箱匱空,鄉井愁嘆。先皇享御之始,敕書節文之中,亦勸民勤勞,不殊前意。至今曠隙之地,荒萊不開,繇於誠信前失,民無固志者也。夫爲政之先,莫若著信,商君移木,豈禮也哉?蓋使人信之,則無不治也。陛下宜散下明詔,使民廣田,但輸舊租,永不簡案,上言宗廟,以表至誠,令州郡懸法之所,刻石示民。民必信之而田廣矣！田廣則多獲,多獲則民足。王者藏於天下,實一國之富完,此廣田之上策也。小畝步百,周之制也；中畝二百四十,漢之制也；大畝三百六十,齊、魯之制也。今所用者,漢之中畝,若步以大畝之田,輸其中畝之稅,或額不敷舊,則虛加滿之。逮於次年,而田自多矣！此廣田之中策也。前所言已債、節費,利莫大焉。今編户之甿,以債成俗,賦稅之外,罄不償債。收獲纔畢,率無囷倉。官有科折之弊,私有酤釀之緡。倍稱速息,半價速賣,則利貸一斗,而償四斗矣！欲民不困,豈可得哉！此外鄉閭之中,常有酒食之耗。諂僧佞佛,相扇成風。且瑞雪甘雨,和氣所致,非爲一鄉一里,委曲而降。小民無知,競作齋賽。一歲之内,數數有之。是則債利之劫民也,將倍於公賦；齋賽之蠹民也,又等於王租。欲民之饒,終不可致。莫若已債、節費,歸利於民。起於來年,不得通債。今歲見債之者,但令以本債償之,留其利餘,爲民不債之備,則民食資半矣！夫陽秋之候,豺獺尚祭。民祭里社,自古而然。宜於二社之辰,得以祭餘,共相飲食。其餘祈禱散賽之事,嚴禁罷之,則民食又資其半矣！民食既足,則民力普存。民力普存,則穡事敦業。穡事敦業,財用益豐,因其利而利之,則國富刑清,天下知禮節矣！其六曰:兵者,所以成武功,遏亂略,行天計,順人心,混一區宇,昭宣文德。三五之伐,不能去兵。故軒戰阪泉,堯征丹浦。西伯戡黎之誥,成王踐奄之誓,即其前躅也。陛下卜世之數,莫知其紀。五德所正洎,萬方之率從。未占而孚契人心,不戒而謀同時利。唯淮南李景,負固不賓,陛下神略内融,大權潛運,整軍經武,倏往忽來。戎輅一巡,則八州降附；靈旗再指,則四塞蕩平。歸命者一一皆存,來戰者萬萬無免。偏師獻捷,迨有百數。仁贍交臂以請命,壽春全城而北遷。淮上咽喉,古來未有,命以衆擊寡,以尊伐卑,以正破僞,以強凌弱,鮮不克矣！然兵道貴速,速則惠民。在敵境者,免驅掠俘馘之無期；處内地者,免資糧供億之爲役。荊、湖、兩浙,并有舟師。聞其水戰之利,勝於淮寇,皆未肯協心齊力,掎角成功者,蓋慮吞韓并衛,滅虞兼虢,唇亡齒寒,勢之懼也。陛下宜分命使臣,諭其成策,錫之以丹書鐵契,質之以左宗右社。其三方協同大舉,

如秣陵淪陷,南服懷柔,則元功盛勛,當崇賞厚報。俾百世傳襲,保其
江山、旌旗、服章、僚屬、官秩,咸用舊制,朝廷弗詢。彼既得信誓之
文,又蒙寬大之詔,必能稟大君之神算,籍清廟之靈祥,親督蒙衝,橫
江長鶩。李景必分兵禦拒,首尾支離。陛下乃躬御六師,方軌南進,
駐驆江北,圖惟厥成,則濠、廬等州,可不攻而拔矣!

原載《冊府元龜》卷 476

陳政事疏

　　臣伏睹御札,應內外臣僚有所見所聞,并許上章議論者。臣菲才
寡識,備位曠官,仰承綸綍之言,聊貢芻蕘之說。其一曰:伏以設官分
職,授政任功,欲爲政之有倫,在命官之無曠。今朝廷多士,省寺華
資,無事有員,十乃六七。止於計月待奉,計年待遷。其中廉幹之人,
不無愧耻之意。如非歷試,何展公才? 伏請改兩畿諸縣令及外州府
五千戶上至縣令爲縣大夫,昇爲從五品。下畿大夫見府尹,亦如令之
儀;其諸州府縣大夫見本部長官,如賓從之禮。郎中、員外郎、起居、
補闕、拾遺、侍御史、殿中侍御史、監察御史、光禄少卿以下四品,太常
丞以下五品等,并得衣朱紫,爲之滿日。當在朝一任,約舊官遷二等,
自拾遺、監察除授迴日,即爲起居、侍御史、中行員外郎。若前官不是
三署,即罷後一年,方得求事。如此,則士大夫足以陳力,賢不肖無以
爲駕肩。各繫否臧,明行黜陟,利民益國,斯實良規。其二曰:爲國
爲家之方,守穀守帛而已。二者不出於國,而出於民。其道在天,
其利在地。得其理者,蕃阜增積,失其理者,耗嗇燋勞。民之顒蒙,
宜有勸教。伏請於《齊民要術》及《四時纂要》《韋氏月録》之中,采
其關於田疇園圃之事,集爲一卷,下三司雕木版廣印,頒下諸州,流
布民間。

原載《冊府元龜》卷 553

論政書

　　爲政之本,莫大擇人,擇人之重,莫先宰相。自有唐之末,輕用名
器,始爲輔弼,即兼三公、僕射之官,故其未得之也,則以趨競爲心,既

得之也,則以容黙爲事。但思解密勿之務,守崇重之官,逍遥林亭,保安宗族,乞令即日宰相於南宫三品、兩省給舍以上,各舉所知。若陛卜素知其賢,自可登庸,若其未也,且令以本官權知政事,期歲之間,察其職業,若果能堪稱,其官已高,則除平章事,未高則稍更遷官,權知如故。若有不稱,則罷其政事,責其舉者。又班行之中,有員無職者大半,乞量其才器,援以外任,試之於事,還則以舊官登叙,考其治狀,能者進之,否者黜之。

又請令盗賊自相糾告,以其所告貲産之半給之,或親戚爲之首,則論其徒侣而赦其所首者,如此則盗賊不能聚矣。又新鄭郷村團爲義營,各立將佐,一户爲盗,累其一村,一户被盗,罪其一將。每有盗則鳴鼓舉火,丁壯雲集,盗少民多,無能脱者。由是鄰縣充斥,而一境獨清,請令他縣效之,亦止盗之一術也。

又累朝以來,屢下詔書,聽民多種廣耕,止輸舊税,及其既種,則有司履畝而增之,故民皆疑懼,而田不加闢。夫爲政之先,莫如敦信,信苟著矣,則田無不廣,田廣則穀多,穀多則藏之民,猶藏之官也。

又言陛下南征江淮,一舉而得八州。再駕而平壽春,威靈所加,前無强敵。今以衆擊寡,以治伐亂,勢無不克。但行之貴速,則彼民免俘馘之灾,此民息轉輸之困矣。

原載《東都事略》卷 30

李　穀

五代大臣(903—960),潁州汝陰(今安徽阜陽)人。後唐時進士及第。晉天福中,任監察御史、虞部員外郎。晉出帝時,升任三司副使、權判留司三司事,出爲磁州刺史、北面水陸轉運使。後漢初,入拜左散騎常侍、權判開封府。後周廣順初,加户部侍郎。未幾,拜中書侍郎、平章事,仍判三司。顯德初,加右僕射、集賢殿大學士,進位司空、門下侍郎、監修國史。周恭帝即位,加開府儀同三司,進封趙國公。宋太祖建隆元年(960)病卒。

請以政事封付史官疏

　　竊以自古王者,咸建史官。君臣獻替之謀,皆須備載。家國安危之道,得以直書。歷代已來,其名不一。人君言動,則起居注創於累朝。輔相經綸,則時政記興於前代。然後采其事實,編作史書。蓋緣聞見之間,須有來處。紀錄之際,得以審詳。今之左右起居郎,即古之左右史也。唐文宗朝命其官執筆立於殿階螭頭之下,以紀政事。後則明宗朝命端明殿及樞密直學士皆輪修日歷,旋送史官,以備纂修。及近朝此事皆廢,史官惟憑百司報狀,館司但取兩省制書,此外雖有訪聞,例非端的。伏自先皇帝創開昌運,及皇帝陛下纘嗣丕基,其聖德武功,神謀睿略,而皆萬幾宥密,丹禁深嚴,非外臣之所知,豈庶僚之可訪,此後欲望以咨詢之事,裁制之規,別命近臣,旋具抄錄。每當修撰日歷,即令封副史臣,庶國事無漏略之文,職業免疏遺之咎。

原載《全唐文》卷 861

趙上交

　　五代大臣(895—961),涿州范陽(今北京西南)人。後唐時爲宦官馬紹宏判官,遷殿中丞、虞部員外郎,充六軍諸衛推官,後歷涇、秦二鎮州節度判官。後晉初,召爲左司郎中、度支判官,歷右諫議大夫、中書舍人,遷刑部侍郎、御史中丞。後漢時,任檢校禮部尚書、太僕卿、秘書監。後周時,歷任禮部侍郎、太子詹事、太子賓客。宋初,授尚書右丞。建隆二年(961)卒。

請罷帖經對墨義奏

　　九經舉人,元帖經一百二十帖,墨義二十道。臣今欲罷帖經,於諸經對墨義一百五十道。五經元帖八十帖,墨義二十道,今欲罷帖經,令對墨義一百道。明經元帖書五十帖,今欲罷帖書,令對義五十道。明法元帖律令各十帖,義二十道,今欲罷帖律,令對義二十道。學究元念書二十道,對義二十道,今欲罷念書,對義五十道。三《禮》

元對墨義九十道，三傳元對義一百一十道。欲三《禮》於《周禮》《儀禮》各添義二十道，三傳於《公羊》《穀梁傳》各添義二十道。《開元禮》、三史，元義三百道，欲各添義五十道。進士元試詩賦各一首，帖書二十帖，對義五道，欲罷帖書，別試雜文二首，試策并仍舊。童子元念書二十四道，欲添念通前五十道，念及三十道者，放及第。

原載《冊府元龜》卷 642

趙 遠

後周官員，范陽（今北京西南）人。仕後周累官吏部侍郎，宋初起爲尚書右丞。

請超選朝官能活冤獄奏

臣伏睹長興四年五月二十三日敕："州縣官在任日，有覆推刑獄公事，雪得冤獄，活人性命者，准長興元年二月二十一日南郊赦書節文，便許非時參選，特與超資注官，仍賜章服者。宜令諸道州府，凡有雪活冤獄州縣官等，依元敕點簡，給付公憑。本官自齎赴刑部投狀，委刑部據狀追取本道雪活公案參驗。如事理合得元敕，便仰給付優牒。此蓋道宏激勸，務絕罔欺。在酬獎以甚優，期刑殺而無濫。"臣詳元敕，只言州縣官員所許加恩，未該內外職掌。臣又詳前後請給優牒人等文案，若繫雪冤屈，本道尋合奏聞。例過五年十月，本人方來論請，須却尋追文案，勞擾公方，於事難明，於理未當。伏惟皇帝陛下體堯仁而御寓，敷舜德以臨民。大闡化條，克修刑政。旁詢闕典，用整宏綱。功必賞而罪必誅，善者進而能者勸。起今後，但能雪活冤獄，不限在朝職司，亦乞量加旌賞。應關諸道州縣官員，雪活冤獄不虛，委逐處長吏抄略指實案節，先具奏聞。所付本人憑由，官滿到京，便於刑部投狀，不得隔越年歲，方可論訴功勞。庶內外以皆同，使期程而有守。廣亭毒好生之道，盡高低察獄之明者。

原載《全唐文》卷 861

李　濤

五代官員（898—961），京兆萬年（今陝西西安）人。後梁時爲河陽令。後唐天成時，舉進士，授監察御史，遷右補闕、起居舍人。晉天福初，改考功員外郎、史館修撰。改比部郎中、鹽判官、刑部郎中。後漢時，任翰林學士，拜中書侍郎兼户部尚書、平章事。後周初，爲太子賓客，歷刑部、户部二尚書。宋初，拜兵部尚書。建隆二年（961）卒。

顔嚕贊

顔氏之族，咸爲子弟。亞聖次之，昇堂者矣。學無不通，道無不備。昔稱賢達，今列圖史。

原載《全唐文》卷 861

顔　衎

五代大臣（889—962），兖州曲阜（今山東曲阜市）人。後梁中第，官臨濟令。後唐天成中，爲鄒平令。後晉歷任殿中侍御史、都官員外郎、工部郎中、樞密直學士、左諫議大夫，權判河南府，召拜御史中丞。周廣順初，起爲尚書右丞，俄充端明殿學士。世宗時任兵部侍郎。建隆三年（962）卒。

請定内外官制

纔除御史者，旋授外藩賓佐，復有以私故細事，求假外拜。州郡無參謁之儀，出入失風憲之體。漸恐四方得以輕易，百辟無所準繩。請自今藩鎮幕僚，勿得任臺官。雖親王宰相出鎮，亦不得奏充賓佐。非奉制勘事，勿得出京，自餘不令出釐雜務。

原載《全唐文》卷 861

李　澣

五代官員(？—962)。早年在後唐秦王府白身供職,歷集賢校理。入晉,歷任右拾遺、中書舍人、吏部員外郎。晉出帝時,遷禮部郎中、知制誥,充翰林學士。契丹入汴,陷塞北。多次建議後周興兵,以收復失地。宋建隆三年(962),卒於契丹。

謝周太祖賜詔書

田重霸至,伏蒙聖慈。特頒明詔,降日中之文字,慰天外之流離。別述宸慈,俾傳家信,如見骨肉,倍感君親。

原載《全唐文》卷 861

與兄濤言契丹述律事書

今王驕騃,唯好擊鞠。耽於内寵,固無四方之志。觀其事勢,不同已前。親密貴臣,尚懷異志。即微弱可知,不敢備奏。一則煩文,一則恐涉爲身計。大好乘其亂弱之時,計亦易和。若辦得來討唯速,若且和亦唯速。將來必不能力爲可柬也。

原載《全唐文》卷 861

陳陰事奏

昨田重霸至,爲無與蕭海真詔敕,祇有兄濤家書,不敢將出。方欲遣田重霸却回,至五月四日,海真差中門使趙佩傳語臣云,昨據差人齎絹書上南朝皇帝,請發兵來。兼取得姚漢英等奏狀,所貴聽信。其絹文印押了未封,被趙佩懷内遺失交下憂怕不知所爲。臣既認實心,遂唤趙佩通事李解里來,呈與書詔。當時聞於海真,極喜。引臣竊謝,尋唤重霸於私宅相見。至五月二十六日,又唤重霸於衙内一宿。今月四日,令趙佩將銀十兩,令與重霸,兼傳語與臣云:“我心如鐵石,令此人且迴,諸事宿時說與一一,已令口奏。候南朝有文字來,則別差人去。”今因奏陳,皆據目前所得。至於機事兵勢權謀,非臣愚爲敢陳鄙款,伏乞妙延良弼,周訪嘉謀,斷於宸衷,用叶廟勝。

原載《全唐文》卷 861

聶崇義

五代學者,河南洛陽(今河南洛陽市)人。少舉三禮。漢乾祐中,累官至國子《禮記》博士。周顯德中,累遷國子司業、太常博士。撰《三禮圖》,流行於世。入宋,終學官。

論禘祫疏

魏明帝以景初三年正月上仙,至五年二月祫祭,明年又禘。自茲後以五年爲禘,且魏以武帝爲太祖,至明帝始三帝而已,未有毀主而行禘祫,其證一也。宋文帝元嘉六年,祠部定十月三日大祠。其太學博士議云:“按禘祫之禮,三年一,五年再。”宋自高祖至文帝,裁亦三帝,未有毀主而行禘祫,其證二也。梁武帝用謝廣議,三年一禘,五年一祫,謂之大祭。禘祭於夏,祫祭於冬。且梁武乃受命之君,僅追尊四朝而行禘祫,則知祭者,是追養之道。以時移節變,孝子感而思親,故薦以首時,祭以仲月,間以禘祫,序以昭穆,乃禮之經也,非關宗廟備與未備,其證三也。

原載《全唐文》卷 865

祔主修廟議

奉敕爲大行皇帝山陵有期,神主祔廟,恐殿室間數少,合重添修。今詣廟中相度,若是添修廟殿一間至兩間,并須移動諸神門及角樓宮牆仗舍及堂殿正面檐栿階道,亦須東省牲立班位,直至齋宮,漸近迫窄。今重拆廟殿,續更添修,不唯重勞,兼恐未便。竊見廟殿見虛東西二夾室,況未有祧遷之主。欲請不拆廟殿,更添間數,即便將夾室重安排六室位次,所有動移神主,若準舊禮,於殿庭權設行廟幕殿,即恐雨水猶多,難於陳設。伏請權於太廟齋宮內奉安神主,至修奉畢日,庶爲宜稱。又按《禮記》云:“廟成則於中屋刲羊以釁之,夾室則用鷄。"又《大戴禮》及《通典》亦有夾室,察文觀義,乃是備廟之制。況新主祔廟,諸經有遷易之文。考古沿今,庶合通理。伏請遞遷諸室,奉安大行皇帝神主,以符禮意。

原載《全唐文》卷 865

劇可久

五代官員(886—962),涿州范陽(今北京西南)人。後唐任著作郎。後晉累官至大理卿。後周歷官太僕卿、大理卿、太子右庶子。主持編撰《大周刑統》30 卷,爲《宋刑統》之藍本,影響頗大。宋建隆三年(962)卒。

請改定推勘盜賊奏

《開成格》:"應盜賊須得本贓,然後科決。如有推勘因而致死者,以故殺罪論。"臣詳此理未便,且云無持贓待捕之賊。或偷生隱諱,所司又須訊拷。死反償命,實恐惠奸。起今後,如因而致死者,如無故則請減一等;別增患病而死者,從辜限正賊減本罪五等。

原載《全唐文》卷 861

請賞罰理刑等官疏

臣曾披法律,深究臧否。州縣令律之中,具存條格。軍鎮案推之吏,未載明文。事若不均,何以示勸。其三京軍巡使諸州府馬步都虞候有精於推劾,雪活冤濫者,請量事超擢。如按鞫偏私,故入人罪者,亦刑之無赦。

原載《全唐文》卷 861

張 鑄

後周官員。後晉時任考功郎、金部郎中。後周時任給事中、光祿卿。

請灾異依故事奏

欽若天道,聞諸堯舜之朝。敬授人時,乃自殷周之代。能消灾異而致福祥,自兵興以來,多失本朝故事。不拘典法,有誤修禳。承前日月薄蝕,百官皆合守司。星象有差,九重亦當避殿。以明減損,式示恭虔。信守國經,何虧聖德。自此或乾象譴見,凡關灾異,請依故實,令百官守司,陛下御便殿,減常膳,準令式遵行。

原載《全唐文》卷861

請省新户科徭奏

臣聞國家以務農是本,勸課爲先。用廣田疇,乃資倉□□竊見所在鄉村,浮居人户,方思懇闢,正切耕耘,種木未滿於十年,樹穀未臻於三頃,似成產業,微有生涯。便被縣司繫名,定作鄉村色役。懼其重斂,畏以嚴刑,遂捨所居,却思他適。睹兹阻隔,何以舒蘇。既乖撫恤之門,徒有招携之令。伏乞皇帝陛下明示州府,特降條流。應所在無主空閒荒地,一任百姓開耕。候及五頃已上,三年外即許縣司量户科徭。如未及五頃已上者,不在搔擾之限。則致荒蕪漸少,賦稅增多。非唯下益蒸黎,實亦上資邦國。

原載《全唐文》卷861

王　景

五代節度使。後唐時爲河中偏將。後漢任滄州節度使。後周時歷任河中節度使、鳳翔節度使、秦州節度使。

安撫諸砦奏

今月七日收下黄牛、新城、大忌等三砦。相次又收下鬼迷、黄花、下湛、滴水、皂莢等五砦,其鄉村人户并已招携安撫。

原載《册府元龜》卷397

王易簡

五代官員(885—963)，京兆萬年(今陝西西安)人。後梁時進士及第，在諸鎮幕府任從事。後唐莊宗時歷任著作郎、右拾遺、魏王都督府記室參軍。明宗時任祠部員外郎、水部郎中、知制誥，拜中書舍人。後晉累官至尚書左丞。後周累官至刑部尚書。宋建隆四年(963)卒。

請頒示文解板樣奏

伏以選門格敕條件，具存藩府。官僚該詳蓋寡，所以凡給文解，莫曉規程。以致選人自詣京都，親求解樣。往來既苦，已堪憫傷。傳寫偶差，更當駁放。伏見禮部貢院逐年先書板榜，高立省門，用示舉人，俾知狀樣。臣欲請選人文解，委南曹詳定解樣，兼備録長定格，取解條例，各下諸州。如禮部貢院板樣書寫，立在州縣門。每遇選人取解之時，各准條件遵行，仍依板樣給解。

原載《全唐文》卷 861

請銓司一人都簽署奏

吏部流內銓諸司令史，各主一司，不相統攝，苟有逾濫，無所責成。起今後，望令本銓闕頭一人都簽署諸司案牘者。

原載《冊府元龜》卷 634

漸治論

臣聞天地之道起於漸。夫以天之高，畜雷霆之威，雨露之惠，覆於萬物，必從漸而生。以地之厚，負江海之慈，淮濟之潤，載於萬物，亦從漸而長。況人者，無天之功，乏地之力，勞方寸之心，豈可急速而治天下也？惟我后膺圖履運，握鏡臨人。蘊勤儉之風，秉宏厚之德。內無耽玩，外絕奢華。信任股肱，委仗將帥。自有仰成之化，固多定亂之功。今者所以尚撓聖懷，親勞御札者何？直以庫藏稍虛，士卒微惰，使天威之莫震，令王化之未敷。此則非臣下之無謀，豈君上之有過。蓋承僞廷之困弊，遇數歲之亂離。今國家宜静以圖功，不可躁而取失。或欲急徵暴斂，則百姓愈逃。或以峻法嚴刑，則三軍益叛。莫若制治於未亂，求安於未危者也。凡止亂危者，應上元則以好生惡殺爲心，接諸侯則以含垢匿瑕爲念。夫如是，即水旱無繇而興，干戈何門而動也？考諸政教，則禮樂咸在，刑賞具存。任四輔提其綱，遣百司舉其目。必見梯航常貢，士馬日精。所謂强其幹而弱其枝，深其根而固其蒂。於是天地有清和之氣，星辰無謫見之災。可以薄賦恤萬民，足以虛懷馭群后。或思正名於中夏，問罪於殊方。人皆同心，兵必戮力。寰區既定，帝道自隆。躋元首爲睿聖之君，列四輔作賢明之相。主則社稷無患，臣則子孫永安。此則顯漸之功，見治之驗矣。

原載《全唐文》卷 861

朱仲武

後周官員。任太子通事舍人。

故左武威中郎將石府君（映）墓志銘

前太子通事舍人朱仲武撰并書

公諱映，字先進，其先樂安人，後世家於京兆，今則京兆人也。晉將軍苞之慶冑，衛純臣碏之靈苗。祖，考守珍，皆公侯繼業，鍾鼎傳門，載藉昭彰，其來自遠。公策名委質，夙著令聞，孝以承家，忠以奉國，故得鄉黨稱悌焉，朋友稱義焉，可謂不忮不怵，有典有則者也。頃以方事之殷，燧火不息，而能率先義勇，克集茂勛，累遷至左武衛中郎將，前朝賞有功也。公志懷敦素，性守謙冲，不以榮顯介情，但欲優游晦迹而已。所冀神降其福，天與之齡，何圖兆夢泣瓊，藏舟棄壑，哀哉！以歲次□□十一月十四日，遘疾終於私第，春秋六十有八。

夫人孫氏，夙稟坤儀，素傳内則，鼓琴瑟而有節，主蘋蘩而知禮。嗚呼！蕣花早凋，瓊枝遽折，天不憖遺，先公數稔而亡。今以歲次甲子四月庚午,葬公於長安龍首原,夫人祔焉,禮也。嗣子清士、冕嶽、喦湊、岫秀等,蓼莪在疚,欒棘其形,泣血於苴麻,竭力於窀穸。恐時遷陵谷,事或幽封,爰命揮毫,敬刊貞石。詞曰:

性質温温,神儀洸洸。職參禁衛,位列中郎。流芳後代,秉義前王。冀保永終,曷其云亡。卜兆吉辰,素車薄葬。爰遷嘉偶,及此同壙。魂散泉扃,神游總帳。後背重崗,前臨叠嶂。聊紀世載,式昭問望。

原載《五代墓志彙考》

邊歸讜

五代官員(908—864),幽州薊(今北京西南)人。後晉時,累遷右散騎常侍。後漢初,歷禮部、刑部侍郎。周廣順初,遷兵部、户部侍郎。擢尚書右丞、樞密直學士,轉左丞,尋爲御史中丞。入宋,乾德二年(964)卒。

請禁使臣騷擾館驛奏

臣近以宣達絲綸,經過州縣,切見使臣,於券料外,别要供侍,以縈紀綱。亂索人驢,自遞行李。挾命爲勢,凌下作威。或付應稍遲,即便恣行打棒。既遭屈辱,寧免怨嗟。天聽未聞,無處披訴。伏乞潛令察訪,兼便明降指揮,官吏祇供,亦須精細。使臣取索,嚴示戒懲。庶息煩苛,漸期開泰者。

原載《全唐文》卷 861

請諸道舉精加考試不得濫送奏

臣切見每年貢舉人數甚衆,動應五舉六舉,多至二千三千。既事業不精,即人文何取。請敕三京鄴都,就道州府長官合發諸色貢舉人文解者,并須精加考較。事業精研,即得解送,不得濫有舉送。冀塞濫進之門,開興能之路。

原載《全唐文》卷 861

請禁無名文書疏

臣伏見諸處有人抛無名文書,及言風聞訪聞之事,不委根苗,接便追擾。既非責實,多是構虛。窮理本之有傷,瀆化源之無益。遂使貪吏狡吏,蓄私憾以儷人。讒夫佞夫,扇狂言而害物。請明行條制,庶絕罔誣。其受納獄訟,直須顯有披論,具陳名姓,即據理詳按。無縱舞文,其無名文書及風聞訪聞,并望止絕,不得施行。俾存欽恤之風,不失含宏之體。

原載《全唐文》卷 861

范　質

五代宋初大臣(911—964),大名宗城(今河北威縣東)人。後唐長興四年舉進士,爲忠武軍節度推官,遷封丘令。後晉時歷任監察御史、主客員外郎、翰林學士。漢初,遷中書舍人、户部侍郎。周廣順初,拜中書侍郎、平章事、集賢殿大學士。翌日,兼參知樞密院事。周世宗臨終時,確定爲顧命大臣之一。宋初,加兼侍中,罷參知樞密。乾德二年(964)卒。

奉契丹主表

孫臣某言:今月十七日寅時,相州節度使張彦澤、都監傅住兒部領大軍入京,齎到翁皇帝賜太后書,示於滹沱河下杜重威一行馬步兵士見領蕃漢部騎來幸汴州者。

往者唐運告終,中原失馭。數窮否極,天缺地傾。先人有田一成,有衆一旅。兵連禍結,力屈勢孤。翁皇帝救患摧剛,興利除害。躬環甲冑,深入寇場。犯露蒙霜,度雁門之險。馳風掣電,行中冀之誅。黄鉞一麾,天下大定。勢凌宇宙,義感神明。功成不居,遂興晉祚,則翁皇帝有大造於石氏也。旋屬天降厥凶,先君即世。臣遵承遺旨,纘紹前基。諒暗之初,荒迷失次。凡有軍國重事,皆委將相大臣。至於擅繼宗祧,既非稟命,輕發文字,輒敢抗尊。自啓釁端,果貽赫怒。禍至神惑,運盡天亡。十萬師徒,皆望風而束手。億兆黎庶,悉延頸以歸心。臣負義包羞,貪生忍恥。自貽顛覆,上累祖宗。偷度朝昏,苟存視息。翁皇帝若惠顧疇昔,稍霽雷霆。未賜靈誅,不絕先祀,則百口荷更生之德,一門銜無報之恩。雖所願焉,非敢望也。臣與太后并妻馮氏及舉家戚屬,見於郊野面縛俟罪次;所有國寶一面、金印三面,今遣長子陝府節度使延煦、次子曹州節度使延寶管押進納,并奉表請罪陳謝以聞。

原載《舊五代史》卷85

進契丹主狀

頃以偽主王從珂於洛京大内自焚之後,其真傳國寶,不知所在,必是當時焚之。先帝受命,旋製此寶,在位臣僚,備知其事。臣至今日,敢有隱藏。

原載《全唐文》卷865

侯 益

五代大將(886—965),汾州平遥(今山西平遥縣)人。後唐莊宗時爲本直副都校。明宗時歷任本直左厢都校、羽林軍五十指揮都校、領費州刺史。晉初爲奉國都校、領光州防禦使,遷河陽三城節度使,充鄆都行營都虞候、武寧軍節度使。後漢時任開封尹兼中書令。後周顯德元年(954)冬,告老致仕。宋乾德三年(965)卒。

請修唐莊宗祠廟奏

伏自收復氾水關日,以逆賊張從賓於莊宗舊蓋亭子上與官軍鬥敵,臣以爲莊皇曆數雖謝,精爽猶存,願静妖氛,特立祠廟,果應虔禱,尋獲關防。臣欲排此瓦木,往就修營。

原載《册府元龜》卷174

乞賜寺名奏

臣頃歲曾爲偏將,往伐叛逆,有願如范延光歸降,兵無血刃,即於招討使楊光遠中軍寨建一佛刹。自後延光果能歸款。克契發心,光遠尋施錢三百貫文,與臣共力營葺。今修成天王院一所,乞賜名額。

原載《全唐文》卷 862

竇　儀

五代大臣(914—966),薊州漁陽(今天津市薊州區)人。後晉天福中舉進士,歷任諸鎮從事。後漢初,召爲右補闕、禮部員外郎。周廣順初,歷任倉部員外郎、知制誥、翰林學士、駕部郎中、給事中。世宗授其端明殿學士、判河南府兼知西京留守事。宋建隆元年(960)秋,遷工部尚書,兼判大理寺。奉詔撰定《宋刑統》30 卷。加禮部尚書。宋乾德四年(966)卒。

條陳貢舉事例奏

伏以朝廷設科,比來取藝,州府貢士,祇合薦能。爰因近年,頗隳舊制。其舉子之弊也,多是纔謀習業,便切干名;《周》《儀》未詳,赴三《禮》之舉;《公》《穀》不究,應三傳之科。經學則偏試帖由,進士則鮮通經義。取解之處,譸張妄説,於辛勤到京之時,奔競惟求於薦托。其舉送之弊也,多是明知荒淺,具委凶麄。新差考試之官,利其情禮之物,雖所取無幾,實啓幸非輕。凡對問題,任從同議,謾鑿通而鑿否,了無去以無留,惟徇人情,僅同兒戲。致令至時就試,不下三千,每歲登科,罕逾一百。假使無添而漸放,約須畢世而方周乃知。難其舉則至公而有益於人,易其來則小惠而無實於事。有益者知濫進不得,必致精勤;無實者欲多放無能,虛令來往。且明經所業,包在諸科,近聞應者漸多,其研精者益少。又,今之童子,比號神童。既幼稺之年,稟神異之性,語言辯慧,精采英奇,出於自然,有則可舉。竊聞近日實異於斯,抑嬉戲之心,教念誦之語,斷其日月,委以師資,限隔而游息不容,僕跌而痛楚多及。孩童之意,本未有知,父母之情,恐或不忍。而復省試之際,歲數難知,或念誦分明,則年貌稍過;或年貌適中,則念誦未精。及有司之法留多,家人之訴訟。伏況晉朝之日,罷此二科,年代非遥,敕文見在。今宜釐革,別俾進修。臣謬以非才,獲承此任,本重難而爲最,復遺闕以相仍。虔奉敕文,重令條奏。或從長而仍舊,亦因弊以改爲。上副聖情,廣遵公道。除依舊格敕施行外,其明經、童子,請却依晉天福五年敕停罷,任改就別科赴舉。其進士,請今後省卷限納五卷已上,於中須有詩、賦、論各一卷,餘外雜文、歌篇,并許同納,祇不得有神道碑、志文之類。其帖經對義,并須實考,通三已上爲合格。將來却復書試,候考試終場。其不及第人,以文藝優劣定爲五等。取文字乖舛,詞理紕繆最其者,爲第五等,殿五舉;其次者爲第四等,殿三舉;以次稍優者爲第三、第二、第一等,并許次年赴舉。三《禮》請今後解試省試第一場《禮記》,第二場《周禮》,第三場《儀禮》。三傳第一場《左氏》,第二場《公羊》,第三場《穀梁》,并終而復始。學究請今後《周易》《尚書》併爲一科,每經對墨義三十道,仍問經考試。《毛詩》依舊爲一科,對墨義六十道。及第後,請并減爲七選集。諸科舉人所對策問,或不應問目,詞理乖錯者,并當駁落。其諸科舉人,請第一場十否者,殿五舉;第二場、三場十否者,殿三舉;其三場内有九否者,并殿一舉。其進士及諸科所殿舉數,并於所試卷子上朱書,封送中書門下,請行指揮。及罪發解試官、監官等,其監官、試官如受取解人情禮、財物,請今後并准枉法贓論。又,進士以德行爲基,文章爲業,苟容欺詐,何稱科名?近年場中,多有詐僞,托他人之述作,竊自己之聲光,用此面欺,將爲身計。宜加條約,以誡輕浮。今後如有倩人述作文字應舉者,許人告言,送本處色役,永不得仕進。又,切覽《唐書》,見穆宗朝,禮部侍郎王起奏所試貢舉人試訖,申送中書候覆訖,下當司,然後大字放榜。是時從之。臣欲請將來考試及第進士,先具姓名、雜文,申送中書奏覆訖,下當司,與諸科一齊放榜。

原載《冊府元龜》卷642

張　肅

五代宋初人，任前攝彰武軍節度推官。

故唐帳前第三軍使銀青光禄大夫檢校工部尚書兼御史大夫清河張□墓志銘并序

前攝彰武軍節度推官張肅撰

公諱紹，字昭文，河中人也。張氏之先，出黄帝軒轅之後。觀其天象，昭然弧矢□星；驗彼手文，顯矣弓長之字。因爲氏族，遂廣源流。儀良懷命世之材，榮懸相印；飛耳抱干城之略，高佩兵符。歷代已來，華宗益茂。曾祖諱弘積，皇任御苑判官，朝散郎，内府承（丞）。祖從，皇任直金鑾承旨，朝請大夫，内給事，賜紫金魚袋。父諱居，皇任推誠保運致理功臣，樞密使，驃騎大將軍，守右驍衛上將軍，知内侍省事，上柱國，開國伯，食邑七百户，親承丹宸，密侍紫霄，掌大國之樞機，爲明時之柱石。母平陽郡夫人敬氏，邦媛馳名，家肥叶慶，中饋之賢既著，小君之號爰加。公即驃騎第二子也。幼不好弄，長有盛名，每聞志在四方，未嘗掃其一室，蘇秦辯舌，□俟腰金；梁竦壯心，終期廟食。□唐莊宗朝仕帳前第三軍使，銀青光禄大夫，檢校工部尚書，兼御史大夫，雖居列校，實兼下僚。覆簣濫觴，然莫測高深之勢，摩霄逐日，而未伸遠大之程。悲歌徒擊於玉壺，苦戰難封於金印。忽傷夢奠，俄嘆壞梁，以同光癸未歲春三月八日，啓手足於洛陽私第，權殯於河中故里，享年三十有六。夫人廣平程氏，生於清□之門，配於高明之室，琴瑟克諧於宮徵，芝蘭自溢於馨香，偕老何乖，同歸□宿。以晉天福辛丑歲夏五月八日，終於長安所居，享年四十有三。男一□保澄，前攝鄭州別駕，執德能弘，當仁匪讓，才唯拔俗，林宗不處於斗筲；而今適時，子貢徒稱其瑚璉。不有貽謀之慶，孰明積善之徵。孫女尚幼，烟昏藍岫，十城之美玉方苗；日暖謝庭，九畹之幽蘭漸秀。卜乾德六年冬十月二十有二日，遷先尚書，奉先夫人祔之，從大塋，禮也。嗚呼！已臨遠日，將掩重泉。寂寞几筵，莫致問安之敬；哀哀惸獨，虔遵

合葬之儀。肅學本面墙,才唯踏壁,幸叨宗派,早熟門墉,見托斯文,寔無愧色。銘曰:

軋軋輀車兮別故鄉,攸攸丹旐兮指玄堂。朝露淒清兮泣衰草,晚風蕭索兮悲白楊。□貞珉兮慮陵遷谷變,紀徽猷兮同地久天長。

鄉貢進士李鳳書

原載《大唐西市博物館藏墓志》

駱仲珪

五代宋初人,任前攝建雄軍節度推官。

故宋□□□□□行狀

□□□□□□□□□□□□□□□□□□順也。□歸定□□□□□□□□□□□□□□□□□□於崆峒山□□□佛光寺。常談妙典,備達真宗,但傳法於人天,固不事於居止。嘗寓泊於京師等覺禪院,惟兌牖蓽户,草薦土床而已。時隰川太守隴西公方居禁職,益仰高風。朝謁之餘,晨昏之暇。不恒參禮,別受慈悲。或指迷塗,或密傳奥旨。暨言之道合諒,曩劫以緣同。和尚享年八十一。去顯德三年八月十五日無疾而終於是院。時以□□亢旱□訴□□□□□府□□□□□上台不阻。以伯父爲名。尋沐允從,甚契衆願。京城之内,僧俗之中。送葬千餘人,威儀二三里。幡花翳日,香火成雲。旬浹之間,號慟不已。烈焰既息,舍利仍多。公獨收其靈骨,今特立塔於□□□□□□院之上,撰禄臺院山掌,置方塔一所。開寶二年歲次己巳六月十八日入塔。永期歸敬,故刻石焉。

前攝建雄軍節度推官駱仲珪述

□□□□□□□□□□嚴

(後闕)

原載《秦晉豫新出墓志搜佚續編》

竇貞固

　　五代大臣（892—969），同州白水（今陝西白水縣）人。後唐同光中舉進士，任萬全縣主簿。後晉初，任户部員外郎、翰林學士、中書舍人、御史中丞等官。晉出帝時，拜工部尚書，遷禮部尚書，知貢舉，轉刑部尚書。後漢高祖即位，拜司空、門下侍郎、平章事、弘文館大學士。後周太祖時，罷相，守司徒，封沂國公。世宗即位，放歸洛陽，遂同編户。宋開寶二年（969）卒。

請定舉士官賞罰奏

　　臣伏見先降御札，令文武百僚各進封事。臣聞舉善爲明，知人則哲。聖君在位，藪澤豈有隱淪。昭代用材，政理固無紊亂。求賢若渴，從善如流，鄭所以譽子皮，魯所以譏文仲。爲國之要，進賢是先。庶遵理治之風，宜舉仁人之器。臣欲請乞降敕命，指揮文武百僚，每一司之内，共集議商擢，其一士奏薦，述其人有某能，改爲某官某職，便請朝廷據奏薦任用。若能符薦引，果爲當才，所奏之官，即請量加獎賞。如乖其舉，或涉徇私，所奏之官，亦請量加殿罰。所貴官由德序，位以才升。三人同行，尚聞擇善，十目所視，必不濫知。臣職在論思，位參近侍。每謝匪躬之節，嘗慚濡翼之譏。將贖貪叨，敢陳狂狷。

原載《全唐文》卷 865

請貢舉復限三條燭奏

　　進士考試雜文，及與諸科舉人入策，歷代已來，皆以三條燭盡爲限。長興二年，改令書試。伏以懸科取士，有國常規。沿革之道雖殊，公共之情難失。若使就試兩廊之下，揮毫短景之中，視晷刻而惟畏稽遲，演詞藻而難求妍麗。未見觀光之美，但同款答之由。既非師古之規，恐失取人之道。今於考試之時，准舊例以三條燭爲限。其進士并諸色舉貢人等，有懷藏書策入院者，舊例扶出，不令就試。近年以來，雖見懷藏，多是容縱。今欲振舉弛紊，明辨臧否，冀在必行，庶爲定式。

請國忌宰臣立班奏

國忌日,宰臣跪爐焚香,僧人表贊孝思,述祖先違世之事,而文武百辟,儼然列坐。竊惟禮非天降,酌在人情。今古通規,君親至敬。對佛像行香之日,實帝王不樂之辰。豈有聽烈祖之舊勛,悉安所坐,聞明君之至德,曾不暫興。考經雖謂其相承,度禮深疑其有失。欲請跪爐仍舊,餘依常位立班。

請纂集晉朝實録疏

臣伏睹上自軒昊,下及隋唐,歷代帝王,享國年月,莫不裁成信史,載在明文。或編修祇自於本朝,或追補亦從於來者。曾無漏略,咸有排聯。踪迹相尋,源流可别。五運生成之道,於是乎彰明。一時褒貶之書,因兹而昭著。古既若此,今乃宜然。輒敢上言,庶裨有作。伏以晉高祖洎少帝,兩朝臨御,一紀光陰。雖金德告衰,蓋歸歷數。而炎靈復盛,固有階緣。先皇昔在初潛,曾經所事。舜有歷試之迹,禹陳俾乂之功。載尋發漸之由,實謂開基之本。近見史臣修高祖實録,神功聖德,靡不詳明。述漢之興,由晉而起。安可遺落朝代,廢缺編修。更若日月滋深,耳目不接,恐成湮没,莫究端由。伏惟皇帝陛下德洽守文,功宣下武。化家爲國,備觀王業之源。續聖繼明,益表帝圖之美。舊章畢舉,墜典聿修。伏乞睿慈,敕史官纂集晉朝實録。

進晉朝實録疏

臣監修國史時,奉詔修晉朝實録。伏以皇帝陛下武功定業,文德化民。河圖雒書,將薦聖明之瑞。商俗夏諺,無輕典誥之資。厚言貽誡以宏心,彰往考來而在念。臣等任叨南董,才愧班荀。屬辭虧朗暢之功,總論寡精微之識。秩無文於昭代,浪塞闕如。收遺韻於傳聞,冀開來者。奉兹鈆槧,賞以油緗。同傾獻狀之心,上副成書之命。所撰《晉高祖實録》三十卷,《少帝實録》二十卷,謹詣東山閣門呈進。

原載《全唐文》卷 865

郊廟議

按《王制》:"天子七廟,諸侯五,大夫三,士一。"《正義》曰:"周之制七廟者,太祖及文王、武王之祧與親廟四也。"又曰:"七廟者,據周也。有其人則七,無其人則五。"至光武中興,及魏晉宋齊隋唐,或立六廟,或立四廟,蓋建國之始,未盈其數也。《禮》曰:"德厚者流光。"此天子可以事六世之義也。今陛下大定寰區,重興漢祚,旁求典禮,用正宗祧。伏請立高曾祖禰四親廟。又自古聖王,祖有功,宗有德,更立始祖。在四廟之外,不拘定數。所以或五廟,或七廟。今請尊高皇帝光武皇帝爲始祖,法文王、武王不遷之制,用歷代六廟之規,庶合典禮。

原載《全唐文》卷 865

奉迎太廟神主請車駕出城議

陛下方祗見於祖宗,展孝思於迎奉。酌人情而制禮,迎廟主以爲宜。臣等未見舊章,止依情理,以車駕出城爲是。其迎奉之儀,請下禮儀使酌量草定。

原載《全唐文》卷 865

郭　瓊

五代將軍(893—964),平州盧龍(今河北盧龍縣)人。本爲契丹將軍,任蕃漢都指揮使。後唐天成中,携其族來歸,明宗授以亳州團練使。後晉天福中,歷任滑、坊、虢、衛、沂、懷等州刺史。後漢時任潁州團練使、防禦使。後周時歷絳、蔡、齊三州防禦使。乾德二年(964)卒。

與南唐劉彦貞書

自古有國,皆惡叛人,貴邦何爲常事招誘,吳中多士,無乃淺圖?

原載《唐文拾遺》卷47

陶　穀

五代大臣(903—970),邠州新平(今陝西彬縣)人。本姓唐,避晉高祖諱而改。後晉時,起家爲校書郎,遷虞部員外郎、知制誥、中書舍人。後漢時爲給事中。後周時任右散騎常侍,世宗即位,遷户部侍郎、翰林學士、吏部侍郎。入宋累加刑部、户部二尚書。開寶三年(970)卒。

■功臣義成軍節度□濮等州觀察處置管内河隄等使起復冠軍大將軍右金吾衛大將軍員外置尚正員檢校司徒兼御史大夫駙馬都尉上□□□□□□□■贈太保史(匡翰)公神道碑銘并序

朝議郎尚書虞部員外郎知制誥臣陶穀奉敕撰。

待詔朝散大夫太府卿賜紫金魚袋臣閻光遠奉敕書。

■輔,蜀望帝之洪苗,楚倚相之厥裔,迨於戰國,世爲史官。周崇江漢之祠,已疏王爵;漢重金張之族,遂寵侯封。令望不衰,奇才間出。長江激浪,下嶓冢以爲舟;寶劍騰晶,發□□□□□。積善所宜於有後,享富貴者累朝;大勛不可以中微,啓茅土者數世。事詳圖牒,功備鼎彝。

大王父諱懷清,皇任安慶九府都督。王父諱敬思,皇任安慶九府都督。顯考諱建㻛,□□□□□兼九府都督、贈太保。公即太保長子也,分太白之精,稟峒山之英,笑腐儒之老一經,拜神姝而學五兵。懷鼓篋之心,行有餘力;蘊飛箝之辨,似不能言。天祐中,王室寖□□□□□,□陸之龍蛇竟鬥,生郊之戎馬成群。時□宗已合樂□,將圖義舉,定玉帳一匡之略,提金壇百勝之師,戰於兩河,決平多壘。以公人才地望,宜副頒條。起家□□□□□□授代州副使,以勞加銀青光禄大夫、檢校太子賓客兼監察御史。改遼州副使,兼領九府都督。同

光初,莊皇受命,梁祚告終。騏驎鬥於東陵,熒惑入於南斗,負□□□
□□□雖曰一家橫戈,而猛士守方,未安四鄙,將寧邊徼,特委警巡,
以九府都督充嵐憲朔等州都游奕使。解職,授天雄軍牢城都指揮使,
遷檢校刑部尚書兼御史大夫上柱□□□□□恩遽降,時議爲輕,遙
領百城,仍兼九府,轉檢校户部尚書、潯州刺史。未幾,改天雄軍步軍
都指揮使,刺史如故。明年,遷侍衛彰聖馬軍都指揮使,兼九府都督
□□□□□也。八方大定,萬國來朝。將賚憲於騎軍,已平敵國;
牧寇恂於河内,俾惠一方。授檢校司空、懷州刺史。政成,轉控鶴都
指揮使,加金紫階,兼和州刺史、駙馬都尉。虎賁三百,□□□□□
□;魏闕九重,謹門闌於清禁。圃田待理,漢殿掄材,功臣旌佐國之
石,出牧奉專城之寄。渤海守布解繩之政,化洽下車;淮陰侯有授鉞
之才,□膚推轂。謀於良帥,屬在舊勛。□□□□,□□鷹揚之勞;軾
前熊伏,寧淹豹變之期。齋壇峻而金鼓嚴,麻案宣而油幢出。漢壘接
平陽之第,禹河連沁水之封。控梁苑之西郊,殷乎威望;撫國僑之遺
俗,綽有政聲。當四□□□□□命之爲伯,加食邑,通前五百户。
方司外禦,俄迫内艱。居喪爰疚於塊苫,有司不避於金革。大君有
命,難違燾土之恩;開國承家,遂奉墨縗之制。授起復冠軍大將軍、右
金吾衛大將軍、員外置同正員,依前充節度使。列旌旗於衛幕,再勵
分憂;泣風雨於梁山,難勝永慕。海運方遠,峰摧若何,遺封章而不忘
戴君,對符印而猶思擇帥。三陽莫辯,□□□□□之鍼;六合至寬,無
處問迴生之草。管輅慊與才之嘆,仲尼興有命之言。名不遂而功不
成,生何足貴;令其終而善其始,歿且奚冤。以天福七年三月十六日
寢疾薨於鎮,享年四十。□□□□,□人罷市。年光似箭,訝天道於
張弓;日遞高春,輒時情於相杵。有詔贈太保,喪葬之儀,并從加等。
越明年太歲在癸卯孟夏四月二十有三日庚午,歸葬於北京太原□□
□□□也。銘旌前導,鹵簿分行。何須陶氏牛眠,方爲吉地;不待滕
公馬立,自得佳城。載惟積慶之家,須及莫京之允。
　　尚魯國大長公主。車服有容,實殷帝之歸妹;穠華□□,□□□
之王姬。半枯旋嘆於未亡,一慟俄聞於晝哭。風飄寶匣,翻成別鶴之
悲;塵暗妝台,永結孤鸞之恨。嗣子四人:長曰彦容,宮苑使、湊州刺

史;次曰彥澄、彥琪,并西頭供奉官。幼□□□□州別駕。以于公
之陰騭,門合容車;以鄧氏之舊親,家宜藏策。寵既隆於奕世,榮豈讓
於重侯,近朝以來,莫之比也。嘻! 以公之忠肅恭懿,宜慈惠和,求福
罔回,見義有勇。秉□□□□達招延無間於後生。不積財而但務
藏書,不憂家而唯思報國,求諸時彥,我罕有倫焉。宜乎享大年,躋極
品,上擊九萬里,直聳一千尋。而陽報無徵,天賦有限,極公侯伯子男
□□□□□□生而無成;守溫良恭儉讓之言,得以謂没而不朽。將傳
來裔,期播徽音,合從魯國之褒,方盡延陵之美。臣才非日地,職在□
□仰□□□□功聞□家□之□德。虔遵睿旨,強綴斯文,屬詞而徒
馨揄揚,序事而多慚漏□。鞠躬抒思,再拜銘勛,將招岱嶽之魂,輒效
楚詞之意。銘曰:

　　□□□□惠且貞,事明君兮信而誠。藏策書於周廟,□征馘於
漢宮。年既謝兮時正來,河方誓兮山告頹。訝陰騭而已矣,嘆陽報
而哀哉! □□□□□□□□帝鄉,丹旆悠兮下山陽。隔兩鄉之明
月,陟千里之宏崗。龜告吉兮著定藏,年惟利兮日其長。縈蔓草於
原上,揭豐碑於路旁。■兆,鶴且白兮來翔。傳千古兮萬代,播蘭
杜之芬芳。

天福八年歲次癸卯六月丁未朔十四日。

□威楊稠鐫字。

原載《金石萃編》卷 120

紫芝白兔頌

陛下嗣位之元年,歲次甲寅,薄伐太原,興六月之師,定王業也。
虎賁振旅,兵渡孟津。氾水獻紫芝三莖,煜煜分化,惹度關之氣。越
三載,歲在丙辰,親征淮夷,破十萬之衆,宣武功也。戎輅旋軫,途次
商唐,潁川獻白兔一頭,皎皎效質,凝照社之光。謹案《瑞應圖》曰:
"王者恩沾行葦,則紫芝秀。"《五行傳》曰:"國君德及昆蟲,則白兔
馴。"上宴息之暇,有時臨玩。睹禎祥而修德,善馴擾之遂性。紫者昭
萬物肇生之數,白者叶太素返樸之義。芝爲瑞也,左盤右屈,而自然
成形。兔之異也,或白或蒼,亦不常其色。豈可使曠代嘉瑞,來者無

聞？今聖君儉德罷露臺，至仁祝疏羅。重林衡不時之禁，則草木茂矣。崇宗廟祔祭之禮，則禽魚樂矣。若然，則朱草蓂莢，將擢秀於庭除。丹鳳麒麟，豈空游於郊藪。下臣不佞，再拜作頌。頌曰：

美哉靈草，邈矣明視。慶上帝之所臨，昭王者之嘉瑞。考其詳，稽其事，芝為草也，豈奪朱而效靈。兔乃獸焉，取守黑而為異，徵其薦瑞之日，俱在迴鑾之次。酌物情，順天意，吾君當垂衣而治。

原載《全唐文》卷 863

賜華山處士陳摶敕

朕以汝高謝人寰，栖心物外，養太浩自然之氣，應少微處士之星。既不屈於王侯，遂甘隱於岩壑。樂我中和之化，慶乎下武之期。而能遠涉山涂，暫來城闕，浹旬延遇，宏益居多。白雲暫駐於帝鄉，好爵難靡於達士。昔唐堯之至聖，有巢許為外臣。朕雖寡薄，庶遵前鑒。恐山中所闕，已令華州刺史每事供須。乍返故山，履茲春序。緬懷高尚，當適所宜。故茲撫問，想宜知悉。

原載《全唐文》卷 863

請疏理獄訟瘞埋病亡奏

臣任監察御史日，留臺西京。竊見臺司詳斷者，至於夫婦之間，小小爭訟，動引支證，淹滯積時。乃坊市死亡喪葬，又須臺司判狀，奴婢病亡，又須檢驗。人吏貪狡，因此邀求。動經旬時，不遂埋瘞。是臣目擊，常嫉弊訛者。

原載《全唐文》卷 863

請禁伐桑棗奏

竊以稼穡為生民之天，機杼乃豐財之本。是以金根在御，王者用三推之儀。鞠衣載陳，后妃有躬桑之禮。則知自天子至於庶人，不可斯須忽於農桑也。又司馬遷著書曰："齊魯之間千畝桑，安邑千樹棗，其人與千戶侯等。"伏見近年以來，所在百姓，皆伐桑為柴。忘終歲之遠圖，趨一日之小利。既所司不禁，乃積習生常。苟桑柘漸稀，則繒帛須闕。三數年内，國用必虧。雖設法課人種桑，且無及也。舊木已伐，新木未成。不知絲綿，欲憑何出。若以下民方困，不可禁之。儻砍伐一空，所在如是。歲或不稔，衣食盡忘。饑凍逼身，須爲群盜。圖難於易，哲王令猷。作事謀始，有國常務。乞留留睿覽，詢訪輔臣。欲望特下明敕，此後不得以桑棗爲柴。官場亦不許受納，州縣城門不令放入，及不得囊私置賣。犯者請加重罪。

原載《全唐文》卷 863

請郡牧不與卑冗官同班奏

内外臣僚，正衙辭謝，内則諸司小吏，與宰相差肩，外則屬郡末僚，共元戎接武。欲望宰臣使相，依舊押班。其郡牧藩侯臺省少監長吏等，不得令部内本司卑冗官員，同班辭謝。

原載《全唐文》卷 863

請停廢教習舞郎奏

前任太常少卿，伏見本寺見管教坊二舞，本户州縣尹民，若不盡免差徭，無緣投名鼓舞。況正殿會朝，已久停廢。其見管人數等，每有淪亡，皆擬填補。既不曾教習，但虛免差徭。伏乞且議停廢，敕樂工宜令教習舞郎，權且停廢。

原載《全唐文》卷 863

龍門重修白樂天影堂記

《祭法》曰：“法施於人則祀之。”《洛書》曰：“王者之瑞則圖之。”世稱白傅文行，此造化之功。蓋後之學者，若群鳥之宗鳳凰，百川之朝滄海也。秉筆之士，由斯道而取位卿相者，十七人焉。得不謂法施於人耶？王者之瑞耶？饗廟食盡雲臺可矣。矧山椒遺像乎，陟彼高岡，慷慨前事。松凋宰樹，蕭瑟古堙之上。伊注逝川，潺湲荒祠之下。歲月未積，棟宇將壞。考其由，中和初黎民經之而弗勤。詢其制，長興末秦王修之而弗至。人神元感，屬在興運。今居守佐相太原。武公，自許下之撫三川也。登鄂坂，望太室，且曰：“兹邑也，周公測景之地,土圭在焉。吾當正厥躬,臨甸民,以報天子。"既下車,闢污萊以實倉廩,寬獄市以處豪猾。繇是十一之税均,三千之條省。暇日巡魏闕,過天街,又曰:"兹地也,成王定鼎之郊,王氣猶屬。吾當尋舊地,舉墜典,以壯皇居。"遂上法象緯以嚴端門,構鴻梁而跨洛水。繇是知拱辰之位肅,朝天之路通。三載陟明,我無慚德。廣順三祀,歲在癸丑,暮春之初,予因芟除入洛,獲謁拜上公。趨魏絳之庭,金石在列。入亞夫之户,榮戟生風。初戢我以昇降,視之禮也。復接我以酒漿,觀予志也。始三揖而進,終百拜而退。既予旋軫,相訪政事。對曰:"河橋破虜之勛,有京觀在。溵水禦守之略,有金湯在。雖三尺童子,盡能知之,予無可述。"因以白公影堂爲説。公曰:"我武臣也,惟干戈是執。昧俎豆之事,幸爲我序白氏政績,及修葺之義,俾後之聞者,足以勸爲善而嚮令名,是吾志也。雖百金不吝,矧土木乎?"予曰:"彼白公,服則儒士也,位則文人也。當官隷事,烈有丈夫志。衹於批逆鱗,刺權幸,塞左道,履平坦,鎮陽拒命也。指中人爲制將,救日月之蝕,則戰士心悦。武相遇盗也,責京尹討賊,犯雷霆之怒,則奸臣股慄。杭州救旱,因農隙而積湖水。龍門通嶮,出家財而鑿八灘。著策數十篇,盡王佐之才。有文七十卷,導平生之志。向使得其位而且久,行其道而不疑,以憲宗之神武,可繼文皇也。元和之刑政,自同太宗也。必當華夏宅心,上東封之書,蠻夷屈膝。納藁街之貢,豈直擒吴定蜀平一蔡州而已哉!"言粗畢,公聳身長揖而言曰:"異乎昔之所聞。若此則白公之才美,實輔相之英者,豈徒丈夫耶! 子其行矣,予果得修之。"予歸朝未再旬,邸吏捧公書相授,具報訖事。穀乏口才,加之性懶,蟠桃拂漢,非尺箠可量,直以與公問答疏之如右,别刊貞珉。

原載《全唐文》卷 863

右軍書黄庭經跋

　　山陰道士劉君,以群鵝獻右軍,乞書《黄庭經》,此是也。逸少真書,此經與《樂毅論》《太史箴》《告誓文》累表也。《蘭亭》《洛神賦》皆行書,其他并草書也。草十行敵行書一字,行書十行,敵真書一字耳。

原載《唐文拾遺》卷 47

續跋

此乃明州刺史李振,景福中罷任過浚郊,遺光禄朱卿。朱卿名友文,即梁祖之子,後封博王。王薨,予獲于舊邸,時貞明庚辰秋也。晉都梁苑,因重背之。中書舍人陶穀記。是日降麻,以京兆安彦威兼副都統。

原載《唐文拾遺》卷47

邊光範

五代官員(901—973),并州陽曲(今河北曲陽西)人。後唐天成二年(927),起家榆次令,召爲殿中丞,改太常丞。後晉時歷任太府、大理、衛尉少卿,遷禮部侍郎、知制誥,充翰林學士。後漢初,改檢校刑部尚書、衛尉卿。後周初,出知陳州,遷秘書監,拜御史中丞。世宗即位,遷刑部、户部侍郎、權知開封府。宋初拜太常卿、御史中丞。開寶六年(973)卒。

請簡都督刺史疏

臣聞太宗有言曰:"朕居深宫之中,視聽不能及遠,所委者惟都督刺史。"則知此官,實繫治亂,本須得人。臣竊見今之刺史,或因緣世禄,或貢奉家財,或微立軍功,或但詢官序,實恐撫民寡術,抑貪吏以無方。以此牧民,而望民安,未可得也。特乞除此舊訛,委其能吏,將祛民病,永召時和。

原載《全唐文》卷862

尹 拙

五代官員(891—971),潁州汝陰(今安徽阜陽)人。後梁時《三史》及第,補下邑主簿。後唐長興中,歷任著作佐郎、直史館、左拾遺,諸鎮掌書記。晉天福四年(939),入爲右補闕。累官至弘文館直學士。周廣順初,遷庫部郎中兼太常博士,改兵部郎中。顯德初,拜檢校右散騎常侍、國子祭酒、通判太常禮院。宋初，改檢校工部尚書、太子詹事、判太府寺，遷秘書監、判大理寺。開寶四年（971）卒。

請令張昭田敏等校勘經典釋文狀

准敕較勘經典釋文三十卷，雕造印板。伏以陸氏釋文，唐初撰集。綿歷歲月，傳寫失真。非多聞博識之人，通幽洞微之士，重其商確，必致乖訛。況今朝廷，富有鴻碩。如兵部尚書張昭、太常卿田敏，皆文儒之領袖也。或家藏萬卷，或手較六經。實後學之宗師，爲當今之雄尚。伏乞察以事繼垂教，情非屬私。時賜敷揚，俾同讎校。

原載《全唐文》卷 865

張　昭

五代官員（894—972），濮州范縣（今河南范縣東南舊范縣）人。本名昭遠，避漢祖諱，止稱昭。後唐同光初，授監察御史裏行。明宗時任左補闕、史館修撰，奉詔撰《紀年録》20 卷、《莊宗實録》30 卷，優詔褒美，遷都官員外郎。又撰《武皇以來功臣列傳》30 卷、《明宗實録》30 卷。唐末帝時拜禮部侍郎，改御史中丞。後晉時，《唐書》200卷撰成，拜尚書右丞，判流内銓，權知貢舉。後漢時任檢校禮部尚書。後周時任户部、兵部尚書。撰《周太祖實録》30 卷。宋初，拜吏部尚書。開寶五年（972）卒。

進所撰兵法表

臣本書生，不嫺武藝。空忝穰苴之位，慚無却穀之能。遽捧綸言，令纂兵法。雖强三宫之説，何稱九天之謀。伏惟陛下玉斗纘戎，金樓聚學。九舜十堯之典，不足揣摩。三門五將之書，無煩接要。而猶申旦不寐，乙夜縱觀。留連於尺籍伍符，探賾於楓天棗地。以爲人情貴耳而賤目，儒者是古而非今。以韓白之智有餘，英衛之才不足。寧誤滋水釣翁之學，今迺椎輪。圮橋神叟之言，已爲糟粕。無足師模於鈐算，聊可把酌於源流。爰命下臣，撮其樞要。臣遂觀前代兵家所著,篇部頗多。自唐末亂離,圖書流落。今蘭臺秘府,目録空存。其餘討論,固難詳悉。今祇據臣家所有之書,摭其兵要,自軍旅制置,選練教習,安營結陣,命將出師,詭譎機權,形勢利害,賞罰告誓,攻守巧拙,星氣風角,陰陽課式等,都四十二門,離爲十卷。管窺蠡測,莫知穹渤之高深。獸走犬馳,且副蒐苗之指使。既成卷部,須有籤題。臣伏見前代奉詔撰論,皆目爲制旨。今輒準故事,題爲《制旨兵法》臣留司都下,不敢輒去班行。謹差私史齎詣行闕陳進。

原載《全唐文》卷 864

覆議册四廟奏

臣前月中預都省集議宗廟事,伏見議狀,於親廟外請別立始祖一廟。近奉中書門下牒,再令百官於都省議定聞奏者。臣讀十四代史書,見二千年故事。觀諸家宗廟,都無始祖之稱。惟殷、周二代,以稷契爲太祖。《禮記》曰:"天子七廟。三昭三穆,與太祖之廟而七。"鄭玄《注》云:"此周制也。七者,太祖后稷及文王、武王與四親廟也。"又曰:"殷人六廟,契及湯與二昭二穆也。夏后氏立五廟,不立太廟。唯禹與二昭二穆而已。"據王制鄭元所釋,即殷周以稷契爲太祖,夏后氏無太祖,亦無追謚之廟,自殷周以來,時更十代,皆於親廟之中,以有功者爲太祖,無追崇始祖之例。共引今古,即恐詞繁,事要證明,須陳梗概。漢以高祖父太上皇執嘉無社稷功,不立廟號,高帝自爲高祖。魏以曹公相漢垂三十年,始封於魏,故爲太祖。晉以宣王輔魏室有功,立爲高祖。以景帝始封於晉,故爲太祖。宋氏先世,官閥卑微,雖追崇帝號,劉裕自爲高祖。南齊高帝之父,位至右將軍,生無封爵,不得爲太祖,高帝自爲太祖。梁武帝父順之,佐祐齊室封侯,位至領軍丹陽尹,雖不受封於梁,亦爲太祖。陳武帝父文贊,生無名位,以武帝功,梁室贈侍中,封義興公。及武帝即位,亦追爲太祖。周閔帝以父泰相西魏,經營王業,始封於周,故爲太祖。隋文帝父忠,輔周室有大功,始封於隋,故爲太祖。唐祖神堯祖父虎,爲周上柱國,隋代追封唐公,故爲太祖。唐末梁氏朱氏有帝位,變四廟。朱公先世無名位,雖追册四廟,不立太祖,朱公自爲太祖。此則前代追册太祖,不出親廟之成例也。王者祖有功而宗有德,漢魏之制,非有功德不得立爲祖宗。殷周受命,以稷契有大功於唐虞之際,故追尊爲太祖。自秦漢之後,其禮不然。雖祖有功,乃須親廟。今亦粗言往例,以取證明。秦稱造父之後,不以造父爲始祖。漢稱唐堯劉累之後,不以堯累爲始祖。魏稱曹參之後,不以參爲始祖。晉稱趙將司馬卬之後,不以卬爲始祖。宋稱漢楚元王之後,不以元王爲始祖。齊梁皆稱蕭何之後,不以何爲始祖。陳稱太丘長陳寔之後,不以寔爲始祖。元魏稱李陵之後,不以陵爲始祖。後周稱神農之後,不以神農爲始祖。隋稱楊震之後,不以震爲始祖。唐稱皋陶老子之後,不以皋陶老子爲始祖。唯唐高宗皇帝則天武后臨朝,革唐稱周,更立七廟,仍追冊周文王姬昌爲始祖。此蓋當時附麗之徒,不諳故實。武立姬廟,乖越以來,曲臺之人,到今嗤誚。臣遠觀秦漢,下泊周隋。禮樂衣冠,聲名文物,未有如唐室之盛也。武德議廟之初,英才間出。温魏顏虞通今古,封蕭薛杜達禮儀。制度憲章,必有師法。夫追先祖之儀,起於周代。據《史記》及《禮經》云:“武王纘太王、王季、文王之緒,一戎衣而有天下,尊爲天子,宗廟享之。周公成文武之德,追王太王、王季,祀先公以天子之禮。”又曰:“郊祀后稷以配天。”據此言之,周武雖祀七世,追爲王號者,但四世而已。故自東漢以來,有國之初,多從四廟,從周制也。況殷因夏禮,漢習秦儀。無勞博訪之文,宜約已成之制。請依隋唐有國之初,創立四廟,推四世之中名位高者爲太祖。謹議以聞。

原載《全唐文》卷864

請押班宰相等不隨庶官俱拜奏

文武常參官每日於正衙立班,閤門使宣不坐後,百寮俱拜。舊制唯押班宰相押樓御史通事舍人,各緣提舉贊揚,所以不隨庶官俱拜。自唐天成末,議者不悉朝儀,遽違舊典,遂令押班之職,一例折腰。此則深忽禮文,殊乖故實。且宰相居庶僚之首,御史持百職之綱,嚴肅禁庭,糾繩班列,慮於拜揖之際,或爽進退之宜,於是凝立静觀,檢其去就。若令旅拜旅揖,實恐非宜。況事要酌中,恭須近禮。人臣愛主,不在於斯。其通事舍人,職司贊導,比者兩班進退,皆相其儀。今則在文班武班之前，居一品二品之上，端笏齊拜，禮實未聞。其押班宰相、押樓御史、通事舍人，并請依天成三年以前禮例施行，無至差忒。

原載《全唐文》卷 864

修太祖實録奏

撰《漢書》者先爲項傳，編《蜀記》者首序劉璋，所貴神器之傳授有因，歷數之推遷得序。伏緣漢隱帝君臨在太祖之前，其歷試之績，并在漢隱帝朝内。請先修隱帝實録，以全太祖之事功。又梁末主之上有郢王友珪，篡弑君位，未有記録。請依《宋書》劉劭例，書爲元凶友珪，其末主請依古義，書爲梁廢帝，其書曰《後梁實録》。唐末主之前，應順帝在位四月出奔，亦未編記，請書爲前廢帝，清泰主爲後廢帝，其書并爲《實録》兼請於諸道搜索圖記。

原載《全唐文》卷 864

覆減祀祭用犢奏

今月十二日，伏蒙宸慈召對，面奉聖旨，以每年祀祭，多用太牢，念其耕稼之勤，更備犧牲之用，比諸豢養，特可愍傷，令臣尋討故事，可以他牲代否。臣仰稟綸言，退尋禮籍。三牲八簋之制，五典六樂之文，著在典彝，迭相沿襲，累經朝代，無所改更。臣聞古者燔黍捭豚，尚多質略。近則梁武麵牲筍脯，不可宗師。雖好生之德則然，於奉先之議太劣。蓋禮主於敬，孝本因心。黍稷非馨，鬼神饗德，不必牲牢之巨細，籩豆之方圓。苟血祀長保於宗祧，而牲俎何須於繭栗。但以國之大事，儒者久行，易以他牢，恐未爲便。以臣愚見，其南北郊宗廟社稷朝日夕月等大祠，如皇帝親行事，備用三牲，如有司攝行事，則用少牢以下。雖非舊典，貴減犧牛。

原載《全唐文》卷 864

請汴州街城門權挂一宮門牌額奏

汴州在梁室朱氏稱制之年，有京都之號，及唐莊宗平河南，復廢爲宣武軍。至明宗行幸之時,掌事者因緣修葺衙城,遂挂梁室時宮殿門牌額,當時識者或竊非之。一昨車駕省方,暫居梁苑,臣觀衙城內齋閣牌額,一如明宗行幸之時,無都號而有殿名,恐非典據。臣竊尋秦、漢以來,寰海之內,鑾輿所至,多立宮名。近代隋室於揚州立江都宮,太原立汾陽宮,岐州立仁壽宮。唐朝於太原立晉陽宮,同州立長春宮,岐州立九成宮。宮中殿閣,皆題署牌額,以類皇居。臣伏准故事,請於汴州衙城門權挂一宮門牌額,則其餘齋閣,并可以取便爲名,庶使天下式瞻,稍爲宜稱者。

原載《冊府元龜》卷 14

請改定十道圖奏

内銓見行用十道圖,除舊雒都并都外,有新升京都及節度防禦團練等,名目不一。又自明宗已來,迴避廟諱,所改州縣名,多未結入十道圖。銓司入官之時,格式旋簡元敕施行,未曾添入十道圖,無所準的。請下當司改定。

原載《全唐文》卷 864

進大周刑統奏

侍御史知雜事張湜等九人奉詔編集刑書,悉有條貫。兵部尚書張昭等一十人參詳旨要,更加損益。臣質臣溥據文評議,備見精審。其所編集者,用律爲主,辭旨之有難解者,釋以疏意。義理之有易了者,略其疏文。式令之有附近者次之。格敕之有廢置者又次之。事有不便於今,該說未盡者,別立新條於本條之下。其有文理深古,慮人疑惑者,別以朱字訓釋。至於朝廷之禁令,州縣之常科,各以類分,悉令編附。所冀發函展卷,綱目無遺。究本討源,刑政咸在。其所編集,勒成一部,別有目録,凡二十一卷。刑名之要,盡統於玆。目之爲《大周刑統》欲請頒行天下,與律疏令式通行。其《刑法統類》《開成格》編敕等,采掇既盡,不在法司行使之限。自來有宣命指揮公事,及三司臨時條法,州縣見今施行,不在編集之數。應該京百司公事,逐司各有見行條件,望令本司删集,送中書門下,詳議聞奏。

請改十二和樂奏

昔周朝奏六代之樂,即今二舞之類是也。其賓祭常用,別有《九夏》之樂,即《肆夏》《皇夏》等是也。梁武帝善音樂,改《九夏》爲十二雅。前朝祖孝孫改雅爲和,示不相沿也。臣今改和爲成,取《韶》樂九成之義也。十二成樂曲名:祭天神奏《豫和》之樂,請改爲《禋成》之樂;祭地祇奏《順和》,請改爲《順成》;祭宗廟奏《永和》,請改爲《裕成》;祭天地、宗廟,登歌奏《肅和》,請改爲《肅成》;皇帝臨軒奏《太和》,請改爲《政成》;王公出入奏《舒和》,請改爲《弼成》;皇帝食舉及飲宴奏《休和》,請改爲《德成》;皇帝受朝、皇后入宮奏《正和》,請改爲《宸成》;皇太子軒懸出入奏《承和》,請改爲《裔成》;元日、冬至皇帝禮會,登歌奏《昭和》,請改爲《慶成》;郊廟俎入奏《雍和》,請改爲《騂成》;皇帝祭享、酌獻、讀祝文及飲福、受胙奏《壽和》,請改爲《壽成》。祖孝孫原定十二和曲,開元朝又奏三和,遂有十五和之名。凡制作禮法,動依典故。梁置十二雅,蓋取十二天之成數,契八音十二律之變,輒益以三和,有乖稽古。又緣祠祭所用,不可盡去,臣取其一焉,祭孔宣父、齊太公廟降神奏《宣和》,請改爲《師雅》之樂;三公升殿、會訖下階履行奏《祴和》,請廢,同用《弼成》;享先農、耕籍田奏《豐和》,請廢,同用《順成》。

奏改樂章疏

昔周公相成王,制禮作樂,殿庭遍奏六代舞,所謂雲門、大咸、大韶、大夏、大濩、大武也。周室既衰,王綱不振,諸樂多廢,惟大韶、大武二曲存焉。秦漢以來,名爲二舞,文舞韶也,武舞武也。漢時改爲文始五行之舞,歷代因而不改。貞觀作樂之時,祖孝孫改隋文舞爲治康之舞,武舞爲凱安之舞。貞觀中有秦王破陣樂、功成慶善樂二舞,樂府又用爲二舞。是舞有四焉。前朝行用年深,不可遽廢。俟國家偃伯靈臺,即別召工師,更其節奏,今改其名,具書如左。祖孝孫所定二舞名,文舞曰"治康之舞",請改"治安之舞";武舞曰"凱安之舞",請改爲"報德之舞"。貞觀中二舞名,文舞"功成慶善樂",前朝名"九功舞",請改爲"觀象之舞";"秦王破陣樂",前朝名爲"七德舞",請改爲"講功之舞"。其"治安""報德"二舞,請依舊郊廟行用。以文舞降神,武舞逆神。其"觀象""講功"二舞,請依舊宴會行用。

原載《册府元龜》卷 570

詳定雅樂疏

　　昔帝鴻氏之制樂也,將以範圍天地,協和人神。候八節之風聲,測四時之正氣。氣之清濁,不可以筆授。聲之善否,不可以口傳。故臭氏鑄金,伶倫截竹。爲律吕相生之算,宫商正和之音。乃播之於管弦,宣之於鐘石。然後覆載之情訴合,陰陽之氣和同。八風從律而不奸,五聲成文而不亂。空桑孤竹之韻,足以禮神。《雲門》《大夏》之容,無慙觀德。然月律有旋宫之法,備於太師之職。經秦滅學,雅道陵夷。漢初制氏所調,惟存鼓舞旋宫十二均。更用之法,世莫得聞。漢元帝時,京房善《易》,別音探求古義,以《周官》均法,每月更用五音,乃立準調。旋相爲宫,成六十調。又以日法析爲三百六十傳於樂府,而編懸復舊,律吕無差。遭漢中微,雅音淪缺。京房準法,屢有言者,事終不成。錢襃空記其名,沈重但條其説。六十律吕,寂寥不傳。梁武帝素精音律,自造四通十二律,以鼓八音,又引古五正二變之音,旋相爲宫,得八十四調。與律準所調,音同數異。侯景之亂,其音又絶。

　　隋朝初定雅樂,群黨沮議,歷載不成。而沛公鄭譯因龜兹琵琶七音,以應月律,五正二變,七調克諧。旋相爲宫,復爲八十四調。工人萬寶常又減其絲數,稍令古淡。隋高祖不重雅樂,令儒官集議。博士何妥駁奏,其鄭萬所奏八十四調并廢。隋氏郊廟所奏,唯黄鐘一均,與五郊迎氣,雜用蕤賓,但七調而已。其餘五鐘,懸而不作。三朝宴樂,用縵樂九部,迄於革命,未能改更。唐太宗爰命舊工祖孝孫、張文收整比鄭譯、萬寶常所均七音八十四調,方得絲管竝施,鐘石俱奏。

七始之音復振，四廂之韻皆調。自安史亂離，咸秦蕩覆，崇牙樹羽之器，掃地無餘。戞擊搏拊之工，窮年不嗣。郊廟所奏，何異南箕。波蕩不遷，知音始絕。臣等竊以音之所起，出自人心。爕曠不能常泰，人亡則音息，世亂則樂崩。若不深知禮樂之情，安能明制作之本。陛下心苞萬化，學富三雍。觀兵耀武之功，已光鴻業。尊祖禮神之致，尤軫皇情。乃蜷奉常，痛淪樂職。親閱四懸之器，思復九奏之音。爰命廷臣，重調鐘律。樞密使王朴，采京房之準法，練梁武之通音，考鄭譯、寶常之七均，校孝孫、文收之九變，積黍累以審其度，聽聲詩以測其情，依權衡嘉量之前文，得備數和聲之大旨。施於鐘簴，足洽《簫韶》。臣等今月十九日於太常寺集，命大樂令賈峻奏王朴新法，黃鍾調七均，音律和諧，不相凌越。其餘十一管諸調，望依新法教習，以備禮寺施用。其五郊天地宗廟社稷三朝大禮，合用十二管諸調，並載唐史、《開元禮》，近代常行，廣順中，太常卿邊蔚奉敕定前件祠祭朝會舞名樂曲歌詞，寺司合有簿籍。伏恐所定與新法曲調聲韻不協，請下太常寺檢詳校試。如或乖舛，請本寺依新法聲調，別撰樂章舞曲，令歌者誦習。永爲一代之法，以光六樂之書。

原載《舊五代史》卷 145

陳治道疏

臣聞安不忘危，治不忘亂者，先儒之丕訓。靡不有初，鮮克有終者，前經之至戒。究觀例辟，莫不以驕矜怠惰，有虧盛德。恭惟太宗貞觀之初，元宗開元之際，焦勞庶政，以致太平。及國富兵消，年高志逸，乃忽守約之道，或貽執簡之譏。陛下以慈儉化天下，以禮法檢臣鄰。絀奸邪之黨，延正直之論。務遵純儉，以節浮費。信賞必罰，至公無私。其創業垂統之規，如貞觀開元之始。願陛下有始有終，無荒無怠。臣又伏念保邦之道，有八審焉，願爲陛下陳之。夫委任審於材器，聽受審於忠邪，出令審於煩苛，興師審於德力，賞罰審於喜怒，毀譽審於愛憎，議論審於賢愚，嬖寵審於奸佞。推是八審，以決萬機，庶可以臻至治。

原載《全唐文》卷 864

諫畋獵疏

太祖初鎮太原，每年打鹿於北鄙。先帝在位，暇日射雁於近郊。此蓋軍務之餘，畋游自適。洎先帝膺圖啓祚，嚮明御宇。則宜易彼諸侯之事，肅乎萬乘之儀。而猶因習舊風，失其威重。馳逐原獸，殆無虛日。臣愚以爲事有可畏者四焉。洛都舊制，宮城與禁苑相連。人君宴游，不離苑囿。御馬來往，輦路坦夷。不涉荒郊，何憂蹶失。今則驅馳駬服，涉歷榛蕪。此後節氣嚴凝，徑塗凍滑。萬一有銜橜之變，陛下縱自輕，奈宗廟社稷何？所可畏者一也。又陛下新有四海，宜以德服萬邦。今則江嶺未平，淮夷尚梗。彼初聞陛下革先朝之失政，還太古之淳風。御物以慈，節財以儉。有典有則，不矜不驕。彼必有三苗率服之心，七旬來格之意。如聞陛下暫游近甸，彼即以爲復好畋游。所可畏者二也。臣又聞作法於涼，其弊猶貪。作法於貪，弊將何如。且打鹿射雁之事新，敗軌傾輈之轍在。常宜取鑒，不可因循。所可畏者三也。臣又聞作事可法，貽厥孫謀。若以陛下齊聖廣淵之機，聰明神光之量，奚可以宴游蒐狩之事，少累聖明？所謂"城中好廣眉，城外加半額"，爲法之弊，靡不由茲。所可畏者四也。伏望陛下居高慮遠，慎始圖終。思創業之艱難，知守成之不易。念老氏馳騁之戒，樹文王忠厚之基。約三驅之舊章，定四時之游幸。始出有節，後不敢違，謹奏。

原載《全唐文》卷 864

請妙選東宮師傅疏

臣聞周家創業七百年，漢氏延洪四百載，非惟天命，抑亦人謀。臣雖至愚，粗聞其要，叨居諫列，備敢奏陳。古者，人君即位之後，立嫡以爲儲闈，列土而封子弟，既尊之以名品，復教之以訓詞。則驕奢淫逸，不萌於心；仁知賢明，以習其性。良縣擇正人以爲師傅，聞善事益其聰明，假使中材，亦成良器。凡人善惡之性，多因染習而成，將創無窮，所宜重甚。竊以元良宗子，邦國本根，或陛下未欲封崇，先宜教導，所貴識古今之成敗，知稼穡之艱難，使驕縱不期於心，正道嘗聞於耳，輒條芻管，仰瀆冕旒，事具於後：一，帝王之子，生長深宮，爰自幼冲，便居逸樂，目厭雕華之玩，耳煩絲竹之音，所謂不與驕期，而驕自至，倘非天生聰惠，神授賢明，持此驕盈，焉能無惑！苟不預爲教導，何以致之盤維？臣竊見先帝時，皇弟皇子，盡喜俳優，聞無稽玩物之言，則娛心悦耳；告致理經邦之説，則俛目嚬眉。入則務飾姬姜，出則思參僕馬。親賓滿座，無非優笑之徒；食客盈門，罕有賢能之士。以此知識，以此宗師，必若托以維城，付之主鬯，無難亡之國，無不破之家，其則非遥，可謂殷鑒。臣請諸皇子各遵古議，置師傅之官。如陛下厚之以渥恩，課之以訓導，令皇子屈身師事，每日講説善道，一日之中，但記一事，一歲之内，所記漸多。每至月終，令師傅具録聞奏，或皇子上謁之時，陛下更令侍臣面問，十中得五，爲益良多，何必讀書，自然博識。既達安危之理，兼知成敗之繇，主鬯維城，何往不可！臣雖識短，事繫遠圖，伏乞陛下詢於公卿，以爲可否。一，臣聞古之人君即位，而册太子，封拜諸王，究其所繇，蓋有深旨，一則欲尊儲闈而作磐石，繫我宗枝；一則欲分嫡庶而辨親疏，各歸名分，使庶不亂嫡，疏不間親，禮秩有常，邪慝不作。臣竊見近代聖后賢君，或有失於此道，以此邦家構患，釁隙萌生。昔隋祖聰明，煬帝亦傾於楊勇；太宗睿聖，魏王終覆於承乾。臣每讀古書，深悲其事，願於聖代無此厲階，其于卜貳封崇，在臣不敢輕議。臣請諸皇子於恩澤賜與之間，婚姻省侍之際，依嫡庶而爲禮秩，據親疏而定節文，示以等威，絶其僥倖，保宗之道，莫大於斯。一，臣聞上聖之才不修，崇而合道；中人之性隨染，習而無常。是故告以話言，束之名教，猶蹈覆車之轍，不師銘座之言，而況左右全闕正人，染習不聞善事，欲求賢行，其可得乎！伏見近代師傅之官，所設備員而已，未聞調護太子，訓導諸王，坐食俸錢，誠爲尸禄。臣請皇子中當爲儲位者，雖未封拜，先要切磋，應在朝官僚、師傅之官，請每日謁見皇子，或講論時政，或習熟禮容，日增月修，有益無損。在臣愚識，以此爲憂，伏乞陛下付公卿詳議，以爲可否。伏惟皇帝陛下仁深拜善，道在勵精，行慈儉而愛生靈，正賞罰而激貞濫，内外皆無闕政，左右盡是賢臣，諫者無以措詞，多士惟期自勖。臣豈合遽陳，狂瞽輒犯宸嚴，但以恩未報於君親，事實關於國本，庶裨萬一，聊罄再三。

原載《全唐文》卷 864

請尊師傅講論經義疏

臣聞江海不讓於細流，所以成其大，山岳不讓其撮土，所以成其高。王者不倦昌言，所以成其聖。臣歷觀前代，乃至近朝，遍閱聖君，無不好學。故楚靈王軍中決勝，不忘倚相之書。漢高帝馬上爭衡，猶聽陸生之説。遂得宸謀益治，宗社延長。伏惟皇帝陛下纘禹丕圖，受堯成法。春秋鼎盛，四聰不惑於咨詢。廊廟謀深，六藝何妨於講習。古者或立儒宮，或開文館。旁求巖穴之士，延納草澤之才。雖有前規，伏恐未暇。況國家設官分職，選賢任能，有輔弼講其國經，有師傅啓其言路，可以談天人之際，可以陳理亂之繇。但能屬耳於典謨，何必服膺於卷軸。伏望陛下聽政之餘，數召近臣，討論經義。所冀熟三綱五常之要，窮九疇八政之源。縱無取於儒冠，猶冀賢於博奕。

原載《全唐文》卷 864

請復法官彈劾故事疏

臣聞諫官進言，御史持法。實人君之耳目，正邦國之紀綱。自本朝以來，尤重其任。今之選授，莫匪端良。然則彈奏之間，尚未申於才用。使諫諍之道，或未罄於箴規。俾七人徒歷於清華，三院但循於資級。考其志業，孰測短長。臣請依本朝故實，許御史以法冠彈事，諫官逐月給諫紙，政事有所不便，并許陳聞。所冀履班行者，不負於君親。有才業者，自分於涇渭。庶幾舉職，免有曠官。

原載《全唐文》卷 864

請以舊法用人疏

昔唐初劉洎、馬周，起於徒步，太宗權用爲相。其後柳璨、朱朴，方居下僚，昭宗亦加大用。此四士者，受知於明主。然太宗用之而國興，昭宗用之而國亡，士之難知如此。臣願陛下存舊法而用人，當以此四士爲鑒戒。

原載《全唐文》卷 864

趙　逢

　　五代官員（？ —975），媯州懷戎（今河北懷來東南懷來城）人。後唐時，游於河朔諸鎮幕府。漢乾祐中，進士及第，授秘書郎、直史館。周廣順中，歷左拾遺、右補闕，皆兼史職。世宗嗣位，遷禮部員外郎、史館修撰，改膳部員外郎、知制誥。宋初，拜中書舍人。因事貶爲房州司户。乾德初，召赴闕，授都官郎中、知制誥，累官給事中。開寶八年（975）卒。

大周故北京飛勝五軍都指揮使銀青光禄大夫檢校司空兼御史大夫上柱國贈左驍衛將軍石公（金俊）妻河南郡太夫人元氏墓志銘并序

　　朝散大夫行左拾遺直史館趙逢撰

　　夫結褵配賢夫，師女訓，正家道於内。承家教，令子奮仁勇，書戰勛於册。没世有良嗣爲郡守，護輴車以歸，較其享遐齡、具豐福，如太夫人者鮮矣！

　　夫人姓元氏，懷州成懷人。自垂髫，值唐季離亂，家没於兵革，遂養於叔舅。叔舅復早世，孤養於舅母。族譜世系，與家俱喪，故莫得詳焉。太夫人及笄之歲，柔明之譽，盈於鄉里。將軍府君聞其賢淑，乃納徵而授室焉。

　　府君名金俊，朔州神武川上方城人也。幼善騎射，習司馬兵法。長與豪俠游，牛馬谷量，世爲强族。初，委質事唐代祖武皇帝，以勇幹爲主衛兵，甚見親用。洎莊宗皇帝復讎於梁室，按兵於孟津，積軍旅之勞，累遷銀青光禄大夫、檢校尚書左僕射、兼御史大夫、上柱國、充北京飛勝五軍都指揮使。凡下堅城、攻堅陣，謀無不臧，動無不制。臨戈矛，畏之若神，撫士卒，慕之如父。明宗皇帝以府君貔貅良將，豐沛故人，制授資州刺史。對曰：“臣生於朔漠，本以弓矢自效。夫人性少則剛果，遂衽金革，歷事三帝，幸罹敗軍失律之釁，今已老矣，支體獲全，矧不達爲政，豈敢以方州爲累乎？願復丘園，守先人墳壟爲樂矣。”上不奪其志，錫賚加等，優詔許之。以長興七年六月二十一日，遘疾卒於太原之私第,卒年五十八。天福四年,贈檢校司空。八年,贈左驍衛將軍。

嗣子今義州太守仁贇。以天福三年十一月七日,卜遷於西京河南縣平樂鄉朱陽里,從吉兆也。太守,府君第三子,素以勇敢忠義聞於時。當晉高祖潛躍之際,以宗屬授突騎右第三軍指揮使。及刺京邑,累遷至興順右第一軍都虞候。天福七年,安從進叛於漢南,掠我樊鄧,太守與監護陳思讓首破從進於唐州花山,大殲其黨。從進獨以身竄,鼻辛脅息,閉關自固。泊大軍守之,不期月而城潰,始由太守拉爪摧牙之力矣。晉高祖嘉其功,授興順左第三軍都指揮使。復以戢兵之效,帝念攸隆。九年,授護聖左第六軍都指揮使兼維州刺史。十二年,遷護聖右第四軍都指揮使、兼連州刺史。乾祐元年三月,遷護聖左第二軍都指揮使。六月,授推誠翊戴功臣、金紫光祿大夫、檢校司徒、德州刺史。廣順元年七月,改授檢校太保、義州刺史。凡至理所,屏強暴,恤孤惸。非常賦不妄錄,非故罪不妄刑。暴客知禁,苛吏自循。戍卒忘歸,邊戎咸竦。故二郡之民不易俗而化。太祖皇帝尚□嚴之理,厚乃眷之恩。將被寵靈,遽丁艱疚。三年正月三日,太夫人薨於義州官舍,享年八十三。太守茹荼銜疚,護喪歸洛。以顯德二年三月三日,祔葬於先將軍司空之塋,禮也。

初,太夫人之養於外氏,傷幼丁荼毒,泊至成人,言無先唱,容常慘如。鍼縷鞶囊之績,夙夜自勤。泊歸將軍府君,彰內助之風,繁克昌之胤。雖太守建隼列郡,太夫人常以嚴正訓之,太守亦如童孺增畏。是故天子降璽書,始封樂安縣太君,進封河南郡太君,改封河南郡太夫人,從子貴也。嗣男三人:長喜子,次三留,未幼學之年,咸遇疾而夭。次義州太守。女三人:長適耿氏而早世。次字歸鄉,纔成童兒殂殞。次審貞,幼厭□勞,遂圓頂委身於薄伽梵,功行具修爲真釋。子孫男八人:長公山,次婆兒,皆早世。次懷德,右番殿直。次懷密,前義州衙內指揮使。次懷忠,前義州衙內都虞候。次懷義,前義州子城使。次九哥,不育於褓褓。次小廝兒。孫女五人:長適太原王氏。次字瞻瞻,年始笄。次字寵寵,未笄而逝。次美美,次喜喜,咸能稟嚴勵之訓,執孝敬之道。鳳跱鸞蹌,風流霞舉。惜乎!沒者不得成蹊於瓊林珠樹,繼莫京之緒,亦可悲哉！太守與逢敦後凋之契,以懸空有日,命家老列狀於僕,請爲志銘。僕不能文,但以昔年任蘭臺郎,求假適義州,獲昇堂拜太夫人,親慈懿之風,熟貞良之德,乃縱筆直紀官婚而已。至於惇序姻族,惠恤臧僕,立嘉言,積善行,非作傳不能周叙其事。勉抽鄙思,乃作銘云：

覆載爲器,造化爲權。萬物遷革,暑雨祁寒。圓首方足,貴其兩端。既富且壽,人之所難。猗歟夫人,繁兹令族。夫贈將軍,子爲郡牧。八十三年,享斯豐福。以古方今,罕齊芳躅。懿行彌著,閨門克昌。乃子乃孫,爲龍爲光。浮休之速,於何不常。喟然嘆息,貞淑云□。孝子孝孫,柴毀骨立。□慕之慟,血繼其泣。祔彼先塋,歸於京邑。欲報之恩,終身何及。

原載《全唐文補遺》第一輯

郭忠恕

五代官員、畫家(? —977),河南洛陽(今河南洛陽)人。後晉時童子及第。周廣順中,召爲宗正丞兼國子書學博士,改周易博士。建隆初,因事被貶爲乾州司户參軍。又乘醉毆從事范滌,配隸靈武。此後不求仕進,游於岐、雍、京、洛間,以繪畫爲生。太平興國二年(977)卒。

汗簡序

《汗簡》者,古之遺像,後代之宗師也。蒼頡而下,史籀已還,爰從漁獵,得其一二,傳寫多誤,不能盡通。臣頃以小學莅官,校勘正經石字,緜是咨詢鴻碩,假借字書,時或采掇,俄成卷軸。乃以《尚書》爲始,石經《説文》次之,後人綴緝者殿末焉。遂依許氏,各分部類,不相間雜,易於檢討,遂題出處用以甄別。仍於本字下,直作字樣之釋,不爲隸古,取其便識,與今文正同者。惟目録之外,不復廣收。《切韻》玉篇,相承紕繆,體既煩冗,難繕箋毫,有所不知,盡闕如也。

原載《唐文拾遺》卷 47

汗簡略叙後記

臣按鳥迹科斗,通謂古文,歷代從俗,斯文患寡,目論臆斷,可得而聞。太史公曰:"禮失求諸野。"古文猶不愈於野乎? 亦下臣之志也。塵露雖微,山海不却,略叙其事,集而次之。

原載《唐文拾遺》卷 47

楊昭儉

五代官員(902—977),京兆長安(今陝西西安)人。後唐長興中,登進士第。解褐成德軍節度推官,累官殿中侍御史。後晉時歷官中書舍人、翰林學士、河南少尹、秘書少監。後周世宗時,任翰林學士、御史中丞,出爲武勝軍行軍司馬。入宋後爲太子詹事。太平興國二年(977)卒。

諫宥張彥澤疏

天子君臨四海,日有萬幾。戀建諍臣,彌縫其闕。今則諍臣雖設,言路不通。藥石之論,不達於聖聰。而邪佞之徒,取容於左右。御史臺紀綱之府,彈糾之司,銜冤者固當昭雪,爲蠹者難免放流。陛下臨御以來,寬仁太甚,徒置兩司,殆如虛器。遂令節使慢侮朝章,屠害幕吏。始訴冤於丹闕,反執送於本藩。苟安跋扈之心,莫恤冤抑之苦。願回睿斷,誅彥澤以謝軍吏。

原載《全唐文》卷 863

高　錫

五代官員(? —983),河中虞鄉(今山西永濟)人。漢乾祐中,舉進士。王晏鎮徐州,聘爲掌書記。後漢時任蔡州防禦推官。宋建隆二年(961),任著作佐郎,後遷監察御史、左拾遺、知制誥,加屯田員外郎。後因誣陷同僚,貶萊州司馬。太平興國八年(983)卒。

諫親決庶政疏

　　四海之廣,萬幾之衆,雖堯舜不能獨治,必擇人而任之。今陛下以一身親之,天下不謂陛下聰明睿智,足以兼百官之任,皆言陛下偏迫疑忌,舉不信群臣耳。不若選能知人公正者以爲宰相,能愛民聽訟者以爲守令,能豐財足用者使掌金穀,能原情守法者使掌刑獄。陛下但垂拱明堂,視其功過而賞罰之。天下何憂不治,何必降君尊而代臣職,屈貴位而親賤事,無乃失爲政之本乎?

原載《全唐文》卷862

盧多遜

　　五代大臣(934—985),懷州河内(今河南沁陽市)人。後周顯德初,舉進士,解褐秘書郎、集賢校理,遷左拾遺、集賢殿修撰。入宋以來,頗受重用,累官至吏部侍郎。太平興國初,拜中書侍郎、平章事。因交通秦王趙廷美,被免官流放。雍熙二年(985),卒於流所。

大周故禮部尚書致仕盧公(價)墓志銘并序
　　親侄朝議郎行左補闕充集賢殿修撰多遜撰并書
　　公諱價,字待價,以己未正月十日抱疾薨於洛陽綏福里之私第,享年六十有八。越庚申歲正月十四日,親弟司封郎中、充弘文館直學士億,奉公之神,逾洛而北,越孟津,歸葬於懷州武[德]縣期至鄉馮封里之先塋。既卜葬事,親侄左補闕、充集賢殿修撰多遜爲其志文,則家世踐歷,事迹履行,皆可以盡載。

　　公之曾祖畫,皇任齊州長史。祖得一,皇任懷州河内縣令,追贈光禄少卿。考真啓,皇任河南鞏縣令,累追贈太子少師。自顯祖而下,皆以仁義貞厚率其家,廉慎清白莅其仕,鐘其慶而良胤生焉。公以文章才識顯其名,冠裳組緋貴其位,流其光而贈典斯在。即家世之懿令輝赫可知也。公始從知於□陽,授□官。未幾,隨府於滄州,授推官,遷支使,又爲河南府推官,登朝授監察御史,後唐之令也。由監察改殿中侍御史、侍御史,仍知雜事、戶部員外郎知制誥、虞部郎中知制誥、中書舍人、吏部侍郎、禮部侍郎、刑部侍郎，晉氏之命也。由刑部改兵部侍郎，漢帝之命也。隆周授歷，休命惟久，授吏部侍郎，實總銓事，改西京副留守。既罷，以疾授賓客分司，皆使其恩也。經數歲，以大禮部之扶爲懸車之命，耀其貴也。歷階至金紫光祿大夫，爵至開國子，食邑至七百戶。其踐歷之綿久崇峻，又可知也。若夫節制藩閫，尹正都邑，擇賓佐之才者以政事；提舉綱憲，振肅班朝，擇御史之才者以執法；朝廷之文，雅誥爲重，擇司言之才者以□策；邦家之務，會府爲繁，擇貳卿之才者以重望。惟公始以政事發其迹，又以執法揚其聲。七年莅司言之官，五任歷貳卿之秩。畢公洛郊之化，方佐保釐，四皓商山之歌，俄從賓護。就閑請老，登爲正卿，光於搢紳，罕其儔比。其事迹之華顯昭著，又可知也。其少也，謹敬以事其長，長者於是稱之曰孝悌；其長也，仁惠以綏其少，少者於是稱之曰慈愛。與人交游，必稱之曰信而遜，與人臨莅，必稱之曰寬而順。其履行之貞正休令，又可知也。嗚呼！宦達貴仕，壽過耆年，名遂身退，雖古人無以尚也，於其生即無所恨矣。而室無正寢，家無冢嗣，唯孤女一二人而已，皆又出適。一旦殞逝，幽院闃寂，骨肉相聚，爲之嗚咽。吁！豈皇天之無知乎？履行如是而所報之無全耶？嗚呼哀哉！夫人崔氏，先卒於公未仕之年，尋遷於是塋，今啓而祔焉。有一兒一女，皆嬰孺不育。側室王氏奉箕箒垂三十年，有三女。長適姑臧李獻誠，獻誠早亡；次適姑臧李克勤；次適河東薛智周。噫！千載而□爲不朽者，斯文乎？直用叙述，誠曰無愧。含酸秉筆，睫淚交落。謹爲銘曰：

天地氤氳兮造化其成，生爲賢人兮爲才爲名。一朝殞逝兮邈乎英靈，千年萬歲兮不知其程。長河湯湯兮太行青青，山河之間兮公之故塋。葬於是兮志於是，永世之後兮證信史之昭明。

原載《五代墓志彙考》

劉　蟠

五代官員（919—991），濱州渤海（今山東濱州北濱城鎮北）人。後漢乾祐二年（949）舉進士，解褐益都主簿。後周任青州益都縣主簿。入宋累官至左諫議大夫。淳化二年(991)卒。

顏弘德經幢記

净一切惡道佛頂尊勝陁羅尼真言曰：

（經文略）

大周棣州開元寺故宗主臨壇律大德瑯琊顏上人幢子記。登仕郎、前守青州益都縣主簿劉蟠撰。

青州龍興寺講律僧處辭書。

蕩蕩無底之壑，□變於耕田。巍巍積秀之山，亦壞於蟻壤。孕人曹於六氣，生老病死以難逃；鍾壽域於百齡，幻泡夢電而莫止。上人諱弘德，棣州厭次縣人也。本顓頊之垂胤，迨成周之所封。夷父當稱字之年，聿標氏族；伯禽分食菜之後，益茂宗□。□聖騰芳，冠四科而□德行；珥貂襲貴，咏五君以豁襟懷。大勛既著於八紘，峻望克流於於萬古。顯乎靈派，粤生異人。上人幼寶不群，達□教而遵釋教，性□拔俗，□有爲而奉無爲。及出家投開元寺故律宗如仁大德，而請益焉。事師之儀，越於常品；稽首之禮，務在和顏。先師默重於多能，戒壇遂延於上足。頓高識量，復悟變通。跂足空門，固不礙於闊楥；游心彼岸，尤無適於津涯。其或［致］孝悌之風，□族稱其美；執謙恭之柄，錫類稱其美；□琴詩之妙，冠蓋稱其美。遇貴無諂，逢貧却哀。大慈大悲，絕無愛憎之念；正法像法，皆探□境之□。□□□□□□□兼新章律。跏座而座集有情，一偈一句動大衆。天鼓激越，助梵音而轉高；金柅縱橫，制法輪而不定。三千世界，宏□□□□□□□□□□□□□堑。比謂［投］戒珠於禪室，照破昏邪；揮慧劍於緇林，斷盡煩惱。豈期道之將□，□□求醫。召諸徒弟，而謂曰：□□□□□露□□□□應律，指木葉以必凋。言訖，銜淚浩嘆，而啓手足焉。於大周顯德二年乙卯歲六月□日，□□於本寺，享年六十五，僧臘□□□。洪鐘滅聲，安□□□。嘉名□□，不朽於閻浮。貞魄□□，永歸於極樂。爰示遺訓，奉命焚燒。烟焰亘天，□□金石而碎質；哀聲動地，瞻衣鉢以凝神。三日復出於□□，方披於煨燼，頗獲舍利，垌叶群情。荆璞毀來，獨遺於美玉；海蚌剖處，但見於明珠。今則有緣施財,門人竭力。以歲月之稍便,取灰骨以深藏。恐演説之英風,與浮雲而共散。遂鐫銘於翠琰,俾流水以同休。蟠忝周南、召南之科,漏大乘、小乘之趣。讓請書而無計,詳行狀以揮毫。辭昧簡栖,甚愧於昭明太子。辯非鑿齒,喜奉於彌天道安。時大周顯德五年歲次戊午二月癸丑朔三日己卯申時建立。

　　小師比丘匡演、匡辯、匡政,尼鑒賢,同學臨壇律大德隱、法佺,比丘道志,尼智佺,尼正規,尼妙佺,崇勝禪院主尼廣澄,尼廣慈,尼廣瞻,尼廣善,弘遠大師賜紫,尼廣智,□州報國寺弘覺大師,賜紫楚賓,金符寺首座六八六臨壇大德尼靈審,臨壇大德尼廣進,臨壇大德尼寶嚴,臨壇大德尼幽進,臨壇大德尼道因,臨壇大德尼廣發,臨壇律大德惠謹,臨壇大德尼志嚴,臨壇大德尼處進,臨壇大德尼奉真,臨壇大德尼雅幽,尼廣超,尼遇朗,尼遇啓,尼遇□,尼遇正,遇真,尼超遇,尼惠朗,尼惠進,尼恒惠,尼超素,尼恒政,尼恒儼,尼鑒欽,尼超鑒,尼寶真,尼恒智,尼超遇,尼超進,尼志因,尼鑒賢,净念禪院主尼超凝,尼超勝,尼幼賢,尼幼哲,尼行超,尼智能,尼智嚴,尼智欽,智□。青州都料匠孫唐實鐫。□林郎、前守兖州龔丘縣主簿高濟,弟子王進。前攝長史李全鐸,弟子榮繼勛,弟子習延嗣。前隨使押衙王鵬,弟子孫繼榮,弟子張繼珪。女弟子李氏,女弟子張氏,女弟子劉氏,女弟子劉氏,弟子石仁魯,弟子高遇,弟子蘇廷嗣,弟子盧肇,女弟子王氏,女弟子丘氏,女弟子孫氏,女弟子蘇氏,前押衙、通引官韓知榮,弟子孫裕,弟子孫知誨,弟子仇誓,女弟子□氏,女弟子徐氏,女弟子阮氏,女弟子孫氏,女弟子孫氏。前天平軍同節度副使、前□□院官韓知柔,女弟子□氏,女弟子郭氏,女弟子仇氏,女弟子劉氏,女弟子盧氏,集賢回圖李琦,前義武軍節度隨使押衙王鄴,前天雄軍隨使押衙崔志,前義武軍節度隨使押衙張仁朗,前通引官李守文,承務郎、前守録事參軍劉光政,節度押衙、前衙前教練使、銀青光禄大夫、檢校國子祭酒、兼御史大夫專鄴,團練押衙、充衙内散從官、都虞候、大殿功德都維那崔仁遇,承奉郎、前守大名郡臨清縣令鹿瑩,前殿直、銀青光禄大夫、檢校太子賓客、兼監察御史、武騎尉李漢筠,團練押衙、充散從官、左番十將、大殿功德副維那傅仁祚,前嵐州軍事判官、將仕郎、試大理評事王致禹,前彰德軍節度隨使押衙習神泰,前攝□州司馬潘知柔,前攝鄭州司馬趙德明,衙前十將、充散從官、右番十將張廷珪,匡時□義功臣、馬步軍都指揮使、光禄大夫、檢校尚書左僕射兼御史大夫、上柱國、隴西郡開國男、食邑三百户李仁遇,弟子解匡誨,弟子張瑁,弟子劉繼榮,弟子張廷珪。

原載《全唐文補遺》第六輯

顏上人經幢　顯德五年二月

　　□净一切惡道佛頂尊勝陀羅尼真言曰:

　　經文略

　　大周棣州開元寺故宗主臨壇律大德瑯琊顏上人幢子記

　　登仕郎前守青州益都縣主簿劉蟠撰

　　青州龍興寺講律僧處辭書

　　蕩蕩無底之壑,□變於耕田;魏魏積秀之山,亦壞於蟻壤。孕人曹於六氣,生老病死,以難□鍾,壽域於百齡,幻泡夢電而莫止。上人諱弘德,棣州厭次縣人也。本顓頊之垂胤,迨成周之所封,夷人當稱字之年,聿標氏族,伯禽分食菜之後,益茂宗□。□聖騰芳,冠四科而□德,行珃貊襲貴咏,五君以緒襟懷,大勛既著於八紘,峻望克流於萬古,顯乎靈派,粤生異人。上人幼實不群,達□教而遵釋教,性□拔俗,□有爲而奉無爲,乃出家投開元寺故律宗知仁大德,而請益焉。事師之儀,越於常品,稽首之禮,務在和顏。先師默重於多能,戒壇遂□於上足,頓高識量,復悟變通,跂足空門,固不礙於開捷,游心彼岸,尤□適於津涯。其或改孝悌之風,□□稱其美,執謙恭之柄,錫類稱其美,□琴詩之妙,冠蓋稱其美。遇貴無諂,逢貧却哀,大慈大悲,絶□愛憎之念。正法像法,皆探究竟之□,□□□□□□兼新章律跌座而座,集有情一偈一句,動大衆天鼓激越,助梵音而轉高金扼,縱横制法輪而不定,三千世界宏□□□□□□□□□□□□□□□坌。比謂□戒珠於禪室,照破昏邪;揮慧劍於緇林,斷盡煩惱。豈期道之將□□□求醫,召諸弟弟而□曰:"□□□□□□露□□□□□應律指木葉以必凋。"言訖,銜淚浩嘆而啓手足焉。於大周顯德二年乙卯歲六月□日□□於本寺,享年六十五,僧臘□□。洪鐘滅聲,安□□□,嘉名□□,不朽於閻浮□。魂□□永歸於極樂,爰示遺訓,奉命焚燒,烟焰亘天,□金石而碎質;哀聲動地,瞻衣鉢以凝神。三日復出於□□□方,竟披於煨燼,頗獲舍利,洞叶群情,荊璞毀來,獨遺於美玉;海蚌剖處,但見於明珠。今則有緣施財,門人竭力以歲月之稍,便取灰骨以深□,恐演說之英風,與浮雲而共散,遂鐫銘於翠琰,俾流水以同休蟠,忝周南、召南之科,漏大乘、小乘之趣讓。請書而無計,詳行狀以揮毫,辭昧簡栖,甚愧於昭明太子,辯非鑿齒,喜奉於彌天道安。

時大周顯德五年歲次戊午二月癸丑朔三日己卯申時建立。

小師比丘匡演、匡辯、尼鑒賢,同學臨壇律大德弘隱,法侄比丘道志,尼智佺、尼正規、尼妙佺,崇勝禪院主尼廣澄、尼廣慈、尼廣瞻、尼廣善,弘遠大師賜紫尼廣智,□州報國寺弘覺大師賜紫楚賓,金符寺首座臨壇大德尼靈審、臨壇大德尼廣進、臨壇大德尼寶嚴、臨壇大德尼幽進、臨壇大德尼道因、臨壇大德尼廣發、臨壇律大德惠謹、臨壇大德尼志嚴、臨壇大德尼處進、臨壇大德尼奉真、臨壇大德尼雅幽,尼廣超、尼遇朗、尼遇□、尼遇□、□遇正、遇真、尼超遇、尼惠朗、尼惠進、尼恒惠、尼超素、尼恒改、尼恒儼、尼鑒欽、尼超鑒、尼寶真、尼恒智、尼超遇、尼超進、尼志因、尼鑒賢,净念禪院主尼超凝、尼超勝、尼幼賢、尼幼哲、尼行超、尼智能、尼智嚴、尼智欽、智□。青州都料匠孫唐寶鐫。

□□郎前守兗州龔丘縣主簿高濟、弟子王進、前攝長史李全鐸、弟子榮繼勛、弟子習□嗣、前隨使押衙王鵬、弟子孫繼榮、弟子張□珪,女弟子李氏、女弟子張氏、女弟子劉氏、女弟子劉氏、弟子石仁魯、弟子高遇、弟子蘇廷嗣、弟子盧肇、女弟子王氏、女弟子丘氏、女弟子孫氏、女弟子蘇氏,前押衙通引官韓知榮、弟子孫裕、弟子孫誨、弟子仇詧、女弟子□氏、女弟子徐氏、女弟子阮氏、女弟子孫氏、女弟子孫氏,前天平軍同節度副使前□□院官韓知柔,女弟子□□、女弟子郭氏、女弟子仇氏、女弟子劉氏、女弟子盧氏,集賢回圖李琦、前義武軍節度隨使押衙王弘鄩、前天雄軍隨使押衙崔志、前義武軍節度隨使押衙張仁朗、前通引官李守文、承務郎前守錄事參軍劉光政。

節度押衙、前衙前教練使、銀青光禄大夫、檢校國子祭酒、兼御史大夫專鄴，團練押衙、充衙内散從官都虞候、大殿功德都維那崔仁遇，承奉郎、前守大名郡臨清縣令鹿瑩，前殿直、銀青光禄大夫、檢校太子賓客、兼監察御史、武騎尉李漢筠，團練押衙、充散從官、左番十將、大殿功德副維那傳仁祚，前嵐州軍事判官、將仕郎、試大理評事王致禹，前彰德軍節度隨使押衙習神泰，前攝□□司馬潘知柔，前攝鄭州司馬趙德明，衙前十將、充散從官、右番十將張廷珪，匡時□義功臣、馬步軍都指揮使、光禄大夫、檢校尚書左僕射、兼御史大夫、上柱國、隴西郡開國男、食邑三百户李仁遇。

弟子解匡誨、弟子張瑁、弟子劉繼榮、弟子張廷珪。

原載《（民國）續修歷城縣志》卷 32

李　昉

五代宋初大臣（925—996），深州饒陽（今河北饒陽固店）人。漢乾祐中舉進士，爲秘書郎。周世宗時，歷任主客員外郎、知制誥、集賢殿直學士、左拾遺、史館修撰、判館事。累遷屯田郎中、翰林學士。入宋累官至宰相。至道二年（996）卒。李昉著述頗多，《太平御覽》《太平廣記》《文苑英華》以及《開寶本草》等書，皆爲其主編，影響後世至爲深遠。

大周推誠奉義翊戴功臣特進檢校太保使持節濟州諸軍事行濟州刺史兼御史大夫上柱國西河郡開國公食邑二千三百户任（漢權）公屏盜碑銘并序

朝議郎行左拾遺充集賢殿修撰臣李昉奉敕撰

翰林待詔朝議大夫行司農丞臣張光振奉敕書

降婁魯之分，濟河惟兖州。大野既荒，西狩獲麟之地。崇山作鎮，東溟見日之峰。郡國已來，土賦稱大，舊制非便，必惟具新。蓋民衆吏少，則奸易生，治稱任平，則時克乂。皇朝建濟州於巨野縣，猶魏室分厭次爲樂陵郡耶。我太祖聖神，恭肅文武。孝皇帝發天機，張地紀，皇建丕祚。帝於萬邦不枉政以厚民生，不克法以重民命。以謂分是理,頒是條,施之一方而用寧,通之四海而不泥者,其惟良二千石乎?故簡選牧守,咸用賢能,得人者昌,於斯爲盛。今皇帝嗣守洪業,光揚聖謨,率勤儉爲天下先;惟幾微成天下務。所謂皇王綱統之道明矣。邦國紀律之務成矣。而研核精煉,日不暇給,以戒馳墮之患,所謂視聽聰明之德充矣,中外上下之情通矣。而啓迪開納,國無留事,以防壅塞之弊。凡軍國機要,刑政樞務,事無巨細,必詳於聽覽。凡公侯卿士,牧伯長史,任無重輕,必考其才器,是以設爵愈重,分職愈精,人人自謂我民康,家家自謂我土樂。粵嗣位元年冬十月,詔以前趙州刺史任公檢校太保,牧於濟州。濟新造之郡也,麟州之名其廢已久。歲月差遠,土風寖醨,民忘其歸,或肆爲梗重以控地。既大苞荒,用遲山幽藪深亡命,攸萃灌莽,悉伏戎之地,萑蒲爲聚盜之資。妖以人興,嘯召或成於風雨。法由貪弊,羈縻遂至於逋逃。良田有蟊賊害嘉穀,惟夫年號豐稔;時無札瘥,滯穗餘糧栖偃於千畝。京倉坻庾,阜衍於九年,猶或脅游惰之之夫,釋未耜之用,鈎鋤弦木,竊弄於鄉閭之間,矧饑沴之歲乎!至乃野無戰血,天藏殺機;鞏甲珥戈,戢鋒芒於武庫;庸租井賦,緩征督於鄉胥。尚或誘輕生之民,聚無賴之族,巢梟穴,狡竊發於海溟之中,矧兵革之際乎?民既病而疇思其治,醫雖良而藥或未工;蓋用有所長,才難求備。文吏束名教之檢,則必曰導之以德,盜用侮而益暴,法家持剛猛之折,則必曰齊之以刑。盜用駭而彌逸,自非文武兼資之用,英雄斷制之才,茌是任而居是邦者,厥惟難哉!公天授將才,生知理本,以戰則勝,元機出應變之先;以化則孚,心術同希微之表。抗一旅而戾止,撫萬室以瞻言,以爲川壅污潢,利源派而當宜濬歈;田荒蘺蕘,樹嘉苗而必極芟夷。於是,令以先庚申之後,甲介馬負,先馳之勇;陰門提夜出之兵,獵叢社以平妖,盡誅其類。狩平林而得貐,悉伏其辜。狂童震驚,四野竦駭,狼心盡革,民患皆除。乃峻以堤防,敛其窞穽。決獄盡疏其留滯,窮源用滌其瑕疵。分命鄉民,設其警候,伏乙夜以搜慝,扼衝途而伺奸。盜迹之來,若罹罝罜。申命降寇,招其叛徒,恩信著用,以結其心,攝伏羈留以杜其變。盜意之改若愈膏肓,非夫術以變通,奸由惠照。太阿所擊,刺洪鐘而不留;王弩載張,應靈機而自發。其孰能如此耶?甚矣哉!除盜之難其來有素,中古澆漓之後,群心變詐之興,縱燎夷荒,或敗蕭蘭之秀;尋柯伐蠹,因傷杞梓之材。唯賢者之用心,則是非而無混。故公嫉盜之意切,而誅盜之令嚴;去盜之術行,而屏盜之譽顯。夫盜既去矣,民將息矣。然後緩之以約束,寬之以法令。養之以惠愛,勸之以禮讓。化之無或戾,信之無或欺。則羲黃之風彼亦奚尚?是以黃髮鮐背之叟,農工商賈之類,含哺而嬉,既舞且咏,以爲康莊播頌,雖昭盛德之容,琬炎裁碑,宜耀披文之質。郡將官吏唱言僉同,乃詣闕上陳,願塞群望。帝用嘉許,綸言式敷。詔左拾遺李昉俾文其事,以述濟民之請。微臣不才,孤奉明旨,揣闇秘思,懼遺休聲。稱實課虛,斯謂無愧。而太史氏紀功臣之績云:公名漢權,蜀國人也。以武略事累朝;以戰功登貴仕。亟握兵要,連分使符。初牧於丹,有排亂折衝之積。移治於趙,有安邊鎮靜之功。所至皆有能名,而濟之人獨能宣其事業,以示不朽,亦可謂賢矣。《系》曰:事有該於謠俗。傳於耆舊者千載之下,尚爲美談,矧文之以銘而勒之於石乎?他日知使君之政者,其將質於此,故其詞云:

道失其要,淫刑而暴。人心用違,良民爲盜。令嚴而申,政肅而淳。

人心用依,盜爲良民。民即盜也,盜亦民也。善惡之化,實由乎人。

猗歟使君,克善其始。始以嚴誅,去其奸宄。申以約束,靜其鄉里。

裏無惰農,鄉無狡童。曾未逾月,澄清四封。相彼林矣,豈無豺虎。

暴心不生,與麟爲伍。循彼陔兮,亦有荆棘。惡蔓既除,與蘭同色。

使君之賢,如山如淵。濟民之頌,聲聞於天。刻石播美,垂千萬年。

軍事判官朝議郎試大理司直兼殿中侍御史張穆篆額
顯德二年歲次乙卯閏九月一日丙申朔建

原載《全唐文》卷 862

王　贊

　　五代官員，澶州觀城（今山東莘縣西南觀城鎮）人。少爲小吏，累遷本州馬步軍都虞候。周世宗時累遷右驍衛將軍、三司副使。宋建隆初，太祖令其知揚州。既行，舟覆於閶橋下，溺死。

元英先生詩集序

　　風雅不主於今之詩，而其流涉賦。今之詩蓋起於漢魏南齊五代，文愈深，詩愈麗。陳隋之際，其君自好之。而浮靡淰濔，流於淫樂。故曰音能亡國，信哉！唐興，其音復振。陳子昂始以骨氣爲主，而寖拘四聲五七字律。建中之後，其詩彌善。錢起爲最，杜甫雄鳴於至德大曆間，而詩人或不尚之。嗚呼！子美之詩，可謂無聲無臭者矣。吳越故多詩人，未有新定方干擅名於杭越，流聲於京洛。夫干之爲詩，鎪肌滌骨，冰瑩霞絢。嘉肴自將，不吮餘雋。麗不葩紛，苦不棘癯。當其得志，倏與神會。詞若未至，意已獨往。予爲兒時，得生詩數十篇，心獨好之。生時尚存，地遠莫克相見。其後生名愈藉，爲詩者多能諷之，而生歿矣。今年遇樂安孫郃於荊，早與生善，出示所作《元英先生傳》且曰：“與其甥楊弇泊門僧居遠收掇其遺詩，得三百七十餘篇，析爲十卷，欲予爲之序，冀偕之不朽。”先是丹陽有南陽張祐，差前於生。其詩發言橫肆，皆吳越之遺逸。予嘗較之，張祐昇杜甫之堂，方干入錢起之室矣。干之出處行事，郃傳實備之，不復互出。直嘉郃能懷人之遇，成人之不泯，而又愛我之厚。故集詩之之廢興，題於干集之首。

原載《全唐文》卷865

麴　勵

　　五代官員，開封（今河南開封市）人。後周顯德元年（954），任侍御史知雜事。入宋任尚書膳部員外郎、廣南轉運使。

諫濫放囚徒疏

竊見潁州爲天中節放見禁罪人，伏以祝萬壽之延洪，但要齋心潔懇。臨一州之生聚，當思共理分憂。且見禁罪人，或干格法，或因劫盜，或是爭論，各有科條，須分曲直。若負罪者獲免，即銜冤者莫伸。此時不有發明，諸處便成流例。直恐每逢慶節，擅放纆徒。豈止惠奸，深爲長惡。望行止絕，免紊章程。

原載《全唐文》卷 860

田　敏

五代官員（880—971），淄州鄒平（今山東鄒平西北）人。梁貞明中登科，爲國子四門博士。後唐天成初，爲國子博士，遷國子司業，判國子監事。後晉天福中，任國子祭酒、户部侍郎。後漢任尚書右丞。後周廣順中，歷任尚書左丞、太常卿、工部尚書。宋開寶四年（971）卒。田敏的最大貢獻，是在後唐時主持板印《九經》，對我國文化的發展做出了貢獻。

請置郊壇齋屋奏

禮有五經，祭在其首。國之大事，祀亦居先。則知祭祀者，有國是遵，百王所重。是以肅雍清廟，禋祀元天。立四時則大駕親臨，將置齋則仲尼所慎。莫不嚴崇宮室，潔滌樽罍。陳其肅肅之儀，報以穰穰之福。臣竊見四郊祠祭，并無齋室。行事官吏，旅寓鄉村。有瀆至誠，恐非清潔。伏乞特下有司，俾於四郊量起屋宇。

原載《全唐文》卷 865

進印板書奏

臣等自長興三年較勘雕印九經書籍，經注繁多，年代殊邈，傳寫紕繆，漸失根源。臣守官膠庠，職司較定，旁求援據，上備雕鎪。幸遇聖朝，克終盛事。播文德於有截，傳世教以無窮。謹具陳進。

原載《全唐文》卷 865

祠祭用犢疏

臣奉聖旨爲祠祭用犢事。今大僕寺供犢，一年四季，都用犢二十二頭。《唐會要》武德九年十月九日詔："祭祀之意，本以爲民。窮民祀神，有乖正直。殺牛不如禴祭，明德即是馨香。望古推今，民神一揆。其祭圓丘方澤宗廟已外，并可止用少牢。用少牢者用特代，時和年豐，然後克修常禮。"又按《會要》天寶六載正月十六日敕文："祭祀之典，犧牲所備。將有達於虔誠，蓋不資於廣殺。自今後每大祭祀應用騂犢，宜令所司量減其數，永爲常式。其年起請以舊科每年用犢二百一十二頭，今請減一百七十三頭，止用三十九頭。餘祠饗宜并停用犢。"至上元二年九月二十一日敕文："國之大事，郊祀爲先。貴其至誠，不美多品。黍稷雖設，猶或非馨。牲牢空多，未爲能饗。圓丘方澤，仍依常式。宗廟諸祠，臨時獻熱。用懷明德之馨，庶合西郊之祭。其年起請昊天上帝太廟各太牢一，餘祭并隨事市供。"若據天寶六載自二百一十二頭減用三十九頭，武德九年每年用犢十頭，圓丘方澤一，宗廟五。據上元二年起請，祇昊天上帝太廟，又無方澤，則九頭矣。今國家用牛，比開元、天寶則不多，比武德上元則過其大半矣。按《會要》："太僕寺有牧監，掌孳課之事。"乞今後太僕寺養孳課半其犢，遇祭昊天太廟前三月，養之滌宮，取其蕩滌清潔，餘祭則不養滌宮。若臨時買牛，恐非典故。謹具奏聞。

原載《全唐文》卷865

劉　濤

五代官員，徐州彭城（今江蘇徐州）人。後唐天成中，舉進士，釋褐爲鳳翔掌書記，拜右拾遺，遷起居舍人。後晉天福初，改司勛員外郎、史館修撰、工部郎中，歷度支、職方二郎中。漢初任中書舍人。後周時歷任太常少卿、右諫議大夫、知貢舉。宋開寶二年（969）召赴闕，以老病求退，授秘書監致仕。

論諸道貢物疏

　　方鎮之内，土俗不同。山澤川原，租賦各異。任土作貢，蓋便黎民。臣恐天下稅賦，上供土産各異，恐於調度，或未便安。請敕諸道州府，於所部之内，貢賦供輸有未便，特許上書論列，以協物宜。

原載《全唐文》卷 865

邊　玕

　　五代官員，華州鄭縣（今陝西渭南華州區）人。後晉開運二年（945），任秘書省著作郎。入宋終金部郎中。

請五日一録囚封事

　　臣聞從諫如流，人君之令範。極言無隱，臣子之常規。蓋欲表大國之任人，致萬邦之無事。前文備載，可舉而行。伏以皇帝陛下德合上元，運膺下武。旰食宵衣而軫念，好生惡殺以推仁。幾措典刑，固無冤枉。然以照臨之内，州郡尤多。若不再具舉明，伏恐漸成奸弊。臣竊見諸道刑獄，前朝曾降敕文，凡是禁繫罪人，五日一度録問。但以年月稍遠，漸致因循。或長吏事煩，不躬親點檢，或胥徒啓倖，妄要追領證明。慮有涉於淫刑，即恐傷於和氣。伏乞特降詔敕，自今後諸道，并委長吏五日一度，當面同共録問。所冀處法者無恨，銜冤者獲伸。俾令四海九州，咸歌聖德。五風十雨，永致昌期。

原載《全唐文》卷 865

闕　名

辛亥年（九五一）正月廿九日善因願通等柒人將物色折債抄録曆

　　辛亥年正月廿九日，先把物團善因、願通等柒人，欠常住斛斗，見將物色折債抄録，謹具如後：

　　善因入布柒拾捌尺，准麥粟柒碩捌斗，折黃麻叁碩玖斗。願通入褐布柒拾伍尺，准麥粟捌碩，折黃麻肆碩。願威入榆木兩根，准麥粟

陸碩。入昌褐肆拾尺，准麥粟肆碩。木及褐價折黃麻伍碩。保瑞入
昌褐叁丈貳尺，准麥粟叁碩貳斗，折黃麻壹碩陸斗。保端替老宿入白
方氈壹領，准麥粟肆碩，折黃麻兩碩。又入人上典物銅鑼子壹口。上
件物色等對衆僧分付，領入庫内。領褐布人王上座，後要破數。又六
月九日，保遂入斜褐壹段，准麥粟，還物人保瑞肆碩伍斗，折黃麻兩碩
貳斗伍昇。還物人保瑞（押）。又紫錦綾衫表壹領，准麥粟玖碩，折黃
麻肆碩伍斗。還物人願威（押）。又白羊毛氈壹領，折麥粟兩碩伍斗。
故僧願住入昌褐肆拾尺，折麥粟肆碩，又願通入布叁丈捌尺，折粟叁
碩捌斗。還物人願通（押）。其布僧政貸還入。善因褐袋壹口，折麥
粟肆碩。保端替故老宿入布壹丈伍尺，折麥粟壹碩伍斗。又昌褐貳
丈肆尺，折麥粟兩碩肆斗。其文書内物於李法律算時總入破了，更無
詞理。其文書内黃麻及麥粟并入僧願通知願通交歷及李法律作交
歷。僧善因。

　　癸丑年正月廿日衆僧齊坐領得諸團折債物色抄録如後。

　　（後闕）

追謚四廟所議未同奏　廣順元年正月　中書門下

　　太常禮院議曰：“合立太廟室數，若守文繼體，則魏、晉有七廟之
文；若創業開基，則隋、唐有四廟之議。”聖朝體通禮，追謚四廟，伏恐
所議未同，請下百官集議。

辛亥年(九五一)二月九日張再住等便黃麻曆

　　辛亥年二月九日索青■五昇，張再住便黃麻□■秋三斗。同日
唐富通黃麻■壹石，至秋壹石五斗■。索慶住便黃麻肆■人（押）。
段慶住黃·〔麻〕三斗■。張富子黃麻八斗，秋■。（後缺）

請朝拜睿陵奏　廣順元年正月　宗正寺

漢朝諸陵，二仲差官朝拜，今鼎命歸周，不合管係。伏准赦書，睿陵宮人職員，時日薦享如舊，二仲合差官朝拜。

原載《全唐文》卷973

南曹選人兵火散失公憑奏　廣順元年二月　吏部三銓

去年冬，南曹判成選人三百八十一人，經十一月二十二日兵火，散失磨勘了歷任文字，或有送納文書未抄，及取到南曹失墜公憑，銓司若依格例磨勘，恐選人訴論。今欲只舉南曹給到公憑，便與施行。

原載《五代會要》卷21

乾祐四年(九五一)四月應管内外都僧統貼

應管内外都僧統帖。諸僧尼寺綱管所由等。右奉處分，今者四月大會，□常例轉念三日，應有僧尼□□除枕疾在床，餘者總須齊來。一則功德圓滿，共報佛恩；二乃□國資君，廓□河隴，同發勝心，莫違上願。限五日早晨，并於報恩寺雲集，不得一前一後。盡勸齊來，更是自家福分。其帖仰倉司□寺丁寧告報。如有故犯，前(下闕)責罰取此不輕。氈褥(下闕)不令□少一色(下闕)等等□掃□，不令惡穢。右仰準此指僞，不得違犯者。乾祐四年四月四日。應管内外都僧統□□。

原載敦煌文書 S.3879

乾祐四年(九五一)四月四日應管内外都僧統爲常例轉念限應有僧尼准時雲集帖

應管内外都僧統帖。

諸僧尼寺綱管所由等。右奉處分，今者四月大會，准常例轉念三日，應有僧尼□□除枕疾在床，餘者總須齊來。一則功德圓滿，共報佛恩，二乃薦國資君，廓清河隴，同發勝心，莫違上願。限五日早晨，并於報恩寺雲集，不得一前一後。盡勸齊來，更是自家福分。其帖仰倉司於(?)庭(?)□□告報。如有故犯，前■，責罰取此不輕。氈褥

■不令口少一色,■等等□掃□,不令惡穢。右仰准此指撝,不得違
犯者。

　　乾祐四年四月四日。應管内外都僧統汜

請降階迎四廟册案奏　廣順元年四月　中書門下

　　太常禮院申,七月一日,皇帝御崇元殿,命使奉册四廟,以舊儀服
衮冕即座。太尉引册案入。皇帝降座,引立於御座前南向,中書令奉
册案進。皇帝搢珪捧授册使,使跪受轉授昪册官,其進寶授寶儀如册
案。恭以興王之始,稽古爲先,四方見尊祖之心,萬代傳敬親之道。
臣等參詳,至時請皇帝降階。

後周辛亥年(九五一)四月押衙康幸全貸生絹契

　　辛亥年四月十八日,押衙康幸全往於伊州充使,欠少貨物,遂於
耆壽郭順子面上,貸白絲生絹壹匹,長叁丈玖尺,幅闊壹尺玖寸。其
絹利頭,鍋鍫壹箇,重斷貳拾兩。本絹幸全到城日,限至九月填還。
若限滿不還者,又須生利。忽若推言(延),掣奪家資。身若東西不
平善者,於口承弟幸連面上,於幅尺准契取本絹兼利。仍在。

　　(後闕)

辛亥年(九五一)社齋破除油麵數名目

　　辛亥年五月八日造齋,破油麵數名目如後:

　　春齋料:油貳斗,麵叁碩肆斗,已上細供肆拾貳分,已次粉拾分,
料齋連夫(麩)麵貳斗。七月十五日,佛盆料麵壹碩捌斗,油陸昇,粟
七斗。十月局席破麥壹碩伍斗,油伍昇,破粟兩碩捌斗,已上三等破
用,壹仰一團人上,如有團家闕欠,飯若薄妙,罰在團頭身上,其政造
三等食飯,一仰虞候監察,三等料算會,一一爲定爲憑。

縣令兼諸陵令丞不便奏　廣順元年五月　宗正寺

准故事，諸陵有令、丞各一員。近令、丞不置，便委本縣令兼之。今緣河南洛陽是京邑，恐兼令、丞不便，伏候敕旨。

原載《五代會要》卷4

辛亥年(九五一)五月便粟名目

辛亥年五月日名目。

董押衙便粟兩石，至秋三石。盧友信便粟兩石，秋三石。宋進成便粟一石，秋一石五斗。氾社官便粟一石，秋一石五斗。王押衙白强四錢？斷麥粟八斗。索保子腰乘一個，斷麥粟一石五斗。背面有：氾社官菜一步、董押牙菜一步、苟奴菜一步。

原載敦煌文書ДХ·1278

請勘尋選人失墜告牒事理奏　廣順元年六月　中書門下

得司勛郎中許遜申，權主判吏部格式選人皆稱，值去年十一月內，失墜告牒。雖尋舊式，有例檢行，竊緣官員上任之日，只憑告敕籤符。罷秩之後，即藉解繇歷子。既失官牒，得以檢其敕甲，若無解繇，難知真偽。欲請今後若無解繇歷子考牒者，候牒本道州縣勘尋，有何殿最。候迴文與陳狀官員事理同，即依牒申銓取保，再給憑繇，貴無逾濫之人，免有徵求之倖。

原載《全唐文》卷973

後周陀羅尼經幢

經文略

大周懷州河內縣孝悌□□園村，邑衆一十六户，廣順元年歲次辛亥八月庚寅朔十五日甲辰建。

原載《乾隆汲縣志》卷20，《中國地方志集成》

維大漢國清河郡張府君(鄭)夫人彭城郡劉氏袷祔墓志銘

昔者軒轅皇后，偶因閑步宵中，徐行簾外，有星隕地，光耀庭前。

後乃恍惚,神魂降孕。月滿而生一子,掌有張字分明,帝乃遂賜清河名郡,因封氏焉。奉使彰於博望,凡前王後帝,治郡佐都,軒黃之祚,胤流漢代之孫也。曾祖諱政。

府君諱鄴。府君以孝悌成家,信忠輔國。才輕八斗,不讓曹植之文;弓笑六鈞,未許顏高之武。性直而何殊破竹,心卓而更勁寒松。本冀東溟比壽,南岳齊肩,胡不萬年。以天福四年十二月二十七日終,享齡六十八歲。

娶劉氏。夫人以明珠戒,姿清當代之閨風,禮婦人倫之軌則。斷機訓子,賢更勝於軻親;剪髮筵賓,義重過於陶母。笄年便曉於三從,齠歲早明四德。年纔二八,適清河張氏,禮也。本擬同傾淥酒,共治朱弦。針砭無效,自終褰禍。慟哭連朝,不忍悲嗟。難任哀痛,慶流後裔。兒女五人:長子身亡。次子師遇,婚梁氏。女三人:長女十一娘,適韓氏。次女十二娘,適周氏。次女十三娘,適王氏。身亡日,時逢喪亂,今遇升平。考妣喪來一十三周,骸骼權墳兩處,遂乃葬事,於廣順元年歲次辛亥十月庚寅朔十二日辛丑,合葬於澶州頓丘縣千秋鄉趙樓村平原里先塋之後也。慮恐時移革變,墳隴平高,刊石紀芳,存乎記銘:

粵惟始祖,軒皇得姓。玉葉無比,金枝莫并。萬代傳芳,千秋垂慶。世世公侯,俄然泣淚。一閉佳城,三千其歲。曰人天太惡,祇有殂殤。身如雷電,命若風燈。陰陽造化,寒暑交騰。日來月往,時時無盡。天長地久兮人不恒。東至金堤一里強,子孫興盛出軍王。西至沙河近七里,今後年年多富貴。南至舊城十里。州傳名後,代有公侯;北去德清十三里,此是安塋富貴地。

原載《全唐文補編》卷 156

大周故隴西郡牛府君(洪實)墓志

祖翁諱慶,字,夫人陳氏。考諱洪實,夫人張氏。見在男延祚。伏聞哀哀父母,長我劬勞。天地厚高,報效莫及家。以素衣為官,務本為宗。或與人語,自出情自矣。琭敷□和,情絕夫染,每以順慈亡下。府君三代當州,世謂本貫,多於纏肆為業也。以受市官數載,回移新市及諸行鋪等,於今不絕。享年六十八,去天復二年九月四日私弟。夫人陳氏,伏爲仕馬離亂,於今不睹尊儀。有考享受七十有二,去乾祐三年二月廿五日私弟。今有男延祚與妣張氏,今擇得廣順元年辛亥歲十二月己未朔八日丙寅合附尊靈於澤州西北約三里已來,於自己庄西南約一里已來,自己地内卜其塋域,其地并自至合附尊靈,今去新□内市門南西面居住買地構宅以安,故刊貞□,以俟他日□,乃爲銘曰:

仰天付地,思父念母。如山岳奔,一去何睹。久承訓誨,昔時靈武。于今墓追,千葬□□。見存母張氏,女王即婦。男延祚,新婦李氏。孫男張五,孫女胡娘兒。大姐、二姐哀歌辭。

號泣子孫悲,哀哀月夜啼。黄金雙入櫃,地鑕萬年期。

原載《秦晉豫新出墓志搜佚》三編

後周辛亥年(九五一)張里五等具領麥粟憑

辛亥年九月廿八日,後團張里五等十八人,於前團馬留住面上,見領得麥陸拾貳碩貳斗叁昇、粟壹拾陸碩柒斗,用爲後憑。

前團馬留住(押)

前團馬留德(押)

十二月十日,又分付團頭張里仵押領使李押衙等,粟伍碩爲憑。(押)

原載敦煌文書 P. 3964(傀紙)

辛亥年(九五一)押衙知内宅司宋遷嗣檉破用曆狀并判憑(四件)

(上闕)内宅司,伏以今月十八日付佛奴檉五束,付歌郎練綾柒束,付不勿洗衣壹束、燒熨斗壹束。十九日付花娘壹束,付佛奴肆束。廿日看于闐使煮肉兩束,付清奴柒檉肆束,付富勝檉壹束,造食兩束,付争子洗衣壹束,煮油檉肆束,付佛奴伍束,付員富壹束。廿一日付祐慶壹束,付佛奴叁束。廿三日付佛奴兩束,花娘壹束。伏請處分。辛亥年六月日押衙宋遷嗣。爲憑廿四日。(印)

内宅司,伏以付佛奴偏次檉伍束,付祐慶壹束,付員富洗衣兩束。廿三日夜間付佛奴檉叁束,付不勿壹束,付富勝壹束。廿四日付回鶻

女人樿壹束,付不勿壹束。廿五日付佛奴肆束。伏請處分。辛亥年六月日押衙宋遷嗣。爲憑廿六日。(印)

　　内宅司,伏以今月廿七日,付佛奴樿肆束,付清奴染紫樿伍束,燒熨斗樿兩束,煮油兩束。廿八日,設天使煮肉造食玖束,夜付佛奴叁束,染緋肆束付清奴。廿九日,付佛奴偏次伍束,付員富壹束。卅日付佛奴兩束。伏請處分。辛亥年六月日押衙宋遷嗣。爲憑二日。(印)

　　内宅司,伏以去三月貳日供樓上及樓下宅,逐日樿肆束,至六月叁拾日夜,斷。未蒙判憑,伏請處分。辛亥年六月日押衙知内宅司宋遷嗣。爲憑九日。(印)

原載敦煌文書 P.3160

後周廣順二年(九五二)壬子歲正月一日趙鹽久受田籍

　　(前缺)

　　户趙鹽久,妻阿氾、弟富慶、新婦阿索、侄富通、侄富德、保德、男清奴、男殘奴、男黑頭。

　　都受田肆拾柒畝。　　　　　請都鄉解渠地段并園舍叁畦,共柒畝,東至孔加盈及郭住娘,西至左義宗及孔加盈,南至麴南山,北至令狐德子。又地壹段陸畦,共拾壹畝,東至張溫溫,西至岳再盈,南至道,北至渠。又地兩畦,共貳畝,東至令狐再安,西至氾苟苟,南至令狐再安,北至子渠。又地壹畦陸畝,東至張鶴兒,西至自田,南至道,北至子渠。又地壹畦肆畝,東至令狐萬盈,西至馬懷德,南至子渠,北至解渠。又地兩畦,共叁畝半,東南至楊宗子,西至自田,北至解渠。又地壹畦叁畝,東至楊宗子,西至索建成,南至渠,北至孔不勿。又壹段叁畦,共拾叁畝,東至自田,南至自田,西北至河。又薛家渠地兩畦,共貳畝,東至道,西至渠并氾憨子,南劉員通,北至王員慶。

　　廣順二年壬子歲正月一日百姓趙鹽久户。

原載敦煌文書羽敦 28

後周廣順二年（九五二）壬子歲正月一日索慶奴受田籍

户索慶奴，妻阿令狐、男延昌、男延德、男小兒子、男☐ ☐☐☐☐☐
都受田肆拾捌畝。　　請宜秋東支渠地壹畦壹畝半，東至子渠，☐☐
☐☐☐（西至索住子），南至子☐（渠），☐（北）至索住子。又地壹段兩
畦，共拾畝，東至索懷弁及索撝搢，西至瀉水溝，南至索住子及索懷
弁，北至索撝搢及溝。又地壹段兩畦，共肆畝，東至索住子及索文俊，
西至渠，南至索文俊及渠，北至索萬☐☐（及）索住兒。又地壹段肆
畦，共拾畝，東至石澗道，西至子渠，南至索住子，北至岳石住。又地
壹段叁畦，共捌畝，東至子渠，西至索清子，南至子渠，北至索住兒。
又地壹段捌畦，共壹拾陸畝，東至石澗道，西至氾音九及索住子，南至
索幸宗及道，北至索住子。又園半畝，東至佛堂地，西至索幸宗園，南
至合舍坑，北至合坑地。又舍及場，准兄弟房數有分。

廣順二年壬子歲正月一日百姓索慶奴　户

原載敦煌文書俄藏敦 Дх. 2954

左右屯衛請復舊名奏　廣順二年十二月　御史臺

唐景雲二年，改左右屯衛爲威衛，又唐高宗名治，改治書侍御史
爲御史中丞，諸州治中改爲司馬，蓋臣子避君父名也。請諸衛中書舊
是屯衛者，復舊名。

原載《五代會要》卷 12

廣順貳年（九五二）三月平康鄉百姓郭憨子牒

平康鄉百姓郭憨子：伏以憨子家口碎小，地水不寬，有地五畝，安
都頭賣將造園舍，便他絹壹匹。五年間中某專甲貸將，是他於官驅
使，絹無榛處於☐家口憨子并畔荒地叁畝，從前做主，昨被賀粉堆割
下，兩頭并總寢謝，☐畝安存，日日漸見債負深乎，虛了户役。伏乞台
慈照見蒼生，與還絹替，特神如憑由，伏請裁下處分。牒件狀如前，謹
牒。廣順貳年三月日郭憨子牒。

原載敦煌文書 P. 4084

唐故馬(賷)府君銘記并序

　　夫以二儀啓眾,有始有終。才分清濁之議,■生位。故乃運移寒暑,世不長居。晦朔往來,倫■,催人生老,換物故新。孰相凡倫,奚能兌生死■。府君先宗,承軒轅之苗裔,顓頊之胤緒。繼續宗嗣,□□□始。因官寄住,流浪東西。所在生涯之爲桑梓,貫居□□□鄉係龍門里,號故城覆馬村。并承高祖松柏,積代土居,□□子孫,祭嗣不絕。高祖諱德,夫人劉氏。曾祖諱誠,曾祖夫人楊氏。曾祖兄軍佐府君唐賷,夫人孫氏。府君之靈,性禀温和,亮忝懷深。於家孝道,鄉黨咸欽。府君夫人及先亡新婦申氏之靈,素清寒志,潔白粉儀。和柔愜眾,鄰巷欽依。府君阿姊,元郎婦。嗣子三人:長男重進,次男重訓,小男重晏。大新婦王氏,第二新婦申氏,第三新婦開氏。嗣女五人:大姐申郎婦,三姐劉郎,先亡。見在三人:二姐常郎婦、妹楊郎婦、妹五姐在室。嗣孫七人:長孫守禎,新婦張氏。次孫合住、常九、住兒、小住、僧兒。孫女五人:牛郎婦;在室女小錦、綾綾、乞女、彩彩。男泣高柴之血,女灑曾子之悲。思養育之恩,號咷難盡。其墳也,東有官因之位,西連馬安。北俱縠將之崗,南望進揚之山。其墳也,有四神俱備□。

　　廣順二年歲次壬子十一月癸丑廿日乙卯朔,男重進書。

原載《全唐文補遺》第七輯

故王(遷)府君墓志銘并序

　　夫玄黃肇啓四時遷,寒暑如流,清濁始分。二氣促烏蟾以箭,人生泡幻,寧免輪迴。□北浮漚,豈逃生滅。爰有王氏之姓也。乃庖義氏之苗裔,連山氏之別宗。府君其先太原郡人也。家傳冠蓋,皆輔聖以昌時;門紹英賢,盡匡君而佐主。其後子孫□居上黨郡城,眷屬興焉。曾祖諱。祖諱皐。府君諱遷,清貞莫磷,潔白不緇。恃正而愛□憫綏,處直而行藏謙慎。洎年不惑,有二禍釁俄鍾。忽染沉痾,奄歸逝水。以天祐九年壬申歲五月十四日亡歿。夫人畢氏,情態難量,閨儀罔忒。侍翁姑而孝敬,鄰里欽風;蘊賢德以甜和,親姻慕善。嗟夫!府君年餘四旬,當郡府開圍之初,在城郭整葺之際。歲華雖茂,無遺

貞石之心;願不再從,有抱松筠之志。諧睦閭巷,敦敬眷親。訓子治
家,終於孝道。育男一人,女二人。長適張氏先亡,次適陳氏。奈何
逝波湍速,風燭莫停。年八十一,以廣順元年辛亥歲正月十四日因疾
亡歿。嗣子□□,性惟□勁,氣抱風雲。棄名位以就閑身,慕營鶯而
居□肆。乃能養供甘旨,無怠晨昏。娶新婦江氏,育子守珣,子母俱
歿。次婚高氏,亦亡。次婚趙氏,育子□作奴,女八姐。孫男守□,天
生智惠,出衆明能。交朋不讓於仲由,孝道無逾於曾子。苦以年方二
紀,縈疾九秋。螢影寧留,奄歸泉路,以甲辰歲七月六日亡歿。婚新
婦衛氏,育曾孫願兒。纔能笑語,父已早亡。似及走行,母仍再適。
今則年過韶齔,性識未明。延□於家,更無所托。□哉!以天傾地
陷,泣血徒窮。是以罄竭家財,卜兆丘隴。空思風樹,莫□再生。以
廣順二年壬子歲二月二十二日祔葬於府城西約十里先代祖塋之□。
其塋東觀上府,艮震巽隱青龍;西據狐崗,坤兌乾臨白虎。南顧長道,
羅朱□以居□;北眺三陲,擁龜蛇於坎位。禮以四神克備,八卦咸全。
丘隴爲牢,山河恃固。千年慶瑞,萬代殊禎。名禄盈門,子孫昌盛。
其銘曰:

　　嗟夫□世,光華能幾。露結流珠,漚生浮水。恩育劬勞,覆載難
比。□歿痛傷,心惟摧悴。禮備送終,孝盡忠志。卜兆泉局,靈神永
逝。□□徒窮,再生無以。山岳俱傾,田□海易。

原石藏於深圳望野博物館

周故王(行實)府君墓志銘記并序

　　夫府君者,并州太原郡人也。即與沂州瑯瑘不異也。先宗自得
周文王之苗裔,周武王之子孫,因王爲姓,遂承王電公之後也。祖因
官上黨,隨任潞城。於禪窟村置莊,在弘信里爲仁焉。高祖諱,不仕。
曾祖諱,不仕。亡上村東乙辰地,安厝訖。父諱良覲,不仕。夫人秦
氏,今同遷癸穴而厝之。

　　府君諱行實,身如玉樹,性似冰壺。其敏也,閱市念書;其惠也,
應機而變。加以外疏名利,内保性珠,除人我衆生之心,□□悲喜捨
之行。享年耳順有七,以季冬廿日終於私第。夫人路氏、韓氏,并生

從令族,選自良家。幼聞桃李之馨,長有珪璋之譽。路氏,芳年四十有二,以孟秋廿四日終於夫室。韓氏,芳年不或有五,以仲春廿一日終於夫室。有弟文誼,享年知命有八,以孟春八日終於私第。夫人扈氏早亡,再娶衛氏,同崇葬禮。□氏有嗣子六人:孟曰歸鄉,早亡。仲曰延嗣,早亡。季曰延密,新婦□氏。并心懷罔極,志切崩摧,將酬乳哺之恩,先念劬勞之苦。次曰張七,幼曰脥兒,□曰猪猪。有女牛郎婦,小女子。有姪曰謙,姪女苗郎婦、宋郎婦。孫男李八,孫女花兒、四兒、三姐、四姐,姪孫劉六等,孤啼輟社,幼泣傷鄰,同嗟暴露於丘園,共崇遷厝之禮。以廣順二祀壬子歲季冬二日甲申,遷神於村西一里辛地而安焉耳。其至也,東連廣武,西接仰觀,前視壼川,北臨神水。時恐山川更改,陵谷變移。故刊石爲記,詞曰:

精靈府君,令淑夫人。百行永播,十訓恒新。其一。□□長夜,惸惸雙神。似珠如玉,隨例爲塵。其二。哀哀孝子,慘慘愁雲。栽松蒔柏,終始千春。其三。

原載《五代墓志彙考》

請禁業主牙人陵弱商賈奏　廣順二年十二月　開封府

商賈及諸色人等訴稱:被牙人店主人引領百姓,賒買財貨,違限不還其價。亦有將物去,便與牙人設計,公然隱没。又莊宅牙人,亦多與有物業人通情,重疊將店宅立契典當,或虛指別人産業,或浮造屋舍,僞稱祖父所置。更有卑幼骨肉,不問家長,衷私典賣,及將倚當取債,或是骨肉物業,自已不合有分,倚强凌弱,公行典賣。牙人錢主,通同蒙昧,致有争訟。

起今後欲乞明降指揮,應有諸色牙人店主,引致買賣,并須錢物交相分付,或還錢未足,仰牙人店主明立期限,勒定文字,遞相委保。如數内有人前却,及違限別無抵當,便仰連署契人同力填還;如諸色牙行人内有貧窮無信行者,恐已後誤業,即許衆狀集出;如是客旅自與人商量交易,其店主牙行人,并不得邀難遮占,稱須依行店事例引致。如有此色人,亦加深罪,其有典質倚當物業,仰官牙人業主及四鄰人同署文契,委不是曾將物業已經別處重疊倚當,及虛指他人物業。印稅之時，於稅務內納契日，一本務司點檢，須有官牙人鄰人押署處，及委不是重疊倚當錢物，方得與印。如違犯，應關連人并行科斷，仍徵還錢物。如業主別無抵當，只仰同署契牙保鄰人均分代納。如是卑幼不問家長，便將物業典賣倚當，或雖是骨肉物業，自已不合有，輒敢典賣倚當者，所犯人重行科斷，其牙人錢主并當深罪。所有物業，請准格律指揮。如有典賣莊宅，准例房親鄰人合得承當。若是親鄰不要，及著價不及，方得別處商量，和合交易，只不得虛抬價例，蒙昧公私，如有發覺，一任親鄰論理，勘責不虛。業主牙保人并當科斷，仍改正物業，或親戚實自不便承買，妄有遮吝阻滯交易者，亦當深罪。

原載《全唐文》卷973

犯罪人依格令處分奏　廣順三年二月　中書門下

今後應犯竊盜贓及和奸者，并依晉天福元年已前條制施行。應諸處犯罪人等，除反逆外，其餘罪并不得籍沒家產，誅及骨肉，一依格令處分。請再下明敕，頒示天下。

原載《五代會要》卷9

制天子八寶奏　廣順三年二月

按《唐六典》，符寶郎掌天子八寶，其一曰神寶，其二曰受命寶。其神寶方六寸，高四寸六分，厚一寸七分，蟠龍紐文，與傳國寶同。傳國寶，秦始皇帝以藍田玉刻之，李斯篆文，方四寸，面文曰“受命於天，既壽永昌”，紐盤五龍。二寶歷代相傳，以爲神器。又別有六寶：一曰皇帝行璽，二曰皇帝之璽，三曰皇帝信璽，四曰天子行璽，五曰天子之璽，六曰天子信璽。此六寶因文爲名，并白玉螭、虎紐。歷代相傳，亡則補之。北朝鑄之以金，至則天朝，以璽字涉嫌，改之爲寶。貞觀十六年，別製玄璽一坐，其文曰“皇天景命，有德者昌”，白玉螭，虎紐。同光中，製寶一坐，文曰“皇帝受命之寶”。晉天福四年，製寶一坐，文曰“皇帝神寶”。其同光、天福二寶，內司製造，不見紐象并尺寸制度。

原載《五代會要》卷13

玉璽述 周廣順三年二月 史臣

國以玉璽爲傳授神器，邃古無聞。《運斗樞》曰："舜爲天子，黃龍負璽。"《世本》曰："魯昭公始作璽。"秦兼七國，稱皇帝，李斯取藍田之王，玉工孫壽刻之，方四寸，斯爲大篆書，文之形制爲魚龍鳳鳥之狀，希世之至寶也。秦亡，子嬰以璽降於軹道，漢高祖得之，與斬白蛇劍，世世傳寶之。王莽之篡，使王舜求璽於元后，后怒，投之於階，一角微缺。莽誅，公孫賓以璽送更始。劉玄敗，以授盆子。及熊耳之敗，盆子以璽降光武。漢末，黃門亂，張讓投璽于井中。孫堅討董卓入洛，見井有五色氣，乃杼得之，持歸以授袁術。術敗，荊州刺史徐璆得之，詣許授獻帝。漢禪魏，文帝得之。魏禪晉，武帝得之。劉聰陷洛陽，得之。聰死，歸劉曜。曜爲石勒所擒，璽歸於鄴。石季龍傳冉閔。閔敗，東晉濮陽太守戴施入鄴，得之，送江東，授穆帝。晉禪宋，劉裕得之。宋禪齊，蕭道成得之。齊禪梁，蕭衍得之。臺城之陷，侯景得之。景敗，其將侯子鑒欲以璽走江北，爲追兵所迫，乃投於栖霞寺井中，寺僧永杼得，匿之。陳永定三年，永弟子普智以璽上陳文帝。隋平陳，隨叔寶入長安，隋之始得秦真傳國寶。煬帝在江都，宇文化及篡逆，以璽北度，至韋縣，爲寶建德所敗，寶入建德。建德擒於武牢，其妻曹氏以寶獻唐高祖（本傳：曹氏以八寶降於長安）。禄山之亂，肅宗即位于靈武，上皇遣崔圓送璽於鳳翔。代宗之避狄分陝，德宗之移幸山南，皆以八寶從。黃巢之亂，僖宗再幸山南，昭宗播越石門，神器俱在。天祐四年，輝王禪位於梁，命宰臣楊涉送寶于大梁。梁亡，莊宗入汴，得之。同光末，內難作，亂兵犯蹕，寶爲火所灼，文字訛缺。明宗清泰復傳之，清泰敗，以傳國寶隨身，自焚而死，其寶遂亡失。其神寶者，方六寸，厚一寸七分，高四寸六分，蟠龍隱起，文與秦璽同，但玉色不及，形制高大耳，不知何代造。東晉孝武十九年，南雍州刺史郗恢於慕容永部得之，送於金陵。東晉末，傳於宋高祖。宋亡，入齊，蕭道成得之。齊亡，入梁，蕭衍得之。臺城之陷，侯景得之。景敗，待中趙思齊携走江北，獻齊文宣帝。宇文氏滅齊，武帝得之，歸長安。宇文亡，入隋，文帝改號傳國璽，又改爲受命璽。開皇九年平陳，始得秦氏真傳國璽。仍以秦璽後出，得于亡陳，以北朝所傳神璽爲第一，秦璽次之。隋亡，竇建德妻與秦璽俱獻長安，唐高祖得之。唐末不知所在。

秦初制受命寶時，別製六璽：一曰皇帝行璽，封冊諸王公用之。二曰皇帝之璽，與王公書用之。三曰皇帝信璽，諸夏發兵用之。四曰天子行璽，封冊蕃國用之。五曰天子之璽，賜蕃國書用之。六曰天子信璽，徵蕃國兵用之。六璽皆白玉刻，螭虎紐，方一寸五分，高二寸。傳之歷代，或有亡失，北朝鑄之以金，所謂乘輿八寶也。太宗貞觀中，別刻元璽。莊宗時，或引玄璽，又別刻受命寶。天福初，晉高祖以傳國寶爲清泰所焚，特製寶一坐。開運末，契丹陷中原，張彥澤入京城，晉主奉表，歸命於虜主，遣皇子延煦等奉國寶并命印三面，送於虜主。其國寶即天福初所造者也。延煦等迴，虜主與晉帝詔曰：“所進國寶，驗來非真傳國寶。其真寶速進來。”晉主奏曰：“真傳國寶，因清泰末僞主從珂以寶自焚，自此亡失。先帝登極之初，特製此寶，左右臣僚備知，固不敢別有藏匿也。”漢朝二帝，未暇修製。故太祖命有司特製此二寶焉。

《冊府元龜》卷594

除授節度使等正衙辭謝奏　廣順三年三月　御史臺

應除授節度使、防禦團練使、刺史、行軍副使等，近日不到正衙辭謝，多稱別奉宣旨。

敕：今後此色除授，宜令閤門告報，勒正衙辭謝。如有宣旨放辭謝，閤門具姓名，分明投御史臺、四方館。

原載《五代會要》卷6

鳳翔府考帳違限不收奏　廣順三年三月　尚書考功

當司所納諸道考課文帳，准格每年十月二十五日已前考帳到京，如違格限，本處官吏各行殿罰。其鳳翔府自廣順元年十月九度移文爲考帳，全不詳認格條，遂申中書門下請勘。今鳳翔府稱，違格限二十餘日，已決罰。官典申到考帳，當司準格違限不收。

《冊府元龜》卷636

勘韋城鎮將趙應等發冢掘井奏　廣順三年五月　開封府

應與僧智欽、鎮民陳光濟二十人同謀,發冢掘井,妄稱羅漢聖小,誑惑閭閻,希求財物,逐人勘責,并招妖妄,其錢各人已,分張臧匿。

《冊府元龜》卷922

判官堂塑象記幢

■清濁位殊,先圓蓋而後方■才乃臻,然後列萬象於穹■厥後繼有聖賢,司牧生民,育養萬物,■鎮□□□之半千里,北則簡子藏巨靈□劈破水得潮宗,東則列聖之■曰嵩□群□而迥秀,俯衆岫以標奇,乃神■晉□□□□既□方位各有所司,大體東嶽■靈□□□□而致敬,洞府三千而見奇玉簡■知莫能□□□□□秘宇,死生無以易其文。故釋典■形枯□□□□罪福之源,唯神爲主,福則升而禍則■而惡招殃,宣尼令典,判官貞金,并□□日齊明,真嶽瀆之異靈,誠乾坤之偉氣。生則挺出群之政,光焕典書;没則揚下世之名,輔匡神化。茲地也,先無廊□,空隙有年,□□榛蕪,□爲茂草。原□等恒遵五耀,忝□□□,不能擇□以見從,豈敢□□而自各,遂同鳩潤屋,共□囊裝,爰召杼人,卜時締構,堂宇既立,廟貌得無,命匠者審蓮丹青,澄神繪塑,遂於堂内塑六曹判官,并神鬼侍從,及壁上隱塑變相等。威容既立,不聞烏鵲之喧聲;棟宇方成,似見雲雷之出去。爲一方祈禱之地,實千年請福之場。□□得犧牲并陳,水陸□薦,楚人白雪,全非鄭衛之聲;趙□□歌,總入齊韶之韻。所賴休牛放馬,咸歡堯舜之天;萬户□□□□禹湯之化。時大周廣順三年癸丑歲七月一日建。

■州別駕張琛、□□,鐫字人■、□□,判官堂一座三間各三架并■;判官尊像□□□變相等,施主□□□、都□首艾、厚□、和超、□■、□立、□□、李文珪、李□□、■耿□□、王珍、杜進、□□、■□如□、□□、郤寬、劉瓊、何□、紀□、■□諲、張珍、趙進、劉暉、□□、齊超、劉諲、■宋榮、□□。

原載《八瓊室金石補正》卷81

請孟冬祫祭奏　廣順三年七月　太常禮院

祭禮:宗廟之祀,三年一祫以孟冬,五年一禘以孟夏,所以別尊卑審昭穆也。四時之祭,薦其常事,故禘祫之月,則不行時饗。恭惟追尊四廟,經今三年,准禮合改十月孟冬薦享爲祫。

原載《全唐文》卷 973

廣慈禪院殘牒

牒永興軍:

■院使、判永興軍事袁□□,■香城禪院僧道清、住持■、■禪院爲名牒至准 廣 順三年八月日牒。■■李■□■令使怗□■。右准敕令如前,所爲當府■道清住持,宜賜廣慈禪■,事須備録,怗本院切准敕,命指揮勒牌懸掛者□■。九月三日判官張、副使□□、宣徽南院使判軍府事袁。天福四年二月二十日,買得安□界菜市南壁上韓勛□壹所,准作價錢肆□■□如後,北至官街,東至草場,南至通城巷,西至太廟院。賣宅人殿前丞旨韓勛,年二十五,同賣宅人弟□■、同賣宅人母吳氏,年五十八,保人前内侍省内常■,保人銀青光禄大夫檢校工部尚書康□,莊宅牙■。

原載《金石萃編》卷 121

圜丘制度奏　廣順三年九月　太常禮院

准敕定郊廟制度,洛陽郊壇在城南七里丙巳之地,圜丘四成,各高八尺一寸,下廣二十丈,再成廣十五丈,三成廣十丈,四成廣五丈。十有二陛,每節十二等。燎壇在泰壇之丙地,方一丈,高一丈二尺,闢上南出,户方六尺。請下所司修奉。

原載《五代會要》卷 2

修奉社稷壇奏　廣順三年九月　太常禮院

社稷制度,社壇廣五丈,高五尺,五色土築之。稷壇制度如社壇之制度。社壇石主長五尺,方二尺,剡其上方,其下半根在土中。四垣華飾。每神門屋三間,一門,門二十四㦸,四隅連飾罘罳,如太廟之制。中可樹槐。准禮,左宗廟,右社稷,在國城内。請下之所司修奉。

原載《五代會要》卷3

修奉洛京廟室奏　廣順三年九月　太常禮院

准洛京廟室一十五間,中分爲四室,兩頭有夾室,四神門每門屋三間,每門戟二十四,別有齋宮、神厨屋宇。准禮,左宗廟,右社稷,在國城内。請下所司修奉。

原載《五代會要》卷3

迎太廟神主儀注奏　廣順三年九月　禮儀使

太廟神主將至,前一日,儀仗出城,掌次於西御莊。東北設神主行廟幄幕,面南。其日放朝,群臣早出西門。皇帝常服出城詣行宮,群臣起居畢,就次。神主將至,群臣班定,皇帝立於班前。神主至,太常卿請皇帝再拜,群臣俱拜。神主就行廟幄幕,坐設常饌,群臣班於神幄前。侍中就次,請皇帝謁神主。既至,群臣再拜,皇帝進酒畢再拜,群臣俱拜。皇帝還幄,群臣先赴太廟門外立班,俟皇帝至起居。俟神主至,群臣班於廟門外,皇帝立於班前,太常卿請皇帝再拜,群臣俱拜。皇帝還幄,群臣就次,宮闈令安神主於本室訖,群臣班於廟庭。太常卿請皇帝於四室奠饗,逐室皇帝再拜,群臣俱拜。四室祔饗畢,皇帝還宮。前件儀注,望付中書門下宣下。

原載《全唐文》卷973

量定郊祀璧幣制度奏　廣順三年九月　禮儀使

郊祀珪璧制度,准禮:祀上帝以蒼璧,祀地祇以黃琮,祀五帝以珪璋、琥、璜,其玉各依本方正色。祀日月以珪璋,祀神州以兩珪有邸。其用幣,天以蒼色,地以黃色,配帝以白色,日月五帝各從本方之色,皆長一丈八尺。其珪璧之狀,璧圓而琮八方,珪上銳而下方,半珪曰璋,琥爲虎形,半璧曰璜。其珪璧、琮、璜皆長一尺二寸四,珪有邸。邸本也。珪著於璧而四出也。日月星辰以珪璧五寸,前件珪璧,雖有圖樣,而長短之説或殊。按唐開元中元宗詔曰:"禮神以玉,取其精潔。比來用珉，不可行也。如或以玉難辦，寧小其制度，以取其真。"
今郊廟所修珪璧，量玉大小，不必皆從古制。伏請下所司修製。

原載《全唐文》卷973

請祫郊廟用祝版奏　廣順三年九月　禮儀使

古者文字皆書於册，而有長短之差。魏、晉郊廟祝文書於册。唐
初悉用祝版，惟陵廟用玉爲册。元宗親祭郊廟，用玉爲册。德宗朝，
博士陸淳議，准禮用祝版，祭已燔之，可其議。貞元六年親祭，又用竹
册。當司准《開元禮》，并用祝版。梁朝依禮行之，至明宗郊天，又用
竹册。今詳酌禮例，祝版爲宜。

原載《全唐文》卷973

後周廣順三年(九五三)十月莫高鄉百姓龍章祐兄弟典地契

廣順叁年歲次癸丑十月廿二日立契。莫高鄉百姓龍章祐、弟祐
定，伏緣家内窘闕，無物用度，今將父祖口分地兩畦子，共貳畝中半，
只(質)典巳(與)蓮(連)畔人押衙羅思朝，斷作地價，其日見過麥壹
拾伍碩。字(自)今巳(已)後，物無利頭，地無雇價。其地佃種，限肆
年内，不喜(許)地主收俗(贖)。若於年限滿日，便仰地主辦還本麥
者，便仰地主收地。兩共對面平章爲定，更不喜(許)休悔。如若先悔
者，罰青麥拾馱，充入不悔人。恐後無信，故勒次(此)契，用爲後憑。
(畫押)

　　　　　　　　　　　　　　地主弟龍祐定(畫押)
　　　　　　　　　　　　　　地主兄龍章祐(畫押)
　　　　　　　　　　　　　　只(質)典地人押衙羅思朝
　　　　　　　　　　　　　　知見父押衙羅安進(畫押)
　　　　　　　　　　　　　　知見人法律福海知

原載敦煌文書S.0466

請定起居舍人朝班先後奏　廣順三年十一月　中書省

新除起居舍人邊玥任徹，其邊玥已謝，任徹奉使未回。任徹自

左補闕除授,邊玥自右補闕除授,任徹舊官已在邊玥之上。今任徹自敕頭,近日同制授官,多以先謝爲上。伏慮任徹使回,行立班次難定。

原載《全唐文》卷 973

癸丑年(九五三)十二月廿二日後油入破曆

癸丑年十二月廿二日鄧盈□□□□昇大歲日半昇,正月三日得□□□□十八日油壹升,與牧羊人,廿八日油壹升,閏正月九日油壹□。十九日就庫良油壹升,廿日得油貳升。二月五日,鄧盈德就庫納油二升,六日納壹升。□□□□□□一升,寒食下園造作油半升。(後闕)

原載敦煌文書 P.2877 背

後周顯德元年(九五四)正月一日功德司願德狀

(前缺)

右通前件斛斗□麥縷布等,一一勘算,謹具分析如前。謹錄狀上。

牒件狀如前,謹牒。

顯德元年甲寅歲正月壹日功德司願德狀。

徒衆

徒衆

徒衆

(後闕)

原載敦煌文書 S.4689

甲寅年(九五四)都僧政願清等交割講下所施麥粟麻豆等破除見在曆

甲寅年正月廿一日,都僧政願清、僧政智瑞、僧政道□、僧政道深、僧政金剛銳、執掌法律慶戒、德榮等,奉官處分,令交割講下所施麥粟麻豆布縷褐銅鐵等,見交過麥貳伯捌拾碩、粟壹伯貳拾玖碩。土布褐共肆伯伍拾叁尺,遲官縷六十尺,皁絹壹匹,麻壹碩肆

斗,麻子壹碩肆斗,小豆子壹碩伍斗,已上物色見在及破除支付,謹據數目如後:

麥伍碩,粟伍碩,昌褐壹匹,土布壹匹半,於楊保富處浮釘門壹合用。又土布半匹與保花用。又麥兩碩貳斗,粟兩碩,土布壹匹,於王德金買獨扇門壹合用。麥兩碩伍斗,與東河柴全定種子用。麻兩碩捌斗,付二梁户壓油回廊上赤白用。麻子壹碩貳斗,壓油換油,供畫匠用。麥叁伍碩磑白面,又麥壹拾陸碩捌斗磑麰面,酒叁拾瓮卧用粟貳拾壹碩,又粟柒碩令酤酒用。麥壹拾捌碩、粟壹拾貳碩陸斗、布壹匹、昌褐壹匹,於官人户唐憨處買釜壹口寫鍾用。麥貳碩、粟壹碩,彌共阿婆春糧用。麥壹碩、粟壹碩,於姚小兒處買笓籬用。麥伍拾貳碩(後缺)

原載敦煌文書 P. 2846

後周甲寅年(九五四)四月廿三日唐像奴貸麥粟憑

甲寅年(年)四月廿三日,唐像奴又貸麥兩碩,粟壹碩(底卷書寫止此)

原載敦煌文書 P. 3124 背

甲寅年(九五四)七月十五日就大乘寺納設曆

甲寅年七月十五日就大乘寺納設曆

龍　乾果食足酒一瓮□

開果食足酒一瓮　永果食足

金果食足酒一瓮　圖果食足酒一瓮

界果食足酒半瓮　蓮果食足酒■

土果食足酒半瓮　恩果食足

云果食足酒半瓮　修果食足

國　酒一瓮　乘果食足

普果食足　聖果食足

原載敦煌文書 P. 2271

上天清節表　顯德元年七月

伏以壽丘降迹，爰符出震之期；里社應祥，式契乘乾之運。頃觀舊史，抑有彝章，幸當載誕之辰，仰奉延洪之稱。伏惟皇帝陛下道超九聖，祚啓千齡，紹文武之耿光，比成康之迪哲。自登天寶，益顯聖功，運龍韜而親御戎車，仗金鉞而立平賊寇。破幽并之妖孽，救澤潞之生靈，觀兵而直抵晉陽，奮武而遠臨代北。元凶假息，雜虜摧鋒，還京闕而契人心，謁園陵而伸孝道，飲至纔逾於旬日，覃恩已被於八方。四塞關山，漸息烟塵之警；萬邦臣妾，咸登仁壽之鄉。今則候屬澄河，時當降聖，是甲觀懸弧之日，乃銅律禦戶之時。鰈水鶼林，望堯雲而獻祝；桓圭穀璧，趨禹會以駿奔。臣等叨遇休明，俱塵祿位，荷君父巍巍之德，伸臣子惓惓之誠。祇率典謨，尊奉宸極。臣等不勝大願，謹以九月二十四日降誕日奉上節名爲"天清節"。所冀金相玉振，貞寶歷以彌新；地久天長，焕青編而不朽。

　　　　　　　　　　　　　　　　　原載《全唐文》卷 963

周故南陽郡娘子張氏墓志銘并序

夫金仙偈内，由嗟生死之源；仲尼書中，每嘆逝川之水。繼於遷變，幻化是常。天有壽盡之期，人無始終之限。厥娘子者，其先著姓張羅之後，因而氏焉。家本長安萬年縣，子孫因官，寓居沙州，遂爲燉煌人也。高祖皇諱謙逸，贈工部尚書，高踪出俗，勁節超時，譽滿公卿，笑看寵辱。屬以羯胡屯集，隴右陷腥俗之風；穀耻邦危，塵外伴逍遥之客。伯祖皇諱議潮，河西一十一州節度使、檢校太保、右神武統軍、兼御史大夫、伊、西、庭、樓蘭、金滿等州節度觀察處置、支度、營田、押蕃落等使、特進、檢校太保。皇祖諱議潭，歸義軍節度兵馬留後使，後入質歸朝，受金吾衛大將軍。明時祥瑞，聖代規猷。神謀授渭水之機，妙算蘊圯橋之策。上知乾象，破番醜而七群塵清；下愛黎民，傳漢號於四方世界。可謂見機而作，君子何慚，盤桓卧龍，候時即起。而乃束身朝闕，面見龍顏。毬樂御場，馬上奏對。皇考諱淮深，前河西一十一州節度使、特進、檢校司徒、南陽郡開公、食邑二千、食實封五百户。張某禀靈河嶽，膺慶星辰。蓄班馬之操圖，捷孫吳之盛略。

臨人避四知之耻,獸去珠還;治俗遠三惑之嫌,鸞翔鳳集。娘子鉅鹿索公瑋某之夫人也。乃天扶美貌,神假殊姿。紅粉越水上之蓮,青娥奪天邊之月。母儀夙備,婦道預彰。奉上念采蘋之詩,敬下守如賓之禮。出適鉅鏕索氏諱某,即前歸義軍右馬步都押衙、檢校工部尚書、輕車都尉、沙州衙内都押衙。龍門桐樹,半已先亡;髻上金釵,孤鸞獨舞。娘子將料,永居香閣,倏然成奔月之人,逝水來後,款爾作幽泉之客。嗟呼! 裝臺之上,不逢鏡之春;窗牖之中,空見隙駒之影。娘子春秋七十有四,於廣順四年甲寅歲九月廿四日,葬於莫高里陽開河北原之禮也。三男:長子前任壽昌縣令、兼監察御史富進,次亡内親從都頭、知都鷹坊使富通,次亡節度押牙、馬步都知兵使檢校散騎常侍兼御史大夫富盈。哀聲慟地,徒恨不侍之悲;泣血號天,未效劬勞之報。陵谷恐變,非石莫以保其堅,傳記後來,非文莫以旌其德。其銘曰:

天高地厚兮成懷有時,日月星辰兮難保虧移。逝水東流兮波濤如箭,生死來及兮不疾如飛。娘子紅顏兮蓮花奪質,豈料禍臺兮不與人期。長男號咷兮再無見日,六親哽噎兮此世分離。刻石雕銘兮爲旌重德,松楸一鎮兮留記他時。

原載敦煌文書 P. 3556

大周張(真)府君墓志銘并序

夫天地爲鍾,金石堅而尚猶銷爍;陰陽作炭,松柏古而亦有凋零。蓋爲萬物廢興,遄逝則寒來暑往;□年修短,奔馳則雨驟風飈。洎乎榮謝難兆,死生莫道。厥有貝州清河郡張府君者,軒轅皇帝之苗裔。㊣之胤緒,上代因隨官蔭,流派於衙城中。廣扇家猷,備聆殊異。高祖諱謹。府君真,夫人郭氏。不事公卿,惟便商賈。爲人則温恭允塞,在家則儉約固窮。厥後疾膝心腸,病纏骨髓。巫咸之術無效,扁鵲之針罔瘳,享年□□□,歿於私室。夫人郭氏儀,夙修婦道,睦全從子,方貞順名,彰三徙而擇鄰以教。其奈身縈疾疹,壽匪遐齡,享年,歸於私室。男進,處身清約,稟質中和,修椁則罄家資,辦葬事則盡其力。長男進,新婦廉氏;次男暉,新婦王氏;次男立,新婦楊氏;小男庭誼,新婦牛氏;小男庭美,新婦賈氏。侄女子閏歌,侄男吾六、吾七。女,孟郎婦。其地於百姓李榮處買值,東靠郡城,西看古縣,南依大皁,北迤洪溪。顯德元年拾月貳拾玖日值造買到。銘曰:

原載《大唐西市博物館藏墓志》

秦思温墓志

大周安國軍洺州永年縣太平鄉依仁里秦村。天平軍節度押衙、充節院使、兼隨身軍使、充平盧軍馬直都指揮使、充隨駕右威和弟五指揮使、充左興順弟九指揮使、充左興順弟二軍弟四指揮使、充鎮州屯駐權五指揮都部署使、充鄴都右校練使、兼隨使聽頭軍使、兼衙內都部署使、銀青光禄大夫、檢校右散騎常侍、兼御史大夫、上柱國秦思温。

翁諱言,父諱章。夫人吳氏。生五男一女:長男忠勇功臣仁美。次男忠勇功臣仁訓。次男曹州司馬仁緒。次男仁協。小男迎哥。女大姐適散都頭王郎。仁美等新婦馮氏、崔氏、潘氏。孫女招翁,孫女小招翁。孫男王哥,次孫伯喜。妹女子始適焦氏。弟思謹,洺州司馬,妻劉氏。長男仁壽,次男興兒,小男七哥。長女二姐,適劉氏。次女三姐,適韓氏。女八姐,女九姐,女十姐。侄男討擊使仁晏,妻成氏。次侄男仁乂,新婦張氏。侄女妹子,侄女伯來姐。孫女四姐,孫男縠鹿車,侄男勝兒。西莊沙河縣仁義鄉普通村,去東莊一十五里。叔賓,男義軍左弟一副兵馬使延嗣,妻王氏。男二哥,女大勝適劉氏,次女小勝,小女迎兒。次男延卿,妻趙氏。男留九,女阿四,女阿五,女阿六。弟思貞,妻尹氏。女阿兹。叔母劉氏,男千,妻孔氏。孫男黑兒,次孫阿□,女阿六,小女阿三。次男延超,妻李氏。孫男韓留,孫女五姐。老姑弟四適李氏。

夫興君霸國者,忠臣列士,榮家顯祖者孝子孝孫。非良臣者不盡其忠,非孝子者不竭其力。今有長沙郡秦公者,縮軍一十度,征營四海之中;守職三十餘秋,經歷九州之內。遷延歲月,朝代頻更。時遇清平,暫歸私假。睹丘園之寂寂,意上徘徊;想父母以依依,情多慘愴。乃於大周顯德元年十一月二十日,安厝先亡於中路鎮東四里之平原上祖塋中，重修壙域。其勢也，東連漳浦，青龍引一帶之洪波；西望太行，白虎上千峰之翠頂。前臨廣郡，北靠邢臺。乃六神具足之方，是四瑞俱全之地。可以永傳旌戟，代繼轅門。故將志孝之心，答效先亡之德。然乃尋功日下，求名雲間，刊千秋不休之名，勒萬古長存之字。徒彰異日，已俟他年。後紀清強，乃成頌曰：

其一。巍巍峻德，沓沓深功。惟清惟直，乃孝乃忠。扶天竭節，事父盡終。山川可逝，姓名不窮。其二。扶論事主，負米獻親。兒孫忠勇，旌戟榮門。氣量卓絶，精神不群。長存枝葉，永受公勛。

原載《全唐文補遺》第八輯

大周故朝散大夫左千牛衛將軍同正 勒 留中書劉公（秘）墓志并序

將軍諱秘，字太初，大名冠氏人也。撓龍命氏，逐鹿承家，德被當時，世襲餘慶，東吳則角立鴻基，西蜀則鼎跱丕業。至於功高補袞，政洽分茅，才瞻百函，學通萬卷者，豈可勝道哉？曾祖，祖弈，識量非常，知機特異，想繁華於前代，慮倚伏於後昆，乃養素林泉，怡情琴阮。荷衣蕙帶，自高巢許之風；藜杖高簪，迴得逍遥之趣。考規，節操不群，容儀出衆，留心官路，顯紹英聲，起家授左金吾衛長史。將軍則長史之長子也，受性清明，修身中正。洽兒童之戲，則知俎豆之儀；事庠序之教，則悦揖讓之禮。深明儒術，洞曉詩書，豐文而舒錦爭奇，著咏而燃櫻比麗。鄴都七子，實謂重生；魯國四科，真同再出。未果策名桂籍，乃爲郡主見知。時晉清河相公杖節鄴城，深垂禮待；將軍以固處陋巷，守道俟時。慈母年高，空堅色養，將求甘脆，遂不擇禄，投筆充左教練使兼都孔目官。洎乎移鎮，乃便隨軒，數郡政聲，皆固匡佐，陳貞白之節，輸公謹之誠；綽有令名，聞於宸聽，以乾祐元年自外職除堂後官，左千牛衛將軍同正。立志推公，出言有度，爲阿衡之肘腋，實爐冶之楷模。執事三朝，歷年七載，致時隆休泰，政著均平，震澤敷而宇宙咸春，雷聲殷而昆蟲遂性。赫赫焉，煌煌焉，其功不可極也，而將軍預焉。至於退食之後，奉慈服勤，晨省昏定，冬温夏清，未嘗暫忘於頃步之間也。縱潁考叔之純孝，老萊子之彩衣，方之蔑如也。及乎喜懼之年，就養之時，官裳不脱，飲食不變。風樹興嘆，毀瘠過禮，六親勉之,方飲水食粥焉。斯所謂於國忠,於家孝。聲光籍甚,積善無徵,兩楹入夢於當年,二豎潛形於靈府。良藥無徵,沉痾彌留,以顯德元年六月二十二日,終於東京私第,春秋四十有六。母弟元程,次曰。八龍讓美,三虎齊名,事長以順,庭無間言。妻胡氏,四德兼修,三從克備,式光內則,顯致家肥。生子四人:長曰,立性孤高,爲儒慷慨,究易則神人授墨,學文則仙客傳珠,爰歷廣場,頗揚聲聞。次曰,顯名昭代,擢第神童,擅岐嶷之知,著英奇之譽。次曰 佑 之 。次曰宜 哥 。或業黌堂,或人離懷抱,漸識義方,必成公器。女一人,適王氏,不幸早亡。美哉! 功名顯於時,胤嗣昌於後,立身之道昭矣,克終之義備焉。臨終顧命曰:"吾家素儉,乃爾攸聞,予啓手足後,喪事宜約,哀悼宜節,殯於西京。"諸孤敬治命,以其年十一月二十六日殯於洛陽懸象鄉南陶里,禮也。親朋畢集,奠酹盈途,風傳薤露之聲,山□龍蛇之勢。祝鼃啓繇,宛符白鶴之祥;群鳥成墳,必叶青烏之相。旁栽松檟,永蔭夜臺,嗚呼哀哉! 乃爲銘曰:

擾龍得姓,逐鹿開基。功訓九色,化備四夷。嘉名斯立,景福攸宜。傳芳青史,流譽豐碑。洪葉迭興,丕圖不絶。西蜀隆平,東吳胥悅。或陟巖廊,或分旄節。世襲簪裾,代生英傑。乃有遠胄,克紹家聲。爲儒溫雅,游藝縱橫。文華舒錦,句麗燃櫻。衣冠仰德,宇宙知名。器宇難量,情田莫測。投筆藩方,立身正直。爰降渥恩,俾匡埏埴。道邁五常,志去三惑。方增倚柱,式賴循良。沉痾忽遘,哲人云亡。宅兆於此,松梓成行。不隨陵谷,□固玄堂。

顯德元年十一月二十六日書終故記。

原載《五代墓志彙考》

大晉故博州户曹參軍曲公(詢)墓志銘并序

公諱詢,字叔謀,本燕中人也。昔晉穆侯子成師封於曲沃,遂命氏焉。公則漢侯曲謙之後也。英名烈望,功克振於前□;自葉流根,德乃分於後裔。焕乎簡諜,此不備書。曾祖諱述,曾祖妣劉氏。祖諱行周,前行德州安德縣令,累授朝散郎、試大理司直兼監察御史。蓄包丁之餘刃,屢屈剖鷄;振董恢之威聲,咸挺去虎。既彰善政,乃誕英奇。公即侍御之次子也。幼稱家瑞，長號國華。挺□俗之才，負不群之氣。故州縣重難之職，□攝尤□；生侯參佐之僚，匡裨悉過。莫非□特水□□□□脂膏。辭金畏於四知，□玉存乎兩寶。於天福初，貝州節度使瑯琊王公，以公政能潔□，□可安民，乃奏授博州戶曹參軍，同□肇之舉謝譚也。噫！夫位以德興，官唯才□。□□□德彌高而位彌下，□益大而官益微者，亦猶蠖自屈以求伸□□□而待□。□□□□□□澗□，終成構廈之材；豈期蛟在池中，翻嘆枯鱗之事。於天福六年四月□□，以疾終於□□，享年三十八。嗚呼！芳蘭易敗，甘泉先竭。同仲尼之司寇，□□□□；如賈島□□，遂沉英俊。與公之清名善德，即異代同風，信不虛矣。

公婚劉氏，有齊眉之好，無反目之虞。永堅偕老之心，俄起未亡之驚。□忽悲□龍去，鏡空慘於鸞孤。祀婦哀深，已慟崩城之哭；湘娥怨極，俄奔同穴之期。於開運三年六月二十二日，寢疾終於鄴都之私第，享年二十五。扶護歸洛，以顯德元年十一月二十六日，祔葬於洛陽縣懸象鄉南陶里，禮也。有子二人：長曰咸恕，次曰□□。并居喪合禮，稟訓有方。若合璧之含華，如雙珠之□□。辭偕吐鳳，書可換鵝。率其神而蹈其謙，進德也；依於仁而游於藝，居業也。加以輕財如糞土，重友比金蘭。所以□蓋如雲，門庭若市。易有承家之象，書稱肯構之基。竚聞一日九遷，何止萬里。有女二人：長適王氏，陷虜不還。次於大名府南貞元寺出家。一則於三從而盡節，可驗貞□；一則以救七祖生天，自明法□。長子，自置琴動感，拜象興哀。佳城□卜於城南，吉日乃從於龜兆。用彰至孝，□刻貞珉。惟□文謝天生，學慚日就。忽奉□終之旨，謬承以顯之心。嗚呼哀哉！敬爲銘曰：

□□□後，代郡爲先。家諜國史，映後輝前。割雞刃穎，去虎威宣。□□餘慶，式誕英賢。生乃不群，長而好德。內孝於家，外忠於國。□□佐僚，真榮祿職。高位不登，下僚沉匿。鏡光沉兮孤鸞悲，□□動兮雙燕歸。□佳城兮從吉兆，利子孫兮永光輝。

原載《全唐文補遺·千唐志齋新藏專輯》

大唐故府君墓志銘

維大周顯德元年歲次甲寅十二月辛丑朔二十日庚申,懷州武德縣■州清河■君諱■供奉■巡檢使■新婦劉氏,新婦石氏,嗣子長男■次男■次侄永興。長男新婦李氏,次男新婦□氏。長女□□□,次女□□。孫女子□姑,次孫女子不憐,次孫侄兒不秋,曾聞壽涯修短,禀靈台而□□其分■千歲爲遥齡,郡路一□夫□爲促世。蓋一至■彭成郡劉氏夫人,忽□□席,救撩無詮,何期不■知身如■它後難■置墓■南二里東南黄蘆■射犬古城約三里■河□二里,其塋地一□,東至□□,南至賈□,西至□□,北至■父業地■妙克■龍虎■子孫■。

原載《古志石華》卷 26

相州彰德軍顯德元年(九五四)十二月采石記

南無喝囉怛那哆羅夜耶南無阿□耶婆盧□□□鉢■
唵薩嶓囉罰曳數怛那怛寫南無悉吉埵伊懞阿唎耶婆■
哆沙咩薩婆阿他豆輸朋阿□孕薩婆菩哆那摩婆伽□■
唎摩訶菩提薩埵薩婆薩婆摩囉摩囉摩醯摩醯■
罰闍耶帝陁囉陁囉地唎尼室佛囉耶遮囉遮□□■
佛囉舍唎罰沙罰嘇佛羅舍耶呼盧呼盧摩囉呼盧呼□■
夜菩提夜菩馱夜菩馱夜彌帝唎夜那囉謹墀他唎瑟尼那■
悉馱夜娑婆訶悉陁俞藝室嶓囉娑婆訶那囉謹墀娑■
婆訶娑摩阿悉陁夜娑婆訶者吉羅阿悉陁夜娑婆■
耶娑婆訶摩婆唎勝羯囉夜娑婆訶南無喝囉怛那哆■
娑婆訶悉殿都曼哆囉婆拏藝娑婆訶
夫苦海無窮,歸依者超登彼岸。金儀其相□■
光而入仕,懷孝道以和家。德行素高,芳聲彌遠。仍又■
亡妣清河郡太夫人遂於塋所建立寶幢,仰報劬勞,鐫題唄■
偶觀勝事,輒敢由毫□綴□詞,書之於右,時大周顯德元年■

原載日本京都大學人文科學研究所藏五代碑刻文字拓本

李本墓志

府君諱本,是故太尉□□□孫,比是澤州晉城縣人也。因河陽故丁相公補充散兵馬使□□次補充石榜寨將。考妣□川氏,生男二人:長男名澄,小男延保。生女二人:長女張郎婦,小女劉郎婦。□諱周,後因尹相公補充感化軍元從兵馬使、兼懷州都莊宅□□使。婚韓氏,生女一人,郭郎婦。因置薄莊田,在懷州武德縣期至鄉鹿宿村,連莊地土約壹拾伍頃,東至□村界,西至義溝村界,南至水運莊,北至聶莊村界。後又相次於義溝村置得莊□□□伍頃,□□連莊,東至西湯邑村界,西至烏□村莊,南至官道,北至官道。弟兄□二人,積代美□。後弟與新婦相次亡没,遂合殯在先祖塋内。弟兄等并是志孝志行,盡節盡忠。居家有共被之義,事君有替主之功。武能射虎,文乃聲鐘。六藝則□於南北,勛名則□於西東。長男□,不仕。婚張氏,生男二人:長男知鄴,小男知朗。生女二人:長女申郎婦,小女秦郎婦。弟延保,見充孟懷營田耕戰軍副巡將。前婚崔氏,不幸早亡,生男一人名知顯。生女三人:長女馮郎婦,中女字左姐,小女字六姑。後婚馬氏,生男二人:長男曹兒,小男小曹。男澄等并是碧海三山,青冥一鶚。德行則超於十哲,藝學則過於九流。孫子知鄴,見本州兵馬使、兼知方善酒務。婚劉氏。生男二人:長男字武□,婚殷氏,小男武六。生女一人字恭□。小男知朗婚朱氏,不幸早亡。生女一人,字不□□□。男知顯,婚趙氏。孫子知□、知□,并是有文有武,立性溫恭。恒□分椹之宗,常抱卧冰之道。不幸父母亡没,不入先塋。遂去顯德元年甲寅之歲,別置新墳,在莊東一里已東去祖塋三百餘步,塋四面并屬自己土田,其地用良師選擇。地帶平亭,詔將來助瑞氣芳盈。今乃刊石爲記,流□萬古。□□詞曰:

兹地平穩,垧修塋墳。沁河前望,太行後存。其一。□脉并□,方蒙合宜。子孫□□,世代保□。其二。

原載《全唐文補遺》第九輯

加忠懿王天下兵馬都元帥

敕曰:古之王者,啓邦經野,分職設官,疇建殊庸,懋昭大德。或頒之弓矢,或錫之土田。我有重臣,世膺王爵。雖任一方之帥,未超極品之榮。漢法非劉不王,唐制元帥爲重。實惟大任,寧授匪人。用錫名藩,永扶昌運。咨爾匡聖廣運同德保定功臣上柱國吳越國王錢俶,乾坤間氣,海嶽孕靈。爲民物之綱維,實朝廷之藩翰。承家保國,奕世美堂構之賢。治亂持危,四方推英豪之主。梯航時登乎丹陛,兵革靡及乎蒼生。才足以爲主而庇民,德足以移風而易俗。肆歸建極,不替忱誠。有齊桓尊周之心,而忠義或逾乎齊。有晉悼駕鄭之略,而功名不忝於晉。建之都督,則百辟允諧。使之元戎,則三軍從命。表海受一方之寄,真王啓萬户之封。匪爾令名,曷兼衆職。爾其不墜善始,永圖令終。承我徽言,毋忝厥位。可特授天下兵馬都元帥,增食邑二千户,實封五百户,賜推誠保德安邦致治忠正功臣,餘如故。

原載《全唐文》卷 841

甲寅年—乙卯年(九五四—九五五)大乘寺百姓李恒子等便粟曆

（前缺）■□羅行者便■。■□恒子便粟壹■。■伍升(押),口承妻高氏(押)。知見■。■年得油壹斗折粟三石□■。甲寅年六月十日大乘寺百姓李恒子便粟壹拾碩。捌斗秋壹拾陸碩貳斗(押),口承人大阿■。知見人押■進通 φ。同年九〔月〕十一日■,十九日常(百姓)惠力粟柒碩,秋拾碩伍斗,又舊粟壹碩■。乙卯年四月一日吕什德便壹碩,秋壹碩伍斗■。九日義盈便粟壹碩,秋壹碩伍斗(押)。十四日□通便粟壹碩伍斗,秋兩碩貳斗伍升■。

原載敦煌文書 ДХ · 1416、ДХ · 3025

後周乙卯年(九五五)正月莫高鄉百姓孟再定雇工契

乙卯年正月一日,莫高鄉百姓孟再定闕少人力,遂雇龍勒鄉百姓馬富郎弟盈德一年造作。斷作價直,每月斷物捌斗,至九月末造作,春衣汗衫,皮靴一兩。所用鋤鑺,主人並付與盈德者失却,仰盈德祇當。若到家内,付與主人者,不忓盈德之事。若盈德抛敵,芒(忙)日抛却二日,勒物二斗,閑日勒物一斗。兩共面對平章,更不許

休悔。如若先悔者,罰青麥兩馱,充入不悔人。恐人無信,故勒私契,用 爲 憑,畫押爲驗。(畫押)

兄富郎(畫押)

入作弟盈德(畫押)

原載敦煌文書 P. 2887

大周瑯瑘王公(虔真)預修墳墓志銘并序

嘆曰:鄧由無子,謝太傅之興嗟;夏嬰蹶躠,佳城鬱之知命。今古情異,志緒略同。寄澤州樂院教隊舞小兒行首王虔真者,本潞州上黨太平鄉人也。皇祖使院押司官景良之孫,皇考師禮之子,母曰裴氏。先自天成三祀,因教絃曲調,誤府主顏,將家至郡居矣。洎乙卯歲,已二紀也。然本無子,唯生二女,長曰常郎婦,次曰張郎婦,俱值早終。今養外甥女蘇兒,年方十二。王公性直而質,心淳乃和。雍睦於時,敬愛叶衆。人欽雅淡,邦嚮寬慈。慕善而好道歸真,崇禮而助揚空教。年已五十九。新婦馮氏,温柔不僭,綽約凝神。好尚安貞,氣含中正。眉分柳翠,瞼對蓮紅。養性無貪,處家廉儉。年已五十五。然或夫婦道話之外,論及無兒,雖修善之福隆,且終始而難測。況其乏嗣,孰主喪儀。乃預買墳塋,先修棺冢。狄太守之典郡,尚起生祠;李義陽之縉師,亦通預祭。而況乏嗣,豈不宜焉。今於顯德二年歲次乙卯二月二十一日,起磚藏於澤州晉城西北三里五十步,置墳域也。吁!人之生也,善始令終;物之生也,唯柏與松。□王公之預備,感神道之矜容。願垂福壽,以仗陰功。志云:

王公夫妻,皆慕善道。無貪無欲,有忠有孝。與衆謙和,於時寡好。城隍相重,朋儕願老。一郡推賢,尊卑可保。今無胤嗣,預修塋域。危身不危,惑心不惑。睹此堪傷,誰爲借力。天可愍念,地可憐惜。況依佛教,又參知識。財施僧貧,義添利益。神道至明,玄冥必測。皇天無親,是輔有德。變惡從善,迴凶作吉。永保遐齡,虛開窀穸。雖立墓志,乃刊貞石。

其地與當州左厢百姓張温同買到長樂鄉子州北莊税户張崇自己白地一段,準錢□□文。其地取中心爲界,各收一半。東西闊一十三步,南北長廿一步。東邊王虔真爲□□□張溫爲主。東至要禮塋地,西至張溫,北至古墳,南至張崇地畔。

原載《全唐文補遺》第九輯

乙卯年(九五五)押衙知柴場司安祐成狀并列憑(五件)

柴場司,伏以今月廿三日馬群賽神,付設司樫刺叁束。二十四日于闐使賽神付設司柴壹束,馬院看工匹付設司柴壹束。廿七日看甘州使付設司柴兩束。十三日供西州使人,逐日柴壹束,至貳拾肆日斷。未蒙判憑,伏請處分。乙卯年二月日押衙知柴場司安祐成。爲憑廿八日。(鳥印)

柴場司,伏以今月二日馬圈口賽神,付設司柴壹束,看甘州使付設司樫刺兩束。三日看南山付設司壹束,看甘州使付設司樫刺兩束,東水池賽神熟肉樫玖束,付設司造食樫刺捌束,使出東園樫捌束,衙內煎餳樫叁拾伍束,墓頭造食樫伍束,李慶郎磑頭打查樫壹佰貳拾束,百尺上賽神付設司壹束,樓上賽神付設司壹束,支于闐博士月柴壹拾伍束,漢兒貳拾陸人共柴叁佰玖拾束,押衙王知進妻等肆人共柴肆拾束,又叁人共柴叁拾束,張佛奴妻柒束,躍珊伍束,公主四人共捌拾束,消醶柴伍束,付設司臥醋刺兩束。未蒙判憑,伏請處分。乙卯年三月日押衙知柴場司安祐成。(下闕)

(上闕)扇馬付設司柴壹束,八角修烽付設司柴壹束,刺史賽神付設司柴壹束,供索縣令家、南山付設司柴壹束,東園賽神付設司柴壹束。十六日,祭拜熟肉柴兩束,南城上賽神付設司柴壹束,熟肉并燒石樫叁束,普光寺門檁樹園白刺拾束;宜秋打瓦口樫陸拾束。準舊例支太子樫捌車,各柒拾柒束;刺兩車,各伍拾伍束;內院樫捌車,各柒拾柒束;北宅樫拾車,各柒拾柒束;鼓角樓僧樫叁車,各柒拾柒束。四城上僧共樫壹佰貳拾束。南城上火料樫柒拾柒束,西城上火料樫柒拾柒束。百尺上樫兩車,各柒拾柒束;刺兩車,各伍拾伍束。門僧二人,各樫柒拾柒束。佛座子樫兩車,各柒拾柒束。梁戶二人吹油,刺貳佰貳拾束。南城上阿婆樫伍拾伍束。未蒙判憑,伏請處分。乙卯年三月日押衙知柴場司安祐成。爲憑十

八日。(鳥印)

柴場司,伏以今月十四日使出東園住,至廿日入,用樫壹佰伍拾束。鄉東修烽付設司柴壹束。十八日,迎甘州使付設司樫剌叁束,下檐付設司柴兩束,就驛柴兩束。十九日,東園祭拜付設司柴兩束,看甘州使付設司柴壹束,甘州使□料帖下柴叁束。迎西州使付設司樫剌叁束,下檐付設司柴叁束,就驛下檐樫剌伍束。付設司臥醋剌兩束,消醶剌伍束。支城北打口樫壹佰束。未蒙判憑,伏請處分。乙卯年三月日押衙知柴場司安祐成。爲憑廿二日。(鳥印)

柴場司,伏以今月廿二日,支駝兒入群付設司柴壹束,就驛送盤付設司樫剌叁束。廿三日,設東窟工匹付設司柴壹束,大廳設使客付設司樫剌拾束。廿四日,祭川原付設司柴兩束,熟肉樫兩束,使出東園用樫拾束。未蒙判憑,伏請處分。乙卯年三月日押衙知柴場司安祐成。爲憑廿五日。(鳥印)(後殘)

原載敦煌文書 S. 3728

乙卯年(九五五)四月一日佛堂修園衆社破除名目

乙卯年四月一日,佛堂修薗衆社破除名目如後:

平章壃地破粟五斗,載堤日破麥陸斗、破(衍)破粟柒斗,壘薗日破麥柒斗,破粟柒斗,第二日破麥柒斗,破粟壹碩,夜間頭破粟叁斗。

原載敦煌文書 S. 6186

故朝議郎河南澠池縣令賜緋魚袋贈起居舍人諱譙男金部郎中知制誥賜紫金魚袋贈工部侍郎諱涓吳府君墓志銘

吳氏出於義興,本其世也;旅於厭次,因而家焉。越彼祖宗,咸茂文術,或才高位下,或得道失時。消長則然,污隆斯在;矧夫江左,代有其人。曾祖諱儒,守秘書省校書郎。祖諱璘,常州司馬。考諱譙,河南澠池縣令,賜緋魚袋、贈起居舍人。

公諱涓,義方有訓,侔於昔人,克繼斯文,深達至道。自進士及第,至贈工部侍郎,碑而銘之,此不紀也。

且曰:公之少也,純而敏,耿而和,卓然如不群,湛然能容衆,事父

竭力,有聞於家;公之長也,恭而安,謹而達,退者誘而進,屈者引而
伸,事君盡忠,有聞於國。則士風士行,爲人鏡耳。養慈親陳氏以孝,
待夫人盧氏以義,穆弟泳以友,撫子璨以慈。故宗黨既稱其孝義,又
稱其友慈。公累歷清途,不葺居第,以先公未葬,恒如忘焉。爰覿左
遷,用畢初志,於時百執咸閲公之文,曰:"冥兆未修已八年矣,今或失
之又八年矣。人事時事良可悲哉!"厥志不遑,遇疾卒於僦第,會泳守
禹城,璨攝蒲臺,皆主□也。雖盧氏執喪,罔克就次;傷而不弔,車蓋
盈衡。噫!公之純孝秉義,敦友抱慈,不得壽享,几杖何圖? 壯捐紳
綏,私役未集,誰知其勞? 吁! 奈如命耶? 以大晉天福四年五月二日
權殯於國之東。是年十一月五日泳泊於璨成葬事焉。迎府君之神於
京畿,返先公之柩於厭次,窆於禹城縣北宣美原。用刊密石,復志其
銘,直耳書之,懼再告也。銘曰:

　　百越英人,大晉遺直。所至者道,所據者德。允昇諫省,復參密
職。旋典綸綍,焕乎翰墨。縈然孝心,繫於罔極。厥志不遑,其疾□
及。生也多聞,咸欽博識。歿而絶迹,人將安則。神兮賓士,誰與匍
匐。逮乎急難,能竭其力。輀車啓行,輿人慘惻。卜穴連崗,其儀不
忒。濟川冰合兮寒波塞,歷山日暮兮愁雲黑。飛魄漠漠兮何所歸,宣
美高原兮佳城北。

　　先於天福四年仲夏五月,卜葬於禹城城北宣美原,禮也。後以頻
年水災浸漬靈櫬,今遂於齊州西南二十里臘山前,長清縣東□首和平
鄉徐齊村,買趙知平地改葬兼附焉。時大周顯德二年歲次乙卯四月
己亥朔十七日乙卯。男朝請大夫、試大理評事、前行鄆州壽張縣令兼
監察御史泳重鐫故記。孫文林郎、前守潞州長子縣主簿,孫善郎。
(這一段文字刻於墓石側面)

原載《五代墓志彙考》

故綏州太保夫人祁氏神道志

　　綏州軍事判官□□ 撰

　　夫人祁氏者,晉祁奚之後也。家傳忠孝,世本恭温。父諱□□
□,□守清廉,田居不仕。夫人即公之長女也。幼兒令淑,閨訓每聞,

才及笄年,適從李氏。李氏者,故朔方韓王之次子也。既事夫有齊眉之道,養姑全婉娩之風。備四德而宗族和,守三從而中外美,於是三十餘稔矣。不幸舅姑薨逝,禮制三周。後即從夫分茅,崇家八載,抱螽蜇而無妬,懷葛藟之有遷,承富貴則不驕,約令儀而甚雅。至思撫育願慇箴規,致琴瑟之素調,遂親戚之愛敬。冀邇遐等,共保靈椿,豈鳳鸞之欸分,值梧桐枝半落。三年被服,妝閣塵埃。信蓬發以踪橫,志灰身而杜闉,日持齋戒,晝夜持經,未及五祀將終。何乃神祇虧損,疾爲二竪徒召。秦醫忽遭,疢火俄臨,以四月二十四日殞逝。在世六十有三,榮貴五十餘歲。雍容而時世難比,賢行而古往那儔。

男光璘,閱禮敦書,通明爽俊,若高紫之泣血,如曾子之絶漿。但以禮不逾時,而乃卜其宅兆,既揀良日,明具專臻,方遷樞車,赴於窀穸,以乙卯歲七月十九日,禮葬於府城北鳳政里烏水河北原,端整樹東之側。德狀恭蒙傳誨,今草志文,但慚短拙之詞,難播盛榮之貴。嗚呼! 乃爲銘曰:

夫人閒雅,令淑有儀。發言可則,舉趾成規。關雎既愈,葛藟常美。佳聲播遠,俟聘爲妻。婉娩德行,柔和於内。孝養舅姑,慈仁弟妹。爲侯棄國,不衣繪絲。灰心持經,終身無改。於歊何常,天道豈亡。賢同盼母,列等參薑。家風流慶,壽祿不藏。貞清永播,獨掩高崗。沓沓冥途,振振四德。殉位從南,終居歸北。時慈顯赫,年深静默。粵以至堅,珉石刊勒。

原載《党項西夏碑石整理研究》

永興軍牒

中書門下牒永興軍:永興軍中除見有敕額已存留寺院外,救通勘到在城應管無敕額□有名額,及近置寺院共計伍拾肆處,内肆拾壹□,□停廢外,餘有壹拾叄處無敕額,從來□□院建置年深,准宜分□到候指揮事:開元寺、勝果寺、太□尼院、西臺尼院、□□禪院、□王護國禪院、資聖禪院、清凉建福禪院、經塔院、上□院。已□壹拾□□,宜令依舊□□□□院、泗州院、文殊院□□處□,并令准救停廢。牒:奉救宜令各依前項指揮,牒至准救。故牒顯德二年七月三十日牒。

中書侍郎、平章事景。

中書侍郎、兼禮部尚書、平章事王。

守司空、兼門下侍郎、平章事。

守司徒、兼門下侍郎、平章事。

寺東北四里己來，常住水磨壹動，廣順二年院主僧修寺稻田兩頃、水磨一動、亦充常住養。

原載《金石萃編》卷 121

(上闕)京城內外臨壇供奉大德兼(下闕)門和尚(福慶)邈真贊并序

　　□□俗姓張氏，香號福慶，先苗著姓，望在清河。後嗣興宗，傳名沙府矣。和尚生之異俊，立性殊奇。仰三乘究竟之門，厭四流浮虛之幻。遂即辭親慕道，落髮披緇，千門洞曉於胸襟，萬部精通於志府。至於四分十誦，猶涉海而姻浮囊；七聚五篇，等救頭而防猛炎。故得緇倫仰重，榮遷講義之仁師；俗吏僉提，恩獎紫彰之貴袟。恒調意馬，守節範肇誡僧徒；每伏心猿，奉公旨主持梵宇。鴻基添益，豐盈而百倍□光；殿刹修崇，妙好而一寺□□。方保耆山等壽，廣扇慈風；奈何示滅同凡，逝衰□□。致使門人哀咽，痛福河而早枯；俗眷攀號，悲智光而永滅。道林忝沾釋侶，奉命固邀，不度荒虛，聊陳頌曰：

　　清河貴望，玉塞良枝。生之異俊，稟性英奇。韶年慕道，齓歲披緇。三乘薆曉，八藏精知。五篇皎潔，七聚澄暉。衆僉秉義，上賜紫衣。主持寺宇，緝□□□。將山等壽，覆護教儀。奈何示滅，魄逐雲飛。僧徒叫□，俗眷哀悲。留真綿帳，記贊他時。

　　于時顯德二年歲次丙辰八月(下闕)

原載敦煌文書 S. 5405

清河張氏建彌勒上生經幢

　　佛說觀彌勒菩□上生兜率天經

　　經文不錄

　　時大周棣州滴河縣顯德貳年歲次乙卯拾月乙丑朔捌日壬申，清河郡妻張氏奉爲亡夫達上生經幢子壹座，永充供養。孤子高崇德、新婦劉氏、女課姐、孫女三十娘子。

院主僧義廣、師智深、智敏、智圓、智凝。

功德主僧法照、都料匠人王知賛、男光普。

後周顯德二年十月八日鐫字

原載《八瓊室金石補正續編》卷 40

大周故裴府君（簡）墓志銘并序

奧以玄黃初浮，注生死於萬化之源；形相纔分，稟陰陽於二儀之上。逝波東注，兩曜西流，由同磨蟻之程，復見循環之理。爰有河東郡裴氏。累代公侯，名標史籍。貴胤宗枝，分輝上黨。至於祥鹿鄉石槽村，子孫興焉。

曾諱杲，祖諱素。府君諱簡，松檜奇姿，珪璋異器，抱古人之節操，持君子之風規。可謂社邑咸欽，鄉邦播美。何期不終遐壽，遘疾縈纏。享年八十有四。以天福八年九月十七日寢於窀穸。

夫人晉氏，懿行穹崇，母儀芬馥。訓子克遵於軌範，成家顯著於規繩。取奉義深，鞠育情厚，惠合閭里，仁及眷姻。舉案方榮，鼓盆旋愴。享年三十七，以丙寅歲十二月内，因兵火虜隔，莫知存亡。次婚衛氏，風姿顯著，質態難雙，賢和而鄰巷欽風，敦睦而婚親贊善。時運流速，日月難居。享年六十四，以天福五年五月十四日染疾於私室。兄暉，性味清虛，情深慕道。璞玉之高名遠振，渾金之美望遐彰。冰蘗居心，雪霜礪志。何期忽染膏肓，針藥無驗。享年六十，以廣順三年三月十二日歿於私第。孫男福兒，年未弱冠，已定婚儀。擬卜良辰，旋興悲愴。以開運三年九月二十日，染疾殞逝。嗣子延周，政直不群，廉隅有備，守分而誠非犯物，養親而不倦晨昏。房兄思會，新婦温氏，兄嫂賈氏，新婦郭氏，孫男虔，新婦韓氏。次孫瓊，新婦郭氏。次孫榮，新婦董氏。次孫守貞、六兒、八兒、京兒、三兒、七兒、九兒。女孫劉郎婦、王郎婦、三姐兒、梁郎婦、趙郎婦、程郎婦、喜喜、師姑等并懷義順，素蘊孝慈，痛天傾而地陷，同泣血以絶漿。生則事之，歿修泉禮，罄捨家財，同爲葬事。以顯德二年乙卯歲十一月乙未朔八日壬寅，祔葬於府西南約一十五里。其地西依堯土，是白獸之所居；東望

牛山,乃青龍之正位;南視炎黄之嶠,見朱雀以翔翔;北眺三崗,據玄武之隱迹。四神俱備,八卦成全,刊石於斯,乃爲詞曰:

懿哉裴氏,偉矣芳名。言關理道,動合規繩。人悲殂逝,時傳德馨。葬之良野,萬古千齡。

原載《西南大學新藏墓志集釋》

劉某乙買地券

維大周顯德二年歲次乙卯十二月乙丑朔二日丙寅,亡人劉某乙今爲身亡。宜於寧州定安縣神福鄉龐村人户張敬思邊買得地一所,謹用錢帛交付訖。東至青龍,西至白虎,南至朱雀,北至玄武,上至蒼天,下至黄泉。一買以後,并是亡人永恒爲主長住。書券人:石公曹,飛上天。讀券人:金,注入黄泉。保人:張堅故。見人:李定度。各年萬萬九千九百九十九歲,此券永爲記。

原載《甘肅寧縣發現後周買地券》

大周隴西郡李府君墓志

蓋聞運啟三才,布芳苗於遠代;晦明二曜,流盛蔟於遐年。是以門繼謙恭,家傳凱悌。李府君曾祖邑穆,翁父讓和,歷代相承,上黨⬚人⬚也。府君翁諱弘實,父諱敬貴。府君諱行思,而乃抱信懷仁,敦詩厚禮,鄉儻(黨)播志貞之美,閭鄰傳碩量之名。不圖晦影遷移,享年六十,顯德元年三月十⬚一⬚日歸世。妣靈宋氏,三從早備,四德昭彰,擇鄰懷孟氏之風,育子蘊班家之譽。享年六十有四,忽染纏痾,日施藥餌,顯德二年五月三日掩歸於世。長男延習,次男延保,小男延貞,并已趨庭受訓,問禮承顏。繼嗣無虧於指踪,奉孝有聞於順則。女比丘尼鑒琛,剃落於勝願寺内,幼别浮華;具戒於清净禪宫,長修律行。長男新婦⬚閆⬚氏,次男新婦郭氏,小男新婦王氏,咸已淑順早光於九蔟(族),柔儀迴播於六姻。箴戒傳芳,關雎入咏。長男孤子等孝誠内感,奉禮心殷,選擇良時,吉晨袷祔。莫不鶴飛衛塊,助寂寂之哀聲;鳳撫靈丘,感冥⬚々⬚之愴戀。其墳也,前臨大澤,後靠長源,西連漳水之郊,東望龍山之坰,但爲江瀆有揭(竭),岳瀆無形,砥石記年,聊爲

辭曰:乾坤之内,孝先爲最,霜笋何施,冰魚難再。母休囓指,父絶庭
誨。孝感其情,温清永倍。孤男聲悲,孤情 隨 咽。薤露和風,高柴泣
血。卜兆良晨,葬于埌闕,刊石凋鑴,紀其年月。孫子霸兒、伴哥、魏
留、四留、延哥,孫女昧兒、小姐。

　　維顯德二年歲乙卯拾貳月乙丑朔二日丙寅故記。

原載《大唐西市博物館藏墓志》

大周田府君(仁訓)墓志銘并序

　　粵若烏走兔飛,轉紅顔而頃克;寒來暑往,移白晝以逡巡。榮枯
盡屬於慘舒,貴賤皆歸於起謝,痛傷薤露,今古如然。曾祖天雄軍節
度押衙鈞。祖天雄軍節度押衙、稻田務使審志。府君仁訓,齊公子之
後,是東齊王十一代孫,本衛州恭縣人也。性樂丹青,好游泉石,中年
別土,上黨成公。少蘊靈機,迴得仙家之妙;長精神筆,苗開聖胤之
風。寫像圖真,在處則恩承侯伯;端山邀水,居高則頌美緇黃。泛烟
霞於洛孟之間,功名顯著;躡雲水於并汾之上,才行推明。邐歷雁門,
遐瞻石窟,兩訪五臺聖境,罷游諸夏靈踪。一入壺關,終揚名姓,作首
則功匀寺院,爲標則力遍宫城。本冀永耀人風,長光郡府。豈謂□鍾
天禍,魄散泉扃,於顯德二年四月十九日,七十有二,終於私第。

　　夫人王氏,蘭房育德,桂室呈姿,叶雅望於崇門,繼令猷於盛戚。
訓子揚孟母之譽,美過諸鄰;解圍彰謝氏之風,名光九族。本望華堂
襲慶,丹臉長芳;豈期天壽永終,魂銷暗隙。去天成三年七月九日,三
十有七,終於家第。有子四人:長男,前平盧軍司馬延瓖,英標挺世,
亭亭之阮竹千尋;俊乂光時,浩浩之黄波萬頃。天資妙繪,神授奇功。
次子延敏、延美、延寶,并著才能,例私壯節,書得僧瑶之妙,圖成雇凱
之神。長新婦常氏,次新婦郝氏,次新婦秦氏。名光女史,望重母儀,
肅奉姑嫜,敬遵娣姒。加以尊卑雍穆,少長平和,孝行高彰,德風遐
被。各盡終天之敬,咸周卒地之勤,效泣筍以無因,慕獻麟而莫遂。
今則噬合天道,兆契年通,特卜嘉塋,創兹神闕。於顯德二年歲次乙
卯十二月乙丑朔三日丁卯,合葬於府城東三里。其地也左連碧岫,右
注清漳,前枕五龍,後倚三壠。四顧既多於王氣,二靈宜瘞於玄宫,欲

保於地久天長,莫若於銘勛刊石。詞曰:

黃泉難返,白日易移。百年有限,一謝無期。陰陽合節,天地交儀。鑿土成壙,疊石爲基。其一。山補四維,地連九牧。道合幽邃,噬通嘉日。松柏披雲,子孫食禄。勒石銘勛,將期後族。其二。

孫男翁留、遥兒、悦悦;孫女大姐、三姐、拾得、姐兒。

原載《芒洛冢墓遺文四編》卷6

後周丙辰年(九五六)三月三界寺僧法寶貸絹契

丙辰年三月廿三日,三界寺僧法寶往於西州充使,欠 闕匹帛 ,遂於同寺法 律 戒德面上貸黃絲生絹壹匹,長肆拾尺, 幅闊壹尺 玖寸。其絹梨(利)頭立機壹匹,到日填還。若於限不還者, 看鄉原 生利。若道上不平善者,并絹及利,壹仰口承人弟□□ 面上 取本絹。兩共對面平章爲第 定 ,不許開,故立 此契 ,用爲後驗。押字爲第(定)。

原載敦煌文書 P. 3051 背

後周丙辰年(九五六)某僧政付唐養子地價麥粟褐憑二通

丙辰年正月廿日,僧政■伍碩。又見還來粟叁碩,昌褐肆 拾 ■。

地主領物人唐養子(押)

二月十四日,又付昌褐半匹,見付麥叁石,粟叁石。(畫押)

見人押衙氾保員(畫押)
見人同院馬上坐
取物人唐養子(畫押)

五月六日,又付養子地價斜褐壹段,一丈捌尺,准土布伍拾尺;又斜褐壹段,壹丈玖尺,折土布伍拾尺。

取物人唐養子(畫押)
見人兄唐支子(畫押)
見人僧大進至
見人馬上坐願
見人孔德保直
原載敦煌文書 S. 6308

大周殘碑

■雄風,匡霸業,從諫諍,遂賢良,外則以四夷未王,尚征代而執戎事,内則以百揆方序興禮樂,而敷文德,考謀詢事。進草澤而納蒭蕘,糾謬繩退不肖,而黜邪佞■。■亨矣,乃有釋教,爰疚宸□,慮真俗而相參,遂鼎革而垂制。凡曰梵宇,悉去無名,故九州四海之中,設像栖真之所并掃地矣。是院以有唐乾■額,時雖綿遠,名仍顯著,徵其驗而斯在,詢其由而匪虚,遂免雷同,得安雲構。且王言間出,有司無私,徇之佛法,載崇釋子,遂幽栖之地,蓋存舊制,式叶■之合宜乎!隆替之有時乎!亦所謂主首精勤,焚穆堅礭,土地幽贊,因緣幸會者矣。況是院氣壓群山,勢吞百谷,臺殿架日,松檜參雲,鄙祇樹之靈名,得清凉之勝概。■而無窮必冀永焕釋門,用爲基構。恐墜盛觀,□□貞珉,俟傳於不朽者耳。時顯德三年歲次丙辰九月庚寅朔七月丙申記。

　　鎸字人王知謙

　　　　　　　　　　　　　　　　原載《八瓊室金石補正》卷 81

後周顯德三年(九五六)十一月兵馬使張骨子買兵馬使宋欺忠舍契

　　(前闕)

　　叁年丙辰歲十一月 廿八 日,兵馬使 張骨子緣 無屋舍,遂買兵馬使宋欺忠上件准尺數舍居住,斷作舍價物,計斛斗陸拾捌碩肆斗,内麥粟各半。其上件舍價物,立契日,并舍兩家各還訖,并無昇合欠少,亦無交加。其舍一買後,任張骨子永世使爲主記居住。中間或有兄弟房從及至姻親忏吝,成爲主記者,一仰舍主宋欺忠及妻男鄰近穩便買舍充替,更不許異語東西。中間或有恩赦,亦不在論限。人從私契,一買已後,更不許翻悔。如先悔者,罰黃金叁兩,充入官家。恐後無憑,故立此契,用爲驗耳。

　　見人兵馬使兼鄉官李,舍主兵馬使宋。

　　(後缺)

　　　　　　　　　　　　　　　　　　原載敦煌文書 P. 3331

天興七年十一月于闐迴禮使索子全狀

　　奉辭獎擢，闕拜恩輝，睿澤天波，共同台造。敢竭萬國之贄命，慶
祚千里之山河。兆枕南山，帖然皎靖。爰於柒月柒日告辭本道，星馳
朔餘，達於朝庭。捌月貳拾貳日，宣旨迎接接（衍），便令朝見，皇帝幸
於暑宮，舞袖稱臣。具奏本道迴禮進貢大朝事。別敕宣問河隍道歸
義軍使臣卿于虛，受東朝之臣節，爲朕國之血屬。膺娉諸域，來朝萬
里，柱國良弼，并邁遠昔，任土作貢，開天未有。仍選陳進貢皇后內殿
箏妓及添太常寺樂人，特迴天眷，宣問皇后于虛，此理何者。聖后所
奏承天，骨肉慶幸。兩朝所爲，翼禪傅聖之君，仁德盛明之主。乾坤
再祐，菩薩天子，日月重明，兆民父母。所以不懼衆靈，炎摩多將軍將
弓弩僂羅之人，盡命血戰，不慮死生。但願聖躬寶祚長春，紫陌成於
洛驛。一仁有感，萬國賴之，路不拾遺，萬萬餘載，即臣妾之后殿幸
也。微臣子全罔則，聖后所奏，道舞空栖，鼎蕭鏤銘，益清竹帛，殷殷不
古。叫呼鸞凰，聖聽奏聞，后殿可賴，兼藉樂業，謹具朝覲迴禮進貢龍
庭大寶國事儀，豈敢隱匿。聖情超三邁五之化，乃文乃武，披圖，時候
不具，伏惟指揮、都衙、都頭等尊體起居萬福。即日子全（偏佑）蒙恩，伏
惟順時柱國善佳保重，卑情所望，不宣，伏惟察悉，謹狀。

　　　天興柒年拾壹月日于闐迴禮史内親從都頭前壽昌縣令御史大夫檢校銀青光禄大夫上
柱國索全狀。

　　　指揮等揮右謹空。

原載敦煌文書 P. 3016

妙法蓮華經卷第七刻經記

　　妙法蓮華經卷第七，時顯德三年，歲次丙辰，十二月十五日，弟子
朱承惠特捨净財，收贖此古舊損經七卷，備金銀及碧紙請人書寫，已
得句義周圓，添續良因。伏願上報四重恩，下救三塗苦。法界含生，
俱占利樂。永充供養。

原載《蘇州市瑞光寺塔發現一批五代、北宋文物》

丙辰年（九五六）十二月神沙鄉百姓兵馬使氾流□賣鐺契

　　丙辰年十二月十八日，神沙鄉百姓兵馬使氾流斗伍升鐺壹口，出

買與赤心鄉百姓吕員作鐺價麥粟叁拾碩。其鐺沽魯客□□鐺價,還叁歲牸牛壹頭。其牸員住麥兩碩。兩共對□□,先悔者罰。

（後缺）

原載敦煌文書北藏敦 9293B

後周丁巳年(九五七)正月通頰百姓唐清奴買牛契

丁巳年正月十一日,通頰百姓唐清奴爲緣家中欠少牛畜,遂於同鄉百姓楊忽律元面上買伍歲耕牛壹頭,斷作價直生絹一匹,長叁丈柒尺。其牛及價,當日交相分詑爲定,用爲後憑。(畫押)其絹限至戊午年十月利頭填還。若於時限不還者,看鄉元生利。

買牛人唐清奴(畫押)

買牛人男定山(畫押)

知見人宋竹子(畫押)

原載敦煌文書 P. 4083

後周顯德四年(九五七)正月燉煌鄉百姓竇飀颺賣地契

葱東渠中界有地柒畦,共叁拾畝,東至河,西至道,南至溝,北至子渠。

于時顯德四年丁巳歲正月廿五日立[契]。燉煌鄉百姓竇飀颺,伏緣上件地水佃種施功,往來不便。(底卷書寫止此)

原載敦煌文書 P. 3649 背

後周顯德四年(九五七)正月燉煌鄉百姓吴盈順賣地契

南沙灌進渠中界有地柒畦,共叁拾畝,東至官薗,西至吴盈住,南至沙,北至大河。

于時顯德肆年丁巳歲正月廿五日立契。燉煌鄉百姓吴盈順,伏緣上件地水佃種,往來施功不便,出賣與神沙鄉百姓琛義深,斷作地價每尺兩碩,乾濕中亭。生絹伍匹,麥粟伍拾貳碩,當日交相分付詑,并無昇合玄懸欠。自賣已後,永世琛家子孫男女稱爲主記爲准。有吴家兄弟及別人侵射此地來者,一仰地主面上,并畔覓好地充替。中

間或有恩赦流行,亦不在理論之限。兩共對面平[章]爲定,准法不許
休悔。如若先悔者,罰上馬壹匹,充入不悔人。恐人無信,故立斯契,
用爲後驗。（畫押）

原載敦煌文書 P. 3649 背

後周閻知遠墓志經幢

　　佛頂尊勝陀羅尼真言□□

　　（下略）

　　曾聞諸佛以慈悲爲本,救護郡生,演善□即善,住生天説大悲,即
幽冥息若□有。隴西郡李氏奉亡夫閻諱知遠,姿茂神道,謹就墳□□
造尊經大悲陀羅尼幢子壹座,實爲塵沾影拂,皆獲於勝緣,風誦于金
言,盡蒙善利。故乃特抽家俸□詩□□□楚王于高山立□幢於□□,
伏願亡夫十二郎靈冤照鑒,饗納殊勛,希早生於天上,人間授勝妙樂,
然保見居骨肉。每沐安寧,法界衆生,同登樂果,乃爲贊曰:

　　奚有李氏,捐捨名物。與夫追薦,恐墜□没。特建經幢,若海能
出。□□終置,功德周畢。

　　時大周顯德四年二月十三日,妻隴西郡李氏建,故記。長男,大
内武德司都衙□殿□閣;次男,州別駕□進;女聟陳濟,女聟王如進,
長女陳郎婦,次女王郎婦,長男新婦景氏,次男新婦趙氏,女孫何□小
□,孫女□□,女孫□心。

原載《洛陽新獲墓志》二〇一五

大周故王（弘實）府君夫人墓志銘并序

　　若夫睹二曜之昇沉,流年似箭;察四時之代謝,浮世如漚。是知
豪貴也默受於輪迴,貧賤也寧逃於修短。爰有王氏之宗者,承后稷之
苗裔,文王之胤緒也。自王龜之後,古今相衝,榮貴難儔。皆彰忠孝
之名,盡抱松筠之節。其後子孫因官,流派上黨,眷屬興焉。曾諱,祖
諱琮,府君諱弘實。弓裘襲慶,禮樂成家。守廉貞以無違,執謙恭而
罔怠。庶機體物,以道安懷。奈何歲月難居,逝波易往。享年八十有
二,以顯德二年九月六日寢疾終於私室。夫人許氏,儀容婉約,性行

溫和。侍姑孝感於泉魚,治家賢彰於訓育。享年未幾,倏值重圍。俄邁疾以終,身逐逝波而東去,育子一人。次迎甄氏,閨儀顯著,質態難雙。蘊德行以成家,備恭從而訓子,享年三十有七。以天祐十三年十二月十七日縈疾歿於永夕,育子一人。次迎張氏,敦睦姻親,和諧鄰里。慈愛而一家贊善,孝敬而九族欽風。享年七十有一。以開運二年五月二十三日染疾終於永夜。嗣子二人,長曰彥珣,政直無欺,廉隅有備。守善而情非犯物,養親而不倦晨昏。捐禄宦以無真,體希夷而是實。婚楊氏。次曰彥瓊,識量難雙,英奇獨秀。處衆有謙和之譽,奉上無懈慢之心。孝友於家,廉隅約己。婚崔氏。女一人,適韓氏。孫男三人。長曰繼榮,婚新婦郭氏。次曰繼恩,婚張氏。次曰繼璘,婚周氏。皆天然惠性,夙蘊溫恭。事上不爽於無違,孝悌彌芳於敦睦。彥珣痛風樹而難逢就養,思刻木而莫睹再生。與弟及孫同爲葬禮。天傾地覆徒勞,泣血以絕漿。卜兆安塋,但罄家財而竭力,以顯德四年歲次丁巳二月己未朔十四日壬申祔葬於府西約三里平原之野。其地東連紫府,伏隱青龍,南眺碧峰,翱翔朱雀。西臨大道,平潛白虎之形。北倚三山,聳拔玄武之位。四神俱備,八卦咸全。丘隴爲牢,山河恃固。伏慮時遷代革,谷變陵移。刊石於茲,用旌不朽。乃爲詞曰:

懿哉王氏,周帝良宗。秦漢立德,累代奇功。府君潔白,心唯淳實。廉平誠子,肅家如一。光陰難駐,電流雲戍。劬勞恩重,號天寧訴。存唯溫清,没全禮制,丘墳一固,嗣芳千歲。

原載《秦晉豫新出墓志搜佚續編》

定州曲陽縣龍泉鎮王子山院長老和尚舍利塔記

詳夫蒼蒼稱大,側竹管以猶知;杲杲雖明,聚土圭而可驗。則知四時代謝,五靈無以出其□□□□□□□不能逃其性焉。夫我佛三祇練行,六度化緣,齊空色而混圓通,斷煩惱而登正覺,一乘調御,中天共號□□□□□居尊三界獨稱其上士,因滿果滿,智圓福圓,騁威力以無邊,得神通而自在。稱域中之大,彼分爲三;盡天下之能,我居其一。洎乎□輪托蔭,寶樹化生。神光上貫於紫微,周星隱耀;聖教聿來於中夏,漢夢先徵。其後貝文翻譯,寶偈喧騰,飛錫爭馳,白蓮競結。僧會東下,吳帝從□;羅什西來,秦人大化。佛圖澄揚名河冀,陸居士混迹荊蠻,盛事芳踪,不可備載。

今有王子山院長老者,法宇棟梁,空門瑚璉,持戒珠而月滿,淬惠劍以霜明。桂質清貞,根自生於高嶽;蓮心芳潔,葉不染於飛塵。五蘊皆空,諸漏已盡,等杉松而并操,異蘭菊以同英。搜妙道於他方,情非有待;達慈舟於彼岸,理在無言。何須玉出荊山,偏推思靜;不必珠生漢水,獨比道汪。夫大小佛乘,二三禪定,皆波濤於口海,咸弛驟於心田。洋洋焉,赫赫焉,不可得而論也。至於咒石飛泉,化龍行雨,蓮生鉢內,虎伏庵前,乃是尋常之事,抑蓋東土之菩薩也。長老自言代州人也,生而有異,弱而能言,忽謂父母□□身知石火風燈,電光露彩,不可得久也。惟願彌勒,可能免矣。聚塵之歲,五臺佛光寺出家,侍塔院長老爲師。既而因辭師,游河東,假以聽學數年。將行,謂其僧侶曰:□諸經論,法王之筌蹄,其旨惟《法華經》大乘經也□如來解脫之門□入天井山,長誦《法華經》一部。猿供山果,且不異于甘瑜;魚聽江舡,□何殊於净範。

時□□□緣頭李筠聞長老之名,糺諸檀越,請長老來住此山院。其山也,林泉勢異,峰巒秀絕,掌燕擘趙,礙日凌天,洞乳凝華,光連碧落,岩□□氣,瑞接青城。若非忽生忘形者,不可得而□□。長老於是忘機内境,栖戀玄關,擬高閣於天台,狀重樓于勾曲。蓮宮化出,長廊四合以環周;寶座飛來,正殿中央而嶽立。龍泉漱玉,磬韻敲金,架飛峃以長懸,稍雲門而下激。雨翻石□,□□瓔珞之巖;花圻松庵,香惹琉璃之地。凡斯異迹,不可殫□,蓋菩薩之洞天,神仙之福地也。長老自天井山來,住此五十餘年而不下山。關惠遠之匡廬,□□□□□□□影無出矣賓頭盧之化,寺人莫知。前後所度門人,亦五十餘人,皆方道人心中,弟子咸連其桂字,取其高高絶塵之義也。

大唐天祐中,時府主先令公來祭岳侍從甚盛,獻罷因游山寺,睹斯勝境,樹貞石,復田税,兼賜米一百碩。□惠約於褚州,靡間減俸;同竺潛於王導,不立豐碑。比夫長老,遠有慚德。至漢朝乾祐之元年也,忽振錫往飛狐。彼之戍守張公,久聞長老德行,又蓋院因留之舉家歸敬。日月不從,春秋已矣,忽逢灰劫,遽奄泥洹。以顯德元年秋九月二日,遷化於彼院,季年八十也。張公悲慟舉闔城盛威儀,尋荼毗於郭之外,三日而收其舍利。初長老□終謂張公曰吾本院在定州曲陽縣,有門人焉。吾歸空之□,幸□□□□爲召之。及歿,張公如其言,門人桂巖等,尋亦遥知之,令同□□□□二人□彼取而歸□其在鎮■日有未而致果由取以相歡。遂各捨家財,共助□□□院之東南一里多寶山前,永爲供養。天長地久,□□□□之家;日月來往,咸荷因緣之福。起贊贊同范泰,律謝張融。過去中賢劫□佛,雖知已矣;未來世龍華三會,當願逢之。敢同□郡之功曹,幸作山陰之都講。時顯德四年歲次丁巳二月己未朔十五日建。

定州開元寺業百法論大德賜紫守諲書。

銀青光禄大夫、檢校太子賓客、監察御史大夫、前龍泉鎮使索君進。

銀青光禄大夫、檢校太子賓客、兼殿 中 侍御史、雲騎尉、前副鎮霍廷翰。

隨使軍將、前鎮都虞候董福感。

□□□押衙、銀青光禄大夫、檢校太子賓客、兼殿中侍御史、龍泉鎮使、鈐轄瓷窑商稅務使馮翱。

隨使討擊副使、充龍泉副鎮馮金禮。

隨使討擊副使、充龍泉鎮都虞候王■。

原載《八瓊室金石補正續編》卷40

後周丁巳年(九五七)四月莫高鄉百姓賀保定雇工契

丁巳年四月七日立契。莫高鄉百姓賀保定,爲緣家中欠少人力,遂雇赤心鄉百姓龍員定男造作壹周年。斷作雇價每月壹馱,乾濕中亭。春衣壹對,汗衫壹領、長袖衣襕、縵襠壹腰,皮鞋壹兩。自雇已後,便須驅驅造作,不得忙時左南直北、亂作,拋功一日,克物貳斗。忽若偷他人牛羊、麥粟、苽菓、菜茹,忽次捉得,陪在自身祇當。更若畔上失他主人農具、鏵鈎、鐮刀、鍬钁、袋器什物者,陪在作兒身上。若分付主人,不忓作兒之事。若遇賊來打將,壹看大例。兩共對面平

章爲定，准法不許悔。休悔者，罰青麥伍馱，充入不悔人。恐人無信，故勒斯契，用爲後憑。(有畫押)

請删定法書奏　顯德四年五月　中書門下

准宣法書，行用多時，文意古質，條目繁細，使人難會。兼前後敕格，互換重疊，亦難詳定，宜令中書門下并重删定。務從節要，所貴天下易爲詳究者。伏以刑法者，御人之銜勒，救弊之斧斤，故鞭撲不可一日弛之於家，刑法不可一日廢之於國，雖堯、舜淳古之代，亦不能捨此而致理矣！今奉制旨，删定律令，有以見聖君欽恤明罰敕法之意也。

竊以律令之書，政理之本。經聖賢之損益，爲古今之章程。歷代以來，謂之“彝典”今朝廷之所行用者一十二卷、律疏三十卷、式二十卷、令三十卷、《開成格》一十卷、《大中統類》一十二卷、後唐以來至漢末編敕三十二卷，及皇朝制敕等，折獄定刑，無出於此。律令則文辭古質，看覽者難以詳明，格敕則條目繁多，檢閱者或有疑誤。加以邊遠之地，貪猾之徒，緣此爲奸，寖以成弊。方屬盛明之運，宜伸畫一之規，所冀民不陷刑，吏知所守。臣等商量，望准聖旨施行，仍差侍御史知雜事張湜、太子右庶子劇可久、殿中侍御史帥汀、職方郎中鄧守中、倉部郎中王瑩、司封員外郎賈玭、太常博士趙礪、國子博士李光贊、大理正蘇曉、太子中允上伸等一十人，編集新格，勒成部帙。律令之有難解者，就文訓釋；格敕之有繁雜者，隨事删除，止要諸理省文，兼且直書易會。其中有輕重未當，便於古而不便於今，矛盾相違，可於此而不可於彼，盡宜改正，無或牽拘。候編集畢日，委御史臺、尚書省四品以上及兩省五品以上官參詳可否，送中書門下議定，奏取進止。

吉縣杜家沟石刻

主人賀家安

村頭曹偶壁記捌句
萬載相傳西與東
千年岳卜留此記
東保下保兩□同
四丈石犢伍尺□
博士娃涇住平陽
下保一村打新礦
丁巳之歲用興工
顯德四年八月中

原載《三晉石刻大全》(臨汾市吉縣卷)

顯德四年(九五七)梁國夫人潯陽翟氏結壇供僧捨施回向疏

結壇三日,供曾壹柒人,施小綾子壹匹,<small>充經儭</small>,土布叄匹半,<small>充見前僧儭</small>。羊皮兩張,<small>充壇主</small>。紙壹帖,<small>充法事</small>。右件結壇供僧捨施所申意者,奉爲龍天八部,護衛疆場;梵釋四王,保安社稷。次願亡過尊考,早游極樂之宮;見在枝羅,長臨福禄之慶。然後灾隨風卷,禍逐雲奔,雨調風順,俱沾吉慶。今因壇罷,令遣詣就道場,謁仰慈門,希垂回向,謹疏。

顯德四年九月日,弟子梁國夫人潯陽翟氏疏。

原載敦煌文書 P. 2982

故大周連府君(思本)合祔墓志銘并序

夫生之有限,滅以無形。唯勒石旌名,可彰遠世者矣。曾祖忘諱。祖諱存;祖母郭氏。早年身歿。茌苒未通遷奉,今同時合祔也。

府君諱思本,上黨故縣村人也。府君孝義傳家,禮樂成性。風姿挺持,通明而鄉黨推賢;儀儼孤標,行解而公私贊美。貞同阮竹,操并稆松。聳寒澗以光生,負秋雲而色翠。修仁勤志,育德成勞。遘疾無痊,於天福三年七月十六日終於府城私第。

夫人馮氏,當代名家,門傳令望。淑德早彰於盛族,箴規夙著於蘭房。禮行素高,垂謝家之風咏;訓儀清遠,揚孟母之芳猷。不期疾染膏肓,奉醫無效,於顯德四年正月十四日殁世。有嗣子一人,名重瑨,居府故南市街西面,素有宅舍。公幼勤孝道,長負才名,藝冠古今,聲光里巷。泣笋有孟宗之志,德可動天;悲堇彰劉氏之名,行推當代。有女婿申榮,志懷金石,氣抱忠良。半子之禮節無虧,盡敬之哀儀不失。女申郎婦,内全四德,外和六姻,曹家之訓譽遐揚,謝氏之芳音遠被。新婦田氏。孫男小喜、三喜、胡醜。外甥男喜哥。公靈遷兩世,祭盡一生。取顯德四年丁巳歲十一月癸未朔八日庚寅,於府城西南七里創買塋闕。東至郝家莊約二里,西至狐頷界三里,南望黑蘆布約三里,北至官道陳。合祔,禮也。故得白兔應瑞,丹鶴呈祥。茸幽壤爲宮庭,安明靈於郊墅。慮年深日遠,地改天移,乃勒石銘勛,以標不朽之耳。其詞曰:

生之有德,殁以紀功。長垂事迹,不泯靈踪。厚地可隔,昊天永窮。神飛幽壤,骨鎮玄宮。愁雲色慘,悲風韻咽。烟鏢魂微,泉關路紀。松柏不凋,子孫無歇。前殁英雄,後豐忠列。

原載《西安碑林墓志百種》

丁巳年(九五七)十一月親情放書

(前缺)

親情給與放書一件,■魚達水,任姓(性)沉浮。啓日月以爲□□,神如作證。誓將山河移而不移,天地改而不改。今將放人福分,先奉爲亡師伯姥姪及二郎,所有罪障消滅,神生净土。見爲在兄弟合門居卷(眷),保願平 安 ■,放出以後,更不許兄弟子侄□□,有論里(理)者,一任執此放書。將□□□,後無凴(憑),書紙爲記。

丁巳年十一月十七 日

(後闕)

原載敦煌文書俄藏 ДХ. 3002

丁巳年(九五七)某寺算會見存曆

(前缺)

在戒力。麥叁拾伍碩柒斗柒升陸合,粟陸碩伍斗柒升壹合,黄麻壹碩肆斗,在丁巳年都師願進磑户張富昌、李子延二人身上。油肆斗柒升,在都師願進下梁户史懷子身上。麻渣捌餅,又在史懷子身上。麥伍碩捌斗壹升玖合,見在。粟壹拾陸碩玖斗壹升半合,見在。黃麻伍碩捌斗,見在。油玖斗貳升壹合,見在。□叁拾叁碩叁斗柒升,見在。面捌碩捌斗伍升,見在。

原載敦煌文書 S.6154

後周顯德五年(九五八)二月社録事都頭陰保山等牒

（前缺）令狐粉堆左手中指節、令狐憨奴左手中指節、令狐苟兒左手中指節、令狐保住左手中指節、令狐保昇左手中指節、令狐再盈左手中指節、令狐神慶左手中指節、張粉堆左手中指節、張友住左手中指節、石幸通左手中指節、石富通左手中指節、高富員左手指節、劉定子左手中指節、劉保子左手中指節、孟伯通左手中指節、泊善友左手中指節、令狐富通左手中指節、令狐富悦左手中指節、令狐富盈左手中指節、劉萬友左手中指節、馮神德左手中指節、押衙索留住男左中指節、索富員左手節中、索友定左手中指節、楊安政左手中節、楊擒搖左手中指節、楊汜五左手中節、楊文德左手中節、楊友員左手中指節、楊員子左手中指節、王殘奴左手中指節、王員住左手中指節、王富昌左手中節、康來兒左手中節、安丑胡左手中指節、張善子左手中指節、賀山子左手中節、張祐慶左手中節、張富通左手中節、令狐慶住左手中節、令狐盈君左手中指節、令狐富盈左手中指節、王赤頭左手中指節、王順子左手節、薛苟子左手中指節。右通前件,三人團保,或有當保盜竊,不敢覆藏,後有敗露,三人同招僭犯。謹録狀上。牒件狀如前,謹牒。

顯德五年二月日社録事都頭陰保山等牒。

原載敦煌文書 P.3379

戊午年(九五八)四月廿五日寒食座設付酒曆

戊午年四月廿五日寒食座設付酒曆。左厢弟一兵馬使張子千等十五人付了。弟二徐留通等十五人付了。弟三趙安子等十五人付了。弟四竇彥盈等十五人付了。弟五呂延嗣等十五人付了。弟六汜通定等十三人付了。弟七張灰子等十五人付了。弟八□薛員定等十五人付了。弟九索留住等十一人付了。弟十韓員德等十一人付了。弟十一氾懷恩等十五人付了。弟十二尹彥郎等十五人付了。弟十三□宜子等十五人付了。弟十四王住通等十五人付了。弟十五□阿朵等十五人付了。弟十六岳潤成(等)十五人付了。弟十七■彥等廿(人)付了。■□□■

　　（後缺）

原載敦煌文書 ДX2149a

顯德五年(九五八)押衙安員進等牒

　　伏以今月十日,押衙康員奴請得洗衣麩玖斗,未蒙判憑,伏請押衙康員進。伏以員進本戶都受田貳拾玖畝。□稅草(下闕)伏乞台慈,特賜憑由,不敢不申,伏請處分。

　　押衙安員進。右員進戶口繁多,地水窄少,昨於千渠下尾道南有荒地兩曲子,欲擬員進於官納價請受佃種,恐怕窄私攪擾,及水司把勒,伏乞令公鴻造,特賜判印。伏聽憑由,裁下處分。

　　押衙安員進。右員進屋舍窄狹,居止不寬。今於員進自舍西勒有空閑官地壹條,似當不礙之人,東西壹仗,南北伍拾尺。欲擬員進於官納價請受修飾。伏乞令公鴻造惠照,員進屋舍窄狹,支與空閑舍地,伏請判驗裁下處分。牒件狀如前,謹牒。顯德伍年四月日押衙安員進牒。

　　平康鄉百姓菜幸深。右幸深有地壹戶子計額請在南沙灌進渠地壹傾叁拾畝。去三月官中開河道,用地拾畝,至今未有交替。伏乞令公鴻造,特賜矜免地稅,伏請處分。

　　莫高鄉百姓王員定。右員定、其弟員奴、員集、雖是同父母兄弟,爲貧鄙各覓衣糧,三箇於人邊寄貸。今被員奴、員集口承新鄉,三人債負停頭分張已定。其他去後債負追撮員定分料。舍壹口子城外園舍地叁畝,更不殘寸壠。又恐後時員奴、員集該論,伏乞令公鴻造,高懸志鏡,鑒照貧流,特賜判憑,伏請處分。牒件狀如前,謹牒。顯德伍年四月日。

　　莫高鄉百姓萊員深,四月中間,寒食座勾當肉司翟都衙應有官人著行立配者,須飯有課工。

戊午年四月廿五日,伊州使頭康員奴城西平都渠下,尾地壹段。管内都渠泊使高定清。應管内都渠泊使高定清,伏以今月十六日城東園蓋舍掘壹拾肆莖,西宅掘玖莖,未蒙判憑,伏請處分。戊午年六月十六日請得押衙陰清兒。

原載敦煌文書 P. 3501

後周戊午年(九五八)六月兵馬使康員進貸絹契

[戊午]年六月十六日立契。兵馬使康員進往於西州充使,欠少匹帛,[遂]於兵馬使索兒兒面上貸生絹壹匹,長肆拾尺,幅闊壹尺[玖]寸。其絹斷黨(當)利頭,見還麥肆碩。其絹,西州到來,限一月填還。若於限不還者,便於鄉例生利。若身東[西]不平善者,一仰口承人男員進面上取本絹。恐人無信,故勒私契,用爲後憑,押字爲定。

原載敦煌文書 P. 3501 背

祗祭禮料見行事件奏　顯德五年閏七月一日　御史臺

諸司寺監逐季請到祗祭禮料、幣帛、脚錢等於宗正寺,監祭使與本寺官同掌,候至日供應。逐季所祭享郊壇祠廟,并是禮部差官,具名銜牒報監祭使。大祠前七日,赴尚書省受戒誓,如其日有官不到,具名銜申奏。申堂前三日致齋,前二日請道引赴祠所。中祠不受戒誓,前二日致齋,前一日請道引赴祠所。小祠不受戒誓,候吏部牒到獻官名銜。監祭使點檢封記、印禮科,并諸司祗應人等發牒,差驅使官管押,赴所交割,逐祠祭諸司赴郊壇所等,至午時與公卿行事官立班,告潔省牲點饌畢,給付大官,令監廚造饌。至來日五更,於壇所食饌畢行事。點檢有食饌祭器不精,應奉有缺,其本司人吏量罪責罰。郊壇太廟宰臣攝太尉行事,至受誓戒及赴祠廟日,監祭使具錄公卿行事官名銜,申迎班狀。應行事官未受誓戒前,牒陳有故請假,并是吏部別差官行事。如受誓戒後及致齋之内,有官陳牒有故請假,監祭使差次官通攝行事。祠祭前一日,本寺按閱申堂。如至行事日,音律樂官祗應前却,監祭使量罪區分。太廟夾室行祫享之禮,所差行事公卿等,并聽別敕指揮。諸祠祭有同日享祀,監祭使具狀申御史中丞,請差官祀。若是無官可差,監祭使牒大常博士通攝。如缺太常博士,監祭使通攝。祠祭行事公卿官員職掌等,每至冬寒請柴炭,太常禮院差禮生請給,監祭使監散。

原載《五代會要》卷 4

條陳考課事例奏　顯德五年閏七月　考功

　　奏新敕起今年正月一日後,授官并以三周年爲月限,閏月不在其內者,當司所書較內外六品下赴選官員考第。今後以一周年較成一考,如欠日不在計限。滿三周年較成三考,如考滿後未有替人,在任更一周年,與成第四考,如欠日不在計限,兼逐年須具到任年月日,自上以來,課績功過。第二考須具經考後課績,不得重疊計功。其未考須具得替年月日,比類升降。自今年正月一日以前授官到任者,欲准格例三十個月書較三考。今年正月一日後來授官到任者,准新敕三周年爲月限,每一周年書較一考,閏月不在其內。所有諸道州府較考申發考帳及當司較奏,各依前後格敕施行。應諸司諸色流內出身人等,准格并須待附申考。

　　近年不經奏考,便至參選,頗啓倖門。應在司見役人等,自今後逐年起六月初一日後,正身於所司投狀,請申較勞考。省司據狀,却牒本司勘會,補奏年月日敕、甲頭、姓名、見掌案分公事,牒報省司。將元狀檢勘同,即與准例申較。仍自此後須逐年九月以前較奏了畢,不在更與隔年併書之限。其考牒本無綾紙書寫敕例,今後每年奏下,逐人給省牒一紙,使大張紙書,不在使綾紙及併年都給限。據省較敕之日,有公事在外差出不虛,即本司雜事,須具在職功過,及出外事繇,牒報考功,不得有妨逐年書較。如不與申牒,其雜事令史量情科決,仍殿一選。如無故自不經省投狀請奏較,不在論訴之限者,當司緣新敕促期限。慮恐較考遲違,今後應合較考人,請起自五月一日,正身投狀,限十日畢,至七月三十日以前較奏了畢,餘依元格施行。

原載《全唐文》卷 973

請定文武官朝參不到罰例奏　顯德五年閏七月　御史臺

　　文武百官每日赴朝參不到，如是常朝不到，於本官料錢上每貫罰錢十五文。如是內殿起居，入閤行香，出城衆集，及非時慶賀，御殿■行參不到，并是倍罰。臺司先榜幕次，曉示本官，限三日外即牒三司克折。如有故曾陳牒，即將領由呈驗。又十六愆條，准元和二年十二月內御史臺奏，文武常參官准乾元元年三月敕，如有朝堂相吊慰、相跪拜，待漏行立失序，談笑諠譁，入衙內執笏不端，行立遲慢，至班列行立不正、趨拜失儀、拜跪不俯伏、舒脚穿班仗，出門不即就班、無故離位、廊下食行坐失儀、拜起無度、抵夜退朝不從正衙門出、非公事入中書，每犯者奪一月俸。今商量比舊條各減一半；如所由指揮，尚或抵拒，即准舊例録奏貶降。

原載《全唐文》卷 973

甲庫見行公事奏　顯德五年閏七月　吏部甲庫

　　見行公事，甲庫先有專知官一人。於長興二年停廢，後來於令史內選差一人，承受主管諸雜制敕，及逐季抄録，關報史館。所有選人受官黃甲，備録關送吏部，出給告身，及具名銜關牒，送格式收附員闕，准格出給新授令、録、判司、主簿籤符。本官每官納朱膠錢一百二十，依除內每貫二百剌送都省，除外供應三銓及本司公使廢置。准敕格，應內外官員亡父追贈，及南曹逐年駁放選人，准《長定格》節文，牒吏部選差五考已上諳事令史五人，共行詳斷。及州縣官名犯廟諱、御名，并准格例改正。

原載《五代會要》卷 22

漕運水陸行程奏　顯德五年閏七月　度支

　　當司漕運水陸行程制。陸行，馬日七十里，步及驢五十里，車三十里。水行，泝流，舟之重者，汴河日三十里，江四十里，餘水五十里；空舟，汴河日四十里，江五十里，餘水六十里；沿流之舟，輕重同制，河日一百五十里，江一百里，餘水七十里。其三峽、砥柱之類，不拘此限。若遇風、水淺不得行者，聽折半功。河南、河北、河東、關內等四道諸州,運租庸雜物等,腳每馱一百斤,一百里一百文,山陂處一百二十文,車載一千斤九百文。從黄河及潞河,自幽州運至平州,每十斤泝流十六文,沿流六文,餘水溯流十五文,沿流五文。從澧、荆等州至揚州四文。其山阪險難,驢少處每馱不得過一百五十文,平易處不下八十文。有人員處,兩人分一馱。其運向播、黔等及涉海,各在本處量定。

原載《五代會要》卷 15

祠祭合供芹韭等五件奏　顯德五年閏七月　司農寺

奉敕節文,删集見行公事,送中書門下者。當寺每年季冬祠祭,合供使芹、韭、菁、蔥、葵菹等五件,准例至沍藏之時,牒三司支給。寺司請領藏沍,准備一冬供應。

原載《五代會要》卷 16

南曹見行條件公事狀　顯德五年閏七月　吏部流内銓

銓司先准格例,南曹十一月末開宿,判成選人後,先具都數申銓司舉狀,便榜示選人,引納京諸司官使印家狀,及試判紙三度榜引得齊足,方至十二月上旬内,定日鎖銓者。銓司若候南曹十月内開宿引納家狀,慮成淹滯。今後才南曹鎖宿後,先榜示選人,預納家狀,其合保文狀,或識官司使印,限開曹後兩日内赴銓送納,須得齊足。如限内不納到家狀、保狀、試紙人便具姓名落下,不在續納之限。據納到文狀,至十月二十二日已前鎖銓。先准格例,鎖銓後便榜示引驗正身、告赤文書,三引共九日,如三度引如不至者,便落下。銓司今後鎖銓日,便牒示選人,至次日引驗正身及告赤文書,限三日内三引畢。如不到者便落下。

每年南曹判成,選人中多有托故不赴銓引,銓司准格例伺候,須及三引,計九日不至者,方始落下。今後有此色人,逐引不到,便據姓名落下。先准格,諸色人三引畢後,齎使印保狀赴銓,合併保後,令、錄重引驗合保,審其才術者,銓司欲三引後次日,重内引驗令、錄,審其才術及合保,如限内不至者,據姓名落下。銓司引驗後,本行准格敕及將銓狀,歷任告赤文書,限三日内點檢,無違礙,具姓名關報,試判注擬。

　　所有選人,歷任有於未注官已前,寫帖送過院選人所合注使員缺。鎖銓後,便具狀申中書門下,乞降指揮,應選人試判。今欲鎖銓内,預准敕於中書省請印到逐人試紙,候點檢畢,開報名銜齊足。此日便定日試判三場,逐場次日申奏後,限兩日内供納宣黃,次日乞降可否敕命,銓司自前注擬諸色選人,准格三注。每注注内,有不伏官者,限三日内具狀通退,三注共九日者。銓司自今後第一、第二注榜出後,各限次日内具通官文狀,便具姓名落下,第三注畢日開銓,不在開通官之限,三注共五日者。准格,銓司逐年二月二十五日送門下省畢,三月十五日過官畢,三月三十日進黃,移省畢。

　　三擬畢後,省甲案便於格式内逐旋覆闕入官,過院修寫省歷,至十月十四日已前,牒送門下省畢,銓司門下省押定,牒到取兩日祇候,取判過堂。次日乞降可否堂帖。其黃甲限四日内修寫,句勘印署,至十二月六日牒送門下省。至十二月九日進黃畢。所有銜謝對揚,在格眼内應行内諸司公事,或有干系,申銓取裁,銓司便准敕格指揮。如銓司難議裁酌,即申堂取裁。

原載《全唐文》卷60

戊午年(九五八)靈圖寺倉出便與人名目

　　戊午年靈圖寺倉,少有斛斗,出便與人名目,謹具如後:

　　九月九日,當寺僧談會便粟兩碩,至秋叁碩(押)口承家德米。同日,洪潤馬定奴(生)便麥肆碩,至秋陸碩。(押)。又粟兩碩伍斗,至秋叁碩柒斗五昇。(押)。同日,洪潤馬員定便麥肆碩,至秋陸碩。(押)口承男再昇。同日,索願盈生便麥叁碩,至秋肆碩伍斗。(押)又便粟柒碩,至秋拾碩伍斗,(押)口承弟法律談惠。十三日,莫高李流德便麥壹石,至秋壹石伍斗。(押)口承僧保進。十六日,洪潤索願盈便粟叁碩,至秋肆碩伍斗。(押)口承人弟阿朵。□□□□兩碩,至秋叁碩。(押)口承男殘子,見人索願盈。■碩一斗五昇,口承賈押牙。

（後缺）

原載敦煌文書 S.5873 背 +S.8567

天興九年（九五八）九月西朝走馬使富住狀

　　季秋霜冷,伏惟指揮都衙、宋都衙、周都衙、小宋都衙及兩班諸都頭等尊體起居萬福。即日富住蒙恩,不審近日拜別,贊備府庭,爲社稷生靈,尊用何似。伏惟依時倍佳保治,卑情所望。於陸月貳拾壹日出於本道,沿路雖逢奸危賊寇,上下一行,并無折欠。其於國朝信物,亦無遺失。於柒月貳拾叁日得達西朝。鸞駕親征西幸,富住等至捌月拾壹日出迎接朝覲。奏奉本道太師令公差充走馬,奏迴禮使索子全等貳人於伍月伍日入沙州,不逢賊寇,亦無折欠宣誥,軍府內外官班僧道等興慶,欽奉皇恩,天高海闊,限以參備,守職遠方,不獲朝覲,限以富住未獲迴走馬,參拜起居。伏惟照察,兼未及信物。謹狀。

　　天興玖年九月日前檢校銀青光祿大夫新受內親侍都頭西朝走馬使 頭 富住狀。

　　指揮都衙等閣下謹空。

原載敦煌文書 P.3016 背

後周顯德五年（九五八）某寺法律尼戒性等交割常住什物點檢曆狀

　　顯 德伍年戊午歲十一月十三日判官與當寺徒衆就庫交割所由法律尼戒性、都維水明、典座慈保、直歲□□等一伴點檢常住什物,見分付後所由法律尼明照、都維□□心、都維菩提性、典庫善戒、直歲善性等一伴執掌常住物色,謹具分析如後。

　　供養具:長柄熟銅香爐壹。又長柄熟銅香爐壹,在櫃。小銅師子壹。小經案貳,內壹在延定真。漆籌箭（筒）壹。佛屏風陸扇。蓮花座壹。銅杓子壹。銅澡灌壹,要櫃。破漆香盒壹。新木香盒壹,在櫃。新香楪貳。銅鈴并鐸壹。銅佛印壹。經藏壹,在殿。小桉架貳,內壹在北倉。黑石枕叁。磨睺羅壹,在櫃。大經案壹,在殿。大燈樹壹,在殿。司馬錦經巾壹,在櫃。金油師子壹,在櫃。大佛名經壹拾陸卷。黃布經巾壹。又黃布經巾壹。黃項菩薩幡貳拾口,要櫃。小

菩薩幡貳拾捌口，在櫃。大絹幡陸口，在櫃。故破幡額壹條。銅楪
壹，在櫃。百納經巾壹。青綉盤龍傘壹副兼帛綿綾裹并裙住（柱）帶
具全。官施銀泥幡柒口。又大銀泥幡壹口。銅鈴系在竿上。大銅鈴
肆，內貳在櫃。

　　家具：中台盤貳。小樏子叁。花罇子壹。花檻子壹。黃花團盤
壹，在恒子。五尺花牙盤一面，無連蹄。黑木檻壹。花檻壹，無蓋。
箱壹葉，在櫃。斗一量。木盆大小肆。伍斗木盆貳。漆擎子脚貳。
壁牙壹。案板貳。木火爐貳。叁尺花牙盤壹。踏床壹張。新花團盤
肆，在櫃。又花擎盤貳，內壹在櫃。朱裹楪子陸枚。又花楪子肆，在
櫃。銀鏤枕子（後缺）

　　□□□■

　　函櫃：櫃大小壹拾貳口，內貳無象鼻，三口象鼻胡戌具全。四尺
新踏床一張。古破踏床壹張。大床肆張，內壹在妙喜。床梯壹，除。
柘壁兩條，內壹破。又五石櫃壹口。貟定經函壹，破。赤碗壹。程闍
梨施兩石櫃壹口，故。

　　瓦器：甕大小壹拾口，內三口在北倉。瓺大小肆口，內兩口有烈
（裂）。細項瓶子壹口。肆斗瓦盛壹口。嚴忍入瓺兩口，內壹破，內壹
在智定伴。曹法律入乾盛甕兩口，內壹在鄧闍梨。瓦盛壹口。程闍
梨施入瓦盛壹口。瓺壹口。

　　氈褥：貳色氈毯兩條，內壹條在櫃。新白方氈五領。新白氈五
條。舊白氈兩領。故花氈壹領。綉褥壹條，在櫃。王都維施入褥壹
條。蕃褥壹條。黑氈條貳，內壹在北倉。使君入花氈壹領。妙惠花
氈壹領。張闍梨蕃褥壹條。粘羊氈兩條除。青花氈兩領。白氈條
壹。白方氈壹領。程闍梨白氈壹領。政修白氈壹領。真如白氈壹
領。陰家善來入白氈壹領。磑户康義盈李粉堆二人折價各入白方
氈壹領。

　　■□常住什麼等對徒衆一一
　　（後闕）

原載敦煌文書 S.1776

定州縣各官料錢停廢俸户奏　顯德五年十二月　中書

諸道州府縣官及軍事判官,一例逐月各據逐處主户等第,依下項則例所定料錢及米麥等,取顯德六年三月一日後起支,其俸户并停廢。

一萬户已上縣,令逐月料錢二十千,米麥共五石;主簿料錢一十二千,米麥共三石;七千户已上縣,令逐月料錢一十八千,米麥共五石;主簿料錢一十千,米麥共三石;五千户已上縣,令逐月料錢一十五千,米麥共四石;主簿料錢八千,米麥共三石;三千户已上縣,令逐月料錢一十二千,米麥共四石;主簿料錢七千,米麥共三石。不滿三千户縣,令逐月料錢一十千,米麥共三石;主簿料錢六千,米麥共二石。

五萬户已上州,司録事參軍及兩京司録,每月料錢二十千,米麥共五石;司户、司法每月料錢一十千,米麥共三石;三萬户已上州,司録事參軍每月料錢一十八千,米麥共五石,司户、司法每月料錢八千,米麥共三石;一萬户已上州,司録事參軍每月料錢一十五千,米麥共四石;司户、司法每月料錢七千,米麥共三石。五千户已上州,司録事參軍每月料錢一十二千,米麥共四石;司户、司法每月料錢六千,米麥共二石。不滿五千户州,司録事參軍每月料錢一十千,米麥共三石;司户、司法每月料錢五千,米麥共二石。諸司軍事判官,一例每月料錢一十千,米麥共三石。

右諸州府、京百司、内諸司、州縣官、課户、莊户、俸户、柴炭紙筆户等,望令本州及檢田使臣依前項指揮,勒歸州縣,候施行畢,具户數奏聞。仍差本州判官精細點數後,差使臣覆視,及有人論訴稱有漏落,抵罪在本州判官及干係官典。如今後更有人户願充此等户者,便仰本州勒充軍户,配本州牢城執役。

原載《五代會要》卷28

佛説大佛頂陁羅尼 經

下元甲子顯德五載龍集戊午,日躔南斗高陽許氏建。

原載《金石萃編》卷121

後周顯德六年(九五九)正月三日女人社再立條件

顯德六年己未歲正月三日,女人社,因滋新歲初來,各發好意,再立條件。蓋聞至城立社,有條有格。夫邑儀者,父母生其身,朋友長其值,遇危則相扶,難則相救,與朋友交,言如信,結交朋友,世語相續。大者若姊,小者若妹,讓語相登,立條件與後。山河爲誓,中不相違。一,社内榮凶逐吉,親痛之名,便於社格,人各油一合,白麵壹斤,粟壹斗,便須驅驅濟造食飯及酒者。若本身死亡仰衆社蓋白耽拽便送,贈例同前一般。其主人看待,不諫厚薄輕重,亦無罰責。一,社内正月建福一日,人各税粟壹斗,燈油壹盞,脱塔印砂。一則報君王恩泰,二乃以父母作福。或有社内不諫大小,無格在席上喧拳,不聽上人言教者,便仰衆社就門罰醴□醎一莚,衆社破用。若要出社之者,各人快杖叁棒後,罰醴[□醎]局莚,的無免者。社人名目詣實如後。

社官尼功德進(押)

社長候富子(押)

録事印定磨柴家娘(押)

社老女子(押)

社人張家富子(押)

社人渦子

社人李延德(押)

社人吴富子(押)

社人段子(押)

社人富勝(押)

社人意定(押)

社人善富(押)

社人燒阿朵(押)

社人富連(押)

社人住連(押)

右通前件條流,一一丁寧,如水如魚,不得道説事非。更不於願者,山河爲誓,日月證知。恐人無信,故勒此條,用後□記耳。

原載敦煌文書 S. 527

己未年(九五九)四月某寺諸色斛斗入破曆

己未年四月於官倉領得神佛料麥兩碩、黃麻壹碩貳斗、粟肆碩,窟上作料用。麥兩碩,金光明寺索僧政施入。粟兩碩貳斗,五月官齋施入。粟壹拾碩,麥伍碩,於磑户張富昌手上領入。保定(後缺)

原載敦煌文書 S. 1574 IV

顯德六年(九五九)十二月押衙曹保昇牒

押衙曹保昇。右保昇云載臨時差弟保定入奏,唱貸諸人鞍馬物色進路。昨聞消息身亡,今擬遣弟定德比至甘州迎取故兄骸骨,恐怕行李稅斂人門。伏望令公恩造,哀見入奏身不到來,債負廣深,無計還納,且取骸骨,特賜允從,伏請處分。牒件狀如前,謹牒。顯德六年十二月日押衙曹保昇牒。

原載敦煌文書 P. 3556

後周蓬山鵲王廟碑

(前殘)大王廟宇,頗歷年華,雨漏風吹,梁起柱側。(殘)乃急征良匠刊石,(殘)贊曰:鵲山幽趣,鸞鶴育羽,(殘)吳越稱盧,德震環區。(殘)神殿清澈,裝束光潔,(殘)征巧刊石,磨成碑碣。(殘)

時大周顯德(殘)

擁□翊戴功臣安國軍(殘)

(以下漫漶不清)

原載《內丘歷史文化精粹》

大唐周司筵故劉肆海墓志

曁漢祚肇基,上皇毓德,魂歸舊沛,更宅新豐。厥胄錫土殊蕃,苗裔區茅異部。劉寬字肆海,雍州長安人也。釋褐登仕,官乃司筵。年逾耳順,歸寧辭疾。春秋六十有六,卒於私家。悲没九泉,長埋萬古。頌曰:

川名福水,地號陽原。書埋素朽,琴覆弦寬。外周□樟,內儷楸棺。嚴冬風切,盛夏泉寒。

原載《長安新出墓志》

大周故大乘寺法律尼臨壇賜紫大德沙門某乙邈真贊并序

　　法律闍梨(者),即前河西一十州節度使曹大王之姪女也。間生靈德,神授柔和。早年之異衆超群,齔歲之棄姿美貌。辭親割愛,孩乳而不近薰莘;頓棄煩喧,捨俗而囂塵永罷。帔緇就業,八萬之細行無虧;禁戒堅持,三千之威儀匪犯。六和清衆,在貴而不服綺羅;四攝勸迷,居高而低心下意。大乘寺内,廣堅立於鴻基;中外重修,並完全而葺理。訓門從之子弟,大習玄風;誘時輩之緇流,盡懷高操。登壇秉義,詞辯與海口爭馳;不對來人,端貞乃冰清月皎。方欲鴻揚佛教,永扇慈風,豈期逝水以來奔,偶然俄辭於濁世。六親哀慟,九戚聲疫。釋中恨別於高踪,尼衆傷嗟而灑淚。嗚呼! 三冬降雪,偏枯柰苑之枝;五月行霜,痛瘁祇園之葉。余奉邈命,輒述荒蕪。徒以筆翰生疏,自慚漏略。其詞曰:

　　　　鼎門之旌,實可豪宗。間生靈德,神假奇容。早超群輩,齔歲英聰。辭親割愛,行潔貞松。薰莘不染,頓棄煩籠,堅持禁戒,廣扇玄風。釋中俊德,尼衆明燈。臨壇秉義,每播高踪。壽期有限,魄逐飛空。六親哀慟,九威羅胸。余奉邈命,難可通融。直論美德,用贊奇功。

原載敦煌文書 P. 3556

大周故應管内釋門僧正京城内外臨壇供奉大德闡揚三教講論大法師賜紫沙門某和尚邈影贊并序

　　竊以標祥上地,繼六祖之遺踪;叶慶甲科,踵五師之後躅。而以生嗟穢土,早想靈鄉,修三學以纔來,駕一乘而忽去者,其惟我清和尚矣。和尚俗姓賈氏,含靈覺苑,擢秀華宗。志性天假而瓌偉,器量神資而焯絕。早趨槐市,三冬學富於丘墳;凤趣杏壇,七步詩成於典素。而乃深觀竹馬,諦視牛車。捐鐶佩於樊籠,掛瓶盂於净境。寸陰是競,窮八藏於心源;尺璧非珍,達五乘於性府。及乎金壇受具,護二百而油鉢匪虧;寶地依師,禁三千浮囊靡失。而乃寫瓶在念,傳火留心。攻七關八竝而窮源,繫三分二序而盡體。歷試法律都判,美譽獨振於玄門;後遷賜紫崇稱,美響別傳於蓮塞。朗萬法,納衆流以一如;爰悟四生,修六度而咸等。三衣五綴,賑濟不替於初終;五夜六時,精練豈疲寒燠。可謂法場師子,德侔安遠之先;惠地麒麟,道齊騰蘭之後。將冀芳年永茂,燃智炬普照於幽途;盛志長新,駕慈舟大乘於苦海。奈何月未滿月而還缺,悲慟人天;化始舒而早收,哀傷鳥獸。君侯仰戀,懼景落而行迷;僧俗嘆思,痛梁摧凶極。某忝恒山一翼,忽值分飛,幽顯兩歧,俄然阻隔。淚窮朱血,恨無路而碎身;聯扣愚衷,敢贊場於盛德。其詞曰:

極樂知何吉,閻浮如此凶。上人生厭見,示疾早歸中。道俗徒哭泣,耆童盡綴春。三光愁暗曀,四部噴填胸。吾師將去處,坐化盡□□。圖寫平生影,標留在世踪。後來瞻眺者,須表世間空。

原載敦煌文書 P. 3556

大周故普光寺法律尼臨壇大德沙門清浄戒邈真贊

法律闍梨者,即前河西一十一州節度使張太保之貴孫矣。天資別俊,應世多奇。貌超洛浦之姿,影奪巫山之彩。雍雍守道,亞南越之佳人;穆穆柔儀,比西施之雅則。而又辭親割愛,捨煩惱於韶年;不戀世榮,棄囂塵於齓歲。三千細行,恪節不犯於教門;八萬律儀,謙和每遵而奉式。普光寺內,廣展鴻資。冬夏不失於安居,春秋無虧於舊積。芳名遠播,懿行傑出於衆流;訓習經文,才器超過於群輩。方欲宣傳戒學,爲釋教之棟梁;秉義臨壇,教迷徒而透衆。何奈上蒼降禍,喪及仙顏。孤兄泣斷於長波,賢姊悲流於逝水。略題數字,用記高踪。聊述芳猷,乃爲贊曰:

間生異俊,奇藝天然。幼而別衆,實可名賢。堅持戒學,秋月齊圓。立性恪節,不犯煩誼。安居守道,廣展金田。訓誨後輩,經教精研。方保延壽,登歷戒壇。何兮逝逼,魄散九泉。孤兄叫切,賢姊悲煎。隔生永別,再睹無緣。略留數韻,用記他□。

原載敦煌文書 P. 3556

周故燉煌郡靈修寺闍梨尼臨壇大德沙門張氏香號戒珠邈真贊并序

闍梨者,即前河西隴右一十一州張太保之貴侄也。父墨釐軍諸軍事守瓜州刺史金紫光禄大夫檢校工部尚書兼御史大夫上柱國張公之的子矣。闍梨乃蓮府豪宗,叶巫山之瑞彩;清河貴派,禀洛雪之奇姿。自生神授於坤儀,立性天資於婦道。而乃妙觀五蘊,解錦綉於入奉之年;審察三空,掛毳絺於出適之歲。四依細碎,言下受而纖隙無虧;八敬幽微,耳畔聽而毫釐豈失。是以名因德播,貴以能昇,遷秉義大德之高科,授教誡臨壇之上位。導之以德,近者肅而遠者欽;齊之以儀,時輩重而人世仰。方欲聿修異範,治寺宇而誡門徒;再爇殘燈,耀緇林而光道俗。奈何流星運促,逝水波長。壽已逐於四遷,果未圓於三點。六親哀切,恨珠溺於深泉;九族悲號,痛光沉於大夜。攀之不及,徒泣斷於肝腸;望之有思,寫儀形於綿帳。其詞曰:

張公貴子,巫岫膺靈。辭榮慕道,戒行孤精。天降灾祟,命逐時傾。四衆傷悼(下闕)

原載敦煌文書 P. 3556

後周雲門山施門記

城北等衆共施門記

施主張修巳、施主曹訓□、施主甄暉、施主李知進、施主鹿暉、施主石窰、施主高光鳳、施主孫思仲、□□子楊氏施窗二座。大周癸亥歲記。

原載《益都金石記》卷2

栖巖寺題記

隨使右都押衙、兼内知客、銀青光禄大夫、檢校太子賓客、兼殿中侍御史、雲騎尉蔣胤修造。

都部署、衙内都指揮使、銀青光禄大夫、檢校太子賓客、兼侍御史、飛騎尉張光祚。

隨使押衙、充都孔目官張禱書。

栖巖寺傳法悟空大師賜紫惠德,

經藏主大德惠緣。

寺主大德希遠。

修造主大德希玄。

原載《山右石刻叢編》卷 10

書儀

右伏以端午令辰，節當南午；臣子之禮，合申慶賀。前件的，邊鎮土宜。

冬至，右伏以一陽始震，萬物潛萌，普天同歡萬歲。如前物件等，至慚輕鮮，貴效野芹。謹。

右伏以律度環周，節臨新歲；青陽早發於東風，谷雨俄飛於郊野。奉觴獻壽，是臣子之舊儀；物表筵齡，願續岳山之慶。謹。

右伏以孤城迴磧，賊路交橫，防守城池，日當憂切。今者非時有賊，不敢不申。承蒙相公神威，賊無所取。交鋒與戰，不惜徵軀。賊已敗亡，行人無損，不勝慶抃。

按：此件文書的時代應爲後周時期。

原載敦煌文書 P. 3100 背

書儀

可容身宦路，生生願報於鈞慈；若是許履公庭，日日力酬於台造。今乃驚惶蝟集，悚懼交馳；投 足 而莫知何載，跼脊而伏增戰汗，不 勝 感激之至。

原載敦煌文書 P. 3721

洛京千佛禪院故院主(智堅)和尚塔記

噫！生兮究理，殞乎歸真。賢聖有以示同，貴賤無以逃此。

先和尚諱智堅，姓曹氏，即范陽人也。志僻好山，雲游屆洛，慕空門，離染懷，隻履絶塵，遂禮本院。從公以剃髮，至同光元年受戒。凡一聞多悟，而内净外嚴，爲處直心勸人，苦口無私，入己有順，於師師之。師謂以得仁，因付院宇。洎天成初，住修持一院，華嚴可觀，供養衆僧,勤勞莫并。檀越以之沽善,王侯以是欽風。奈何春秋遞顏,日月催限,雖一真性立,而四大身非。緣畢東陲,果圓西去。時歲在戊午仲秋月十二日遷化,享壽七十有九。徒弟號悲,士庶抵掌,用茶毗之禮也。夏臺大王夙仰其風,傷聆掩化,乃竭俸賄,樹雁塔焉。門人法倫等咸固遺風,共和進道。今愁雲水噎,境是送終。地久天長,名傳不朽。時庚申歲春二月辛未朔九月己卯叙記。

法眷師叔智悟、智温,小師院主賜紫法倫,賜紫法寬、法照、法光、法朗、法廣、法澄、法新、法遵、法德、法美、法義。

原載《隋唐五代墓志彙編》(北大卷)

五代宋初指㩳等户請田簿

(前缺)

指㩳户,請北皁渠上口地一段并園舍一伯(佰)三十六畦,共三頃三十畝,東至大道,西至河及韓寺,南至龍興寺厨田,北至仍末河及韓寺地并自田。又渠西地一段三畦,共四畝,東至仍末河,西至趙長盈,南至仍末河,北至韓章兒。又地一段并園舍三十一畦,共八十畝,東至大道,西至仍末河,南至韓寺地及自田,北至張衍子。

孔山進户,户索子全,請榆樹渠上口地一段十九畦共三十三畝,東至道,西至大道,南至道,北至聖光寺厨田及李師。又地兩畦共二畝,東至河,西至子渠,南至子渠,北至河。

翟員子户地入指㩳小户去。請北府宜穀渠地一段并園舍十五畦,共三十畝,東至大户地及韓寺地,西至大户地及大渠,南至大户地,北至渠。又請北府渠地一段并園舍四十畦,共一頃,東至大户地,西至河,南至游保達,北至大户地。

索子全、妻娘子陳氏、男願崇、奴保德、婢定連。

都受田。 請城西八尺瓦渠下尾地一段并園十二畦,共四十二畝,東至大道,西至貞女道,南至大户地,北至河。又請北府榆(原文書寫止此)

原載敦煌文書 P. 3935+P. 3935 背

大宋故濟陰苗府君墓志銘并序

嗚呼！隙駟流形，道飆垂景。浮生如夢，佛經爲電露之光；人事二豎，天道著短修之理。故幽壤之嘆，休戚之悲。歷覽古今，孰能逃免。府君諱存，本當府屯留縣蒲汭鄉谷西村人，其先出自漢時長水校尉之後昆也。洎分宗引派，源峻流清。家諜編聯，世襲其美。早因家户，寄迹戎門，遂流居府内。曾祖紹，祖筠，父隱，代資孝義，門繼簪裾。鄉關推禮讓之能，里巷振謙恭之德。府君乃隱之長子也。府君有嗣子一人，名浦，見充本府使院押衙館驛案前行、銀青光禄大夫、檢校太子賓客、兼殿中侍御史、雲騎尉。娶郭氏。過庭示訓，和氣臨人。懷橘採蘭，每無虧於就養；出身入仕，但克奉於公方。孫男潤哥，新婦張氏。侄男章，新婦常氏。侄孫男留六小厮兒。府君武略資身，膽勇動衆。將一心而爲主，有敵皆摧。杖三尺以臨戎，無難不歷。加以内弘壯氣，外顯和柔。傍敦信義之風，不失雍凞之性。比望遠酬大志，別俟昇騰。不期事與願違，陰非陽報。忽遭晦室，俄迫藏舟。旋興後夜之悲，果應變桐之夢。以顯德六年十一月十一日卒於家，享年八十。夫人張氏，素叶母儀，天資令範。夫義婦德，風規自合於肥家；有行有賢，婉雅式遵於善道。方得乘龍之偶，將邀築鳳之名。孰爲珠碎媚川，玉沉温岫。室縈美疢，雖良藥以無瘳；花落暮春，在天年之莫追。以甲子歲冬十一月十九日終於寢室，年八十四。悲哉！人生幾何，壽命有限。烏飛兔走，徒云却老之方；代謝時移，住是迴山之力。達人以如存若亡，其死若休。嗣子浦，恒念劬勞，情深欲報。樹風難止，再見無緣。於是遠卜佳城，別尋吉地。以乾德二年冬十二月二十四日遷夫人祔之葬於城西南原五里，禮也。爾乃掛凶，具進輀車簾簦，陳爐烟晨。山凝哀霧，水送悲風。薤歌初唱於寒霄，丹旐低垂於曉景。松門一閉，難逢載啓之秋；骨肉長辭，莫盡終天之淚。刊兹翠琰，用顯遐齡。其爲銘曰：

□苗府君，校尉之後。寄迹軍門，鷹揚甲胄。比希昇趂，何期促壽。骨肉悲傷，痛連心首。重尋吉兆，遠卜佳城。漫漫霧色，咽咽水聲。輀車將進，路次難行。松門一閉，萬歲千齡。

按：蓋文篆書：大宋故苗府君墓志銘　四邊楷書詩：曉城人出吊

新墳,草白林疏慘斷雲。烏鵲有情應助哭,一齊齊使九泉聞。

原載《秦晉豫新出墓志搜佚續編》

舅歸義軍節度使特進檢校太師兼中書令敦煌王曹元忠狀

不審近日,聖體何似,伏惟俯爲社稷生靈,倍加保重,遠情懇望,謹狀。

舅歸義軍節度使、特進、檢校太師、兼中書令、敦煌王曹元忠狀。

原載敦煌文書 P. 2703

舅歸義軍節度使特進檢校太師兼中書令曹元忠狀

早者安山胡去後,倍切攀思,其於衷腸,莫盡披剖。在此遠近親情眷屬,并總如常,不用憂心。今西天大師等去,輒附音書。其西天大師到日,希望重疊津置,疾速發送。謹奉狀起居,伏惟照察,謹狀。

舅歸義軍節度使、特進、檢校太師、兼中書令曹元忠狀。

原載敦煌文書 P. 2703

前　蜀

前蜀主王建

　　前蜀開國皇帝(847—918),許州舞陽(今河南舞陽)人。少年無賴,以屠牛、盜驢、販私鹽爲生,鄉人稱爲"賊王八"。後從忠武軍,監軍楊復光置忠武軍八都,其爲都將之一。此後乘亂入蜀,經過幾年征戰,逐漸成爲雄踞西南的霸主。唐廷封其爲西平郡王。天復三年(903),晉爵蜀王。天祐四年(907),唐亡,王建在成都稱帝,建國號蜀,史稱前蜀,次年(908)正月改元武成。前蜀轄區有兩川、山南西道六十四州之地。兵力强盛,却不窮兵黷武,保境息民,境内粗安。唐末文人士大夫多入蜀避難,故前蜀文化相對發達,但政治腐敗,朝中宦官專權。光天元年(918)病卒,在位十二年。

改衙廳爲宫殿詔

　　帝君之居,上應辰象,朝貢臻集,華夏會同,宫闕殿閣之深嚴,臺省府寺之宏壯,須分名號,以美觀瞻。况我肇啓丕圖,頻有嘉瑞,允協上元之貺,式光萬世之基。至於厨厩之標題,倉庫之曹列,并宜從革,用永維新。

原載《全唐文》卷 129

置東宫官屬詔

　　王者經世馭民,以保安於烝人,曷嘗不講求賢碩,以輔元子?故漢開博望,唐重承華,左右正人,自躋於治。其以東宫爲崇賢府,凡文學道德之士，得以延納訪問，無或自尊，以蔽爾之聰明。

原載《全唐文》卷129

勸農桑詔

昔劉先主入蜀，武侯勸其閉關養民，十年而後舉兵，震搖關內。朕以猥眇，托居人上，爰念蒸民，久罹干戈之苦，而不暇力於農桑之業。今國家漸寧，民用休息，其郡守縣令，務在惠綏，無侵無擾，使我赤子樂於南畝，而有豳風七月之咏焉。

原載《全唐文》卷129

命編開國已來實録詔

自古王者之興，善惡之迹不泯者，有史臣傳之，丹青載之。平章事張格，儒術領袖，文高於世，著述之體，自侔班馬，可專編纂開國已來實録。

原載《全唐文》卷129

郊天改元赦文

圓蓋方輿，萬彙共資其覆載；春生夏長，四時不息於推遷。所以茂成歲功，寧遂物性，帝王取象，文質遞興，遵革故之令猷，敷鼎新之至理。朕上膺眷命，俯徇樂推，宗廟告虔，孝思既展，郊丘備禮，嚴配式遵，欽承享國之符，允叶奉天之道，祀群咸秩，有感必通，雲龍方睹於在天，雷雨須聞於作解。且湯開三面，延景祚六百餘年；漢革五刑，繼丕圖二十四世。皆以恤辜宥罪，勸善興仁，特行滌蕩之恩，用致治平之化。自唐朝運改，土德數終，初乃召寇以纏兵，竟至遷都而滅國，賢良塗炭，朝市丘墟，生人既失其所天，大事須歸於有土。遂至蠻夷瀝款，士庶傾心，謂蜀都同章武之時，兼漢嗣絶山陽之號，共陳天命，屬在朕躬。一從踐位以來，倍軫臨深之懼，每念生靈塗炭，刑政猶繁，因告類於穹昊，合流恩於屬縣，紀年定歷，既正鴻名，布澤行春，式和均氣。可大赦天下，改唐天復八年爲大蜀武成元年。正月十日昧爽已前，大辟罪已下，罪無輕重，已發覺未發覺，已結正未結正，見繫囚徒常赦不原者,咸赦除之。唯十惡五逆,屠牛鑄錢,故意殺人,揑棄造印,結聚徒黨,逃走背軍,合和毒藥,私鹽茶麴,持仗行劫,官典犯枉法贓,兼渝濫身名,冒受官爵,囹圄之內,官吏用情,致令冤濫,不問有贓,不在赦限。左降官不問罪輕重,并與量移。其有情無狡蠹,事不涉邪□者。委中書門下酌量矜貸,便與牽復授官。州縣典吏,及諸色人,配流在遠,已經懲斷者,并宜釋罪放歸。兼有軍人百姓,先因公事關連,逃避諸州縣鎮,不敢放歸還者,亦任却歸本貫,所在不得勘問擾攬。朕自援旗誓衆,仗鉞平戎,廓定封疆,安保生聚,克成帝業,實用武功,每思將帥之勞,宜獎初終之效,其在城及東川山南武定武信武泰等道,并兩路前軍諸鎮都頭節級將士等,一時即位日,雖已各有頒賜,既經大禮,更示殊恩。應都知兵馬使已下,至節級官健,今有優給,各有等第處分。稼穡雖登,黎元未泰,每於旦夕,常所焦勞,將漸致於昭蘇,已累行其矜放,但念方屯師旅,難闕賦征,緣同切於乂安,宜共資於贍給。自去年八月已後,十月已前,繼有指揮,併蠲逋欠。非無惠澤,下及烝人,尚慮疲羸,未息艱苦。畿內諸州及諸州府應徵今年夏稅,每貫量放二百文。今年正月九日已前,應在府及州縣鎮軍人百姓,先因侵欠官中錢物,或保累填賠,官中收沒屋舍莊田,除已有指揮,及有人經管收買外,餘無人射買者,有本主及妻兒見在,無處營生者,并宜給還,却據元額,輸納本户稅賦。冬選之人,例閟羈旅,常思任用,以救栖遲,兼勸進官僚,人數不少。朕昨纔登寶位,便布僑恩,或擢在班行,或委之州縣,凡選用略盡搜羅。其間或有謬結前銜,妄稱入仕,既未辨其真偽。又可哀其困窮。是用銓衡,冀分玉石,切在精研選士,撫實推公,自執規繩,勿隨請托。但曾經赴任,委不敗官,不犯刑章,又無贓污,告身圓備,考課分明,便仰依資注官,銓司不得稽滯。如有失墜告赤,無以自明,但有失墜時公憑。及於本任官處取得文解者,并準例參選。然則自唐朝兵革之後,渝濫尤多,附勢力者,未必有材,抱孤直者,或聞無位。自今以後,委有司博求幹濟,慎擇端良,諳熟吏途,詳明法律,先能潔己,然可理人。就中令録之尤難,切在銓衡之精選。或有節度刺史,上表論薦,皆須審諸行事,顯著才能,保無苛虐之心,方允奏陳之命。如聞失舉,必罪所知。諸州府或有賢良方正，能直言極諫，達於教化，明於吏材，政術精詳，軍謀宏遠，韜光待用，藏器俟時，或智辨過人，或詞華出格，或隱山林之迹，或聞鄉里之稱，仰所在州府奏聞，當與量材叙用。自唐室傾淪，梁圖篡奪，上國俄成於茂草，中原莫有其遺民，三百年之文物一空，數千里之生靈無主。星辰既紊，運祚俄遷，指王氣之東沈，聽頌聲之西起。率土之黔黎老幼，竟獻臣心；滿朝之文武忠賢，皆陳天意。克隆其業，合重獎酬。應内外文武官等，或賜功臣名號，或與一子出身。兼進勸官資，以旌勛業，并當續有處分。朕頃事唐臣，嘗居親衛。受藩鎮封崇之貴，著册書鍾鼎之勛，至於朝右公卿，方面侯伯，皆契忘家之誓，俱同許國之誠。非殁身王事之中，遇禍賊庭之内，言念及此，痛憤良深。應自僖宗朝，凡在有功文武大臣顯忠孝者，并委中書門下追贈，仍搜訪骨肉，量材録用。又在閬州起義之日，應有隨駕大將，效命功臣，或遘疾以淪亡，或當鋒而夭枉，皆是捐軀爲主，臨難喪生，殊功無日而暫忘，遺烈千年而不泯，并委中書門下抄録，次第各與追贈，有子孫者，特授官榮。所冀澤被幽明，仁沾存没。又自朕剖符之始，分閫已來，副予委用之心，匡贊勛庸之士，同甘共苦，竭節輸誠，推公不避於流言，臨事唯思於盡瘁。則有故武信軍節度使張琳，操持勁直，才術縱橫，成今日之鴻基，自斯人之懿績，不享朝天之禄，遽興失手之悲。言念前功，常思厚報，宜追贈太尉，以報幽冤，其嗣子更加正官，仍賜章綬。故山南節度使王宗滌，早膺任用，累著勛勤，征行不憚於風塵，陳敵常先於士卒，論其實效，可謂勞臣，無何以富貴生驕，災殃自掇，不守初終之節，遽萌悖慢之心，驗人情而共憤滿盈，定國法而難私斷割，遂行典憲，深用矜傷。當景運之初興，在故臣之可念，宜加洗雪，用慰幽冥。宗滌并却還在身官爵。故茂州刺史張造、故蜀州刺史李師泰、故邛州刺史李簡、故眉州刺史張勍故漢州刺史王宗裕、都知兵馬使劉璋、奉禮蓋獲張全真張行立韓在田威等，并宜追贈。朕自臨蜀國，實庇齊民，皆資先哲之威靈，獲王故都之城邑，方憑幽贊，以永天休，上答元功，宜尊舊號。先主照烈皇帝宜委中書門下追崇尊號，虔備册儀。忠武侯諸葛亮別加美謚，追贈王爵。應有名山大川，靈祠聖迹，皆豐凶所繫，水旱是司，并宜追贈公侯，以酬元貺。朕爰自統臨，八國同心,諸藩部落,首領已下,宜差使臣,各賜詔敕分物宣諭,其見在鴻臚禮院入朝蕃客等,各賜分物,續有敕旨處分。刺史縣令,身皆受職,寵在分憂,非唯效答於恩榮,亦在保全於終始,將申報國,只計安人。其有徭役不均,刑法不中,鄉縣凋弊,稅賦逋懸,必當分命使臣,大明黜陟。若清廉可獎,課績有聞,或就轉官資,或超加任用。并舉勸懲之命,以彰悔過之名。太倉及諸州縣受納斛斗,并仰大府寺準舊例校勘,逐年給付所司。除本分耗剩外,不得加一昇一合,致百姓積累逋懸。如有固違,必行朝典。其有外州遠縣官吏等輒徵估價,并許百姓詣闕論訴,不計官職高卑,并正刑名處分。在京百司禁囚徒,推劾案成,皆招本罪,本官詳斷,只據所申,儻陷深文,便行極法。或恐推司人吏,抑遏代書,既不坐其本情,實慮遭其枉法。自今後委御史臺常加覺察,若有冤濫,便具奏聞,必當別遣推窮,重行懲斷。致理之源,無先養老;化民之本,尤在恤孤。或矜黃髮之年,或念白華之節,衰老者宜加矜恤,孤惸者亦在撫安。應國內有耆老年八十已上,賜米二石;九十已上,賜米三石;一百歲已上,賜米五石。兼綿絹酒肉有差。并仰所在長吏,切加安存,其有不幸者,量與津置殯送,仍撫其孤弱。義夫節婦,孝子順孫,并加旌表門閭,終身優假。國之教化,庠序為先;民之威儀,禮樂為本。廢之則道替,崇之則化行。其國子監直,令有司約故事,速具修之。兼諸州應有舊文宣王廟,各仰崇飾,以時釋奠。應是前朝舊制,或有開國新規,制敕之所未該,教化之所未備,或刑法不中,或倫序有乖,則諫臣不可不言,宰執不可不奏。且謗木之設,本俟諍臣;甌函所收,先覽冤狀。所以凡關利病,悉要聞知。自今已後,或事有便宜,理非允當,并須旋具論奏,共議改更,必當留折檻以旌賢,無或懼觸鱗而避事。應南郊行事亞獻終獻攝事行禮官吏等,改轉優賜,并候續敕處分。應飛龍閑厩內作器仗諸雜工巧黃衣三衛四色細仗掌扇黃鍾典彭等,亦各委所司分析姓名申奏,當議優賞。駙馬都尉普恩之後,仍各賜一子八品正員官。敕內有未該恩例,及合條流事件,各仰所司起請施行。開國之初,既勤行於德惠;改元之後,尤企望於樂推。惟是革弊從新,去華務實。有利於民者,不得不用;有害於政者,不得不除。公平必致於民安,富庶自成於國霸。恩雖不吝,法且無私,赦宥者各仰自新,釐革者皆宜共守,俾從蕩滌,永致清平。敢以赦前該恩事相告者,以其罪罪之,挾藏軍器,亡命山澤,百日不首,復罪如初。赦書日行五百里,仍付所司,牒至準敕,故牒。

原載《錦里耆舊傳》卷 1

誡子元膺文

吾提三尺劍,化家爲國。親決庶獄,人無枉濫,恭儉畏慎,勤勞慈惠,無一事縱情,無一言傷物,故百官吏民,愛朕如父母,敬朕如天地。汝襁褓富貴,不知創業之艱難,更汝之名,上應圖讖,勿驕勿矜,勿盈勿忌,惟敬惟誠,惟謙惟和,内睦九族,外安百姓,赤心待群臣,恩信愛士卒。刑罰人之命也,無徇愛憎;奸邪國之賊也,無信讒構。絶畋游之娛,察聲色之禍,然後能保我社稷,君我民臣。吾夤莫誡勖,恐汝遺忘,當置於几案,出入觀省。

原載《全唐文》卷 129

答梁主書

大蜀皇帝致書於大梁皇帝閣下:竊念早歲與皇帝共逢昌運,同事前朝,俱榮倚注之恩,并受安危之寄,豈期王室如燬,大事莫追,横流泛濫於八方,衰釁凌夷於九廟,此際與皇帝同分茅土,共統邦家,扶危者力既不宣,握兵者計無所出,建盟列同盟之分,幸居平蜀之功,所宜治兵甲以固封疆,聚徵賦以修進貢,望皇使而經年不至,指雲鄉而就日無期。遠聞皇帝,應天順人,開基立極,拯生靈於塗炭,示恩信於豚魚,東南之王氣咸歸,河洛之殊祥畢至,四門盡闢,百度惟貞,竟無意於興邦,止施仁而濟物,以此内量分限,不在經綸,七十州自可指揮,八千里半因開拓,遂至萬民叶議,八國來朝,爰徵史册之文,亦有變通之説。且東漢亂離之後,三國齊興;西周微弱之時,六雄競起。俱非恃強逼禪,皆以行道濟時,雍容於揖讓之前,輕重於英雄之内。況西蜀開山立國,燒棧爲謀,稱雄雖處於一隅,避亂曾安於二帝,鼎峙之規模尚在,山呼之氣象猶存,永言梁蜀之歡,合認弟兄之國。今蒙皇帝遠尋舊好,專降嘉音,俱無間諜之嫌,再叙始終之約,疑慮則春冰共泮,開通則東海可歸,光榮遽破於子孫,暢遂咸敷於朝野。今則盡焦勞而勵己,用勤儉以帥賢,常瞻偃草之風,以繼用天之道。又蒙厚加賜貺,別降珍奇,十驥聯鑣,六龍并駕,稱德曾參於萬乘,呈才皆過於千金,載觀戀主之心,益勵懷恩之志,寶帶輚異方之貢,名香加遠國之琛,奇鋒利逾於雪霜,雅器價齊於金玉。入用多慚於未識,捧持方喜於初觀。望恩而一日三秋,仰德而跬步千里,自此榮遵天路,繼遣星槎,緘章不候於飛鳶,裂帛豈勞於繫雁?忻榮慰喜,併集此時,敬以專使盧卿等回,略陳所志,幸望開覽。右件鞍馬,及腰帶甲胄槍劍麝臍琥珀玳瑁金稜碗越瓷器,并諸色藥物等,皆大梁皇帝降使賜貺。雕鞍撼玉,堅甲爍金,十圍希世之珍,六轡絶塵之用,槍森蛇棁,劍耀龍鋒,金稜含寶碗之光,秘色抱青瓷之響,上藥非蜀都所紀,名香從外國稱奇。遠有珍華,并由惠好,顧酬謝而增愧,仰渥澤以難勝,捧閱品名,實慚祗受。

原載《十國春秋》卷 36

示群臣手書

朕比遭亂離,以干戈定秦蜀,賴卿等忠勤夾輔。遂正名號,奄有神器,兢兢業業,懼不負荷。幸賴天地之靈,廟社之貺,方隅底定,民黎樂康,二氣協和,五穀豐稔。然萬幾之大,夙夜勤勞,遘此篤疾,藥石勿救。太子雖幼有賢德,次不當立,卿等固請於外,妃后篤愛,朕未能違,立爲儲君,勉力匡襄,無墜我邦家之休命。

原載《全唐文》卷 129

前蜀後主王衍

前蜀皇帝(899—926),原名宗衍,即位後改名衍。王建幼子,母徐賢妃。太子元膺被殺,徐妃請宰相張格相助,得立爲皇太子。光天元年(918),王建卒,王衍嗣皇帝位,改明年爲乾德元年。即位後,不理政事,荒於酒色,樂於出巡,所在供億,人不堪命。同光三年(925)九月,後唐莊宗命魏王李繼岌爲西川四面行營都統,郭崇韜爲東北面行營都招討制置等使,率軍攻蜀。後唐兵如入無人之境,僅七十餘日就滅了前蜀。唐軍押送王衍往洛陽,同光四年(926)三月,在秦川驛誅殺王衍及其宗族。

幸秦州制

蓋聞前王巡狩,觀土地之慘舒;歷代省方,慰黎元之徯望。西秦封域,遠在邊隅,先皇帝畫此山河,歷年征討,雖歸王化,未浹惠風。今耕稼既屬有年,軍民頗聞望幸,用安疆場,聊議省巡。

原載《全唐文》卷 129

試制科策文

炎漢致治,始策賢良;巨唐思皇,爰求茂異。講邦國治亂之體,陳天人精禩之原,豈角虛文? 蓋先碩德。朕念守器之重,識爲君之難,思得奇才,以凝庶績,因舉故事,以紹前修。子大夫抱道逢時,投策應詔,必有長策,以副虛懷。何以使三農樂生,五兵不試,刑獄無枉,賦斂無加? 以何策可以定中原? 以何道可以卜長世? 朕當親覽,汝無面從。

白衣蒲禹卿對策,其略曰:“今朝廷所行者,皆一朝一夕之事;公卿所陳者,非乃子乃孫之謀。暫偷目前之安,不爲身後之慮。衣朱紫者皆盜跖之輩,在郡縣者皆狼虎之人。奸佞滿朝,貪淫如市。以斯求治,是謂倒行。”執政皆切齒,欲誅之。衍以其言有益,擢爲右補闕。

原載《成都文類》卷 16

上魏王繼岌箋

衍叩頭言:伏以五帝三王,竟歸於代謝;有家垂國,孰免其廢興。苟大命之革新,願轉禍而爲福。衍誠惶誠恐叩頭。伏以衍先人,頃以受唐封冊,列土坤維,自霸一方,於茲三紀。乃者因夷門之構逆,偶中國以喪君,勉副推崇,遂開興崇。衍謬爲世子,獲紹舊基,而以幼沖,不得負荷。尋遇大唐皇帝中興聖運,再造鴻圖,輝赫大明,照臨下土,薦修嘉好。仰恃恩盟,感覆燾於堯天,將驅馳於禹貢。忽審王師討

伐,部内震驚,靡敢當鋒,幸思歸命。伏惟殿下,位尊上嗣,德寶元良,
騰少海之波瀾,動前星之秀彩。親乘象輅,勞履劍關,已得萬民之歡
心,望恕斯人之死罪。今則完全府庫,守遏邑居,率文武以陳誠,輿棺
襯而納款。伏惟殿下特弘哀鑒,保證奏聞,亦存諸典刑,貯在肺腑。
庶幾先人之靈,尤享血食之祀,免支離於眷屬,得敬養於庭闈。惟聖
君之明慈,係殿下之元造。衍無任危迫,殆越戰懼,激切之至,謹差私
署檢校、司空行尚書、兵部侍郎歐陽彬、軍使韓知權等奉箋以聞。

原載《册府元龜》卷 427

鏡銘

　　煉形神冶,瑩質良工,當眉寫翠。對臉敷紅,如珠出匣,似月停
空,綺窗綉幌,俱涵影中。據《抱璞簡》記作:"煉形神冶,瑩質良工,如珠出匣,似月
停空,當眉寫翠,對臉傳紅,光含晉殿,影照秦宮,鎸書玉篆,永鏤青銅。"

原載《全唐文》卷 129

韋 藹

　　前蜀人,爲著名詞人韋莊之弟。

浣花集叙

　　余家之兄莊,自庚子亂離前,凡著歌詩文章數十通。屬兵火迭
興,簡編俱墜。惟餘口誦者,所存無幾。爾後流離漂泛,寓目緣情。
子期懷舊之辭,王粲傷時之製,或離群軫慮,或反袂興悲。四愁九愁
之文,一咏一觴之作,迄於癸亥歲,又綴僅千餘首。庚申夏,自中諫□
□□□辛酉春,應聘爲西蜀奏記。明年,浣花溪尋得杜工部舊址,雖
蕪没已久,而柱砥猶存。因命芟夷,結茅爲一室。蓋欲思其人而完其
廬,非敢廣其基構耳。藹便因閒日,録兄之藁草。中或默記於吟咏
者,次爲五卷,目之曰《浣花集》亦杜陵所居之義也。餘今之所製,則
俟爲别録,用繼於右。時癸亥年六月九日藹集。

原載《全唐文》卷 889

王宗佶

前蜀大將(？—908)，洪州(今江西南昌)人。本姓甘，爲王建養子，故改姓王。屢爲節度使，封晉國公。後因功高求爲大司馬，引起王建疑心，遂殺之。

上蜀高祖表

臣官預大臣，親則長子，國家之事，休戚是同。今儲貳未定，必生屬階。陛下若以宗懿才堪繼承，宜早行册禮。以臣爲元帥，兼總六軍，儻以時方艱難，宗懿沖幼，臣安敢持謙，不當重事。陛下既正位南面，軍旅之事，宜委之臣下。臣請開元帥府，鑄六軍印，征戍徵發，臣悉專行。太子視膳於晨昏，微臣握兵於環衛，萬世基業，惟陛下裁之。

原載《資治通鑒》卷266

傳　光

前蜀武成中僧人。

慧義寺節度使王宗侃尊勝幢記

當寺誦經表□大德傳光撰

原夫佛心廣大，教紹恢弘，牢籠法界之源，□□津梁之□。唯《佛頂尊勝陀羅尼經》，九十九億言中，盡同宣説；三藏三乘教內，特□標題，□□真言，詳稱秘密，蓋我佛由本誓願，發無□慈，托給孤園□□□□□□古業□刻，昏衢息群生之雨□，鐵城免善住之花萎，頂髻絶宣，章句頓曉，甚深喻某日之昇空，烟霞莫滯；等炎□□□□□□□□停人間之賤業，同□天界□福門□廣□□□□□□□□□□花□一□□心□時□□。於時梵□聲韻，師子威容，垂決定言，授菩提記，龍神匡匝，凡對駢填，配四色花，合十指掌，事載竺乾之語，經存貝葉之踪。

泊大聖文殊□□□五峰□足□衆,同□當代。□儀鳳□年,有高僧佛陀波利□辭印度,志慕清凉,逢化相之勸迴,取深經而復至。既尊聖約,共契悲心。時君親發於御題,法侶重明於季日,龍庭翻譯,鳳詔施□,使佛刹僧□,或高樓絶頂,相看俯近,影拂塵沾。皆令樹立經幢,必冀普滋勝利。合安昌舊宅慧義靈山,雖樓臺之宏壯未全,而景趣之登游可尚。有羅漢院主净顔上人□化群心,已□堂宇。伏遇令公與時降瑞,保國□賢,笑八□之未□,得九天之要術,匡扶□道,□□宸車廣□□□□□□□□□□□□□□□□□□□□□□□又民□□□□□於□□□□之□□兩府咸清於惠化。二 年 ,立□萬□□□□□堯聰,尋傾舜澤,宝論□彦,豈俟□□日□冠□之□□□□專□之,□神祇洽潤,草木昭蘇,二江同激於□□,五郡横鋪於□色。而又安民暇日,專心福田,數十處之伽藍,荒殘累歲;百千貫之物用,平等□□□□□□□□□□□□□□□□念以華構雖成,高幢不立,□尊眷屬,發至誠心,造此經幢,永爲福佑。台思才啓巧□,俄鎸□貞石於金輪□□□□慧日□□□□□□□□然之□□瞻屹若□,萬年永固。傳光叨依釋教,□奉陶鈞,無□真□莫彰□□□記。

　　劍南東川節度□□□□□□□□□□□□檢校太尉、兼中書上柱國、□□郡開國公、食邑三 千 户王宗侃,吴興郡太君施氏,越國夫人□□,□子□□□静邊軍使、金紫光禄大夫、檢校尚書□僕射、守□□□衛大將軍、兼御史大夫、上柱國王□□,銀青光□□□□□□□□□□、守左大□□□、□史大夫、上柱國王□□。

　　大蜀武成二年歲次己巳十一月十日樹立。

原載《八瓊室金石補正》卷81

比丘尼永悟造像記

　　夫法界功深,無越多羅之典;贍洲靈應,唯稱尊勝之名。即知爲苦海之慈舟,作四生之良藥。微音莫究,能餘七返之殃;妙理難通,唯拔三途之苦。善住結沉淪之業,如來開救拔之門,密語宣而利死生,有情聞而皆解脱。即有比丘尼崇静大師永悟,肅構良因,預□藏往,

遂琢他山之石,仍鎸秘藏之文。冀■

原載《唐文續拾》卷 11

龍池石塊記

大漢通容元年太歲甲辰,其年大旱,有懷州河内縣界溝村百姓李繼安,爲商泛湖,回至君山廟。祭奠次,忽見一人衣朱衣,形儀有異,將書一通,稱達至懷州西七十里,濟源縣縣西北約三里,有一龍池,前有石地塊。但擊此石,必有人出,其形差異,但勿驚畏。此書玉皇敕下濟瀆神行雨,子至彼,當得賞錢二百貫。李繼安以書扣石,事悉皆驗。

按:後漢無"通容"年號,以碑爲宋開寶重刊,姑存之。

原載《金石續編》卷 13

韋 莊

唐末五代詩人(836—910),長安杜陵(今陝西西安東南)人,爲唐代詩人韋應物四世孫。黄巢起義時,避亂南方,流寓他鄉。昭宗乾寧元年(894)進士及第,釋褐伍校書郎,遷左補闕。王建據蜀,韋莊奉命宣諭,遂留蜀爲掌書記。王建稱帝,韋莊累官至門下侍郎、同平章事。韋工詩能詞,曾寫過長詩《秦婦吟》,反映了唐末關中的社會情況,頗有史料價值。其詞與温庭筠齊名,并稱"温韋",爲"花間派"代表作家。温詞倚艷繁密,而韋詞則寓濃于淡,清麗素雅。武成三年(919)卒。著有《浣花集》。

爲蜀高祖答王宗綰書

吾蒙主上恩有年矣,衣襟之上,宸翰如新。墨詔之中,淚痕猶在。犬馬尚能報主,而况人之臣子乎?自去年三月東還,連貢二十表,而絕無一使之報。天地阻隔,叫呼何及。聞上至穀水,臣僚及宫僚千餘人,皆爲汴州所害。至洛果遭弑逆。自聞此詔,五内糜潰。方枕戈待旦,思爲主上報讎。今使來,不知以何宣告。

原載《十國春秋》卷 40

周德權

前蜀官員(？—911)，許州(今河南許昌)人。前蜀王建妻弟歷任諸州刺史，前蜀建立後，累官太保、中書令。永平元年(911)卒。

上蜀高祖勸進表

案讖文："李祐西王逢吉昌，土德兌興丹莫當。"李祐者，唐亡也。西王者，王氏興於西方也。逢吉昌者，逢字如殿下之名也。土德，坤維也。兌興亦西方也。丹莫當者，丹朱也，言朱梁不敢與殿下抗也。願稽合天命，仰膺寶錄，使天地有主，人神有依。

原載《全唐文》卷889

貫 休

唐末五代著名僧人(832—912)，婺州蘭溪(今浙江蘭溪)人。俗姓姜氏，早年出家爲僧，漫游江西、吳越。天復三年(903)入蜀，爲王建所重，賜號禪月大師，爲其建龍華院居之。貫休十五六歲時即擅詩名，後廣交詩友，與當代詩人皆有交往唱酬。又工書善畫，所畫十六羅漢甚奇妙，爲世所寶。永平二年(912)卒。

大蜀高祖潛龍日獻陳情偈頌

有叟有叟，居岳之室。忽振金錫，下彼巉崒。聞蜀風景，地寧得一。富人侯王，旦奭摩詰。龍角日角，紫氣盤屈。揭日月行，符湯禹出。天步孔艱，橫流犯蹕。穆穆蜀俗，整整師律。髯髮垂雪，忠貞貫日。四人蘇活，萬里豐謐。無雨不膏，有露皆滴。有叟有叟，無實行實。一瓶一衲，既樸且質。幸蒙顧盼，詞暖恩鬱。軒鏡光中，願如善吉。

原載《禪月集校注》卷5

舜頌

高高歷山，有黍有粟。皇皇大舜，合堯玄德。五典克從，四門伊穆。大道將行，天下爲公。臨下有赫，選賢用能。吾皇則之，無斁無逸。綏厥品彙，光光得一。千幅臨頂，十在隨躍。大哉大同，爲光爲龍。吾皇則之，聖謀隆隆。納隍孜孜，□□切切。六宗是禋，五瑞斯列。排麟環鳳，披香立雪。四夷納贄，九圍有截。昔救世師，降生竺乾。壽春亦然，萬年萬年。

原載《禪月集校注》卷5

堯銘

金册昭昭，列聖孤標。仲尼有言，巍巍帝堯。承天眷命，罔厥矜驕。四德炎炎，階蓂不凋。永孚於休，垂衣飄飄。吾皇則之，小心翼翼。秉陽亭毒，不遑暇食。土階苔綠，茅茨雪滴。君既天賦，相亦天錫。德輈金鏡，以聖繼聖。漢高將將，太宗兵柄。吾皇則之，日新德盛。朽索六馬，罔墜厥命。熙熙蓁蕭，塊潤風調。舞擎干羽，囿入蒭蕘。既玉其葉，亦金其枝。葉葉枝枝，百工允釐。亨國如堯，不疑不疑。

原載《禪月集校注》卷5

續姚梁公座右銘并序

序曰：愚嘗覽白太保所作《續崔子玉座右銘》一首。其詞旨廼典廼文，再懇再切，實可警策未悟，貽厥將來。次又見姚崇、卞蘭、張説、李邕，皆有斯文，尤爲奧妙。其於束勸婉娩，乃千古之鑒戒資腴矣。愚竊愛其文，惟恨世人不能行之，十得其二。一日，因抽毫遂作續白氏之續，命曰續姚梁公座右銘一首。雖文經理緯非逮於群公，而亦可書於屋壁。

善爲爾諸身，行爲爾性命，禍福必可轉，莫愬言前定，見人之得，如己之得，則美無不克，見人之失，如己之失，是亨貞吉。返此之徒，天鬼必誅。福先禍始，好殺滅紀。不得不止。守謙寡欲。善善惡惡，不得不作。無見貴熱，詔走蹩躠。無輕賤微，上下相依。古聖著書，

矻矻孳孳。忠孝信行,越食逾衣。生天地間,未或非假。身危彩虹,
景速奔馬,胡不自强? 將昇玉堂。胡爲自墜? 言虚行僞,艷殃爾壽須
戒,酒腐爾腸須畏。勵志須至,撲滿必破。非莫非於餂非,過莫過於
文過。及物陰功,子孫必封。無恃文學,是司奇薄。患隨不忍,害
逐無足。一此一彼,諧宫合徵。親仁下問,立節求己。惡木之陰匪
陰,盜泉之水非水。世乎草草,能生幾幾? 直須如冰如玉,種桃種
李。嫉人之惡,酬恩報義。忽己之慢,成人之美。無擔虚譽,無背
至理。恬和愻暢,冲融終始。天人景行,盡此而已。丁寧丁寧,戴
髮含齒。

原載《禪月集校注》卷 4

馮　涓

　　唐末五代官員,婺州東陽(今浙江東陽吴寧鎮)人。唐大中四年
(850),舉宏辭科及第,起家任京兆府參軍。昭宗時任眉州刺史。王
建入蜀,聘爲節度判官。前蜀時累官至御史大夫。

爲蜀王建草斬陳敬瑄田令孜表

　　開匣出虎,孔宣父不責他人。當路斬蛇,孫叔敖非因利己。專殺
不行於閫外,先機恐失於彀中。臣輒行閫制處斬訖。

原載《全唐文》卷 889

諫伐李茂貞疏

　　臣聞興師者,殘兵力,虚府庫,弊群畜,損弓甲,衰農桑,動德義,
興詐僞,故損國害人,莫先於用兵也。方今梁王朱全忠霸盛,强據兩
京,料其先取河東。河東梁之敵國也,勢不兩立。儻一處爲雄,率天
下之衆,一舉西來,縱諸葛重生,五丁復出,無以泥封大散,石鐀劍門。
今秦庭實蜀之巨屏也,去其屏,窺見庭館焉。莫若與秦王和親,稍稍
以麻布茗草給之,不傷於大義,濟之以小利。蜀但訓兵秣馬,因敵料
强,足可以保天禄於三川,固子孫於萬葉。潛令公主探其機密,窺彼

室家,俟便攻之,一舉而獲可也。

原載《全唐文》卷 889

諫用兵疏

古之用兵,非以逞威暴而肆殺戮,蓋以安民爲先,豐財爲本。湯武無忿怒之師,高光有魚水之士。故能應天順人,吊民伐罪。今自土德云衰,朱梁逞虐,雍都洛邑,盡是荆榛。江南山東,各有割據。鬬力則人各有力,用兵則人各有兵。陛下欲以一方之强,舉萬全之策,臣恐陛下之憂,不在於秦雍,而在於肘腋之下也。

原載《全唐文》卷 889

釋可修

前蜀左街内殿講論僧。

大蜀故安國奉聖功臣前黎州刺史隴西公（李會）内志銘并序

左街内殿講論大德賜紫沙門可修撰

夫淳元本素,分造化以法自然;大道流謙,順陰陽而資有象。繇是五行運啓,八卦兆先。天覆無私,君臨有截。是乃膺時以德始也,顯爾禎祥;濟世以能終也,倏然雲雨,厥惟隴西公之謂矣。

公諱會,本邠州辛平人也。先祖諱寧,不仕。考君諱政,任邠州節度押衙、充西北面華池都游弈使、檢校工部尚書。沉毅有聞,雄謀顯著。筠篁挺操,松桂鬱貞,榮盛當時,芳猷冠世。公天縱英靈,神資貴氣。少勤儒室,見敦詩閲禮之能;長握兵符,有禦衆總師之德。深沉量度,曠蕩機籌。美玉不藏,必從器用。首效職於故唐朝左拱宸第一都都知兵馬使李,諱祐,公之昆長也。棣萼連榮,庭荆雙茂。光從武幕,顯歷轅門。初補拱宸軍正將,次轉授安國奉聖功臣、左神策軍正將。始榮鴻渥,漸陟清階。彎弧而雁落雲心,撫劍而蛟沉水底。克彰忠烈,迴布韜鈐。積壘殊功,屢加爵秩。次轉拱宸軍先鋒兵馬使,授工部尚書。厥後捧命防邊,屯軍左蜀,旋遇先皇帝潛龍日下,伐叛龜城。公同舉義旗，收復城壘。張減竈曳之術，展沉沙堰水之功。果遂殊勛，寵膺擢用。次授行營部領使，轉加刑部尚書，守左驍衛將軍。既承將領，旋肅邊封。星歲未逾，又轉加吏部尚書，充左拱宸第二軍都知兵馬使，尋奏請左拱宸第一軍使，祐加檢校司空，授東廳少尹。秩加俸祿，官貴鳲鳩。統翼翼之曹，贊明明之化。公自拱宸軍使，相次加左僕射，除授黎州刺史。任重六條，聲楊千里。懸魚表政，去獸彰仁。紅旆雖威，貞廉是潔。伏遇土德衰謝，金行肇興。蜀主龍飛，明皇霸業。公轉授右武衛將軍。寵登朝籍，光顯階勛。錫德頒恩，九遷八拜。次轉右領軍衛大將軍，復授金紫光祿大夫、檢校司空、守右衛大將軍。洎乎高祖武皇帝晏駕，詔差天雄軍宣告使，公兵權三十許年，官歷二十餘任。分符布襲黃之惠，恤戎同父母之心。股肱帝王，相傳魚水。必謂長居昭代，永贊清時。豈期梁棟斯頹，魯莊夢起，神情無昧，枕席弗縈。貢遺章，陳屬纊之詞；告朝列，瀝含珠之懇。嗚呼！公以乾德元年七月九日，薨于華陽私第，春秋六十有六。風雲慘切，朝野悲嗟。以其年十月十五日，葬于靈池縣强宗鄉惠日里。凶儀費用，錫自官司。空載鴻名，永辭白日。

　　夫人北海郡唐氏，故秦州節度衙推諱通之女，蒙恩進封郡君。柔儀夙著，令德早聞。既頒命婦之榮，光示從夫之貴。一自媚居鍾禍，哀苦綿心，琴瑟恩忘，絲桐韻絕。有男三人：長曰重遇，前攝秦州司馬。次男光遠，小男光進。早沐鯉庭之訓，幼彰懷橘之風。洎凶釁所鍾，形服殘毀。有三女：長女適左雄銳軍廂虞候賈彥鐸，次女適右義勝軍廂虞候王忠誨。小女笄年，未從適配。并光門閥，悉契箴規。機巧工容，莫能備紀。可修藝慚碩學，業謝生知。重遇等請撰志銘，直書其事。嗚呼哀哉！乃爲銘曰：

　　奇哉哲士，間世挺生。神鍾貴氣，天縱英明。朗然人瑞，顯爾國貞。金堅玉瑩，焕矣斯呈。其一。冑裔崇門，松姿筠節。氣貌昂藏，心志忠烈。劍鑠流泉，弧彎初月。名德比方，八元三傑。其二。昔銜詔命，總帥七軍。匡扶堯舜，掃蕩妖氛。恩承雨露，祐賞功勛。名朝丹禁，步躡五雲。其三。德叶清時，榮分符竹。日焕隼旗，風生彩戟。聖澤方隆，天禍來陟。楹夢可悲，逝川不息。其四。爰憑龜筮，迴選山堂。前標金櫃，後枕玉堂。轀車炎炎，彩翬昂昂。人生于此，長奄郊荒。其五。

左街寧蜀寺僧匡肇書，陳宗實鎸字。

原載《五代石刻校注》

王宗儔

前蜀大將，王建養子。起家爲排陳使，武成時授秦州留後，已而授天雄軍節度使、山南節度使。後主王衍統治腐敗，國勢日衰。密與王宗弼謀廢立之事，宗弼猶豫未決，宗儔憂憤而卒。

李延召投狀乞免役事佛判

雖居兵籍，心在佛門。修心於行伍之間，達理於幻泡之外。歸心而依佛化，截足以事空王。壯哉貔貅，何太猛利。大願難阻，真誠可嘉。准狀付本軍除落名氏，仍差虞候監截一足訖，送真元寺收管，灑掃焚修。

原載《全唐文》卷 889

毛文徽

前蜀官員。乾德間，任梓、綿、龍、劍、普等州觀察判官，檢校尚書刑部郎中兼御史。

大蜀故光禄大夫檢校太保使持節臻州諸軍事守臻州刺史上柱國高陽縣開國子食邑五百户許君（璠）墓志銘序

前梓綿龍劍普等州觀察判官朝散大夫檢校尚書刑部郎中兼侍御史柱國賜紫金魚袋毛文徽撰

□諱璠，字韜光，蔡州汝陽縣陽安鄉泉陰里人也。世本淮西。□諱蕑，昔自雄藩，常居顯職。考諱楚，歷職都知兵馬使。累官檢校□部尚書。有子四人，公即第二也。頃自中和年中，唐室亂離，宇縣搔擾。泊從軍旅，遂別鄉關，始自山東，俄抵荆渚。裨附廉使，總縉師徒，累因戰功，備分寵命。唐朝授銀青光禄大夫、檢校刑部尚書兼御史大夫，尋授涪州刺史。既詳兵法，仍達政經，克布六條，復歌五袴。尋以中原版蕩，四鄙紛紜，南北無家，東西有國。頃歸霸主，爰至蜀都，允協昌期，□膺渥澤。復授臻州刺史、檢校太保，封開國子，食邑五百户。資忠履孝之身揚名。公靡尚浮華，好從簡易，遺榮樂道，善始令終。以乾德四年歲次壬午五月庚辰朔廿八日丁未，終於成都府華陽縣萬秀坊之私第，享年六十有九。即以其年六月庚戌朔二十三日壬申，葬於成都府華陽縣普安鄉沙坎里卧龍山，禮也。茂實懿行，并在外志序銘。嗚呼！大化莫窮，浮生已矣，緬惟人事，吁□悲哉！男承韜、承誨、承釗、承瑶。女十一娘、十二娘等。號訴不天，摧殘殞地。太師臨穎王以悼深手足，痛極肺肝，既閟佳城，復爲銘曰：

古往今來兮丘壟累累，有生有死兮人事堪悲。令始令終兮素履無虧，謀孫翼子兮福善爲宜。落日悠悠兮悲風蕭蕭，平原莽莽兮佳城迢迢。幽室一以閉，千載不復朝。

原載《全唐文補編》卷 118

周　萼

前蜀官員。前蜀乾德四年（922），任朝議郎、前守尚書水部員外郎。

大蜀故秦國夫人追封明德夫人清河張氏内志銘并序

門吏朝議郎前守尚書水部員外郎柱國賜紫金魚袋周萼撰

述夫爲元臣之伉儷，貴已比於縉紳；冠命婦之班行，寵又逾於娣姒。其生也，封高國號，出履戟門；其殁也，萬乘流思，九天歸貽。齊體既堯元漢傑，趨庭又三虎八龍。是以騰光於圖謀之間，抗迹於賢家之右。於斯爲盛，誰曰不然？國夫人姓張氏，遠祖源同軒后。首創弦弧，當是著功，由斯得姓。自留侯相漢，至西晉收，凡十代相承，皆居貴位。晉太康中，收爲蜀郡太守，子孫因而家焉。曾祖緼，則收十一代孫。唐憲宗朝，歷位至彭州刺史。祖遷，皇任汝州別駕。嚴考顯先，守秘書省秘書郎。國夫人則秘書之少女也。承祖父之明訓，生禮樂之名家。習以温和，篤於孝敬。讀惠姬之誠，動作清規；懷道韞之才，□□□唱。女工悉備，筆法兼精。笄年歸於我瑯耶公魏王。公以兩朝宿德，一品崇勛。翊贊高皇，創業於艱難之際；匡時□□□□□衣於繼統之時。昔以豐沛扈隨，爰收三蜀；今以股肱委任，克定四方。始則鯤躍洪溟，終以鵬飛迴漢。初至眉雅二千石，旋奏授右執金□□擁節旄，累爲元帥。極人臣之貴，處廊廟之尊。昔自許昌，本宗田氏，早蒙先聖錫姓琅耶。每朝鳳闕之前，長列雁行之首。此又婁敬□□漢祖，徐勣之附神堯。國夫人皆以舉案情深，結縭義重。家法則何曾莫比，門風則石奮焉如。四十來年，共和柔而罔失，二三百口，敦兹美以咸均。由是睿澤相仍，皇恩曲被。前開國於東越，後改封於西秦。内則夫人布禮教於家，外則魏王著忠貞於國。所以威望遠聞於異域，功庸獨出於中朝。豈比夫娘子軍中空恃戰争之事，夫人城上，徒矜禦捍之勞而已哉。方當福蔭子孫，運逢堯舜，珠珍滿目，錦罽盈堂，[屋]宇重樓，連延華第，奇芳嘉樹，掩映名園。信金穴以悠哉，覺銅山之蕞爾。誠宜禄齊神岳，壽等靈椿。豈期美疹相縈，良醫不效。祇知往日丹書之恩易來，不謂今辰酒漬之藤難遇。何輔德之太謬，何福善之無徵？大夜不迴，重泉永去。緬惟國夫人□由覺路，早悟玄機。敬奉金仙，欽崇玉佛。若非法雲惠雨，共相逐於花臺；是必月帔星冠，將存神於貝闕。信異境之攸往，何浮世以能留。以乾德四年六月廿四日寢疾薨於成都府 成都 縣净德坊龍池里之私第，享年六十四。骨肉號咷，尊卑凄慟。六姻出涕，九陌不歌。皇帝爰降王人，厚頒布帛；太后幾宣教令，屢□宸傷。梵夾將佛像員來，蘭饌與□漿競至。至其年十二月廿九日又降恩制，追封明德夫人。備册禮於明庭，頒鴻恩於美謚。焕然異寵，生泉路之光輝；蔚矣嘉猷，具綸閣之翰藻。求諸倫匹，何以尚兹？國夫人三男一女。長男承綽，次男承肇，季男承遵。長男承綽，左静遠第二軍使檢校司徒，曾充北路行營招討銜隊指揮使，早從戎旅，備究韜鈐。器度則止水涵空，節操則□松帶雪。頻經征討，尤積勤勞。次男承肇，忠貞佐命宣力 功 臣，右龍捷第一軍使。今上在儲宮日,曾充衙隊、開府儀同三司、檢校太尉、前任[彭]州定戎軍團練使,又充駕前馬軍都指撝使,繼作第二招討馬步都先鋒使,復爲第一招討副使,旋充駕前清道使,官資積累,寵□□□。□師成百戰之功,理郡布六條之化。安康問罪,凶渠面□於軍前;襃國擁兵,鄰寇魂飛於境內。制勁敵則風飄菱葉,撫疲民則雨潤枯苗。□□樂貞,譬之曳柴,運機而決勝;韓延壽之閉閤息訟以移風,故得頃在先朝推爲良牧。丹禁降□□之命,九隴刊德政之碑。況銅柱之勛業素高,空涵之風標愈峻。每虛懷而接物,長減俸而濟人。梁孝王之平臺,群儒星集;孫丞相之東閣,多士雲趨。窮八法以彌精,覽九流而罔倦。加以博物多咏於國產,知音不讓於蔡邕。極銅儀玉律之精微,辨風角鳥情之要妙。國夫人嘗染疾之際,則侍奉克謹;國夫人及薨逝之時,又哀毀過禮。尋復專焚檀炷,虔寫竺書。援毫而每祝爐烟,泣血而淚和硯水。蓋以申不匱之懇,報罔極之恩。□□□□曠以來,干戈相繼,其在良弓之子,難爲行道之人。大哉王孫,乃能如是者也。季男承遵,懷忠秉義匡佐功臣、右龍捷第四軍使、檢校太傅。亦曾充今上青宮日衙隊,又充招討衙隊指揮使,後任蜀州靜塞軍團練使。勇能射石,謀擅揚沙。器宇恢弘,風神秀異。當佩觿之歲,泛覽詞林;及弱冠之年,曉暢軍事。七德咸備,六藝俱通。常撫士以投醪,偶宴賓而比飯。西園娛玩,閑同七子之游;烟閣儀形,貴處群英之列。至如丹�問俗,兩載分憂;通商惠工,彰善癉惡。自下車之後,有袴興謠。至罷袟之日,攀轅積戀。將知善政備睹,高碑其在,柔毫胡可殫紀而已。

　　一女夙承教導,動合軌儀。性行温恭,容止端[莊]。年十八,屬於右扈蹕第一軍使、檢校太[傅]、充任嘉州團練使、兼水路都發運使顧在珣,則故武德軍節度使吳興公彥朗之子也。論氏族,則國高并貴,語冠裾,則將相俱榮。克致□□,□修婦式。於是乎聞于先帝,遂封瑯耶郡夫人。爰自和鳴,將期偕老。天長地久,祇知瑶草恒春;日往月來,不覺薤花先墮。去乾德二年五月□日仙逝。今嘉牧自傷失儷,常賦悼亡。星霜雖度於頻年,志節不聞於再娶。所恨朱輪軋軋,卒呈二鹿之祥;玉鏡熒熒,空舞孤鸞之影。況復專城□□□□□□□□□□則貴而能貧,蒞事則威而不猛。大辯若訥,憂公如家。招延而衆士知歸,漕運而千艘不滯。今之人也,何以加焉。此蓋□□□□□誨諸子以義方,而愛女以法度。私門之内,鼎食者數人,列郡之中,符竹者幾處。嗚呼！至明者,桂魄尚難過於虧盈,至大者,天池猶莫怯於涸溢。今則良辰叶卜,□□□期。嗟我明靈,歸於丘壟。以乾德五年二月廿五日,安厝於成都府成都縣文學鄉成均里之南原,禮也。國家禮備典制,葬加常等。太后、内人、駱驛賵襚,稠重泊乎貴主、親王、侯門、相座,送終則康莊填噎,設祭則簫篷縱横。薤露哀哀,起悲風於素幕;輀靈去去,結愁色於荒郊。魏王念歲月之漸遥,睹音容之莫及。望銘旌而回腸欲斷,送輴車而雙目恒濡。令諸子相與友于,追思聖善。高堂寂寞,痛懷橘以何因;玄宅蒼茫,嘆陟岵而無所。摧裂思告面之日,號慟當疑慕之時。慮伏臘相催,無失素筊。願文詞不朽,是勒貞瑉。萼才耻芙蓉,簪叩玩瑁。早乖三策,不如白馬將軍;空究一經,有類瘦羊博士。叙擇鄰之德,已愧寡聞;陳泣像之情,□□□□。勉膺重命,乃作銘云：

　　大哉邦媛,淑哲温恭。帝軒之胤,漢傑之宗。因弧得姓,唯秦是攻。玉宜烈焰,松稱嚴冬。其一。遠祖朱輪,專城玉壘。爰析洪源,遂留錦水。益茂芝蘭,更繁桃李。屹爾于門,果生宋子。其二。煌煌蕙質,歸我元勛。閨門肅睦,寵禄紛紜。女工具美,婦德咸聞。繼封國號,冠世超群。其三。賢哉魏王,功庸難定。爵位彌高,韜鈐第一。授鉞相繼,和鳴罔失。每致歌謡,曾無驕逸。其四。家有令子,仰紹清風。早承嚴訓,并有殊功。有勇有義,自西自東。八龍可比,三虎攸同。其五。方在齊眉,將期偕老。池館花穠,樓臺月好。怡暢平生,優游懷抱。長[蔭]子孫,永延壽考。其六。福祐何昧,美疹相仍。石函不至,藥酒無徵。難□□□,遽遂風燈。諸子泣血,上臺撫膺。其七。里巷不歌,行人墮淚。宫闈歸賵,宸居降使。薤露千聲,銘旌數字。簫篷雲屯,芻豢相次。其八。靈輀軋軋,玄宅沉沉。悲風何苦,幽壤何深。雲烟慘澹,松檟陰森。哀哉存殁,俄成古今。其九。嗚咽泉聲,幽愁鶴唳。蒿□□□,夜臺永閉。陵谷雖遷,音徽不替。歷歷志銘,千秋萬歲。其十。

　　門吏前静塞軍團練推官朝散大夫檢校尚書刑部員外郎兼侍御史

柱國賜緋魚袋裴光晉書

原載《成都市龍泉驛五代前蜀王宗侃夫婦墓》

段 融

前蜀官員。後主王衍時任雒縣令、太中大夫、守中書舍人。在任多有惠政，推爲廉吏。後主北巡，無人敢諫，唯融諫之。

大蜀故扶天佐命匡聖保國功臣開府儀同三司守侍中兼中書令修奉太廟使弘文館大學士判度支上柱國食邑一萬四千户食實封六百户魏王贈尚父秦雍梁三州牧謚景武琅瑘王公（宗侃）墓志銘并序

太中大夫守中書舍人上柱國賜紫金魚袋段融撰

夫龍虎嘯騰，必有風雲之冥會；高光爭伐，是資英傑之經營。須仗忠賢，乃彰睿聖。當取威而定霸，方應天以順人。我高祖武皇帝運協千年，德侔兩曜。首提義旅，遂启雄圖。奄有坤維，盡苞井絡。寰海允歸於獄訟，人神克洽於謳歌。乃作樂于成功，方制禮於治定。御極十有二載，今上皇帝耿光下武，體聖繼文。守成規而代照貞明，熙帝載而允釐庶政，在宥六年矣。當草昧之締構，創王業之艱難。非睿智無以掃蕩攙搶，非勛賢無以廓清宇宙。天祚大蜀，生此純臣，屬之於公矣。

公諱宗侃，字德怡，許昌人也。係本田氏，舜皇苗裔。齊國子孫，孟嘗延客之英，司馬兵法之胤。功名并著，冠冕相承。瓜瓞具兮，葛蔂彌遠。祖考早終於禄位，階庭嗣繼於弓裘。惟公幼習韜鈐，壯通機警。因效誠於高帝，立戡難之忠勤。勛業隆崇，雄威挺特。爰錫國姓，俾緒皇親。崇班首冠於諸王，盛德迥尊於帝族。因彼君臣之義，更加父子之恩。婁敬材謀，漢祖定封爲劉氏；李弘奇偉，周武賜姓於宇文。既編玉牒之榮，特茂本枝之秀。今之寵遇，事契古賢。公材爲時生，位由藝進。雄勇早通於擊劍，機權靡待於觀書。當擇主以展能，遂得君於先帝。雲龍相會，漢王恨晚遇淮陰；魚水交歡，玄德喜謁見諸葛。其於委用彼實多慚，先皇帝牧守利州，以公鄉里故舊，果敢推能破陣,運籌皆合符契。及先皇帝移軍閬苑,首預征行。洎定取蜀之謀,同議開基之策。曹參泗上願濟美於沛公,鄧禹南陽贊成功於光武。乃礪兵訓卒,伐叛除凶。勵合機宜,靖專忠孝。唐朝尋授先皇帝永平軍節度使,益壯威聲,彌恢志略。軍事振振,遠邇歸投,繕甲聚糧,誓除妖孽。時丞相韋公昭度准唐朝詔命,統師討陳田之罪。與先皇帝同受詔旨,皆在蜀城之下。公運其材智,勇冠諸軍。轉寨圍城,連戰繼捷。賊勢窮蹙,開壁請降。先皇帝不犯秋毫,坐收全蜀,公之力焉。既克都城,疇其勛效。遂於景福二年十一月,奏授公雅州防禦使、檢校右僕射。爰施惠愛,令洽謳歌。報政陟明,罷郡歸府。至乾寧四年正月,正授左廂馬步使。昔時都候,今實執金。式遏奸邪,頗著威令。至光化元年九月,奏授公眉州保勝軍團練使檢校司空。褰帷問俗,拔薤蘇民。三載政成,課績稱最。至天復元年五月,再授右廂馬步使。累陟金吾之任,頻司緹騎之榮。雄俊曾號於蒼鷹,嚴肅僅同於乳虎。京畿謐静,寇盜屏除。非唯爲國分憂,兼且興邦啓霸。及收郪道,親施擒縱之方;載克彭門,亦授指撝之略。英布集於垓下,必破項王;張飛會於漢中,果收蜀土。公之制勝有類於斯。事定册勛,寇寧歆至,論功稱最,校績殊多。至其年九月,乃奏授公武信軍節度使、光禄大夫、檢校司徒。至天復二年四月,就加同中書門下平章事、琅琊郡開國侯,食邑三千户。至天復七年八月,又加檢校太尉、兼侍中。寇恂秉鉞,是隆屏翰之威;韓信登壇,遂專征伐之任。尋值唐室傾陷,蜀國興隆。當九服之勛摇,屬萬民之推戴。先皇帝爰順圖籙,光啓霸基。其年九月,制命:公守太保、兼侍中、軍城内外都指揮使。至武成元年四月,以公勛業過高,年德俱茂,乃除授公武德軍節度使、加開國護聖佐命功臣、開府儀同三司、檢校太尉、兼侍中、進封開國公、食邑四千户。政化溥宣於左蜀,親賢兼重於維城。至武成二年閏八月,就加檢校太尉、兼中書令。罷鎮歸朝,有詔除授公檢校太師、守太傅、兼中書令、進封齊國公,兼加爵邑。至其年冬,授北路行營都統。又至永平五年十二月,進封樂安郡王。又至通正元年,加守太師、食邑六千户、食實封一百户。帝師論道,統衆安邦。委寄益深,功名轉盛。至天漢元年六月,准宣充東北面都招討使。至光天元年□

月准詔充北路行營、東西兩面都統,征伐岐隴、控扼梁洋都統。全軍兩攻寇逆,收秦取鳳,皆效殊勛,料敵運籌,往無不克。雖杜預之立功立事,孔明之七縱七擒,無以階也。先皇帝晏駕之歲,有詔命公鎮撫南鄭,安緝褒梁。乃除授興元節度使、檢校太師、兼中書令、進封樂安王、食邑八千、食實封二百户。至乾德元年正月,加賜扶天佐命匡聖保國功臣,加食邑一萬户、食實封四百户。准敕於私第立戟門。德啓功克,寧疆場三載,徵拜入秉鈞衡。申翊戴,逞訏謨,盡忠貞之賢能。乾德二年閏六月,有詔徵拜公守侍中,封魏王、修奉太廟使、弘文館大學士、判度支、加食邑一萬四千户、食實封六百户。自皇帝登臨太寶,益敬元勛。守侍中而封魏王,食萬户而尊一品。甲第輝華於朱邸,高門羅列於旌旗。比勛德則卓絕明時,言貴盛而宜鍾弈世。

偶然遘疾,遽至彌留。舟航方濟於巨川,風燭忽淪於夜壑。以乾德五年七月十三日,薨於龍池坊之私第,享年六十有六。哀軫宸衷,悲纏宮掖。縉紳感慟,朝野痛傷,遂輟朝七日。皇帝及太后、太妃親臨奠喪,躬伸吊祭。將相王侯、文武百官九品已上在京者,并就公宅申吊,竟日盡禮,示哀榮也。公薨背之日,甫及廣聖節,讌樂結絡,張陳已畢,聖上及國后聞公凶訃,遽命徹罷,悲泣移時。則知衛君之痛惜柳莊,聞喪輟祭;齊后之驚夫晏子,行哭趨車。寵遇之隆,雅符前志。嗚呼! 賢愚共盡牛山,徒恨以沾巾;今古同途,閭水競溺於塵世。悠哉穹昊,殲我良人。然而士大夫之立身,耻當年而功不立,嫉歿世而名不稱。而公位極王侯,道尊將相。年逾耳順,德重朝庭。壽之與榮,不謂不至矣。聖上注念勛賢,增悲手足,特崇異禮,超越諸家,乃詔給班劍、羽葆、鼓吹、旌旗、儀衛,就宅册命,贈尚書、梁雍秦三州牧,謚曰景武,禮也。嗚呼! 昔李靖佐命於唐朝,謚加景武;子儀戡難於王室,册爲尚父。斯乃封崇之盛事,贈謚之絶倫。惟公輔佐兩朝,忠貞一致。保衡聖代,經濟皇家。功庸遠繼於蕭曹,德業迥侔於伊吕。懿文雄武,稟孝資忠。外定群凶,執干戈而衛社稷;内凝庶績,調鼎鼐以冠臺階。鎮重一時,巍峨千古。受兹贈謚,不亦宜乎? 夫人秦國夫人張氏,四德咸備,六禮作嬪。絜沼沚而化被公宮,循法度而輔成君子。同貴齊盛,偕老共榮,先公周歲而薨。聖上以公位高調鼎,悲軫鼓盆，特命典儀榮，加贈謚。乃詔備頒禮式，就宅冊贈，謚爲明德夫人，表殊恩也。惟公冊尚父之榮，夫人謚明德之號。歷代雖存於典故，國朝未展於彝章。今特封崇，頗謂殊禮。時之貴□，莫有等倫。

長子承綽，左靜遠第二軍使、檢校太保，曾充北路招討衙隊指揮使。能荷析薪，術通傳劍。洎領軍而征寇，多懷惠以畏威。次子承肇，自左靜遠第一軍使改充衙隊右龍捷第一軍使，賜忠貞佐命宣力功臣、開府儀同三司、檢校太尉、琅琊郡開國公、食邑二千户，前彭州定戎軍團練使。永平年中，先帝親討不庭，駐蹕利州，充駕前馬軍都指揮使，又充第三招討馬步都先鋒使，尋充第一招討副使。後以魏王統制師旅，鎮靖褒梁，方屬安康。帥臣擁兵跋扈，遂稟命征討。蕩定妖氛，餘凶咸至於乞降，元惡遂擒而生致。一方寧謐，千里晏安。前年秋，聖駕巡幸梁洋，充清道使。時方問罪岐隴，奉詔北征。復領師徒，鳳州應援。尋聞勝捷，却至行宫。處家而克襲弓裘，守郡而致歌襦袴。護鑾輿之巡幸，梁漢著勤；驅虎旅以專征，安康遂克。繼立勛績，濟美德門。次子承遵，自右靜遠第一軍使。聖上在東宫日，改充衙隊右龍捷第四軍使、賜懷忠秉義匡佐功臣、特進、檢校太傅、琅琊郡開國公、食邑二千户，曾充北路行營都統衙隊指揮使。後任蜀□塞軍團練使。堂構是崇，幹蠱惟敏。材苞文武，器茂珪璋。統師旅而威惠兼行，專郡城而袴襦興咏。八龍三虎并英秀於鯉庭，瓊樹瑶林牙芳於士苑。女一人，適右扈蹕軍使、守嘉州團練使、檢校太傅顧在珣。節將名家，韜鈐襲武。華婣鏘鳳，貴族乘龍。尋乘勛蔭之封，爰受夫人之號，封琅琊郡夫人。蘭薰易歇，槿艷難停。享祚不融，盛年即世。苟家伯仲，器能皆佐聖之英；謝氏閨門，才淑是宜家之主。惟龍捷太尉弟兄居喪禮制，殆臻毁瘠之情；營奉規儀，備盡哀榮之節。孝敬遠逾於曾子，友于深類於季方。播美閨門，增華令範。惟公質性淵重，多略寡辭。未嘗臧否於人倫，亦絶喜慍於氣色。周勃厚德，衆御安劉；汲黯朴忠，時推直道。秉兹茂資，鎮靖群雄。加以雅好文詞，知音諳律。寫意必歌於樂府，沿情每著於詩篇。韻入管弦題於屋壁者，處處有之。今則龜長告吉兆，窀穸之有期。馬鬣成崗，儼川原而相依。乃以其年十一月六日□□□□□□行葬於國門之□□靈池縣强宗鄉花嚴里龍輴原,禮也。嗚呼! 烟熅間氣,得之者生享王侯;倚伏相推,失之者殃歸寂寞。哀樂既拘於舒慘,榮枯必□於蹩踔。公壽以令終,亦□□□□。□條隴樹,寒郊已黯於愁雲;蓊鬱佳城,宿草永緘於巖電。古今共此零落,爰言融□□□□□□聞凶諱,但懷感泣,無路傾輸,■慚漏略,執箋簡而敢咨鋪舒,雖罄蕪詞,唯憂不稱,銀書金字,勒當代之功。■十之陵谷,濡毫灑墨,乃爲銘云:

　　天地覆燾,日月貞明。惟睿作聖,資於傑英。□□□□,□□相生。能集邦彥,方秉國政。其一。□□□□,□□□生。全德君子,□□魚水。相識掃□,□□□日。開闢坤維,奄有蜀域。其二。明離代照,聖敬日躋。永匣楚劍,疆場□□。□□□□,□□□□。豐登稼穡,偃息鼓鼙。其三。惟公族姓,田氏本枝。帝舜子孫,齊侯苗裔。穰苴機權,孟嘗恩惠。積德所鐘,聯昌弈世。其四。先皇啓祚,淮水惟長。妙擇□□,□□□□。爰定父子,以固忠良。婁敬材智,劉氏同昌。其五。惟公英雄,冠□今古。九序興文,斯類元不。高用曹參,光陛鄧禹。啓土稱王,普天爲主。其六。威名益盛,勳績□□。始牧嚴道,載守眉陽。俗多襦袴,政美龔黃。□□□□,皆著芬芳。其七。高祖膺圖,□□□戴。獄□□□,萬民受賚。自公籌謀,創基草昧。應乾之運,熙帝之載。其八。帝疇啓德,擁節遂寧。登壇仗鉞,戎政武經。禮一化俗,義以措刑。昭蘇遠近,怗泰生靈。其九。再登將壇,光臨□□。鎮靖雄藩,允歸元老。蒨斾節旌,影縈羽葆。政勵四和,咸安三考。其十。朝天歸闕,位正太師。都統萬旅,鎮撫四維。邦計同議,軍事先咨。碩德重望,超越等夷。其十一。邊警烽燧,護耦梁漢。爰命元勛,都統夷蠻。保土至上,妖除寇散。立戟旌門,登壇作翰。其十二。聖皇繼位,思壯股肱。乃下明詔,調鼎是徵。大貌其冕,庶績斯凝。八政已頌,三壽作朋。其十三。偶失和寧,微乖腠理。他扁針醫,□□□祀。疾轉彌留,天無福祉。景命告終,奄然沒齒。其十四。帝聞凶訃,感泣驚疑。太后興念,慘怛不怡。親臨其第,吊祭申悲。恩渥隆異,榮冠當時。其十五。斂以袞章,賜其美謚。□鼓羽旐,筋簫具備。賵賻既優,冊贈殊異。以獎元勛,哀榮兼萃。其十六。孝孫令子,玉樹芝蘭。荀家叔季,張仲急難。各登熊軾,仁陟將壇。門庭貴盛,獨映朝端。其十七。緬惟明公,秉持權操。多略寡辭,智深謀奧。道以義弘,善惟忠告。如山如淵,不囂不傲。其十八。爰歸真宅,靖閟玄扃。崗巒鬱律,馬鬣龍形。創域於此,永安幽冥。神祇護助,明德惟馨。其十九。邈矣悠□哉,□□蒼昊。蓋世最靈,關川同道。魂斂新松,氣縈蔓草。金石刊銘,將齊劫浩。其二十。

門吏前蜀州團練推官朝散大夫檢校尚書刑部員外郎兼侍御史柱國賜緋魚袋裴光晉書。

原載《成都市龍泉驛五代前蜀王宗侃夫婦墓》

嚴居貞

前蜀官員。乾德時任朝議大夫、檢校尚書户部郎中、行成都縣令、兼御史中丞。

大蜀故忠貞護國佐命功臣前武泰軍節度觀察處置等使開府儀同三司檢校太師兼中書令守黔州刺史上柱國弘農王食邑五千户贈太師弘農王賜謚獻武晉公(暉)墓志銘并序

朝議大夫檢校尚書户部郎中行成都縣令兼御史中丞上柱國賜紫金魚袋嚴居貞撰

昔高祖崗出玉山,不信相者,勸圖霸業,果得里人。追惟宿舊之元勛,最在册書之首紀。弼我萬乘,治今兩朝。褒飾有終,殁存無愧。

太師諱暉,字光遠,弘農其望也。及甫以生焉,間五百年禎祥,扶億萬歲宗社。源流甚遠,枝派素繁。族譜半遺,爰因多難。徵尋盛事,聊以叙陳。文筆馨輪,積德式光於照耀;歲華遷易,歷位乃極於人臣。樹戟一門,傳芳累世。曾祖璋,左武衛長史,因家於許州之許昌縣。曾祖妣天水趙氏夫人。祖弘祚,唐青州司馬、檢校左散騎常侍。祖妣清河張氏夫人。考和,忠武軍節度副使、檢校工部尚書、累追贈司空。乃曾乃考,皆以出逢昌運,贊偶明朝,蟬聯之克嗣軒裳,豹變之各揚風彩。以文寶或陳於東序,以武威或列於西班。蔭自先人,福垂

後裔。妣樂安孫氏,追封楚國太夫人。朱弦雅韻,白璧貞標。柔明之
德顯彰,慎淑之風夙著。母儀不忒,婦道有光。太師辰象垂休,山河
鍾秀。鳶頷有封侯之相,龍章真間代之儀。節挺松筠,才兼文武。加
以蘊深沉之氣度,抱倜儻之襟懷,動合神明,静符禮律。真將帥之匡
[扶]皇業,乃自生知;大英雄之經濟籌謀,迥從天授。自申壯志,克顯
宏圖。佩鞭而鶚立軍戎,負羽而鷹揚宇宙。初爲黃頭主將,便綰五百
餘人。累静狼烟,疊清雁塞。□至起家許下,別國沛中,因同[先]皇
帝參從禄公駐留南鄭。初領諸軍馬步使,旋授興州,官官貂蟬。未赴
之任。值[僖]宗皇帝幸蜀,俄乃歸京,時擁五都鋭師,來至三泉迎駕。
自此,主忠義都都知兵馬使,并諸都都指畫使。遷檢校兵部尚書,割
隷左神策軍,加五都營使,仍授金州防禦使亦如興州。未令赴任,爲
藉拱宸,直至再起鑾輿,不離扈從。充一百步外都斬斫使,悉委指踪。
千萬人中,獨司權握。復充寶雞、河南諸軍都塞使,遷檢校尚書右僕
射。及大駕巡狩山南,與先皇同爲先鋒使,部領四都、黑水、三泉等把
截,并修斜谷閣道等使。似雪之戈鋋齊至,如化之棧閣立成。遂授懷
忠耀武衛國功臣,兼集州刺史,遷光禄大夫、檢校司空、弘農縣開國
男、食邑三百户。壬子歲夏内,又除遂州防禦使,遷特進、檢校司徒、
食邑五百户。先皇帝收蜀時,部領兵士赴大玄城下,太尉韋公補充羅
城外西北面都指畫使,先皇帝爲東南面使。太師手提衆旅,職長千
夫。應呼吸而風從,展輔佐以雲集。未離方義,山南節度使楊太師以
管内方求嶽牧,署請蓬州。翌日,除授巴州。又次遷閬閬。但是問俗
之處,則喧歌袴之謡。先皇帝親收梓潼,請充豪塞使。有功翊佐,料
敵無疑。率先諸軍,再領武信。復移近地,牧守陽安。初只權知,續
乃正授。又遷開府儀同三司、檢校太保、食邑七百户。爰移清化,又
刺天彭,遷檢校太尉,加封爵户邑,仍賜開國護聖佐命功臣。當仄席
求賢之時,尚耀武書勛之日。又遷依前開府儀同三司、檢校太尉、同
中書門下平章事,充武泰軍節度管内觀察處置等使,封開國公,食邑
一千五百户。臨罷之日,爰以爲政超異,群情請留,難改替除,是遷別
拜,依前檢校太尉、兼侍中,加食邑二千户。不逾數載,并陟殊榮,依
前檢校太尉兼中書令、食邑三千户。至乾德元年,封弘農郡王,食邑

四千户，以至五千户。太師出身入仕五六十年間，掌領兵權，踐履侯府，不可勝數，難以盡書。四塞無氛祲不平，百姓是瘠痍即愈。紫泥黃絹，無非寶篋詔書；鈿軸花綾，盡是瑤函官告。將相之盛，勛賢罕儔。先皇帝重始末相隨，今上念勤勞盡瘁，尚期別加於委寄，爲擇邇近藩宣，疊昇韓信之壇，更佩鄮侯之印。寧謂偶嬰美疹，無效良醫，俄逼風霜，遽成今古。莫問藏舟之壑，難追游岱之魂。上帝悲涼，不忍讀其遺表；舊交嗚咽，難勝報處絕弦。公竟以乾德五年歲次癸未六月四日，薨於在京成都縣碧雞坊之私第，享年七十有九。明廷三日爲輟朝參，同曲四鄰，不違春相。禮寺徵於舊典，有司式舉於盛儀。聖朝遂命册贈使、中大夫、守右諫議大夫、上柱國，賜紫金魚袋曹邽；副使、將仕郎、守秘書省著作郎、賜緋魚袋王昱，賜謚曰獻武。以晦以顯，終地終天。俱縈渙汗之恩，共感褒崇之澤。

公婚隴西郡夫人李氏，即刑部尚書嵩之[女]也。傳芳天族，禀秀德門，贊帝師以賢明，處閨門以雍睦。夫人親弟景仁，在軍歷職，頗著勤勞。堂叔李坦，檢校左散騎常侍、前黔州司馬，娶羅氏。堂弟李郃，檢校工部尚書，娶清化王太尉長女瑯琊王氏。表弟任全勛。并抱器能，皆精武略，肅睦有謙恭之道，縱橫闓仁義之風。令子七人：長曰匡晏，忠義第一軍使、金紫光禄大夫、檢校司空，婚故鐵林劉知溫太尉女彭城夫人，兒孫寄哥。次曰匡議，忠義第二軍使、檢校尚書左僕射，婚左威勝太尉長女瑯琊王氏。次曰匡順，金紫光禄大夫、檢校兵部尚書。次曰匡信，婚前武定副使女唐氏。次曰匡遇，婚故黔南陳侍中女。幼曰匡成，次曰匡乂。皆山河間氣，文武全材，抱許國之忠貞，蘊安邦之經濟。或列三公之貴，或居端揆之榮。或方俟騰凌，或且敦詩禮。昔裴家諸驥，卞氏八龍，猶恐盛榮，無此倫比。絶漿茹戚，俱持禮制之中；叩地號天，各盡孝思之道。女一十四人。長適蘷王太師，封趙國夫人，秋月凝光，春雲瑞彩，奉華姻於朱邸，彰内助於親賢。蘷王太師巨浸涵空，崇規鎮地，功參締構，業大匡扶。冠社稷之元臣，實磐維之間傑。分憂求瘼，妙施綏撫之能；仗鉞登壇，克顯訓齊之令。次女適清河張氏，早亡，有外孫貴哥。次女適左雄勝第四軍使、金紫光禄大夫、檢校司空兼御史大夫、上柱國解延明，外孫長曰承嗣，次曰什得、搔奴;外女孫喜喜、道道、小喜。次女適右龍捷第二軍使、光禄大夫、檢校太傅、瑯瑯郡開國子、食邑五百、上柱國王承穀,封弘農郡夫人。太傅則通王太師之長子也。器珍蔣器,材挺楚材,窮七略之玄深,洞六韜之奧妙。雲路方高於騰趫,鵬程即大於摶扶。次女適光禄大夫、檢校司徒、守左領軍衛大將軍、開國子、食邑五百户王承宸,外孫翁奴、延壽。次女適左神武第三軍使、金紫光禄大夫、檢校司空兼御史大夫、上柱國王承胤。次女適焦氏。次女適毛氏。次女適胡氏。次女適右雲騎軍使韓彦能,早亡。小女四人:勝都、道遷、翁孫、果報,并皆或玉潤未稱於品秩,或華堂早就於親姻,或尚在閨幃,年至幼小。太師親兄思悰,故檢校兵部尚書,婚耿氏。有侄女一人第十二,適左親從第三軍副都張友珪。尚書親弟思武,故檢校尚書左僕射、前忠義第一軍使,婚隴西李氏。有侄男一人匡文,娶姜氏。鶺原已喪,爵秩尚編,外氏諸青,不復備録。太師功推第一,德播累朝。直氣凌雲,高情冠古。門館將吏,勛舊勤勞,或已居節鉞之榮,或尚在趨參之内。故鳳州節度使、同平章事王宗魯軍内都虞候,表公之貴矣,賭王氏之盛哉。散軍使魏昌能,乃軍内判官,始開將幕,便列掾曹,頗懷通變之材,每仰機謀之略。外宅長男彦球,外宅次男弘道,第一軍都虞候康景紹,第二軍都虞候單全德、先鋒兵馬使、充元隨都押衙、檢校尚書、左僕射王文晟等,并皆强幹,各效勞能。或伸征戰之功,或展勤劬之積。悉備送終之節,俱陳竭盡之心。涕泗鳴號,不任填咽,□氤告叶吉,以乾德五年歲次癸未十二月辛丑朔三日癸卯,歸窆於華陽縣積善鄉永寧里其原,禮也。晝翣露灑,銘旌粉書,陳儀注,取象生時;□鹵簿,以光去日。發引占天街數曲,置祛啓沿路諸筵。駢闐皆送往軒車,櫛比盡看來士庶。生而至貴,歿也極榮,斯蓋臣也。□[君]以忠,君葬臣以禮。居貞叩因眷顧懿分,獲托戚里門闌,受[太]師恩知。由此積歲,無以報生前恩德,何幸傅□上指踪。既沐諸龍,遂以志文見請。敢辭遵奉,唯愧荒蕪。其銘曰:

[曰]陽月陰,乾天坤地。覆載九有,生育萬彙。屏翰得人,寰區無事。動植咸寧,兵革斯弭。如此其來,以何而致。賴竭忠臣,弼明天子。□心事上,皎日質誠。疊膺重寄,累換高旌。是求理處,則安

物情。狂暴必煞，悍獨遂生。弊訛蠢革，教化興行。爲豐軍食，能勸農耕。［風］調雨順，國泰時清。餘粒栖畝，多稼冬成。牧十餘大郡，活百萬疲甿。滿奉丹詔，徵還玉京。刻千字以□□，猶謙記德；受一錢之送路，豈是沽名。□馬珝鞍，雉裘金甲。昔受恩賜，今將進納。曾騎破虜，久著征遼。致其禄位，因此尊高。龍厩却歸，武庫復入。海嶽從安，干戈□□。□賜渥澤，但是功臣。睹物有懷賢之嘆，援毫追悼往之真。勛銘鼎鼐，儀畫麒麟。刻盛烈於貞石，冀萬古而永存。

　　■檢校左散騎常侍前涪州司馬徐遠書。

　　勾當修墳墓十將■。

原載《全唐文補編》卷118

曇　域

前蜀僧人，貫休弟子。工書法，尤精篆法，重輯許慎《説文》。

禪月集序

　　先師名貫休，字德隱，婺州蘭溪縣登高里人也。俗姓姜氏，家傳儒素，代繼簪裾。少小之時，便歸覺路於和安寺，請圓貞長老和尚爲師。日念《法華經》一千字，數月之內，念畢兹經。先師爲童子時，與鄰院童子法號處默偕。年十餘歲，同時發心念經。每於精修之暇，更相唱和。漸至十五六歲，詩名益著，遠近皆聞。年二十歲，受具足戒。後於洪州開元寺聽《法華經》。不數年間，親敷法座，廣演斯文。邇後兼講《起信論》。可謂三冬涉學，百舍求師。尋妙旨於未傳，起微言於將絶，於時江表仕庶，無不欽風。

　　年齒漸高，屬天下喪亂。時處默和尚謂師曰：“吾師抱不羈之才，懷自然之道。時不與我，成無傷哉！”復爲先師曰：“分袂無血淚，望處空闌干。”後隱南嶽，深居不出。先聊爲備者曰：“吾聞岷峨異境，山水幽奇。四海騷然，一方無事。”遂乃過洞庭，趨渚宮，歷白帝。旋聞大蜀開基創業，奄有坤維，嘆曰：“不有君子，寧能國乎？”遂達大國，進上先皇帝詩。其略曰：“一瓶一鉢垂垂老，萬水千山得得來。”高祖禮待，

膝之前席,過秦主待道安之禮,逾趙王迎圖澄之儀。特修禪宇,懇請
住持,尋賜師號曰"禪月大師"。曲加存恤,優異殊常。十年以來,迴
承天眷。

　　無何,壬申歲十二月召門人,謂曰:"古人有言曰:地爲床兮天爲
蓋,物何小兮物何大。苟愜心兮自忻泰,聲與名兮何足賴?吾之住世
亦何久耶!然吾啓首足,曾無愧心。汝等以吾平生事之以儉,可於王
城外藉之以草,覆之以紙,而藏之。慎勿動衆而厚葬焉。"言訖,掩然
而絶息,遂具表聞天。先帝戚然久之,乃命所司備一期葬事。於時,
在城仕庶無不悲傷。曇域遂以先師遺言上奏,請以薄葬之禮。帝曰:
"朕治命可行焉。"敕命四衆,共助葬儀,特豎靈塔,敕謚白蓮之塔。以
癸酉年三月十七日,於成都北門外十餘里,置塔之所,地號昇遷。葬
事既周,哀制斯畢。暇日或勛賢見訪,或朝客見尋,或有念先師一篇
兩篇,或記三句五句,或未閑深旨,或不曉根源。衆請曇域編集前後
所製歌詩文贊,曰:"有見問,不暇枝梧。"遂尋檢藁草,及暗記憶者,約
一千首。乃雕刻版部,題號《禪月集》。曇域雖承師訓,藝學無聞。曾
奉告言,輒直序事。時大蜀乾德五年癸未歲十二月十五日序。

原載《禪月集校注・後序》

禪月集後序

　　有唐翰林學士兵部侍郎吳融請爲序。先師長謂一二門人曰:"吳
公文藻贍逸,學海淵深,或以挹讓,周旋異待矣。或以文害辭,或以辭
害志,或以誕譀饒借,則殊不解我意也。子可於余所著之末,仰重叙
之。"曇域乃稽顙而言曰:"語云:子疾病,子路欲使門人爲臣。子曰:
欺天乎?曇域小子,何敢叙焉?"師曰:"子不知,皆孔子弟子記諸善
言,以成其書。況吾常酷於兹,心剿形瘵,訪其稽古,慰以大道。眷然
皓首,豈謂賈其聲耳?且吾昔在吳越間,靡所濟集。聊欲係志於翰
墨,得以亂思不愁遺老矣。子無辭焉!但當吾意而言之,然又不可以
微之、樂天、長吉類之矣!吾若與騷人同時,即知殊不相屈。爾直言
之,無相辱也。"曇域遜讓不暇,力而叙之。

原載《禪月集校注・後序》

越國夫人路氏

前蜀時人，爲前蜀中書令、魏王、北路行營都統王宗侃夫人。

千佛崖造象記

府主相公宅越國夫人四十二娘，奉爲大王國夫人，重修裝毗盧遮那佛壹龕，并諸菩薩及部從音樂等，全并已裝嚴成就。伏願行住吉祥，諸佛衛護。設齋表贊訖，永爲供養。乾德六年七月十五日白。

原載《金石苑》

其二

女弟子越國夫人路氏，幸回巡禮柏堂，叨睹此彌勒尊佛并諸菩薩，悉皆彩色暗昧，遂乃發心，重具裝嚴，已蒙成就。神變無窮，威光自在，奉爲亡過先靈父母，一切眷屬，承此功德。見佛聞法，離苦下脫。然後願國家安寧，法輪常轉，無諸灾障，行住吉祥，閭宅清泰，已并□□□□□□□□□同祐□□□。

原載《金石苑》

李道安

前蜀乾德時人。

上灾異疏

倉廩者國之本，糧食者人之命。固其本則邦寧，重其命則人富。今粒食中皆生蜂蠱，切疑在位貪鄙，奪民農時，戕害人命。故天生灾異，以爲警告。又蟲皆曳米而行，恐邊鄙不寧，干戈忽起，饋挽相繼，人不堪命。伏願少精聖慮，與大臣恐懼修省，以消灾異。

原載《全唐文》卷 889

王宗弼

前蜀大將(？—925)，本姓魏，王建養子。王建創業時，頗有功勞，累官至中書令、馬步都指揮使。後主即位，遷太師兼中書令、判六軍，輔政，封齊王。後唐軍大舉攻蜀，宗弼送款，勒兵入宮，劫持蜀主、太后，殺大臣，怨聲載道。郭崇韜遂誅殺宗弼，籍没其家。

奉魏王箋

昨蜀主與將校同議歸款，其僞樞密使宋光嗣、景潤澄、南院宣徽使李周輅、北院宣徽使歐陽晃等四人同出異謀，惑亂蜀主，臣當時梟首以徇。謹令送納。

原載《册府元龜》卷 427

林　罕

前蜀官員。後主時任温江主簿，遷太子洗馬。曾注《説文》二十篇。

仿十在

咸康元年，蜀主臨軒，龍顏不悦，群臣失色，罔知所安。時有特進檢校太傅顧正珣越班奏曰：“臣聞主憂臣辱，主辱臣死。今聖慮懷憂，臣等請罪。”帝曰：“北有後唐霸盛，南有蠻蜑强良，朕雖旰食宵衣，納隍軫慮，此不能興師吊伐，彼不能臣子來王，恐社稷不安，爲子孫之患，是以憂爾。”正珣奏曰：“祗如興土木於禁中，選驍雄於手下，迴持釜鉞，出鎮藩籬。飾宮殿於遐方，金鑾輿而遠幸。爲釁之兆，爲禍之元。有王承休在，摧挫英雄，吹揚佞媚。全無斟酌，謬處腹心。斷性命於戲玩之間，戮仇讎於樞機之下。有功勞而皆棄，非賄賂而不行。有宋光嗣在，受先皇之付囑，爲大國之棟梁。既不輸忠，又不能退。恣一門之奢侈，任數子之驕矜。徒爲饕餮之人，實非社稷之器。有王宗弼在,迥徹烟霄,殊非謇諤。興亂本逞章呈之妙,説奸謀事煩舌之能。立致傾亡,尚居左右。有韓昭在,常加慘毒,每恣貪殘。焚爇軍營,要寬私第。不道喧騰於衆口,非違信任於愚懷。有歐陽晃在,酷毒害民,加刑聚貨。叨爲郡守,實負天恩。瘡痍已遍於陽安,蒙蔽由憑於内密。有田魯儔在,爲君王之元舅,受保傅之尊官。但務奢華,不思輔弼。第宅迥同於上苑,珠珍未滿於貪心。有徐延瓊在,出爲留守,入掌樞機。無諤諤以佐君,但唯唯而徇旨。有景潤澄在,搜求女色,悦暢宸襟。常叨不次之恩,每冒無厭之寵。敷對唯誇於辯博,佐時不察於經綸。素非忠賢,實爲忝竊。有嚴凝月在,唱亡國之音,銜趨時之佞。每爲巫覡,以玩聖明。致君爲桀紂之行,昧主乏唐虞之化。有臣在,陛下任臣如此,何憂社稷不安。"帝聞所奏,大悦龍顔,於是賜顧正珣絹五百匹,進加右金吾衛將軍、開府儀同三司、檢校太尉。仍令所司,編入史記。

原載《鑒誡録》卷七

林氏字源編小説序

罕長興二年歲在戊子,時年三十有五,疾病逾時,閒坐思書之點畫,莫知所以。乃搜閲今古篆隸,始見源由。旋觀近代已來,篆隸多失。始則茫乎不知,終則惜其錯誤。欲求端正,將示同人。病間有事,其志不遂。至明德二年乙未復病,迄於丁酉冬不瘳,病中無事,得遂前志。與大理少卿趙崇祚討論,成一家之書。

昔孔安國《尚書序》云:"古者伏羲氏之王天下也,始畫八卦,造書契,以代結繩之政,由是文籍生焉。"賈耽鎮滑州時,作《偏傍字源序》云:"降及夏殷周,通謂之古文。"至宣王太史史籀,著《大篆》十五篇,與古文小異。七國分裂,篆與古文,隨其所尚。始皇兼并海内,丞相李斯遂收拾遺逸,作《舊頡》七章。中車府令趙高作《爰歷》七章,太史胡毋敬作《博學》七章,竝留籀文。篆體轉工,世即謂之小篆。屬秦政滋煩,人趨簡易,故軍正程邈變古文大小篆作隸書。然書之所興,莫定何代。隸之所起,始自秦時。篆者取蟲篆之形,隸者便徒隸之用。漢初有書師,以隸合小篆爲五十五章,教於鄉里。平帝元始中，徵通書會京師者百有餘人，方立小學之科。揚雄采掇其可用者，作《訓纂》八十九章。至東漢班固，加十三章，共一百二章二千一百二十字。雖群書並載，而目錄不分。惟太尉祭酒許慎，取其形類，作偏傍條例十五卷，名之曰《説文》，頗有遺漏。吕忱又作《字林》五卷，以補其闕。洎三國之後，歷晉魏陳隋，書甚行，篆書殆將泯滅。至唐將作少監李陽冰，就許氏《説文》復加刊正，作三十卷，今之所行者是也。其時復於《説文》篆字下，便以隸書照之，名曰《字統》。開元中，以隸體不定，復隸書字統下録篆文，作四十卷，名曰《開元文字》，自此隸體始定矣。兼改古文尚書及無平不陂字，即其類也。先已有《九經音義》及《切韻玉篇》行焉。大曆中，司業張參作《五經文字》三卷，凡一百六十部。其《序略》云：“以類相從，務以易了，不必舊訣。自非經典文義之所在，雖切於時，略不集録，以明爲經不爲字也。”開成中，唐玄度以《五經文字》有所不載，復作《新加九經字樣》一卷，凡七十六部。其《序略》云：“有偏傍上下本所無者，篆爲雜辨部以統之。”然九經所有之字，即加訓切。況是隸書，莫知篆意。其字注解，或云説文者，即前來兩説文也。或云《石經》者，即蔡邕於國學所立《石經》也。或云隸省者，即隸減也。唐立石經，乃蔡邕之故事也。

　　《周禮》，保氏掌養國子以道，教之六書，謂象形、指事、會意、諧聲、轉注、假借。六者造字之本也。篆雖一體，而隸變數般。篆隸即興，訛舛相錯。非究於篆，無由曉隸。六書者，非止著一意而屬一字，一字之内，有占六書二、三、四者，大都造字皆包含六意。字有正者倒者，橫而在上中下者，竪而在左右中者，向者背者，竝者重者，順者逆者，左者右者，俯者仰者，橫坼而裏別字者，竪開而夾別字者，有一字成者，有全二字三字四字五字合成者，有省二字三字四字合成者。隸書有不抛篆者，有全違篆者，有減篆者，有添篆者，有篆隸同文者。在篆體則可辨，變隸體則多有義異而文同，篆亦有之。今悉解之於後文，此不同例。俗有《隸書賦》者，假托許慎爲名，頗乖經史。據《顔氏家訓》云：“斯實陶先生弟子杜道士所爲，大誤時俗。吾家子孫，不得收寫。”又有《古今隸書端字決疑賦》，更不經於《隸書賦》。當今之世，不可學之。又有文下作子爲學，更旁作生爲蘇，凡數十百字，謂之

野書。唐有敕文,明加禁斷。今往往見之,亦不可輒學。顏真卿撰
《干祿字書》一卷,第一字作三般,即注云:"上正中通下俗。"既立標
題,合有褒貶。全無與奪,亦無取焉。其道書、鬼書、天篆、章草、八
分、飛白、破體、行書,無益於字,此亦不錄。篆隸有筆力遒健,字勢姸
麗,斯乃巧之人。臨文改易,或參差之,長短之,屈曲之,拗捩之,務於
奇怪,以媚一時。後習之人,性有利鈍,致與元篆隸不同。蓋病由此
起。今之學者,但能明知八法,洞曉六書,道理既全,體格自貴,亦何
必踵歐虞褚柳之惑亂哉!

　　夅今所篆者,則取李陽冰《重定説文》所隸者,則取《開元文字》,
雖知魯鈍,不失源流。所貴講説皆有依憑,點畫自無差誤。杜征南注
《左氏春秋》,以經雜傳謂之《集解》。何都尉《論語序》云,今集諸家
之善,亦謂之集解,夅以隸書解於篆字之下,故效之亦曰集解。今以
《説文》浩大,備載群言,卷軸煩多,卒難尋究,翻致懵亂,莫知指歸。
是以翦截浮辭,撮其機要,於偏傍五百四十一字,各隨字訓釋。或有
字關起字者,省而難辨者,須見篆方曉隸者,雖在注中,亦先篆後隸,
各隨所部,載而明之。其餘形聲易會,不關造字者,則略而不論。其
篆文下及注中易字,便以隸書爲音。如稍難者,則紐以四聲。四聲不
足,乃加切韻。使學者簡而易從,渙然冰釋。於《説文》中已十得其八
九矣。名之曰《林氏字源編偏傍小説》古人窮困湮厄而述作興,夅也
臥疾數年,飽食終日,思有開悟,貽厥將來,非欲獨藏私家,實冀遍之
天下。乃手書刻石,期以不朽。一免傳寫之誤,二免翰墨之勞。或有
索之,易爲脱本。審篆隸無纖毫之失,質人神無愧耻之心。古今所
疑,坦然明白。如其漏略,以俟君子。

原載《墨池編》卷1

王　鍇

　　前蜀大臣。唐昭宗天復年間奉使西川,因留蜀,官翰林學士,遷
御史中丞。武成二年(908),拜中書侍郎、同平章事。後主東巡,鍇不
能諫,唐軍入成都,又撰降書。然工書法,興文教,對發展蜀中文化頗

有作爲。

奏記王建興用文教

伏以羲皇演卦,神農造書;陶唐克讓,是昌禮樂;有虞濬哲,乃正
璿璣;禹、湯、文、武,功濟天下,故能卜世延遠,垂裕無窮。逮乎六國,
諸侯力政,秦滅墳典,以愚黔首,遂使聖人糟粕,掃地都盡。漢承秦
弊,下武尊文,蕭何入關,唯收圖籍。文帝修學校,舉賢良,海内晏然,
興崇禮義。景帝躬履節儉,選博士諸儒,以備顧問,麟書鳳紀填溢于
未央,玉版金繩充牣於秘府。班固曰周稱成、康,漢稱文、景,宜哉!
武、宣之世乃崇禮官。開金馬、石渠之署,以議典禮。樂府置協律之
官,以分雅、鄭。公卿大夫間作於世,或紓下情以通諷諭,或宣上德以
盡忠孝。孝、成之世,奏御者千有餘篇,獻納論思之盛,優古罕比。

世祖承喪亂之餘,龍驤宛、葉,去暴誅亂,拯溺救焚,寬以用人,明
以率下。兵革既息,寰海又寧,乃起立大學,招致鴻碩。群臣每有奏
議,必令史官撰集,以傳後世。數引公卿講論經義,夜分乃寐,不以爲
勞。孝明師事桓榮,躬親文墨,朝誦夜講,明達過人。孝章崇尚文儒,
有太宗之遺風,常于白虎殿會集群儒,推演乾坤,考合陰陽,上申聖
人,下述品物。參於傳記,内別六經,若披浮雲而睹白日,設華燈而入
暗室。詔元武司馬班固纂集其事,名曰《白虎通》。

魏武博覽群書,特好兵法。抄略書史,名曰《節要》,又注《孫子》
十三篇。尤好篇咏,動爲典則。文帝八歲能屬文,博覽古今,貫穿經
史。及居帝位,益尚謙和,坐不廢書,手不釋卷。晉宣博學洽聞,伏膺
儒教。當曹氏中微,總攝百揆,萬機之暇,未嘗廢卷。景、文之間,咸
盡儒術。宋高祖豁達大度,涉獵典墳。討伐之中亦重文墨。文帝博
涉經史,尤善隸書。每誡諸子,率以廉儉。南齊高帝深沈大量,清儉
寬厚,嗜學好文,曾無喜慍,常曰:"學然後知不足。余恨無老成人,得
與周、孔比德。"兼善草、隸,有飛動之勢。梁武該博多聞,有文武之
略。在位,冬月秉火執筆,手爲皴裂。諸子悉有文藝,聚書討閱,晝夜
忘疲。元帝好《易》,韋編三絶。東閣聚書十四萬卷,象牌玉軸,輝映
廊廡。陳武倜儻,雄傑過人。窮究兵書,耽玩史籍。文帝留意經典,

舉動端雅。後魏道武立臺省，興儒學，五經各置博士，講問如市，塾序成林。北齊有文林學館，周武帝保定中書盈萬卷，平齊所得，纔至五千卷，置麟趾殿學士以掌著述。隋平陳之後，牛弘分遣搜訪異書，經史漸備，凡三萬餘卷。煬帝於東都觀文殿東西廂貯書，寫正副各五十分爲三品，除秘書所掌，而禁中之書在焉。

唐高祖統一區宇，剗革暴隋六合宅心，四海歸德躬行仁義，以息亂階。太宗神睿聖文，天資英武。嘗在藩邸命博學之士房元齡、杜如晦等一十八人爲秦府僚佐，大較儒術，廣聚經史。及居帝位，隨才擢用，於是弘文館皆置學士。玄宗開元五年，於乾元殿置修書使。召學士張說等讌於集仙殿，更于殿東廊下寫四部書以充內庫。麗正殿名“集賢”，其修書使爲集賢殿學士。自是圖籍不獨秘書省，弘文、崇文館皆有之。集賢所寫則御書也，分爲四部：一曰甲，爲經；二曰乙，爲史；三曰丙，爲子；四曰丁，爲集，兩京各一本，共二萬五千九百六十卷。經庫書白牙軸、黃帶、紅牙籤，史庫書青牙軸、縹帶、青牙籤，子庫書紫檀軸、紫帶、碧牙籤，集庫書綠牙軸、朱帶、白牙籤，以爲分別，以大學士專掌之。

歷代以來，咸有祖述。廢置沿革，或有差異。今但略舉帝王故事及秘書之職，幸冀垂覽焉。

原載《成都文類》卷 19

王衍降表

臣先人受鉞坤維，作藩唐室。一開土宇，垂四十年。屬梁孽挺災，皇綱解紐，不能助逆，遂至從權。勉徇輿情，止王三蜀。逮臣纂紹，罔敢迫遑，自保土疆，以安生聚。陛下嗣唐、虞之業，興湯、武之師，廓定中區，奄征不諱。梯航畢集，文軌大同。臣方議改圖，便期納款，遽聞致討，實抱驚危。今則委千里封疆，盡爲王土；冀萬家臣妾，皆沐皇恩。輿襯有歸，負荆俟罪。望回日月之照，特寬斧鉞之誅。顒佇德音，以安反側。

原載《成都文類》卷 18

宋光葆

前蜀宦官。蜀先主王建時，爲給事黄門官、宣徽北院使，累遷東川節度使。國亡後，居閬州。後唐明宗時，被團練使安重誨所殺。

上蜀主表

晉王攻滅朱、梁，紹唐稱制。冒李氏之苗裔，以鄭王爲遠祖。遣使西來，侮慢尤甚。輕蔑我國，必將交惡。宜勵兵選將，執戈待寇。請於秦州屯兵萬人，鳳州三千人，控扼要害；命大將帥兵萬人戍威武城，應援秦、鳳；萬人戍興元，應援金州及駱谷；萬人屯利州，應援文州及安遠城；二千戍文扶州，爲秦、鳳掎角。命渠果州管下蠻酋，各聚兵裹糧，專聽帥期。昔成汭據山陵，養兵五萬，皆仰給雲安。請擇安州刺史充峽路招討副使，改榷鹽法，以廣財用。嘉、眉二州，增治戰艦，募舟師五千，下峽出江陵。步騎出襄陽，大兵急攻秦、雍。東據河潼，北以厚利啗湖廣，利則進師，退則分據峽口及散關，以固吾國可以伐敵之心。

原載《成都文類》卷 18

蒲禹卿

前蜀官員，成都（今四川成都市）人。後主乾德四年（922），擢爲右補闕。曾力諫後主東巡。國滅逃亡，不知所踪。

諫蜀後主東巡表

臣某言頓首死罪：臣聞"堯有敢諫之鼓，舜有誹謗之木，湯有司過之士，周有戒慎之鞀"。蓋古者明君，克全帝道。欲知己罪，要納讜言。將引咎而責躬，庶理人而修德。陛下自承桃秉籙，正位當天，愛聞逆耳之忠言，每許犯顔而直諫。且先皇帝許昌振迹，閬苑興師，歷艱辛於草昧之時，受危險於虎争之際。胼胝戈甲，寢寐風霜。申武力而取中原,立戰功而平多壘。亡軀致命,事主勤王,方得成家,至於開國。今日鴻基霸盛,大業推崇。地及雍岐,界連荆楚。信通吳越,威定蠻陬。郡府頗多,關河甚廣。人物秀麗,土産繁華。當四海輻裂之秋,成萬代龍興之業。陛下生當富貴,坐得乾坤。但好歡娛,不思機變。臣欲望陛下以名教而自節,以禮樂而自防。修道德之規,受師傅之訓。知社稷之不易,想稼穡之最難。惜高祖之基模,似太宗之臨御。賢賢易色,孜孜爲心。無稽之言勿聽,弗詢之謀勿用。聽五音而受諫,以三鏡而照懷。少止宿於諸處林亭,多歷覽於前王書史。別修上德,用卜遠圖。莫遣色荒,無令酒惑。常親政事,勿恣閒游。

臣竊聞陛下欲出都城,看視邊壘。且天雄地遠,路惡難行。險棧欹雲,危峰插漢。稍雨則吹摧閣道,微泥則阻滑山程。豈可鳴鑾,唯堪叱馭。又復秦州敵境咫尺,塞邑荒凉。人雜羌戎,地多疫瘴。別無風華異境,不可選勝尋幽。隴水聲清,胡笳韻咽。營中只帶甲之士,城上宿枕戈之人。看烽火於孤峰,朝朝疑慮。睹旌旗於絶嶺,日日隄防。是多山足雲之鄉,即易動難安之境。麥積崖無可瞻戀,米谷峽何足聞知。縱過嵯山,須通怨水。秦穆圍馬之地,隗囂僭位之邦。其次一人出行,百司參從。千群霧擁,萬衆星馳。當路州縣凋殘,所在館驛隘小。止宿尚猶不易,供須固是極難。縱若宮中指揮,自破屬省錢物,未免因依擾踐,觸處凌持。以此細論,不合輕動。其類蒼龍出海,雲行雨施。豈合浪静風恬,必見傷苗損物。所以鑾輿須止,天步難移。況頃年大駕,只到山南,猶不下關,進發兵士。此時直至天水,未審制置如何。當初打破梁原城池,鹵掠義寧户口,截腕者非一,斬首者倍多。匪惟生彼人心,而亦損兹聖德。今去洛京不遠,復聞大駕重來。彼則預有計謀,此則便須征討。況鳳州久爲讎敵,必貯奸謀。切慮妄指妖詞,致生釁隙。又陛下與唐國方申歡好,信幣交馳。但慮聞道聖駕親行,別懷疑忌其事。專差使命,請陛下境土會盟,未審聖躬去與不去。若去,則須似秦趙争强,彼此難屈。若不去,則便同魯衛不睦,戰伐滋興。酌彼未萌,料其先見,願陛下思忖。

臣伏聞自古皇帝,省方巡狩,吊民伐罪,展義觀風,然後便歸九重,別安萬姓。陛下累曾游歷,未聞一件教條。止於踐履山川,驅馳人馬。閬苑則舟船幾溺,青城則嬪婇將沈。自取驚憂,爲何切事。及還京輦,竝不説於軍民。迫鬱衆情,莫彰帝德。憶昔先皇帝在日,未有無故巡游。陛下纂承已來,樂意頻離宮闕。此時依前整蹕,又擬遠別宸居。昔秦王之鑾駕不回,煬帝之龍舟不返。陛下聖逾秦帝,明勝隋皇,且無北築之虞,焉有東游之弊。陛下寬仁大度,廣孝深慈,知稼穡之艱難,識古人之成敗,自防得失,不縱襟懷。豈忍致却宗祧,□□道斷使烝民以何托,令慈母以何幸? 若不慮於危亡,實恐乖於仁孝。況玉京金闕,寶殿珠樓,内苑上林,瑶池瓊圃,香風滿檻,瑞露盈盤。鈞天之樂奏九韶,迴雪之舞呈八佾。簇神仙於紫禁,耀珠翠於皇宮。如論萬乘之君,便是三清之境。人間勝致,天下所無。時或追游,足觀奇趣。何必顧於遠塞,看彼荒山。不惜聖躬,有何裨益! 方今中原有人,大事未了。但當國生靈受敝,盜賊橫行。縱邊庭無烽火之虞,而内地有腹心之患。陛下千年應運,一國稱尊。文德武功,經天緯地。孝逾於舜,仁甚於湯。百行皆全,萬幾不撓。聰明博達,識度變通。深負規模,獨懷英鑒。方居大寶,正是少年。既承社稷之基,復抱山河之險。何不視遠聽察,居安慮危。闢四門以求賢,總萬幾而行事。咸修一德,端坐九重。使恩威竝行,賞罰必當。平分兩路,遍療瘡痍。庶表裏寬奢,保子孫昌盛。布臨人之惠化,蓋救物之元功。選揀雄師,思量大計。振彼鴟張之勢,壯兹虎視之威。秣馬訓兵,豐糧利器。彼若稍有微釁,此則直下平吞。正取時機,大行王道。自然百靈垂祐,四海歸仁。衆心成城,天下治理。今則蜀都强盛,諸國不如。賢士滿朝,聖人當極。臣願百姓樂於貞觀,萬乘明於太宗。采藥石之言,聽芻蕘之説。愛增社稷,醫療君民。同武王諤諤而昌,鄙商紂唯唯而滅。無飾非拒諫之事,有面折廷諍之人。固我春朝,保我皇化。陛下莫見居人稠疊,謂言京輦繁華。蓋是外郡凌殘,住止不得。所以競來湊集,暫且偷安。今諸州虐理既多,百姓失業欲盡。荒田不少,盜賊成群。伏乞陛下稍布腹心,即當聞見。蜀國從來創業,多乏永謀。或德不及於兩朝,或祚不延於七代。劉禪俄降於鄧艾,李勢遽師於桓温。皆謂不取直言,不恤政事,不行王道,不念生民,以至國亡,人心何保。山河之隘,不足爲憑。陛下至聖至明,如堯似舜,豈後主

而相匹？豈子仁而比倫！有寬慈至孝之名，有遠見長明之策，不信
倡媚，不耽荒淫。出入而所在防微，動靜而無非經久。必致萬年之
業，終爲四海之君。願陛下且駐鑾輿，莫離京國。候中原無事，八
表來王，天下人心，咸歸我主。若群流赴海，衆蟻慕羶。有道自彰，
無思不服。匪惟要看天水，直可便坐長安。是微臣之至懇，舉國之
深願也。

臣聞昔者天子有争臣七人，雖無道不失其天下。是以輒傾丹懇，
仰諫聖明。不藉官榮，不謀名譽，情非訕上，理切愛君。雖無折檻之
能，但有觸鱗之罪。不避誅殛，爰瀆天庭。臣死如萬類之中去一螻
蟻。陛下或全無忖度，須向邊陲。遺聖母以憂心，令庶僚以懷慮。全
迷得失，自取疲勞。倘有不虞，悔將何及。臣願陛下稍開諫路，微納
臣言。勿違聖后之情，且允國人之望。俯存大計，莫去邊陲。干犯冕
旒，無任憂惕。冒死待罪激切屏營之至，謹奉表直諫以聞。臣某誠惶
誠恐，頓首頓首，死罪死罪。謹言。

原載《鑒誡録》卷 7

應制科策

今朝廷所行者，皆一朝一夕之事。公卿所陳者，非乃子乃孫之
謀。暫偷目前之安，不爲身後之慮。衣朱紫者皆盜跖之輩，在郡縣者
皆狼虎之人。奸佞滿朝，貪淫如市。以斯求治，是謂倒行。

原載《全唐文》卷 890

劉　纂

前蜀官員，桐廬（今浙江桐廬）人。唐末移家蜀中，前蜀時任禮部
尚書。前蜀亡後，又在後蜀爲官。

請禁醉粧

下之從上，如風偃草。以仁義理法化之，則爲謹願之行。以驕奢
淫佚化之，則爲狂薄之俗。今一國之人，皆效醉粧。臣恐邦基頹然，

如人之醉,而不可支持也。

原載《全唐文》卷 890

牛希濟

前蜀官員。後主時累官翰林學士、御史中丞。前蜀亡後,唐明宗任其爲雍州節度副使。

本論

周文之先,自公劉后稷,積德累仁,以至於文王。天下之心歸焉,猶服事於商。武王從兆庶之心,順歷數之命,以取天下,既而有疾,嗣王幼弱,乃命周公旦以輔相成王。周公以弟之親,叔父之尊,公其心而不疑焉。攝天子履萬乘車輅,朝諸侯於明堂,以施教化。召公不悦,四國流言。伐四國,戮管蔡,以安社稷,然後制禮作樂。七年之後,成王齒長德懋,乃歸其政。公亦不離王室,乃命伯禽受封於魯,思不變四海之望。遠乎哉君子,即周防也若是。武王獨知周公之才之美,兄弟之國,天下之人,皆不知也。向非周公,則非成王之天下也,天下疑矣。然武王之心公乎哉?知子之弱而私之,知弟之德而讓之,且憂後世兄弟相及,豈周之盛,德爲不及歟?曰是知之深也,所以能明輔相其子。若有疑焉,則與之天下,希存其子亦難矣。周公雖不爲王者,然其道則與太王、王季、文王爲同德矣。成康以降,名仁者多矣,孰可與之爲伍?蓋姬周之得天下,未幾而武王崩。紂之子禄父猶存,若委少主,無聖人之助,則少康之舉,嗣夏《左傳》作祀夏配天,不其偉歟?此周公所以孜孜焉爲而不有。夫其聖德,過於武王遠矣。今後王之嗣君也,亦莫不蔽於私愛,忘其善惡。曰“彼長也,冢嫡也,天下之本也,莫之可易也。”至有不離襁褓之中,童嬰之列,而即大位焉,亦使强臣而爲之輔。其詔制之旨,曰“周公然也,成王然也”,豈惟政亂國危,殆宗廟不血食者有之矣。曹馬之君,即其人也。自征伐以來,受命創業之主,或起自布衣之中,亭長之役,部尉之列,大夫之家,卿相之位,或歷試諸難,或十年軍中,足以知歷數在躬,時運興廢,經始之艱難，臣下之忠良，人情之巧僞。是以出一言，舉一事，易一法，必使合於典誥，垂於後世。守文之君也，生於深宮，長養婦人之手，慈愛之鍾焉，世子之教不行焉，身軀則安於玉堂金殿輿服之盛，耳目飽於聲色靡曼之樂。曷能知君臣父子之道，忠信邪佞之屬，農桑艱難之本？故小人易欺焉，況幼稚乎？且人君之心，爲天下之晦明。仁者樂於明，而匪仁者便於暗。故時之晦也，盜竊興焉。魑魅行焉，君之晦也，賢良死焉，邪佞用焉。是以小人奸臣，唯樂於幼君少主，若保姆之態也，以提其耳目，導其言語，教其喜怒。行則行，止則止，易爲之使。欲求天下之治可乎？況近世之嗣王也，始如自誕生厥月，無問名之禮。至於婚冠，無金石之樂。告廟之儀，外莫聞焉。春誦夏弦，秋詩冬禮，上庠齒胄之道，或縱不知。封爵之命，掌言者亦不知其誰。師保之道正其身乎？左右之人賢與處乎？其即位也，降先君之册，冢宰與百執事，延頸内面而朝新君焉。袞冕端拱元默於殿上，雉扇熒煌，香烟蓬勃，左右紛紛焉莫之知也。班列千百，稱慶而退。至於積年之中，宰執大臣，延英入閣，稱述聖德，舞蹈而已。使有言者，皆申有司，徒空言耳，敢及於時乎？敢及於執權亂政之人乎？設有一言，明日之制行矣，不復用矣。歷觀前代明王賢后，未嘗不與名臣賢士厚享宴之禮，接見之儀。俾其忠信相親，亡於畏憚，通於商較，以正先王之得失，以窮聖人之能事。故兩漢金馬石渠文章之選，以備顧問，爲侍從之臣。至有大臣武帳之前亦奏謁，或排闥於危疑之際，以問安否，以圖後事。太宗文皇帝貞觀之初，北門之選舉十六族也，皆建功定策，有布衣之交，非天下文行之士不預焉。既久與游處，非唯知民間之疾苦，時之否臧，從而更之，以熙帝載。至於臣下之情性好惡，無不悉焉，他日之任用，莫不適其材矣。近世朝廷，豈無忠信謇諤之士，徒欲致身之危，救時之弊，指陳千百於上前，敷揚其達乎？諫章其覽乎？若復稍挂聖慮，左右天顔，得之矣。又有以惑之矣，其朝退也，黃門伎女，聲樂駢羅，俳優之人，調笑相雜，擁衛以至於内殿。又日幸於兩軍，游於其所。其從樂乎，斷可知矣。故自乾符之亂，至於今日，莫可救止，蓋少主奸臣之所爲也。或曰："冢嫡之幼，善惡未知，思欲易之，以卜長世。廢嫡立庶，聖人所惡，未知其可也。"曰："君人者，上以安宗廟，下以庇蒸人。雖長嫡之義，其不善，易之可矣。且仲雍，王季之長子，讓西伯之聖德，斷髮文身，以避於吴，爲吴太伯，蓋成父之志也。隱公，魯之賢君，居位稱攝，欲讓其弟，後其長矣。吾將與之，桓公聽羽父之贊，以疑其兄，致於篡弑。又晉厲公之薨也，子周有兄而不慧，不能辨菽麥，群臣迎公子周以立政，是以治三駕而楚不能争。又襄公之亡也，君無長子，趙盾思欲立長君，乃迎公子雍於秦，將欲立之，穆嬴朝夕抱太子以朝，且泣曰：'先君以此子之賢，吾受子之賜，此子不才，唯子是怨。今君雖終，言猶在耳。此子何罪，而外求君？'趙孟懼大義於衆人，遂背秦好立靈公。幼而好虐，竟爲所弑，國是以亂。漢高帝遷都長安也，以吕后妒於糟糠，其子盈爲太子，上以趙王如意似我，知盈懦弱，卒不能易。及惠帝之世，幾爲吕嫗所滅。非平勃之■不能加誅。及擇諸王之賢者，迎王於代邸，是爲文帝。不十年，幾致刑措。又昌邑之亂，霍子孟定廢立之册，立宣帝，遂獲中興。衛伯玉之於晉武也，君臣之交矣，知主喦之不惠，必傾世祚。嘗撫其床而嘆曰：'此座甚可惜也。'帝心不悟，終以正度爲君，果致元海倡四方之亂，宗廟焚燬，兩京版蕩，懷愍二帝，俱爲俘執而崩。晉祚中絶，國分爲十六。普天之下，皆墜爐炭。此惠帝之所爲也。是知冢嫡賢，而臣擇立者必亡。若立嫡爲亂，執古之道乎？擇善爲治，曰亂嫡庶之制乎？且天子之孝，以安宗廟，克荷祖考之業，卜世於長久，豈以擇善廢不肖爲罪乎？至唐虞之君，知其子朱均不肖，不可付以宗廟之重，又懼其流毒於生民，乃棄其子而禪於有德。若次子之賢，遽以配天之業，授於他人乎？是知君唯其明，不必拘伯仲之制。"《易》曰："明兩作離，洊雷震。"若不明不法，此覆國亡家之罪人也，何長之爲？若君明於上，小人比周之黨，其能進乎？其獲用乎？其寘於亂乎？主少不明者，亂之本也。故曰："元良者，天下之本也，莫若先以正之。"正之者，非在廢長，擇善而已。無使叔孫之禱曰："主少，國家多難。祝我者使我速死，無及於亂。"此憂之深也，悲哉！

原載《全唐文》卷 845

文章論

聖人之德也有其位,乃以治化爲文,唐虞之際是也。聖人之德也無其位,乃以述作爲文,周孔之教是也。纂堯舜之運,以宮室車輅鐘鼓玉帛之爲文,山龍華蟲粉米藻火之爲章,亦已鄙矣。師周孔之道,忘仁義教化之本,樂霸王權變之術,困於編簡章句之內,何足大哉!況乎澆季之下,淫靡之文,恣其荒巧之説,失於中正之道。兩漢以前,史氏之學猶在;齊梁以降,國風雅頌之道委地。今國朝文士之作,有詩賦策論箋判贊頌碑銘書序文檄表記,此十有六者,文章之區別也。制作不同,師模各異。然忘於教化之道,以妖艷爲勝,夫子之文章,不可得而見矣。古人之道,殆以中絶,賴韓吏部獨正之於千載之下,使聖人之旨復新。今古之體,分而爲四。崇仁義而敦教化者,經體之制也。假彼問對,立意自出者,子體之制也。屬詞比事,存於褒貶者,史體之制也。又有釋訓字義,幽遠文意,觀之者久而方達,乃訓誥雅頌之遺風,即皇甫持正、樊宗師爲之,謂之難文。今有司程式之下,詩賦判章而已。唯聲病忌諱爲切,比事之中,過於諧謔。學古文者,深以爲慚。晦其道者揚袂而行,又屈宋之罪人也。且文者,身之飾也,物之華也。宇宙之内,微一物無文。乃頑也,何足以觀。且天以日月星辰爲文,地以江河淮濟爲文,時以風雲草木爲文,衆庶以冠冕服章爲文,君子以言可教於人謂之文。垂是非於千載,殁而不朽者,唯君子之文而已。且時俗所省者,唯詩賦兩途。即有身不就學,口不知書,而能吟咏之列。是知浮艷之文,焉能臻於理道?今朝廷思堯舜治化之文,莫若退屈宋徐庾之學,以通經之儒,居變理之任。以楊孟爲侍從之臣,使仁義治亂之道,日習於耳目。所謂觀乎人文,可以化成天下也。

原載《全唐文》卷 845

表章論

人君尊嚴,臣下之言,不可達於九重,表章之用,下情可以上達,得不重乎?歷觀往代策文奏議,及國朝元和以前名臣表疏,詞尚簡要,質勝於文,直指是非,坦然明白,致時君易爲省覽。夫聰明睿哲之主，非能一一奧學深文，研窮古訓。且理國理家理身之道，唯忠孝仁義而已。苟不逾是，所指自合於典謨，所行自偕於堯舜，豈在乎屬文比事？況人君以表疏爲急者，竊以爲稀。況覽之茫然，又不親近儒臣，必使旁詢左右。小人之寵，用是爲幸。儻或改易文意，以是爲非，逆鱗發怒，略不爲難。故《禮》曰：“臣事君，不援其所不及。”蓋不可援引深僻，使夫不喻。且一郡一邑之政，訟者之辭，蔓引數幅，尚或棄之，況萬乘之主，萬幾之大，焉有三復之理？國史以馬周建議，不可以加一字，不可以減一字，得其簡要。又杜甫嘗雪房琯表，朝廷以爲庾辭。倘端明易曉，必庶幾免於深僻之弊。夫僻事新對，用以相誇，非切於理道者。明儒尚且抒思移時，豈守文之主可以速達？竊願復師於古，但實於理，何以幽僻文煩爲能也。

原載《全唐文》卷 845

治論

有國家者，未嘗不思治。孜孜焉求才，汲汲焉用人。官無曠位，命不虛日。多不至於治者，何哉？蓋不知重其本也。夫重其本，莫若安人。安人之本，莫先於農桑。上自天子，下至庶人，未有不須衣食以資養其生。此情性之欲一也。故率公卿以躬耕於千畝，非獨致敬於粢盛也；率嬪御以親蠶於繭絮，非獨致美於黼冕也；皆所以先民之教化也。下之人必曰：“王者后妃，尚勤於耕桑，余何人哉？”若天下之人，皆相率以耕織爲務，則穀帛可指期而取。穀帛既賤，人各足其所欲。所欲之大，唯衣食而已。不饑不寒，則時無怨嗟。時無怨嗟，則和風充塞，則焉有不豐不稔之歲？既庶且富，然後仁義相及，王道可行。方困饑寒，而能致於仁義者，雖淳樸之世，君子之人幾希矣。今天下之人，非不耕也。非不蠶也，率九州之人，一人耕而百人食，一人蠶而百人衣。王者之徵賦在焉，諸侯之車服劍器在焉，職官之祿廩資焉，吏人之求取往焉。俾一人耕。一人織，足上下百人之欲，不亦難乎？僕嘗客於山東，寓於民舍。觀其耕也，候天時，相地宜，遠求種稑，胼胝手足，朝昏引頸，以望膏雨。借貸以成其饋餉，筋力竭盡於磽确。汗流污背，忽以霢霂。日熾其背，無不黧黑。又婦人之爲蠶也，髮鬒如蓬，晨昏憧憧，高條長梯，蹈險履危。稚女嬰兒，目不暇顧。歲時之成否，斯在外矣。其五稼登於場圃也，未及簸揚，蠶之爲繭也。擇未盈筐，犬吠喧嘵，悍吏繞於居。烹茗飯食，然後乃曰：“若干官之常也，若干歲之逋也。我求之，何以應執事之欲？若不從我，他日之役，余無庇爾焉。”民由是懼其督責之急，憚其恐脅之言，無不强足其欲。粟之熟也，糲食未飽，蠶之績也，家不及絲縷。殆不旬五日，皆已罄矣。至有父子拱手屋壁，相顧而坐。向使不爲盜，不爲非，不鬻不時之物，不犯及時之禁，不受役於鄉豪，不爲污詐之計，以給其家，可乎？故孟子曰：“父母妻子，對之饑寒，而不爲非，未之有也。”誠哉是言。且古者四人各業，以成其國。士世其詩書，農本其耒耜，工傳其繩墨，商積其貨財。今士大夫以先王言行政事自守，恥趨時捷急之辯者，固獲用於諸侯矣。農人之家，恒苦時弊。工之屬也，亦受其役而不受其直。唯賈之利，獨便於時。若關禁之賦薄，市井之不擾，我取積其疑物以中之。時如不我容，捨而之他邦。非劫取加諸之力，不能爲患。農則不然，父母存焉，桑梓在焉，妻子居焉，懷土之戀，居亦可知。使盡室以往，曰避煩賦，他邦之政，亦我邦也，欲何以往？所以今之世，士亦爲商，農亦爲商，工亦爲商，商之利兼四人矣。審利要時，一中百得。易於耕織，人人爲之。故諸侯庶人，亦爭趨之矣。且四人之中，其一爲農，亦已爲鮮矣。加之浮食之衆，曷可勝紀，其大者而有四焉。自京達於閩嶺，豪右兼并之家，或累思進達其身，或求恃勢以庇鄉里者，多以其子納於黃門，俾爲之侍。且北宮之中，唯有四星，蓋上以備左右灑掃之用。國家自開元天寶以來，中官之盛，不下萬人。出詔旨使於四方，或恃寵錫之命，宣慰勞之恩。千里伺其聲塵，候騎從其所欲。絕情於親愛，抗禮於君父。不蠶不農，愛頑愚之施捨，亦有積蓄寶貨，爭名競利。出入乃權倖之門，指揮愈僕隸之中。■庸夫者一也。道德之士，反爲謗議，實可顯加甄別，用永其道。此爲弊之深者二也。即有衣紫帶金，形貌魁偉，酒食以招於交游，僕馬以溢於巷陌。樗博擊毬以爲之業，自六軍遍於四方。或擊毬一入於門中，天子喜悦，拜爲上將。或都城會府，總統繁多。阿黨小人，撓於王法。其目儒者，勢欲吞食，竊比仇讎，曰：“我武也。”文武之事墜於地。及問其日月風,雲孤虚向背,鐔鍔之所,干戈之别,三和六鈞之制,一沉一浮之財,九地之所宜,五行之制變,攻守之難易,進退之是非,莫我知也。已失其爲武,然用之爲將,欲寄國家之成敗,生人之性命,其可乎?况復喜怒以刑人,視人如草芥,嚴暴以及物,唯物之利己,以至於流亡,以至於敗亂。此爲弊之深者三也。復有製儒者之冠服,習儒者之威儀,語不知書,百行無取。亦有耳剽心記之學,多背毁於冠蓋之士。其詆不達,我能是也。又道不是者,以勝謗之。敗俗倨傲之儀,咸致游宦於州里。其官也用刑爲嚴,納賄爲能,狡譎之行爲長。其行也總佞媚之術,輕折朋友,交結邪僻,附近左右,炫酒令之奥,恃博奕之精。諸侯遇之曰:"奇才也,能狎宴昵,吾與之私焉。"車服器用,無所愛焉。或引之於賓佐,委之以紀綱,授之以守令,必盡刻削之能,致聚散之力。亦有薄通文藝,尤飾狂妄,昇之於府,政可知也。薦之於朝,時可知也。冠章甫,處同行,望之君子哉,乃小人也。大凡小人之屬,非高名厚禄貴胄之家而無之也。負販之列,行君子斯君子也。軒冕之上,行小人斯小人也。率是小人在位,爲法必苛,爲政必僻。肉食之外,耗蠹齊人。此爲弊之深者四也。吁!皆游惰無業,殘於國、害於農之大者。自餘瑣瑣,亦易驅除耳。然無士不可以爲治世,無民不可以爲國。唯明王擇君子之人,有輔相之才,深治理之道,與之爲政。先簡其事,則■省其吏,則人易以安。且今吏屬太廣,實擾於時。古者以十羊九牧,不知所從。今十羊百牧矣。啗食之不足,何從知事。夫事簡吏省,然後可以愛惜農人,盡歸其時。什一之外,除其賦斂,驅彼浮食游手之衆,使歸田穡,即倉廩必實,天下之民,食斯足矣。冠婚喪祭,車馬第宅,尊卑之制,皆歸諸令式。豪民富室,不得衣文組金玉,幃幕不得用繒彩,茵褥不得施錦綉。自宫中至於王公之家,咸遵儉約,無使枉費尺帛,則天下之民,衣斯足矣。夫如是,化之以道,孰有不從?或曰:"斯論也,乃耳目之常。"夫儒者之言,猶人之食,若今日之食,明日以爲常。欲不之致而不之食,可乎?况高祖太宗得天下之初,從魏文公之言,以王道爲治,不三年而化成。立國之基,斯爲遠矣。今復用其道,莫若用賢良,遠邪佞,重農桑,禁游惰,廢不急之務,可以丕復祖宗之耿光,堯舜豈遠乎哉? 何獨治爲!

刑論

刑罰之用,蓋將以革人之心,勸之於善。所以小罪輕刑,以正其失。大罪重罰,以勵其衆。將刑,王者爲之不舉,以示仁恕之心也。棄人必於市,明其罪之死也。皆欲遷人於善,豈圖斷其肌膚,殘其支體,流其膏血,盡其性命,以逞於威怒者也? 三代之後,五刑之用,劓刖之屬,最可以爲恥於衆觀者,則知其所犯,毀其父母之遺體,罔不憯痛於心。犯者不能諱其罪,亦可以永戒其惡,所謂有恥且格。及笞杖之法,易隱其迹,行鄉而無愧。苟富貴而或得行者,其暴犯者不以爲恥,誠哉免而無恥。漢文帝感緹縈之一言,廢肉刑用笞杖。及後笞者多死,文皇帝視明堂圖,亦輕其罰,天下之獄幾亂。知刑罰者,治之具也,不可暫捨。然罰無輕重,杖無大小,皆成之於胥吏之手,斷之於出没之文。上之人其知乎? 夫鞫獄之法,始於疑辨之中,成於案牘之內。吏與之者,捨其罪而彰其是。其不與者,除其善而彰其惡。又復刑律之中,或一與一奪,隨其取捨,以爲出入,官必不盡知,此爲弊之一也。畫灰爲獄,誓不願入。刻木爲吏,誓不願對。獄吏之尊,聲色之大,桎梏之重輕,搒掠之多少,率由其意,孰可與爭? 此爲弊之二也。又或欲其僞而怒其真,惡其輕而思其重,或捽其首,或批其頰,詬辱毆擊,無所不至。又節其飲食,嚴其徽纆,外殘其軀,內脅其心,壯士勇夫,且必流涕,孤弱之人,敢不從命? 此爲弊之三也。或上下其手,以取其信,或點染富室,以求資賄,則衆知其非,不能即止。此爲弊之四也。具獄既久,改爲疑讞,遠取支證,廣擒黨與,淹延歲月。以伺赦宥。此爲弊之五也。捶拷之下,易以強抑,人之支體,頑非木石。若加其殘忍,取其必然,誠雖無罪,百不能免。蓋不勝其楚掠之毒,寧甘心於一死。狡猾之吏,斷成其獄,故戮死之後,盗自他發。衆方知其無辜,且桎梏之苦,笞捶之嚴,輕罪者願重刑而獲出,無辜者畏殘害而求死者,狡猾之所能爲也。即平人孰敢與吏爲敵? 公卿尊嚴,察視不及,臺寺懸遠,訴訟無門。死者不可再活,親戚焉能申冤? 何以感致和氣,平一水旱?此爲弊之六也。復有衆皆知非,難加以法,當炎酷之時,穢其傍而成其疾疫,奪其飼而致其饑餓。圜扉嚴邃,守者羅列,親戚之人,胡能知其食與不食,渴與不渴?但成其困,以取其斃。此爲弊之七也。況外府法司,又爲不道。或土囊以鎮其腹,或濕紙以蒙其面。拘錄所至,號呼莫聞。瞑然而去,孰知其由?昔東海誤殺貞婦,致三年之旱。今天下之刑,晝常雨血,尚未足以泄其冤憤。且刑罰者,遠於人,非近於人。犯之者,皆自求之也,非刑之就於人也,皆人就也。上自天子,下至庶人,若爲不道,必歸於法。故商辛夏桀,懸首於白旗。此天子之刑也。則公卿之下獄,黎庶之就戮,又何足道哉?是知上下皆有分,故君子常懷畏懼。夫厲聲變色,揚眉張目,樂刑罰以毒物之性命,殆非人類信豺狼之心也。故曾子曰:“如得其情,則哀矜而勿喜。”又于定國每歲決獄,先自流涕。悲哉仁者之心,深知刑獄之本。所以衛人,非以虐人也。今天下之大,九州之衆,一歲決獄之多少,皆由吏議,豈能盡平?莫若重明桎梏笞杖重輕之制禁,計日月之遠近,寒暑靜溫,其所處饘粥每給其饑渴,決罪遍求於刑律,察詞必盡於疑辯,庶幾少塞其弊,當不濫於無辜,以成王者之理。

原載《全唐文》卷 845

褒貶論

仲尼之修《春秋》也,先成其志,後誅其意。是以晉侯召王,《書》曰:“天王狩於河陽。”本其尊獎其謀也。許止不嘗藥,《書》曰:“太子弑其君。”以爲防微之道。卿行稱字,得所舉也。師行稱人,伐有辭也。以一字稱褒貶之意,爲千載不刊之典。亂臣賊子,莫不知其善不可奪,惡不可掩。其懸之日月,以爲王化。今國家公卿大臣文武將帥之初命也,其爲相者,禹稷之化也,蕭曹之上也,燮理陰陽,平和九州,斯其人也。及其被廢之日,竊位之小人也,亂國之小人也,是不可忍也。及復之日,周公之被謗也,召公之相疑也,子文之三已也,孫叔敖之三相也。然後可以爲賢人,其爲將者,干城之材,爲國之屏也,式遏寇虐,底定王國,斯其任也。其被罪之日,匹夫之勇也,非國將之材也,覆軍敗國棄戈奔北者矣,殆不可用也。復用之日,荀林父再敗而勝,孟明視三敗而後獲,以何傷乎?百執事之間,率如是用捨觀其人,或始於善,終於惡,中復可用。後又不可用,是非相渾,善惡相離,皆欲遵之王言,以爲之國,乃奸謀之深蠹者也。後有寒素者,與奄人結刑社之盟,以取鈞軸之任。偶以章疏得罪,上雖切齒,朋授未移。衆知必復其位,時爲執筆者,乃大美其辭,以謀其身,必使朝廷怒而譴之,一南行而已。果皆中其旨,未期年而舊相復入,僅三歲而公亦入相台。文非求宦者,乃結宦者之深者,又機巧之微密者也。今之世若蘊曜嫉正之歸國,奪其鹽鐵之柄,乘休惡景望之文,行同居鈞衡之列。近師有尚父之號。崔之猶子,持謀臣之權,采納而至,中多議定,出二相之口,趨三鎮之師。且曰:"興晉陽之甲,誅君側之惡。"不逾月而二相被誅,九廟以危。外之人皆曰:"武臣之爲亂也,我知之矣。"此皆儒者之爲亂也,此意之深罪之明者。仲尼皆所宜誅者,究朝廷爲亂之本,始由君臣同心同德,以誅宦官,嫉之太甚,須至於亂。遂至所立必冲幼,所命非賢良。以階其亂,以危社稷。之人其知之乎?不得以在位者爲賢人,負罪者爲非材。惜哉賢人之事業,夫子之褒貶。後之爲史者,當訪於長者之譚,求之於野人之説,斯可以正之矣。

原載《全唐文》卷845

賞論

　　賞勸之典,所以顯忠尊賢,而待用■感人之心,使各盡其材,以顯於時,以爲立身揚名之本。故冠冕衣服車輅祭祀之儀,皆以品秩爲差。君子之人,其甘心焉。孜孜於善,希公朝之禄賞,可以榮於家,可以榮於宗廟祖考。賞之義也大矣哉!今國家懸高科,虚重位,此文士之賞也。計首級,視所傷,此武士之賞也。文不中理,宗伯所棄。殺傷奔北,軍法所誅。擇善勸人,亦以明矣。衰世之中,文假他人之手,身居書辭之列,名陷澆浮之中,坐登卿相之位。射不穿札,生不見敵,榮持斧鉞之柄,行居將帥之任,皆藉累世之基業。或由勛伐之餘名,竊位尸禄,觀者憤嘆而已。至有文之衰也,行爲四海推重,不成一名,不沾寸禄,老死凍餒之地。或有獻一書,陳一策,探治亂之精微,盡當時之利病,君上不省察,奸邪者深以爲嫌。縱未能顯加明誅,徬徨焉擠之於散冗，斥之於外任，不復省問，可勝言哉！武之衰也，弓聲劍氣，立爲敕敵，馳突擊刺於横陣之前，出入如鬼神，謀取必勝，瘡痍遍於首面，身委卒伍之中，老棄瘦馬之列。或有破一大敵，擒一渠帥，賞不逾外藩之職，賜不越繒帛之微。捷聲已振於萬里，姓名未達於九重。降符節，益封土，翻爲統帥之福，豈不悲哉？文之求也，既不因於行藝，武之用也，又不因於才力。乃有温溲溺之器以媚黄門者，以繫鞋自名以從公相者，履歷官常，出入藩翰。其餘資財，以致名第，以榮郡邑者，不可遽數之。况時君幼主，有宴樂玉堂，從禽豐草，發自愉悦之意，聽從左右之言，淫樂之叟，優倡之子，錫以朱紫，昇於官秩。下至飛禽犬馬之微物，亦光於封賞。且國家以五岳四瀆，爲視公侯之秩，乃崇其禮，尊爵敬神之道也。今廝養禽獸之屬，皆列於官，與士君子比肩於朝，無神怨乎？故志士仁人，甘心草澤，没身白首，不復思用力，以在位者爲深耻。昔仲叔于奚救公孫文子之患，請以繁纓假借也，孔子猶曰："不如多與之邑。"將以定永代之制，杜萌漸之謂也。漢明不以館陶子爲郎，寧賜之百萬。曰："夫郎，出宰百里，上應列宿，不可虚授。"信夫爲中興之嗣也。且賞勸不恒，服章紊亂，君子在野，小人在朝，將難以守四海之業。若善人在位，紀綱大定，賞罰必中，百官稱職，天下焉能爲亂？

原載《全唐文》卷 845

崔烈論

漢室中葉，戎狄侵軼之患，邊郡略無寧歲。兵連禍積，歷世不已，天下以困，國用不足。榷酤租算之外，方許民間竭産助國，出金贖罪，化鏹以爲郎，以爲經世之術，救弊之務。逮至桓靈之世，天子要之百萬，然後用爲三公。崔烈常以賄求備位於公輔。問其子："外以我爲何如？"對以"銅臭"之説，垂於前史。然近之人主，無桓靈之僻。自咸通之後，上自宰輔以及方鎮，下至牧伯縣令，皆以賄取。故中官以宰相爲時貨，宰輔以牧守爲時貨。銓注以縣令爲時貨，宰相若干萬緡，刺史若干千緡，令若干百緡，皆聲言於市井之人，更相借貸，以成其求。持權居任之日，若有所求足其欲，信又倍於科矣。争圖之者，仍以多爲愈。彼以十萬,我以二十萬;彼以二十萬,我以三十萬。自宰邑用賄之法,爭相上下。復結駟連騎而往,觀其堆積之所,然後命官。權倖之門,明如交易。夫三公宰相,坐而論道,平治四海,調燮陰陽,爲造化之主;方鎮牧伯,天子藩屏,以固宗廟社稷之重;刺史縣令爲生民教化之首;率皆如是,不亡何待!度其心而聞其謀,即皆販婦之行。一錢之出,希十錢之入。十萬者望二十萬之獲,三十萬者圖六十萬之報。盡生民髮膚骨髓,尚未足以厭其求。漢之亡也,人主爲之。國家之禍也,權倖爲之。或曰:"兆其釁者,崔氏之子。"爲不朽之罪人乎?武帝開之於前,桓靈成之於後,以至今日,躍而行之而已。且烈之世,不聞教子以義方,不能遺子孫以清白。多藏若是,俸祿之所獲乎?不及於昆弟親戚矣,不施於鄰里鄉黨矣。其賄賂得之乎?今日用之以遠,不亦是乎?且桓靈之世,國家既危,喪亂日臻。烈能盡用以榮其身,他日之家牒且曰:"烈爲相矣。"不如是,亦群盜之所奪,乃積之者過,非用之者罪也。被髮而祭於野者,辛有知其必戎,作俑者其無後乎?仲尼懼其徇葬,蓋知防其漸之日也。明明天子,許而行之,何罪之有?崔子素無異聞,貪榮固利者,小人之常也。不施於親戚,自圖於爵位者,亦小人之常也,何足加其罪。有國家者,不以仁義,而務財利之道,許而行之,斯不可矣。不許而自行之,而不能知之,又不可矣。是亦覆國家者,不亦過乎?

原載《全唐文》卷 846

時論

或曰:"治亂者,天之常也。是以十年一小變,三十年一大變。至於蟲蝗疫癘,水旱兵革,皆時之數也。若其聖人,亦不能免。"是不然也。何者?天之於人也,至仁而信。其資長百穀草木觸類之物,皆所以仁於人也。故懼物之不生也,春以發之;物之不成也,夏以長之;物之不齊,秋以肅之;物之不實也,冬以堅之;物在陽畏其暵也,故夜長以雨露潤之;在陰畏其終也,故伏陽以蓄之;人之不知止也,故晦明以息之;人之不知時也,故馳疑時以警之。日月星辰雷電風雨霜露之作,無不私於人也。焉有爲蟲蝗之時。以害其禾稼、爲水旱之時。以蕩其生物、爲疫癘之時。以毒其性命、爲兵革之時。以流其脂膏者？
上天垂象昭鑒，萬物之情始兆。高明之象已著，未嘗不丁寧先示之於
人。俾知者通其變，而修其德以爲之防。知而不修，夫何言哉！聖人
所以觀乎天文以察其變。又曰：“先天而天不違，後天而奉天時。”又
曰：“則天之明，斯其旨也。”故天子有日官，諸侯有日御，皆所以達變
於其君。若聞祥而逸，福必爲禍。見禍而懼，祲益爲善。物無必定之
灾，桑穀乃中興之道。數無可保之福，烏雀爲滅亡之運。其或有戰争
水旱灾沴之世，皆生民之所感，曾無時日之限而及之也。且民之所爲
也，繫時君之教化。若以忠孝恭儉爲治，皆可封也；暴亂聲色爲好，皆
可誅也。居時之和，爲可誅之教，上帝之仁，且不能祐。膺時之亂，爲
求治之具，神明之力，必可以恕。或者曰：“三皇之世，不能無戰争；堯
湯之君，不能無水旱；豈聖德有闕歟？”蓋時使之然也。夫戰之大者，
孰逾於版泉不周之役？人謀之可與乎？兵力之可支乎？卒滅於有
德。水旱之數，豈過於堯湯之代？人無饑色，國有常歲。若今之世，
一年之水，一年之旱，豈惟人不粒食，國無儲矣，焉能感治水之命，有
疏鑿之功，爲桑林之牲，契禱祈之願？若時數之必然，即當數足而後
已，豈復有中救之道？是知天時不能違於聖德明矣。至於長吏，爲一
郡一邑之政，飛蝗尚不入其境；醫門以藥劑之和，可以拒時之疾；又若
時數之一概，寧有擇其地而遺其人哉？況宋景一言之善，罰星退舍，
漢之盛德，日馭再中。其餘感應之迹，布在方册。是以知天道甚遠，
人事至近。又《易》衍《履》之説曰：“素履貞吉。”幽人之貞，所履若
吉，幽人尚且不懼，況聖人乎？希濟以爲治亂無時，惟人君所行，求治
則治，忘理則亂。雖復求治積年，一日違之，禍不旋踵。國亦如之，皆
非拘忌之家所能執必矣。

原載《全唐文》卷 846

荀息論

　　晉獻公子九人，聽驪姬之贊也。太子申生縊於新城，重耳奔蒲，
夷吾奔屈。盡逐群公子，唯驪姬之子奚齊及其娣之子卓子留於宮。
公疾病，召荀息，將使立奚齊。荀息曰：“臣竭盡股肱之力，加之以忠

貞;不濟,則以死繼之。"公曰:"何爲忠貞?"對曰:"公家之利,知無不爲,忠也。送往事居,耦俱無猜,貞也。"公薨,荀息立奚齊。里克使人殺之喪次,荀息將死之。人曰:"無益也,不如立卓子。"荀息又立之。里克曰:"三怨將作,秦晉輔之,子將如何?"荀息曰:"吾與先君言矣,我欲復言。然謂人已乎?"里克殺卓子於朝。荀息死之。丘明褒之曰:"詩人有言曰:'白圭之玷,尚可磨也。斯言之玷,不可爲也。'"以荀息有復言重諾之義。夫荀息,晉國之大夫,爲執政之臣,顧命以立其君。人能殺之,已不能討之。是偷於國。再立卓子以偷其安,里克之告,又不得誅,以害其主。雖曰復言,何嘆之有?且獻公以荀息爲執政也,以荀息爲能賢也,而屬之二子。令二子無辜而死,是荀息之不賢所致。其無乃辜先君之托孤之寄乎?且已以大夫也,不宜從君於昏而立幼稚。知諸子之賢,不能立之,以利於晉,爲國家長世之計乎?比周於姬氏之黨,乃嬖寵之黨也。立二君而不能定其位,縱其賊以致亂於其國,若亡之黨不可以立乎?非己智力之能全也,其輕許之乎?是輕之言而許之,是貪其位而固其權。復言以死之,子其不死,人■以誅之於子矣。大國之人,不能保其身,知賊不討,不可謂之忠。縱其爲虐,不可謂之貞。事嬖寵幼弱之子,遠伯王賢哲之君,耦俱無猜,其若是乎?若群盜力爭,不能計勝而死,猶將賢之。若不能討賊,無謀自殞,將何以尚之哉?匹夫匹婦死於溝壑者,無以異之。凡顧命受遺之日,擇長輔少之道,非伊周之才智,且將不濟,豈荀息所能也?是以憲宗彌留之日,內外疑恐。奸邪之人,畏憲之明,復誅其黨。有來中書與裴晉公語及大政者,公勃然曰:"當問大臣。此非殿中事。"告者遽退。杜黄裳時爲庶子,亦以玉佩繫上,陽周問太子安否。及臨,慰勸之曰:"冢宰大臣前揭喪巾,睹天顔哀毀之狀,莫不相顧而泣,又喜萬國之得主也。"即深謀遠慮,於防微之道,如是之備。及後國家以副君之命,必有社稷之難,遺詔擇立,以爲之常。蓋不由大臣之謀始也,皆左右近密建議奉迎。位既已定,乃命百辟以行大禮。始謀之臣,即新君受賜之地,遷之重權,委以大政。南北二軍,歸其肘腋,九城之禁,由其管鑰。若明然公議者,尚可知其諫主及後誅戮。嗣王之英武者,或擇幼冲之可教,其議立之父,輪告不實之狀,循環署其名,民間謂之車轂狀,宦者謂之金輪圖。常有請趙公同署名者,公歔欷流涕,不忍執筆。其子曰:"事既行矣,禍不可變。一家三百口,在於今日。大人何疑之有。"請筆代署。時宦官畏大臣不從,必興誅戮,當動搖天下。及見其名,莫不喜悦。由是驟命其子,以居清列。終致權歸閹豎,傾覆宗社,皆趙公之所爲也。或曰:"趙公之生也,由不如荀息之能盡其生也。"生之與死,皆亂國者,何昇降之有? 二子者,可謂異代而同罪,丘明之襃,不其謬歟?

原載《全唐文》卷 846

石碏論

　　衛莊公寵州吁也,且又縱之。石碏諫曰:"臣聞愛子,教以義方,弗納於邪。驕奢淫佚,所自邪也。四者之來,寵禄過也。君苦與之即將定,若猶未也後將悔。"公不聽,州吁竟殺其君而自立。石碏之子厚與州吁游,禁之不可。春秋之世,有弑君之子,或朝於王,預諸侯之盟,不復加討。是以厚問定君於石子,曰:"王覲爲可。"曰:"何以得覲?"曰:"陳桓公方寵於王,若朝陳使請,必可得也。"厚從州吁如陳。石碏使告於陳曰:"衛國褊小,老夫耄矣。此二人者,實弑寡君,敢即圖之。"陳人執州吁於濮。石碏使其宰獳羊肩莅殺石厚於陳。君子曰:"石碏純臣也。愛其君而厚與焉,大義滅親。"其是之謂乎? 父子之道,天性也;君臣之道,人義也。石子諫莊公也以義方,教子厚之爲也,無義方之訓哉。且厚非弑君之謀,爲亂之首,州吁既立,仍從之游,州吁之爲君也,命石子游。必將從之,況於厚乎? 已爲大臣,國有亂賊,而不能討之,忘其君也。父子相欺,以成殘忍之計,是忘其親也。爲臣不忠,爲父不慈,將使衛國之人,父子相争屠矣。是以先見之明,知州吁之必能爲亂也,當戮力以誅之,豈止一諫而已哉! 知石厚必從惡也,當嚴毅以討之,無使必陷於戮,不能救亂以安其國,不能謀君以全其子,莊公之亡也,州吁之戮也,石厚之死也,皆石子忍■況其君乎? 或曰:"周公之誅二叔,聖人之教也。石碏之棄愛子,賢人之事也。若不如是,將何以止於亂乎?"夫周公知二叔之心,不利於成王,必危於宗廟,故先除之。以保天子之尊,以安大本,豈若石子弑莊公而後欺而誅之。日磾怒其子與宮人戲，蓋防淫亂之本，以靜於國。石子成其亂而誅之，必不使從簒之黨而後誅之也。然周公聖人也，日磾賢人也，知其必至於亂，皆不得已而行之。且周公、日磾防其亂而先誅之，以靜於國；石子成其亂而誅之，無益於理，反爲相欺之計，殘忍之行，無父子之慈，滅天屬之道。且厚能問其父以定君之計，是知是非理亂之理也。是尊父子之道，無疑父之心也。疑父之心，逆天之道也。今乃欺之，令朝於陳，以行誅討，斯人心之熟忍之矣。不若告其子以理，且曰："州吁爲子弒其父，爲臣弒其君也，天地所不容者。人之子不可與之爲伍也，是以吾禁子之游。且吾爲大臣，欲誅弒君之賊，以報其國。不討其賊，是吾有殺君罪也。能使州吁朝陳，且勿往，我將報之。"石厚尚能求計於其父，豈必陷父於惡？若然者，可以保其子，全父子君臣之道矣。今石碏以殘忍之性，亂君臣父子之理，以安其身，以求其名，而曰"大義滅親"。爲罪莫大於亂國，不孝莫大於絕嗣。今石子亂其國而殺其子矣。及後樂羊爲魏將伐中山，中山殺其子而遺之一杯羹。樂羊坐於幕下，食之以盡，乃拔中山。文侯賞其功而疑其心。貪其功忘骨肉之痛，蓋石子之流也。屈突通當隋室之亂，未從王師，太宗使其子召之。通反弓射之曰："昔與汝爲父子，今與汝爲仇讎。"既而捨弓矢於地，再拜號泣以別隋后曰："臣智力俱困，非敢負陛下也。"然後來歸。此又能全君臣父子之道也。且能殘其子爲仁義之人者，未之有也。爲仁義之人能殘害其子者，亦未之有也。丘明修千載王化之文，欲開父子相疑之心，親親相滅之理，大非聖人之心乎。

原載《全唐文》卷 846

薦士論

朝廷求賢之道，備於往古。以經學文藝之流，凡設十有二科以待之。郡國每歲貢士，盡應其科。其外諸侯，各舉所知，以爲裨補聖世。奏章不絕於明廷，爵賞實煩於王命。當承平之時，卿大夫家召備書者，給之紙筆之資，日就中書錄其所命。每昏暮，親朋子弟，相與候望，以其昇沉，以備於慶賀。除書小者五六幅，大者十有二三幅。每日斷長補短，以文以武，不啻三十餘人。一歲之內，萬有餘衆。或考秩遷滿，或方伯慰薦，或伐閱功勞，或昇獎舊勛。詔制之辭，必嘉其官業，賞其才藝，褒其行實，叙其勞績。無一日不爲之，未嘗得一賢士，與天子共治於四海。未嘗得一賢將，與天子鎮静於二邊。非求之不廣，薦之不至也，豈五百年一賢生世哉？夫畫餅不可以充饑，誦藥不可以愈疾。蓋無其實而有其名使之然也。自朝廷及郡國諸侯之所舉，皆無其實，將如之何？嘗試論之。自文藝之流，假手於人，投擲於公卿之門者，率不能知其僞。公試之地，尚復乞貸，經學之子，考帖之時，預有歌括。問義之日，一席之內，對者六七，皆誦本疏，别無新意。更相救助，發起義端。有司但記其屬求之也，以爲之去留。即經學文藝之謬也如是。況漢世公卿大夫，皆以通經對策，名動天下，然後登用。或居諫静之列，或處燮理之任。朝廷每有水旱災沴彗孛陵犯、日月薄蝕，必引所通經義證據，以爲之救。殆與今日之經學者異矣。若文學侍從之臣，必選於切問近對之才，必本於諷諫理辭之要。故其文章，傳之至今。又與今日之辭賦者異矣。郡國所送群衆千萬，孟冬之月，集於京師，麻衣如雪，紛然滿於九衢。是非相難，固不可知矣。諸侯所薦，率皆應權倖之旨，承交游之命，取其虚名奏署，謂之“借聽”，取其謬舉之說，謂之“横薦”。凡四方表函，達於中書者，必可指期於清貫美秩，名邦劇邑。諸侯之薦士，宰執之命官，豈唯平生未交於一言，蓋見其姓氏而已，豈能摭實哉！官達倖門，易如秋草，能復貴賤之别■冠裳之重矣。朝廷委輔相之權衡，覽諸侯之章疏，視其文，信其人，以爲薦公孫宏董仲舒之學也，相如枚皋之才也，冉季政事之能也，孫吴將帥之略也。時君既不問其實，安可不信大臣之言？從而與之，上下相蒙，其何以濟。且姬周之世，薦賢者多受賞，魯史有之矣。魏晉之日，門生故吏有罪，必連坐舉主，史有之矣。今薦賢之賞，久已廢矣，連坐之典，又不行矣。況今之所舉，非徒古者知之審，取其必達，取其必富貴。■如一死生不變之爲誠明也。薦其爲將也，覆軍擒帥，伐國獲地，然後以爲得。薦其爲相也，富國安人，來諸侯之朝，成霸王之業，然後以爲得。今之舉士，爲筮仕結綬之漸，一命一官而已。他日之功過，皆莫知也。薦人用人之道，何以得其賢矣。昔孔文舉薦禰正平,以爲堪任大臣,有杞陶稷契之才。漢后委而棄之,竟不能知其道之否臧。狄仁傑薦張柬之有宰相業,武后用之爲相,果能克正唐祚,有中興之功。文舉之薦禰衡也,委而棄之;仁傑之薦柬之也,舉而用之;豈繫吾道之廢興?豈繫歷數之理亂乎?然用之則如此,不用之則如彼。騏驥伏櫪,安能千里之步。龍泉在匣,孰知截玉之利。悲夫!用與不用耳。士之於世,不可期於一人之知己者。苟有知者,甘心死節,尚且不疑,況復昇榮顯之中,行心胸之事。安人之安,而存隨之,利人之利,而亡有之。利天下者,以利己之厚者也。利百姓者,乃利其身之遠者也。君子之人,豈不利其身哉?爲國家得人則理,失人則亂,古今不易之常理,安可不以求士爲急?《詩》曰:"濟濟多士,文王以寧。"以四海所歸之聖,尚假多士之力,況中庸之主哉!《易》曰:"君子不家食吉。"仲尼以天縱之德,猶思賢者與之共食,況尋常人哉!又曰:"皎皎白駒,在彼空谷。"蓋遺賢之嘆也。又曰:"束帛戔戔,賁於丘園。"蓋求之於野也。賢人君子,何代無之哉。上之人其求之以道,既不廢於朝夕,於所薦不公,所用非賢,將難以至於理。當在申明上賞連坐之典以正之。奸邪攀援之路,漸將息矣。一舉之妄,後當自獲其辜,知有畏矣。在位者斯有賢者矣,有道之士争趨之矣。

原載《全唐文》卷 846

貢士論

禹畫九州,列貢輕重,舉賢用才,咸在其中。故周官司馬得俊造之名,乃進於天子,謂之"進士"。又天子於射宮以擇諸侯所貢之士,若善者乃受上賞,不善者黜爵,其次削地,得預於射宮以射諸侯之義。而爲諸侯所舉者重,所用者大。漢法,每州若干户,歲貢若干人。更以籍上聞,計州里之大小,材之多少,謂之"計籍"。人主親試所通經業策問,理優深者乃中高第。有行著鄉里辟選,自古而然。漢世得人,於斯爲盛。國家武德初,令天下冬季集貢士於京師,天子制策,考其功業辭藝,謂之"進士",已廢於行實矣。其後以郎官權輕,移之於禮部。大率以三場爲試。初以詞賦,謂之雜文;復對所通經義;終以時務爲策。目雖行此,擢第又不由於文藝矣。唯王公子弟器貌奇偉,無才無藝者,亦冠於多士之首。然相士之道,備嘗聞之。有門閥清貴者,有狀骨卿相者,有容質秀麗者,有才藻可尚者,有權勢抑取者,有朋友力盛者。機權沉密,詞辯雄壯,臧否由己,昇沉在心。群衆必集其門,若見公相。來交請友,識面爲難。動必有應,游必有從。密處隱會,深誠重約。朱門甲第之間,鬼神不能知者,盡知之。雖名臣碩德,高位重權,可以開闔之,可以搖動之,可以傾覆之。有司畏之,不敢不與之者。言泉疾於波浪,舌端利若鋒鋩。所排歿九泉,所引昇霄漢。默默無言,衆必謂之長者。發中心病,時皆目之凶人。秋風八月,鞍馬九衢,神氣揚揚,行者避路。取富貴若咳唾,視州縣如奴僕。亦不獨高於貴胄,亦不賤彼孤介。得其術者,捨耒耜而取公卿,乖其道者,抱文章而成痼疾。朝廷取士之門,於斯爲最。衰世以來,多非其人。明廷無策問之科,有司亡至公之道。登第之人,其辭賦皆取能者之作,以玉易石。羊質虎皮,■抱慎之人,汨没塵土。天九重高,不可以叫。加以浮薄之子,遞相唱和。名第之中,以隻數爲上,賤其雙數。以甲乙爲貴,輕彼兩科。題目之間,增其異名。至於傅粉熏香,服飾鞍馬之費,多致匪人,成於牧宰。取資貨以利輕肥,朋黨比周,交游酒食。亂其國政,於斯爲盛。竊願明君賢臣,悉力同心,大革其弊,復以經明行修爲急。所謂斥彼浮華,敦其茂實。儒風免墜,不失取士之道。

原載《全唐文》卷 846

寒素論

　　堯舜興於畎畝之中,以仁義而得天下。曾顔非諸侯之祚,以德行而居儒道之首。以曾顔比之於天子,天子喜之。以桀紂比之於匹夫,匹夫怒之。豈在其貴賤之位哉！爲仁義一日則爲君子,不爲仁義一日則爲小人。豈在世載相襲,冠裳相承。吁哉！蒲輪不往諸侯之家,束帛不在闕庭之下。皆巖穴隱逸之人,行仁抱義之子。化之於鄉里,聞之於郡國,達之於朝廷,然後求之。豈在卿大夫之子哉？諸侯鄉飲之禮,敬年尚齒。使少年知禮,老者獲養,修長幼之道也。天子太學,父事三老,兄事五更,教人以孝,教人以悌,興教化之本也。文不以爵禄爲差也,況布素對策,名聞於天下者有之矣,徒走以取公卿者有之矣。鄭康成捨胥吏之役,歸爲儒者。黃叔度牛醫之子,以德行聞。今服冕之家,流品之人,視寒素之子,輕若僕隸,易如草芥,曾不以爲之伍。寒賤之子,能以道德自尊,文藝自將,見之若敬大臣,避之若逢摯獸,又不自審之所致也。堯舜何人也?猶將比肩其道。流品何人也?余何人也?曾不自敬其身。故且朝爲匹夫,暮爲卿相者有之矣;朝爲諸侯,暮爲餒鬼者有之矣。道之用捨,在於我而已。是玉之美者,不產於廊廟之下,爲瑚璉之器。材之美者,不出於里閭之内,爲棟梁之用。士之美者,非貴胄之子,而登卿相之位。況投竿而爲王者師,挽車而爲王者相,豈白屋之士,可自遺之哉?

原載《全唐文》卷 846

銓衡論

　　王者列官分職,以成庶政。材不可失,官不可曠。故銓者以慎擇爲目,衡者以公平無私。或失於是,豈稱其本。自周室以司馬宗伯選士,漢魏晉宋,降及國朝,委吏部擇官。上自郎吏,下至丞簿,皆稟之銓注。科名入選,品秩所蔭。勛伐授任,四方奏薦。加黜伸書,易名取姓。其爲猥詐,不可勝紀。以天下之大,九州之衆,職官將萬餘員。令長簿尉,官秩至卑。理民與下最親,朝廷輕之,委有司而已。今吏部自尚書至郎吏五人,抱案者向百餘輩。桀黠詭譎,必出於是。視其官屬,如弄嬰兒。若咱之以利,即左右手之不如。皆舐筆署名,且未之暇,焉能得其過者?掄材爲官,久廢其事。爲人擇官,殆無虛日。其稍留心者,止於詰其廳緒,循其資歷,黜其昇遷,求其殿犯,豈有問其爲政之本,爲理之道?至若試以章判,拘以棘圍,鬻文之徒,偏得其便。乞憐之子,略無愧容,大爲笑端,不可以取。亦有居清官苦,罷無資財,考秩既深,然後送堂。時宰視之,不成芻狗。區區風塵,殍死者衆。胥吏賄賂之交,填咽街巷,聒於耳目。清資劇邑,必有主者。朝列之中,以樂爲之。某官若干萬錢,某邑若干束帛。公然大言,曾無畏懼。憧憧政路,指期而取。某之官也,納賄償債,且未之能,豈復爲政爲理?是以生民致困,歲月雕弊。逋逃林藪,竄伏萑苻。小者掠行旅,大者破井邑。天下九州,蜂飛蝟起。以至於阽危宗社。夫衆庶非樂於遠父母,棄妻子,而爲盜賊,甘心於白刃之下,生業既亡,饑寒是逼,遂陷於此。皆爲政之驅也。持衡者得不以銓擇爲急?

原載《全唐文》卷 846

不招士論

　　《史記》以衞青爲大將軍,門下賓客蘇建常責其不招士。青言:"自魏其武安招至賓客,天子常切齒。夫選賢任能,乃天子之柄,豈臣下之所爲哉!"太史公亦美其慎重。予竊未然之。夫諸侯貢士,載在禮經。一與再不貢,有黜爵削地之制,則當位者其可嘿嘿乎?且魏其武安之厚賓客,非有賢智士也,皆任俠之徒。以力折公侯爲能,以權傾州縣爲重。如是,則天子安得不切齒哉?蕭何薦韓信,王陵舉張蒼,鮑叔舉夷吾,子皮任子産,如有益於國、濟於時,豈天子之能罪哉?其後武帝詔於青問選士,青但欲以富賈金多者,皆應命。賴賢大夫趙禹知其事,召問其故,皆囂囂然罔審是非,與土偶無別,遂悉命其徒。於末流中得田仁任安,武帝與語大悦,皆擢用之。若武帝常切齒,不當於青之門下選士也。得田仁任安,協於上意,亦不當罪青之門有人也。武既不然,而青以爲切齒,無乃誣上之言歟?抑唯欲聚富金多財者歟?抑吝其金帛,或招致賢彦,有所費耗歟?若然,則出塞之功,無乃幸而成者歟?

原載《全唐文》卷 846

小功不税論

　　小功不税,制於古,行於今。然古儒今儒,終以爲不可。何也?由不爲辯,後所以惑也。古人不可者曾子。曾子曰:"小功不税,則是遠兄弟終無服也。而可乎?"説者云:"以爲依《禮》。"小功之喪,日月已過,不更税而追服,則是遠處之親。聞喪恒晚,終無追服,言不可也。今之不可者韓文公。以爲小功之親,多而未疏,又不比古圖,國分境狹。今之遠者,或數千里之外,是愈無追小功者矣。亦不可也。夫《禮》始於文、武,制於周公,定於孔子。此聖人貫萬行,極人情,其爲五服之説,宜已謹矣。彼曾子仁厚純篤之行,以《禮》爲薄,而私怪之爾。禮所以文制云定者,正爲此也。恐厚者過焉而止之謂也,恐薄者不及焉而限之謂也。昔子路有姊之喪,可以除之,弗除也,曰"弗忍"。孔子曰:"先王制禮,行道之人皆弗忍也。"子路聞之,遂除之。子路弗忍,獲正於聖人,而後無惑。曾子欲税小功,亦弗忍,不幸不獲正於聖人,使惑者至於今弗解也。韓文公可謂與曾子同志,而未思於周公孔子者。

原載《全唐文》卷 846

鄭 藝

前蜀官員。後主時歷任翰林學士、通議大夫、尚書户部侍郎,封滎陽縣開國子。

唐故檢校司空工部尚書致仕王公(鍇)墓志銘并序

内弟舊蜀通議大夫尚書户部侍郎柱國滎陽縣開國子食邑五百户賜紫金魚袋鄭藝撰

表侄孫舊蜀朝議大夫尚書吏部郎中前行邛州安仁縣令兼御史中丞柱國賜紫金魚袋韋昭序書

公諱鍇,字鈞化,太原人也。其先駕鵠辭周,翼龍匡晉。孝有冰魚之感,書傳竹扇之名。故以胄緒相連,波瀾不絶,允歸令胤,繼此英猷。高祖翊,皇任御史大夫、贈户部尚書,謚忠惠公。曾祖倉,皇任湖南觀察使,累贈潞州大都督府太尉。祖敬仲,皇任處州刺史,累贈太傅。皆以德行仁義著於本朝。先君寡言,舉孝廉上第,以儒學吏術終於京兆府雲陽縣令,累贈司徒。德優位下,宜集祉於來裔。娶於滎陽郡夫人鄭氏,追封魏國太夫人,生公,即故金州刺史、中書舍人觳之女。初,先君之捐館也,清塵未遠,儉節彌昭,産薄十金,家徒四壁。國太夫人以諸孤未立,貽訓擇鄰。果符外族之祥,遂濟高門之慶。公實爲嫡嗣,幼孤强學,發於文章,未就鄉舉,則故相國張公濬、陸公扆、裴公贄、王公溥皆許其大成。李右丞渥主貢籍,選中甲科,益振時譽。

相國崔公胤入相，釋褐，拜弘文館校書郎。天復三年癸亥，故知制誥鄭公撰使蜀封王，辟公倅其事。明年甲子改元天祐，遇昭宗大駕遷都，中原無主。公與故三司副使、相國張公格并以家冤未雪，國害方興，同請蜀王，不歸梁王，俟唐祚中興也。蓋濬、溥皆爲朱溫枉所屠害，因署爲節度推官，同掌文檄。清談亹亹，或排仲祖之鋒；書記翩翩，或騁元瑜之筆。至天祐四年丁卯，聞朱溫簒弒，遂成開國，與同列偕入翰苑，編録盈笥。轉御史中丞，遂入輔焉。自戊辰拜相，至乙酉，凡十八年。轉僕射、司空，握中必勝之機，可謀霸國；胸内相吞之候，必則陰符。洎玉弩將驚，珠囊已裂，鈐結須防於奸佞，顛危竟昧於妖持。同光三年乙酉，大軍收蜀，隨例歸唐。時相工言，遂致陵州之命。即治未期，乃授代赴闕。天成三年戊子，以檢校司空、工部尚書致仕，從堅請也。其年七月二十八日寢疾薨于長安里第，享年六十八。以其年十一月十三日遷葬于華陰縣積善鄉王桃里，祔先塋，禮也。公朗然秀出，含章挺生，可謂昆仲間白眉矣。初，公屬文，國太夫人孜孜指導，果捷高科。博覽群書，尤精《左傳》，文無加點，筆不停毫。自幼迨於今歲，著述二百餘卷，行於世矣。公以世道多艱，年齡已邁。逍遙里第，常躬寫於佛經；減省庖厨，每静論於禪理。又有卓壚名妓，蜀國妖姬，常因美景良辰多睹，開筵命客，莫不舞疑回雪，歌駐行雲。植竹栽松，創名園於濯錦；風亭月觀，構幽致於浣花。佈施爲後報之緣，歡娛盡平生之樂。遽聞羽檄，遂爽風期。噫！古之碩賢，宜高位上壽者衆矣，未若公繼踵患難，備歷險夷，全首領而殁，可謂全福，報應昭焉。今陝州行軍司馬王公宗壽，即舊蜀之嘉王也，上表乞遷葬故主、僞太后、僞諸王。伏蒙聖恩，皆賜俞允，命大鴻臚卿王瓊臨吊，册贈順正公，賜玉帛有差。其志文即公僞度支副使，今陝州察判蘇名悅所撰。有遺恨者，方謀改卜，北返華陰。望巴蜀之三千，指關河之百二。猶云負荷，決在來春。理命具存，音容如在。故東都留守渢、宣州廉使凝、丞相溥，皆公再從叔也。公長兄退，雲鴻不下，天爵逾高。介兄韜，卓有風規，偏精詞翰，始蘊登龍之志，終乖展驥之程。仲兄岵，皇任僞蜀尚書左丞，如脂如韋，且值遭逢之便，畏首畏尾，果昇省署之資。季兄懿，生禀端貞，位居冢嫡，空抱不侯之恨，難揚濟代之名。公悲比鄧攸,恨同庾信。孤昇雖云義息,且曰承家。既非得鳳之祥,頗起續貂之誚。堂侄晏,親侄昱、炅,皆敏材慎行,積祐成人,有以見綿袚之無窮也。一女早適河東薛鋼,亦先公而終。今夏因繼謁,公忽手授以《忠惠公傳》,若屬意于紀述。迨今感悟,遂傾菲才,備熟行藏,焉能辭讓。芳塵易歇,浮世難留。不刊趙掾之文,誰辨滕公之墓。乃爲銘曰:

烈烈華基,綿綿鴻緒。鳳不時翔,麟非世睹。降靈山嶽,篤生台輔。德隆偏霸,功傳下武。其一。

赫赫令嗣,濟濟大勛。推忠致主,積慶超群。文兼四美,謀著三分。馳張舟驥,際會風雲。其二。

道之否泰,孰喜孰戚。五運環周,三正遞隔。赫矣皇祚,乃協民憶。玉燭時和,金牛瑞息。其三。

壽祉皆極,功德備焉。興亡有數,禍福相沿。沉沉壟日,漠漠郊烟。允鐫玄石,將表大賢。其四。

孫南史,侄孫南薰、南勝、南華、南金。

原載《新出王鎧墓志考釋》,收入杜文玉主編:《唐史論叢》第 29 輯

德政序

臣嘗讀《唐書》,竊睹太宗每以爲將致治平,必先仁誼,得賢則理,失人則危。可鑒格言,足徵邃古。豈不以化馴易服,威束難齊哉!然農戰交修,德刑共舉。將亂也,其政必暴;將弊也,其風必佻。將圖九合之威,亦賴五臣之佐。苟虞害衆,莫若任賢,視今可以知昔矣。

高祖皇帝以汴賊弑君,唐朝絕嗣,左祖罕聞其歸漢,同聲皆傲於吠堯,上下相蒙,酣爲醉國,寰區之内,億兆無依,競陳推戴之誠,願正君臣之位,難違衆欲,遂啓丕圖,戡禍亂而俟中興,協會盟而歸大國。爲蜀之帝,報唐之恩。

明孝皇帝受命之六年,天清地寧,珠連璧合,肇修人紀,於變時雍。至若皇墳帝典之精,河圖洛書之奥,步驟於羲軒之際,損益於文獻之間,不然,何其盡善盡美之如是也!遂使蠻夷向化,吳越輸珍,麟鳳效祥,草木呈瑞;矧復英賢間出,俊乂羅生。上猶以爲未也,方且思

聖父勤求，登用才哲，循名責實，較德論功，沮勸有謀，黜陟不濫。鑿
乾締構，允歸睿作之功；壽國陶鎔，必有挺生之佐。式扶昌運，對越上
玄。由是中外文武，將相公卿，洎庶尹庶史，各率厥職，奉若天旨。

越正月，武德軍將校吏民、緇黃耆艾等，列狀詣護軍使，請以節度
使徐延瓊德政上聞，願勒碑紀，且以借留爲請。上憂勤庶政，以百姓
爲心，凝旒稱嘆者久之。謂翰林學士藝曰："朕司牧元元，將開壽域，
使國内郡縣，治行皆如梓潼，朕何憂哉！夫吏久於官，古之道也，況衆
欲之乎！朕既俞其請矣，卿爲我摭其懿實，播無窮之聞，以塞民望。"
微臣奉詔恐懼，叙曰：

臣聞龍飛九五，山川效雲將之靈；鵬擊三千，風水運波臣之化。
雖復同心同德，雅資十亂之功；乃聖乃神，永賴八元之佐。内則皋、夔
協贊，外則方、召專征。神謀且貞，師律具有。兼膺注意，宜屬宏材。
此我皇帝之御宇也。丕顯帝圖，顧兹天力，四神踐雪，五老飛星。投
綸負鼎之賢，爭伸宏業；委輅請纓之士，競奮深機。蕙帳空而明月常
孤，蒲輪至而清風自激。猗歟偉歟！雖居宣武之間，未若我朝得人爲
盛也。其或家連戚里，身陟齋壇，益揚謙損之風，靡見驕矜之色，功超
賈、鄧，政邁黄、韓，有若武德軍節度使徐公，斯可謂一時之英也。

公名延瓊，字敬明，東海郯人，即國之元舅也。世緒標奇，門風襲
焕，鎮爲峰鼎，用作雄鋌。父子則貴比金、張，兄弟則政同魯、衛。騰
八龍之聲價，齊三鳳之羽儀。阮竹皆芳，田荆并茂。金相玉印，各炫
晨葩；虎節獅壇，共觀晝錦。徒思遍舉，抑亦倦譚。公王父，唐京兆武
功縣令，追贈尚書左僕射、太師、高平王，政績頻彰，勳華早振。自激
封侯之志，夙垂濟世之名。并西晉殊功，榮聯邸第；南朝雅望，地顯官
婚。貽謀各著於承家，致用皆光其佐命。朱輪華冕，豈獨推恩；甲令
門風，實先種德。是賢奕葉，孰與提衡；歷佐昌朝，宜鍾異氣。公中丘
會秀，大爽炳靈，幼挺英姿，夙彰雅操。禀説禮敦詩之教，蘊經文緯武
之才。欲紹家聲，遂參戎右。敵國相吞之候，决在毫釐；陰符必勝之
機，制於掌握。珊戈寶鼎，門崇八命之榮；玉帳金壇，神授六韜之妙。
故能名高大國，業嗣良弓。輕鎮北之無文，恨征南之不武。圯橋靈
叟，謂謀略之可傳；汶水神翁，知功名而必立。自繼膺睿眷，兩踐浼

符,四封無刁斗之音,千里有袴襦之咏。政成剖竹,擁重執金。掌領孤兒,每驚巡於晝夜;扈隨大駕,遠鎮定於邊陲。纔復六飛,將分雙節。

上以鄴城奥壤,漳水名區,粵自艱難,久罹瘡痏,獄市無寄,杼軸皆空。群盜猖狂,幸寇恂之去日;遺黎憔悴,望郭伋之來時。不有改張,何其俾乂?爰求賢帥,式愁雄藩,乃授公武德軍節度使。公攬轡遄征,下車畢理。彈壓豪鷙,封殖疲癃,究本尋源,提綱振領。害於人者,雖大必去;利於人者,雖小必行。嘗謂人曰:“法者,政之要也,不可不峻其隄防;禮者,教之本也,不可以不謹其律度;食者,民之命也,不可不勤其稼穡;兵者,戰之器也,不可不肅其號令。率是四者,盡其一心,上可以翼衛朝廷,下可以儀刑藩翰。吾得之矣,爾其觀焉。”

公以管内數多亡命,姑務偷生,久聚萑澤,常爲虺蝎。狡穴皆依於窮谷,妖巢各恃於幽林。化之不悛,來而復叛。郡邑虞其蹂躪,路歧苦於敍數。公密運良籌,周旋峭格,盡投私罟,皆挾禍胎。益其戎兵,誡其强吏,商旅無滯,貢奉罔艱。王尊申京兆之威,龔遂去潢池之患。勞倈罕倦,蕩析咸歸。動有常規,賞無橫費。上勤時貢,下贍軍須。月未及其授衣,士已忻於挾纊。賑其匱乏,釋彼愁顏。幸夜犬不驚,宵魚自放。哀矜庶獄,慎恤惟刑,赭衣盡伏其神明,丹筆立分其情僞。絕加等之聚斂,革無名之征徭。平衡不謬於錙銖,嘉量罔欺於圭撮。

公又仰稽前古,俯瞰遺踪,思棄祗闢地之謀,味韓浩屯田之計。膏腴靡棄,黍麥頻豐。夢果應於牧人,利可資於寡婦。貢賦加倍,獻奉相望。又歲別進軍食,因沃潤之鄉,置牢盆之務。商徒繁會,官帑委輸。檢吏通民,機能制用。矯時阜俗,儉以率先。貫天錢而已應星文,認寶氣而已有雄劍。■文來奏,課連最聞。薤本可留,足表富人之術;芋區難并,咸知濟物之方。

公以鳴社嘉辰,繞樞令節,祈聖壽有莊嚴之懇,祝宗祧於降誕之期,自舍俸金,於惠義寺構華嚴大閣。向者公府未完,軍衛莫稱,於是載修輪奐,別創規模。庭架虹梁,門羅虎戟。層樓燕賀,偏增鼓吹之雄;廣厦翬飛,益動旌旗之色。路當衝要,地控都畿。使車晝夜以交馳，候館往來而宿餉。每傾公帑，用飲賓筵。休聲洽聞，靈貺昭感，紫芝三秀，黃犢并生。天唯發祥，地不愛寶，迥掩得禾之異，果符登麥之文。歌德咏仁，言將不足；含和吐氣，樂固難名。

大矣哉！公之問俗觀風，阜財述職，焉可得而稱也！爵賞既行，中外同嘉，遂冊拜中書令、趙國公，加食一千戶，通前五千戶。

公嶽降標奇，星精稟異，溫如珪璧，郁若椒蘭，智合韜鈐，言無鈎距。運籌決勝，苟攸可比於良、平，仗鉞杖威，謝艾足同於方、召。研幾昭禮，植操資忠。允武允文，多材多藝。軍中講學，馬上注書。揮刀則立睹飛泉，盤稍則惟聞折樹。而又貴不自滿，謙而益光。饗士投醪，延賓比飯。帳下之犀渠貝冑，咸感吮癰。樓中之蟬首蛾眉，寧矜笑嚬。閨門密行，簪組美譚。里巷相觀，風雲動色。宸衷夙注，寵詔已行。致閫境之允諧，固本朝之是衛。況家豐懿戚，治陝殊尤。心膂連營，蓄雷霆於北落；股肱重鎮，寄柱石於東川。克副分憂，合膺異渥。宜其珉麗德瑩，檢圖功懋。績著擁旄，化行偃草。比屋而乞留侯霸，叫閽而願借耿純。詎可使螭首翠碑，未披文而相質；麟臺彩筆，不寫照以傳神！

臣志慕陽秋，工非潤色。仰遵睿旨，敢述殊勳。曾無少女之詞，預怯中郎之監。所冀陵遷谷變，尚窺沈水之文；地久天長，永睹生金之字。謹爲銘曰：

金行啓運，鼎業鑿乾。麟御瑞紀，鳳舞昌年。層潤浩注，國祚遐延。光凝寶匣，福靄祥編。上喆繼文，皇圖增煥。得一踐羲，登三躡漢。懿綱牢籠，大鑪真觀。宗社還資，微明接旦。太虛寥寥，中有元精。麗物爲瑞，麗人爲英。英英徐公，爲旺而生。脂膏不染，獄市無驚。智勝兵強，化行民附。屢立奇功，繼膺寵數。帝念徐公，聿齊其務。迺眷梓潼，并有饒賦。公至若何，時雨霶沱。枯苗耀穎，涸轍騰波。摧奸禁暴，劉弊止訛。禠負而至，動植興歌。八政何先，以食爲天。臥鼓勸農，免冑服田。耒耜接肘，蓑笠摩肩。閭閻風靡，稼穡雲連。衆害既去，纖惡皆除。頒宣化育，慎恤刑書。徽纆自朽，圄囹常虛。輕徭薄斂，政協蒲盧。老安少懷，遠至邇肅。風雨時若，家給人足。戶溢版籍，賦登公牘。儲峙孔多，貢輸相屬。神明之正，誰爲之師？公之俱美，福禄攸宜。位隆鳳沼，恩注龍墀。梓人頌德，天子嘉之。爰命荒墟，奉揚馨烈。揚子神疲，江生思絕。涪水東注，銅山西揭。帶礪無期，永旌賢哲。

原載《全蜀藝文志》卷 32

杜光庭

　　唐末五代道士（850—933），處州縉雲（今浙江永康）人，一說長安（今陝西西安）人。唐咸通中應九經舉，不第，遂入天台山學道。經道士潘尊師引見，得到唐僖宗的賞識，得以隨其入蜀。前蜀王建授其金紫光禄大夫、諫議大夫，封蔡國公，賜號廣成先生。後主時，受道籙於苑中，以光庭爲傳真天師、崇真館大學士。後隱居青城山，號登瀛子。年八十四歲卒。

無上黄籙大齋後述

　　粵自三無已降，迄於巨唐，寶軸靈文，或隱或見。出於史策，或著在別傳。至宋朝簡寂先生，校讎之際，述珠囊經目萬八千卷。其後江表干戈，秦中兵革，真經秘策，流散者多。後周武帝立通玄觀，收集衆經，猶及萬卷。洎隋火板蕩，唐土龍興，剪掃氛妖，底定寰宇。至開元之歲，經訣方興。玄宗著《瓊綱經籙》凡七千三百卷，復有玉諱別目記傳疏論相兼九千餘卷。尋至二胡猾夏，正教凌遲，兩京秘藏，多遇焚燒。上元年中，所收經籙六千餘卷。至大曆年，申甫先生海内搜訪，京師繕寫，又及七千卷。長慶之後，咸通之間，兩街所寫纔五千三百卷。近屬巨寇凌犯，大駕南巡，兩都烟煤，六合榛棘，真宮道宇，所在凋零，玉笈琅函，十無三二。余屬茲艱會，漂寓成都，扈蹕還京，淹留未幾，再爲搜訪，備涉艱難。新舊經誥，僅三千卷，未獲編次，又屬省方。所得之經，尋亦亡墜。重游三蜀，更欲搜訪，累阻兵鋒，未就前志。時大順二年辛亥八月初三日庚辰，成都玉局化閲省科教，聊紀云爾。杜光庭述。

原載《全唐文》卷 944

洞天福地嶽瀆名山記序

乾坤既闢，清濁肇分，融爲江河，結爲山嶽。或上配辰宿，或下藏洞天，皆大聖上真，主宰其事。則有靈宮秘府，玉宇金臺，或結氣所成，凝雲虛構；或瑤池翠沼，流注於四隅；或珠樹瓊林，扶疏於其上，神鳳飛虹之所産，天驥澤馬之所栖；或日馭所經，或星躔所屬，含藏風雨，蘊蓄雲雷，爲天地之關樞，爲陰陽之機軸，乍標華於海上；或迴竦於天中，或弱水之所縈，或洪濤之所隔，或日景所不照，人迹所不及，皆真經秘册，叙而載焉。

太史公云：“大荒之内，名山五千。其間五嶽作鎮，十山爲佐。”又《龜山玉經》云：“大天之内，有洞天三十六，別有日月星辰，靈仙宮闕，主御罪福，典録死生。有高真所居，仙王所理。又有海外五嶽，三島十洲，三十六精廬，七十二福地，二十四化，四鎮諸山。”今總一卷，用傳好事之士。其有宮城處所，得道姓名，洞府主張，仙曹品秩，事條繁廣，不可備書，聊紀所管郡縣，及仙壇宮觀大數而已。天復辛酉八月四日癸未，華頂羽人杜光庭於成都玉局編録。

原載《全唐文》卷 932

道德真經廣聖義序

序曰：《珠韜玉札》云，太上老君降迹行教，遠近有四：其一，歷劫稟形，隨方演化，即千二百號百八十名，散在諸經，可得徵驗矣。其二，此劫開皇之始，運道之功，孕育乾坤，胞胎日月，爲造化之本，天地之根，播氣分光，生成品彙。自五太之首，逮殷周之前，爲帝王師，代代應見，即鬱華、録圖、廣成、尹壽，因機表號是也。三皇迭往，五帝不歸，雲紀龍師，時遷數革，鳥官火運，川逝風移，步驟不同，澆淳漸變，雖揖讓斯在，而干戈屢興，阪泉有翦戮之師，丹浦有專征之旅，智詐行而太樸隱，仁愛顯而孝慈生，玄默希夷，日以寢薄。陶唐以耄昏厭位，虞舜以歷試登庸，憂軫萬方，服勤庶政。老君號“尹壽子”，居於河陽，以《道德真經》降授於舜。經之旨也，道以無爲居先，德以有稱爲次，亦猶三皇之書，言大道也，五帝之書，言常道也。其下薄裁非之義，節兼愛之仁，損俯仰之禮，挫銛巧之智，斥用兵之暴，抑譎詐之謀，使人復樸還淳，以無爲無事爲理。舜雖力而行之，竄凶舉相，明目達聰，敦睦九族，平章百姓，而恬和清静之道，莫能致也。故禹、湯之後，天下爲家，各親其親，各子其子。大道既隱，玄化不流，禮樂滋繁，政刑大用矣。其三，老君以商陽甲子代降神寅胎，武丁之年，誕生於亳，即今真源縣九龍井太清宮，是其地也。或隱或顯，潛化群方。當周昭王癸丑之年，以此二經授關令尹喜，傳於天下，世得而聞焉。其四，將化流沙，與尹喜期會於西蜀青羊之肆，示現降生，即昭王丁巳之年也。此《道德經》自函關所授，累代尊行。哲后明君，鴻儒碩學，詮疏箋注，六十餘家，則有《節解》上下、《内解》上下、《想爾》二卷，河上公《章句》、嚴君平《指歸》十四卷，山陽王弼注，南陽何晏、河南郭象、潁川鍾會、隱士孫登、晉僕射太山羊祜、沙門羅什、沙門圖澄、沙門僧肇、梁隱居陶宏景、范陽盧裕、草萊臣劉仁會、吳郡徵士顧歡、松靈仙人晉人河東裴楚思、秦人京兆杜弼、宋人河南張憑、梁武帝、梁簡文帝、清河張嗣、梁道士臧玄静、梁道士孟安排、梁道士孟智周、梁道士竇略、陳道士諸糅、隋道士劉進喜、隋道士李播、唐太史令傅奕、唐嵩山道士魏徵、法師宗文明、仙人胡超、道士安丘、道士尹文操、法師韋録、道士王玄辯、諫議大夫蕭明觀主尹愔、道士徐邈、直翰林道士何思遠、衡嶽道士薛季昌、洪源先生王鞊法師趙堅、太子司議郎楊上善、吏部侍郎賈至、道士車弼、任真子李榮、成都道士黎玄興、太原少尹王光庭、道士張惠超、龔法師、通義郡道士任太玄、道士沖虚先生殿中監申甫、岷山道士張君相、道士成玄英、漢州刺史王真、道士符少明，玄宗皇帝所注《道》《德》上下二卷，即今所廣疏矣。所釋之理，諸家不同。或深了重玄，不滯空有；或溺推因果，偏執三生；或引合儒宗，或趣歸空寂，莫不竝探驪室，競掇珠璣，俱陟鍾山，爭窺珪瓚。連城在握，照乘盈懷，敷宏則光粲縑緗，演暢則彩文編簡。語内修則八瓊玉雪，雰靄於丹田；九轉琅膏，晶焚於絳闕。盡六氣迴環之妙，臻五靈夾輔之功，忘之於心，息之於踵，得無所得，而了達化玄矣。語品證也。則擺落細塵，超登上秩，游八外而放曠，指三境而躋昇，蹈太乙之位矣。而總内外之要，兼人天之能者，未有其倫。

我開元至道昭肅孝皇帝降神龍變，接統象先，戡内難以乘乾，咨中興而御極。無爲在宥,四十五年,汾水襄城,靡勞轍迹,具茨大隗,自得朋游。廓八溟爲仁壽之庭,普萬寓爲華胥之國,至道至德,超哉明哉。欽若尊經,本朝家教,象繫不足以擬議,風雅不足以指陳。橫亘古今,獨立宇宙。雖諸家染翰,未窮衆妙之門;多士研精,莫造重玄之境。凝旒多暇,屬想有歸,躬注八十一章,製疏六卷,內則修身之本,囊括無遺;外即理國之方,洪纖畢舉。宸藻遝布,奪五雲之華;天光煥臨,則兩曜之色。固可以季仲"十翼",輝映"二南"若親稟於元,元信躬傳於太上,冠九流而首出,垂萬古而不刊。則《大風》《赤雁》之歌,誠難接武;《典論》《金樓》之作,詎可同年?但以疏注之中,引經合義,周書、魯史,互有發明,四始漆園,或申屬類。後學披卷,多瞢本源,輒采摭衆書,研尋篇軸,隨有比況,咸得備書,纂成《廣聖義》三十卷。大明在上,而爝火不休;巨澤溥天,而灌浸不息。誠不知量,粗備闕文。天復元年龍集辛酉九月十六日甲子序。

原載《全唐文》卷 931

蜀王本命醮葛仙化詞

伏以元穹列耀,上表於龍星;方局裁形,下分於仙化,實司命籍,以統人倫。臣獲禀玄機,夙臻景祐,早承寵渥,牧此烝黎。緬六鎮之封疆,德慚涼薄;控諸化之靈勝,誠切欣榮,常虞政理之乖,莫副真仙之鑒。今屬太乙行運,分野慮災,或臨梁益之方,或在雍秦之境,月孛躔於井宿,地一災於坤隅,稽考緯書,伏增憂懼。況歲當丁卯,是臣元命之年;月屆仲春,是臣禀命之節。詣本命之化,以本命之辰,虔備香燈,精申禱祝。伏冀元尊憫矚,衆聖鑒臨,騰素款於上宮,錫鴻休於下土。帝圖興復,息災期而輦蹕還秦;境寓康寧,銷否運而禎祥介蜀。俾罄報君之節,允符憂國之心。百穀豐登,群生和泰,龍神貽貺,疵疫無侵。臣七祖生天,年齡增永。誓弘道化,以答靈恩。不任。

原載《全唐文》卷 938

天錫觀告封章李二真人醮詞

伏以稽考前王,握圖受命,必荷玄貺,以贊鴻基。頃屬海嶽多虞,生靈靡托,遂膺推戴,奄宅岷嶓。四方之琛貢雖來,中土之山川或阻,凝懷求理,夕惕晝乾,砥礪戈矛,申嚴號令,伫行吊伐,以拯顛危。非有尚於佳兵,蓋欲靖其多難,以兹軫念,倍用焦勞。而郡國諸侯,頻獻祥瑞,鱗介羽毛之品,蓁林竹樹之間。或挺質稱奇,或成文顯迹,每加撝讓,累抑奏陳。永平二年秋七月,於仙居雲山,獲古篆銅讖,乃太上《通天》之記,是章真所鑄之文。名姓生辰,子孫年數,重重顯迹,一一合符。周公探策之求,郭璞揲蓍之得,真爲天授,克驗神功。顧寡昧以多慚,豈欽承之敢怠?是用創新觀宇,別署嘉名,備像設之儀,改鎮縣之額,齋修金籙,醮啓瑤壇。雖陳昭報之誠,難答上元之賜。章真人親緘秘字,李真人首鎮仙山,共洽休禎,光於郡國。須展褒封之禮,以旌贊助之功,爰舉彝章,式陳歉款。今封章宏道爲"鑒聖真人",封李八百爲"元應真人"。謹遣廣成先生、金紫祿大夫、左諫議大夫蔡國公杜光庭,精備香燈,虔申醮告。伏惟闢九清之日闕,降八景之雲輿,俯鑒明誠,澇流惠渥。俾九州六合,蕩氛靄以爲家;地久天長,混車書而成化。式遵玄訓,永勵丹襟。不任虔祈之至。

原載《全唐文》卷 943

紫霞洞修造畢告謝醮詞

伏以大道希夷,神仙變化,示無方之妙用,垂不測之玄功。幽贊帝王,潛扶邦國,惟今及古,史册焕然。所以唐堯姑射之游,軒后具茨之謁,周穆之登瑤水,漢皇之幸崑山,皆披昒烟霞,瞻窺冰雪。是用享年遐永,致理和平,克振宏休,允彰道祐。顧惟凉德,啓創丕圖。金闕玉京,敢怠敬恭之禮;九清三境,每懷寅奉之誠。粵以永平二年壬申七月二十一日丁卯,漢州什邡縣獲太上老君錫命讖文,留玉篆於仙居,刻銅符於厚地。生辰命屬,時日姓名,叙弈世之蟬聯,明卜祚之延久。四年八月二十四日戊子,利州團練使王承賞奏,此山靈洞,顯見神仙。遂命威儀任可言、高品、楊知淑專申告謝,仰答光靈。十月一日甲子,纔啓醮筵,再聞應見。雲旌羽旆,參差崖壁之中;鶴態神儀,羅列洞門之内。事邁於回山瑤水,美超於姑射具茨,祗荷禎祥,彌增震惕。是用考諸典禮,特舉封崇,以是月甲申,改道長山爲"玄都山",

陽謨洞爲"紫霞洞",景谷縣爲"金仙縣",封元都山神爲"玉清公",創厥壇場,鼎新觀宇。自初揆構,逮於畢功,累見真儀,益彰靈貺。謹遣金紫光禄大夫、左諫議大夫廣成先生蔡國公杜光庭等一十二人,賫信幣香花,按玄科具典,於紫霞仙觀,修金籙道場。況屬下元,允當大節,式陳昭謝,再顯旌封。伏惟洞府衆聖高真,仙官僚宰,鑒兹丹懇,錫以元休,使九土乂寧,萬方平一。天宫地府,常垂愷悌之恩;卜世享齡,克睹延洪之福。稽首謹詞。

原載《廣成集》卷 12

毛仙翁傳

　　毛仙翁者,名干,字鴻漸。得久視之道,不知其甲子,常如三十許人。其韶容稚姿,雪肌元髮,若處子焉。周游湖嶺間,常以丹石攻疾,陰功救物,受其錫者,不可勝紀。大中戊寅歲,進士張爲,薄游長沙,落魄數載,以詩酒自得,不汲汲於隨計。一旦,值女奴於嶽麓山下,若豪家之青衣焉,奔而歸之,張遽惑焉。歲餘,寖成羸疾,尪瘠骨立,待時而已。毛翁自海陵來,泊於逆旅,即張所止也。請謁之者,逶巡盈門,皆曰尊師。十年二十年一屆於市,人仰其惠,猶夏日之陰,冬日之陽也,蒙其澤者多矣。顧見張,愍之曰:"子妖氣邪光,洽遍肌骨,苟不相值,殞於旦夕也。吾有鮑南海丸。"以一粒授爲,於香爐焚之,鬱烈之氣,聞數百步。張之魅妾,長號一聲,蹶然而斃。因共視之,即木偶人也!心下至足,肌肉如人,心上至頂,猶木偶之狀。衆共異之,棄於江中。師曰:"此魅逝矣!子之性命可全,形骸可保也。"又以丹砂三粒,其狀如黍米,命張吞之。旬月之間,肌豐力倍,憊疾都瘳。師忽告去,不言所之。張遂爲詩別焉,其略云:"羸形感神藥,削骨生豐肌。蘭炷飄靈烟,妖怪立誅夷。重睹日月光,何報父母慈? 黄河濁滾滾,別淚流漸漸。黄河清有時,別淚收無期。"自是去别,莫知所適,湘江間至今以爲口實。張後亦南入釣臺山,訪道而去。今睹朝彦贈仙翁文集,果符長沙之事。裴晉公度、牛公僧孺、令狐公楚、李公程、李公宗閔、李公紳、楊公嗣、復、楊公於陵、王公起、元公稹,當代之賢相也。白公居易。崔公郾、鄭公尉澣、李公益、張公仲方、沈公傳師、崔公元

略、劉公禹錫、柳公公綽、韓公愈、李公翱，當代之名士也。望震寰區，
名動海島。或師以奉之，或兄以事之，皆以師爲上清品人也。或美其
登仙出世，或紀其孺質嬰姿，或異其藏往知來，或叙其液金水玉，霞綺
交爛，組綉相宣，蓋元史之盛事也。自元和泊大中戊寅，五十餘年，容
色不改，信非常人矣！奇章公獨以上昇爲疑者，乃拘教守常，未達神
仙之深旨矣！夫仙之上者，骨肉昇飛，與天無極。又九天之上，無何
之鄉，爲極陽之都，神仙之府也。世之得道者，鍊陰而全陽，陰滓都
盡，陽華獨存，故能上賓於天，與道冥合。則黃帝駕龍而騰躍，子喬控
鶴而飛翔，赤松乘雨而飄颻，列寇御風而上下，史簡昭著，又何疑焉？
所雲胡國胡法，將終之事，是設幻化之誣詞，謗神仙之輕舉者，有是焉
耳，嘗試論之。真一既判，元精肇分，清氣爲人，謂之“三才”。皆稟於
妙無，成於妙有。人之生也，參天而兩地，與氣爲一。天地所以長存
者，無爲也。人所以生化者，有爲也。情以動之，智以役之，是非以感
之，喜怒以戰之，取捨以弊之，馭努以勞之。氣耗於內，神疲於外，氣
竭而形衰，形凋而神逝，以至於死矣！故曰委和而生，乘順而死，率以
爲常也。

　　修道之士，黜嗜欲，隳聰明，凝然無心，淡然無味。收視返聽，萬
慮都冥，然後虛空生，胎胭合。自然觀化之初，窮物之始，浩然動息，
與道爲一矣！與道爲一，則恣心所之。從心所欲，是非不能亂，勢利
不能誘，寒暑不能變，生死不能干。指顧乎八極之外，逍遙乎六虛之
表，無所不察，無所不知。目能洞視，耳能洞聽，亦能視聽不由乎耳
目。何者？神鑒於未然，智通於無地也。如此則世人之休咎壽夭，富
貴貧賤，皎然在目，豈待乎陰陽之數，蓍龜之兆，而後知之乎？毛仙翁
則其人也，衆君子歌詩志之，序述贊之，曷足盡仙翁之道哉？因以神
仙之事，亦紀仙翁之功，書之於卷末云。通政元年丙子三月七日辛
酉。杜光庭序。

原載《唐詩紀事校箋》卷81

道德真經元德纂序

　　道本至無，能生妙有。運至無之道，成妙有之功，其惟太上老君

玄元皇帝乎？起於象先，尊爲化本，融神億劫之始，分靈覆載之中，亭
毒萬殊，陶鈞庶品。由是三皇受命，尚遵淳一之風；五帝握圖，漸散無
爲之樸；老君雖歷代降迹，隨時應機，或爲國師，或爲賓友，授經傳道，
以教時君。

　　洎唐虞禪讓之初，世道交喪之際，舉元凱於野，行四罪於朝，尚賢
之迹既彰，癉惡之形又舉。内雖揖讓，外有干戈，人心漸澆，道樸云
散。老君號"尹壽子"，居於河陽，憫物性之遷訛，恐真宗之陵替。以
爲三皇大德，不足以程式後王；五帝常道，不可以垂訓末俗。撮重元
奧義，著《道》《德》二篇，欲明道無爲也，因德以顯之；德有用也，因道
以明之。資立言以暢無言，因理本而宏妙本，爲理身理國之要，乃至
精至極之宗。以授於舜，非謂絶仁義聖智，在乎抑澆詐聰明，將使君
君臣臣、父父子子，見素抱樸，混合於太和；體道復元，自臻於忠孝。
世儒不知，以爲老君之道，棄仁義，隳禮智，非立教之大方。且夫至仁
合天地之德，至義合天地之宜，至樂合天地之和，至禮合天地之節，至
智合天地之辨，至信合天地之時。宏淳一之源，成大同之化，混合至
道，歸仁壽之鄉，固不在乎踧踖雍容，噢咻蹩躠，然後謂之仁義等也。
故仲尼、亞聖，皆默而得之。隳體黜聰，遺形去智，超乎物表，永爲真
人，非末學小儒之所知也。綿夏商周漢數千百年，焕乎與日月齊光，
巍乎與乾坤竝運，雖百家詮注，群彦校揚，挹之彌深，酌之不竭。行之
於國，刑措而太平；修之於身，神全而久視。拊几揮柄，時有其人，弘
農强思齊，字默越，濛陽人也。幼栖玄關，早探妙旨。卯歲侍先師京
金仙觀，講論大德，賜紫全真。居葛仙中宫。讀頌之餘，服勤不怠，綽
有聲稱，爲時所推。僖宗皇帝順動六飛，駐蹕三蜀，五月應天節，默起
祝壽行殿，寵賜紫衣。高祖神武皇帝應歷開圖，配天立極，二月壽春
節，允承明命，賜號"玄德大師"，奕世栖心，皆洽光寵，羽衣象簡，其何
盛歟！每探討幽玄，發揮流俗，期以譚講之力，少報聖明之恩。手纘
所講《道》《德》二經，疏采諸家之善者，明皇御注爲宗，蓋取乎文約而
義該，詞捷而理當者，勒成二十卷，庶乎覽之易曉，傳之無窮。後之學
者，知强君之深意焉，乃題曰《太上老君道德經元經纂疏》。乾德二年
庚辰降聖節戊申日，廣成先生、光禄大夫、尚書、户部侍郎、上柱國、蔡

國公杜光庭序。

原載《全唐文》卷931

熘陽洞記

熘陽洞，古老相傳，在陵州陽山之上，從來隱蔽，人莫知處。乾德三年辛巳正月十六日，井監使保義軍使太保馬全章，中夜一人，裁衣束帶，巍冠古服，狀若道流，揖之俱行崖壁所。告之曰："此熘陽洞也，閉塞多年，能開發護持，可以福利邦國。"又指其地："近開小徑，亦斷之，勿使常人踐踏。"言而去。及旦，全章往尋其所，果見土勢微陷，以杖導之，深不可測。即命本軍節級侯廣之，句當人夫劚掘，漸獲踪由。相次開掘，見三重石門，其内并是細砂，一無蟲蟻他物。其洞自東及西，深三丈九尺，闊五尺三寸。洞皆是石洞門，第一重高六尺，闊五尺二寸；第二重門高五尺五寸，闊三尺七寸；第三重門高四尺七寸，闊三尺五寸。第三重門内從頂至底，一向高六尺一寸，其三重相去各□，鐫鑿精巧，迨非人巧。第三重南畔石房，闊七尺四寸，高四尺八寸，深四尺二寸。其後別有一小洞，元有一片石遮掩其門。傍通一縫，以燈燭照之，深不知其底。北畔石房，深四尺二寸，闊七尺三寸，高五尺。其房内有石床一所，西畔小石房，深二尺，闊三尺五寸，高三尺一寸。西北畔石床，長三尺八寸，闊二尺八寸，西北畔竈模。長二尺三寸，門額闊七尺，灶深八寸，周圍三尺五寸。從洞門向東，一直至鹽井面，相去四十一丈八尺。洞門面正東，全章召得當井監天師院，見有元和年刺史李正卿著《天師聖德碑》云：張天師以東漢建安三年自沛游蜀，占乾爲分野，見陽山氣象，指謂門弟子曰："此山直下有鹹泉焉。"今驗此洞，正當井上，即是熘陽洞也。

原載《全唐文》卷50

紀道德賦

道德清虛玄默，生帝先爲聖則，聽之不聞，搏之不得。至德本無爲，人中多自惑，在洗心而息慮，亦知白而守黑。百姓日用而不知，上士勤行而必克，既鼓鑄於乾坤品物，信充牣於東西南北。三皇高拱兮任以自然，五帝垂衣兮修之不忒，以心體之者爲四海之主，以身挽之者爲萬夫之特，有皓齒青娥者爲伐命之斧，蘊奇謀廣智者爲盜國之賊。曾未若軒后順風兮清静自化，曾未若皋陶邁種兮温恭允塞，故可以越圓清方濁兮不始不終，何止乎居九流五常兮理家理國。豈不聞乎？天地非道德也無以清寧，豈不聞乎？道德於天地也有逾繩墨。語不云乎，仲尼有言："朝聞道，夕死可矣。"所以垂萬古，歷百王，不敢離之於頃刻。懷古今，云古今，感事傷心。驚得喪，嘆浮沈，風驅寒暑，川注光陰。始銜朱顔麗，俄悲白髮侵，嗟四豪之不返，痛七貴以難尋。夸父興懷於落照，田文起怨於鳴琴，雁足凄凉兮傳恨緒，鳳臺寂寞兮有遺音。朔漠幽囚兮天長地久，瀟湘隔别兮水闊烟深。誰能絶聖韜賢、餐芝餌术？誰能含光遯世、鍊石燒金？君不見屈大夫，紉蘭而發諫，君不見賈太傅，忌鵬而愁吟，君不見四皓避秦，峨峨戀商嶺；君不見二疏辭漢，飄飄歸故林。胡爲乎冒進貪名，踐危途與傾轍？胡爲乎怙權恃寵，顧華飾與雕簪？吾所以思抗迹忘機，用虛無爲師範；吾以所思去奢滅欲，保道德爲規箴。不能勞神效蘇子、張生兮，於時而縱辯；不能勞神效楊朱、墨翟兮，揮涕以沾襟。

原載《全唐文》卷929，《五代史書彙編》

代陶福太保修瀘口化請額表

臣某言，伏以瀘口化者，即二十四化之第十八也。節應配於小滿，列宿應於畢星，陳安世白日昇天，臺踪尚在；褒女仙乘車得道，轍迹猶存。每歲春秋，准敕祈醮。頃自用軍之後，并已摧殘，古殿空壇，僅餘基地，仙儀像貌，盡翳榛蕪。往來絶瞻敬之門，士庶無依歸之所，豈期福地，一旦蕭條。臣輒備興修，願資聖壽。

伏惟陛下軒帝靈源，緱山仙緒，繼天御極，用道臨民，萬方榮廣覆之慈，三教被惟新之澤。芝田奈苑，咸荷精嚴，古廟儒宫，亦蒙繕飾。况是長生之教，敢申崇葺之儀。旋以翦薙蒿萊，興營宇室，像設免嗟於暴露，簪冠克遂於焚修，遘彼靈踪，還爲勝概，香燈有托，齋醮無虧。兼召道士楊玄敬、獨孤知元、何某等三人，就觀居住訖。但以荒凉既久，門額全無，敢祈雨露之恩，特飾神仙之境。其化伏乞聖慈，依瀘口舊名,仍賜給聖壽額,許臣自製造懸挂。庶使琅書銀榜,長懸日月之輝;漢水仙山,永祝聖明之壽。臣某無任之至。

原載《廣成集》卷1

謝新殿修金籙道場表

臣某言:伏奉聖旨,與右街威儀何冲徽等二十一人,於新殿内修金籙道場七晝夜,今月十四日開,于二十日散,供奉官楊紹業依時設拜言功表贊訖者。伏以天贊聖功,鼎新大内。瑶軒玉砌,超三島之鼇宫;青瑣丹扉,逾九清之鳳闕。叶皇居之壯麗,睹帝宅之深嚴,萬國仰瞻,千靈森衛。纔畢瓊宫之製,先開金籙之壇。鋪舒而一一精新,祗敬而重重蠲潔。龍香上達,依稀而萬聖俱臨;蟾月低光,仿彿而千真入會。延洪睿算,遐永皇圖,近臣拜手以投詞,宰輔齋心而瞻祝,殊禎允集,巨貺無涯,隆大寶於千春,總八紘於一統。臣等叨膺科教,獲備焚修,豐玉膳於天厨,躡雲庭於仙境,兢榮已極,頒錫薦臨。伏蒙宣賜襯錢、銀器、匹段等,澤深溟海,恩重嵩衡,顧慚鷦燕之微,何報聖明之獎。臣無任之至。

原載《廣成集》卷1

謝恩除户部侍郎兼加階爵表

臣某言:伏蒙恩敕,除授光禄大夫、尚書、户部侍郎、上柱國、蔡國公、廣成先生者,睿慈春煦,宸翰雲敷,叨榮而但覺逾涯,荷渥而罔知所措。臣某中謝。

臣聞聖明居上,是必授任才能;俊义在官,乃貴陳力就列。皆以道包經濟,言達變通,上有致君之能,下盡爲臣之節。處既得地,用務適時。苟虧利物之期,必致取容之誚。如臣幽懦,榮奉休明。循顧庸襟,敢臻殊寵。

伏惟陛下披圖創歷,握紀繼天,明逾兩曜之懸,德合二儀之普。蕩滌氛垢,蘇泰寰區,功宣而萬有同心,化被而八紘繞指。夢通巖壑,股肱符命説之求;景仰烟波,輔弼契非熊之兆。元勛貞佐,捧日扶天,人傑時英,誕星降嶽。青宫翼贊,日月重光,朱邸忠貞,盤維增永。

臣某江湖賤質，簪褐微才，爲儒既昧於成麟，學道甘期於畫虎。
矧復辭吳歲久，奉聖年深，杳無山水之恩，每感風雲之會。歸栖照育，
三十餘秋，施重嵩衡，遇深溟渤。變枯荄爲茂草，起敗骨爲豐肌，徒曰
奇功，難偕聖獎。是以臣俯盈丹懇，積感皇慈，曉動神魂，夜驚形影，
效報未申於絲髪，憂惶空溢於肺肝。況復啓運之初，垂裳之始，錫峒
山之美號，如北省之華資。無以身諭國之譚，上裨天聽；乏造膝沃心
之議，仰副宸衷。揣身世而榮顯居多，於爵位而貪饕已極，豈可重塵
清級，更履殊榮，紹碧落之嘉稱，集元關而璞質？且如漢推曼倩，晉有
雉川，未聞聯居清重之司，再踐非常之秩。揣量戰越，進退兢榮，仰對
宸嚴，無階陳讓，唯虔砥礪，永答鴻恩。臣不任。

原載《廣成集》卷 1

謝恩奉宣每遇朝賀不隨二教獨引對表

臣某言：伏蒙聖慈，以臣每有起居稱賀，皆與道衆僧人齊班，特降
宣旨，令臣自今以後，獨入引對，不隨衆列者。禮加異等，事越常倫，
褒稱發自於聖心，榮盛獨光於道域，隆恩顯示，負戴難勝，臣某誠榮誠
懼，頓首頓首。

伏惟陛下誕睿承天，執符御曆，包乾坤而覆載，懸日月以照臨。
炫金鏡之光華，無幽不察；調玉燭而亭育，有物皆春。由是露灑天根，
澤流地表，肅武功而定氛祲，桀黠悛心；修文德而服要荒，奸凶革面。
毳幕穹廬之俗，冰居穴處之鄉，重跰來庭，占風入貢，理定而樂作，功
成而禮行，舉三代之頹綱，興百王之墜典，有沿有革，無黨無偏。至若
群后朝元，垂衣當宇，儼三傑十臣之佐，冠非熊審像之賢，文物羽儀，
輝今映古。其或雲衫羽服，仰丹階而效嵩呼；白足方袍，列彤庭而申
華祝。此時微臣，常依旅進，得面雲階，每驚巖壑之微，獲在烟霄之
上。今則迴隆睿獎，頓革前儀，念臣雖迹預簪冠，而身叨爵秩，清級纔
移於北省，華資又接於南曹，特令敷奏之時，不雜緇黃之侶，俾其獨
引，顯示優恩。昔者魏重謙之，梁尊貞白，漢稱曼倩，秦有子平，禮容
靡睹於新規，朝揖皆循於常度。今者降九天之明命，垂萬世之宏規。
退省幽屏，但切凌兢之感；顧慚纖弱，何勝雨露之恩？惟勵丹誠，永酬

鴻澤。臣某無任之至。

原載《廣成集》卷 1

謝獨引令宣付編入國史表

臣某言：伏蒙聖慈，特降宣旨，賜臣不隨二教，獨引對揚，以臣謝恩表宣付史館者。迴自宸衷，光申異禮，仍編信史，永戴優恩，祇荷難任，寵榮增極。臣某中謝。

伏惟陛下大明御歷，至聖宣功，廓覆載以覃恩，竝曦舒而流照。賢良入輔，庭多命世之臣；夷夏歸仁，府積殊方之貢，有俗皆臻於富壽，無為欲蹈於華胥。由是蓬島芝宮，咸加炳煥，祇林柰苑，畢集精嚴。四靈挺質以呈休，六氣調時而表貺，元儒鼎盛，緇褐同歡。臣猥以常倫，榮逢景運，道藉兩塵於美號，官榮再履於崇班，別顯殊恩，賜其獨對。緇黃班裏，受宣而徑上雲天；鵷鷺庭中，顧影而疑生羽翼。今則寵編國史，昭示寰區，迴隆非次之恩，永載不刊之典。荒愚有素，難勝雨露之深；蕭芥至微，何報乾坤之德？唯虔修勵，上答聖明。臣不任。

原載《廣成集》卷 1

賀黃雲表

臣某伏睹鴻臚卿趙溫珪奏：今月二十三日，皇帝駕幸得賢樓看閱將士，皇太子自城南閱馬帳頭迴入城。至酉時，城上有黃雲兩片，狀如華蓋，逡巡變為紫色者。臣謹按堯之誕生，常有黃雲垂覆；舜之御宇，常有黃雲凝空。又漢宣帝幸甘泉宮，紫雲入殿；宋世祖踐祚，紫雲見於端門。黃帝有瑞雲，以雲紀官。今者德動天休，瑞呈雲物，華夷共仰，海嶽同歡，臣某中賀。

伏惟陛下體道握符，惟天縱聖，仁周動植，惠普寰瀛，柔遠俗以文明，慴凶奴以武略。蓋以中原未泰，品物未寧，將申戡靜之機，用拯生靈之弊。授律則南摧醜蠆，鑿門則北掃烟埃。鐵軸牙檣，水耀龍驤之旅；霜戈雪戟，陸陳隼擊之師；振動山川，奔驅雷電。仡聞恢拓，以廓乾坤。爰命皇太子訓整六軍，申明三令，蒙輪挾輈之士，壯氣凌空；拔山扛鼎之夫,雄心貫日。皆堅金石,咸勵忠貞,允合天心,果昭靈貺。
輪囷對起,蕭索齊凝,成金柯玉葉之奇,高浮帝座;變紫蓋如茄之狀,
低接皇城。初呈蔭鼎之姿,漸結臨闕之色,有以見圓穹贊祐,皇德昇
聞,越唐堯虞舜之徵,超宋祖漢宣之感。自此率賓八極,文軌萬方,增
聖壽於億千,固宏基於隆永。臣躬深睿獎,疊睹殊祥,敢謠咏以抒情
誠,效謳歌而頌聖德。詩一首陳進。

原載《廣成集》卷1

賀雅州進白鵲表

伏睹嚴道縣多功團崇善里百姓李彥韜,於楠樹上獲白鵲進獻者。
五行表瑞,見金運之隆昌;百辟同瞻,賀玉京之貽貺。臣某中賀。

臣聞王者正名立訓,體乎天意,勝殘去殺,慰此人心,則有異木珍
禽,來儀朝闕。霜毫動色,紺趾標奇。斂羽呈姿,應見徒誇於漢魏;傳
聲送喜,翺翔顯奉於皇明。

伏惟陛下瑞冠百王,功超三古,協序而風調禹律,燭昏而鏡滿軒
臺。亭毒萬方,再樹乾坤之本;照臨下土,重懸日月之光,鄙炎漢之息
肩,邁唐堯之鼓腹,人歌歲稔,物賴時康。況乃萬旅貔貅,千營鎧甲,
擒凶翦弊,撫弱字孤。雷掀鉦鼓之行,雲黯旌旗之舉,發令而雄豪踊
躍,申恩而疲癃昭蘇,五星運度以垂休,八海承風而寢浪。遂至山河
效祉,禽羽呈祥,遠離海上之巢,來對雲中之闕。觀其玉籠乍啓,雪姿
不驚,望聖苑以迴翔,對天慈而鼓舞。往來瑤陛,栖泊珠簾,認素羽以
難分,聽新聲而已熟。不是成橋之侶,殊非繞樹之群;既彰團雪之容,
實煥來金之盛。仁見干戈載止,奸邪屏除,蕩疆場之烟烽,永歸北極;
静寰區之榛梗,自我西方。信超魏德之雄,更掩漢成之代。

臣獲逢昌運,累睹殊祥,輒陳歌頌之詞,上浼聖明之鑒。臣謹課
《頌聖德紀瑞》詩一首陳進,干瀆冕旒,無任之至。

原載《廣成集》卷1

賀天貞軍進嘉禾表

臣某伏睹天貞軍留後崔善進,射洪縣百姓王友田上《嘉禾合穗

圖》者。聖德遐通,祥符疊至,文武瞻睹,中外歡呼。臣某謹按《瑞圖》云:“嘉禾者,美瑞也。稔歲精,王者德至於土,則二苗同秀。”昔者唐叔得禾,異畝同穎。成王問周公曰:“二禾一穗,意天下和同乎?”王命唐叔作《嘉禾篇》由是九土會同,八紘歸化,旅獒西貢,越雉南來,三十世之宏基,七百年之大業,輝前映古,逾夏掩商。今在聖明,復彰斯瑞。

伏惟陛下紹軒皇之聖緒,承周帝之洪源,應歷數以配天,總華夷而類帝。惟恭惟儉,絶嗜音酗酒之娱;乃聖乃神,有明目達聰之美。弘武德而先懲不軌,電掃奸妖;播文風而旋撫戎羌,雲奔琛賨。憂勤黎獻,軫憫耕農,歲致豐穰,田無炎潦。德通於地,見共秀於二苗;應達乎天,果異畝而同穎。契聖祖興周之瑞,表吾君拓土之徵。昔則和天地爲一同,今則包萬方爲一統。況屬王師薄伐,誓衆吊民,雄稜已慴於彼方,禎異先呈於近境,佇觀收克,永蕩氛霾。開九天日月之光,顯符周卜;合四海生靈之望,同比唐禾。臣竊仰瑞圖,賡歌聖德,願預采詩之録,思陪唐叔之篇。謹課《頌聖德嘉禾合穗》詩一首進上。

原載《廣成集》卷 1

請駕不巡幸軍前表

臣某伏睹宣旨,駕幸北路軍前者。臣聞展義巡功,《禮經》垂典;誅凶伐叛,有國通儀。蓋欲迴廣照於一方,輯五瑞於群后,翦其暴亂,慰彼蒸黎。況蠢爾邠岐,久迷大順,匪朝伊夕,即睹殄平。不足以親駕戎車,遠臨狡穴,顒顒衆懇,僉用驚疑。

伏惟陛下逾舜文明,超周神武,稟秋霜之令,敷春育之恩。委以至公,推其大信,覆載之内,風偃化行。而隴渭之鄉,岍岐之俗。甘寒谷之氣,自棄陽和;息惡水之陰,顯孤臨照。恃蟻封而稱固,巢燕幙以偷安。今則上將專征,雄師薄伐。遠憑宸算,必剗根荄。竊惟漢曲褒川,方當寒沍,霜雪嶮棧,豈易躋登?況射鮒穿蠅,詎用千鈞之弩;孤城荒堞,寧銷萬乘之威?伏乞聖慈,俯徇群心,特寢成命,佇觀克捷,永統華夷。干冒宸嚴,無任戰越兢懼迫切屏營之至。謹詣閤門奉表陳請以聞。

原載《廣成集》卷 1

第二表

臣某伏睹宣旨,駕幸北路軍前。皇太子宰臣百官等上表陳請,未賜俞允者。省方風俗,雖經典之舊儀;慰撫師徒,乃君父之慈照,但以道途險阻,水陸嚴凝,遐邇群心,實實憂灼。

伏惟皇帝陛下體堯慈惠,逾舜欽明,欲令寰海之人,盡沐雍熙之化。憬兹汧隴,密邇封隅,久負歡盟,深辜恩信! 識變通者,已束身效順;迷向背者,猶掩耳偷安。致一境之生靈,銜積年之怨抑,徇吠堯而有日,思慕舜以無由。所以授姜鉞以整師,築韓壇而誓衆,風馳號令,雨驟雄豪,上將等威震雷霆,心堅鐵石,指期克日,必就削平。豈勞親駕翠輿,躬麾白羽,六龍八馬,驅馳嶮棧之中;萬騎千官,迢遞層峰之外。方零霜雪,漸逼沍寒,伏乞聖慈,俯聆億兆之情,特駐省方之命,上爲宗社,下慰華夷,佇對捷書,更開土宇。臣叨深睿獎,倍慊明誠。塵浼宸嚴,不任待責望恩迫切禱祈之至。

原載《廣成集》卷 1

謝恩賜興聖觀宏一大師張潛修造表

臣某伏奉恩敕,宣賜左街興聖觀弘一大師張潛,令修葺住持者。寵自宸衷,榮臻道域,簪裳增抃,芝术騰輝。臣某中謝。

伏惟陛下道鈞軒后,聖竝放勛,凝懷於姑射之峰,寄夢於華胥之境,眷言大教,理契生津。栖神泯合於無爲,屬念潛期於有德,化合清静,善利邦家。觀宇蕭條,像設塵翳,爰敷綸渥,載俾葺崇。伏以前建觀地接玉清,昔爲道學,尋改貞元之宇,復標紫極之宫。至德年中,易名"興聖",前臨廣陌,東距錦江,宛是靈墟,實惟勝所。况門庭具設,像貌儼存,誠歷代之仙踪,乃皇都之福地。今則重加繕飾,盡撤葷腥。拂塵埃於湫陋之中,還瞻玉相;蕩瓴甓於蒿榛之内,别築瑶壇。灑雨露而騫樹增榮,薦沈麝而睟容伊穆。張潛等精專剖劂,恪勵住持。夕磬晨鍾,祝遐長於聖壽;朝香暮燭,期隆永於皇圖。臣某獲列教門,躬榮睿澤,不任之至。

原載《廣成集》卷 1

謝恩宣賜衙殿點鐘表

臣某伏蒙聖旨,宣賜衙殿前點鐘一口,於日院內充齋醮扣擊者。恩垂霄漢,榮及簪裳,抃蹈無階,輝華增極。

伏惟陛下二儀覆燾,三景照臨,澤浸無涯,惠敷有載。故得八溟息浪,長鯨將殄於昌時;五緯循常,巨彗欲銷於永夕。削平夷夏,倒戢干戈,而復俯軫皇情,留慈玄教。致感應於洞府,符應見於靈仙,固當齊聖壽於日月星辰,隆寶祚於乾坤海嶽。今者念臣院宇之內,簨簴未全,每於齋醮之辰,尚闕春容之響,既乏通真之器,莫諧集聖之儀。輟瑤階泛日之音,來從天上;頒豐嶺含霜之韻,降在人間。事超錫樂之榮,恩重點鐘之賜,永當炷焚芝术,禱祝真靈,冀啓禎休,仰酬聖獎。所宣賜鐘,臣謹以焚香祇受訖。不任。

原載《廣成集》卷 1

謝恩賜玉局化老君表

臣某言:伏奉恩敕,宣賜舊玉局洞門石像老君,歸龍興觀御容院閣下西間奉安供養。其蓋石舍一區,移拆就觀起立,并賜錢設齋,道衆將幡花引歸觀表贊等者。皇澤霶臨,玄門增耀,康莊改觀,道俗同歡。臣某中謝。

伏惟陛下法道披元,垂衣運化,暢清静無爲之理,敷希夷不宰之功,已洽大寧,將臻一統。以元元像貌,密邇宸居,雖香燈無曠於常儀,而供養合歸於法宇。爰申明命,豐備齋羞,焚蘭术以飄香。森幢幡而成列。鐃金鳴玉,繽離象闕之庭;雲邁風行,遷入龍興之閣。群心瞻仰,萬象歡隨,雷喧贊悦之音,霧集聖明之福。臣與道衆等獲栖大教,疊荷隆恩,永勵修持,上酬睿獎。不任之至。

原載《廣成集》卷 1

賀收隴州表

臣某伏睹北面軍前隴州節度使桑簡,以手下兵士及城池歸降,收復隴州者。睿算遐宣,元勳效節,纔申薄伐,已復雄城。臣某中賀。

伏惟陛下聖邁黄軒,威超周武,運神機於掌內,動有成功;料勍敵於彀中,舉無遺策。自岐郊負義,關外隳盟,深辜敦好之儀,遽絕睦鄰之分。擁豺狼之一旅,恃疆土於三洲,巢折葦以偷安,坐積薪而稱固。小不事大,《春秋》所誅,所以義士盱衡,謀臣扼腕,皆期殄掃,遂舉戈矛。六軍奮躍以爭先,八校喑嗚而致勇,蹴土仁摧於吳岳,飲馬將竭於渭流。桑簡以智合變通,心明向背,倒戈銜璧,效命投誠。獻千里之山河,不施寸刃;復一方之户口,無損秋毫。便迴亳社之鋒,自收商受之衆,想回中之路絕,退且無歸,顧灞上之儺深,竄將奚適?料其元醜,即見梟擒。看通於八水三山,永統於九州四海,俱頒舜歷,盡入禹封。臣獲奉昌期,累觀大捷,無任之至。

原載《廣成集》卷 1

壽春節進章真人像表

臣某伏以皇圖昭永,上帝開祥。北極瑶樞,焕虹光而誕睿;中天玉斗,飛紫電以凝華。萬國歡瞻,群心增抃。

伏惟陛下二儀炳靈,九清集瑞,至化塞乎天地,清明肅於鬼神。肇三十世之宏基,方隆周業;興四百年之景運,仁越漢圖。浸德澤於元儒,鼓薰風於夷夏。今屬壽春大節,祝聖昌辰,睬賮雲馳,梯航波委,咸修芹禮,以繼山呼。臣與當院道士等,虔拂華壇,精依秘格,諷琅書寶軸,披霧韞霜羅,克嚴蠲潔之誠,永廣乾坤之福。鑒聖真人昔師道祖,躬受靈篇,傳真記於先天,緘瓊文於福地,豫明皇業,洞達玄樞。嵩公之識神堯,貞白之知梁武,以之校美,詎可同年?是敢藻繢縑繒,式資瞻仰,庶因焚焫,克嗣禎休。干冒宸嚴,臣無任祝聖虔切屏營之至。其畫像功德數等,謹詣閤門奉進以聞。伏聽敕旨。

原載《廣成集》卷 1

黄萬祐鄧百經賜紫衣師號謝恩表

臣某伏睹恩敕,夔州道士黄萬祐賜紫衣仍師號,羅江縣道士鄧百經賜紫衣者。大聖御天,神功及物,庭有賢良之佐,野無遺逸之人,率土朝宗,允當聖日。臣某中謝。

伏以黄萬祐等,林永得志,麋鹿爲群,深處巖蘿,罔窺名利。或丹華救物,有迴生駐景之能;朱篆誅邪,有蕩魅除凶之效。皆張道用,潛贊明時,遽捧鶴書,來朝鳳闕。萬祐既趨於錦水,百經至自於羅江,共仰堯天,俱榮舜澤,歷觀前史,莫得比倫。

伏惟陛下道邁唐堯,功高軒后。想汾水凝神之日,尚遠九重;比崆峒山請益之辰,猶勞載駕。今則蒲車允至,桂檝云來,徑捨烟蘿,躬朝旒扆。顯封嘉號,俱錫服章,美輝簡編,光揚簪褐。不任之至。

原載《廣成集》卷 1

詔與黃萬祐相見謝表

臣某言:伏奉宣旨,令臣就內樞密院與弘道大師黃萬祐相見者。天慈軫念,俯及屬微,荷載難勝,兢榮增極。臣某中謝。

伏惟陛下化弘有道,理尚至仁,憂勞普及於萬方,軫念無遺於一物。故得眠雲逸士,遙馳向闕之心;傲世高人,盡識朝天之禮。弘道大師夙探至術,深隱巔巖,名姓可聞,儀形莫睹。今者爰隨徵詔,直詣闕庭,捨草帶荷裳,寵紫衣師號,事光史筆,榮耀道門。伏蒙聖慈,宣命微臣,與之相見,獲奉睿明之獎,得瞻雲鶴之容。步武壺天,躋身蓬島,祗膺異渥,榮耀萬生。顧惟鷦鷯之微,何報乾坤之德?臣某不任。

原載《廣成集》卷 2

皇帝爲太子生日設齋表

右:臣伏奉聖旨,爲皇太子生辰,特宣賜莊宅庫錢陸拾貫文省除,於北帝院差選道衆二十一人,於七月八日開置黃籙道場七晝夜,至十五日散齋者。伏以紫氣充庭,青宮誕睿,動歡聲於六合,凝喜氣於九重,凡在寰區,皆虔祝賀。

伏惟陛下恩周中外,念軫臣僚。以皇太子素切修行,常思儉約,懼無名之破費,使衆力之煩勞。一應諸司,欲有齋修,竝令止約。頒賜內庫錢物,特開仙觀壇場,祈玉京金闕之真,廣宸殿離方之福。美高典册,事邁古先。臣某獲奉絲綸,將申焚祝。睹維新之寵澤,垂正大之宏規。不任抃蹈之至,謹錄狀陳賀。謹奏。

原載《廣成集》卷 2

詣老君殿修黄籙齋表

臣某伏奉宣旨,於北帝院奉太上老君,修黄籙道場三日,設齋散壇,給內莊宅庫錢陸拾貫文省除,差選道衆二十一人,行道禮懺,須令精潔。

伏惟陛下功包五帝,德懋三皇,凝旒敷有道之風,端扆暢無爲之化。宸心密感,萬靈響應以潛通,睿想遐周,四海雲隨而奉聖。故得乾坤交泰,日月貞華,歲阜年康,風恒雨若。神戈所指,長蛇與封豕皆誅;惠渥所覃,虐魃與潛螭自屏。由是仙山邃洞,休瑞繼聞;玉印銅符,禎祥間出。今則拯横流之難,興時雨之師,將廓八溟,同歸一統,而猶翹心元教,讓德皇穹,於中元齋潔之期,備三境香花之會,上答元元聖力。特開黄籙寶壇,用臻巨福洪休,克固瑶圖睿壽。臣獲隆聖奬,祇奏德音,唯勵精誠,以虔焚祝,不任荷戴之至。

原載《廣成集》卷 2

宣示解泰邊垂謝恩表

臣某伏奉聖旨,宣示東北面軍前所奏,得鳳翔出歸官健王彥劉等分析賊中事宜,并有謡言"泰邊垂,曲子待來年"者。臣某言:伏以天道元微,潛司兆眹,神功幽晦,實主福祥。必憑謡咏之言,以告休禎之旨。昔吳時青童謡於廣陌,尋驗吳亡;陳時異鳥下於高臺,果彰陳滅。五星飛落,爲虞舜受國之期;一馬化龍,乃元帝興王之應。斯皆發於天意,感契人心,詳考嘉言,允歸聖德。

伏惟皇帝陛下繼天誕睿,應運啓圖,徇億兆之樂推,撫臨海嶽;承昊穹之眷命,拯救生靈,國寶珍符,不求自至;夷琛塞賮,望日爭來。而猶北境負恩,孤城背義,坐積薪之上,即致焚燒。巢折葦之端,立期薤粉,果見明神示讖,里巷傳謡。竊聞所告之詞,便生克平之義,所言"邊垂"者,乃國家散關之外,即是國之時雨之師,神道言祥,光陳媵后之咏。成功克敵,翹足可期,即當蕩定三秦,統臨萬國,瑶圖寶歷,地久天長。臣獲奉天慈,躬聆吉語,輒陳淺見,干瀆宸嚴,不任之至。

原載《廣成集》卷 2

謝宣賜天錫觀莊表

臣某伏蒙聖慈,宣賜漢州通記縣天錫觀唐友則莊一所,永充常住者。伏惟陛下繼天受命,應運垂裳,鴻圖豫定於上清,寶冊遽呈於厚地。鼎新觀宇,允答休禎,三殿之像貌崇嚴,終歲之香花精潔。今則特頒睿澤,廣錫莊田,輟彼膏腴,永爲常住,皇慈迴降,玄教增榮。自茲日給齋羞,免有旁求之闕;晨香暮燭,益專焚祝之心。祈聖壽之延洪,保宏基之隆永。臣某叨榮聖獎,躬荷殊恩,不任之至。

原載《廣成集》卷2

謝恩令僧行真修丈人觀表

臣某伏睹惠進大師僧行真狀奏,奉聖旨修青城山丈人真君殿功畢者。

伏惟陛下恩撫萬方,仁深二教。祇園蓬島,咸均崇飾之慈,鹿苑鰲宮,俱被興修之賜。爰於仙宇,特命高僧,載申剞劂之功,克就莊嚴之勝。俄成遼殿,永鎮福庭,期五山十洞之靈,增彌劫齊天之壽。臣獲居玄教,躬荷皇慈,不任之至。

原載《廣成集》卷2

宣爲皇太子修生日道場散齋表

臣某伏以九天集旣,三景凝祥,動樞殿以飛光,降春宮而誕秀,華夷增抃,億兆同歡。皇帝廣捨緡錢,精崇齋福。必冀上清照鑒,隆萬壽於聖躬;至道貽休,介千祥於儲后。克昌大寶,永統九圍。臣某等獲勵焚修,榮頒襯錫,不任惶懼之至。

原載《廣成集》卷2

謝允上尊號表

臣某伏奉恩制,俞允宰臣等。所上尊號者。丹懇上陳,皇明下矚,自天有命,率土同歡。臣某中謝。

伏惟皇帝陛下元鳥誕商,赤符興漢。救焚拯溺,神資命世之才;日角月玄,天啓乘時之瑞。戀宏勛而崇睿德,功蓋前朝;總歷數而廓

洪基,祗膺寶運。由是三靈改卜,萬國攸歸。鄙成湯周武之君,陳師
用鉞;笑創魏開隋之主,侮寡凌孤。振衣而康濟九圍,凝旒而光臨大
寶,承耀魄中黃之祚,執招拒西白之符。握金鏡而照寰瀛,人神交泰;
撫璿璣而觀海島,億兆樂推。故得御端門而嘉氣橫軒,登圓丘而神兵
扈仗,謁清廟而玄雲四卷,月瑩中宵,膺鴻名而白氣輕飛,烟籠廣砌。
麟呈沼沚,龍躍江湍,草樹含文,雲霞絢彩,金符踊篆,玉璽流光。雖
讓德於上玄,已盈編於太史。又若天涯地表,右塞南荒,列奇貨於明
庭,貢神駒於天厩,寶香來於絶域,美玉薦於殊封。漢孝武之四隅,請
頒正朔;唐高宗之諸國,願混車書。將復禹封,更開堯土,百揆時叙,
六樂克和。信及豚魚,恩加動植,矜遄已責,恤獄省刑,天無入牢之
星,地絶成牛之氣。俘囚繫頸,咸躅鈇鉞之威;孽黨臨誅,特有緡錢之
錫。牲牷肥腯,粢盛潔豐,敢昭事於神明,致仁賢乎紱冕。達誠心於
天地,馨恭恪於郊禋,感無不通,動叶喜應。不衒奢靡,不御纖華,無
沈湎之游,無忿懥之惑。不尚馳騁,靡徇畋漁,靜必肅嚴,舉惟典禮。
豐財和衆,禁暴安人,大閱以正武威,大蒐以示軍實。貔狼百萬,皆蒙
輪拔拒之豪;駃牝千群,盡驥子龍孫之駿。延獎忠孝,博采器能,片善
無遺,微功必録。專經稚子,激之以高科;靖節幽人,縻之以好爵。賞
勤敦本,務穡勸農。歲多栖畝之糧,時豐廩實;野有如雲之稼,國富家
肥。四隅無烽燧之勞,百里有歌謠之樂。星芒武將,功高而武烈洸
洸;嶽秀儒臣,業贍而儒風穆穆。雖仲謀之興江表,玄德之有坤維,較
美籌功,曾何仿彿! 今則關河克靜,鞞柝無諠,鄰封之玉帛交馳,近境
之干戈載戢。人歡富壽,政洽雍熙,文武誠臣,願增徽懿,中外瀝懇,
華裔同辭。果迴日月之光,俯降允俞之詔。戴圓履矩,率土普天,觀
盛禮而有期,仰高穹而增抃。臣與道衆等,不任踊躍歡呼激切之至。

原載《廣成集》卷 2

代人請歸姓表

　　臣聞磐石之宗,義非他族;維城之重,實自本枝。將垂久大之規,
合定親疏之分。臣自乘文律,識昧武經,獲履戎行,早塵天渥。提戈
擊劍,惟傾報主之心;北伐南征,每誓勤王之節。

伏惟皇帝陛下駕驅豪傑，掃蕩寰瀛，念其纖芥之勞，假以殊常之澤，賜爲骨月，列在宗祊，但勵捐軀，冀酬睿造。今屬以乾坤改卜，天地降休，土德潛移，金行啓運，徇華夷之推戴，副億兆之歸依。端居而神器自來，遥同舜禪；恭己而龍圖肇創，不假周征。緱山之寶祚天長，淮水之瑤源地久。巍峨帝緒，須承綿胙之宗；浩蕩皇基，難雜蓬門之子。循襟省己，榮極增憂，輒披昧死之誠，甘置逆鱗之罪，期分貴賤，永叙仙凡。伏乞聖慈，許臣却還本姓，干冒宸嚴，無任待罪望恩涕泗隕越之至。

原載《廣成集》卷2

賀太陽合靐不靐表

臣某伏睹司天奏，今月一日丁未巳時四刻，太陽合靐於軫宿十一度，至未時四刻復圓。今測驗不靐者，日華騰景，君德齊尊，超術歷而不靐，彰睿明之通感。中賀。

伏惟皇帝陛下元陽誕聖，二曜均明，昇若木於震宮，曜貞輝於乾道。體冬曦而流愛，九有咸恩；比春煦以延慈，三無竝照。故得大明增彩，推筴難窺，契覆載之殊休，越陰陽之常度。祥光彌盛，元德動天，逾漢日之再中，邁堯輝之合璧，書之青史，實冠瑤圖。臣獲奉昌期，叨觀嘉貺，退顧桑榆之景，倍傾葵藿之心。不任歡躍之至。

原載《廣成集》卷2

謝恩宣示修丈人觀殿功畢表

臣某言：伏睹長平山惠進禪師行真奏，伏惟宣旨重起立丈人觀真君大殿功畢者。聖造旁敷，仙祠重創，巨功克懋，靈迹增榮。

伏惟陛下德洽萬方，惠分二教。文風遐布，殊庭效柔服之誠；武烈光宣，異俗稟雪霜之令。蓬宮奈苑，咸遂興修，寰區瞻禮樂之容，夷夏識元緇之訓，功侔太古，美冠前王。去冬以丈人觀置立年深，堂廡凋壞，命高僧而制度，賜物力以興隆。於是運石他山，伐材幽谷，梗柟入用，剞劂程能，俄成大壯之功，克致齊天之固。虛檐瞰日，廣砌橫空，雲拂危梁，風生疏牖，垣墉不改，圖畫如新。截岡阜而豁庭除，闢溝源而護階礎,衝流莫及,迸石難侵。遥符睿聖之慈,顯此殊常之績,集奇功於不朽,增聖壽以無疆。臣叨列玄關,夙深皇澤,唯虔焚炷,上答休明。不任。

宣醮丈人觀新殿安土地迴龍恩表

臣某伏奉宣旨,以青城山丈人觀新殿功畢,修醮安謝者。伏以陛下仁周海嶽,澤溥儒元,翹屬靈山,垂恩仙觀。殿宇之凋摧既久,教門之興葺無由,詔命真僧,頒宣國力,宏麗有疑於化出,巍峨遽比於神功,鎮彼福承,與天齊永。臣獲承睿獎,虔啓醮壇,嚴香燭以焚修,遍真靈而告謝。霞峰雲壑,如聆萬歲之音;玉歷金符,更廣千椿之壽。以今月二十三日設醮訖却迴,謹詣閤門奉表起居以聞。

賀獲神劍進詩表

臣某言:伏睹今日趙匡業所奏,合州江上得神劍一口,宣示中外者。伏以將啓昇平,祥符必降,欲清凶孽,神劍斯呈,助聖明斬斷之功,表天地匡扶之力。

伏惟陛下功超三五,威肅寰瀛,仁格幽明,道均天地。故得山川林谷,吐金焰於層崖;風雨雷霆,見霜鋒於萬里。一條秋水,初觀出地之姿;數尺練光,宛耀倚天之勢,仍彰變化,顯著神奇。昔嬴帝得之於水心,果吞六合;今陛下獲之於江上,即統萬方。刜鍾切玉者,詎可比倫?斬馬斷蛇者,那堪儔擬!臣榮逢昌運,獲睹殊祥,輒貢咏歌,願揚睿感。謹課頌聖德七言四韻詩一首陳進。干浼宸嚴,無任之至。

賀誅劉知俊表

臣某伏睹敕旨,劉知俊以凶橫異常,已誅戮訖者。罪惡貫盈,神人共憤,永符聖斷,克正嚴誅。臣某誠抃誠快頓首頓首。伏惟劉知俊性惟凶狡,器本凡庸,有貪狠苟且之心,無報德懷恩之志。頃思危迫,歸我大朝,顯敷雨露之慈,旋受節麾之寄。委之非次,待以不疑,更隆推轂之恩,特付專征之任。而咆哮自恣,殘忍爲懷,屠害黎元,罔遵刑憲,隳大國撫柔之旨,辜聖朝吊伐之仁,既負鴻慈,難逃顯戮。

伏惟陛下恩宏天地,仁冠堯湯,體至道以好生,布春和而煦物,夷蠻戎狄,皆知慈育之深;日月星辰,共鑒包荒之廣。而知俊獨違聖造,肆用淫刑,致遐徼之未通,阻四方之向化。今則雷霆震令,斧鉞興誅,使普天率土之人,荷去惡除凶之德,克昌祚歷,永福生靈。臣等獲睹宸威,無任欣躍快忭之至。

原載《全唐文》卷 930

賀鶴鳴化枯樹再生表

臣某伏睹卭州團練使張敬周奏:大邑縣鶴鳴化元一大師郭昭美申,當化有古柏樹,內有七株,枯已多年,今再生枝葉,鬱茂異常,州司差人覆驗有實者。仙山表覘,嘉樹呈祥,符睿德之感通,彰神功之茂育。臣某誠歡誠抃,頓首頓首。臣按《瑞圖》云:帝王德及草木,政致昇平,則松柏常生,木有禎異。

伏惟陛下膺圖啓運。握紀承天,修文化而服遐荒,耀武威而平九有。恩周草木,惠及蚑蟜,窮蕃解辮以歸仁,獷俗梯山而納賮。由是涵濡異類,感動殊恩,雪兔霜禽,栖翔接影,應龍神蔡,表見爲常。今者玉洞雲峰,靈墟古化,當炎漢建平之際,乃天師修道之鄉,林麓森疏,烟霞煥焜。蒼崖蘚織,凌雲之轍迹猶存;翠埒莎封,化鶴之壇基尚在。而巖前古柏,枯朽多年,沾雨露以重榮,吐黃芽而再茂,喬柯裊翠,密葉凝陰。彼王廙之豫章,難偕茂盛;雖瀨鄉之仙檜,莫繼禎祥。惟七柏之興榮,契卜年之遐永,祥編瑞牒,古昔無倫。臣獲奉昌期,頻聆嘉瑞,敢陳謠咏,願播寰瀛。謹課頌聖德七言四韻詩一首陳進,稱賀以聞。

原載《全唐文》卷 930

賀西域胡僧朝見表

臣某伏以西域天竺僧到闕朝覲者。天慈遐被,異域懷歸,致萬里之番僧,朝千年之聖主,華夷率化,億兆同歡。臣中賀。

伏惟陛下繼聖統天,體元立極,惠周覆載,仁匝寰區。戎蠻夷狄之鄉,皆遵聲教;舜、禹、商、周之德,莫繼欽明。由是賝賮川馳,梯航霧集,貢無虛月,史不絕書。今者天竺遠戎,葱山僬俗,在積雪流沙之外,比蜂岑鹿島之間。遙望干霄之雲,遂起朝天之意,言須重譯,路想經年,崎嶇不憚於窮荒,匍匐願瞻於舜日。雖圖澄入夏,祇辭于闐之東;羅什依秦,亦自龜茲之北,校其迢遞,亦驗專勤。緬惟臣子之心,允自聖明之感,永編國史,克廣聖功。臣獲奉天光,不任。

原載《全唐文》卷 930

壽春節進元始天尊幀并功德疏表

臣某伏以九曲澄瀾,二儀交泰,星渚表流虹之應,斗樞開飛電之祥,瑞叶千年,歡周萬國。

伏惟陛下握符受命,端扆承天,宏至道而繼三皇,敷上德而超五帝,化覃海嶽,恩普華夷。辮髮氈裘,常修職貢;四荒八極,畢贄賝珍。平六府而天降殊祥,洞三泉而地呈嘉貺,莫不書披玉篆,波躍金鱗,獸顯霜姿,禽飄雪翅。芝英菌蕊,膏露葳蕤,靈仙時見於烟巖,貞檜重榮於雲谷。瓊儲歲稔,寶貨川臻,無向隅不獲之夫,有比屋可封之俗,故得遐方慕聖,異域歸庭,鼓舞翹誠,歡呼率化。桑乾瀚海,僧法靜則稽首朝天;身毒罽賓,三滿多則傾心入貢。皆瞻北極,共祝南山。

今屬日麗九芒,風和八景,壽春大節,誕聖昌辰,輒繪真容,願崇睿福。臣某與當院道衆,起今月一日,開置靈寶延壽道場七晝夜,香燭蠲潔,焚誦精虔。冀憑妙道之功,永祝無疆之壽。前件畫像及功德疏一通,謹輒陳進,干冒宸聰,無任。

原載《全唐文》卷 930

謝恩賜陽平山呂延昌紫衣表

臣某伏奉敕,恩賜陽平山主呂延昌紫衣,仍補充内殿焚修大德者。恩垂霄漢,榮及巖林,草木增輝,烟霞動彩。凡茲簪褐,共感休明,臣某中謝。

伏惟皇帝陛下惟睿開圖，握符御宇。仁覃九土，咸臻禎昱之私，政布八荒，已洽雍熙之化。由是群方述職，重譯賓庭，屬祝聖之昌辰，標壽春之大節。布鴻私於二教，灑皇澤於萬區。呂延昌久處烟蘿，深精藥餌，方專心於葺理，敢企望於寵榮。豈謂陛下念切勛臣。獎深術學，以呂延昌醫方著效，致服彥諲危疾蠲除。迴降隆恩，顯頒命服。霓裳象簡，難勝天地之私；暮燭朝香，誓答聖明之照。臣某與道衆等不任。

原載《全唐文》卷930

宣進天竺僧二十韻詩表

臣某伏睹西天三滿多到闕朝對者。伏以北通玉塞，西渡金河，路出重關，程逾萬里。班定遠之經歷，才及烏孫；張博望之訪尋，祇過青海。或蛇州魅磧，人迹莫窮；或飛雪流沙，馬蹄難至。由是聲教或異，職貢少修。崑嶠白環，首標瑞典，鍾山火玉，顯謂祥珍。況身毒居葱嶺之陰，于闐隔雪峰之外，天竺遼優，跋涉辛勤，慕中華億兆之尊，嚮大蜀聖明之主，專申朝覲，實美簡編。

伏惟陛下縱聖體乾，膺圖啓運，德逾羲頊，仁冠堯湯，修文德而御要荒，耀武功而安寰海。故得四夷率服，萬宇知歸，南通交趾之鄉，北聚穹廬之俗，獻琛奉贄，無曠歲時。竊惟聽政之餘，每降自天之澤，興宏道釋，勸獎崇修。寶刹精嚴，道功煥麗，一心齊致，二教俱榮。紫霞洞之仙客效祥，天竺國之胡僧入貢，咸歸睿感，共福皇圖，率土臣僚，同深抃蹈。臣某芝田末學，蓬岫孤踪，獲奉天慈，俯宣明命，謹課頌聖德七言詩二十韻一首陳進。冒瀆宸嚴，無任兢懼戰越之至。

原載《全唐文》卷930

賀封資王忠王表

臣某伏睹降制，封資王、忠王者。絲綸顯降，典禮昭行，宗社貽休，寰區增抃。中賀。

伏惟皇帝陛下仁推立愛，道慕篤親，增玉歷於延洪，固瑤枝於遠大。鳳書錫命，麟趾增華，浮喜氣於絳霄，集榮光於朱邸。臣歡逢聖運,仰睹威儀,不任。

賀新起天錫殿表

臣某伏睹恩敕,大内新殿成,賜名天錫殿者。鼎新正寢,光錫嘉名,中外榮瞻,華夷增抃。臣中賀。

伏惟皇帝陛下承樞啓運,握斗垂衣,包九土以君臨,闢四門以敦睦。法天構宇,隆帝宅於上京;括地開基,壯皇居於億世。由是前羅象闕,遐敞龍庭。總日月之貞華,高嚴秀闥;集星辰之瑞彩,廣啓文軒。巍峨壓參、井之墟,炭巢應氏、房之狀,莫不嶽靈飛碼,川后貢材,人以子來,功資神助。雖鎬宫魯殿,直瑣細以難儔;漢闕周堂,固尋常而莫竝。功云告畢,寶額爰新。顯神授於上元,以符天錫;耀宏圖於八極,永播聖功。臨海嶽而閲琛珍,會諸侯而朝萬國。將陳大禮,以福群方,叶神明贊助之期,廣天地遐長之壽。臣某榮逢聖日,仰睹神功,不任。

賀聖體漸痊愈表

臣某言:伏審昨日已來,聖體頓就安愈,臣某誠歡誠躍,頓首頓首。

伏惟皇帝陛下深仁御宇,至道垂裳,惠匝萬區,恩周品物。晝乾夕惕,焦勞而膡理愆和;旰食宵衣,憂軫而寒暄爽候。今則神明幽贊,川嶽效靈,清廟貽祥,元穹降福。克安聖寢,彌增兩耀之輝;廣納洪休,益永萬年之壽。華夷抃悦,億兆歡呼。臣某日旬以來,目疾未減,不獲趨馳玉闕,蹈舞天階,瞻望烟霄,不任。

賀疾愈表

臣某言:伏審聖體日就痊平,中外臣僚,咸增踊躍。臣某誠歡誠抃,頓首頓首。臣聞五緯經躔,尚有差其行度;四時運動,猶或爽於慘舒。雖寒暑之乖宜,蓋陰陽之常數。

伏惟皇帝陛下順時設教,以德臨人,萬幾每繫於宸襟,六氣稍違於聖體。今則神靈叶贊,宗廟垂祥,廣集天休,頓安聖寢。足嗣唐堯之一統,永延周帝之遐齡。頒賞賜於醫功,恩流內帑;鼓疑呼於品物,聲震層霄。臣昨自三月已來,偶縈疾苦,不獲隨例舞蹈堯階,無任歡呼屏營之至。

原載《全唐文》卷 930

謝手詔表

臣某言:今日伏奉恩旨,以臣今月十一日上表稱賀聖體痊復事,賜手詔獎飾者。絳闕流恩,紫泥頒寵,仰承天造,俯慰凡庸。臣某誠榮誠恐,頓首頓首。竊以臣叨從疏野。幸列班行,雖焚修每祝於龍圖,而旦夕合趨於鳳闕,泪嬰疾苦,稍曠朝天。昨日以皇帝陛下庶政懷勞,萬幾關念,偶致違裕,尋就痊和。是以臣稽首歡呼,飛章稱賀,實簪裳之素分,乃周列之常儀。豈謂皇慈,曲頒紫詔。臣謹已焚香跪受訖,無任瞻天荷聖激切屏營之至。

原載《全唐文》卷 930

謝宣賜道場錢表

臣某言:今日伏奉聖旨,以臣自前月二十一日就當院集在觀道衆老宿等,於三清壇上爲皇帝陛下開置靈寶消災轉經禮念道場,伏蒙宣賜錢二十貫文省除者。伏以中朝錫寵,內庫頒財,仰奉天慈,倍銘凡懇。臣中謝。

伏以叨爲教主,深受國恩,凡日焚修,皆歸職分。豈期聖造,仍降寵私。仰天上之龍顏,已增感聖;捧禁中之鵝眼,更切祝堯。其所賜錢,臣已依數跪受,俵給道衆訖。臣與道衆等無任感恩激切屏營之至。

原載《廣成集》卷 3

賀嗣位表

臣某言:伏審今日皇嗣寶位,光御洪圖,率土歡呼,普天欣戴。臣中賀。

臣聞成王嗣位，舉千載之徽猷；舜帝繼明，爲百王之茂典。上膺天命，下契人情。

伏惟皇帝陛下道比成湯，仁同大禹，德宜符於五緯，運潛契於二儀。是以克紹宗祧，光昇寶位，鼎祚彰惟新之命，洪基顯隆永之期。即使車書混同，夷夏清泰，九土有歸山之馬，四溟無橫海之鯨，克振皇綱，永安大業。臣叨榮昌運，獲列簪裳。仰馳捧日之心，雖同鼇抃；俯抱臥漳之恨，莫遂梟趨。臣無任瞻天望聖踊躍屏營之至。

原載《廣成集》卷3

賀德音表

臣某言：今日皇帝御殿，宣降德音者。臣聞聖德法天，應候每行於亭育；神功體道，順時克布於生成。莫不澤被九黎，惠敷萬國。凡居覆載，咸動歡呼。臣某中賀。

伏惟皇帝陛下宅據寰中，日臨天下，克儉而茅茨不翦，栖神而金鏡高懸。是以雁塞窮荒，雲奔玉帛，鷄林絶域，霧集梯航，運在無爲，俗欣有道。今則普宣德教，克順正陽。安地表之遺黎，高開壽域；御天錫之新殿，更扇薰風。慰征役於藩方，免逋懸於郡縣。魑鄉遷客，俱從釋宥之恩；圄圉縲囚，盡舉寬明之典。式因三赦，將俟一同。臣伏恨疾瘵所縈，不獲隨例蹈舞玉階，無任歡呼踊躍屏營之至。

原載《廣成集》卷3

又賀德音表

臣某言：今日皇帝御殿，宣降德音者。雷雨作解，渥澤滂流，溥九土以無遺，致群生之咸泰。華夷億兆，孰不歡呼？臣某中賀。

伏惟皇帝陛下嗣聖繼明，握圖御宇。蒸蒸大孝，同漢惠以承祧；翼翼小心，比周王之纂極。文懷遠俗，武戢遐荒，膺乾而化洽無垠，出震而仁周有截。今則凝旒御宇，正殿宣恩，安地表之黎元，高躋壽域；灑中天之德澤，更扇薰風。憫征戍之勤勞，釋賦租之逋滯。投荒遷旅，圄圉縲囚，俱從赦宥之私，盡舉寬明之典，騰歡聲於域外，浮喜氣於雲間。車軌書文，仁歸一統；瑤圖玉歷，克保千春。臣獲以衰遲，躬逢睿聖，方嬰疾疹，不獲蹈舞堯階。瞻戀天慈，無任歡呼踊躍屏營之至。

原載《全唐文》卷930

謝批答表

臣某言：伏奉恩敕，以臣今月二日上賀登極表一道，賜批答獎飾者，寵降丹霄，榮臨玄教。綸垂五色，出仙禁以昭彰；日煥九芒，向芝田而照燭。驚榮失次，抃舞無階。臣中謝。

伏惟皇帝陛下珠衡誕瑞，玉斗縱神，出震域以重光，爲乾樞而纂聖。德超啓誦，宏孝德以垂衣；明繼勛華，宣大明而御宇。湛恩遐布，惠渥旁敷，歡呼振野以成雷，喜氣凝空而作蓋。華夷億兆，就日瞻雲。臣某限以衰遲，兼嬰疾恙，仰龍墀而潔懇，陪獸舞以無因，遂貢封章，遙陳誠悃。豈謂特隆睿獎，俯降天章！成行之瑞露葳蕤，聯幅之卿雲芬郁，捧對而嵩衡未重，感恩而溟渤非深。鷦鷃至微，乾坤難報！所賜批答，臣謹已焚香跪受訖，無任荷戴聖恩之至。

原載《全唐文》卷931

慰中祥大祥禫制表

臣某頓首頓首言：日月不居，大行皇帝奄及某祥。

伏惟皇帝陛下攀號痛慕，聖情難居，上爲宗祧，下徇億兆，俯全大禮，永福華夷。臣衰疾所縈，不獲隨例起居奉慰，無任隕越屏營之至。謹奉表陳慰以聞。

原載《全唐文》卷931

慰釋服表

臣某頓首頓首言：日月不居，大行皇帝崩背如昨，奄經禮制。

伏惟皇帝陛下攀慕永遠，聖情難居，四海臣妾，服制終禮，瞻天靡及，履地無容。臣伏恨衰疾所縈，不獲趨詣闕庭哀慟。臣無任感咽摧慕之至，謹奉表陳慰以聞。

原載《全唐文》卷931

慰册廟號表

臣某言：今月某日，追册大行皇帝尊謚及廟號者。

伏惟大行皇帝應天誕睿，乘運開圖！豐沛振衣，功超於漢祖；邠岐杖箠，仁邁於周文。考唐堯翊善之名，遵虞舜盛明之號。今則式崇尊謚，爰美聖功，億兆咸哀，寰區共感。

伏惟陛下悲纏罔極，孝理萬方，仰弓劍以難追，奉册書而增感。普天率土，哀殞同深。

原載《全唐文》卷 931

慰啓攢表

臣某言：伏承大行皇帝今月某日啓攢宮者。哀纏百辟，號慟六宮。

伏惟陛下攀慕哀號，聖情難處，對弓劍而增感，嘆光景以冥懷。臣伏恨衰疾所縈，不獲隨例哀慟，無任隕越屏營之至。

原載《廣成集》卷 3

慰祔廟禮畢表

臣某頓首頓首言：伏承某皇帝祔廟禮畢者。禮重宗祧，序申昭穆，克遵嚴祀，永耀神功云云。

伏惟陛下順考禮經，欽明孝德，正春禘秋嘗之典，宗配天奉聖之儀，允集鴻休，永崇清廟。普天率土，哀慕同深。

原載《廣成集》卷 3

慰封陵表

臣某頓首頓首言：伏睹大行皇帝陵寢封爲某陵者。臣竊惟大行皇帝吞日協祥，履星應夢，握乾元而啓歷，拓坤野以開基。鄙吳魏之三分，廣行恩化；欲華夷之一統，將混車書。陵寢正名，允符聖德。

伏惟陛下纂承事重，追美爲先，光顯遺功，輝華盛禮。仰瞻懿躅，稍慰聖情。凡在臣僚，同深哀慕。

原載《廣成集》卷 3

慰發引表

臣某言:伏惟大行皇帝靈駕以今月某日發引者。二儀交感,兩曜無光。億兆銜哀,雲霞共慘。臣某誠摧誠咽,頓首頓首。

伏惟陛下孝思岡極,聖情難居,望仙駕以漸遥,聽薤歌而增咽。追攀不怠,哀慕難勝。

原載《全唐文》卷 931

賀登極後聽政表

臣某言:伏審今月九日皇帝御明德殿聽政者。文物羽儀,初陳於玉砌;行鵷振鷺,乍列於瑤墀。中外同歡,寰瀛共賀。臣某誠歡誠躍,頓首頓首。

伏惟皇帝陛下九天誕聖,七政縱神。執玉斗而御乾龍,將寧四海;握璿衡而司大象,爰牧萬方。敷啓后之文明,懋成王之道德。今則雲開碧落,齊瞻北極之尊;霞散滄溟,共奉大明之照。恩覃有截,惠洽無垠。臣迹滯芝田,榮逢寶運,悲越吟而自感,趨漢殿以無由。瞻望堯天,不任抃蹈歡呼激切屏營之至。

原載《全唐文》卷 931

慰山陵畢表

臣某言:伏承大行皇帝山陵禮畢者。神宮長閉,仙寢永安,率土生靈,不任號慕云云。

伏惟皇帝陛下追慕不怠,聖情難居,對馬鬣以增悲,攀龍髯而永隔。游衣尚在,仙駕已遥,追想英威,摧慕何及?臣伏恨衰疾,不獲奉慰闕庭,不任號殞摧咽之至,謹奉表以聞。

原載《廣成集》卷 3

請不赴山陵表

臣某言:竊承山陵甫畢,皇帝陛下哀慕無窮,欲躬赴陵寢者。恭聞中旨,實駭人情!凡被照臨,莫不惶惑。臣某誠惶誠恐,頓首頓首。伏以皇帝之孝也,法天順人,緣理制禮,俾生靈咸若,而宗廟永安。未聞以弓劍之哀誠,履曾、閔之獨行,遽勞警蹕,親奉告修。

伏惟皇帝陛下考百王之舊儀,詢歷世之成典,特迴聖鑒,俯契禮文,遵前古之通規,示後王之令範,彌彰孝理,以慰萬方。臣不任瀝懇虔望迫切之至,謹奉表陳乞以聞。

原載《全唐文》卷 931

奏於龍興觀醮玉局札子

右:臣先蒙今年十月二十二日宣,賜舊玉局洞門官舍一所,并石像老君一座,移在當觀。其舍今於殿後講堂基上起立功畢,便用安置石像老君,焚修供養。伏以名山大川,二十四化,春秋常祀,著在舊儀。其玉局化所修常醮,伏請起天漢元年二月八日,委本府縣祇就龍興觀玉局石像老君前修設,冀免曠闕,以協敬恭。又北邙化在巂州,積年已來,醮祝皆闕。況居率土之內,宜申咸秩之文,前件二化,今亦欲就龍興觀一處,與玉局同用,延祝景眖,永福聖朝。謹舉如前,伏聽敕旨。

原載《全唐文》卷 931

賀江神移堰箋

伏睹導江縣令黃璟奏六月二十六日江神移堰事。伏以大禹濬江,發洪源于龍冢;李冰創堰,分白浪於龜城。導彼靈津,資乎民用。而涸脛泛肩之誓,表則有常;若懷山沃日之多,崩騰難制。立虞墊溺,必害蒸黎。昨者夏潦渤興,狂波未息。顧岷江之下瀨,便逼帝都;當灌口之上游,遽彰神力。於是震霆薄地,白雨通宵。驅陰兵而鼓譟連天,簇靈炬曰熒煌達曙。回山轉石,巨堰俄成。浸淫頓減於京江,奔蹙盡移於硤路。仰由聖感,仍假英威。見天地之合符,睹神明之致祐。編於簡冊,冠彼古今。叨奉獎私,彌增抃躍。謹奉箋陳賀以聞。

原載《成都文類》卷 18

太上洞元靈寶素靈真符序

素靈符者,天師翟君乾祐乾元中自黃鶴山泝流入蜀,至巫山峽,耽玩林泉,周歷峰岫,躊躕歲餘,南至清江,北及上庸,周旋千餘里,神墟靈迹,巖扃洞室,靡不臨眺。一夕,夢真人長丈餘,素衣華冠,立於層崖之上,俯而視之,若有所命。君翼日登天尊峰,瞻仰禮謁,果見真人也。俄於天尊手中得丹書一卷,拜而受之,即《素靈符》也。按而書用,蠲痾療疾,徵魔制靈,驅役鬼神,迴尸起死,召置風雨,鞭策虎狼,三峽之人,大享其惠。天寶中詔入內殿,順風問道,復還仙都山。其後平昌段成式與當時朝彥荊郢帥臣咸師奉之,累年乃得道而去。有得此符者,傳以救人,用之必驗。余天復丙寅歲,請經於平都山,復得其本,編入三洞藏中,冀將來同好,共知濟物之志焉。廣成杜光庭序。

原載《全唐文》卷931

太上洞神太元河圖三元仰謝儀序

《經》曰:《河圖》,仰謝之法,學道之士,常能行之。度洪災之劫,昇爲種民。若兵戈水火,旱潦蟲蝗,星辰變怪,天地易常,山摧川涸,日月薄蝕,風霜不時,雷電害物,妖氣作沴,鬼邪惑衆,四境不寧,猛鷙爲暴,若帝王國主不安,及疾厄灾異,至於民間危急,當告謝天地,玄感穹旻,乃可解度耳。

天道憫物,元聖流慈,太上出河洛龜龍之書,青文綠甲之字,以授帝王,此蓋教民致福謝過,度厄解灾之法也。行之則上合天道,舉無不應矣。三元仰謝齋,用壬辰、癸巳之日,戌亥之時。戌亥爲天門,蛇對於樞,知變即成龍。龍當其機,識化即入道。戌亥者,天門之津塗,辰巳者,龍蛇之樞機也。感悟求真,必由斯日,故用辰巳日也。壬者陽氣所生,太乙之位也。故戌亥時昇壇告謝,子時陽氣通生之首也。道法執象導物,伏鬼制神,御天統人,以十二辰爲用,立德於子,表成於丑,慎衰於寅,戒敗於卯,運智慮於辰,用消息於巳,救傾於午,即安於未,防亂於申,開大於酉,歸根於戌,太平於亥。歸根則陰氣盡,太平則陽氣昇,道運則陽昇,水柔則道合。故壬癸爲勝,順陽合道故也。急有祈謝,未及壬辰日者。寅以慎衰,午以救傾,戌以歸根。此三辰日,時急亦可用,合天道矣。苟能丹苦感徹,必契神明者。餘日無爽,不拘於此矣。未齋三日,灑掃內外。禁絕庶事,約飭僚友,惟務精嚴,一心營備,無忘謹敬也。

原載《全唐文》卷 931

天壇王屋山聖迹序

　　國家保安宗社,金籙籍文,設羅天之醮,投金龍玉簡於天下名山洞府。謹按《道藏·龜山白玉上經》具列所在去處。十大洞天内一王屋山,清虛小有之洞,周迴萬里,在洛京西北王屋縣,仙人王真人治之。《傳》曰:黄帝於元年正月甲子,列席於王屋山,清齋三日,登山至頂。於瓊林臺禱上帝破蚩尤,遂敕王母降於天壇。母既降,黄帝親供侍焉。王母迺召東海青童君,召九天玄女,授與破蚩尤之策。黄帝依命,殺蚩尤於冀,天下乃無不克,海内安然。王母遣西方白虎之神,賜黄帝玄羽之衣,乃命帝會於孤竹之野。帝欽命齋戒,嚴駕而行。既至孤竹,見空中千乘萬騎,或有了髻青衣童子數百人,或五彩羽服,或乘飛龍,或乘飛虎,或乘鸞鶴,或執珠幢錦傘霓旌絳節,或持如意九曲几,及前後歌舞妓樂,不可名狀。

　　俄見寶車一乘,駕五色斑龍,九頭,上有羽蓋九重。中有仙女一人,衣黄裳,戴金冠,隱隱而至。左右侍從有仙童一人,謂帝曰:“此西王母也。”帝接至。母令仙童二人命帝坐,賀帝曰:“聖躬安,天下寧矣。久即戎事,得無勞乎?”帝謝曰:“賴上帝厚恩、聖母諭教,得寧天下,豈敢稱功乎?”母乃命飲,筵上花果罇罍,器皿光赫,大小各異,而不能辯其一焉。復遣仙女宋妙英歌《萬年長生》之曲。歌罷,母賜帝茹芝數枚,食之不饑不渴。又賜修真七昧之書。授訖,母冲天而去。

　　後三載,於八月一日,母遣西方白虎之神爲使,命黄帝。時在大隗山受母命。帝即齋戒至洛陽,帝自白波涉渡,至王屋,清齋三日,登山,即八月十五日,至頂上祝香禱焉。俄而西方天香馥郁,自天而下,遍聞山谷。青鳥先至。帝曰:“阿母降矣!”俄而見空中千乘萬騎,一如孤竹之儀。既降天壇,帝列席下,見仙衆羽服冠簡,環佩履舄。帝乃頻顧之。母曰:“帝何爲哉?”帝曰:“恐左右不謹。”母曰:“帝何不實耶?”帝乃實對。母曰:“天上之服,非人間之有。此衣非朝禮星辰國王父母,不可服焉。”帝曰:“朕南面承尊,不敢以羽衣賜人臣。”母

曰:"善。"羽衣不拜帝王者,自此始也。帝欲設食,母止之,謂帝曰:
"吾之仙衆,不饑不渴,豈欲造人間之饌乎?"王母戒帝曰:"設欲供養
神仙上界星辰日月,但擇吉日,築壇場,設净席,布香燈花果而已。如
無,用清水藥苗代之,餘皆不可。"言畢,王母賜帝碧霞之漿,赤精之果
訖,王母冲天而去。

　　自此每年八月十五日,四方善士雲集於此山。此日亦係清虛宮
中考校功行仙籍於此山也。又《真誥》云:玄元帝時命四海龍神所修
天下十大洞天,用疆鼓之石,重重相疊,於此尚存焉。又上方院者,即
上訪院也。昔軒轅黃帝訪尋四山,故曰"上訪院"。後司馬承禎改作
"上方院"焉。唐睿宗皇帝時,玉真公主於金仙觀修道,今即靈都觀是
也。帝幸真元、金仙二觀,與西京相對,出玄武門,渡大河至東章村,
爲之曰"東章驛"。敕東濟源縣、南河清縣、西邵源縣、北陽城縣四縣
界分巡護金仙、貞元二觀。王屋山自軒轅黃帝後,至晉南嶽魏夫人,
上帝遷號,敕小有洞主王子登下教魏華,存於小有清虛宮中,四十七
真受學道畢,南嶽靈官仙衆,自清虛宮迎夫人赴南嶽衡山司命之任
矣。蓋天地不言,須憑集文籍,開示古傳實迹,今錄聖境。真元混沌
未分,道氣包含妙本,陰陽既判,真形出見。元經著爲圖經,俾來者知
所自云。

原載《全唐文新編》卷 931

墉城集仙録叙

　　《墉城集仙録》者,紀古今女子得道昇仙之事也。夫去俗登仙,超
凡證道,駐隙馬風燈之景,享莊椿蟠桂之齡,變泡沫之姿,同金石之
固,長生度世,代有其人。綿歷劫年,編載經誥,玄圖秘錄,燦然可觀。
神仙得道之踪,或品昇上聖,或秩預高真,或統御諸天,或主司列嶽,
或騎箕浮漢,或隱月奔晨,或朝宴九清,或徊翔八極。開皇已往,劫運
之前,《三洞》寶書,多所詳述。泊九皇三古之後,服牛乘馬已還,皆輟
天府而下拯生靈,由仙曹而暫司宰制。垂法立教,秉國佐時。儒籍史
臣,備顯其事。至有韜光混迹,駕景登晨,或功著巖林,遡烟霞而輕
舉;或身離囂濁,控鸞鶴以冲虛,或躬贊帝王,或樂居畎俗。陰功克

就，玄德昇聞，使鷄犬以俱飛，拔庭除而共舉，光於簡册，無世無之。昔秦大夫阮蒼，漢校尉劉向，繼有述作，行於世間。次有《洞冥書》《神仙傳》《道學傳》《集仙傳》《續神仙傳》《後仙傳》《洞仙傳》《上真記》編次紀録，不啻十家。又名山福地之篇，括地山海之説，搜神博物之記，仙方藥品之文，旁引姓名，別書事迹，接於聞見，詎可勝言？則神仙之事，焕乎無隱矣！常俗之流，或言神仙者，必俟身形委謝，魂識成真，而後謂之神仙，非是骨月昇翥，此蓋愚瞽未達之甚也。何者？《真經》云：“得道去世，或隱或顯，證道雖一，修習或殊。”故云神仙之道百數，非一途所限，非一法所拘也。或爲真人之友，或爲天帝之賓，倏忽而龍駕來迎，參差而雲駢遐邁者，則谷希長里青光赤松之例是也。或受書稟籙，陰景錬形，靈肉再生，前功克懋者，則五老上帝、四極真王之例是也。或精誠不易，試難不移，目注崑丘，心朝大帝，而得道者，黃觀、韋道微、傅君之例是也。況復《大洞》《七變》，《八稟》《三圖》，《胎精》《斑符》，《隱芝》《曲素》，《玉精》《金液》，《黃水》《秘符》，赤樹青英，環剛絳實，白羽皇象，九轉八瓊，服之而化鳳。化龍，餌之而爲金爲玉。復有金璫玉佩之訣、三皇八景之文、華丹素奏之靈、神虎金真之要。飛行之羽，超虛蹻空；流金之光，攝神制逆。翱翔則翠羽玄翮，控御則飛蓋曲晨。七十四方之所修，靡虧毫髮；三十七色之所授，漸備羽儀。至或降九錫以騰凌，踐七試而貞介。資師秘訣，證自我心，歷象不能易其堅，雷霆不能駭其聽，富貴不能惑其志，聲色不能誘其衷。此則我命在我，長生自致。故古今得者，詎可殫論！南真云：“功滿三千，白日昇天。弘道無已，自致不死。”此之謂也。

夫神仙之上者，雲車羽蓋，形神俱飛。其次牝谷幽林，隱景潛化。其次解形托象，蛇蜕蟬飛。然而冲天者爲優，尸解者爲劣。又有積功未備，累德未彰，或至孝至忠、至貞至烈，或心不忘道，功未及人，寒栖獨錬於己身，善行不加於幽顯者，太上以其有志，太極以其推誠，限盡而終，魂神受福者，得爲善爽之鬼。地司不制，鬼録不書，逍遥福鄉，逸樂遂志，年充數足，得爲鬼仙。然後昇陰景之中，居王者之秩，積功累德，亦入仙階矣。如此則善不徒施，仙固可學；功無巨細，行無洪纖。在立功而不休，爲善而不倦也。修習之士，得不勗哉！又一陰一陽,道之妙用。裁成品物,孕育群形,生生不停,新新相續。是以天覆地載,清濁同其功;日照月臨,晝夜齊其用。假彼二象,成我三才。故木公主於《震》方,金母尊於《兑》澤,男真女仙之位,所治昭然。觀夫誥籍之中,圖傳所述,混同載録,未有解張。今按上清七部之經,存注修行之事;日月五星之内,空常飛步之篇。元父玄母以兼行,陽號陰名而具著,纂彼衆説,集爲一家。女仙以金母爲尊,金母以墉城爲治,編記古今女仙得道事實,目爲《墉城集仙録》上經曰:"男子得道,位極於真君;女子得道,位極於元君。"此傳以金母爲主,元君次之,凡十卷矣。廣成先生杜光庭撰。

原載《雲笈七籤》卷 114

録異記序

怪力亂神,雖聖人不語,經誥史册,往往有之。前達作者《述異記》《博物志》《異聞集》皆其流也。至於六經圖緯河洛之書,別著陰陽神變之事,吉凶眹兆之符,隨二氣而生,應五行而出。雖景星甘露,合璧連珠,嘉麥嘉禾,珍禽珍獸,神芝靈液,卿雲醴泉,異類爲人,人爲異類,皆數至而出,不得不生,數訖而化,不得不没。亦由田鼠爲駕,野雞爲蜃,雀化爲蛤,鷹化爲鳩,星精降而爲賢臣,嶽靈昇而爲良輔。今古所載,其徒實繁。又若晉石莘神,憑人幻物,烏血魚火,爲灾爲異。有之乍驚於聞聽,驗之乃關於數歷。大區之内,無日無之。聊因暇辰,偶爲集録。或徵於聞見,或采諸方册,庶好事者無忘於披繹焉。命曰《録異記》臣光庭謹叙。

原載《全唐文》卷 932

太上洞元靈寶無量度人上品妙經序

贊咏之作,始於天地之初。三景既分,五行生化。於是五行三景之氣,流行太無之中,感激凝結,浮於太空之内。氤氳交錯,而成文字,非霧非氣,非烟非雲,號曰"天章",亦名"天書",輪囷不散,垂芒耀彩,焕乎虚空之間。蓋三景之精英,五行之華秀也。

太上大道君命天真皇人依形模寫,迴環曲折,謂之"天篆",亦名

"真文"。以五氣所凝者,爲五帝之篇;以八會所成者,爲八天之篆。其文在空中,爲天風飄泛,自然生八會之音。聞之者神襟明暢,飄然有飛躍騰凌之意;聽之則神和於内,氣逸於外,可以致道,可以延齡。所圖寫之文,自諧音韻,勾度高妙,出人意表。今所存《靈寶赤書大梵隱語》《上清大洞三十九章》《三皇内文》《洞神大字九鳳篆蓬萊龍書》及《三洞寶籙金符玉章》,皆本文也。故能保制劫運,召役鬼神,招真集靈,通神達妙,無所不能。萬魔睹之以摧伏,百神仰之以朝宗,謂之信符,乃天地神明之信也。其成音曲章句者,即上清歌咏之曲、六甲靈飛之章、靈寶步虛之篇、玉檢龜山之頌。或高聖之述,或上真所裁,或指修真之門,或叙長生之訣,或敷揚靈奥,或宣贊深冥,或秘在上京,或降於前古。所以天真游宴,衆聖會朝,陳鈞天廣樂,奏靈章萬舞,即其事也。今九等齋法,傳授軌儀,始自初階。至於畢籙,隨品昇降,各有贊誦之篇,散在諸經,不可周覽。依所傳品目,合而序之。

原載《全唐文》卷 932

玉函經序

　　翳門廣博,脉理玄微。凡稱診脉之流,多昧死生之理。儻精心於指下,必馳譽於寰中。可療者圓散宜投,難起者資財慎取,免沈聲迹,圖顯功能。余幼訪明師,遍尋奇士,粗研精於奥義,敢緘秘於卑懷。謹傍《難經》略依訣證,乃成生死歌訣一門。非敢矜於實學,欲請示於後昆焉。

原載《全唐文》卷 932

洞淵神咒經序

　　西晉之末,中原亂離,饑饉既臻,瘟癘乃作。金壇馬迹山道士王纂,常以陰功濟物,仁逮蠢類。值時有毒瘴,殞斃者多,閭里洞荒,死亡枕藉。纂於静室,飛章告天,三夕之中,繼之以泣。至第三夜,有光如晝,照耀庭中。即有祥風景,雲紛馥空際。俄而異香天樂,下集庭中,介金執鋭之士三十餘人,羅列如有所候。少頃之間,珠幢寶旛,霓旌絳節,紅旗錦旆,相對前迎。白鶴交飛,朱鳳齊舞。又二青衣,持花捧香。又四侍玉女,擎持玉案。地舒錦席,前立巨屏。左右龍虎將軍,侍衛官吏,各二十餘人,立屏兩畔,如有備衛焉。復有金甲將軍、諸大神王等,各數十人,次龍虎二軍之外,班列肅如也。

須臾,笙簫駭空,自西北而下。五色奇光,灼爍艷溢。有一人執簡佩劍而前,告纂曰:"太上道君至矣!"於是百寶大座,自空而來。即見道君乘五色飛龍,蓮花之座,去地丈餘,有二真人、二天師侍立焉。纂遂拜手,踽踽迎奉。道君曰:"子憫生民,形於章奏,刳心泣淚,感動幽明。地司列言,吾得以鑒盼於子矣。"纂匍匐禮謝畢。道君曰:"夫一陰一陽,化育萬物,禀五行爲之用。而五行互有相勝,萬物各有盛衰,代謝推遷,間不容息。是以生生不停,氣氣相續。億劫以來,未始暫輟。得以生者,合於純陽,昇天而爲仙;得以死者,淪於至陰,在地而爲鬼。鬼物之中,自有優劣强弱,剛柔善惡,與世人無異也。玉皇天尊慮鬼神之肆橫,灾害於人,常命五帝三官,檢制部御之。律令刑章,罔不明備。然而季世之民,澆僞者衆,淳樸既散,妖氣萌生。不忠於君,不孝於親,違三綱五常之教,自投死地。繇是六天故氣魔鬼等,與歷代敗軍死將,聚結成黨,戕害生民。駕雨乘風,因衰伺隙,爲種種病,中傷甚多。亦有不終天年,罹於夭枉。昔在杜陽宮中,出《神咒經》授真人唐平等,使其流布,以救於人世間。無知愚俗,見有王翦、白起之名,謂其虛誕。此蓋從來將領者,生爲兵統,死作鬼帥,積功者遷爲陰官,殘暴者猶拘魔屬,乘五行敗氣,爲札爲瘥。然陽威憚之,神咒服之,自當珍戢矣!今以神咒化經,復授於子,按而行之,以拯護萬民也。"即命侍童披九光之韞,以經及三五大齋之訣,授之於纂曰:"勉而行之,陰功克充,仙階可覬也。"言訖,道君及侍衛衆真,皆西北而舉。

遂按經品齋科,行於江表,生民康乂,疫毒消弭。自晉及今,蒙其福者,不可勝紀。在乎蠲潔莊敬,惟精惟勤,明誠感通,應猶響答。若怠慢輕泄,自速罪尤。修奉之人,慎遵斯戒。又況此經浩博,玄皇之金口親宣;其理淵深,太上之微言密示。若有冥心誦持,真靈立感。神兵騎吏,應時而電掃奸妖;猛馬天驦,隨處而風消毒癘。神寶祚之延洪,更超周卜;祝聖年之遐永,克廣堯齡。車軌混於普天,正朔覃於率土,贊大道威神之德,助國朝惠育之恩。洪福元休,浩浩無極。

原載《全唐文》卷 932

廣成先生叙

　　道之爲用也,無言無爲;道之爲體也,有情有信。無爲則任物自化,有信則應用隨機;自化則冥乎至真,隨機則彰乎立教。《經》曰:"善者吾善之,不善者吾亦善之,德善。"此明太上渾其心而等觀赤子也。《書》曰:"不獨親其親,天下皆親;不獨子其子,天下皆子。"此明聖人體其道而慈育蒼生也。惡不可肆,善不可沮,當賞罰以評之。《經》曰:"人之不善,何棄之有?故立天子。置三公。"此聖人教民捨惡從善也。又曰:"爲惡於明顯者,人得而誅之;爲惡於幽暗者,鬼得而誅之。"又曰:"爲善者善氣至,爲惡者惡氣至。"此太上上垂懲勸之旨也。《書》曰:"惟上帝不常,作善降之百祥,作不善降之百殃。"此聖人法天道禍淫福善之戒也。

　　由是論之,罪福報應,猶響答影隨,不差毫末。豈獨李釋言其事哉?抑儒術書之,固亦久矣。宣王之夢杜伯,晉侯之夢大厲,恭世子之非罪,渾良夫之無辜,化豕之報齊侯,結草之酬魏氏,良霄之殂駟帶,鄭玄之捽劉蘭,直筆不遺,良史攸載,足可以爲罪福之鑒戒,善惡之準繩者也。況積善有餘福,積惡有餘殃。幽則有鬼神,明則有刑憲,斯亦勸善懲惡至矣。大道不宰,太上好生,固無責於芻狗,而示其報應。直以法字像設,有所主張,真文靈科,有所拱衛,苟或侵侮,必陷罪尤。故歷代已來。彰驗多矣。成紀李齊之《道門集驗記》十卷,始平蘇懷楚《玄門靈驗記》十卷,俱行於世。今訪諸耆舊,采之見聞,作《道教靈驗記》凡二十卷。庶廣慎微之旨,以匡崇善之階。直而不文,聊記其事。

原載《雲笈七籤》卷 117

青城山記

　　神州之内有名山,五嶽列於五方。《山海經》所謂五嶽各領名山三百六十,凡一千八百。有神仙洞室,福地靈墟,顯於仙經,載於方志。其山皆上應列宿，傍係星官。上帝俾正神所居，以司善惡，邦國祥沴，咸所主焉。亦猶太山爲角宿之根，咸池爲方城之險，嶓冢應於井絡，魁首屬於井陘者也。

自方圓肇基，融結定位，衆山波屬，以鎮一隅。則蜀之山近江源者，通謂之"岷山"。連峰接岫，千里不絶。青城乃第一峰也。按《漢書》及傳記，言岷山之下，沃野有蹲鴟焉。《靈寶經》亦云，地出美芋，名曰"蹲鴟"。《闞駰十三郡記》稱蜀郡西盡岷山。《華陽國志》稱蜀郡北接岷山。斯則青城、峨眉，爲坤維之巨鎮也。岷山導江，但導其流，非謂江源出於岷山矣。《福地記》云："青城山高三千六百丈，周迴五千里，有甘露芝草，天池醴泉。"《玉匱經》云："黃帝封爲五嶽丈人，乃嶽瀆之上司，尊仙之崇秩。一月之内，群嶽再朝。六時灑泉，以代晷漏。一名'赤城山'，一名'青城都'，一名'天國山'，亦爲第五大洞寶仙九室之天。對之西北，在岷山之南，群峰掩映，牙相連接，靈仙所宅，祥異甚多。"任豫《益州記》云："崗巒巖崿，連亘千里，上有仙都。"《地理志》云："西徼之外，江水所出，天彭青城，連峰下絶。"李膺記云："入山七里，至赤石城，有羊馬臺三師壇。上五里至瀑布水澗，二百步有石梯。有一石笋，高三丈。過二石門，絶崖數百丈，下起常道觀。高峰下有水，六時灑落。東北有二石室，名'龍宮'，可容百餘人。從龍宮過至石室，名'龍橋'，又有一梯，洞穴深淺，莫知所極。西北有石室，宛然見存。又有黃帝壇，石法天地，上圓下方，闊一丈二尺，有十二角。觀東有石日月，各闊五尺，厚一尺二寸，相對。柱上烏兔爍煒，方圓磅礴可睹焉。"《五嶽真形圖》云："洞天所在之處，其下別有日月，分精以照。"其中龍橋處二山相去二百餘步，其峰危竦相對。橋在峰首，其橋中半漸漸促小，可六寸，長一丈五尺。兩邊懸崖，俯臨不測。山傍有誓石，天師張道陵與鬼兵爲誓，朱筆劃山，青崖中絶。今嶮斷石并丹色，闊二十丈，深六七丈，望之艷然。《福地記》曰："青城山有赤石如鹿形，今誓石多有如野獸之狀者。"又云："天師居赤城崖舍中，即今石室也。"觀北上十餘里，有亭臺孤聳，獨秀霞表，名曰"軒轅臺"，下望諸山，如蟻垤焉。連抱之樹，有若薺也。此臺非得仙之人，不可居之。觀前有靈燈，齋日必見，或五或三，亦無定數。常因玄宗皇帝敕道士王仙卿就黄帝壇修醮,其燈遍山。僖宗皇帝幸蜀之年,山中修靈寶道場周天大醮,神燈千餘,輝灼林表。

其山逸士高人,多所憩息。葛稚川《神仙傳》云:"仙人李阿,朝游成都市,暮宿青城山。"宋大明中,道士楊超遠、秀才費元規,亦居此山。唐有逸士馮廓、王仙柯,於此修道,皆有感降。玉真公主,肅宗之姑也,築室丈人觀西,嘗詣天下道門使蕭邈,字元裕,受三洞秘法籙,游謁五嶽,寓止山中,就拜靈峰於寶室洞前,有仙雲五色玄鶴翔舞焉。此山前號"青城城峰",後名"大面山",其實一耳。同體異名,猶岱之天台,亦謂之"桐柏"也。東北臨皁水,西南亘平川,西枕黑溪,北拒洇水。洇水今在蕃界。大面之頂,去平地七十二里,爲兹山之主,非常人所到。靈禽異獸,奇花仙草,靡不有焉。其上瓊樓仙室,金闕玉堂,得道之人,造之乃見,非凡俗所窺也。有七十二小洞,應七十二候。有八洞,應八節。第一太乙洞,第二九仙寶室洞,第三娑羅洞,第四高臺玉室洞,第五麻姑洞,第六寶園洞,第七聖母洞,亦名"聖主洞",第八都督洞,亦應八卦,以通八水。其中五大洞,上應五星之宮,乃五行五常所化也。瑶林寶樹,金沙玉田,水清而甘,草靈而秀。《上清記》云:"神仙王方平,領仙士萬五千人,以鎮兹山。"又云:"洪崖真人隱居其内。"昔寧再封先生栖於北巖之上,黄帝師焉,請問三一之道。先生曰:"吾聞天真皇人被太上敕,近在峨眉達三一之源,可師而問之也。"因以《龍蹻經》授黄帝。黄帝受之,能策雲龍以游八極。乃築臺其上,拜寧君爲五嶽丈人,使川嶽百神,清都受事。乃入峨眉北巖,受皇人三一之道,周旋海嶽,車轍存焉。又有得道仙民,游散未受職者,分居諸洞之中。絶峰之頂,烟雲常覆之,每日晴霽,才六七度。四面山峰,各有名字,載於圖經矣。

原載《全唐文新編》卷 932

麻姑洞記

繁陽山麻姑洞,即三十四化之第一,陽平之別名也。在繁水之陽,因以爲名。《本際經》云:天師張道陵所游太上説經之處,在成都府新都縣南陵江十五里,衆山連接,孤峰特起是也。神武皇帝潛龍之

時，光化二年己未五月四日丙申，山土摧落，洞門自開。縣吏時康、鄉
所由楊靖、道士張守真等以事申府云，自洞門開後，每日有百姓往來
者。府差縣典楊澤、畫工任從同往檢覆，畫圖申上。稱把燈燭入洞看
檢，其第一門對北，高二尺，闊三尺五寸，入至第二門，約五尺以來，第
二洞門方一尺六寸，入內竝是黑處，長一丈二尺，闊六尺。有石窟兩
處，在東畔竝西南有洞門兩路：南畔一路，圓闊一尺六寸，入內長一丈
二尺、闊一丈、高四尺。南畔有窟三處，西畔兩路，入內通繞門，圓闊
一丈七尺，內各闊五尺，高六尺以來。門相去一丈，門屋一所，高五
尺，闊四尺。從內往來，有刻枓栱甋瓦，約山作石日月，兼作日字月
字。隔子房一所，闊二尺五寸，高一尺五寸，刻枓栱甋瓦。石竈一所，
高一尺，闊一尺五寸，門闊五寸。石窟三處，各闊七尺。又西入洞門，
圓闊一尺七寸。彎曲入，向南門屋一所，高六尺，闊四尺。從內往來，
有石枓栱甋瓦，又有竈模兩所，共一床，高一尺，闊二尺三寸。門闊八
尺，有石枓栱。西北角又有一門，方一尺六寸，四方二丈以來。南畔、
西畔、北畔各窟一所，南角又有一洞，圓闊一尺六寸以來。將燈燭近
前，有黑氣出，燈火即滅，更入不得。其洞連接繁陽本山，相去三里以
來。其山據諸鄉張生、張薈等狀稱：繁陽是古迹山，每准敕祭祀。其
洞亦是元有，往往閉塞。元和中，南康王韋皋莅蜀，洞忽開。時人咸
云：洞門開，即年豐物賤，尋又閉塞，至是復開，其後果豐稔，其洞本名
"麻姑洞"，側有麻姑宅基，蓋修道之所也。

原載《全唐文》卷934

豆圌山記

　　綿州昌明縣豆圌山，真人豆子明修道之所也。西接長岡，猶通車
馬；東臨峭壁，陡絶一隅。自西壁至東峰，石笋如圌，兩崖中斷，相去
百餘丈，躋攀險絶，人所不到。其頂有天尊古宮，不知所製年月。古
仙曾作繩橋，以通登覽，而絚筆朽絶已久。里中有言曰："欲知修續
者，脚下自生毛。"相傳如此。

　　咸通中，山下有毛意歡者，幼而爲道，常持誦五千言，著敝布褐，
於市乞酒。醉而登山，攀緣峭險，以絶道爲橋。山頂多白松樹，繫之

繩,橫亘中頂,布板緣繩上,善男女隨而度焉。數年,繩杇橋壞,無復緝者。咸通歲,令與賓客醮山於西峰,時展禮毛師。他游人謂令曰："此峰之側,有小徑抱崖,纔通人迹,無所攀援。"意歡常游此而去,逾旬不出,令疑其隱在穴中。座內有廣陵郭頭陀者,令請由此徑往探求之。頭陀驚眙不能語,久之而後言曰:此徑去約三十餘丈,然到一穴口,纔三五尺,下去平地猶數百尺。穴內可坐十餘人,中有巨木櫃,緘鎖極固。意歡讀經處石面平滑,有足膝之痕,而經卷在焉。不知意歡之所,其家有一妻一女而已,疑其得道者也。意歡每多持燈椀度繩橋,山側居人視之,以爲常矣。山多毒蛇猛虎,里中人莫敢獨往。意歡夜歸,亦無所畏焉。常有二鴉,客將至,必飛鳴。意歡整飾。賓階坐榻,未畢,客果至矣。

原載《全唐文》卷 934

天壇王屋山聖迹記

蓋聞天元設象,運日月以璇衡;地道綱維,布山河而列政。有王屋山者,在洛陽京北百餘里,黃河之北,勢雄氣壯。岡阜相連,高聳太虛,倚懸列宿,西接於崑丘,東連於滄海。謹按《龜山白玉上經》曰:"洞天周迴萬里,山水之源。"《圖經》曰:"上則接於崑丘,下即侵於蓬島。"最高者首名"天壇山"也。《黃帝內傳》云:"爲之瓊林臺。"《真誥》云:"瓊林者,即清虛小有之別天也。其下即生泡濟之水,中有水芝,人得服者長生耳。"

昔黃帝上臺,見一級高可及二丈許,下石二級,高可七十尺許,四方壁立,皆造化融成。黃帝於此告天,遂感九天玄女、西王母,降授《九鼎神丹經》《陰符策》遂遁克伏蚩尤之黨。自此天壇之始也,其上多石,可生草木,實爲五嶽四瀆、十大洞天、三十六小洞天神仙朝會之所。每至三月十八日及諸元會日,五更之初,天氣清明,輒聞仙鐘從遠洞中發,寥寥之聲,清宛可入耳。將日出,則日氣炯炯,可以見生死之情狀,觀天地之變化。當曉時分別之際,則聞仙鷄報曉,往往飛栖下地,象小於家鷄,其毛如雪。

又壇心有石燈臺,四門,中高可丈餘,製造甚奇,鎮於洞天。諸元會日，靈山真聖皆朝會壇所，考校學仙之人，及世間善惡籍録之案。是日往往則陰雲蔽固，竟日方散。是日有道之士，學修仙之人，投簡奏詞，醮謝其下。壇隅有《造石燈臺小碣記》云：天寶八年，新安尉公使内使宮圍令符筵喜因爲國爲民醮壇置，碣陰刻盧全、高常、嚴固。至太和五年，凡字缺損。壇心高突，秀出群峰，每日初出，影西度，掩西方山脊，亦可及千餘里。上無飛鳥，風若松聲。太虚中孤危而四面無礙，人立於上，冲和血氣，狀如勇心直脛而立，目視歷歷，亦可自辨其形影，似憑高眺遠，飛越崖谷。長天未曉，身若浮萍，又如精氣所乘，飆不得落，此果乃真仙游行之所也。心若不志，銷爍其精魂耳，似有怖懼。凡有道之士，身若輕舉。天明日朗，則夜聞人語笑之聲，或簫鼓奏於其上。

又壇西有懸泉，名曰“太一泉”。其水味甘如醴，其泉水流如綫，落在石斗中，深可數尺，千人飲之不耗，經年不汲如故。次西一石巖，名曰“黑龍洞”。洞上半崖，高數十丈。有一洞，深二丈許，正射西北天門，名曰“按雲庵”。舊有葛梯，人蹬躡可到，昔太乙元君修道於此。其太一泉水，伏流其下。東爲濟水。其泉次南有一巖，曰“紫金堂”，昔軒轅黄帝駕憩於此。沿堂側其道徑甚嶮，至一石門，側身可上，乃止壇頂。其門名曰“東天門”，門東有换衣亭，壇頂上有三清殿，東西有廊廡。壇畔有四角亭，臨崖百尺。憑闌四望，南視嵩峰少室，大河如帶。西有王附山。東北有王母三洞。壇東北隅有一石，長丈餘，闊尺許，突出崖頭，下深百丈。登壇人供侍香火，朝拜王母三洞，心有恐怖者不敢上。石名曰“定心石”。北望析城山，東北望太行。東觀日出，如生滄海。四面瞻視，群山卑如丘阜，方顯洞天之獨尊，高表神仙之聖迹。壇東一峰甚秀，名曰“日精峰”，壇西峰名曰“月華峰”，峰南一平嶺，號曰“躡雲嶠”，下有一澗，名曰“避秦溝”。西南下十八盤，次南曰“仙人橋”。東有伏龍嶺，南一小峰，名曰“鷄子峰”。次下仰天池，次南路有歇息亭，自壇頂至上方院八里，又曰“中巖臺”，乃司馬子微修行游息之所。前下紫微溪，至陽臺觀八里，中有仙貓洞、不老泉。觀東有燕真人洗耳井仍存，在陽臺觀東北百餘步，俗呼“燕家泉”。其觀前分八岡，名曰“八仙岡”。

　　昔司馬承禎天師,河内温城人也,乃西晉司馬宣王之後,今温縣西二十里招賢城是也,尚有晉三帝墳在焉。唐睿宗皇帝女玉真公主好道,師司馬天師。天師住天台山紫霄峰,後睿宗宣詔住上方院。其司馬初師嵩嶽潘師正,師正師茅山王昇真,昇真師華陽隱居陶仙翁,其四世不失正道。唐明皇即位,於開元十二年敕修陽臺觀,明皇御書寥陽殿榜,内塑五老仙像。陽臺有鐘一口,上篆六十四卦,曰“萬象鐘”。有壇曰“法象壇”,有鐘樓名曰“氣象樓”。殿西北有道院,名曰“白雲道院”,司馬號“白雲先生”,有亭曰“松亭”,有先生廟堂。先生撰文一部,曰“白雲記”,篆書別爲一體,號曰“金剪刀”,流行於世。先生未神化時,注《太上昇元經》及《坐忘論》亦行於世。至開元十五年八月十五日,有雙鶴繞壇西北而去。彼時白雲自堂中出,聞簫韶之聲,此先生顯化之驗也。王屋縣宰崔日用聞奏,明皇異之。先生神化時年八十有九,謚贈銀青光禄大夫,謚“白雲先生”。堂西壁上畫先生游行,乘駕黃犢車,白雲步步相隨。

　　觀西有山神廟,即王屋山神也。天寶年,其神用陰兵助郭子儀破安禄山,後明皇封爲總靈明神天王,仍敕修其廟。觀南有太山廟,南王屋縣去西八里有藏花洞,其水春綠夏赤,秋白冬紫,水味甘美。壇東南附山名“青羅峰”,下有青羅仙人觀碑存焉。壇北有五斗峰,通蔴籠、藥櫃二山。王屋山中有洞,深不可入,洞中如王者之宫,故名曰“王屋”也。藥櫃山次東有趙老纏,昔趙真人修道於此,及四真人煉丹於此。有石室二十餘間,霍仙人修煉於此,名“霍師堂”,壇東南有山名“齊嶺”,下有山名“垂簪峰”,又側有清虛小有洞,洞内周游萬里。昔唐建三清殿及清虛觀,其洞内有因兵火,居民避亂,穢氣所觸。民出洞後,有石落,塞合洞門。《真誥》云:“其洞中日月,晝夜光明輝映,朗接太虛,與外日月無異。”此乃爲日月伏根也。日曰“神精”,月曰“陰精”,明照在洞天之中。天亦高大,星宿雲氣,無草木萬類。洞宫之中,有金玉之殿,及多寶貝黃金,琉璃瓊璧,不可名狀。有五闕五山,加於五嶽,上生紫林方華,星髓金津,碧毫朱靈,夜粲細實,立壺中洞天之所生也。人得食之,乃長生神仙矣。洞主王君,掌校仙籍,善惡之録,處事其中矣。太素三元上道君遣青真左夫人郭靈蓋、右夫人楊玉華,齎神策玉璽見授王君,爲太素清虚真人,領清虚小有洞天。
王分主四司,左保上公治王屋山。洞天之中,給金童玉女各三百人,
掌上清玉章、太素寶元秘籍。上品九仙靈文,山海妙經,盡掌之焉。
又總洞,中明景三天寶録,得乘龍跨虎,金輦瓊輪,八景飛輿,出入上
清,受事太素,寢宴太極也。小有洞天者,乃十大洞天、三十六小洞
天、七十二福地之宗首也。仙都所宗,太上所保。故重其任,以委群
真矣。元始天王曰:"夫小有洞天者,是十大洞天之首,三十六小洞天
之總首也。"齊嶺東一山,名曰"玉陽山",山東次南有瀑水如練,長百
尺,落半崖。澗下有深潭,名曰"擔鐘泫"。其山名西玉陽山。靈靈都
宮東北有山名"東玉陽山",山有洞深百尺,國家時投金龍於此。洞旁
有一憩鶴亭,高數丈,上有鶴迹存焉。昔因周靈王太子王子晉與師浮
丘公游天壇回,憩鶴於此。天壇四面附山,峰巒澗嶺,泉谷勝迹,總目
於後。頌曰:

　　王屋天壇福地元,清虚小有洞天仙。無窮勝境於人物,有感神通
今古傳。

原載《全唐文》卷 934

東西女學洞記

　　長安富平縣北定陵後通關鄉,入谷二十餘里,有二洞。一名"東
女學",一名"西女學",其東女學崖壁懸絶,洞門在崖面,躋攀不及,
夜往往聞讀書之聲。其西女學約山有路,可到洞門。近門一石室,可
容一二十人。其洞門時有人秉燭可入,行一二十里,兩面有五門,皆
各有題記,或云通蓬萊及諸仙境。近年有石摧下,遮閉洞門,不通
人入。

　　又山頂有一天井,直下深二丈許,有自然橫石旁出。石下天井亦
可二丈餘,可通人過。其底傍有崖龕,梯磴而上,曲屈甚廣。龕内有
道經數萬卷,皆置於柏木板床之上。有一石人,俯首憑案而坐,形如
生人。天井之底,有道門所投之簡,委積朽爛,不知其數。其大順年
中,富平奉道人姓徐第七,曾於洞内取《養生經》出外傳寫,却送山
洞中。

又向北行二十餘里,有三泉山谷,中有石山嵌,可容二三百人。當谷內有三石盆,其盆各廣丈餘,制度光滑,殆非人功。三盆涌出,泉水常滿,餘水流出山外。故老云,時有仙人浴此盆。大都此山有人觸犯,即立致雷雹,傷損苗稼。由是鄉里多隱蔽踪迹,難於尋訪。山上有仙人鬭聖踪迹極多。東女學山前有神雕一窠,常護洞門。人或侵犯者,神雕擊之,立致隕斃。古有道流刻五石人,置於山上。民有鋤禾者,爲雕所驚,走避於石人之下,置笠於石人頭上,雕即擊之,石人頭隕,於今見在。其山下通關鄉多姓公孫賈家,山上石保村多姓呂氏、麻氏。

原載《全唐文》卷 934

迎定光菩薩祈雨文

亢旱自天,豈容私禱?急難告佛,實出微誠。恭惟定光菩薩智海難量,便門廣闢,不辜衆生之願,肯辭千里之遥。靉靆慈雲,既無心而出岫;滂沱法雨,端有意於爲霖。

原載《全唐文》卷 934

隸書解

世人多以隸書始於秦時程邈者,非也。隸書之興,興於周代。何以知之?按《左傳》史趙算絳縣人年曰,亥有二首六身,是其物也。士文伯曰:然則二萬六千六百有六旬也。蓋以“亥”字之形,似布算之狀。按古文亥作“元”,全無其狀。雖春秋之時,文字體別,而言亥字有二首六身,則是今之亥字。下其首之二畫,豎置身傍亥作豖,此則二萬六千六百之數。據此亥文,則春秋之時有隸書矣。又酈善長《水經注》云,臨淄人有發古冢者,得銅棺,棺外隱起爲文,言齊太公六代孫胡公之棺也。惟三字古文,餘同今書。此胡公又在春秋之前,即隸書興於周代明矣。當時未全行,猶與古文相參。自秦程邈已來,乃廢古文,全行隸體。故程邈等擅其名,非創造也。

原載《全唐文》卷 934

户部張相公修遷拔明真齋詞

臣聞太上開圖,元皇演教。三籙定金明之典,功被人天;九幽懸玉匱之科,惠周存没。竊尋經旨,遵按玄文,仰祈遷拔之恩,輒備懺陳之懇。今月二十五日,是臣先妣唐楚國夫人蜀追封宋國太夫人劉氏忌辰。今月三十日,是臣先考唐丞相太子太師致仕蜀追贈太尉忌辰,謹齎油燭香花供養之具,於成都府玉局化北帝院,奉修靈寶明真道場一晝一夜。道士一十四人,三時行道,三時轉經,對乾象以披心,馳香龍而上奏。

伏惟高尊憫鑒,衆聖垂光,普告四司,開明三界,降九龍符命,開長夜寒庭,鍊沐形魂,遷拔神爽。出玄陰之府,入洞陽之宮,罪咎蠲消,冤讎解釋。落名地簡,列籍道階,輪轉福鄉,克登仙品,九玄幽識,咸遂超昇。誓勤修奉之心,上答真靈之澤。

原載《廣成集》卷 4

張氏國太夫人就宅修黃籙齋詞

伏以妙道玄功,濟時佐國,真經秘旨,拯物救人。肇宏規於億劫之前,宏大化於萬天之內,宗之者儲祥納祐,修之者駕景登晨,披究古今,昭彰典誥。張氏克承禎貺,運偶聖明,被沐天光,輝華帝澤,循懷顧分,常抱兢憂,省已修躬,每爲炯戒。實恐往世之積瑕未懺,此生之累蠹將深,幽陰有注誦之書,冥漠有考延之籍。又張氏今年天符臨於木墓之位,暗曜住於飛化之年,火星照於身宮,仍當克之性分。大運逢王金之上,火力稍微;小運值生金之鄉,木氣已薄。緬思厄會,倍用憂虞。竊惟大道無方,施恩普洽,式申虔祝,必介休祥。是用蠲潔丹心,修崇黃籙,像瑤壇而肅列,按瓊輼以敷陳。質信諸天,燭蘭缸於午夜;告明三界,飄檀蕙於九時。露懇馳誠,希恩悔過。

伏惟高尊太上。萬聖千真,憫鑒叩祈,昭宣渥澤,敕天司地府,命陰職陽僚,黑簿落名,青宮著籙,和平債訟,消解冤讎。北都除執對之篇,年齡增遠,南極定延長之紀,禄祚尤宜。五行祛灾滯之文,九曜息照臨之咎。常歡舜日,永廕堯天,眷屬樂康,子孫忠孝。九玄七祖,往逝先亡,或拘滯昏衢,未超福路,願承道力,便遂往生,利佑見存,允蒙貞吉。其有三塗六趣,夜府寒鄉,亦因懺滌之緣,盡獲逍遙之果。陰

陽將吏,宅宇龍神,長悦豫以安寧,俾凶衰而殄息。上願皇圖遐廣,聖
壽延洪,卜年克大於姬周,享祚更隆於炎漢。寰瀛一統,書軌混同,共
傾捧日之心,咸沐自天之祐。

原載《全唐文》卷 934

奉化宗祐侍中黃籙齋詞

　　伏聞道本無爲,降元精而生二象;象而後數,羅五緯而備群形。
維地麗天,無違於律歷;陽舒陰慘,咸繫於裁成。由是善惡循環,吉凶
倚伏。乾剛坤載,不能排九六之期;蟾魄烏輪,不能革盈虧之勢。況
乎二儀禀質,三命定生,未超變化之機,固有推遷之理。是宜兢懷省
己,審過知非,常加策勵之心,冀動真靈之鑒。臣夙承玄廕,早沐洪
休,運偶睿明,身叨寵任。推忠陳力,未申匡濟之勞;翊聖扶天,累荷
超逾之渥。將壇相印,委遇益隆;蒼佩行師,徽榮彌厚。戒滿盈而徒
切,報君父以何階。尚恐動静行藏,有乖於素分;屬心舉念,有忤於神
明。或在公有失於賞刑,統衆有愆於裁斷,或往世之尤違未解,或積
生之冤債未祛,有一於斯,皆宜懺滌。又今年二運俱逢於墓位,飛天
仍直於火星,雖居華蓋禄德之方,恐有刑克照臨之數,以兹兢懼,倍切
懇誠。徐氏年運之中,亦有災滯,大小二運。金火氣微,飛宮遇於計
都,天符臨於生月,恐爲灾滯,志在懺祈。是敢恭備信儀,虔申齋潔,
按玄都品格,修黄籙道場,嚴香花於二日六時,召真聖於諸天諸地,凝
神注念,瀝懇披心。伏惟萬聖迴光,衆真流鑒,憫其丹款,錫以休祥,
赦已往之罪瑕,息將來之厄滯。明星暗曜,無臨照之凶,三命五行,除
衝妨之會。冤仇和釋,債訟消平,嗣胤繁昌,壽禄延益。九元蒙福,幽
夜開光,眷屬康寧,龍神安豫。上願聖躬萬壽,大業永昌。布聲教於
九圍,咸歡舜澤;混車書於八極,共樂堯仁。百穀豐盈,六氣均暢。誓
傾忠孝,上酬英睿之慈;克勵精誠,仰副真靈之祐。

原載《廣成集》卷 4

上官子榮黃籙齋詞

　　伏以大道元功,至真妙感,隨方流眎,應念垂慈。佐國濟人,恩周

於動植;祛灾降福,惠及於幽明。凡所啓祈,必蒙昭鑒。某氏以今年大小行運之内,恐三命衰微;陰陽宿曜之中,恐五星臨照。致成灾厄,無所告祈。竊聞黄籙妙齋,功德廣大,無灾不解,無厄不禳。輒罄丹誠,冀蒙玄祐,謹依科法,開置壇場,三日香燈,九時懺謝,至真冥應,有感必通。伏願三境諸天,高真衆聖,降無涯之澤,垂廣覆之恩,爲某氏解除積世罪瑕,多生冤債,隨懺消平,應時除蕩。眷屬安貞,公私和泰,誓傾忠孝,永奉聖朝。

原載《廣成集》卷4

飛龍唐裔僕射受正一籙詞

伏聞冥寂之初,混元之首,道生一氣,分彼兩儀,陰陽有昇降之殊,清濁有仙凡之異。是則紫清金闕,高居太妙之庭;黄軸風關,下鎮窮泉之域。隨機染惑,因生進退之疑;委迹沈浮,遂有飄零之痛。既非先覺,必在指迷。玄元皇帝當東漢之季年,啓南宫之寶笈,首傳真籙,大拯群生,修之則駕景冲虛,行之則濟人佐國。或蕩平氛浸,或懲革凶妖。正日月之天綱,風雲叶候;静灾邪於地紀,生植無愆。歷代所尊,垂休靡極。臣夙承道廕,獲奉皇慈,功輕而渥澤愈隆,力薄而君親未報。常思稟窺秘籙,宗受靈文,勤旦夕之香燈,勵精虔而禱祝。所冀家國,同納禎祥。今則嚴備信儀,恭開壇埠,通宵懺滌,稽首歸依。蘭燈夜燭於九冥,檀炷晨飛於三境,恭馳懇款,冀達尊靈。伏惟太上三尊、元元大帝、十方衆聖、三洞威神,鑒丹懇之誠,賜感通之應。靈官真氣,咸賜授傳,使内保身安,外祛灾浸,名臻道籍,罪滅陰曹。九玄離積夜之鄉,永栖長樂;舉族享無涯之善,常奉休明。算壽遐延,公私清泰。上願龍圖攸久,鳳歷延洪。增聖壽於無疆,乾坤共永;布皇恩於有截,海岳咸安。同爲至道之風,共暢無爲之化。

原載《廣成集》卷4

皇太子青城山修齋詞

臣聞靈寶陳規,齋戒感希夷之兆;真文設教,行藏通修鍊之功。

莫不啓之於心,宏之於道,上可以虔祈穹昊,昭達玄微,次可以宣布精
誠,祇延福祐。永言奉信,敢薦虔恭。伏以皇帝劃地開基,法天垂覆,
定禍亂而爰承土德,闡真明而克應金行。翼翼小心,宏朽索薄冰之
懼;朝乾夕惕,有櫛風沐雨之勞。備歷歲時,益勤祇敬,是致年豐歲
稔,國富兵强,定蜀漢之疆圻,扼黔巫之襟帶。允文允武,咸序彝倫;
至公至平,式崇治本。四方慕義,萬里歸仁,梯航無隔於高深,書軌盡
同於風教。蓋九霄之靈蔭,信大道之冥扶,用啓帝圖,聿昌宸算,永言
戴仰,彌切兢持。近者以星象留行,稍掩時景,分野觀矚,實資禱祈。
是用潔志清心,忘機滌慮,召十洲之法侶,約三洞之玄科,敬設清齋,
仍啓大醮。伏願上真降鑒,衆聖宣慈,迴機軸於玄關,啓輝光於丹道。
凡言灾沴,迺獲消除;但有吉祥,皆承應感。增聖壽於千秋之外,播皇
猷於萬宇之中,壽山朶峻於五山,福海更深於八海,與乾坤而齊固,共
日月而合明,叶華戎推奉之情,遂臣子依憑之懇。盡縈至教,俯契微
衷,冒瀆真仙,無任兢惶戒懼激切屏營之至。謹遣得一大師賜紫張茂
卿等一十四人,虔修法事,願鑒丹誠。

原載《全唐文》卷 934

普康諸公主爲皇帝修金籙齋詞

伏聞道混虚無,泮元黄爲九玄之始;象凝恍惚,標化育爲獨化之
源。於是覆載以乾坤,照臨以日月。三才共道,剛柔之用迭興;品彙
攸生,善惡之端遂列。然後降之以君父,佐之以股肱,法高皇不宰之
慈,體大帝無言之煦,弘安疆域,大庇黎甿。

伏惟皇帝陛下出震臨人,承乾御歷,禀樞機之精耀,舍嶽瀆之靈
源。明契三辰,運符四序,當天人之允屬,表讖瑞之咸臻。因念陵夷,
遂康烝庶,鎮寧郡國,割裂江山,辛勤侔大禹之功,化洽媲成周之德。
豈忘宵旰,莫憚焦勞。是用和平,永期清泰。某等今以時當端月,節
遇正陽,屬二氣之將交,處午位之炎景。思弘百福,用薦千齡,啓金籙
之靈壇,造玉京之勝地。伏願皇帝明齊月桂,壽比天楡,握金鏡以御
寰瀛,致衢樽而歡億兆。垂旒問道,睹元凱之忠貞;負扆調元,獲夔龍
而翊贊。四三皇而永固,一六合以無虞,仰奉虚皇,俯垂玄造,冀納虔

祈之志,獲申懇禱之誠。

原載《廣成集》卷4

皇太子爲皇帝修金籙齋詞

伏以浩邈無涯,育乾坤者至道;彌綸莫極,運造化者玄功。凝一氣以生三才,周六虛而吹萬有。所以春皇秋帝,雲紀火官,承妙用以御寰瀛,體無爲而統天地,曷常不含和韞粹,端拱穆清,執大象以臨人,乘飛龍而布化。雖流金爍石,湯德彌光,懷山襄陵,堯風益扇。皇帝應圖負扆,握鏡開基,慕玄元慈儉之宗,仰黄帝華胥之躅,日慎一日,雖休勿休。故得聲教旁敷,京坻積稔,俗臻暇豫,民樂雍熙。交歡自洽於鄰封,睠賵爭來於絕域,倍增寅畏,祇荷穹旻。昨以垂象飛芒,天文炯戒,躔次雖殊於分野,禱祈勵切於焚修,恭啓皇壇,敢希鴻福。仰玉清之玄化,稽首知歸;開金籙之道場,齋心發願。所貴者達誠碧落,薦壽皇躬,與日與月之同明,共地共天之咸久。青詞奏御,俾金慧以韜光;丹表通真,致珠囊之叶度。灾纏永息,禎瑞常臻,鳳歷克調,狼烟不警,政隆三五,祚越億千。位忝儲宮,實欽仙境,輒傾素懇,仰望玄慈。

原載《廣成集》卷4

中元衆修金籙齋詞

伏聞至道希夷,真精玄寂,宏化於混元之表,凝光於太極之先。散淳一之根,潛分步驟;鼓生三之氣,以制寰瀛。所以乘龍襲氣之君,畫卦垂衣之后,順敷道要,創厥皇基。恢妙用而福寰中,布神功而利天下。昭彰帝紀,炳蔚人文,允屬睿朝,誕膺天眷。皇帝儀乾受命,應運開圖,繼軒皇頊之靈源,茂宣父文王之至德,纂承土運,光啓金衡,端旒扆以穆清,慕唐虞而真正,思洽大同之理,以康九土之民。稼穡連豐,華戎咸泰,皇儲輝重明之美,遐方贊有道之風,中外恬夷,生靈輯睦。況屬三元令序,大有昌辰,宜虔齋潔之誠,共祝君親之壽。拂瑶壇而展禮,按金籙以陳儀,龍彩質心,香花備信。焰九光之蓮炬,下照冥津;飄三素之檀烟,上聞真域。必冀三天降祐,萬聖延慈,宗社隆昌,寶圖安鎮,齊乾坤於聖壽,等日月於睿明。文德武功,綏寧八極;天枝寶允,輝映萬齡。儲皇享椿桂之年,常扶大業;妃后潔蘋蘩之德,共翼宸居。朱邸清朝,彌臻景晛,外藩内輔,益履殊榮。常樂雍熙,皆登富壽。其有宿殃積纍,往債前冤,年辰命運之災,算紀飛旗之厄,秉兹懺謝,竝乞消平。即冀宗廟尊靈,生神三境,臣等九玄七祖,受福諸天,貽祚流祥,傳休無極。上願天文昭著,象緯澄清,回直符太一之旗,息玉彗金芒之耀,蕩憂患於井參之野,延福祥於梁益之墟。九穀無虞,五兵斯戢。螟蝗水旱,無肆沴於農功;疫癘凶荒,靡非災於閭里。幽關舒泰,品類滋榮,海岳歸仁,寰區稟化。至有立功將士,往逝都頭,勋著勤王,忠推致命。每因齋薦,皆爲懺祈,必離冥漠之鄉,更遂逍遙之樂。或幽陰尚滯,渙澤未沾;或嗣續已無,奠羞多闕。九宮符命,即爲遷神;三籙洪恩,俱令濟苦。勿爲疵癘,速詣福廷,動植飛沈,盡登真道。

原載《廣成集》卷4

皇帝修符瑞報恩齋詞

蓋聞歷代帝王,受天符命,咸宗至道,以御鴻圖,莫不用慈寶以臨人,仗玄功而濟物,克致雍熙之運,仍頒祥瑞之文。顧以薄躬,猥臨大寶。寰區尚擾,思偃武而未臻;法令頒行,念措刑而莫得。内惟兢業,莫敢遑寧。今年七月,漢州什邡縣百姓郭迴芝,於仙居觀采藥耕地,掘得銅牌,長七寸,廣四寸,上有六十字:《老子通天紀》云:"丁卯年甲戌乙亥人王生,享二百年天子。王從建、王元膺、王萬感、王嶽、王則、王道義。"五字篆文。後云:"北邙化張宏道天寶留此,明聖代欽承玄晛。"虔佩靈符,識大道之垂休,知卜年之惟永,爰傾丹懇,用答殊休,按九等之科儀,修靈寶之法事。所願丹心徑達,聖鑒俯臨,社稷永昌,休徵必應,四時合序,萬物以嘉。俾令率土之賓,盡保無疆之福。稽首謹詞。

原載《廣成集》卷4

黃齊助中元黃籙齋并然燈詞

伏聞三元大宥,乃諸天降福之辰;九夜長幽,是厚地重陰之境。

將消積暗,爰假神燈,上納三光,下照群爽。經科所重,濟護攸先。今屬序屆中元,壇開黃籙,三時朝懺,萬罪蠲消。輒備香油,同申供養。伏冀鸞輝鳳焰,凝光地府之中;星布蓮敷,散景泉扃之内。盡超苦趣,永出冥津。九祖生天,六親介福,灾袪未兆,善洽無疆,奉上安家,竝希元吉。

原載《廣成集》卷4

黃齊爲二亡男助黃籙齋詞

臣聞包容萬象,至道爲亭育之尊;弘濟群生,天尊演虛無之道。莫不恩覃纖芥,澤普存亡,明真開玉匣之書,長夜釋重陰之苦,丹誠上感,玄覿必臻。臣過咎夙彰,神明垂譴,纔逾一月,繼喪二男,憔悴中年,寂寥孤影,痛蒸嘗之時絶,念冥漠以何依?懼彼營魂,尚爲拘滯,伏思遷拔,唯仗焚修,捨其服用之資,助此香燈之會。涼飆韻磬,應聞泉曲之中;秋月凝壇,想照夜臺之下。願乘齋福,俱出幽關,鍊魄朱宫,生神絳府,各遂逍遥之路,盡登清净之鄉。永奉正真,長居道域。人間天上,終際會於善緣;萬劫千生,更團圓於眷屬。昭昭願力,真聖鑒知。不任涕咽虔祈之至。

原載《廣成集》卷4

趙郜助上元黃籙齋詞三首

至道流慈,元皇垂覿。三宫四赦,爰孚作解之恩;品物昭榮,共樂如春之澤,皇壇巨祐,幽顯無遺。臣以庸愚,叨逢聖運,早承寵禄,常戒滿盈。猶恐年歷之間,星辰之内,因纏厄會,尤切競憂,輒因黃籙道場,虔申悔謝。仰希上聖,俯鑒沖襟,密賜福祥,潛袪灾咎,壽年增益,家眷康宜,存殁幽明,同臻景祐。

原載《廣成集》卷4

中元

律移朱夏,節應素秋,鼓夷則於西郊,斂火雲於南極,栽非戒惡,允屬兹辰。猥以塵凡,叨親道化,身參丹籙,名隸玄臺,而過尤易結,世網難袪。動静行藏,未混融於大道;年辰宿曜,猶纏集於衆災。輒因黄籙寶壇,助營香供,冀蒙聖力,俯鑒愚衷,開罪書而解赦愆尤,豁塵累而蕩蠲厄難。九玄受賜,舉族沾榮,永承祐護之恩,誓竭歸依之願。

原載《廣成集》卷4

下元

臣以宿因,獲承積祐,早參職務,族忝官榮。而所主重難,常深憂懼,尚慮行年灾滯,星曜加臨,遂履困蒙,莫知祈告。今屬玄冥届節,水帝司辰,星杓方指於孟冬,朔氣正雄於北陸。年光遷貿,修奉彌專。敢因九奏之壇,虔瞻上聖;盡瀝萬重之懇,願降殊慈。賜臣罪咎消平,灾凶殄息。前冤宿債,乘功德以和寧;往世今生,荷懺祈而濟拔。九玄享福,舉族沾榮,克承愍祐之功,永勵歸依之懇。

原載《廣成集》卷4

馮涓大夫助上元齋詞三首

伏以大道垂文,澤周存歿,天尊演化,恩及幽明。廣敷九等之科,以拯重冥之苦,敢持哀懇,仰叩玄關。今月二十六日,亡姚隴西郡君贈隴西郡太夫人李氏忌齋,詣玉局靈壇,因上元勝會,同修香供,用禱福祥。伏願亡姚鍊景朱陵,栖神玄圃,悟恬澹希夷之道,契長生永劫之真。玄會無為,克臻妙果。

原載《廣成集》卷4

中元

伏聞黄籙明科,紫陽具典,元元勝力,丹簡宣恩,拯拔幽沈,照臨冥夜。古今宗禀,生死銜恩,有感必通,所祈克應。今月二十六日,是臣亡姚贈隴西郡太夫人忌辰,輒因玉局壇場,中元齋薦,同申修奉,冀達真靈。伏願亡姚乘此福緣,高昇道境,游神碧落,蜕影丹臺,永登快樂之鄉,克證希夷之道。

原載《廣成集》卷4

下元

伏以黑帝御時,玄冥肇序,下元勝會,大宥昌辰。所宜虔祝上真,勵精下土,用祈禎覗,以福存亡。今以玉局靈墟,瑤壇展禮,輒持法信,用助齋誠。敢希衆聖鑒臨,萬真昭祐。九玄開度,超離冥漠之鄉;五族協和,長荷安貞之福。灾凶殄息,罪咎消平,永誓丹襟,仰承洪澤。

原載《廣成集》卷4

周庠員外助上元齋詞二首

伏聞齋敷九等,節啓三元,是萬方禱福之辰,是衆聖宣恩之日。今屬元元真化,玉局靈壇,陳黃籙之儀,按玄都之品,九時奏御,三日焚修,精助香燈,同申懺滌。伏冀高尊錫祐,大道流慈,采納精誠,降頒鴻福;九祖遂超昇之願,六親沾覆護之仁,消厄滯於將來,解冤讎於既往;罪咎原釋,疾苦痊平,壽禄增延,凶灾除蕩。克叶發生之德,敢忘大道之恩?

原載《廣成集》卷4

下元

伏以玄帝司辰,水官統序,乃請福延恩之節,是凝心滌慮之期。況玉局仙踪,瑤壇盛禮。九時焚祝,必介於休禎;三日齋莊,敢同於懺謝。所冀灾纏殄息,冤債消平,罪咎咸蠲,存亡共泰。永虔修奉,以答玄慈。

原載《廣成集》卷4

盧蔚大夫助上元齋詞四首

伏以大道周行,三元立訓,陟明考校,毫末無遺。臣早慕玄虚,夙宗清净,每展恪勤之懇,以祈昭祐之慈。今以玉局靈壇,上元福會,輒賫香燭,同助焚修。所祈消解灾凶,滌除罪咎,蠲平疾厄,延益年齡,善功克被於存亡,禎覗旁周於眷屬。永勤丹慊,仰副元慈。

原載《全唐文》卷935

上元

伏以考校良辰,先春令序,當上元陟明之節,乃群生舒泰之期,式馨齋誠,以申虔祝。今屬錦都靈化,玉局瑤壇,啓黃籙之真儀,展玄科之盛禮,輒持香信,同助良因。伏惟衆聖垂慈,萬真昭鑒,憫其修奉,錫以禎祥,惠普存亡,遐祛罪咎,解災纏於未兆,增禄壽於。惟新。永勵丹心,上副玄覬。

原載《廣成集》卷 4

中元

伏以四始周行,三元定籙,陟明顯晦,考校無遺。臣素奉道科,早師玄寂,每逢良會,必勵修崇。今以玉局朝元,霜壇蕆事,輒賫香燭,潔助齋功。所祈大宥之恩,允降自天之澤,疾恙痊愈,禄算增延。仰薦先靈,旁沾眷屬,永承丕祐,欽贊元勛,不任歸命丹切之至。

原載《廣成集》卷 4

下元

伏以水德配時,玄冬叶候,當二氣謹藏之節,是諸天校會之期。所宜勵志重玄,凝心至道,滌瑕悔過,請福希恩。況玉局皇壇,錦城福會,敢營香幣,同助齋修。三日肅虔,九時朝懺,冀蒙昭祐,廣賜休祥。賜臣玄祖超昇,陰冥開泰,存亡濟度,灾咎消平,釋冤債於夜庭,落罪尤於地簡,疾厄痊復,算紀遐長。誓傾嚴奉之誠,常副真靈之祐。

原載《廣成集》卷 4

上元玉局化衆修黃籙齋詞

伏聞道出虛無之表,識在生成;德超仁義之先,功包慈育。化綿億劫,教普群方。由是三皇以道御乾坤,五帝以德承。天地,人臻福壽,俗致雍熙。雖金木運遷,步驟時革,理家康國惟道爲先。行之則四海晏清,代還淳樸;違之則中原板蕩,物變澆漓。我國家師太古之風,紹元元之訓,懷道抱德,祖舜述堯。故能縱神武以滌埃氛,中興鳳歷;光聖文而安社稷,克固鴻圖。臣等夙荷道慈,獲逢昭運,微功未著,寵澤已深,思虔齋潔之誠,仰報君親之德。今屬天官統序,木帝司方,當上元持戒之期,是下土精修之節。共賚法信,同詣靈壇,修玉籩金豆之儀,陳十極四華之禮。蓮釭散焰,續陽景以燭幽關;蘭炷飄烟,御星纏而達卑懇。必冀衆真迁駕,萬聖迴軒,俯鑒群心,洪施巨福。上扶宸極,安帝業以天長;仰奉廟謨,鎮坤維而地久。邊烽不警,氣序式和,穀稼滋豐,生靈舒泰,寰瀛輯睦,車軌混同,妖沴不興,禎祥薦委。臣等存亡介福,七祖生天,族屬沾榮,三灾弭息。或前生今世,罪網未袪;或往債宿冤,過尤未解;或刑章有失,或宰割不明;或故殺誤傷,因成果報;或運心履行,有犯神明;或土木奢華,服用繁侈。三官紀過,五帝司非,憑此懺祈,皆希洗蕩。賜臣等壽齡延永,禄祚遐長,灾厄蠲消,冤讎和釋。其有同心事主,戮力勤王,風露先驚,古今俄隔,緬惟夜府,願享福緣,爰伸濟拔之因,俱遂超昇之路。其次蒸嘗曠絶,冥漠無依,亦俾往生,勿爲淪滯。龍神正秩,五廟靈司,乘黄籙之殊恩,沐玄都之景貺,肅清風景,安鎮方隅,疫毒無侵,干戈不作。蛸翹異品,動植殊形。六趣四生,三途五苦,九龍符命,三寶威光。普沐神功,竝登真道。

原載《全唐文》卷 935

白可球明真齋贊老君詞

伏聞道本至無,化分妙有,功包覆燾,恩普幽明。家國稟之以安寧,存亡得之以開濟,神威靈澤,妙用無窮。臣以玉局洞天,神仙奥府,將申瞻敬,式表宸儀。遂爲玄祖幽局,塑造真像,睟容端穆,侍衛駢羅,疑珠宫下降之初,若玉座浮空之際。巨功既就,妙相益嚴。日角月庭,焕矣群生之主;绿眉皓髮,巍乎萬聖之尊。永福一方,以鎮靈化。是用虔修表贊,載展誠祈,披玉匱之科,備明真之典,轉經行道,然燈炷香,瀝懇上玄,冥心下土。伏冀傾光三境,迴駕九清,憫鑒塵微,降流禎貺,潛扶寶祚,密祐聖朝,契自然清净之風,臻太古無爲之理。次願坤維肅穆,川境晏安,符瑞有聞,灾凶不作。臣九玄幽爽,七祖魂神,出長夜之庭,昇洞陽之館,毁絶地錄,超耆天衢。洎乎有識含生,三塗六趣,俱沾景福,各遂生成。臣積罪銷平,宿瑕除蕩,灾躔霧廓,道化風行,得罔象之玄珠,入希夷之秘籙。誓精修奉,以答玄恩。

原載《全唐文》卷 935

温江縣招賢觀衆齋詞

伏聞妙道融真,高出混元之表;天尊立教,光敷浩劫之先。歷代化人,隨機濟物,大惟邦國,普及幽明,俱賴神功,咸承景貺。臣等叨逢聖運,凤禀真詮,欽玄元道德之宗,睹烈祖神仙之躅,尚拘世網,未脱樊籠。分地用天,恭守玄儒之訓;節財約已,敢忘覆載之私? 今屬至聖垂衣,元勛撫俗,五兵罷警,百穀薦登,野洽謳歌,人歸富壽。當九井降生之月,是三台誕瑞之期,將報洪恩,莫先黄籙。是敢博求衆力,同備信儀,嚴飾仙踪,遵依秘格,披心十極,歸命諸天,然燈炷香,馳誠達懇。伏冀三尊駐景,下察丹襟,萬聖迴軒,旁流玄澤。上扶社稷,配天地以安禎;仰贊聖躬,同日月而輝焕。台星福曜,常鎮坤維,將略廟謀,永宣井邑。一方昭泰,四境乂安,疫毒無侵,戈鋋不作。臣等九玄七祖,超度泉扃;五族六親,允蒙禎祐。消平罪咎,和釋灾凶,農蠶克保於豐穰,幽苦咸期於扶濟。龍神鎮守,風雨均調,道化周行,靈威廣被。茫茫九土,擾擾四生,承黄壇普懺之緣,因太上九龍之命,俱昇道果,普陟仙階。飄浮花祭之魂,霜露沾零之魄,勿爲疵癘,各遂往生。道力所覃,永叶元吉。

原載《廣成集》卷 5

犀浦劉殷費順黄籙齋詞

伏以清净之宗,托重玄而設教;生成之本,資妙用以宣功。家國禀之而允昌,古今運之而不竭,粵惟道化,首出帝先。今屬睿聖御天,元台分闈,敷宏道德,字育蒸黎,法伊堯嬀舜之仁,遵后稷皋陶之德,萬方有泰,四境無虞,共感殊恩,何階上答? 是用率勉僚屬,考按經科。嚴飾壇場,備申齋潔,精香燈而達懇,奉信幣以表誠。注念九清,馳心三境。伏冀玄光下燭,至聖冥通,俯鑒群情,滂流巨澤,上扶帝業,光贊聖猷,比三辰以竝明,媲兩儀而等固。鯤池鳳穴之野,聲教遐傳;桑津蒙谷之鄉,車書混一。保寧藩部,匡祐元戎,天禄永增,壽涯彌廣。臣九冥玄祖,超苦趣於幽關;五族周親,享善緣於道域。封隅之内,三農有積於倉箱;政化之中;群瑞日編於簡册。干戈静息,疵癘無侵。其有滯骨飄魂,久悲風露,傷墳敗廟,常苦凋荒,乘此勝因,咸臻妙樂。龍神安鎮,士庶昭甦,蠢動有生,同昇福界。

原載《全唐文》卷935

飛龍使君裔爲皇太子降誕修齋詞

臣聞惟道爲大,運玄功而生育乾坤;惟帝爲尊,握洪樞而主張造化。廣司萬國,遐統群生,承景命於三清,定宏基於九土。由是瑶圖積瑞,銀漢騰華,載誕元良,恢弘大業。今屬祥虹泛彩,寶電飛光,當重離啓耀之期,是率土虔誠之節。敢披雲笈,恭詣仙壇,備靈寶之道場,儼長生之勝會。鯨鍾鳳磬,飄逸響於九天;鶴焰龍烟,達精誠於三境。伏冀皇圖隆永,均雨露以無窮;聖壽高崇,與八溟而比大。六宫内職,協贊宸居,萬彙群方,昭宣睿德。皇太子龍文鳳質,嶽固松貞,超漢盈周,賢扶一統,大同均化,旁及黔黎,共宗有道之期,竝洽無爲之運。臣某不任禱祝虔祈歸命之至。

原載《廣成集》卷5

興州王承休特進爲母修黄籙齋詞

臣聞上聖垂科,天真設教。神功救物,無遺動植之中;惠力宣恩,普及昇沈之内。粤自玄古,逮於兹辰,荷澤蒙慈,莫知紀極。由是酆山北部,潛祛邪沴之塵;斗極南昌,廣布生成之煦。必資虔潔,方獲感通。臣猥以凡微,叨榮道廕,遭逢睿獎,踐歷官常。入侍天階,高陟九霄之上;出持符竹,寵臨千里之中。或齊肅師徒,須行刑憲,輯寧封部,須舉威章。慮乖折衷之宜,自掇過尤之目,以兹兢灼,常實肺懷。今則臣母竇氏,本命甲子某月日生,灾運所纏,遂嬰疾苦,雖勤服餌,未獲痊平。恐是往債宿冤,尚爲注訟,前生今世,旋結罪名。或星曜所臨,或年辰所歷,凶灾凌撓,命禄衰微。曉夕憂惶,罔知救護。況臣主持王事,迢遞道途,不得躬奉庭闈,親調藥膳,心馳萬壑,目斷千山,惟憑大道之慈,冀集感通之效。是用歸依靈觀,稽首華壇,修黄籙道場,告玄真上聖。願迴聖鑒,俯介福祥,賜臣母氏易短促之齡,益遐長之祚。蠲消厄會,蕩滌灾衰,使六氣均調,百關康愈,咎瑕除解,冤債和平。克瞻日月之華,別降生成之福。三途幽夜,六趣殊倫,同享勝因,共臻善貺,九玄開度,五族安寧。微臣常奉二親,得勵旨甘之願;榮朝聖主,永勤忠赤之誠。惟誓丹襟,上副元祐,不任瀝懇望恩虔祈之至。謹詞。

原載《廣成集》卷 5

胡常侍修黃籙齋詞

臣聞妙本希微,至真虛寂,運神功而化育,陶品物以生成,應感無私,周流靡倦。所以九玄三古,咸宣燾載之慈;天上人間,共沐涵濡之澤。金科玉律,雲篆瑤章,先萬法以垂文,具九流而拯世。大哉至教!無得而稱。臣夙荷道恩,欣逢景運,優游玄造,沐浴皇風。逸豫順於天和,俯仰榮於大化,早參秘籙,常勵明誠。燧燭焚香,每肅虔於曉夕;瓊儀寶韞,敢有怠於敬恭。族屬周親,常臻蔭護,是用精修黃籙,上奉玄休,案十華三境之儀,備羽磬霜鐘之禮,歸心萬聖,稽首諸天。伏惟俯鑒丹襟,曲垂玄造,憫兹誠款,錫以休祥。賜臣九祖七玄,生天證道;六親五族,受福沾榮。存亡均康濟之仁,動靜獲安貞之賜,灾凶殄息,冤債和平,罪咎蠲銷,祿算延益,普天含識,率土懷生,俱承道德之緣,永樂雍熙之化。不任歸命虔祈之至。謹詞。

原載《廣成集》卷 5

李元儆爲亡女修齋詞

臣粵自塵微,早依真教,叨深玄渥,夙荷靈休。迫以俗機,縈纏世網,久拘職宦,罔遂初心。思羽褐以未期,欲奮飛而徒切,依栖修敬,敢怠私誠?而過咎所鍾,女子殞逝。光陰遄往,傷痛難勝。但女子初笄之年,歸於儀氏,夫歿之後,誓志道門,已造製法衣,繕寫經籙,永期頂冠佩服,虔奉修持。值臣以王事征行,未果前願,俄嬰疾恙,奄此淪亡,抱幽懇而莫申,念冥關而增恨。伏惟三尊慈憫,眾聖哀憐,曲迴鑒祐之恩,特降遷昇之澤。俾其魂魄,得契歸依,積生之冤債銷平,在世之罪瑕蠲釋,拔度幽泉之苦,獲居善爽之中。道力玄功,常加祐護。其亡女所修寫法籙道衣等,謹於道場前焚燒上奏。伏惟至聖,鑒照愚衷,敕其魂神,開度領受。臣不任瀝懇虔祈哀痛迫切之至。謹詞。

原載《廣成集》卷 5

天册巡官何文濟爲東院生日齋詞

臣聞天地分靈,君臣定位,必資輔贊,用致昇平,猶風虎以相須,若雲龍而感契。由是吹塵入夢,諭鼎養賢。審像求形,商王思阿衡之美;闢門籲俊,虞庭齊軒后之風。莫不輝灼帝圖,光昭史筆,以康億兆,以福寰區。今屬歲紀壬辰,日乘庚午,朔居天候,月合水衡。凝南斗之禎休,集東陵之瑞彩,景風入律,星火開祥,誕昴降嵩,允當令序。叨備青襟之列,輒祈玄聖之恩,虔詣華壇,願崇鴻福。蘭釭夜燭,檀穗朝飛,仰陳三奏之儀,必達九天之鑒。伏冀青函紫筆,延生題東極之書;絳簡朱編,得道署南昌之籍。壽同山峻,禄並海深,樂鏡增澄,萊衣顯德。雁序繼三台之美,鯉庭超七葉雄,陶冶九圍,匡扶玄聖,政歸一統,俗洽大同,普覃夷夏之方,永鎮雍熙之化。臣某受因隆異,省已虚屑,惟叩靈真,曾明感激。不任瀝懇虔心歸命之至。謹詞。

原載《全唐文》卷 935

宣勝軍使王讜爲亡男昭允明真齋詞

伏聞大化無方,神功廣被,洞幽明而赴感,普生死以垂恩,拯度無遺,古今蒙澤。臣頃者專征北陸,統領師徒。橫黑弰以臨戎,誓傾臣節;奮珧戈而效命,志洗國讎。山川有登涉之遥,糧饋有挽輸之重,惟期辦集,正切憂兢。又一軍之人,苦於瘴疫,死傷枕藉,相望道途。兼小男昭允,疾恙所嬰,性命懸迫,發丹誠而啓願,冀玄聖之鑒臨。尋遂迴戈,免貽曠闕,再朝丹陛,祇奉皇慈,恭荷道恩,敢申昭謝。是用按洞玄品格,披靈寶典儀,考九幽長夜之科,遵玉匱明真之式,精修齋真,上答靈慈。伏冀三界照臨,諸天憫護。賜九玄七祖,超苦趣於幽關;眷屬親緣,享福祥於昭代。臣積生釁咎,往世冤讎,及主務以來,公私負犯,或賞刑不當,或裁斷失宜,俗有怨嗟,過傷陰騭,致使動貽障塞,莫值亨通。晝夜循懷,常增憂惕,因今齋謝,竝乞懺除。亡男昭允,未及壯年,飄魂異境,憫其淪謝,悲痛尤深。或有邪沴侵傷,或是幽靈拘制,虔祈道力,俾遂生神,度南丹流火之庭,昇上境洞陽之府。參玄證品,悟道登真,罪咎蠲除,冤債和釋。臣等灾躔超解,厄運清消,禄秩壽涯,更期延益。惟勤誠節,永酬聖主之恩;克勵焚修,仰副真靈之祐。

原載《全唐文》卷 935

王承鄴爲亡考修明真齋詞

伏聞至道開圖,三尊垂教,惠覃幽顯,澤浹死生。游觀八門,播弘慈而濟苦;憫傷幽夜,迴法炬以流光。南宫闢鍊化之庭,丹簡啓超昇之籍。上智童子,願開罪福之由;飛天神人,請示懺陳之品。敷明真奥典,拔度幽關,披玉匱靈科,解銷考對。玄清昏翳。灑潤焦勞。拯拔窮魂,咸爲善爽,終天載劫,俱沐玄慈。臣先考運偶道風,常參寶籙,身逢聖日,累踐官榮。處世網之中,寧無過誤;履塵寰之内,必有愆違。况職主庖羞,須行宰戮,旋司戎伍,每舉刑章。出領郡符,入居近密,或抑强撫弱,或三令五申,既爽重輕,即爲釁咎。又自鄉關隔越,兵火亂離,故里墳塋,或有侵毁,冢訟延注,逮及子孫。兼割貨所居,移易門巷,土木修造,有觸明神,以此憂惶,皆祈懺謝。是敢遵靈寶科格,修明真道場,精潔香燈,豐嚴信幣,披心露懇,悔過希恩。

伏惟太上三尊、十方衆聖,神光下燭,惠渥滂流,赦先考累世以來深殃積罪,削名地簡,濯質天衢。故傷誤殺之愆,往債前冤之目,後嗣考延之咎,先人怨責之瑕,竝賜原除,内外清净。即乞鍊神丹霍,列籍青華,不經於岱嶽酆山,克證於福堂天路。上願九玄開度,七祖超昇,墳墓安寧,幽冥潛静,三途六趣,共洽勝功,内族外親,俱臻景祐。刳心拉血,拜手祈天,不任號殞激切涕咽之至。謹詞。

原載《廣成集》卷 5

皇太子宴諸將祈晴感應靈寶齋詞

蓋聞至道應機,有同響答;明神赴感,無異影隨。緬惟幽贊之私,每荷垂休之力。六月二十二日，皇太子大會諸將，用卜吉辰，方當暑雨之時，遂有晴明之禱。果蒙靈貺，協此誠祈，不移頃刻之間，驟止滂沱之勢。群山曉碧，天高而屏翳收雲；六合風清，日朗而羲和弄轡。醮筵克備，中外同歡。今則旋整車徒，爰申弔伐。千軍雷動，山川絕泥潦之虞；萬馬星馳，戈甲曜晶瑩之色。仵平凶梗，大拯黎元。思答真官，式陳齋薦，蓮燈夜簇，蘭穗朝飛，儀禮精嚴，香花紛郁，必達清都之聖，更崇紫府之勛。仰叩玄功，以昌鴻業，不任虔祝之至。謹詞。

原載《全唐文》卷 936

皇帝爲老君修黃籙齋詞

蓋聞混漠之先，希夷之表，厥惟至聖，光宅九清，敷澹然冲寂之宗，行不宰無爲之教。上自三古，旁逮萬區，欽若真風，贊乎成化。粵自經綸之始，洎膺推戴以來，常慊明誠，每申瞻奉，而光靈累洽，禎貺繼臻。仙居賜受命之符，顯隆基業；宣室發祝祈之念，必至感通。由是風雨常均，氛邪不起，四封無警，百穀常登。祇荷恩休，實思昭謝，爰因令序，特啓齋壇，三日精嚴，六時蠲潔，冀憑關奏，上答玄功。今則方命師徒，將平凶醜，猶資道力，俾殄梟巢，借豐隆列缺之威，掃鑿齒貪狼之族，更垂熹祐，永泰寰瀛。不任祝望之至。謹詞。

原載《廣成集》卷 5

蜀州孟駙馬就衙設銷災遷拔黃籙道場詞

臣聞至道深微，玄功廣大，包萬天而布化，周品彙以流恩。故能下拯冥關，廣寧邦國，鎮安土地，和豫神明，皆遵宰制之歡，盡悅慈悲之力。古今共稟，幽顯無遺。臣夙奉元休，早承皇澤，未展涓埃之效，驟叨符竹之榮，況累掌重權，兼司刑憲。評詳獄訟，慮乖仁恕之規；主領兵師，實寡訓齊之要。動貽過咎，常切兢憂。自臨莅郡城，每懷競慎，遽鍾殃罰，敢望生全。禮制所拘，殞絕無所，偷延視息，又降渥恩。泣血籲天，縈縈何訴！竊聞元元啓教，紫陽有遷拔之儀；正乙垂科，黃籙有懺祈之路。是敢肅嚴公署，崇設齋壇，拜表九清，騰詞三界。

伏冀三尊衆聖，宏憫濟之慈；夜府泉扃，遂超昇之路。賜郇國夫人某氏魂神安泰,福善資薰,積過深瑕,皆從蕩滌,不拘地府,徑上天堂。七祖九玄,前亡往逝,俱昇道力,齊會福庭。又宅宇之中,累經修改,恐因觸動,未獲安寧。願憑齋薦之緣,旁解犯違之過;龍神復位,土地安和,居止利宜,凶災銷殄;城隍社廟,里域真官,密享神功,永居福地。上願帝圖隆固,聖壽延洪。太子諸王,擁宏休而奉國;后妃嬪主,承景眖以匡朝。中外僚臣,六軍萬姓,同歡昌運,克遂安貞。歲有豐登,俗無疵癘。率土之内,一統萬方,並臻仁壽之鄉,咸奉昇平之化。不任歸命披心虔誠懇願之至。

原載《全唐文》卷 936

邛州刺史張太博敬周爲鶴鳴化枯柏再生修金籙齋詞

伏聞至道玄通,神功廣運,裁成天地,敷贊帝王。羲軒融燧之君,堯舜禹湯之主,莫不師資冲漠,啓迪雍熙,致祚歷之厖洪,俾聲明之振赫。或乘飆滄海,或證品紫庭,光燭九遐,壽均三景。

伏惟大蜀皇帝乘樞御運,握斗披元,執大象而撫華夷,駕六龍而綏億兆,德逾堯禹,聖越羲融。穹廬窮髮之君,奉琛向化;靡漢渥洼之虜,重譯來賓。澤浸山川,仁覃草木,靈禽栖於内苑,嘉獸宅於上林,三秀呈祥,十朋表異。而猶勞謙恭已,讓德於天符;寧謐無爲,栖心於秘要。今則神明幽贊,靈化垂休,渥澤潤洽於朽根,枝榦再榮於枯柏。風來翠壁,重飄遠近之香;月過華壇,復睹扶疏之影。其爲嘉瑞,實冠古先,有以見天枝帝葉之繁昌,聖壽寶圖之永遠。雖禾生清廟,蓂吐彤庭,徒美前聞,難偕聖感。

臣榮逢昌運,叨領郡符,屬邑之中,睹兹上瑞,藻繪朝陳於龍闕,絲綸夕降於鳳箋。旋賜御詞,嚴申醮祝,褒稱顯煥,榮耀優隆。量恩而溟海未深,荷聖而乾坤難報,敢因皇帝本命之日,修金籙道場,翹罄丹襟,仰祈玄眖。伏冀諸天降鑒,萬聖照臨,流巨福於社稷尊靈,增景祐於宗祧先聖,二義並固,萬國同文。皇帝壽等岷峨,明齊日月,普頒正朔,一統寰區。皇后受福紫宸,增齡丹籙。皇太子永扶皇極,養德青宫。公主嬪妃,榮匡聖日。諸王百辟,欽贊皇基。九土乂康,五兵韜戢,烟塵殄息,稼穡豐登。動植飛沈,三途六趣,俱承惠渥,咸詣福庭。臣誓傾忠孝之規,上答聖明之澤。

原載《全唐文》卷936

衆修北帝衙醮詞

伏以五氣玄天,北宮大帝,司明善惡,統御死生,壽禄吉凶,咸資校録。臣竊恐天文宿曜,有臨照之灾;本命行年,有刑妨之咎。仰祈真聖,特具修禳,虔罄丹誠,同伸醮禮。伏乞解除灾厄,延益年齡,落死籍於北酆,上生名於南極。公私和泰,眷屬安寧,即仰荷帝君慈祐之恩。

原載《廣成集》卷6

三會醮籙詞

臣獲奉正真,參受玄籙,内期修鍊,以保身心,外冀威靈,以禳灾沴,依科佩受,早遂寶持。但慮世務所拘,塵機所役,齋戒之日,朝謁有虧,修行之辰,香燈或闕。善功未立,過咎易彰,真氣靈官,未垂應祐,玄司天府,譴責不專。三命五行,灾衰未蕩,旦夕憂懼,冰炭在懷。今以上會之辰,天官考校之日,功過善惡,巨細無遺。是敢瀝懇披心,虔誠悔過,精修醮禮,拜奏章文。伏惟衆聖垂慈,赦其愆咎,降流靈應,銷解灾凶。三部吏兵,常加祐護,動息康泰,永亨利貞,即仰荷法籙真官濟護之恩。

原載《廣成集》卷6

軍容安宅醮詞

伏以二象既陳,三靈配位,陰陽陶鑄,天地權輿。巢居穴處之君,澆漓未作;上棟下宇之制,締構云興。由是取則五行,定規六紀,順之則福延善著,違之則禍起灾生。考其主張,實惟五帝。臣所居之處,經始有年,土木之用繼新,畚鍤之功累作,竊恐上干五帝,旁犯衆神。又今歲興修,當行年之位,近則馮氏忽嬰疾苦,懼因犯觸所成,輒按玄科,虔伸醮謝,備三天之舊格,請五帝之靈符。乞降正神,俯流真氣,永錫安鎮,俾獲乂寧。凶邪不侵,内外康泰,疾厄蠲蕩,眷屬咸和,青宮增禄祚之文,黑簡息灾蒙之數。克勤修奉,以答神功。不任。

王虔常侍北斗醮詞

臣以凡微,獲逢道化,常承覆祐,實荷真慈。自頃以龍紀元年,奉使支郡,方傳上命,遽蹈禍機。危懼之中,真靈俯祐,獲全形命,盡脱憂疑。而兩地未通,三年隔絶,臣男延龜,懇伸禱祝,累告神明,天鑒誠深,親承應兆。仰惟至聖,介此殊恩,思馨丹心,克伸報謝。今則上元大節,啓福良期,輒備醮筵,上酬明貺。伏冀省臨薄禮,采納菲誠,答往願於當年,期降恩於此日。永當修奉,以荷神庥。不任。

馬尚書南斗醮詞

伏聞清濁分形,高卑定位,南北御死生之籍,陰陽有舒慘之殊。由是南斗尊神、六宮衆聖,紀功舉善,克揚不死之文,主錄定年,唯啓長生之本,欲使物皆歸道,人盡登真,副天尊廣濟之慈,遵大道好生之理。而塵波易溺,意馬争馳。罪網牢籠,莫有奮飛之路;情關固閉,曾無開拓之門。臣迹處人寰,心拘俗役。機權在握,須行懲勸之文。刑賞是司,難徇冲和之用。慮其過咎,累積陰曹,更屬灾凶,便爲厄會。雖繼伸祈懺,上叩於天曹;而未吐明誠,仰陳於南極。今則考祥吉日,崇設醮筵,輒按真科,盡披丹懇。元元下土,虔露於瑶階;昭昭上真,必降於瓊席。敢期哀宥,俯念凡微。釋罪除灾,落北宮之陰簡;錫年增禄,上南斗之陽篇。六宮永紀其姓名,五緯潛資其福祐。乞使九玄七祖,介福朱陵,五族六姻,延祥紫府。誓勤精奉,以答鴻慈。不任。

李綰常侍九曜醮詞

伏聞二氣降和,乃形品物;三光布象,以育群生。惟兹最靈,仰承明祐。至於行藏善惡,動息吉凶,咸繫上天,以司下土。臣幸承前福,叨沐道風。事主立身,得馨忠誠之節;循懷省已,常持兢慎之心。禄秩所沾,神明是覘,每增憂灼,實慮玷危。而眼疾所嬰,累年爲苦,針藥雖至,服餌益勤,未獲痊瘳,倍增驚懼。恐陰陽年運,遇此重災,宿曜循行,成其困厄。曾申禱醮,冀獲安寧。今又身宮之中,暗虛所歷,當兹久疾,值此災期,啓向無門,仿徨失據。伏聞真科有格,醮酌垂文,輒竭丹誠,上希神鑒,精修醮禮,延降尊靈。伏惟九曜威神,分光照納,解其宿咎,和釋冤尤,銷彼災躔,蠲除疾厄。使紫童守衛眼宮,無痛惱之侵,青帝護持肝臟,有安平之候。凶衰永息,禄算惟新,敢忘修勵之誠? 以答照臨之賜。不任。

原載《全唐文》卷 936

馬尚書北帝醮詞

臣獲以凡微,早聞道化,栖心澹泊,注念正真,每展祈誠,必蒙昭祐。昨以公田既闢,壠麥初齊,遲遲之春日載陽,羃羃之油雲未布。眷兹農畝,正切憂惶,輒叩幽關,果垂鴻澤。爐香散處,便呈潤石之容;禁水噀時,已變如膏之雨。遂使西成有望,東作無愆,可俟京坻,以豐川蜀。上聖之延祥既厚,下臣之報德何階,虔拂翠壇,式陳單菲。蘋蘩蘊藻,誠非仰薦之儀;繒燭香花,敢備上酬之禮。伏惟采納,永錫嘉祥。謝過祈恩,不敢繁啓。不任。

原載《全唐文》卷 936

馬尚書南斗醮詞

伏聞大聖無私,隨機赴感,至真下濟,應念降靈,變通不間於塵凡,救度豈遺於微眇。臣自惟幽陋,竊慕玄虛。洗心依冥漠之鄉,潛希懺罪;稽首仰鴻蒙之境,冀滌前非。上祈拯拔於七玄,次乞和寧於四境,纔披素款,遽降鴻慈,爰俾神交,授其嘉夢。魂清氣爽,全殊化蝶之時;捫腹安懷,有類得鮫之夕。固可表豐歲之兆,知災息之微。緬維神功,申兹景覘,兢榮失次,感激難勝,思答靈恩,重修醮禮。駕燈吐焰,參差玉斗之光;龍霧飄香,散漫瑶池之色。全袪萬慮,共運一心。伏惟丹府上真、六宮高聖,俯迴鶴轡,暫降電旗,采納寸誠,哀憐末俗,拂長生之金札,開大宥之洪休,賜其延永之年,增以自新之禄。

主務則三農告稔，訓戎則七德申威。罪咎蠲銷，公私昭暢，存亡介福，眷屬延生，北玄除録過之書，九府錫增年之籍。況復五緯循行，或逢臨照，三元繫命，時有屯亨。遇灾生福盡之期，當減禄奪年之數，常情罔測，揣分懷憂，非仗道慈，無由自濟。伏聞太上啓修禳之典，天師著祈醮之科，謝罪必銷，祈恩克降。今以本命之日，輒披正一之文，虔拜靈章，式陳微醮。三宮五緯，咸罄誠祈，六府七元，普申懺謝。伏冀衆尊昭祐，大聖鑒臨，赦已往之過尤，錫將來之福慶，三灾弭息，九厄蠲消，壽紀潛延，禄祚興益。七玄九祖，超度幽局，五族六親，均承道廕，公私永泰，存没康寧，即仰荷大聖罔極之恩。不任。

原載《全唐文》卷 936

唐洞卿本命醮詞

臣宿運所鍾，遭值道化，佩奉真籙，獲以禀修，而功業未彰，愆尤易積，陰陽爽候，疾疹所嬰。憂迫既深，叩祈是切，果蒙昭祐，旋獲痊平。又以中元之辰，欲陳黄籙之會，仰告真聖，願遂丹心。今則壇席克終，功德成就，關盟有應，風雨無侵。冥感聖慈，效酬難盡，敢因本命，虔備科儀，設微醮以展誠，拜靈章而請福。伏冀高尊鑒領，衆聖照臨，前願已圓，殊祥下及，使臣罪銷厄滅，業著功充，奉親既保其安寧，薦遠必沾其遷拔。永堅誠礪，以答真靈。不任。

原載《全唐文》卷 936

告修青城山丈人觀醮詞

伏以青城仙山，丈人靈觀，開九室而數洞，觀群嶽以稱尊。自軒后錫封，漢皇望秩，玄宗構宇，先帝增崇，仙室益嚴，清壇彌肅。近則良宰興葺，靈宮鼎新。而正寝之西，猶虚隙地；邃牖之北，或睹餘基。玄元之像設未陳，帝子之遺踪宛在。輒欲興修祖殿，經始齋房，永資焚誥之儀，克壯清虚之境。將施畚鍤，慮犯龍神，敢備醮筵，虔伸昭告。伏惟允兹丹懇，降以玄休，使功用必成，上下無撓，工徒安泰，福善攸新。不任。

原載《廣成集》卷 6

嚴常侍丈人山九曜醮詞

伏聞天地分靈,三官定死生之格;陰陽懸象,九曜垂照燭之功。南宮開延壽之符,北府顯繩違之簡,星躔嶽瀆,考校無私,凡在人寰,咸由統御。臣自惟微薄,獲奉玄慈,而履行之間,恐乖陰騭,運心之際,未合神明,因遇灾凶,復兼愆咎,遂成厄會,莫遂懺祈。今年中宮則天符所臨,身位乃土星對照,大運猶居於劫殺,飛旗又寄於行年。三命五行,恐逢刑克;列星九曜,更慮照臨。所以轗軻未寧,灾厄頻作,非憑至聖,無路叩祈。是敢虔馨丹誠,克申大醮,伏惟衆聖,俯降福祥,消灾咎於將來,釋過尤於既往。六曹司命,增福算於丹天;七紀尊神,介休祥於玄極。公私清泰,眷屬安康,即永荷衆聖祐護之恩。不任。

原載《全唐文》卷 936

青城令莫庭乂爲副使修本命周天醮詞

伏聞道化宣行,玄功覆載,陰陽不測,亭育無私。由是五帝三皇,御六儀而統物;天官水府,司八會以持綱。南宮明録善之科,北極總繩非之品,吉凶罪福,咸繫靈曹。竊惟全蜀奥區,華陽會府,提封八國,柔服諸蕃,玉帳既崇,金臺實峻。外清殊俗,威懷則文武兼資;内握雄兵,申令則賞刑俱用。臣切以張某久持重柄,獨運赤心,上禀聖謀,仰遵廟略。或指踪貔虎,清蕩邊陲;或恢復城池,削平疆土;或誅鋤奸猾,摧挫凶豪;或督課賦輿,經營軍食。以兹多事,詎可禁刑?深虞斬決之間,重輕有失,因成譴咎,曾未懺祈。又恐三命五行,或逢衰厄,明星暗曜,或值照臨,神道至幽,常情靡達,非聞至聖,難滌深瑕。是敢依詣靈山,修崇大醮,遍天地陰陽之府,周星辰日月之宮,瀝懇披心,祈恩悔過。伏願靈光迴鑒,除已往之愆違;惠澤下臨,息將來之灾否。允垂嘉祐,永介福祥,延壽紀於丹篇,落罪名於黑籍,以康川境,永保群生。不任。

原載《全唐文》卷 936

莫庭乂爲川主修周天醮詞

伏聞玄聖開光,高尊俯化,澤周品彙,慈覆萬夫,懸罪福之明科,標死生之大法。上惟邦國，下及人臣，同歸統御之門，咸宗沮勸之訓，古今不紊，纖介無遺。臣伏念佐聖立功，非賢不濟；扶危拯難，非德靡先。節度使王某，義貫神明，忠衛社稷，耀武略而先朝返正，鼓仁化而今聖理平，用是茂勛，錫茲巨鎮。其間或克收宮禁，誅蕩妖凶，秦甸行師，褒川振旅，廓清庸蜀，底定盧彭，外靜邊方，下戢奸暴，蓋不得已，未能去兵。至乃宣天子之威，用將軍之鉞，無非仗順，必在爲時。尚慮故殺誤傷，因成釁咎，天曹地簡，或紀愆違。又恐宿曜所臨，行年有厄，曆運衰否，分野災凶，須備懺陳，以期昭洗。臣叨居僚屬，輒按經圖，仰罄丹誠，恭申大醮，潔禮頌於仙嶽，奉榛糈於靈壇。上叩虛無，極諸天而禱祝；旁周海宇，俯九地以虔祈。冀達精思，曲流真祐。願北宮赦罪，南極延生，五行之否塞清銷，三命之災衰弭絕，壽將川廣，祿與山崇。穀稼豐穰，蒸黎輯悦，常扶聖日，永福群生。上願國祚遐長，聖朝寧泰，戈鋋自息，文軌大同。三光順度於上元，萬類繁昌於下土，幽明異趣，水陸殊階，咸沐真慈，共臻鴻澤。不任。

原載《全唐文》卷 936

莫庭乂周天醮詞

伏以天地萬神，陰陽具職，敷舒道化，拯育群生。北極西宮，秉刑章而定罪；南躔東府，播含養以宣功。粵自帝王，洎諸臣庶，咸歸宰執，以判吉凶。臣夙荷福因，叨塵官籍，蹈艱危之路，當戈甲之秋，一從戎旃，再居名邑。而疆陲遐邈，征稅繁豐，寬柔則征督無功，剛峻則疲羸有怨，類驅雞而豈易，顧馴雉以殊難。況未洽和平，猶資刑賞，雖絕私自勵，惟理自從，尚慮重輕，或乖中道。深憂故誤，遂結瑕疵，又恐辰耀所居，行年所歷，因其厄滯，以構災衰。境麗仙山，雲藏真觀，洞包雷雨，地集神龍。仰靈都於罔象之中，願披丹懇；瞻玉相於烟霞之表，必降玄慈。是用按靈寶舊科，設周天大醮，普九圍之宮府，遍十極之威神，拜手歸依，傾心祈懺。洪纖罪目，今昔愆違，未兆之災，將來之咎，竝期蠲赦，曲賜消禳。衆厄清夷，宿冤和釋，更增微祿，俾遂遐年。九祖超昇，三途開泰，臣一家骨肉，兩地親緣，早獲團圓，俱賜貞吉。頃因修造，慮有侵傷，冀獲安寧，共貽祥祉。當境靈廟，川澤職司,俯祐生靈,旁袪氛沴,邑無水旱,俗富倉箱。其有冥漠無依,漂零魂爽,沾茲福利,亦契逍遙。不任。

莫庭乂青城山本命醮詞

伏聞三光表瑞,九曜凝輝。配金木以司方,四時攸叙;定陰陽而立象,萬彙生成。立宰幽明,統臨罪福。臣自惟凡陋,獲奉真靈,懼履行之間,易成愆咎,修持之道,未契神明。況職務所司,重輕咸繫,恐乖彝法,更積過尤。惟夙夜在公,敢忘虔恪,而吉凶難測,倍切兢憂。兼以宿曜所臨,輒罄懺祈之懇,爰因本命,恭備醮筵,備香火以貢誠,列星燈而展禮。所冀希夷至聖,俯鑒丹心,九曜上尊,曲流玄眷,釋罪尤於既往,解厄運於將來,冤債銷平,凶衰除蕩,更增壽福,永介祉祥,眷屬乂安,公私和泰。不任。

丈人觀畫功德畢告真醮詞

伏以青城仙山、丈人靈觀,久無營葺,近再修崇,既畢巨功,爰徵繪事,輒於廣殿,圖肖真儀。鶴貌雲容,疑謁潛靈之府;瓊姿淑態,似來澄碧之容。莞爾可瞻,肅然如在。必冀降靈威於水德,流福澤於人寰,克展醮祈,仰希鑒祐。無任。

畫五嶽諸神醮詞

伏爲丈人觀久爲荒毀,近畢修營,土木之役既興,粉繪之功是設,爰於閟殿,圖貌靈儀,翠雲丹錦之袍,玄璧黃琮之器,星景日精之品,五華七稱之殊,二驂六馬之車,雲翼霞軿之輦,儲副二職,佐命八山。嶽君水帝之儀,溪女河侯之列,山林孟長,沼沚靈司,帝王咸秩之曹,典策所封之位。或傍司海裔,東距方諸,或別領洞天,西鄰崑嶠,莫不振揚雷電,嘯嗥蛟鯨。按察幽明,掌錄川澤,贊太上正真之理,宣帝王亭育之恩。歆彼六氣,成乎大化。比秋冬春夏,遵時令以無虧,風雨雪霜,均歲功而不爽。俱奉軒轅之命,皆持宰執之權,與嶽瀆眾靈,供上司之職。則希夷真君居天尊之重,當臨御之嚴,頒序朝宗,所宜森列。今則揮毫匠手,彩布循垣,燦若星陳,蠹如雲擁。由是宏裾褒袖,玉劍珠旒,火佩含星,瑤珪斂月。或瓊顔蒨袖,若辭姑射之峰;異狀奇姿,似照潯陽之浦。丹青式備,絢煥如生。固當契彼神明,蕈茲福祉,上扶邦國,傍祐黎元。調十雨五風,以登稼穡;善九州六合,以致雍熙。洪圖齊日月乾坤,玄化匝蚑蠉動植。虔修醮酌,恭馨祝祈,仁降威靈,允孚禎貺。謹詞。

原載《廣成集》卷6

莫庭乂本命醮詞

伏以三官領籍,五帝定生,南天司禄算之文,北斗統糾繩之目。至於嶽瀆真府,本命宮曹,主張而罪福無差,考校而死生攸繫。臣竊慮謬膺撫字,有曠輯和,刑章或爽於重輕,教化未臻於德義,因成罪咎,錄在靈司,未申祈謝之儀,恐致灾凶之兆。又慮天文宿曜,或值照臨;本命行年,或逢否塞。兼天符五鬼,在坤艮之位,居本命之辰,況正月對衝,尤懼衰厄。敢因元命之日,虔詣靈山,修設醮筵,披露誠款。伏惟天曹釋過,地簡祛灾,凶咎潛銷,福善昭集,克延算禄,永錫利貞。然乞邑境安寧,生靈康泰,穀稼豐植,水旱無侵,人無疾癘之傷,俗洽和平之美。不任。

原載《廣成集》卷7

莫庭乂本命醮詞

伏聞大道生成,元和鼓鑄,流形品物,布化群靈,申上玄宰制之功,垂下土吉凶之戒。是則懲惡勸善,信爲格言;害盈福謙,固惟常訓。臣凤聞玄旨,敢不冥心?揣分兢懷,省躬思道,而叨居禄秩,未脱囂氛。秉朝憲則筆定典刑,督邦賦則庭施梐樻,功或興於土木,膳未罷於炮燔,故誤之罪莫知,重輕之文或爽。以兹憂懼,恐結尤違。況臣今年天符臨本命之辰,太白居愁滯之位,竊恐志隨灾易,留連於聲色之間;情逐禍移,沈湎於杯觴之内。因思警慎,仍切懺陳,敢於本命之辰,虔罄焚修之禮,濯心靈洞,歸款名山。仰斗極星躔,冀銷往咎;瞻鳳軒龍蓋,願降新恩。使罪戾蠲平,冤尤和釋,灾凶寧息,禄算遐長;骨月則兩地樂康,生靈則一邑豐泰;兵鋒永偃,疾癘無侵;水旱勿興,農桑滋阜;龍神安鎮,遠近昭蘇。誓策丹心,上副玄造。不任。

原載《廣成集》卷 7

晉公南斗醮詞

伏以朱陵閟境,南昌上宮,御正陽長育之方,行大道生成之化,凡所祈啓,必賜降臨。臣以愚蒙,叨逢聖日,參榮禁密,荷寵雲天。常慮庸虛,難勝恩遇,恐行年厄運,宿曜灾凶,有加臨刑克之期,有滯塞遭迍之數。惟增惕懼,罔敢自安,輒罄丹誠,虔修醮禮,特希冥護,俯降威光,銷已往之過尤,解未萌之灾咎。續南極丹書之簡,更益年齡;除北都黑錄之文,重新禄祚。克垂濟度,永荷靈恩。無任。

原載《全唐文》卷 937

晉公后土醮詞

伏以惟地惟天,厚載廣覆,生成庶品,孕育群靈,坤德母儀,光被萬有。粤自君臣父子,泊於動植飛潜,厥有誠祈,盡申昭告。臣封境之內,戈甲屢興,害及丘墳,戮兼嬰耄,遠近塗炭,人鬼不寧。痛彼一方,毒深骨髓,念兹萬姓,誠切禱祈,瀝血披心,仰希鑒祐。伏冀曲哀虔祝,俯借威靈,命山川嶽瀆之神,助平灾沴,敕雷電風雲之吏,共静郊原。大開倚劍之門,不隔朝天之路,昭蘇疲俗,洗滌深冤。豈伊項籍之祠,能袪蜀難;無使蔣山之廟,獨助晉師。奉罄陳詞,言興涕霣。不任。

原載《廣成集》卷 7

晉公北帝醮詞

伏以五緯在天,三元運氣,上宗斗極,下統人倫。陰陽有休否之期,躔次有照臨之數。伏慮玄命之內,宮宿之中,因遇衝妨,遂成厄滯。敢憑吉日,虔備醮筵,上叩尊靈,特希鑒祐。使三命九宮之厄,盡獲銷禳。明星暗曜之灾,並蒙寧息。一川康泰,萬姓輯和,解甲偃兵,年豐俗阜,永虔素懇,以答玄慈。不任。

原載《廣成集》卷 7

晉公太白狼星醮詞

伏聞垂象上玄,各有主宰,或統軍兵之會,或司氛祲之源,仰矚光華,繫其休戚。臣封疆之內,干戈逾年,野廢農蠶,人罹塗炭。念兹冤抑,痛迫肺肝,是敢稽首焫香,馳心禱福,冀因感激,俾獲照臨。伏希運金方肅殺之威,垂大義裁非之力,助兹武旅,清彼郊畿,拯一川墊溺之憂,活萬姓倒懸之命。弓弢戈偃,雨順風調,百穀有年,五兵永息。不任。

原載《全唐文》卷 937

晉公北斗大帝醮詞

伏以斗御中天,旁周八極,招搖所指,邪正聿分。今以節及上元,時當考校,群物被維新之澤,萬方承煦嫗之功。念此封隅,尚躔兵甲,生靈塗炭,壠畝榛蕪,當發生播植之功,曠黎庶耕桑之業,以兹憂痛,倍切叩祈。伏惟北極宮中,七元籍內,輟眾庶凋傷之目,改一方淪喪之灾,克睹和平,永銷鋒鏑。臣或身逢厄塞,罪繫星辰,甘實明科,以謝群品。不任。

原載《全唐文》卷 937

馬元通大醮詞

伏聞乾坤覆載,陰陽有消息之殊;日月照臨,寒暑有推遷之候。吉凶在運,否泰相沿,雖曆數使然,有堯水湯灾之變;而修禳有道,見返風退舍之文。惟此郊原,方當厄會,蒸黎未泰,戈甲繼興,微彼星圖,寔逢火曜。是用歸心大道,虔叩上玄,開太乙之壇,行三五之法,躡紅飆而請福,步玄斗以祈天。所希列火騰威,應星芒於上境;陽光散焰,蕩陰穢於下方。仰福聖躬,大庇川蜀,人登福壽,野息戈鋋,同沐神功,永銷憂患。不任。

晉公北帝醮詞

臣聞斗極居尊,統臨八表,指揮萬象,總御衆靈,杓建所加,灾凶自息。今以封疆之內,兵革尚興,人未息肩,時方震懼,既勞備禦,必廢耕桑。念彼榛蕪,益深憂嘆,敢憑醮酌,重罄祈誠。伏惟太宰揚威,七元振令,使雷車電騎,掃蕩四方,畢雨箕風,蘇舒品物,克清境域,大庇生靈。如臣躔次有灾,陰陽構厄,乞當天譴,用息人殃。元元丹誠,仰俟昭鑒。不任。

川主太師北帝醮詞

伏聞垂象表靈,位尊北極,統臨萬有,照燭群生。八十一變之威容,三十六兵之神武,肅清造化,臨察幽明,珍惡誅邪,安人護國。今以朱陽屆候,赤帝司方,南風資長育之恩,四叙叶清和之節。蠶功將就,農務方繁,而疫癘兼行,鉦鞞未止,民多殍僕,野困逋逃,既投足無場,豈息肩有所?叨居監護,實切憂傷,更因衙醮之辰,再布誠祈之懇。伏冀神兵助役,蕩氛翳於郊畿;雲騎騰威,掃疾癘於閭里。生靈有泰,遠近無虞。昏霧永銷,見三蜀山川之色;浮雲自滅,開九天日月之光。厄運蠲平,灾危静息。常傾丹素,以副玄休。不任。

晉公北帝醮詞

伏以六氣周流,天道爲生成之本;七星杓準,斗君爲統制之元。罪福吉凶,咸歸校録。臣以近畿未泰,戈甲猶興,四野靡安,疾疫斯構,念茲疲瘵,痛逼肺肝,敢因衙醮之辰,更達叩祈之志。伏冀曲迴聖力,俯借神威,垂景貺於四人,息灾危於三蜀,休兵偃革,時泰民安,厄運銷平,福祥臻會。不任。

謝恩北斗醮詞

臣以凡愚，叨依簪褐，修持多闕，過咎易盈，遣責所臨，疾瘵斯構，贏形幾喪，微喘偶全。三洞法師杜弘廣，情切本枝，念深危疾，式披丹懇。冥叩玄真，果蒙降以殊休，續其餘算，仰荷真靈之祐，再窺日月之光。螻蟻力微，乾坤恩重，用申醮酌，仰報生成。伏惟聖慈，俯賜歆鑒。不任。

原載《廣成集》卷 7

五星醮詞

伏以三光垂耀，五緯流輝，盈縮有常，古今無紊，循環列次，主宰群生，影響靡常，吉凶攸繫。臣叨膺命秩，獲履土疆，惠未洽於飛沈，境方躔於災沴。兵鋒凌暴，士庶流移，千里瘡痏，一方殘毒。念茲憂痛，實切肺肝。竊惟上聖好生，至真育物，敢憑慈煦，再罄醮祈。伏希太白揚威，助武功於原陸；歲星舒彩，播仁澤於郊圻。五辰順軌以呈祥，萬類承風而納祐，野無悲怨，俗洽和平。誓竭丹襟，仰酬玄貺。不任。

原載《廣成集》卷 7

本命醮北斗詞

伏聞斗正中天，杓臨八極，魁綱所指，福祚必臻。臣行運之中，土居身位，游年之內，災向離方。今屬斗在南天，日躔命宿，仰申告醮，冀獲感通。願垂宰制之威，以靜晦蒙之數，克垂玄祐，敢負明恩？不任。

原載《廣成集》卷 7

本命醮南斗詞

伏聞南斗六宮，文昌衆聖，壽涯所繫，生籙是司。動植幽微，咸資主統，祈生請福，益露明誠。臣叨荷寵恩，謬司藩部，功無塵芥，過積丘山。而行運之中，方當否塞，宿曜之內，並有照臨，敢因章奏之壇，重有禱祈之望。伏冀朱宮上聖，丹闕高尊，垂迴凶度厄之慈，開出死上生之路,使一境之兵銷革偃,四時之雨順風調,拯癘魄於窮泉,拔游魂於長夜。降元和之澤,濟冥漠之鄉,浮雲不蔽於青天,忠懇獲伸於白日。元元之志,仰仁鴻休。不任。

原載《全唐文》卷 937

本命醮三尊詞

伏聞大道昭明,獨著好生之化;天真慈惠,偏宏濟物之仁。亭育必均,撫臨無失。臣自惟凡陋,叨荷寵榮,未著勛勞,洊深渥澤,而維鵜起誚,聚鷸爲灾,蓋薄德而招,亦迍蒙所萃。三命之内,別有刑衝;九曜之中,仍周臨照。敢因元命,虔叩上玄,伏希迴此凶衰,錫其禎貺,赦過尤於既往,解厄會於將來,得傾忠赤之心,上答乾坤之澤。誓當砥礪,以答玄慈。不任。

原載《全唐文》卷 937

周天醮二十八宿詞

伏聞玄象在天,萬有咸照,動植荷無私之德,幽明承不宰之功。臣早被寵光,謬司藩翰,誠慚薄德,繼履深灾,郡邑凋夷,生靈淪斃,於兹傷痛,須勵誠祈。伏惟允降玄休,克寧疲瘵。使兵旗永卷,無聞冤訴之音;稼穡惟豐,自洽和平之化。至於山川之内,地分灾期,躔次之中,天文厄運,並希銷解,俾獲乂康。誓竭丹誠,仰副鴻澤。不任。

原載《廣成集》卷 7

禮記博士蘇紹元九曜醮詞

臣以凡微,叨逢聖日,荷三境照臨之賜,承二儀亭毒之恩。常慮迹處昏衢,身居俗網,修持有闕,罪咎易增。雖佩奉秘文,遵參寶籙,香燈怠惰,葷濁侵凌,道氣不降於百關,靈官暗遷於六府。由是虛邪内集,疾恙旁繁,夙夜兢憂,懼不全濟。又慮五行三命,運遇凶衰,兼以土曜木星,仍臨宮宿。顧兹凡眇,素寡善功,當此灾期,倍深惶惕。是敢按《河圖》舊典,披啓醮壇,依靈寶尊文,請求天像。伏冀玄慈俯矚,靈貺遐沾,洗滌過尤,解銷灾咎。明星隱曜,共介禎祥,八卦九宮,並祛刑厄。疾患痊復，邪癘蠲除，增禄秩於維新，續年齡於延永。行年神將，法籙吏兵，輟罪舉功，咸賜昭祐。永當修勵，以答玄恩。不任。

川主天羅地網醮詞

伏聞一氣肇胎，三靈資始，乾奇坤偶，定彼陰陽，金革土浮，明其次舍。九興於坎，戌亥謂之天羅；六起於離，辰巳謂之地網。乃二體昇淪之所，是兩儀代謝之鄉，陽伏而不能剛，陰絶而不能繼。行年所歷，實迫災期，況天地中和，圓方化育，流形挺質，命世降奇，皆歸鼓鑄之權，難逭興衰之數。顧臣凡昧，敢避晦蒙，丙辰當厄會首臨，丁巳乃災期將解。惟兹二歲，實抱百憂，上祝玄穹，敢祈銷解。仰惟聖鑒，俯念誠祈，顯降威靈，大祛災孽。使乾綱坤紀，息氛沴於一方；地網天羅，解凶期於小運。行歌擊壤，歸聖朝朴素之風；束甲弢弓，副玄祖希微之教。永勤香火，以答玄慈。不任。

川主醮九曜詞

臣叨荷國恩，謬分戎閫，西南粤壤，髦蜀雄都，三舍當參井之躔，八國控羌蠻之域。區封既廣，統制斯難，常慮非才，有負殊寄，夙夜憂懼，不敢遑安。近歲以來，凶災未息，疾癘時起，干戈日尋。今按考黃圖，驗求玄曆，分野之內，太白將臨，況運兵籌，方迕武旅。仰裁成之義，仗肅殺之威，仁静四郊，以康萬姓。伏冀天光俯鑒，聖力潛資，濡渥澤於九重，救倒懸於千里，橐弓解甲，鑿井耕田，里閭無瘥疫之家，遠近有歡呼之俗，長庚所指，幽滯俱通，即永荷昭祐之恩。不任。

楊鼎校書本命醮詞

伏以斗御中天，杓移列次，握帝車而獨運，浮華蓋以高臨，吉凶得以司明，罪福由其考校。雖塵凡杳隔，仰星晷以無階；而天聽甚卑，有心誠而必鑒。丹襟所叩,玄應攸彰。臣頃以灾蒙,偶逢艱梗,道塗阻塞,骨肉支離。因與幼男,兩地暌隔,倉皇相失,音信莫通。惟晝祝長天,夜瞻斗極,冀其通感,再獲團圓。炷香而血淚共垂,拜手而心魂俱往,果蒙昭祐,遽遂歸還。常懷再造之恩,未答自天之澤,兢憂度日,芒刺在躬。今則玉局仙居,錦都靈化,下藏洞府,上屬星躔,肸蠁可期,真靈攸會。輒投勝境,願展醮祈,將酬福祐之慈,少達敬恭之禮,仁迴真鑒,俯納塵心。小男以壬子主生,微臣以庚申定命,常希聖力,永錫保持,袪五行三命之灾,解宿度天文之厄。得勤修勵,永奉休明,黍稷非馨,真仙是鑒。不任。

原載《全唐文》卷937

川主令公南斗醮詞

伏聞天覆地載,資大道以生成;稟質孕靈,由至真而潛運。用能彌綸不極,生化無窮,真宰主張,玄功統御,雖太虛遼邈,劫曆遐長,庶品諠闐,九圍曠蕩,刑政繁雜,分野幽深,灾福攸司,安危是繫。臣遭逢聖運,塵忝恩榮,授以節旄,委之輔相,地雄巴蜀,境控羌蠻,慚無綏撫之能,常切兢憂之懇。況舉善癉惡,須用賞刑;伐叛誅凶,仍施斧鉞。戎祀有牲牷之具,賦輿有徵督之勞,有土有人,蓋不得已。實恐詮材不當,委任失宜,因起怨咨,遂成灾沴。今又土星行度,對照此方,地一移宮,將離益部,五鬼臨於坤位,火曜躔於井宮。又臣大運在衝破之鄉,小運當命墓之歲,木既薄弱,火亦衰微,天符臨於行年,游行逢於絕命。土方對照,又在妻宮;金火伏行,亦居滯位。木星處愁煩之宿,暗曜出乖背之方,垂象至明,陰陽有數,得無警懼,以自勵修。尚恐過咎易深,尤違旋積,因其愆失,灾及生靈。省己撫心,不遑寧息。竊聞正陽之月,丙午之辰,是六星降鑒之期,南斗定生之會。滌瑕介福,宥罪覆恩,輒按明科,願申昭謝。詣元元真府,玉局靈壇,精備信儀,蕭虔香火,普日月星辰之界,遍山川海嶽之司,咸罄丹心,恭修大醮。伏冀迴無私之鑒,垂不測之神,降彼南宮,盼茲下土,共流真貺,俯察微誠。解地分之灾躔,銷天文之謫見,息三命五行之厄,除九宮八卦之凶。靜土星所照之方,克承嘉祐;禳地一將移之數,允錫休禎。黎元咸保於乂康，穀稼必期於豐衍，連營有泰，四境無虞，疫毒不侵，戈鋒弭戢。上願三光表瑞，循黄道而福帝躬；五緯順常，扶紫微而拱玄極，龍圖永固，鳳歷攸昌。其有境土龍神，山川祠廟，共延祥祉，用拯幽明。至於地府陰關，游魂苦爽，肖翹飛走，水陸沈潜，仰承濟護之恩，永享安寧之祐。不任。

原載《全唐文》卷 937

川主周天南斗醮詞

伏以蜀之星躔，上當鶉首；蜀之分野，下接坤維。當申未之方，在參井之度。今以土星對照，金火正臨，五鬼方寄於二宫，地一將移於益部。恐政乖慈育，法爽哀矜，野有怨嗟，人罹灾眚。又行年之内，本命之中，刑克衰微，慮成灾厄。敢以正陽令月，丙午良辰，虔備醮祈，以申懺滌。伏冀大開恩宥，俯念精修，解天文地分之凶，袪三命五行之咎，曲迴禎眖，永錫乂安。誓傾求理之心，以答好生之澤。不任。

原載《全唐文》卷 937

川主周天地一醮詞

伏以天皇大帝，司察萬方，太乙十神，巡游八極，垂灾降福，巨細無遺。凡在君臣，敢忘炯戒？今以地一行位，將出蜀鄉，深虞刑政之門，必有愆違之失。惟增震惕，輒備懺祈，虔修香火之儀，用表依歸之懇。伏願鑒其虔切，錫以禎祥，俾境宇安寧，生靈蘇泰，時和歲稔，偃革弢弓，克新憫祐之恩，敢負照臨之賜！

原載《全唐文》卷 937

周常侍序周天醮詞

伏以道氣運行，元和亭育，分萬靈而布化，垂列宿以麗天。凡曰含靈，咸歸禀受，仍俾主宰，以定吉凶，臣猥以庸虚，叨承渥澤。運籌藩閫，慚無制勝之謀；剖竹方州，實寡綏懷之績。況地連夷落，境控巴賨，短才常慮於闕遺，雜俗尤難於撫諭。惟精兢慎，獲保初終，既卷隼旗，復依戎幕。顧恩榮而益厚，在循省以何安？憂畏所深，疾恙因作。

每慮積生之始,以洎此身,三業構非,六情結釁,前冤未弭,往債所躔。或理務之間,賞刑不當,烹殺之際,故誤難明;或天文宿度之中,有逢臨照;或三命五行之內,有值刑衝。又今年五鬼在於妻宮,天符入於財位,小運則丙祿值墓,大運則子水向衰,金火行於身宮,綱星加於驛馬,皆爲厄會,倍切危疑。所以疾苦之時,冥心禱祝,冀其銷解,用展效酬。今則萬聖垂慈,衆真憫祐,拯其疾厄,賜以痊平。仰玄造以知歸,感鴻恩而上答,披《河圖》真格,詣玉局靈壇,備蠲潔之儀,設周天大醮,星辰日月,畢罄誠祈,地府天關,遍申昭謝。伏願降臨丹懇,采納素誠,永錫吉祥,克加濟護。使罪尤除蕩,算紀遐長,冤債和平,灾凶超度。誓勤修奉,以副玄慈。不任。

原載《全唐文》卷 937

王宗瑤六甲醮詞

伏以大道凝華,元尊布化,肇分一氣,品列五材,終始循環,生成萬有。上惟劫曆,資運數以推移;下統人倫,配吉凶而陶鑄。稟形毓質,咸賴玄功。臣早慕清虛,志親冲漠,獲參秘籙,常冀遵修。昨以奉使京華,經途險遠,每虞曠闕,冥有祝祈。果蒙道力潛扶,殊休密衛,達秦甸有安貞之吉,迴蜀城無敗累之憂,仰感靈恩,實思昭報。今屬重陽懿節,甲子佳辰,虔備菲誠,恭申醮禮。伏冀神威俯鑒,微願克酬,采納丹襟,頒宣洪澤。使罪尤蠲蕩,冤債和平,灾咎清消,福祥臻會。事親奉國,常蒙憫護之恩;守職進身,永荷真靈之眖。不任。

原載《廣成集》卷 8

孟彥暉西亭子南北斗醮詞

伏聞大道孕靈,天尊演化,乘機誕瑞,命世降賢。所以匡國濟時,宣功利物,稟星辰之正氣,總嶽瀆之英華,莫不受命上天,凝神中土,恢宏器業,拯祐生靈。臣以節度使琅琊郡王,生屬休期,累承聖澤,以武威扶持唐祚,以忠節翼贊睿圖。光啓中興,克安天步,貢賦常盈於內府,明誠首冠於藩維。推此勛庸,宜承禎祐。今以誕生令序,禱福佳辰,輒備信儀,虔修醮禮。依太乙祈真之品,詣真人朝斗之壇,香散虛庭,燈繁静夜,傾心上奏,冀獲感通,普垂象以冥思,遍真靈而醮祝。伏願星躔日域,地局天司,衆聖迴光,萬神昭鑒,照祥符而延巨覜,開壽域而懋鴻勛,永佐聖朝,長扶帝座。然願龍神叶贊,川境安寧,百穀滋豐,五兵韜戢,俗洽和平之美,年無灾沴之虞,動植幽明,同臻道化。不任。

原載《全唐文》卷937

勇勝司空宗恪九曜醮詞

伏以大道垂慈,萬靈分職,陰陽布化,星象垂文。照燭幽明,裁成品彙,主張有度,罪福無差。臣獲以塵微,仰蒙覆燾,謬叨寵禄,早忝恩榮,久統師徒,仍分符竹,實慮才輕任重,福過灾生,夙夜兢憂,不敢寧處。又以今年行運,天符入於中宮,寄王之方,復臨大運。況驛馬爲五鬼所對,小運與大運相衝,生月及本命之辰,皆遇土星所歷,遂成灾疾,未獲痊平,省已循懷,伏增憂懼。竊聞天曹上聖,主錄死生;北斗南宮,司明罪福。是敢披心瀝懇,拜醮希恩,虔詣靈壇,精修奏薦。雖物儀單菲,而誠願拳勤。伏惟萬聖衆尊,開恩鑒祐,赦臣積生罪咎,解臣三命灾凶,落北斗之死名,上南宮之生籙,銷平厄會,和釋冤仇,疾苦蠲除,禄算延益。誓勤修勵,以答玄恩。不任。

原載《全唐文》卷937

衙内宗蘷本命醮詞

伏以大道生成,陰陽亭育,主張有度,罪福無遺。臣叨荷恩榮,常增戒懼。雖側身思過,省已捫心,每虞操履之間,難免纖微之失。今年三命之内,土木氣微,行運之中,命禄皆薄。天符臨官禄之位,游年當絶命之方,大運則土曜所加,小運乃元辰所主。計都居鈍滯之宿,金星入乖背之鄉,旦夕憂兢,恐爲灾厄。是敢按遵科典,精潔醮祈,望靈化以馳神,仰玄穹而勵懇。伏願天司地府、九曜南宮,克鑒丹誠,俯垂玄祐。賜臣自新之澤,赦臣既往之非,解五行三命之灾,銷列宿暗虚之厄。罪瑕清滌,冤債和平,遂推公去己之心,傾奉主事親之懇。公私昭暢,家眷康宜,普及存亡,咸希福利。不任。

原載《廣成集》卷8

徐耕司空九曜醮詞

伏聞天府地司,主張命籍;南宮北斗,統録死生。三官持考校之文,五帝領裁成之籍。顧惟下土,實繫上玄。況乎處世立身,善功難著;乘非蹈過,罪目易盈。早忝殊榮,靡申績效,或理務有刑章之失,或專城有賞罰之差,積尤違於地府天曹,結罪咎於星躔日域,曾無悔謝,莫遂蠲除。又自行運之中,方當厄會,火星飛於小運,天符入於中宮,水曜伏刑厄之鄉,土星退愁煩之宿,禄火雖王,辰土尚衰。數年以來,疾苦未减,元元之懇,實切憂惶。竊惟上聖至真,垂慈育物,冥心注念,有感必通。輒憑香火之緣,精展醮祈之禮,虔誠悔過,稽首希恩。伏惟愍鑒庸微,俯弘慈祐,解已成之灾厄,赦既往之罪尤。南斗延生,北宮落死,潛增年算,克賜乂安。疾瘵痊平,眷屬康泰,即永荷衆聖再生罔極之恩。不任。

原載《廣成集》卷 8

川主太師南斗大醮詞

伏聞大化權輿,元精剖判,生成天地,陶鑄陰陽,正三統以疏基,役四時而成歲。由是萬靈受職,五氣分鑣,天府地司,領生校籍,罪福以之詮叙,報應以之弛張,毫末無遺,古今不紊。況復上標躔次,下制山河,隨運曆而慘舒,因恭惕而昭戒,仰窺玄訓,得不稟修。臣夙荷天慈,克符睿獎,峻台衡之位,提斧鉞之權。玉律金科,慮爽重輕之信;五申三令,慚乖訓撫之宜。雖盡力匡君,傾心許國,翦長蛇而復宮闕,清巨祲而息戈矛。再拔城池,頻摧寨壘,變蟻結蜂攢之俗,穆爲賓向化之人。三蜀乂寧,四民和穆,實乃上資聖力,明稟靈恩,猶恐政理或虧,罪瑕難道。審已或違於道德,游心未契於神明,或分野灾期,或行年厄會。臣今年小運逢於劫殺,大運遇於天符,土曜對於身宮,行年冲於命位,每懷憂戒,思展懺祈。竊以丙午良辰,是南斗降真之日,六宮衆聖,主籍是司,輒申醮酌之儀,願達依歸之懇。伏冀天關流眷,斗極延慈,赦既往之尤違,錫將來之休祐,灾凶弭息,境宇安寧,遠近昭蘇,龍神輯睦,風雨均暢,疾瘵清銷。以俗泰爲嘉祥,以年豐爲上瑞,忠以扶於社稷,静以答於神祇。虔肅丹誠,上副玄澤。不任。

賈璋醮青城丈人真君詞

伏以岷蜀雄都,西南巨鎮,下蟠萬壑,上拱九清,爲造化之殊庭,乃神仙之奧府。瑤宮璿闕,深秘於洞臺;翠壁丹崖,仰呀於雲霧。高真之所栖息,上聖之所宴游,實掌休祥,以福寰海。臣獲逢道化,夙荷玄慈,慚無塵芥之功,難報乾坤之德。而立身處俗,易結罪尤,往世此生,寧無過咎?五行三命,恐值灾衰,躔次星文,慮爲臨照。或冤仇所滯,或債訟未明,有一於兹,是用憂懼。輒敢披心靈嶠,稽首仙都,輒備信儀,遥申禱祝。伏願鑒其丹懇,錫以玄恩,使景福潛資,壽涯延益,灾凶銷蕩,罪咎蠲除,冤債和寧,禄祚繁永。兼乞子孫嗣續,宗緒昌隆。誓傾虔奉之心,以答仙靈之祐。不任。

蜀州宗夔爲太師於丈人山生日醮詞

伏聞道化裁成,天元立極,申命真宰,主張衆靈。於是乎賦命稟神,流形挺質,咸資錄籍,以繫上玄。臣荷大道生成,感睿明倚注,地分岷楚,任極鈞衡。功業所彰,未禪於造化;恩榮所錫,已冠於古今。況屬天步艱難,星輿省狩,恨不得手扶宸極,身衛帝車,克定乾坤,重清日月,永安大寶,以致中興。唯叩真靈,冀扶忠節。仰惟青城巨鎮,天國仙都,群聖依栖,列真統制,必能振揚神力,驅役陰兵,蕩灾運而靜中原,拯横流而匡大業。爰遵秘格,虔啓醮壇,願迴不測之威,以介無疆之福。使妖氛寧息,帝祚隆昌,鳳歷龍圖,天長地久。臣積生咎釁,未兆灾蒙,因此懺祈,咸希銷解。臣今年大小二運,俱在酉鄉,與命辰對衝;又火星所照,既臨分野,仍在身宮,土躔厄會之方,金伏乖背之宿,年臨三殺之位,仍當六害之門。恐灾咎所加,伏深憂惕,惟憑醮酌,以達精虔。所祈灾數克平,忠誠大展,盡報主酬君之節,成摧凶定難之謀。光佐聖朝,實仁靈祐。不任。

宴設使宗汶九曜醮詞

伏以二象炳靈，三元運化。禀形毓質，仰資大道之仁；賦命受生，率荷神明之德。臣獲承玄廕，叨遇休明，累忝恩榮，載塵職禄，顧勣勞而未立，感寵澤以殊深。而慎行謹身，敢忘惕勵？運心屬念，尚慮曠遺。況所主重難，務當宰膳，宴賓犒士，須備烹羞，撫衆訓戎，時行懲賞。實恐刑章之内，或爽於重輕，庖割之中，寧無於故誤，因成冤債，遂積罪瑕。或往世此生，宿愆未解，五行三命，厄運未祛。今年則暗曜土星，在身宫之上；天符五鬼，臨行運之方。火星近刑厄之宫，金星躔克性之位，忽成疾苦，久未痊除。伏恐灾咎方深，叩祈無所。竊惟至真濟物，大道好生，廣開禳謝之門，俯示感通之力。是敢按遵科典，虔啓醮壇，遍九曜以披心，瞻列星而瀝懇。伏冀天光下鑒，聖造旁資，解故傷誤殺之冤，赦積世他生之罪，銷平厄會，清蕩灾凶，六氣宣通，百疴痊復。續將盡之福，禄祚增延；賜再生之恩，算命延益。公私昭泰，眷屬乂寧。仰望玄慈，不任。

原載《全唐文》卷 938

遂府相公周天醮詞

伏以虛無大道，孕育於群生，天地萬神，主張於庶品。至於誕形禀氣，垂象炳靈，咸資鼓鑄之功，率賴生成之力。臣内惟涼德，夙荷道慈，勣勞未贊於聖朝，寵遇已隆於藩翰。隼旟龍節，疊奉殊榮；相印兵符，頻叨睿獎。顧兹虛薄，實切兢憂。每慮賞罰不明，刑章不當，舉措有乖於理體，綏和未叶於物情，興修有土木之煩，宴犒有烹燔之費，故傷誤殺，往債宿冤，兼此罪尤，成其譴責。或五行三命，暗曜列星，共結灾躔，遂爲疾厄，尚未痊復，倍用驚危。臣今年大運居衰氣之鄉，小運在馬破之位，木星退身宫之上，土星照三合之方。金水二星，臨乖背之宿；飛天火曜，居本命之辰。九宫土星，復當生月，睹此灾運，深切禱祈。是故按靈寶玄科，《河圖》秘格，設周天大醮，懺謝上玄。伏冀萬聖感通，衆神照鑒，納其懇志，介以福祥，解宿債前冤，赦深灾重過，續其祚禄，增其壽年。五星四景之中，永銷危厄；天府地司之内，別注休禎。所疾蠲平，克賜安豫，益堅忠孝，上奉君親。即仰荷衆尊祐護之恩，不任。

親隨爲大王修九曜醮詞

　　臣聞垂象炳靈，代天行化，發揮道用，昭著神功。粤自剖判之初，即顯司明之力，生靈動植，咸賴玄恩。臣獲禀天慈，深叨帝澤，功業未酬於覆載，寵榮已冠於人臣，常慮綏撫乖宜，賞刑有失。金科玉律，或爽於哀矜；伐叛誅凶，或輕於鈇鑕。前代之冤讎未解，此生之過咎旋彰，於此省循，常懷震惕。又臣今年大小二運，俱在對冲，首尾蝕神，皆爲臨照。支干火木，在衰氣之中；天符飛行，居驛馬之上。並爲灾滯，尤切憂惶。近則微恙所嬰，尚未痊復，希恩謝過，倍切禱祈。輒因本命之辰，虔誠奉醮。伏惟至聖，俯鑒丹襟，赦已往之罪瑕，解將來之厄會，增延算禄，和釋冤疑，得以罄竭微衷，扶持大寶，撫安疲俗，匡贊中興。誓傾修勵之心，永答真靈之貺。不任。

果州宋壽司空因齋修醮詞

　　伏聞三光麗天，下司群品，死生是繫，罪福攸司。臣以塵微。仰蒙鑒祐，而三命之内，水火力微，值辰戌魁綱，爲天羅地網，二運逢墓，並屬灾期。又火星到元首之宮，暗曜在命宮之位，灾數重疊，憂懼殊深。是敢遵按明科，虔申醮奉，仰崇齋福，精備醮祈，三日恭嚴，九時關奏。伏冀玄慈俯燭，洪澤濡臨，賜臣灾運銷平，凶衰超度，克延祚禄，允介福祥，永保乂安，常加護祐。奉親事主，報國寧家，誓罄丹誠，上酬玄澤。不任。

青城鄭瑱尚書本命醮詞

　　伏以禀氣分靈，全資大道，挺生毓質，仰繫上玄，壽祈延永之期，終始吉凶之分。五行倚伏，二氣推移，實憑宰制之功，敢怠敬恭之懇？臣今年火曜，居本命之方，九宮金星，在行年之上，久纏疾苦，未獲痊平。竊慮履行運心,有虧陰騭;字人育物,有曠政經。或積生釁咎未除,或往世冤讎未解,構茲重厄,無路懺祈。況境控仙山,地當洞府,明誠可告,真鑒難誣?敢因本命之辰,虔備醮祈之禮,洗心謝過,瀝懇希生。伏惟少駐鸞驂,下臨塵壤,愍其歎迫,假以恩休。輟死籍於黑書,再延命祿;定生名於丹籙,盡赦深瑕。冤債和平,灾凶銷解,公私昭泰,眷屬安寧。敢忘策勵之心,上副真靈之祐。不任。

原載《廣成集》卷 9

忠州謁禹廟醮詞

伏以三氣肇胎,九元裁質。清浮濁厚,真精鑠造化之爐;出震乘乾,大易啓乾坤之韞。堯天繼覆,舜日傳明。五教允敷,未革懷襄之數,四門是闢,尚纏昏墊之憂。惟我睿明,拯茲下土,驅馳四載,勤瘁萬方。浩浩無虞,百谷識朝宗之路;巖巖可仰,群山知維嶽之尊。區別九州,撫寧庶彙,鑄鼎之功既集,錫班之報攸彰,懋此宏勛,光於終古。臣夙承洪澤,獲奉仙祠。巴雨巫雲,捧臨瑤殿;岷江楚望,瑩蕩瓊階。願迴疏曠之慈,俯鑒虔祈之懇。探經玉洞,展醮靈岑,副蜀王遐祝之誠,遂微臣歸還之願。不任。

原載《廣成集》卷 9

楊神湍謝土地詞

伏以道氣分光,玄功宰制,下鎮靈化,上配列星,萬聖之所宴游,群仙之所栖息,肇於歷劫,以逮茲辰。玉女上賓,認香泉於江潯;元元駐駕,留玉局於城隅。耀天日之祥華,以安井絡;啓洞宮之徑隧,以福坤維。爲錦都靈勝之墟,乃蜀國神仙之府。而繕營久曠,蕪薈幾侵,清壇爲蹂踐之場,閟殿染膻腥之雜。我蜀王迴開神鑒,矚此玄關,遽命澄清,俾其嚴飾。拂烟煤於石壁,章挹仙儀;薙蒿篠於荒階,再窺靈洞。邇後累加締葺,漸獲精新,堂宇相望,樓臺櫛比,復遷門閫,俯及康衢,夕磬晨鐘,得以備朝修之禮;朝香暮火,得以申蠲潔之儀。報德何階,感恩有自,輒陳醮祝,冀達真靈。伏惟廣灑神休,大頒嘉貺。增聖主遐長之算,寧謐萬方;延蜀王椿桂之年,乂安三蜀。連營將校,各

崇竹帛之勛;比屋生靈,共樂和平之化。龍神悦豫,稼穡豐穰,疵癘無
侵,鋒鋌永戢。其有薰腥穢瀆,穿鑿侵傷,承此懺祈,咸蒙銷解。臣等
佐時濟俗,行教立功,奏御上通,遵修咸契,公私貞泰,眷屬利安。然
願往化法流,先師舊德,冥關無滯,道果速圓。内外職僚,陰陽將吏,
遷功加品,永贊福庭,克弘至道之風,常荷尊靈之澤。不任。

原載《廣成集》卷 9

涬州謁二真人廟醮詞

伏以真精表瑞,元氣分形。積秀氣於人寰,凝爲仙嶽;集幽奇於
物外,儼設洞天。上屬星辰,下福邦國。由是瓊宮珠闕,秘邃難窺,羽
蓋霓幢,飄颻特降。二真人三都迹顯,九鼎功成,白晝登真,丹霄控
景,威靈益振,物象長新。寶册真經,琅函玉篆,貯靈宮而作鎮,與嘉
躅而常存。遐想玄風,遥馳素懇。今以三川觀化,累遇干戈。鳳札龍
書,靡存於魯壁;虎符龜籙,難訪於秦坑。大教凌夷,所宜弘拯,是用
翹勤翠巘,稽首白雲,申醮酌之儀,冀神仙之鑒,輟鶴洞緘藏之本,爲
人天宗奉之經,仁建殊功,却還舊所。竊惟道無不在,法許流通,仰望
鴻休,允諧丹款。亦願潜迴禎貺,普及寰瀛,元元之祚允繁昌,聖主之
宮城匡復,九圍寧謐,萬彙昭融。臣境宇乂安,生靈康泰,灾躔自息,
算禄增延,永持忠赤之心,上副至真之祐。不任。

原載《全唐文》卷 938

自到仙都山醮詞

伏以元化既分,兹山作鎮,前臨楚望,旁控巴城。衆流迴環,嚴設
龍蛇之府;群峰拱衛,秀爲真聖之都。二真騰鶱於前朝,千載昭彰於
懿躅。巖巒蔽日,松檜參雲,禎祥時耀乎簡編,福祉潜資乎邦國。蜀
王扶天茂績,命世雄姿。八國二江,早列封圻之内;黔城楚峽,皆歸陶
冶之中,惟此仙山,光於境宇。仰靈踪而稽首,遥展誠祈;望閬境以馳
心,虔修醮酌。將以求書禹穴,仁逢八會之篇;探簡洞庭,願值五符之
訣。敷宏奥賾,演暢真宗。况屬大教凌遲,中原多難,俾其紹習,須俟
流通。某躬泛長波,式遵成命,焚香昭告,願鑒丹誠。所期氾水橋邊,

不獨傳於漢相；典陽泉上，豈止授於干君。捧秩西歸，中興聖教。
不任。

李延福爲蜀王修羅天醮詞

伏以道冠虛無，功先覆載，陶甄有物，亭育無私，綿劫歷以長存，
後天地而悠久，裁成不竭，生化彌彰。臣夙荷玄休，克承道運，功輕塵
露，任重台衡。數千里之山河，周旋六鎮；十七年之臨撫，宰制一方。
每虞福過爲灾，力微成釁，兢榮循省，憂懼難勝。況復大駕未還，中原
多壘。訓兵勵士，徒懷於報國勤王；望闕馳心，其奈於天高日遠。微
勛靡效，孤懇何申？今復大游四神，方在雍秦之野；小游天一，仍臨梁
蜀之鄉。地一次於坤宮，月孛行於井宿。仰兹緯候，緬彼灾蒙。深慮
鳳輦鸞輈，百二之關河未復；陵園寢廟，九重之城闕猶虛。惟切禱祈，
佇迴鑒祐。是用按依玄格，遵鍊明科，修黃籙道場，設羅天大醮。九
清三界，咸陳懺謝之儀；天真地靈，備展奏祈之禮，普日月星辰之域，
遍山川嶽瀆之司，畢罄齋莊，用期通感。伏冀天尊降命，聖祖貽休，俯
借神功，載康國步，鴻圖克固，鼎祚中興，齊北極以常寧，比南山而共
永。臣允承天澤，長奉唐年，享椿松延廣之齡，竭金石忠貞之節；境無
灾沴，歲洽豐穰，雨澤不愆，干戈不作；龍神安鎮，士庶乂寧，幽扃沾開
度之慈，絶域慕和平之化。誓弘清净，以答真靈。不任。

羅天中級三皇醮詞

伏以玄蓋上浮，黃輿下鎮，元精降瑞，應運開圖。握六紀以君臨，
恩周率土；體三才而司牧，惠洽群生。塞寰區而聲教攸傳，亘古今而
光靈不泯。臣謬膺天澤，作鎮坤維，荷覆燾以難勝，誓忠貞而有守。
屬乾綱未舉，天數中微，瞻雲而河洛方遥，捧日而山川尚阻，徒傾丹
赤，莫展勤勞。今又大游四神，在雍秦之分；小游天一，次梁蜀之鄉，
地一鎮於坤隅，月孛行於井宿，考遵緯候，伏切憂虞。是用披按明科，
修崇黃籙，備羅天大醮，祈三界真靈，願假神休，共迴天數。使忠貞義

烈,振風雷掃蕩之威;文武尊神,借戡定經綸之力。重昌祚曆,永息妖氛,九圍睹清晏之期,三蜀荷安寧之賜;災袪未兆,福降無窮,動植存亡,同臻恩祐。不任。

原載《廣成集》卷 9

羅天醮太一詞

臣伏按曆緯:今年大游四神,在雍秦之分;小游天一,次梁蜀之鄉。地一屆於坤宫,月孛臨於井宿。仰披天度,緬屬災期,省己捫心,伏增憂惕。是敢按遵玄格,崇啓壇場,修黄籙寶齋,備羅天大醮,輒披玄蘊,敷露真文。伏冀尊神迴景上元,貽休下土,旁垂禎覘,永息灾躔。賜臣封境乂安,龍神輯睦,生靈康泰,遠近昭蘇,疵癘無侵,干戈弭戢。唯虔修奉,上副神功。不任。

原載《廣成集》卷 9

羅天醮嶽瀆詞

伏以二象昇淪,剛柔定位;三靈恢廓,川岳裁形。坤儀彰厚載之功,品物荷資生之德。雖混淪莫極,猶虞九六之期;廣博無疆,以繫屯亨之數。今以陰陽所運,曆緯所甄,天一小游,既移於梁蜀;四神太乙,亦次於雍秦,地一屆於坤宫,月孛行於井宿,仰惟天度,伏用震惶。竊以臣叨荷寵恩,久司藩屏,封圻六鎮,襟帶重江,水惟四瀆之尊,山居五嶽之長。仙壇靈化,皆驂虬馭鶴之踪;珠岸金堤,乃禹導秦通之野,真靈攸處,祥應實繁,必介休符,以副虔祝。是敢齋陳黄籙,醮啓羅天,冀衆聖之垂光,會萬靈而降福,共安天步,永奉帝圖。蕩昏曀於神京,重瞻聖日;混車書於海宇,克保唐年。臣境土安寧,生靈舒泰,邊無烽燧,俗洽謳歌,息未兆之灾躔,解已往之愆咎。誓虔砥礪,以答神功。不任。

原載《全唐文》卷 938

羅天普告詞

伏聞玄功宰制,道化宣行,禀象流形,凝神運氣。天覆地載,爰起於渺茫;日照月臨,肇分於萬有,至於陰陽昇降,劫曆推移,乾坤有九六之期,烏兔有盈虧之數,將期拯護,允仗真靈。臣以微躬,遭逢昌運,叨塵異渥,踐履殊榮。龍節虎符,攝封壤山河之重;金科玉律,掌生靈性命之權。常慚撫育非才,每以滿盈爲戒。而屬中原多難,天步方艱,社稷綴旒,寰瀛塗炭。訓齊武旅,徒懸報國之誠;迢遞神都,莫得扶天之路。今者稽求曆緯,考察經圖,大游四神,方在雍秦之野;小游天一,傍臨梁蜀之鄉;地一屆於坤宮,月孛躔於井宿,緬維天度,彌切憂兢。是敢披靈寶簡文,按《河圖》品格,設羅天大醮,開黃籙寶壇,仰金闕玉京,虔祈萬聖;遍寰中象外,普告眾靈,馳意馬以披心,托香龍而薦懇,冀蒙鑒佑,允降威神。伏惟三界諸天、四司五帝、乾元主宰、地府尊靈,降陰陽不測之神,假變化無窮之力,神兵密助,真應潛彰。大業中興,萬方安泰,皇基永固,四海澄清。掃彗孛於長空,剿鯨鯢於巨浪,常瞻聖日,共載堯天。賜臣境域安寧,災凶弭息,五兵韜戢,四氣均調,黎元無瘥疫之虞,稼穡有豐登之望;三川六鎮,士庶龍神,克洽歡康,同臻貞吉。其有幽魂滯識,六趣三塗,沐玄澤以生神,詣朱陵而受福,存亡開度,動植蘇舒。誓傾忠孝之誠,仰副神明之鑒。不任。

原載《全唐文》卷938

羅天醮眾神詞

伏以人爲神主,神依人以變通;神福於人,人資神而贊祐。承天統地,有國有家,惟古及今,率由斯道。我大唐皋陶種德,聖祖垂休,光宅中原,傳二十帝,玄風扇於萬寓,皇澤浸於九圍,遍彼群倫,咸蒙覆燾。而運鍾艱否,時屬播遷,天數未寧,帝車未復。忠臣義士,皆懸報國之心;望日瞻天,敢怠勤王之志? 今以小游天一,躔梁蜀之鄉;大游四神,在雍秦之野。月孛行於井宿,地一次於坤宮,緯候所明,競憂是切。是敢按遵玄格,披考靈科,修黃籙寶齋,設羅天大醮,下窮九壘,上極三清,嚴陳懺請之儀,願假感通之應。伏惟尊神眾聖,憫鑒丹誠,雷發神威,風回景晲,掃欃槍於碧落,珍氛翳於皇都,永固鴻圖,中興大業。次願封疆分野,銷解災蒙,祛厄會之期,致和平之氣;龍神輯

睦,風雨均調,疵疫無侵,戈鋋允戢。誓勤握政,上副神功,黍稷馨香,
必虔於蠲潔;蘋蘩薀藻,克展於齋莊。瀝懇陳情,不任。

原載《全唐文》卷 938

莫令南斗醮詞

伏以玄道聿分,化機肇啓,清濁定昇淪之位,陰陽運刑德之樞。
南斗主生,垂吉昌而勸善;北宮紀死,編罪惡以繩非。神明用之以化
人,帝王用之以致理,纖微不失,今古攸同。臣宿稟真謨,仰宗玄訓,
敢忘勖勵,以自秉修。而叨備官榮,屬茲多事。雖加勤恪,實有懼於
曠違;徒切兢憂,固取譏於尸素。誅奸癉惡,或舉刑章,或督懲愆,或
施鞭楚,犒士或開其宰戮,宴賓難廢於烹燔,恐因故殺誤傷,遂結深冤
厚釁。又臣行年所歷,小運逢災,宿曜所躔,火星爲照。月臨申未,天
符居本命之辰;位對丑寅,飛旗當衝破之地。慮成厄會,彌切震驚。
雖省已循懷,寬刑慎行,減饌節酒,遠色防非,猶慮凶咎未蠲,福祥莫
應。恭披典册,虔詣靈山,按南斗文儀,法上玄分緯。九微燈影,星羅
遠擬於六星;一德香烟,雲色高連於三素。竹殿既招其虛實,松軒可
降於真靈,向此披心,敢期符祐。伏願六宮上聖,輟死錄以延生;五緯
尊神,碎禍車而流福。冤尤銷解,灾厄和平,骨月安寧,境邑康泰。風
雨調順,穀稼豐登,寇盜不興,沴癘無作。所請靈寶玉篆,赤帝天書,
伏願解臨照於南丹,錫恩慈於下土,永承貞吉,以遂禱祈。不任之至。

原載《全唐文》卷 938

鄭頊別駕本命醮詞

伏聞玄天垂象,斗極居尊,統萬彙以無私,御四時而成歲。下司
命籍,總制吉凶,有感必通,有祈皆應。臣粵自童卯,竊仰威靈,以七
星爲天地之樞,五氣爲裁成之本,主張禍福,制録鬼神,傾心每奉於上
玄,有醮必存於北斗。疊蒙昭祐,累降禎祥,動若影隨,事猶響答。至
或願捐所職,謝病尋醫;或懼履禍機,違凶就吉。或雪志於侵誣之際,
或滌瑕於猜忿之中,潛瀝懇於長天,暗馳誠於永夜。至真在鑒,有願
咸從,而多事所縈,靈恩未報。常期精潔,冀啓醮筵。今者天徇深衷,

神諧夙望,幸叨攝任,獲在仙鄉,玉闕瓊都,咫尺封隅之内;凝嵐積翠,高低城邑之旁。況屬命辰,仍當秋景,遂得躬披松檜,深躡雲霞。展三獻之禮容,猶申公務;酬積年之祈禱,兼遂私心。省分循懷,既榮且忤,是敢奉持詞款,營備香燈,雖潤蘋行潦之微,難迴聖鑒;在隨感赴機之德,願納愚誠,所祈答已往之恩,仁將來之澤,賜其貞吉,介以康寧。俾縣境無虞,農功有歲,人和俗阜,遠睦邇安。臣或本命五行,灾衝所及,天文九曜,臨照所經,或政理有所未明,賞罰有所未當,新冤往債,故殺誤傷,並乞蕩除,永承恩祐。不任。

原載《全唐文》卷 938

孫途司空本命醮詞

伏以二氣肇分,五行運化,鼓陰陽之橐籥,執生死之樞機,亭毒無私,陶融靡倦。司短長於五帝,校善惡於三官,維斗居尊,總御群品。臣自維幽陋,仰荷裁成,獲備冠裳,每憂叨竊。遵素儒之明訓,守玄聖之格言,尚慮動息成非,行藏乖道,難階福善,易結過尤。仍恐三途推移,或逢灾數;九曜躔次,或在厄宮。況今年天符臨勾絞之方,小運當伏吟之位。十三宿内,月孛所經;大運行年,猶居衝破。以茲疑懼,恐履灾凶,敢用本命之辰,虔申醮謝。伏惟真聖,俯鑒誠祈。赦已往罪尤,和冤釋結;錫將來福祉,增禄延年。眷屬寧康,公私和泰,即永荷衆尊慈祐之恩。不任。

原載《全唐文》卷 938

李仇中丞本命醮詞

伏以二氣陶融,三元生化,裁成品物,亭育群方,受命稟形,上繫天府。至於壽算遐促,禄祚短長,立身有罪福之因,行運有吉凶之數,天司地簡,主宰無私。臣伏恐三命五行,或逢灾咎,九星七曜,或值照臨,陰陽有刑克之期,禄算有凶衰之會。又恐積生所犯,冤債未除,積世所行,過尤旋結,常情罔測,神道難知,非托醮祈,無由解謝。輒因本命之日,虔備香燈,仰玄象以披心,對星壇而瀝懇。敢希至聖,俯鑒丹誠,三官落罪簡之文,五帝削灾妖之籍。臣宿瑕蕩滌,積釁銷平,輒

死北宮,上生南極,天曹增禄,司命延年,眷屬和寧,公私清泰。即荷
衆聖之恩。不任。

原載《廣成集》卷 10

張道衡常侍還願醮詞

伏聞垂象九天,流光萬有,帝車周運,聖力遐通。裁四海以無私,
福群生而不宰,惟祈必應,有願克從。臣頃以大順二年,遭逢危厄,憂
逾蹈火,危甚履冰。既難保於朝昏,敢望全於形命。元元丹懇,啓愬
無門,惟注念蒼穹,冥祈玄斗,潛興大願,冀贖深灾。果蒙大道鑒臨,
至真通感,垂好生之澤,開罔極之恩,獲洗罪尤,盡消冤戾,仰天慈而
積感,報玄造以無階。旋屬公役所拘,道途無暇,歲華累改,誠願未
申。況復水陸經過,江山往復,幾逢俶擾,頻值艱危,幸脱鋒鋋,免
罹凶橫,皆承廕護,倍切兢榮。今以本命之辰,於玉局靈化,詣北斗
七元之殿,當玄卿大帝之前,虔備醮壇,恭酬往願。昔所許奏錢若
干貫,請至今年八月五度奏納取畢。伏惟斗中衆聖,玄府上司,鑒
領丹誠,曲迴鴻造。使宿願周備,賜靈澤遐沾,赦過除灾,延祥介
福,年禄增益,危厄銷平,眷屬乂安,公私貞吉。即永荷斗極衆尊覆
祐之恩。不任。

原載《廣成集》卷 10

周庠員外爲母轉經設醮詞

伏聞三洞寶經,九天真訣,虛無凝炁,混合成文。龍篆鳳章,發舒
杳冥之始;瓊編玉檢,敷宣天地之先。大則制御乾坤,保鎮劫運,安寧
祚曆,昭祐帝王;次則和輯五行,調平六氣,蠲邪度厄,濟物利人。遵
修則灾咎可銷,諷誦則禎祥可降。臣等以母行年衰厄,疾苦所嬰,憂
懼俱深,告祈無所,敢憑元聖,披瀝丹心。伏願敕三寶威神,命侍經僚
屬,解五行刑克,却三命凶衰,增禄南天,延生司契。六府調理,百病
痊平,永垂覆祐之恩,克享遐長之福。謹以玉局化轉經設醮,冥叩至
真。不任。

原載《全唐文》卷 939

莫庭乂爲張副使本命甲子醮詞

臣聞天道無親，輔茲有德，功或及物，福必無涯。當川安撫副使張琳，奉主無私，酬知盡節。初終一致，雖風雨而不渝；籌畫萬端，越歲寒而彌勁。頃以四郊多壘，兩鎮稱兵，物力將虛，經費逾廣，厚斂則生靈必困，薄賦則供億不充。出自良謀，豐其軍食，糧糧山積，戈甲雲屯。人不告勞，物無失所，益振貔貅之勢，佇成吊伐之功。但以張某三命之中，猶逢災厄；二運之內，甲祿氣微。天符臨本命之宮，土星逆愁煩之位，慮爲災咎，輒罄誠祈。爰托皇壇，旁希玄祐。伏願十華降福，三聖迴光。錫善眖於諸天，災殃自息；蕩過尤於九府，祿算增延。永俾安寧，共康藩屏。臣情誠迫切，冒瀆高明。不任。

原載《廣成集》卷 10

駱將軍醮詞

伏以二氣清寧，表天地亨貞之道；五材倚伏，荷乾坤成育之恩。至於命籍短長，祿祚豐薄，立身罪福，行運吉凶，莫不上自天司，旁資元命，主張考校，巨細無遺。臣竊慮列宿五行，躔次有照臨之咎；九宮三命，陰陽有厄會之期，以此憂兢，恐成災厄。今以立冬令節，祈福良辰，虔罄丹誠，精陳醮禮。仰天闕而瀝懇，瞻地府以冥心，佇降恩慈，曲流洪福，使災凶殄息，過咎蠲銷，錫以嘉祥，增其壽祿，落罪書於北府，紀生籍於南昌，眷屬安寧，幽明康乂。徊翔天路，長親日月之光；栖息人寰，永沐真靈之祐。不任。

原載《廣成集》卷 10

馬尚書醮詞

伏聞曆象推移，運三元而成歲；陰陽變化，資大道以宣功。澤霈幽明，事均今古，其有宏仁秉義，體順和光，則天錫禎符，神彰吉眖。或動乖守慎，志協回邪，乃蹈彼艱虞，兆茲否塞。影響之報，理實昭然。臣猥以庸虛，早塵職祿，雖肅恭自立，畏慎推誠，常懷聚鷸之譏，每懼維鵜之誚。況復訓齊戎伍，祗奉藩垣，鋒鏑猶施，鉦鞞未息。摧堅挫銳，徒申擒討之謀；故殺誤傷，慮構幽冤之咎，以茲屬念，深用置懷。今則秋帝考功,地官校籍,罪福咸舉,毫末無遺。或臣有塵忝之非,有殺傷之故,有六情之罪,有三業之辜,有注訟未除,有冤讎未釋,事題黑簿,名挂陰曹,乞垂悔謝之緣,並降蠲消之澤,俾其克勵,得以自新。至於宿曜垂災,行年值厄,亦希超度,獲保乂安。上祈九祖生天,三塗離苦,飛沈遂性,生植無傷,四方之戈甲早寧,萬戶之農桑畢就,俗聞謠咏,野息氛埃,咸歸清净之風,大洽希夷之道。虔修醮酌,懇薦章詞,遥祝仙壇,仰望真祐。不任。

原載《全唐文》卷 939

馬尚書本命醮詞

臣以庸微,叨承宿運,謬參職秩,繼忝官榮,統御戎車,龍行條令,或克收境邑,除蕩奸凶,外禦寇讎,内綏疲瘵。而宴賓犒士,須有宰傷;去弊誅邪,必資刑律。誠非徇己,務切安人。竊慮斬决之間,重輕有失;傷殺之際,故誤難明,以此憂惶,恐貽譴責。又慮臣行年三命,或值凶衰;宿曜五星,或逢臨照,因其厄會,遂履凶危;又恐九祖幽儀,未蒙遷拔,六親滯識,猶有拘留,緬長夜以魂驚,念陰關而心懼。思罄歸依之懇,仰申薦奉之誠,輒憑本命之辰,式備資薰之力,冥心靈化,遐想寶壇,陳醮禮以肅恭,貢章詞而精禱。伏冀元元錫祐,大道流慈,光開泉曲之庭,詔下酆都之府。使九玄超度,衆苦蠲消,生神碧落之天,蜕影朱陵之洞,福延後嗣,惠被宗親。其有往世愆瑕,無窮冤對,咸承懺滌,並使和平。乞臣罪簡落書,生宫注籍,灾凶弭息,禄算遐長,兼祈福介川源,澤覃遠近,戈鋋早戢,疵癘不生,野復耕桑,人歸富壽。洎乎沈潜異質,溟漠殊庭,同沐玄風,咸昇道域,誓虔丹懇,永奉鴻慈。不任。

原載《廣成集》卷 10

司徒青城山醮詞

伏以灝氣漸凝,群山挺秀,高扶宸極,厚鎮坤輿。惟彼西南,上通參井。結靈積瑞,含藏日月之華;疊翠推嵐,包括神仙之宅,位崇衆嶽,秩亞三山,爲天下之福庭,冠域中之勝概。崇臺比立,黄軒之秘迹

猶存;巨浸旁分,大禹之神功可睹。每彰符應,以祐生靈。頃屬雨澤
逾旬,泉源坌涌。丹崖翠巘,雖傳隕圮之聲;紺殿彤軒,靡有震驚之
變。緬茲群異,益驗光靈。臣叨荷殊恩,膺茲重寄,綏撫之能未著,兢
憂之懇常深。恐臣過咎所招,仙嶽降異常之兆;災蒙所襲,神峰垂警
告之祥。夙夜省循,若據冰炭,莫展披陳之路,惟虔禱謝之誠。輒按
明科,恭申大醮,庶蒙鑒祐,以贖愆違。不任。

原載《全唐文》卷 939

馬尚書本命醮詞

伏聞元化運行,三才資始,體乾坤而成象,感陶煦以凝神。由是
懸命籍於天關,繫生死於斗極,其有行藏巨細,舉措纖微,八靈伺察以
無遺,十值考讎而畢至。善功潛著,則名列仙曹;過目所彰,則書編鬼
錄。用茲懲勸,以導於人。其惟本命尊神,主張校錄,緬思玄旨,實切
稟修。臣猥以凡微,曾無機略,唯奉公克己,效命為時,未展勞能,累
驚塵忝,揣循增懼,委任益深。況封畿戈甲之餘,壠畝榛蕪之後,疲羸
未復,瘡痏未平,撫之則濡沫纔通,撓之則溝湟甫及。而驟司六邑,務
彼三農。暑耨寒耕,雖勤劬於人力;有秋望歲,殊即俟於天時。但罄
丹心,顒祈玄祐,敢因本命之日,虔申醮謝之儀。所期真聖鑒臨,福祥
臻萃,赦臣叨據之過,獎臣肅奉之誠,使鋒鏑早寧,京坻有積,人無疵
癘之苦,年祛水旱之虞,俾臣九祖超昇,三塗清晏。其或宿曜運行之
厄,歲年刑克之災,淫刑濫賞之非,故殺誤傷之咎,並希昭祐,普錫蠲
消,永誓歸依,以酬真貺。不任。

原載《廣成集》卷 10

莫庭乂青城本命醮詞

伏以稟氣分形,上資玄化,主算定祿,仰繫真曹。臣伏恐履行之
間,或貽愆咎;年運之內,或遇災凶。非仗神功,難申懺滌。輒干真
鑒,虔備醮儀,頃以此山嶽瀆,上司神仙福地。洞裏之玉樓金闕,塵俗
難窺;人間之古殿荒臺,蹤基易變。梁摧蟫蝀,瓦落鴛鴦,若無營葺之
興,已雜蒿萊之徑。某叨居宰宇,竊備繕修,既俾功庸,仍申藻繢,圖

五嶽九江之像，貌河侯溪女之真，肅穆冕旒，駢羅珠翠，如登貝闕，似挹驪宮，既輝焕於素垣，益深嚴於玄德。所冀少城天府，永賴休禎，秋報春祈，克承嘉祐。敢因元命之日，虔修贊祝之筵。伏惟應念迴軒，分靈降澤，錫臣以增延禄算，助臣以消解灾凶，兩地之骨月安寧，一境之生靈蘇泰。誓傾丹悃，上副玄慈。不任。

原載《全唐文》卷 939

莫庭乂青城甲申本命周天醮詞

伏聞妙本應期，元精啓運，三光分照，萬有陶形。圓清方濁之間，遞爲主宰；日域星躔之内，各備職僚。大則司劫曆弛張，小則察人倫善惡，有逾衡鏡，無隱鋒毫。竊惟九室洞天，群真會府，丹崖蕩日，翠谷呀雲，鸞旗之所往還，霓節之所游集。叨膺宰宇，獲詣仙山，雖食蘗苦心，飲冰潔己，功應無補，過必彰聞。況於咫尺之中，敢罔真仙之鑒？更慮九辰行運，三命推移，福善不常，灾凶靡測，拳拳素懇，若履顛危。輒因本命之辰，載申祈醮之禮，天衢地壤，水府星宫，咸罄血誠，仰祈明祐。伏乞解灾釋過，延眡垂祥，壽禄惟增，凶危自息。已往則九天開度，見存則兩地安寧，一境生靈，同承福廕，兵車休駕，封部無虞，長欣静謐之期，永荷靈真之澤。不任。

原載《全唐文》卷 939

莫庭乂九曜醮詞

伏以二象分華，三元列曜，司悔吝吉凶之契，操死生罪福之權。主宰無遺，幽明咸繫。臣自惟凡昧，夙奉正真，叨荷寵章，獲忝位禄。循涯省分，常懼於曠官；恤物安人，敢忘於勵己？尚慮動違恭慎，日積愆瑕，上瀆真靈，潜貽厄會。又恐五星進退，四曜運行，或居身命之宫，或臨惡弱之位。況臣今年天符臨於命卦，木星未出身宫，第二十宿中，蝕神所歷，小運行直，又值天羅。竊憂福過灾生，命衰禄薄，按《河圖》内品，《太元》秘文，瀝懇貢詞，披心備禮。仰華蓋儀璘之闕，若對九芒；瞻星辰日月之宫，盡傾丹款。伏冀宸光下燭，開昏晦而洗沈冥；靈景延暉，碎禍車而焚罪網。使年齡克保，品秩攸昇，一境之士庶康寧,兩地之親緣安泰。仙山表覘,人無瘥疫之傷;靈府垂禎,歲有京坻之望。唯虔素悃,上答玄功。不任。

原載《廣成集》卷10

川主相公北帝醮詞

伏以七政上尊,五靈玄老,位司北極,部制中天。至於地分吉凶,天文災福,五行六氣,三命九宮,萬彙慘舒,咸歸考校。臣以兵戈既久,殘瘵逾年,念彼生靈,痛深肌骨,敢因醮謁,載馨祝祈,瀝懇紫微,叩心玄象。實希憫鑒,俯降禎祥,消沴氣於郊原,退災星於井絡。一川康泰,萬有昭蘇,永戢戈矛,惟新禄算。九天霧卷,重披日月之光;三蜀烟清,再播雲雷之澤。即仰荷帝君憫護之恩。不任。

原載《廣成集》卷10

川主相公周天后土諸神醮詞

伏以天府名區,少城奧壤,龍神福地,天帝雄藩。豈以凡微,叨茲臨鎮,而謬分朝寄,總此封疆,十載於茲,日深兢懼。但以粵初蒞任,便屬艱難,黃巾犯秦,翠輿幸蜀,行朝萬衆,駐蹕五年,力盡扶天,誠深報國,功宣匡復,以及迴鑾。其間有跋扈稱兵,盱睢竊發,秀昇擁師於下瀬,郭琪奮臂於中軍,咫尺乘輿,震驚輦轂。上資睿武,旁假神威,相繼克平,以安大駕。感茲靈祐,常貯血誠,今則時未底寧,人方肆亂,帝車順動,又幸陳倉,中原有焚燎之災,六合靡晏寧之所,雖誠深憂國,志切匡君,難申稽紹之忠,山川杳隔,空抆袁安之淚,扈衛無由。緬想神功,必垂濟助,爰申醮禮,仰冀靈通,希迴助順之恩,共安天步;少借害盈之力,遠掃凶渠,復黃屋於上京,延寶圖於萬葉。椒漿之奠,永答明慈。臣不任瀝懇披心虔請之至。

原載《全唐文》卷939

葛仙山化醮詞

惟彼仙山,鎮茲坤壤。八十一洞,分日月於地中;二十四峰,繚烟霞於天際。潛司罪福,以統生靈。臣夙慕玄微,早崇清静。躬逢聖日,既叨輔贊之榮;夢想靈山,常貯逍遙之志,尚縈多事,徒鬱素懷。今節及仲秋,禮當望秩,遐瞻翠巘,杳隔紅塵,虔備醮壇,用申誠祝。伏冀虎旗龍旆,遠辭八極之宮;鶴馭鴻驂,聊降三仙之駕。歆茲薄禮,錫以殊休,俾稼穡有年,凶灾不起;幽明共福,家國咸安。比帝祚於崇岡,續唐年於劫曆,必期修潔,以奉靈光。不任。

原載《廣成集》卷 10

川主九星醮詞

臣聞九元御極,綜列宿於紫微;七政垂光,統衆星於黃道。指攝提而臨萬象,運招搖而主百靈,生死吉凶,咸繫司牧。臣以受年之時,此月火星及暗曜罡星,皆臨本命。以茲戰悚,恐蹈灾危,敢以丹誠,上祈玄祐,虔修大醮,備瀝微衷。伏惟九聖延慈,乘帝車而降福;七真垂睨,迴杓建以祛灾。二十八宿行藏,皆資祥慶;一十二宮分度,永息屯蒙。誓勤忠赤之心,以答靈真之念。不任。

原載《廣成集》卷 10

中和周天醮詞

臣以庸虛,猥當大任,極台衡之秩,居藩屏之崇。雖傾捧日之心,莫著匡君之績。頃以四郊多壘,中國不寧,戎馬載馳,兵車尚駕,或近臣肆逆,或遠鎮辜恩。纔滅梟巢,初迴鑾輅,又聞薄伐,再致省巡。凡在人臣,豈勝憤惋?惟爇香冥想,望聖祖之貽休;拜表祈真,待陰兵之助役。果見僞王孽相,連頸殲夷;凶帥朱玫,繼踪斬馘。緬維幽贊,更切明誠。近又太乙運行,已照蜀分,五星移度,或在身宮。慮薄德所招,即凶灾洊至,常加惕勵,罔敢遑寧。遂有鄭君雄、韓球,兩地結連,遽興兵甲,隔絕恩信,凌犯關防,殘掠生靈,焚燒郡邑,數州塗炭,千里傷夷。憫此幽冤,痛深骨髓!臣所以上祈至道,明禱真靈,志先憂國憂人,誠匪爲家爲己,由是上天悔禍,大道降靈,包藏者尋就誅鋤,黨附者皆從剪撲。封疆纔靜,凋瘵旋蘇,韓球敗亡,君雄梟戮,漸通道路,將雪冤沈。尚以芟刈之時,殺傷非一,仰則好生之旨,震悼何安;俯嗟游岱之魂,凄涼莫已。是用凝神叩寂,拜手歸心,陳謝恩謝過之儀,瀝祝地祝天之懇,庶祈玄聖,曲鑒丹誠,輝映清壇,降流洪澤,蠲除愆咎,弭息灾凶,使生者乂寧,幽途開泰。

臣又聞衆星拱極,百谷朝宗,蠢彼不庭,敢違天道! 更鄰近境,綿亘數州,山寨相望,久爲凶逆,欲恃其蜂合蟻聚之勢,仗鋤櫌白挺之徒,垂二十年,不賓睿化。擬因揭瓴之便,將申破竹之功,爲國除奸,爲人除害,重希神力,克震軍聲。鄲都以三十萬兵,常袪沴氣;洞泉有二十五將,潛制妖徒。正道殄邪,神明助順,敢緣斯旨,再罄赤心。伏惟俯鑒奏陳,克迴明祐,使昌、瀘、梓、遂,永無蛇豕之灾;草木蓁林,盡化鋒鋋之狀。咸知帝力,主復王謡,然後論賞龜城,拜章鳳闕,弢弓解甲,歸馬休牛,長諧魚水之歡,克暢君臣之道。明明血懇,大道鑒之。不任歸命祈祈恩屏營憤切之至。謹詞。

原載《全唐文》卷939

程德柔醮水府修堰詞

伏聞大道垂功,裁成品物,真靈設位,主宰群生。至於水府明神,山林正職,各司罪福,以庇烝黎。當縣地控上游,素名劇邑,賦輿重大,耕稼兹繁,堤堰所防,安危是繫。某所修堰分,當彼潛流。自泛溢以來,累有摧壞,雖俾夜作晝,竭力焦心,旋有葺完,尋聞傾陷。豈水脉所注,不可備防? 豈龍神所爲,未容障塞? 憂惶迫切,無所告祈。且食乃民天,人爲邦本,或虧秋稔,必致年凶。況天府膏腴,勢連下瀨,少城户口,旁接通波。若爲侵軼之灾,必有泥沙之變。救兹墊溺,須仗元威。伏惟大道開恩,明神流鑒,愍其農畝,念彼生靈,迴不測之神功,借無私之聖力,特垂濟護,俾獲安全。使黍稷永豐,京坻有望,息襄陵懷山之禍,叶年豐俗富之期。蘋藻效誠,敢負靈貺。不任。

原載《廣成集》卷11

川主醮五符石文詞

三寶開光,五文孕化,凝水火木金之氣,成雲霞龍鳳之書,保制乾坤,鎮寧天地。泊乎降傳下土,濟護群生,夏禹得之以成功,仲尼奉之而興咏。有家有國,罔不遵修。所以服御神祇,鎮安川嶽,禳除氛沴,清肅宮城。至於居宅之興，亦在鎮禳之例。臣頃於所部，特創新居，既畢巨功，爰申大醮，按《河圖》品格，依靈寶文儀，篆刻真符，清修香火，所冀解銷犯觸，安集正神，召彼靈官，永垂擁衛。伏惟元元鑒祐，衆聖流慈，敕勤職司，錫其禎覵，居止寧泰，眷屬康安。分近天皇，大火之鄉，況屬身宮，或鄰對照，捫心震惕，循已驚虞。是用瞻本命福山，仰列仙靈化，歷三元而禱祝，遍九曜以虔祈。伏冀洞府神真，披香奉御，元元尊聖，垂澤降臨。賜臣以景覵禎符，解臣以災期厄會，克承祐護，允洽康寧。上願皇業天齊，聖圖嶽鎮，伊川洛汭，運叶中興。八水三山，俗諧昭泰，戢鋒鋋於九野，共文軌於萬方。臣得勵忠貞，永扶英睿。不任。

原載《全唐文》卷 939

蜀王爲月虧身宮於玉局化醮詞

伏聞大道縱靈，元和肇化，燭三光而上列，運六氣於中天。播裁成字育之功，物無不遂；持寒暑暄涼之柄，政無不均。所以五星秉大帝之符，司明罪福；十神行太乙之令，統御吉凶。律曆難欺，古今所秉。臣遭逢聖運，塵忝殊榮，山河控井絡之雄，封壤握坤維之重，常虞福過，實懼災躔。今則涼德靡修，太旻垂戒。月朔則太陽薄蝕，當對照之方；既望則太陰變虧，在身宮之位。飛天火曜，臨於命辰，干祿納音，仍逢衰氣，恐成災咎，彌切憂惶。是用遵按玄科，勵精丹懇，奉香羞於玉局，陳醮禮於瑤壇，仰三景以希恩，普周天而禱福。伏冀昭彰俯鑒，肸蠁垂休，錫禎覵於三命五行，解災期於身宮分野。至有故傷誤殺，往債宿冤，咸賜蠲除，永俾貞吉。上願皇圖悠久，聖壽延長，還秦符大漢之隆，宅洛契宗周之盛。干戈偃戢，夷夏昭蘇，得傾報國之心，克叶自天之祐。不任激切虔祈之至。謹詞。

原載《全唐文》卷 939

安宅醮詞

伏聞道氣流布，三才乃分，陰陽陳變化之機，水木肇相生之象。巢穴之風既替，宅宇之作遂興，順二氣以營修，體五行而制度，實資神化,大庇生靈。臣以庸愚,不明玄理,因時改作,隨力興修。土木之功,曾無避忌,穿鑿之處,深有驚喧。或抵犯王方,或背違天道,致使龍神未守,居止非宜。恐迫凶衰,更延灾厄,謹歸心大道,稽首三尊,按《靈寶》明科,修五帝大醮,虔恭懺謝,拜請符文,懺已往犯觸之非,祈將來安寧之福。伏冀二儀介瑞,五帝垂祥;凶惡蠲除,龍神鎮守;人口清泰,動靜康寧;營造興工,常蒙利祐;公私和暢,眷屬乂安。即永荷太上衆尊五帝祐護之恩。不任。

原載《廣成集》卷11

八節醮詞

伏以大道垂化,元氣流形。鼓鑄群生,有清濁剛柔之異;舒張八節,定春秋冬夏之方。所以考校吉凶,司明罪福。惠既周於家國,恩亦普於存亡。臣等獲值昌期,早欽道化,資神功而生育,荷聖力以裁成。竊慮處俗立身,寧無過咎?前生今世,必有愆瑕!或五行三命之中,遭逢厄會;或暗曜明星之下,因值照臨,以此兢憂,輒思祈醮。爰逢令節,同竭丹誠。是天元啓候之期,當大聖延慈之日,翹心靈化,稽首瑤壇,精潔香花,虔恭醮祝。伏冀高尊鑒祐,衆聖哀憐,垂罔極之慈,賜無疆之澤,使積生罪惱,累世冤讎,已往愆非,將來厄運,乘八節自新之力,降三宮肆赦之恩,並賜蕩除,永錫貞吉。使臣等九玄七祖,受福祉於南宮;眷屬親緣,落死名於北府。公私和洽,壽禄遐長,即永荷衆聖祐護之恩。不任。

原載《廣成集》卷11

都監將軍周天醮詞

伏聞大道混融,群材昭著。陰陽昇降,吉凶之理肇分;善惡循環,罪福之文是啓。玉虛大帝,金闕元皇,申命真靈,俾其主宰。三官五帝,爰居勸沮之司;南斗北元,以統死生之録,洪纖備舉,億劫無差。所以丹簡玄經,有修禳之秘訣;祈天悔過,有懺滌之明科。竊仰宏慈,敢陳微願。臣獲膺宿會,運偶昌期,猥以凡庸,遭逢異寵。伏念戴清履濁,寓世立身,事主奉親,自家刑國。雖忠貞勵節,勤瘁在公,而休祉難臻,愆違易集。況臣頃因扈衛,時屬艱憂,豺豕欺天,氛霾蔽日,層巖瑞氣,但布護於帝車;九陌妖塵,正昏蒙於輦道。乃忠義奮身之際,是人臣效命之期,得以手捧天樞,身排鯨浪,克寧皇極,以罄丹心,遂叨非次之恩,遽荷重難之寄,連營貔虎,千里提封。慚無監撫之能,但切兢憂之懇。竊恐臣前生今代,歷劫以來,未達正真,動成罪戾。或上虧天理,下犯地宜;中忤人情,旁違物性。十纏外積,三業內興。或助順除奸,誅邪佐命;或故傷誤殺,秉法持綱;或星曜運行,時逢臨照;或三命經歷,因值衰危。八卦九宮,有刑妨之數;冤讎債訟。有考對之文。幽晦常情,眇然難測;惟資修奉,上叩玄虛。冀獲感通,克承覆祐。是用按《河圖》真格,披正一靈科,溥海嶽以貢誠,遍乾坤而瀝懇。恭陳醮禮,以展肅虔。伏惟三寶迴光,衆聖流鑒。赦其宿過,錫以殊休,罪簡蠲消,生名列品,和平冤債,清蕩灾凶。九玄七祖,同沾洪澤;六姻九族,咸沐玄慈。俾川境安寧,生靈輯睦,俗無疵癘,野有謳歌。幽府冥司,神輝朗徹,飛行蠢類,惠渥滋濡。上願國步夷平,聖躬和暢,五兵弢偃,萬宇乂康,鑾旗早復於秦京,象法重懸於魏闕。瞻天望日,言發心馳。不任。

原載《全唐文》卷 939

衆修本命醮詞

伏聞大道垂光,三靈資始,人天設位,萬化互分,禀氣有清濁之殊,賦運有吉凶之異。昏明既判,罪福亦彰。於是太上弘慈,元尊愍護,南上闢延生之府,北都陳銓善之科。兩曜列星,布無私而照燭;三官五帝,開大宥以君臨。蓋欲使共洽無為,俱臻清静,品登道果,名列真階。臣等叨沐神功,幸逢昌運,聞玄儒之妙旨,履仁義之康衢,坐挹堯樽,行歌睿德,揣躬省己,榮抃伏深。但慮往劫此生,立身舉措,動成違戾,率忤幽明,六情之愛染難祛,三業之愆非易積。文昌簡上,未紀善名;酆部宮中,已標罪目。又恐行年灾咎,宿曜加臨,或土木興功,犯干禁忌;或故傷誤殺,結聚冤尤,遂使暗奪年齡,潛消福祿,非憑勝會,難寫深誠。今屬白露凝晨,清秋屆節,是懺罪祈真之日,乃延恩致福之期。輒率慕同誠,歸依至道,齋持法信,稽首靈壇,遍天府以披心,望星宮而注想。伏冀三元上聖,十界衆尊,南極威神,北臺僚輔,念其虔懇,降以光靈,流福祚於存亡,息災凶於永遠,使臣等九玄七祖,咸得生天;五族六親,並蒙安泰。罪瑕除蕩,禄壽延長,門宇清寧,運求諧遂。五行三命,永無刑克之災;私室公庭,長荷利貞之福。不任。

原載《廣成集》卷 11

張道衡還北斗願詞

伏以玄象垂光,物無不照;帝車周運,感無不通。臣以幽微,仰蒙鑒祐,頃以大順二年,身陷危厄,性命是虞。輒瀝丹心,上祈玄造。遂發誠願,奉錢十萬貫文,旋獲安寧,克蒙清雪,螻蟻之生已保,真靈之澤未酬。尋以奔迫道途,辛勤南北,難逢良會,莫報宿恩,冰炭在懷,寢食增懼。今則歸心靈化,稽首瑶壇,虔備香燈,精修醮酌。自今年四月至今月,五度奏錢,滿十萬貫,秉於玉局化北帝殿塑造北斗真君八身功德,用申素懇,上答玄恩。伏惟聖慈,曲賜昭納,使誓圓昔日,願滿兹辰,宿罪蠲消,餘災蕩滌,冤讎和解,年禄增延,公私叶貞吉之期,眷屬享乂寧之福,存亡咸泰,品彙沾恩。不任。

原載《廣成集》卷 11

行軍僕射醮宅詞

伏聞大道融真,天尊演教,赤明御運,靈寶開圖。八會成文,凝結太空之表;五符流迹,昭宣大有之中。五帝受之以度人,九天得之以定位,降於下土,護國濟人,摧伏凶祅,誅滅邪惡,凡所興造,皆許遵行。臣頃以營繕所居,土木將畢,恐有干犯,難備考詳。竊按玄科,請行符命,修崇黃籙,關奏清都,刻五方大帝之文,依三洞鎮禳之格,下告五土,上奏九微。伏願衆聖垂慈,萬靈孚祐,敕命符吏,頒示職司,降以威靈,布其真氣,蕩除魔怪,安静龍神。八卦九宮,五行六甲,陰陽刑殺,太歲將軍,各鎮方隅,永袪灾咎。其有伏尸故氣,金土邪精,滯爽游魂,幽靈暗魄,各乘善力,俱遂逍遥,克保安寧,永臻福祐。不任。

原載《廣成集》卷 11

衆修補三會醮詞

伏聞人之禀生,資於二氣,陰陽定體,魂魄守身,稍或愆和,即成灾否。三會之日,是三魂攢奏之辰,罪福吉凶,纖毫無失,增壽奪算,賞罰甚明。所宜積善除非,立功補過,用祈吉應,以保遐齡。玄聖格言,真經明訓,敢不遵守,以戒身心。臣等數年以來,於下會之日,共申祈醮,以罄焚修。昨者迫以塵緣,運違佳節,中心憂惕,不敢遑安。今則別選良辰,旁招善友,同營香火,特展醮祈。静夜寒更,冥心注念,真經必降,誠願冀通。伏惟萬聖迴光,千真鑒映,錫其禱祝,除彼灾凶。制魄拘魂,各遂修生之望;迴凶變吉,咸開遐永之程。臣等或三命衰微,九宮厄滯;或星文照臨,灾運縈躔;或宿債未平,餘殃未息;或故傷誤殺,積過深瑕。俱乞蕩除,克賜昭祐,合家蒙福,九祖生天,公私有通泰之祥,眷屬荷乂安之澤。不任。

原載《全唐文》卷 940

皇帝設南斗醮詞

伏以三光麗天,照臨萬有;衆星垂象,統御群形。南斗文昌,實掌生錄,爲正陽煦物之本,乃帝王壽命之司。按天元上清等經,若五月五日值丙午之辰,則啓福延恩,濟生利物,和寧品類,安鎮邦家,陽德所資,普享其福。今年以火水金土四星,聚於實沈之墟,又逢日度所經,皆爲順伏。五月合朔,太陽當蝕而不蝕;泊乎既望,太陰當虧而不虧。斯乃五日得丙午之辰,純陽所應,顧惟寡昧,欽荷玄功,慚化理之未周,念聲教之未普,敢祈流眄,以及微躬。所願大道延慈,上天錫祐,俾九州四海,俗泰民康,年豐而六氣均調,候正而四時和暢。弢弓偃革,歸馬休牛,咸臻保命之祥,克廣好生之德。冥心丹禁,稽首玄壇,瞻八景以低臨,冀九光之返燭,鑒兹醮酌,介以禎休。辰輝炳靈,幽贊之功已著;人天交感。協和之氣可期。混一車書,大同寰宇,式虔祇荷,上副玄慈。不任。

原載《全唐文》卷 940

皇帝周天醮詞

臣聞風雨霜雪之不時,則星辰示象;蘋蘩薀藻之可薦,乃天地垂休。緬是前修，實爲通論。臣恭臨大寶，虔奉丕圖，不敢遑寧，若臨冰谷。而頻移圭律，七變槐檀，慮兆庶未康，恐一物失所。或刑政乖謬，或恩信未孚，干戈猶駐於疆場，正朔未同於夷夏。水旱不節，富庶未臻。昏墊札瘥，繼聞於群縣；盜賊欺誑，尚恣於鄉閭。雖則務嗇勸分，貶食省用，不邇聲色，永絕畋游。瓦器蚌盤，敢忘於刻已；雉頭虎魄，豈事於娛情？猶慮上曹，重書厥罪，顒蒙有愧，首謝無由。近則金火二星，水土兩曜，並聚蜀分，皆次實沈。日月爲薄蝕之期，朔望却史臣之筆，太陽順伏，分野垂休，豈此禎祥，並歸冲渺。益勵退修之志，彌彰戒懼之心，敢因午日之嘉辰，聊答上玄之厚貺。靈官渺邈，紫府深嚴，雖昭告之備申，慮誠明之莫達。齋潔選日，懇悃陳詞。寂寂玄壇，儼威儀於乙夜；飄飄仙馭，降福祐於人寰。伏冀八表乂安，黎民清泰，邦家鞏固，社稷永寧。六府孔修，九功攸叙，簪裾奉職，書軌同文。不任。

原載《全唐文》卷940

醮瀘州安樂山詞

伏以楚蜀連封，西南重地，江馳萬派，嵐積千峰。天帝以之會昌，龍神以之固護，惟兹奧壤，獨擅雄名。三層燭烟月之光，八洞閟靈仙之宅，常宏勝利，以祐蒸人。年無旱潦之傷，俗保安貞之吉。致沴沿之攸濟，獲絲枲之蕃豐，銜三觀威靈，荷二真慈眷，傳諸遠近，載彼經圖，翹首注心，共歌玄澤。臣名拘羣轂，望切林泉，每憐素豹玄猿，常戲芝巖桂岫。延頸企踵，迹滯神游，輒贄微香，遙陳孤懇。臣以所居北帝院，齋醮所給，鐘簴未周，雖申降福之儀，幾闕飛霜之韻。始聞仙山之内，法器且多，既無考擊之期，虛備鏘洋之美。道隨誠感，鐘固可移，願減有餘，資其不足。輟於翠嶽，遷就皇都，清聲漸遠於彤雲，洪響仁聞於紫禁。願俞誠祝，永鎮京華。謹差正一弟子張諫卿奉詞陳請以聞。不任。

原載《全唐文》卷940

醮名山靈化詞

伏以大道融精，是分二象，元尊布化，以播萬靈。咸稟運於裁成，共輯寧於邦國,欽哉群望,實總休禎。伏自應天順人,開基創業,雖未致昇平之理,而幸成庶富之鄉。四國爰來,百辟咸在,人心允若,天意昭然。而或教失義方,情牽慈愛,付粢盛之大任,委監撫之重權。庶人元膺,益恣胸襟,都忘孝敬,用奸邪之扇惑,興背叛之凶狂,矢石欲及於乘輿,金鼓近喧於侍從。猶賴上天垂祐,靈化降祥,不容梟獍之心,坐殄豺狼之黨,未更昏旭,悉已蕩除,中外再寧,寰海稱抃。爰擇良日,仰報威靈,遠申昭告之誠,輒馨潢污之薦。敢期鑒祐,永叶安貞。不任。

原載《全唐文》卷 940

鎮江侍中宗黯解纜醮水府詞

　　伏以道化所覃,神休普被,上惟邦國,下及人倫,咸資拯護之功,潛假保持之力,古今無爽,水陸攸寧。臣猥以常材,叨逢聖運,經綸締構,慚無竹帛之勞,渥澤超昇,累荷乾坤之造,遽蒙睿獎,顯授兵符,登韓信之齋壇,授呂侯之金鉞,錫茅分閫,推轂專征。省循徒切於兢營,倚注靡容於陳謝,選辰練日,遄命啓行。況楚硤上游,錦江下瀨,舳艫則千艘亞駕,泝沿則萬派爭奔,實用真靈,總斯陰騭。皇帝宸襟所屬,每切敬恭,思布化以睦鄰,亦申謀而懷遠。雄師銳旅,首在此行,將解纜以乘流,爰潔誠而致醮。伏惟元元大聖、五老高尊,命靈將元司,助洪休巨福,迅浪皆期於利涉,驚湍盡變於安流,萬里通津,百神加祐,克昌大業,更廣鴻基。外屏中朝,共臻禎福。不任。

原載《全唐文》卷 940

周庠員外填本命醮詞

　　伏以天鑒孔明,有感斯應,神道正直,無祈不通。每垂拯護之仁,以副禱祈之願,祛災流睨,猶響應聲,竊佩斯言,常虔片志。每因元命,得備焚修,式勵深誠,實荷明祐。但慮塵機未息,過咎易盈,宦路所拘,悔尤難逭。因星辰臨照,值年運衰危,但懼災躔,敢思福會。自從軍鄰部,寓迹外封,一駐戎軒,兩周天序,既闕奏陳之禮?必招逋慢之愆。本俟凱還,並申醮謝,今則方當劇壘,未議櫜弓,久曠香燈,不逞寧處。是用馳心靈觀,遐叩至真,備三醮之物儀,同一壇之關告。伏惟玄聖,俯鑒丹誠,解厄消灾,延生保命,宿瑕蕩滌,往咎躔平,克睹成功,永臻多福。不任。

原載《全唐文》卷940

大王本命醮葛仙化詞

伏以二氣資靈,五行稟象,法元穹而定命,體厚地以流形。罪福吉凶,皆由陰騭;運心履行,咸繫主張。況荷殊榮,久叨重寄,循涯省分,常切兢慚,每因章醮之壇,敢忘敬恭之禮?冀憑修奉,上答君親。今屬元君之辰,詣本命靈化,精誠香火,祈叩真仙,願鑒丹襟,俯頒鴻福。俾臣罪瑕除滌,壽禄增延,疆宇乂安,生靈康泰;灾毒無侵於四境,農桑克美於有年,得傾葵藿之心,永奉昇平之運。不任歸命虔誠之至。

原載《全唐文》卷940

大王初修葛仙化告真詞

伏以九隴名區,三仙化迹,上通心宿,下鎮錦川,雲霞疊綺綉之光,松桂竦烟嵐之色。五宮高闕,狀西靈南極之儀;四輔交輝,列東華北真之像。最標形勝,獨占幽奇,斜界玉輪,旁臨石磵。而屬師徒俶擾,鉦鼓震驚,火彗橫空,霜戈照野。熊經鳥伸之士,抗步不還;漱流枕石之人,拂衣長往。眷兹勝異,一變榛蕪,崇樓之金碧塵銷,廣坐之儀容蘚剥。緬惟殘毁,深可嘆嗟。況某本命之辰,配於兹化,宜申締葺,用答真靈。乃命三洞道士唐洞卿,伐木鳩工,揆星選日,得風箕直事,當甲子良辰,虔告至真,恭修大醮。伏冀鑒其誠懇,錫以休祥,灾沴無侵,功庸速就,續昔賢之遺構,成曠劫之良規,播美洞天,勒銘雲谷。然願真靈誕祐,川境謐寧,稼穡滋豐,灾氛殄息,受靈丹於九輔,聞至理於重玄,常傾拱極之心,仰副上真之覬。不任懇願之至。

原載《全唐文》卷940

親隨司空爲大王醮葛仙化詞

伏以上清仙山,葛真靈化,爲川中之勝境,乃天下之福庭。呀玉

洞以藏雲,聳瓊巒而蔽日。彩霞朝散,神燭夜飛,乳滴幽巖,泉鳴深
寶。九井之光靈自顯,三真之胏蜃常存,拱鶴觀於中方,應龍星於上
境。紅軒紺宇,舊制相望,蕭殿韋碑,古迹鱗次,每彰休瑞,以及寰瀛。
臣以本使蜀王元命之辰,配屬茲化,頃申締葺,遽獲周圓。飛閣層樓,
奪晨輝於峭壁;風窗雲棟,增異境於崇林。再敞洞天,用安錦府。四
十州之封域,歲稔京坻;五千里之山河,俗臻富庶。人皆受賜,孰不知
恩?臣曲荷陶鎔,實深造化,唯虔禱祝,少答恩慈。輒備醮筵,上祈道
力。伏惟九天孚祐,衆聖鑒臨,下燭丹誠,廣垂洪澤,三川鏡廓,八國
塵清,稼穡蕃登,災氛蕩滌。神傳靈藥,克享於遐年;功贊聖朝,永隆
於大寶。再安社稷,常福寰區。臣不任禱福希恩虔誠歸命之至。
謹詞。

原載《廣成集》卷12

冉處儔還北斗願詞

伏以垂象上玄,照臨下土,帝車運載,杓的指揮,罪福吉凶,咸歸
主宰。臣等頃因銜命,遠涉道途,踐歷艱危,登臨險阻。每持丹懇,潛
祝玄真,果蒙鑒祐之恩,克獲安寧之睍。仰承靈澤,志切上酬,敢因某
日之辰,虔備焚修之禮,炷香答願,拜荷玄恩。仰冀高真,采納微款,
袪災蕩厄,增禄延齡。來往坦夷,公私貞吉,路岐無滯,眷屬咸安。常
親日月之光,克奉休明之主。不任。

原載《廣成集》卷12

洋州宗夔令公本命醮詞

伏聞誕質流形,咸資大道;稟生賦命,必繫上玄。荷乾坤覆載之
慈,均氣運陶甄之力,惟精修勵,寅奉真靈。伏念臣獲以微塵,累叨皇
澤,入參輔衛,出領藩維。曾無涓露之功,常切滿盈之懼。今則曆象
之內,身宮之中,暗曜正臨,火星對照,慮成厄會,無所告祈。竊惟太
上垂文,元皇設教,正一著修禳之品,《河圖》有陳醮之科,苟罄精勤,
必蒙昭祐。敢因本命之日,爰伸九曜醮祈,蠲潔丹心,歸依玄極。伏
惟衆真大聖,俯鑒明誠,蕩滌罪瑕,解除冤債,消平災厄,延續年齡。

增禄祚於南宮,落凶衰於北府。洗心克己,上酬真聖之恩;奉國推忠,永答君親之德。臣不任。

又本命日醮詞

臣聞天地之德,以生爲先;生成之恩,以福爲本。臣叨承福會,獲奉昌期,蒙三光照燭之慈,荷聖主儀隆之澤,便藩寵遇,履歷顯榮,每虞於福過灾生,惟切於持盈約己,彌增惕懼,豈敢違安? 今則躔次之中,身宮之位,火星對照,暗曜正臨。仰垂象以冥心,何階告謝,顧微生而勵志,但切憂兢。是敢於本命之辰,備《河圖》醮禮,虔披丹悃,冀降玄慈,伏乞賜臣灾咎消平,凶衰殄息,壽年增益,禄祚豐延。得傾嚴奉之誠,永答至真之祐。

越國夫人爲都統宗侃令公還願謝恩醮詞

伏聞至道元通,隨機赴感,冥丹心於下土,動玄鑒於上清,響答無私,影從靡隔。妾夫王宗侃男承肇等,去年以統戎伐叛,助國勤王,俯迫孤城,遽淹旬月,烽烟警急,音問寂寥。瞻褒汧以魂馳,望山川而目斷,憂危徒切,祈叩無門。遂虔詣道宮,乞申章奏,嚴陳法席,降請天兵,肸蠁感通,真靈保祐。俄開堅壁,大破凶狂,成掃蕩之功,副聖明之獎。骨肉團聚,師旅凱還,克平實自於睿謀,護助亦兼於道力。輒因良日,昭答玄休,重申章醮之儀,式罄謝陳之禮。精心備信,拜手然香,仰真駕於三十六宮,祈大儀於八十一好。庶祥輝炟爐,低臨壇墠之前;巨眖滂洋,永錫邦家之吉。聖圖遐永,舉族蕃昌,誓勤嚴奉之誠,克副靈真之煦。不任荷聖謝恩虔切之至。

司封毛絢員外解灾醮詞

伏聞道氣宣行,玄功鼓鑄。三靈資禀,乾坤司覆載之權;五緯操張,寒暑柄推遷之運。由是挺生賦命,咸繫天關,福善禍淫,畢由神化，是宜恪勵，以奉靈休。粵自幼冲，即逢聖日，便蕃異獎，寵沐殊恩。北省南宮，亟榮於踐歷；紆朱曳紫，已極於輝華。常推報國之誠，每切律身之戒，尚慮陰陽揆課，或值凶衰，厄曜運行，或爲臨照，興功動土，有忤於龍神；履行立身，或虧於畏慎。未申祈懺，倍用兢憂。今則立運臨於命辰，天符飛於艮地，大運在戌，仍值魁罡。土星方伏於身宮，所照對衝於丑位，懼成灾咎，彌用驚危。伏聞南府文昌，主生銓善，北宮斗極，舉過懲非。吉凶無爽於錙銖，報應有同於懸象。真教開懺陳之格，惟感必通；玄經垂醮謝之儀，有祈皆應。輒因吉日，虔備醮筵，披瀝丹誠，冀迴真鑒。伏乞賜臣解消灾滯，蠲釋凶衰，厄會平夷，過尤除蕩，更增禄算。允介福祥，誓勤忠孝之規，上答君親之念。永銘素懇，祗荷玄慈，不任謝過祈恩懺灾之至。謹詞。

原載《全唐文》卷 940

張崇胤修廬山九天真君還願醮詞

伏以軫翼雄區，匡廬真躅，位尊五嶽，地控九江。玉闕金城，包括神仙之奧府；爐峰雲蓋，合藏真聖之高都。宛然凝碧之中，迥秀洪波之上。每申瞻禱，必介福祥。臣頃歲以謫宦九重，漂蓬一葉，途經闌境，心禱上真。冀迴濟祐之慈，必備椒漿之獻。精誠既啓，肸蠁垂徵，尋以路阻戈矛，波驚艫艦，孤帆有隔，假道言歸，常貯素誠，未酬玄祐。今則頒宣聖澤，栖憩蜀都，尋禮道宮，追思宿願，輒申醮酌，恭達明誠。竊聞惟感必通，道無不在。期迴羽仗，豈云萬里之遥；稍降科車，不以三川爲遠。納兹丹懇，顯錫鴻休，前願克圓，殊恩遝被。乞爲臣更蠲罪録，永削灾躔，成匡堯贊禹之功，享二首六身之壽，得傾忠孝，以奉君親。誓當備勵虔恭，歸依道力。不任。

原載《全唐文》卷 940

張崇胤本命南斗北斗醮詞

伏聞三靈肇位，萬象稟形，體陰陽之至和，韞天地之真系。於是挺才賦命，各有職司，主死領生，互分關鍵，纖微具舉，考校無遺。臣伏慮前世今生，至於累劫，愆違易結，罪咎旋彰，秉持未契於神明，履行或虧於恭恪。因星文臨照,值年命凶衰,遂構災危,罔知禳謝。今則躬依玉化,虔對瑶壇,選卜良辰,肅陳醮禮。伏冀南宮六聖,別賜生名;北斗七真,明祛死籍,三官消罪,五帝除災,酬往願於名山,降休祥於聖澤。又臣既頒詔命,將赴闕廷,江山有登泛之憂,水陸有舟車之險,實資明祐,俯契深誠,獲達帝鄉,克賜元吉。敢忘修奉,上答真靈。臣不任。

原載《全唐文》卷 940

漢州王宗夔尚書安宅醮詞

伏聞太樸肇分,三靈設位,巢穴之風既替,棟宇之制聿興,太古聖人,隨時立教。蓋所以庇寒暑燥濕,備風雨晦明,其後象類滋繁,擬議殊廣,錯之以乾、坤、震、兌,體之以徵、羽、宮、商,推彼陰陽,運其刑德。乙、辛、庚、癸,互列職司,子、午、丑、寅,旁羅主宰。六神四殺之界,龍虎交馳;五黃九紫之鄉,禎祥藂萃。法覆載而成用,揆星日以程功。乃考吉凶,實聞顯據,所以鵲隨太歲,燕避將軍,況在最靈,敢忘戒懼?臣頃以所居室宇,淋陋非宜,遂卜良辰,再申締構,取諸大壯,棄彼僭奢,慕剪茅築土之風,佩山節藻梲之戒。坏壒云畢,土木告周。竊慮畚鍤所興,或違禁忌,功用之際,或犯神靈,乖五姓之宜,虧二宅之要。或侵傷地脉,或穿鑿岡原,或污瀆吉神,或鎮壓凶位,因成災咎,曾未懺陳。是用詳按玄經,勵精丹懇,虔修大醮,恭請真文,啓靈寶赤書,依洞玄符命,辟斥凶惡,安復龍神,謝過延恩,祛災請福。伏冀三尊降鑒,五帝垂光,敕八會威靈,命三元將吏,保寧宅宇,清肅方隅,赦已往之罪尤,賜將來之貞吉,允膺祐護,永遂乂安。其有住宅之中,土地之主,古今遷易,五姓雜居。因此醮壇,兼申奠祝,歆兹誠禮,各保逍遥,往陟福庭,勿爲疵癘。俾臣舉家蒙澤,九族同榮,常傾忠孝之心,以奉君親之德不任。

原載《廣成集》卷 12

馬師穆尚書土星醮詞

伏以一氣分華,三光摛耀,照臨群品,司牧萬方,遵黃道而有常,麗玄(元)穹而不紊。大則繫乾坤劫歷,邦國興亡,否泰所宗,安危攸屬。次則繫人倫善惡,年運吉凶,祚曆短長,咸歸主宰,臣以身宮之內,土曜所經;本宿之中,暗虛所歷。大小行運,皆值衝妨,命位之鄉,天符所駐,灾危重疊,疾厄嬰纏。徒訪三醫,未袪久疾。恐是積生罪目,構此凶衰;往世愆違,成兹滯厄。或理務之所,刑賞不明,立身以來,過尤結集,神明咎責,年命屯蒙,夙夜憂兢,願申祈謝。是用考詳躔緯,披按科文,恭詣靈壇,虔修醮禮。仰中方而瀝懇,瞻列象以馳心,拜手炷香,披誠悔過。伏冀玄司眾聖,垂大有之慈;至道高尊,降載生之澤。蠲除罪犯,解削灾期,和釋冤讎,銷平殃對,使百關宣暢,六氣均調,疾苦痊瘳,福祥臻會,延生南斗,落死北宮,克承覆祐之仁,敢負真靈之貺。

原載《全唐文》卷 940

皇太子醮仙居山詞

伏以日闕震方,爲天中之都會;瑤壇桂殿,乃人世之福庭。或真聖之所晏游,或神仙之所窟宅,莫不藏奇韞秀,演貺流祥,濟祐人天,幽贊邦國。惟兹古觀,果顯殊禎,得天寶真符,出老君秘記。金文鳥印,篆字虯蟠,分明而瑞迹如新,拂拭而苔痕尚在。幾千年之前定,聖主開圖;二百歲之昌期,吾皇享國。御名國姓,生日年辰,一一指陳,重重符驗,繼書薄德,備列姓名。載詳圖籙之文,益切兢營之懇。遐瞻烟岫,仰感靈恩,輒因醮酌之筵,遥貢焚修之念。上願洪基克固,比溟渤以無涯;聖壽增延,并岷峨而更峻。九圍順化,萬宇歸仁。誓虔忠孝之誠,以副真靈之祐。不任。

原載《全唐文》卷 941

皇帝醮仙居山章仙人詞

大蜀皇帝謹稽首北邙化得道章真人,夫以紫府高真,玄洲上士,秉飈駕欻,坐有立無,昇汗漫以游神,入鴻濛而隱景。或明符邦社,旁濟生民;或幽贊帝王,共清否塞。李順興保持静帝,陶貞白佐佑蕭王,子年潛諫於府君,意期密悟於昭烈。禀之則受禧介福,忽之則違吉貽憂,煥彼縑緗,皎同日月。今者百姓郭迥芝采藥於仙居觀,得真人天寶年所留銅牌,六十字之周旋,名姓與年辰備在。二百年之藏秘,錢文與篆迹皆全,嗣續具明,日時無爽。苔侵土蝕,固當靈將護持;應驗合符,實荷真人示見。顧惟蕩德,顯契休徵,事超於赤伏黃圖,理冠於鳳銜龍負。既睹延長之數,敢忘兢業之懷?爰啓醮壇,冀酬玄德,仍薙蓁刈棘,揆日僝工,俾翠檻朱檐,鼎新舊址。栭樓遼柱,重認歸途,虔祝真靈,鑒茲昭報。三十六天宮之遠,必降威光;萬四千甲子之期,永言佩服。不任。

原載《全唐文》卷941

敕醮諸名山大川詞

伏以道列三界,地載群生,或仙人修鍊之鄉,或真官總治之所,靈基有睹,神化無方。朕寅奉上玄,光膺大寶,俯循區域,在潔禋祠。邇者軍國事繁,干戈歲用,未遑周普,常抱惕兢,思述虔恭,庶消灾咎。今命三洞道士,并遣使臣,嚴備醮儀,潛通玄鑒,所願四時有裕,六氣不侵;壽命延長,邦家興盛;皇枝帝祚,百辟千官,内自朝廷,外及區宇,億兆之衆,福祐咸均。敬記青詞,粗陳丹懇。不任。

原載《全唐文》卷941

皇帝於龍興觀醮玉局化詞

伏以天分列宿,地布名區,燦垂象於圓羅,儼福庭於方澤,明施主掌,以祐邦家。竊惟玉局洞臺,元元降迹,鎮茲都會,密邇城闉。年祀徒深,光靈不泯,虛寂靡殊於林谷,貽祥每及於烝黎。常切敬恭,敢忘瞻奉?伏自祗膺曆數,啓創朝廷。象闕端門,須就正陽之位;霜壇羽殿,遂從遷革之宜。而石室洞門,老君真像,陳暮燭朝香之禮,惟務恪虔。接龍墀鳳闕之嚴,彌加崇潔,固可以與天共永,終古長存。尚慮主宰神龍,陰陽官屬,興功擾動,衆役喧驚,既踐暴以爲憂,憑醮祈而懺謝。爰自吉日,式備香壇,翹注匪遙,真靈必鑒。伏惟元元降祐,大道開恩,赦已往之尤違,錫將來之禎祚,使寶圖延永,社稷安寧,風雨均調,龍神輯睦,灾期蕩滌,罪咎銷平。其有真符太乙之運行,將移地分,火曜土星之臨照,欲及身宮,願迴力以護持,致微躬之昭泰,烽燧不飛於四境,沴瘥無撓於兆人。永誓丹襟,上奉玄貺。不任。

静遠軍司空承肇本命醮詞

伏以至道生成,玄功陶鑄,陰陽主宰,品彙區分,稟質誕形,仰資神化。臣獲逢道廕,叨荷朝恩,被服寵光,主張戎伍,省功庸而未著,顧塵忝而已深,夙夜揣循,敢忘惕勵?尚慮秉修或闕,履行多違,旋積愆瑕,未申懺滌。或五行三命,有刑克之期;九曜列星,有照臨之數。或宿仇未釋,或往債未祛,神道難明,常情靡測,因成灾滯,悔謝無由。輒於本命之辰,虔申醮酌,依天真科格,拜伏大章。伏惟高聖感通,真靈鑒護,察其丹懇,降以玄恩。灾厄銷平,壽涯延益,潛增禄祚,廣赦罪愆。解已往之恩讎,錫將來之福祐。誓傾忠孝,永奉君親。不任。

太子爲皇帝醮太乙及點金籙燈詞

伏聞玄化肇分,二儀構象,融結定陰陽之位,神明司匡御之權。太乙天尊,高皇上帝,坐勾陳而臨察,命神使以周行。於是五行八風,天一地二,揚鑣雲路,駕景星躔。順九野以遐觀,潛施炯誡;歷諸方而俯燭,顯示吉凶。惟古及今,敢忘砥礪?臣以直符所屆,在明堂之宮;四神所行,居咸池之位。所宜齋潔,用罄禱祈。皇帝受命上玄,握符承統,宏慈儉之化,敦清净之基,思洽太和,以康萬國。昨者以鄰封背義,越境干盟,殘剽蒸黎,侵凌郡邑。旋平凶孽,盡廓氛埃,指麾元自於睿謀,贊助實資於神力。今則封疆寧晏,褒漢蕭清,星紀迴天,歲聿云暮。當此月壬申之日,乃新歲首值之辰,輒備壇場,虔申告謝。修太乙大醮,燃金籙神鐙,下照幽關,上通玄極,蕩袪灾滯,延降福祥。伏願宗廟安昌,社稷隆固,寶圖攸永,聖壽遐長,繼雲官火紀之崇,邁炎漢姬周之業,速臻一統,克致大同。六宮式表於匡扶,百揆共傾於忠讜,三元朗照,四序均調,歲有豐登,俗無疵癘。龍神悦豫,成五風十雨之祥;川嶽乂康,流澤馬器車之瑞。昭明丹懇,上答真靈。仰祈鑒祐之恩，廣錫延洪之福。不任。

道門爲皇帝醮太乙并點金籙鐙詞

伏聞一氣肇胎，萬形資始，高垂象緯，明判剛柔，統御之權，歸於至聖。天命帝以司牧，帝承天而撫臨。攝提握耀之初，君臣定位；揖讓干戈之世，道德兼行。時危則元德彌彰，運否則洪休自廣。大蜀英武睿聖光孝皇帝德符穹昊，功被生靈，受命儀乾，永康三極。神明符贊，人間之玉燭調時；律曆均和，天上之珠囊叶度。俗臻豐衍，歲有蕃登，美瑞嘉祥，日書月至，猶復晝乾夕惕，恭己奉天，夤敬幽明，憂勤億兆，專拯溺救焚之念，無蕩心悦目之娛，軫慮萬方，期於仁壽。昨者以四神行運，在咸池之宮；直符所臨，次明堂之野。旋興戈甲，尋致克平。彼背盟構逆之徒，思漂杵燔枯之敗，斯則神歆睿德，天助皇威，睹變灾成福之祥，示國泰祚延之兆。今則歲聿云暮，氣序將交，荷即日之玄恩，禱新春之景貺。願酬聖力，輒罄齋誠，燃金籙神燈，備河圖大醮，伏惟高尊鑒省，大帝感通，十神帝介其休光，三載允承於福祐。寶圖隆永，宗廟安寧，皇帝等壽五山，齊明二景，八紘順化，萬國宅心。皆臻有道之風，盡掃不庭之孽。皇太子重明耀彩，文教聿昌，輔贊睿謀，延洪大業，六宮百揆，咸均翼戴之心；兆庶六軍，俱享乂康之福。龍神密衛，川嶽恒安，幽顯飛沉，永承洪澤。不任。

皇帝本命醮詞

伏聞大道垂文，元元演教，佐時助國，宣化度人，功格象先，惠周物表。寶章上御，人間之懇願必通；天澤下臨，真境之休貞允降。群生蒙祐，巨細無遺。某今年大運所■值三殺之位；小運支木，當衰弱之中。干祿納音，俱逢土塞；飛旗四殺，仍在寅鄉，羅睺躔克姓之宮，土星臨乖背之宿。火曜行度，將入身宮，行年所經，況當地網。又醫方所診，藏氣未調，榮衛未和，正氣衰薄，六脉未復，九府猶虛。恐構灾凶，更深厄運，又恐積生往世，冤債未除。運意行心，罪瑕旋結，須

憑章奏,冀達懺祈。是敢依按明科,選求良日,列詞備信,拜奏章文,
請天官吏兵,降鑒營護。某內安腑臟,外却災凶,上解星辰臨照之期,
下銷年命刑妨之咎;冤讎和釋,債訟蠲平;六氣舒通,百關調理;衰危
超度,命祿增延;北宮迴短促之年,南極注遐長之壽。伏惟至真大道,
太上三尊,常宏憫濟之慈,允錫安貞之福。誓虔忠孝,克勵身心,贊明
君化育之仁,報至道生成之澤。不任。

原載《全唐文》卷941

尹居紘辛酉本命醮詞

伏以大道宣功,三靈資始,稟形賦命,表識定生,體化育於坤偶乾
奇,配吉凶於天曹地府。三官考校,罪福無遺;五帝主張,死生咸繫。
臣顧惟塵陋,獲奉休明,籍係中樞,名參內署。鵷鷥闕下,叨步武以多
慚;日月光中,揣分涯而增懼。微功未著,積過必深。每慮前世宿瑕,
此生罪咎,未申懺滌,難遂原除。又恐三命五行,天文年運,或逢厄
會,或值災期,犯神明主宰之司,違仁義玄儒之訓;或侵人利己,或故
殺誤傷,罪目易盈,善功難就;或壽齡促少,或稟祿單微。常於元命之
辰,式備醮祈之禮,兼將課念,上奉明靈。旋以天步艱危,神州紛擾,
或脫身林嶺,或奔命道途。五任於茲,不遑醮奏;香燈既曠,寢食難
安。今屬銜命西南,稅鑣岷劍,道路無阻,關梁大開。帝澤天波,遐通
於四裔;歡聲喜色,震曜於一方。況此少城,實惟仙府,可以冥心貢
懇,可以禱福祈真。爰卜令辰,仍當本命,齎持信禮,撰備香花,併以
此時,追填往醮,精誠有達,靈鑒必通。伏惟采納丹襟,降流洪福,獲
酬昔願,更洽新恩,賜臣災厄蠲銷,祿算延遠,存亡俱泰,眷屬咸安。
上願社稷興昌,乾坤肅靜;三光順軌,六氣均調;武偃文修,時和俗阜;
克迴鑾輅,永固龍圖;俱諧虔祝之心,盡睹太平之運。不任。

原載《全唐文》卷941

胡璠尚書地網醮詞

伏聞五緯稟生,三才列位,荷陶鈞於至道,感孕育於上元。而曆
運推移,陰陽昇降,吉凶倚伏,寒暑循環,否往泰來,災生福過,考諸物

理,斯爲格言,況在庸虛,敢忘戒懼？臣行年之內,並屬灾期,大運居甲辰之中,小運當丁巳之上。又兹兩月,咸值四宫,是地網之鄉,兼本卦之位,恐成厄會,無所告禳,更慮宿曜加臨,飛旗應變。五行刑克,三命衰微,雖驛馬臨年,恐灾能制福。退思履行,内省身心,須在懺祈,用明哀懇。爰憑吉日,虔備醮壇,延降尊靈,以希照鑒。伏惟三官五帝,下燭丹誠,斗極星君,俯流鴻澤。注延生之籙,錫以福祥；焚積罪之書,赦其瑕咎。解灾凶於地網,銷厄運於巽宫；使壽紀增新,休貞允萃；公私和泰,眷屬安寧。永承濟護之恩,敢負真靈之祐？不任。

原載《全唐文》卷 941

胡賢常侍安宅醮詞

伏聞《易・象》垂文,取諸大壯；聖人著法,代彼橧巢。棟宇聿興,古今是則。由陰陽而定位,配刑德以裁規。爰命稷神,各司其職,逆之則凶而獲戾,順之則吉而降祥。臣頃以所居,不庇風雨,因時改作,隨便營修。越月逾時,巨功告畢。但慮起土運石,增下損高,畚鍤所侵,不知禁忌,穿鑿所及,有犯神明。未申醮謝之儀,常切兢憂之懇。兼以所居之地,五姓相因,歲月既深,主宰非一,慮其神識,尚有淹延。憑此醮祈,俱令遷拔。是敢肅嚴庭宇,恭啓法壇,請靈寶符文,按太玄科典,降延真聖,披露懇誠。伏惟五帝鑒臨,衆神昭祐,敕下符吏,宣告地司,安鎮龍神,銷平犯觸。使凶殃殄息,真氣滂流,禳未兆之灾衰,納惟新之福祚,蕩伏尸故氣,遷滯魄游魂,自明及幽,咸得其所。六甲五行之象,九宫八卦之方,各静封隅,永垂貞吉,闔門清泰,舉室康宜。勉勤修勵之心,以副真靈之貺。不任。

原載《全唐文》卷 941

衆修南斗醮詞

伏以大道凝真,玄功化育,清濁之源既異,陰陽之位亦殊。南斗上宫,實司生籍,上惟邦國,遍洎人倫,壽紀短長,禄祚豐薄,咸歸主宰,無間纖微。臣等獲遇聖朝,躬逢道運,覆載稟質,動用愆違,處世立身,寧無過咎？未申懺謝,因構灾危。又恐宿曜行年,九宫三命,或逢灾厄,或遇刑衝。神道難知,凡情罔測,須資香火,用罄禱祈,敢以吉辰,虔申大醮。伏願流光下燭,玄鑒俯臨,察丹切之心,降龐洪之福。祛灾度厄,增禄延年;削罪目於陰曹,上生名於陽籍;公私和暢,眷屬康宜,存殁沾恩,幽明蒙祐。不任。

原載《全唐文》卷 941

莫庭乂九宫天符醮詞

伏以博厚成形,中黄定位,統水火而稱長,冠金木以居尊。孕育萬靈,苞含五緯,上惟邦國,下及人倫,凶吉攸司,安危是繫。臣本宫震卦,五鬼所臨,運氣飛旗,仍當此月。恐爲灾厄,尤切憂惶,虔考吉辰,精修醮禮。伏惟鑒其丹懇,錫以鴻休,迴危就安,變凶成吉,解灾除厄,增禄延年,眷屬康寧,公私和泰。不任。

原載《全唐文》卷 941

莫庭乂爲安撫張副使生日周天醮詞

伏聞道分一氣,人配三靈,善惡發於丹誠,吉凶應於玄極,苟興嘉願,必叶殊祥,況在名山,俯臨仙洞,炷香祈願,瀝懇陳詞,必能響達神明,顯垂福祉。伏以當川安撫副使張琳,稟澄達之識,秉清正之心,穎鑒無私,忠貞不撓。推公奉主,虛懷同止水之明;御下恤人,從善有轉規之易。況連營貔虎,四時之犒賞皆豐;積歲干戈,千里之挽輸無關。言惟憂國,志絕營家,每切勤恭,動忘寢食。人皆受賜,孰不知恩?臣孤子官名,低擢翅羽,恃其拯護,方果奮飛。思禱真靈,用申答效。今屬陽和動煦,林谷舒春,爰記生辰,虔修大醮,仰星文而貢懇,遍川嶽以歸心。香雜溪雲,燈和嶺月,千巖景寂,午夜風清,展肅恭莊敬之儀,備蘋藻蘩之禮。伏願光迴三景,颺降十仙,鑒兹醮酌之誠,錫以昭彰之福,延二首六身之壽,除五行三命之灾,善功克懋於仙階。陰德光隆於世緒。然後封隅寧謐,邊徼晏清,瘥癘無侵,戈鋋罷用。聖主治垂衣之理,藩垣著柔服之恩,幽顯咸安,飛沉各遂。敢忘砥礪?以奉休明。不任。

原載《全唐文》卷 941

皇帝醮仙居山詞

伏以聖主明王，必臻符瑞，膺圖受籙，爰著謳歌，既居億兆之尊，遂忝帝王之命。洎臨大寶，將及六年，教化未浹於生靈，華裔尚乖於正朔。兢兢業業，罔敢遑寧。慮刑法之不均，慮賞罰之非當。屯兵絡野，念富庶之未臻；暴骨盈川，固殺傷之不一。每思首謝，用贖愆尤，敢言圖讖之文，並屬庸虛之士。今年七月八日，漢州什邡縣百姓郭迴芝於仙居觀采藥，掘地得銅牌，長七寸，廣四寸，上六十字。云"老子通天記云：丁卯年甲戌乙亥王生，享二百年天子。王從建、王元膺、王萬感、王岳、王則、王道宜。"五字篆文未詳。後云"洛州北邙化章宏道天寶年留此，明後聖代。"顧惟薄德，遽捧殊祥，云曆數之延長，紀子孫之次第，佩服玄貺，益用兢慚。敢馨深衷，專深醮謝。伏冀畢朝福地，總召名山，各駕仙車，共歆丹懇，示安社稷，咸泰人民，致風雨之不愆，俾干戈之載戢。翳賴靈貺，深置於懷。不任。

原載《全唐文》卷 941

皇帝修靈符報恩醮詞

伏聞惟天降祐，彰瑞於《河圖》《洛書》惟帝法天，受命而膺符執契。古今所稟，曆數迭興。臣運偶玄休，德慚寡昧，承土德陵夷之後，億兆無依；叶金莖啓創之初，寰瀛推戴。恭膺大寶，於茲六年。常以未明求衣，日旰忘食，兢兢業業，上奉穹旻。今則銅版靈文，出於古觀，示太上降祥之兆，應承乾受命之徵。名姓具彰，年辰畢載。斯乃豫定於九天之上，先期於億歲之前，秘篆昭宣，真文煥赫。告延洪於寶祚，表遐永於孫謀，省已循懷，以兢以懼，欽惟靈眷，彌切勵修。是用虔肅寶齋，依歸至道，庶諧多福，永庇萬方。不任。

原載《全唐文》卷 941

聖上與葛仙本命化醮詞

伏以景列上玄，山分下土，乾坤交應，罪福攸司，緬彼靈踪，鎮於天府。藏雲噴雨，旁資生化之功；玉洞瓊巖，深閟神仙之宅。果叶殊休之運，爰膺開國之祥。惟此命辰，配茲真境，契清明之嘉候，耀大火之靈光。當人天禱福之期,是鸞鶴上賓之日,式陳醮祝,用達精誠,坐宣室以馳心,望白雲而稽首。所冀旁流景貺,幽贊鴻圖,群生共樂於和平,萬國必同於書軌。永言修奉,以答玄功。不任。

原載《全唐文》卷 941

皇帝又醮葛仙化詞

伏以列宿麗天,群山鎮地,爰通氣象,以福邦家,每申望秩之儀,必介惟新之祐。皇帝承天啓曆,應運執符,本命之山,實惟茲化。洞含雲雨,峰戛烟霞,必有光靈,潛宏贊祐。況當令序,式備醮祈,翹首歸心,恭希景貺。伏惟諸天上聖,俯鑒明誠,三真衆仙,同流巨渥,使帝圖延永,社稷隆昌。二十四峰,克膺於聖壽;百千萬歲,長固於皇基。四海九州,咸賓睿化,五兵戢息,百穀豐穰,俱登仁壽之鄉,并契正真之道。不任。

原載《全唐文》卷 941

威儀道衆玉華殿謝土醮詞

伏聞三境九清,琳房日闕,凝雲結氣,宅聖栖真,因法象於上天,授規模於下土。觀宇之製,其在茲乎?所以進退全和,必資嚴潔;朝元降福,固在清虛。況乎仙迹靈壇,所務蠲邪蕩穢,用期安静,以契修焚。當觀鳳闕乾岡,龜城福地,肇興隋運,綿歷唐年,呈祥則瑞露凝甘,發地則香泉涌浪,累彰禎異,焕彼簡編。碑鏤天章,額題御筆,崇樓戛漢,玉殿參雲,披文則劉美才、盧照鄰,金玉相宣;闡教則黎元興、蔡守冲,英奇間出。昭灼蕃盛,垂二百年。偶以蠻蜑憑凌,王師禦捍,撤我層閣,壞我循廊,庭荒而綠草欺人,樓碎而洪鐘委地。或瞻軍之日,彤階爲屠宰之場;或屯旅之時,綉檻爲牪牢之所。腥羶溢鼻,褻瀆傷神。寂寂虛壇,久息吟玄之韻,蕭蕭古牖,空餘擁座之塵。肸蠁不虧,光靈有待。我皇帝承天啓祚,縱聖康時,駕豪傑而濟横流,攬英雄而拯危運,超羲掩皥,邁舜逾堯。屬念重玄,凝情大教,以爲清静者理人之要,無爲者成化之源,三皇則務道爲先,五帝則宏德爲本。爰敷渥澤,載葺凋零,浹旬而碧嶂層分,不日而飛軒四合。瓊舒御殿,將嚴當寧之容;嶽立麟臺,即寫扶天之貌。香花芬馥,繢飾周圓,徒榮廕祐之恩,未展醮祈之禮。言念於此,憂心怒然。又自去載以來,繼有危懼,講堂摧圮,道侶淪亡,慮虧昭謝之儀,是獲真靈之譴,敢虔衆懇,恭啓福筵。伏惟大聖貽休,元尊降鑒,錫殊祥於金運,增福壽於聖躬,一統寰區,大同文軌,五兵韜戢,百穀豐登。咸成不宰之功,共樂太平之化。道衆等同臻景覬,各沐玄慈,法教隆昌,龍神和豫。旁資幽顯,普及生靈;克遂逍遥,盡蒙禎泰。往逝者生神丹霍,見居者耀籍青元,法界含生,光承道廕,犯觸之咎,俱乞銷平。臣等不任。

原載《全唐文》卷 941

御史中丞劉滉九曜醮詞

伏以太上元元,陶融萬化;五老上帝,統御群生。九曜宣照燭之光,三官主賞刑之籍,共司品彙,以播玄功。由是北臺陳校勘之科,南府示獎延之錄。蓋欲使人倫之内,知懲勸之方,各勵精修,用寡尤悔。有過者可期於懺滌,有灾者可至於祈禳,廣此宏私,大彰神化,真經奧典,幽顯蒙恩。臣猥以塵凡,早崇至道。栖心稽首,常依清静之門;世網俗纏,莫遂逍遥之願。久嬰微恙,猶未痊除;近屬傷寒,尤增羸瘵。值大運小運,與生日相刑;土星火星,照行年之位。天符飛旗,臨本宮之上;飛天火曜,居今歲之中。支命納音,氣皆衰薄,以兹厄會,倍切兢憂。是敢虔罄丹誠,叩祈玄聖,恭修醮禮,披瀝上聞。伏惟大道宏慈,至真下濟,垂好生之澤,降罔極之恩,賜臣以罪咎原除,冤仇和釋,灾凶消解,疾疹瘳痊。續將盡之年齡,錫惟新之禄祚,息幽陰之債訟,絶往世之考延。六氣内調,衆邪摧殄,得勵爲臣之節,永奉昌期;誓勤修道之心,常宏大教。不任。

原載《全唐文》卷 941

先鋒王承璲爲祖母九曜醮詞

伏以列曜五行,是司罪福,上棟下宇,亦有主張。於成生孕育之間,寧無凶吉;在應護居栖之内,必有愆瑕。須憑道力玄功,以解深灾重過。玄皇立教,三洞垂文,敢按經科,虔祈福祐。臣祖母代國太夫人某氏,年八十歲,本命乙卯三月十三日戊午生。今以土火二曜,居三合之方;天符飛旗,衝大運之上。五土克於子水,仍臨生日之辰,以此刑妨,因成微恙,兢憂戰越,罔敢自安。伏念臣叨逢聖時,獲承福緒,而早悲孤貌,繼履家艱。惟祖母慈顏,得晨夕侍奉,刳心瀝懇,願祝遐年。今則所疾瘦仍,灾躔臨照,竊恐居宅之所,或有犯違,積世以來,或有冤債,或往逝有考延之釁,或幽陰有訟逮之文,構此衰危,盡希懺解。是用選求吉日,恭備醮壇,伏惟大道垂光,衆尊憫鑒,爲臣祖母某氏解銷灾咎,延續年齡,增生禄於南宮,落罪名於北府。疾療除蕩,腠理和調,神藥潛資,靈官密衛,克蒙平愈,永賜安貞。洎乎宅宇之中,常諧吉祐,龍神鎮守,邪惡銷亡。惟冀勵修,上答玄造。不任。

蜀王青城山祈雨醮詞

伏以五嶽上司,總真奧府,雄稱天國,峻極仙都,鎮尋厚地以巍峨,高捧太穹而峭拔。真靈所會,水陸攸尊,敷惠育於群方,廣包容於三蜀。陽崖蕩日,陰壑藏雲,贊時則表覘垂禎,叶聖則呈祥薦瑞,古今崇仰,遐邇依憑。臣叨荷聖慈,鎮臨重地,兼梓遂黔巫之境,亘微瀘蠻蜒之封,位極台衡,任崇將相。每慮功輕恩厚,福過灾生,循分兢營,拊心憂惕。自青春屆序,甘雨愆期,農畝虧功,驕陽害物,雖歷申祭祀,遍告神明,密雲但布於西郊,膏雨未沾於南畝。皇皇衆庶,叩向無門。

竊惟大道垂文,天師演教,有章奏之品,有祈醮之科,將展焚修,須依靈勝。是用披心雲洞,拜手仙峰,佇真侶之感通,冀明誠之御達,賜臣以時和歲稔,拯臣以雨順風調,驅肥遺於窮荒,舞商羊於中境。巖巒曹屬,鼓列缺以舒威;洞府龍神,震靈霆而助化。消除虐魃,蘇息枯苗,克歆黍稷之馨,允洽京坻之望。臣當恍心求理,戮力徇公,上答靈慈,永承道祐。謹差左都押衙、檢校尚書右僕射、前黎州刺史曹嶽與左右街宏教大師賜紫杜光庭,虔誠章醮,歸命希恩。不任。

蜀王葛仙化祈雨醮詞

伏以四七在天，垂文定位；三八鎮地，設象分靈。列宿所以統幽明，諸化所以司罪福。況心宿爲天皇之府，上清乃神仙之都。迴控長川，倚玉輪之聳秀；雄臨巨屏，面銅馬之膏腴。緬彼福庭，廣廕庸蜀。臣本命所係，獲在兹山，而謬握珪符，仍居仙域。每慮位崇任重，力寡才輕，超五爵以疏封，制六鎮而爲政。或賞刑乖當，或撫字失和，下有怨咨，上虧仁育，兢憂未暇，咎戾旋加。粵自仲春，即愆時雨，塵侵壠畝，赫日騰威，風鑠郊原，油雲匿影。生靈嘆息，懼失於農功；沼沚魚喁，將懸於枯肆。焦勞在念，叩啓無由。至於餚膳精豐，備陳於廟貌；牷牢肥腯，無吝於禱祈。徒罄誠心，靡聞響答。仰惟神仙濟物，罔間幽明，大道好生，普均慈施。太上著修禳之品，三天開奏醮之科。恭望神峰，遠傾凡懇，虔申大醮，仰叩至真。伏惟憫鑒所陳，大施恩宥，赦其愆咎，賜以福祥。使雷電揚威，龍神悦豫，霈沾渥澤，克致豐穰。南山騰虺虺之音，東作盛芃芃之稼。永諧望歲，允契有年，誓勤修奉之儀，上副真靈之貺。不任。

原載《全唐文》卷 942

什邡令趙郁周天醮詞

伏以天地分靈，統之者至聖；陰陽不測，體之者至神。主宰死生，司明罪福，有祈必應，無感不通。臣謬以非才，理兹劇邑，賦輿所總，徵督所難。鄉里凋荒，緝綏尤切，洗心求瘼，克己徇公。果蒙道力潛資，真靈密助，徵科辦集，境土乂安。疫毒不侵，生靈以泰。思酬玄造，衆竭丹誠，共崇黄籙之壇，虔備焚修之會，兼申大醮，上答靈恩。況境接仙山，人懷道化，李相國之神功宛在，羅真人之聖力時彰。控諸觀之福庭，標二化之真府，必垂昭鑒，納此誠祈。伏惟太上延慈，衆神孚祐，普兹幽顯，遐及存亡，俱錫福祥，咸蒙濟祐。使一方清謐，百穀滋豐，疫癘兵戈，永無侵軼，飛沈蠢動，各遂安全。臣等九祖七玄，生天受福，三途九夜，離苦參真。并乞灾厄蠲銷，罪尤除蕩，潛增禄祚，克保年齡，同力運心，俱沾巨祐。不任。

原載《全唐文》卷 942

嘉州王僕射五符鎮宅詞

伏聞大道開光，五篇垂教，凝自然之氣，成空洞之文。上正天元，下安地紀，中制劫運，旁福生靈，三界所宗，萬神所稟。其或葺修之地，土木興功，暗犯神靈，明干禁忌，皆憑秘篆，以鎮方隅。臣頃以所居，須資揆構，巨功既畢，輒備焚修。啓黃籙之壇場，廣申懺拔；展五符之醮酌，遍用鎮安。伏冀太上宏慈，至真流鑒，使龍神寧謐，災咎蠲銷，永無干犯之虞，常荷乂安之福。其有從來主宰，五姓神靈，各遂往生，並獲開度，即仰荷大道罔極之恩。不任。

原載《全唐文》卷 942

張相公九曜醮詞

伏聞大道凝光，上玄垂象，照臨九土，覆育群生。主籙吉凶，司明罪福，洪纖備察，毫末無遺。而金簡垂文，玉書演法，開懺祈之路，懸悔謝之儀，虔罄明誠，必賜昭祐。臣某顧惟虛薄，運契遭逢，位極台衡，務專繁劇，詳評獄訟，裁制典刑。或爽重輕，慮招咎釁；或操心屬念，偶結尤違；或積世此生，未袪冤債。靜言循度，每用兢憂。今則迍滯宮中，土星所歷；身位之內，計都所臨。神首火星，仍居對照；生月命位，俱值天符。以此灾躔，遂成疾厄，捫心震悼，瀝懇歸依，仰玄象以叩祈，竭丹誠而醮酌。伏惟至真上聖，列曜高尊，憫鑒塵凡，降流恩宥，釋前冤往債，原重過深瑕，增續年齡，銷平灾厄；賜臣以百關調豫，六氣和平，盡解凶衰，全除疾苦。推忠效節，永酬睿主之恩；潔已凝心，上副尊靈之祐。不任。

原載《全唐文》卷 942

衆修三元醮詞

太上無極大道元始天尊、太上大道君、太上老君、十方自然靈寶天尊、五老上帝三元君、天地水府三官、三十六部尊經玄中大法師、太極真人、三天法師、天曹地府三界真靈、三官曹府一切玄司：臣等塵世凡微，積生福會，得遇玄化，參奉至真。而迹處人寰，身拘俗網，沈浮聲利，流浪死生，未窮超拔之源，徒慕清虛之旨。六情三業，動結罪條;陰簡黑書,旋增釁咎。或前冤往債,尚繫幽關,故殺誤傷,未申懺露;或五行三命,灾運所臨,暗曜明星,凶神所犯。常情靡測,祈謝無由。三元有考定之期,五帝無陟明之典。至或九玄七祖,猶滯三途,注訟相延,愆過委積,福盡禍至,首悔何門。因今某官校録之辰,衆申祈醮之禮,願迴元鑒,俯察丹誠,介福垂恩,延生保命。九玄開度,除右簡之罪名;衆厄清銷,上左宫之生録。永蒙道廕,常荷鴻休。上願帝祚延洪,天元玄晏;生靈和泰,遠近乂安;九稼惟豐,五兵自偃。九幽六趣,罪爽窮魂,俱承曠蕩之恩,各遂逍遥之性。不任歸命虔誠懺請之至。謹詞。

原載《全唐文》卷 942

王宗瑑等下會醮六甲録詞

臣等早以庸虚,志希元奧,凝心妙道,歸命真乘。參六甲之秘文,慕長生之要旨,而寄身名宦,莫遂精修。三元四始之辰,香燈或闕;五臟六陽之會,存注莫專。恐兼故殺誤傷,仍有前冤往債,或行年厄運,或宿曜灾期,曾未懺陳,但增憂惕。敢以下會吉日,醮録希恩。伏冀五帝高尊,降流禎福;六甲真吏,洗滌罪瑕。上生籍於天曹,削死名於地簡;舉家蒙祐,七祖生天;禄算增延,公私貞泰。永勤焚炷,以答玄慈。不任。

原載《全唐文》卷 942

三會爲弟子醮詞

臣以庸微,負荷大法,敷宏真訓,開度天人,授道傳經,濟時行化。弟子某等,夙慕大道,歸命至真,奉信玄科,參受符録,傳付之後,已歷歲年。或慮未受道之前,及佩録之後,立身注意,動有罪條。三業十纏,恣其愆過;三元八節,朝謁不專;本命庚申,修行有闕。或噉食葷血,穢亂正真;或嗜欲繁華,負違禁戒,非憑三會,難遍懺祈。今因某會之辰,考校之節,同申大醮,拜章言功,罪謝十天,歸誠三寶。并乞宿殃清蕩,衆罪蠲除;善簿定名,生宫列籍;冤仇和解,債訟夷平,真氣内充,百關悦豫;靈官外護,萬惡消沈。五行三命之中,暗曜明星之内,永無臨照,長息灾凶。九祖生天,六親蒙福;公私貞吉,動静康宜;年命增延,福祚遐廣。誓令修勵,上答玄恩。不任。

原載《全唐文》卷 942

皇帝本命醮詞

太上無極大道元元老君、五老上帝、天地水三官、天曹四司君、北斗七星君、高上玉皇元卿大帝、嶽瀆地府甲子衆神:伏以二氣裁形,五行構象,稟大道生成之德,荷元和亭育之恩。至於命籙興衰,禄祚豐薄,立身罪福,行運吉凶,上自天司,旁兹本命,主張考校,巨細無遺。某夙荷洪休,仰承玄澤,繼天立極,應運撫時。慚德教之未孚,慮賞刑之或失,揗懷增懼,馭朽兢憂,惟仗神功,以康黎獻。是用冥心宣室,稽首靈壇,冀道力以潛資,仟靈真而幽贊,俾五兵偃戢,百穀滋豐,中外和寧,生靈舒泰。誓傾修奉,用副玄慈。不任虔祝之至。謹詞。

原載《全唐文》卷 942

皇太子本命醮詞

伏以大道分光,天元布化,生成萬象,孕育三才,爰命真官,以司籙籍。五行休王,皆稟於神功;三命興衰,悉宗於靈府。臣夙叨洪澤,備位青宫。侍膳問安,惟勵恪恭之懇;資忠宏孝,難酬君父之恩。敢於元命之辰,虔備醮祈之禮,所願祛灾悔過,介福延休。增萬壽於聖躬,永安大業;降千祥於寶運,長奉昌期。仰罄丹誠,敢希玄祐。不任歸命之至。

原載《全唐文》卷 942

崔隱侍郎玄象九宫醮詞

伏聞上玄垂象,則七政循環;下土推機,則九宫飛化。因其履歷,以示吉凶。由是三命五行,有灾祥之應;陽奇陰偶,有善惡之徵。臣今年九宫飛旗,天符臨於中位;五星行度,火曜對於命宫。行年當地網之鄉,大運與小運冲破,因成灾厄,未獲痊平。敢緣大道慈救之門,遵太上醮祈之旨,披心靈觀,翹注虚壇,普玄象以告虔,遍真靈而悔謝。伏冀南宫六聖,開長生致福之文;北斗七元,賜輟死降祥之力。增延禄算,消解灾凶;示遐永之期,迴短促之紀;使百關舒泰,六氣均調;釋往債前冤,赦深瑕重過;九玄介福,舉族安貞。克勤修勵之心,上副尊靈之祐。不任。

原載《全唐文》卷942

醮閬州石壁元元觀石文老君詞

伏以造化靈都,神仙奥壤,秀横空際,翠竦江干。烟靄峰前,聖祖之宸儀迴出;松篁林内,玉童之真相旁分。非雕鎸藻繪之能,運天地自然之妙。所以潛流景貺,貽福烝人,常祛旱潦之灾,幾叶休貞之應。況今鑾迎漢渚,路隔秦州,祈玄祖之光靈,拯神孫之播越,克清萬宇,以泰群生。無俾沂水橋邊,獨掃龐勛之黨;霍山祠畔,空推劉武之鋒。虔俟玄威,載昌鴻祚。不任祝望希恩之至。

原載《全唐文》卷942

醮閬州天目山詞

伏以山鎮地心,洞開天目,含藏烟雨,韞蓄風雷。崖秘仙經,泉澄神沼,觀署福唐之美,邑標奉國之名。憑此禱祈,必符禎貺。今則翠輿順動,丹闕貽灾,虔希幽贊之功,共啓中興之運。敷聖祖重玄之力,更炫重瞳;揚宣尼四教之宗,克明四目。無使壽春山上,猶傳助戰之威;濟順祠前,獨美迎鑾之事。克宏道化,以廣真風。不任虔誠祝望之至。

原載《全唐文》卷942

皇后修三元大醮詞

伏聞道化裁成,神功亭育。氣分二象,垂包容覆載之私;節啓三元,定罪福賞刑之柄。所以北都泉曲,常爲銓赦之期;南極文昌,每洽超昇之澤。至於人倫之内,善惡吉凶,虔啓丹誠,即承鴻廕。周氏叨榮宿福,運履昌期,備位彤宫,輔寧皇極,每慚涼德,罔答殊休。恐往世積生,疵瑕未蕩;五行三命,厄會或臨,火星將及於身宫,天符又居於生日，懼成灾咎，志切懺祈。屬中元大宥之辰，是率土希恩之節，冥心靈觀。稽首醮壇，歷真府以輸誠；期迴鑒祐，遍靈曹而露懇。願釋尤違，賜周某以冤債和平，罪瑕除滌；灾凶消解，年禄延長；疾急無侵，福祥臻萃；九玄七祖，證品仙庭；眷屬親緣，臻榮聖日。上願宗祧安鎮，聖壽遐延。紫禁青宮，匡扶大業；維城盤石，保乂洪基。群僚畢契於忠貞，萬宇咸歸於撫御。式虔丘禱，洪望玄慈。不任歸命瞻天望聖之至。

原載《全唐文》卷 942

趙球司徒疾病修醮拜章詞

伏聞妙應無方，道推濟物；玄慈廣運，惠普群生。開祈真悔罪之門，垂拯厄希恩之品，功成不宰，澤布無涯，敢緣覆育之仁，輒罄歸依之懇。臣自惟福運，榮奉昌期，自參扈衛之班，遂陟烟霄之路，功輕任重，效寡恩深，常切兢憂，難酬寵擢。近以灾殃所迫，疾瘵斯嬰，軫聖慮以慰安，降名醫而撫視，未蒙痊减，倍用兢惶。伏念臣迹處塵寰，素昧修稟，立身履行，寧免愆違？或害物殺生，曾無惻憫；或摧鋒禦敵，輕賜誅鋤。總戎乖申令之宜，爲政有賞刑之失，幽夜致冤仇之訴，微躬成滯疾之危。又恐往世積生，尚縈釁咎；五行九曜，兼值灾蒙。或興修有犯觸之非，或土木有侵傷之所，捫心省過，惟切懺祈。是敢拜奏寶章，崇修大醮，告虔下土，請命諸天。伏惟大道垂慈，至真鑒祐，救靈司而解灾度厄，流神貺而袪疾延生；落死籙於陰曹，定仙名於陽簡。故傷誤殺，冤債和寧；新罪宿瑕，玄慈蕩滌。誓期勵節，永答道恩。臣某不任。

原載《全唐文》卷 942

張道衡塑造北斗七星真君醮詞

臣粵自幼冲，恭聞大道，歸心斗極，屬念玄虛。每有啓祈，克蒙慈祐，感靈休而罔極，報鴻澤而無階。今考卜吉辰，以天德合直之日，於玉局北帝之殿，塑瑶樞中斗之尊。兼以輔星，列於八位，狀虹蜺之彩服，寫龍鶴之神姿，列於大帝之前，儼若中天之會，輒備聞告，爰命興功。伏惟七聖降臨，衆靈昭祐，永垂響應，長介福祥。俾群心有禱祝之門，品彙得依歸之路，永虔香火，以答至真。不任稽首歸命之至。

原載《全唐文》卷942

杜元繼常侍醮火星詞

伏聞陽靈表瑞，火德承天，分日域以繼明，御離方而定位，爰因夏曆，以正歲功。由是出入絳霄，循環黃道，應期不忒，謫見無私。雖懸象著明，繫諸邦國；而垂災介福，亦及纖微。臣叨荷玄休，蹈兹昌運。立身潔己，未階無過之場；元命游年，實配五行之內。竊披術歷，方有照臨，恐構灾蒙，伏增憂懼。是敢精陳禮物，虔備香燈，上祝靈華，仰希昭祐。伏冀顯消灾咎，潛釋過尤，錫以福祥，賜其貞吉。永勤丹懇，上答玄慈。不任。

原載《全唐文》卷942

王宗壽常侍丈人山醮詞

天地分靈，三官定死生之格；陰陽懸象，九曜垂照燭之功。北府繩違，南宮延壽，星躔嶽瀆，考校無私，凡在人寰，皆歸統御。臣自惟微薄，獲奉玄慈，而履行之閒，恐乖陰騭，運心之內，未合神明。日遇灾凶，復兼愆咎，或成厄會，莫遂懺祈。今年中宮則天符所臨，身位乃土星對照，大運猶居於劫殺，飛旗又寄於行年。三命五行，恐逢刑克；列星五緯，更慮照臨。所以轗軻未寧，灾危頻作，非憑至聖，無路懺祈，虔馨丹誠，克申大醮。伏惟上玄衆聖，俯降福祥，消灾咎於將來，釋過尤於既往。六曹司命，增祿算於丹天；七紀尊神，介休禎於玄極。公私清泰，家眷安寧，即永荷衆聖宏濟之恩。不任。

原載《全唐文》卷942

鮮楚臣本命九曜醮詞

伏聞三光表瑞，九曜凝暉。配金木以司方，四時攸叙。定陰陽而立象，萬彙生成。主宰幽明，統臨罪福。臣自惟凡陋，獲奉真靈，懼履行之間,易成愆咎,修持之道,未契端真。況職務所司,重輕咸繫,恐乖省慎,更結罪尤。雖夙夜在公,敢忘恪勵;而吉凶難測,倍切兢憂。兼以宿曜所臨,輒罄懺祈之懇,爰憑本命,恭啓醮筵,陳信幣以貢誠,列香燈而展禮。伏冀希夷至聖,俯鑒丹心,辰曜高尊,曲流景貺,赦罪尤於既往,解厄運於未然;冤債銷平,凶衰除蕩;更增禄算,永賜禎祥;眷屬乂安,公私清泰。誓勤修奉,以答靈恩。不任。

原載《全唐文》卷 942

衆修甲子醮詞

伏以太樸既分,玄精獨運,陰陽肇化,支干承基。六十正神,統四時而司晝夜;八百符吏,行凶吉而定死生。大則天地邦家,咸遵曆象;小則灾祥罪福,必繫主張。考龍胎石室之經,披鳳篆琅函之要,既明宗旨,倍切依歸。臣等仰賴神功,獲逢道運,塵機久閉,俗網未袪,行藏不合於儒玄,動息必貽於過咎。又恐五行之內,或有刑妨。三命之中,因逢否塞。非憑至道,難懺深瑕,輒因六甲之辰,五元之首,同誠勵志,瀝懇祈恩,仰碧落以降真,拂玄壇而展禮。伏冀洪休允洽,照鑒無私;咸賜吉祥,永銷灾厄;青宮增禄,丹簡延生;存歿俱安,公私并泰。克勤精奉,永答靈慈。不任。

原載《全唐文》卷 942

衆修本命醮詞

臣等宿值福緣,獲逢道化,至真垂教,玄旨宣行,仰承覆祐之恩,常切兢營之懇。但慮行乖禮讓,動履愆瑕,處俗順時,率成罪目,積生今世,罕有懺祈。伏聞三天垂章醮之科,正一著修禳之格,敢因吉日,同勵丹誠,恭詣壇場,虔申祝謝。伏惟三官九府,五帝高尊,斗極真君,命辰靈將,録其素懇,降以鴻慈,赦已往之過尤,釋將來之灾厄。星曜息照臨之數,行年除妨克之凶;年禄增延,福祥繁會;公私貞吉,族屬安寧。常期祐護之恩,永誓焚修之志。不任。

原載《全唐文》卷 942

庚申醮詞

臣以仰披真訣,虔按玄經,庚申爲修奉之辰,大帝降考讎之簡。是日三尸陰魄,標奏罪名,巨細無遺,纖微必紀,始定籍於太玄之府,終寓書於泉曲之庭。凡在修心,實切憂戒,冀因令序,同懺深瑕,輒備香羞,恭申醮謝。伏惟三尊憫護,大帝鑒臨,斥陰尸妄奏之文,降大道好生之澤,使臣等灾消過滅,善積福臻,九玄離寒夜之鄉,五族獲安寧之祐。所爲貞吉,立願亨通,常傾修勵之心,上答正真之睠。不任。

原載《全唐文》卷 942

南斗北斗醮詞

伏聞大象既分,三靈設位,各禀自然之道,俱垂不宰之功。無爲則天地長存,有用則衰榮易變,吉凶悔吝,由此而成。於是南極丹篇,生名所繫,北都黑簡,死録所歸。二宮之考校無私,萬化之死生有屬。臣夙資善睠,獲履昌時,沐浴皇風,禀承玄化。但慮運心動念,乖越五常;累過積非,彰明二簡。五行三命,陰陽有刑克之期;暗曜列星,遲速有照臨之數。未申祈懺,因結灾凶,敢以吉辰,虔修醮禮。虛壇夜靜,靈化晨清,玄念必通,真靈可降。伏冀丹臺六聖,司命開延永之符。玄極七真,大帝除促齡之日。憂危自泰,年禄更增;幽明同浴於殊恩,眷屬咸均於巨福;公私貞吉,老少乂康,即永荷二宮衆聖罔極之恩。不任。

原載《全唐文》卷 942

龍興觀御容院醮土地詞

伏以瑤闕琳宮,星房羽殿,森列三清之上,宏開八景之中,萬彙之所朝宗,群真之所游息。於是裁模世域,垂象人寰。周穆西歸,披層臺而結宇;漢皇南矚,遵太乙以疏基。由是仙觀靈墟,駢羅海嶽,風檐霞棟,煥麗烟林,爲真聖之所栖,亦福祥之所萃。頃以龍興觀肇基隋運,歷載唐年,日月既深,凋摧云久。是用鼎新營構,特懋功庸,況越歲時,深虞撓觸。爰申醮酌,安復龍神,所期國泰民和,時康俗阜,克隆鴻祚,永錫玄休。不任虔祝之至。

原載《全唐文》卷 942

中和秦中化龍池醮詞

粵若二氣,是分五靈,惟龍司造化之機,運降昇之妙,寄神功於乾象,孕玄德於坎宮。昔我祖明皇,巡功蜀甸,果聞飛躍,實效禎祥,爰俾濬池,用資安處。今則年光遞易,堤址荒殘,草積波痕,砂封泉脉,應靈未爽,肸蠁猶傳。每垂霖雨之恩,以濟嗇夫之望,眷言故實,深用軫懷。朕寡德承圖,撫時有寇,省方巡俗,尚駐坤郊。龍其申彼霆威,震其風令,掃渠凶於北陸,清氛霧於中原。克洽理平,永臻多福。不任。

原載《全唐文》卷 943

皇太子爲皇帝生日醮詞

臣聞元穹廣覆,無勞仰祝之辭;碧海周涵,亦納涓添之露。敢緣斯旨,輒罄明誠。某月日是皇帝生日,本命甲戌之辰。錫秘記於先天,豫昭靈貺;涌珍符於厚地,潛契明文。卜年開萬葉之榮,推策彰百神之助。爰申大醮,虔俟鴻休,集三元萬聖之祥,永北極南山之壽。昭明丹懇,恭望玄恩。臣某不任稽首虔祈激切之至。

原載《全唐文》卷 943

川主大王爲鶴降醮彭女觀詞

伏以道化無方,真仙有應,於恍惚希微之内,示玄黃變化之容。下盼塵寰,以度群品,考諸事迹,載彼經圖。所以丁令歸時,曾窺丹頂。蘇耽降日,亦顯霜翎。流萬古之美譚,標當年之瑞牒。今者忽聞靈鶴,栖止雲峰,乃玄元行化之山,是彭祖昇天之所。元壇蕭薈,久無焚薦之踪;林木陰森,果致感通之事。實聖朝之上瑞,豈藩閫之所招?願祈山壽鶴年,以奉龍圖鳳歷。遐瞻烟嶠,伏切歡愉,冀憑奏醮之儀,以達歸依之懇。謹差賜紫大德上官、知真兵馬使王承琛,精誠香火,上告真靈。不任歸命虔祝之至。

原載《全唐文》卷 943

天錫觀告封章真人詞

惟君名標丹簡,天付仙十,人間之玉軸珠軒,何嘗眄顧? 物外之雲栖霞飲，自得貞閒。早受靈書，精窮緯候，鈎深索隱，藏往知來，鏤銅篆於仙山，證金行於蜀國。二百餘年緘秘，踪迹長新；五十八字周旋，禎祥盡驗。顧惟薄德，祇奉靈休，雖揆搆華居，崇嚴塑貌，新邑市之額，展齋醮之科，尚歉素懷，未酬玄睨，爰申典禮，特舉褒崇。今封君爲鑒聖真人，謹遣杜某，虔啓霜壇，恭申昭告。鸞輀鶴轡，將從文始之游；緑室瓊幃，叙列太玄之品。真人更垂幽贊，常假靈光，俾一統於九圍，庶永昌於大業。惟勤宵旰，以泰生靈。謹詞。

原載《全唐文》卷 943

封李真人告詞

惟君仙李芳枝，關雲令緒。元丘自志，元非促景之才；道骨真風，本列長生之品。振衣世表，抗迹雲間，厭駒窗電逝之勞，得鰲嶺雲行之趣。栖游蜀國，顯晦塵寰，三隱靈峰，八百餘歲。神丹化石，猶存昌利之山；拔宅昇天，遂表仙居之宇。爰於舊址，果獲靈文，緘藏久秘於瑶墟，出見克符於金運。緬惟涼德，祇荷殊休，雖繕飾踪基，肅嚴像貌，率齋莊而告謝，命羽褐以焚修，尚歉素懷，未酬玄德。今則考兹具禮，薦以嘉名，想星佩霞裳，早昇真位。而芝泥露篆，願表勤誠，循省冲襟，良多靦愧。今封君爲"玄應真人"，謹遣杜光庭，恭設醮壇，虔申昭告，冀流玄廕，永福皇基。開宣室以遐思，佇高真之俯鑒。謹詞。

原載《全唐文》卷 943

漢州太尉於仙居醮詞

臣聞至道無爲，包萬天而成化；玄功有作，運四象以陶鎔。覆載含宏，古今無爽。由是三靈克叙，五緯循常，景福被於幽明，鴻休覃於邦國，人天荷賴，渥澤遐沾。臣夙感靈慈，獲逢昌運。累歷殊寵，出居符竹之榮；頻洽隆恩，入奉重難之寄。顧惟虛薄，未著勞能，省分憂惶，兢懷震惕。雖傾心戮力，誓酬君父之私，懼福過灾生，或履晦蒙之數。竊恐主張戎伍，宰制封疆，理民有獄訟之繁，奉職有賦輿之廣，沮勸有賞刑之用，送迎有宴犒之常，殺傷有故誤之憂，裁斷有重輕之失，因成罪目，曾未懺祈。或往債前冤，未蒙和釋；或星文命運，猶值灾期。粵自夏初,至於秋月,久嬰微恙,未獲痊除。非憑至道之緣,孰致真靈之祐?今屬醮陳翠壇,詔降紫泥,高仙胼蠁以停輿,萬聖昭彰而介祉。敢因勝會,輒備香饈,披寫丹誠,虔祈玄廡。伏惟鑒護,賜以福祥,俾臣罪咎蕩平,冤仇和釋;灾凶超度,年祿增延;疾厄蠲銷,休禎臻集。將壇師律,勵陳翼聖之勤;青蓋朱輪,敢怠行春之至。不任歸命披心之至。謹詞。

原載《全唐文》卷 943

前嘉州團練使司空王宗玠本命詞

伏以二氣運行,五材生化,稟形賦命,咸繫上元。顧惟微眇之資,叨荷裁成之澤,克逢昌運,累冒寵榮,入居近密之司,出領河山之寄,主張戎伍,臨莅黎元。慚非經濟之才,常懼滿盈之戒,果乘厄會,遂蹈危機。實深睿聖之慈,再齒簪裾之列,夙興夜寐,感聖懷恩,寸心徒切於勤劬,微效未酬於君父。伏自累年之內,灾滯縈仍,中秋已來,疾恙頻作,雖加醫砭,靡就痊瘥。竊以土星居身命之宮,於茲數載;火曜臨田宅之位,猶在子方。太歲爲六害之辰,小運當歲破之上,雖冬首有木星之福,而即時值行運之灾,履此凶衰,倍深憂懼。又恐理民主務,皆繫重難,用刑或寡於哀矜,主膳或誤於烹宰,久爲冤債。未遍懺祈。又恐往世罪瑕,幽關絓注,或住宅有龍神犯觸,或鄉關有塋壠損傷,流逮於身,致茲危厄。拊心思過,惟切禱祈,敢因本命之辰,虔備香燈之禮,仰玄穹而請命,罄丹懇以希恩。伏惟天地真靈,陰陽主宰,降流巨祜,采鑒深衷,蕩滌罪尤,銷除灾厄;和平冤釁,解釋殃流;先人獲泰於冥津,後嗣期安於聖日。三關腠理,無壅閼之虞;六腑機衡,有均調之望。賜其痊愈,介以福祥;續年齡於將盡之秋,保形命於再生之日。刳心投泣,瀝懇祈真。誓傾修奉之誠,上答尊靈之祐。臣某不任虔祝之至。謹詞。

原載《全唐文》卷 943

前漢州令公宗夔上元醮詞

臣聞裁成天地,陶鑄陰陽,三元爲布化之辰,五緯爲主生之紀,總其宰制,歸乎至真。用能福被邦家,惠兼幽顯。南昌丹籙,式宏進道之階;北部黑書,爰示繩非之旨。是申戒勸,廣庇人天。臣獲奉真宗,常遵明訓,惟勤惕屬,上副玄慈。伏念荷國恩深,致君力寡,功未刊於鼎鉉,賜已冠於人臣。出擁節旄,總司戎旅,薦新寵澤,載踐崇榮。青瑣位隆,黃樞寄重,循懷增懼,報主無階。但虔焚祝之儀,冀答君親之德。今屬天官御節,太皥司方,少陰敷煦育之仁,大宥布生成之令,是敢精持香火,恭啓醮祈,仰景象以冥心,佇休禎之應念。上願寶圖悠久,聖壽延長,中外樂康,寰區寧泰。八紘九土,咸歸一統之尊;歲稔氣和,永叶無爲之理。冥關朗晏,動植舒榮,率土普天,咸登壽域。臣某祈灾凶蕩滌,冤債和平,罪咎斀銷,福祥臻萃。公私有泰,眷屬長寧。誓傾忠孝之心,克贊休明之運。不任。

原載《全唐文》卷943

趙國太夫人某氏疾厄醮詞

妾聞天真憫物,大道好生,常宏拯護之慈,俾遂安全之願。顧惟至化,育此含靈,氤氳之二氣裁形,昭灼而三元定命,吉凶罪福,上稟天司。妾以命禄俱衰,納音在墓,雖值合神之吉,又當衝破之凶,游年既值於天符,本命仍逢於五鬼。身宮之內,暗曜所躔;鈍滯宿中,土星所歷。刑厄位上,復值火星,重疊灾衰,遂成疾瘵,未復痊退,彌切憂惶。竊恐前代今生,罪尤未解,負財負命,冤債未除,非憑大醮之筵,難罄懺祈之懇。是敢捨其服玩,備此香饈,嚴設壇場,虔申禱祝。

伏惟諸天憫護,衆聖矜憐,申再造之仁,全好生之德。三官五帝,暗曜七元,南斗北辰,天司列宿,嶽瀆尊聖,地府明靈。及妾本宮游年八卦,內外應感,三界靈司,賜於曹府之中,簡錄之內。有冤仇罪犯,厄運灾期,敕命所司,特賜原赦。續其祚禄,加以年齡;蕩滌凶衰,斀平疾苦;百關宣適,六腑安和;重睹天光,再履人事。推心勵節,永酬濟祐之恩;念善參玄,上副真靈之澤。不任瀝懇披心希生請命迫切虔祈之至。謹詞。

原載《全唐文》卷943

王宗玠宅弘農郡夫人降聖日修大醮詞

妾聞玄元道祖太上老君，凝神三境之中，屬念普天之下，將加拯度，爰降真儀。垂太陽五色之華，駕旭日九龍之轡，夢渦川而寓景，攀仙李以誕生。陸地開蓮，初承玉步，虛庭涌井，瑩濯瓊姿，宸容彰挺特之儀，睿旨闡希微之教。萬天宗稟，歷代師資，標令節於昌辰，錫殊休於品物，宜崇勝會，用表精誠。妾早悟真乘，嘗參寶錄。延生妙篆，紫陽丹陛之文；飛化靈圖，絳闕朱宮之籍。正身心於九室，檢神氣於三關，滌過蠲邪，利幽濟顯。每勤修敬，敢怠香燈？爰因大宥之期，恭備醮真之禮，是用馳誠鶴宇，矚想龍輿，瀝丹款以騰詞，拂碧壇而葳事。天闕地府，日域星躔，三官五帝之曹，北部南丹之署，下周川嶽，旁遍幽靈，畢罄明誠，冀蒙昭鑒。上願皇基隆永，睿壽遐長，道化和昌，聖教宣布。九區四裔，常尊道德之風；庶類群生，共樂昇平之運。妾九元七祖，往逝先靈，擢質丹陵，生神碧落，災祛未兆，善降無涯。年算更增，罪瑕俱釋。誓虔注念，上副鴻慈。不任歸命之至。

原載《全唐文》卷 943

洋州令公生日拜章詞

伏以三天布化，正一垂文，煥起玄功，廣濟群生。欲使天光下燭，陰關息幽翳之悲；凡懇上陳，陽景遂宣通之願。由是敷二十四錄，命千二百官，統領人倫，主張真錄。騰心靈爲騎吏，飄香穗爲驛龍，積思而感契可期，拯護而誠明必達，古今宗奉，惠渥昭彰。臣鳳慕正真，常叩廬祐。將壇相印，未申報國之勞；潔己澄心，每切修生之願。今則虔膺綸詔，暫撫遠邊，爰屬生辰，輒祈靈眂，恭陳醮禮，精備章文。伏惟大道延慈，天師鑒祐，降兵官將，福祐護持，俾成遏成功，烽烟罷警。殊方革面，咸襁負以歸仁；獷俗悛心，盡梯山而向化。仁清寰海，永致雍熙。臣祿算增延，災凶殄息；道運寧泰，將吏輯和；普及幽明，俱承玄祐。不任歸命虔祈之至。謹詞。

原載《全唐文》卷 943

東院司徒孟春甲子醮詞

伏以大道開光，玄精垂化。氣分五緯，五帝操代謝之權；節布三元，三官主死生之録。由是百神受職，品物知歸。寒暑推遷，成歲功而明罪福；支干配合，統人事而定吉凶。今古攸遵，應靈無爽。臣叼承玄廡，獲佐昌時。福過災生，每切持盈之戒；才輕任重，惟虔報國之誠。今者候及上元，序新六甲，考校當天官之首，司明值甲子之初。屬此令辰，恭修大醮，敢祈玄聖，俯鑒丹誠。臣某伏念身遠庭闈，禮遙溫清，今兹迎侍，尚阻江山，況隴硤縈紆，江波澶險，惟憑神力，冀保畏途。伏惟五帝高尊，三官大聖，六十甲子，應感威神，俯迴胗蠁之靈，特降昭彰之祐，使輕舟利涉，萬里無虞，靡勞陟屺之吟，速遂彩衣之養。俾諧懇願，敢負明恩？誓勤嚴奉之誠，永答真靈之祐。不任歸命披心禱祝祈恩激切之至。謹詞。

原載《全唐文》卷943

刁子趙太尉陽平化醮詞

伏以至道分光，仙曹列品，上浮辰曜，下結名山，包洞府以深嚴，擁雲霞而秀異。潛符邦國，大庇生靈；統録人天，主張命籍。降災降福，有感必通。臣獲奉聖明，叨榮爵秩。總領戎伍，慚無韓、白之功；部握魚符，愧乏龔、黃之政。常虞盈滿，以致災衰，早馨丹心，歸依玄教，傳修經籙，宗仰真靈。所願國祚延洪，聖壽遐永，萬方一統，四海會同。臣某削落災危，蠲銷罪咎；六親蒙福，九祖生天；禄算惟增，功名克著。誓虔忠孝，永奉休明。庶期修勵之心，上副真仙之祐。恭修醮酌，庶達明誠。不任歸命虔祈之至。謹詞。

原載《全唐文》卷943

宣醮鶴鳴枯柏再生醮詞

惟彼仙山，奠兹南土，雄盤厚地，秀拱穹旻，控綿洛之川原，總岷峨之形勝。巖巒捧日，洞府栖真，連空之松檜扶疏，千載之威靈蕭穆。果聞祥異，顯此福庭。垂至陽生化之功，變枯柏凋摧之質，柔條迴茂，灑瑞露以飄香；密葉重榮，動晴風而裊翠。神仙幽贊，宗社福招，叶此玄休，永兹禎貺。是用精嚴醮祝，仰答真靈。凝心宣室之中，翹想雲峰之外，所冀華夷昭泰，海嶽晏安，稼穡滋豐，氛埃蕩定，永期祗奉，以副玄私。稽首謹詞。

原載《全唐文》卷943

李忠順司徒拜保護章詞

臣聞道用無方，神功不測，隨機應念，惟感必通。正一垂文，傳寶章而拯物；盟威立訓，陳醮品以濟民。粵自古先，逮於兹日，惠覃顯晦，澤普天人。臣某夙荷玄慈。獲逢聖日，天波浩蕩，人爵優宏。慚無經濟之能，深慮寵榮之極，況居司戎伍，出鎮魚符。或賞酬乖善惡之宜，刑律有重輕之失，俗懷咨怨，民抱傷嗟，有一於斯，式彰譴咎。又恐五行三命，運值灾蒙，暗曜明星，或當臨照。或經過水陸，侵觸龍神，或土木興修，犯干禁忌；或前冤往債，或故殺誤傷，動結罪條。兼逢厄會，致成疾恙，彌切兢憂。

竊惟大道好生，至真設教，著祈禳之典，開懺謝之門，是敢虔備壇場，精修章醮，拜天悔過，瀝懇希恩。伏惟三境高尊，諸天大聖，降流慈施，憫鑒塵微。敕天府地司，遍陰曹陽境，解消灾厄，原赦罪尤。削落凶衰，和平冤債；蠲除疾苦，安鎮魂神；六氣均調，百關宣暢。易短促之數，賜延永之齡，萬罪千灾，咸遂超度。誓虔修勵，仰奉真靈。臣某不任謝罪祈恩披心請命之至。謹詞。

原載《全唐文》卷943

東院司徒郡夫人某氏醮詞

伏聞大道垂科，玄真設教，正一有祈恩之品，《河圖》有謝過之文，虔告尊靈，必賜昭鑒。某氏以夙叨靈貺，擢質人寰，祗荷恩麻，常深戒懼。近者忽嬰疾恙，未獲痊平。竊恐履行立身，措情屬念，有違誤之過，有抵觸之非；或結釁流殃，有所延注；或明星暗曜，有所照臨。構此灾纏，未蒙消解，旦夕憂懼，罔敢遑寧。又以身宮之中，當土曜行度，命當危迫，誠切告祈。是敢遵按明科，虔修大醮。伏惟三寶上聖，九曜尊神，垂罔極之慈，降護持之力。賜某氏解消灾厄，和釋

冤仇,延續年齡,增加祚祿。使百病痊愈,六氣均調,蕩滌凶衰,蠲
除罪咎。永期修奉,上答玄恩。不任謝罪祈真虔誠請命激切之至。
謹詞。

原載《全唐文》卷944

東院司徒冀公醮天羅詞

臣聞賦祿稟形,資於道化,延生保命,繫彼神功。至有三命興衰,
五行代謝,星躔經歷,卦象吉凶。苟逢厄會之期,必示修禳之旨。是
則玄真愍俗,大道好生,垂法濟人,有感斯應。三天正一,寶章宣致福
之儀;太玄《河圖》醮品啓移災之旨。古今遵奉,拯護尤多。臣叨荷靈
休,躬逢昭代,恩榮隆異,名分超逾。拊己循懷,每切器盈之戒;誓心
戮力,常思福過之虞。今則大運猶住戌鄉,小運仍當亥位。今年之
內,並值天羅。竊慮舉念屬心,率成釁咎,積生往世,宿有愆瑕。雖切
秉修,寧無違誤,又暗曜行於辰分,火星在於身宮,況寵極才微,功輕
位重,恐貽災滯,深積兢憂,是敢考按玄經,肅恭丹懇,精修醮禮,拜奏
章文,謝過九天,祈恩衆聖。伏冀真靈鑒省,渥澤滂流,詔天境地司,
敕陽官陰府,赦罪尤於既往,蕩衰沴於將來,消宿曜之災,解天羅之
厄。豐延祿祚,增益年齡,得虔忠孝之誠,永贊聖明之化。誓勤砥礪,
上副玄慈。不任歸命之至。

原載《全唐文》卷944

田崇謙廬昭乂受六甲籙詞

伏以至化將行,玄文肇著,五千垂教,六甲開圖,首於虞舜之朝,
傳自姬周之代。修於内則凝真反一,駕日月而躡烟霄,行於外則保國
寧民,康品彙而豐萬宇,爲法之本,歷代所尊。臣等獲賴玄符,況逢皇
運,真風廣被,妙旨遐宣。願遂參修,永期遵守,允當嘉節,虔露明誠。
伏惟玄聖融慈,衆真流鑒,成其懇願,降以威光。使存注感通,功行圓
就,九玄開度,積過蠲消。福善攸臻,壽年增益,濟人佐國,宏道宣經。
永揚清静之風,克保希夷之道。不任歸命之至。謹詞。

原載《全唐文》卷944

范延煦等受正一籙詞

伏以正一南宮，紫陽玉殿，秘陽華之真籙，緘飛化之靈圖。下可以制禦凶妖，宣和氣序；上可以輯寧區宇，朝會神仙。保國安人，古今攸稟。臣獲逢聖日，咸沐道風，早振氛嚚，俱栖羽褐，願期參受，克勵焚修。伏惟衆聖宏慈，俾諧宗尚。衣星履斗，契九天飛步之踪；佐世立功，成大道化時之效。炷香拜手，歸命祈真，翹望玄恩，不任激切之至。謹詞。

原載《全唐文》卷944

王讜修醮拜章詞

伏聞《河圖》寶典，垂醮品以濟生；正一明科，顯章文而助化。俱宣道要，廣福生靈。臣獲奉玄關，叨參秘籙，而焚修每闕，過咎旋彰。主務在公，動多悔吝。或詳評獄訟，賞刑有爽於重輕；訓撫師徒，沮勸有虧於申令。捫心省己，夙夜增憂，非仗玄功，無門懺謝。又五月之末，土火將入於身宮，以此憂惶，志希禳救。今則精嚴信幣，求乞章文。伏惟太上衆尊，三天化主，垂大慈之澤，降罔極之恩，命天官之吏兵，依職祐護。賜臣罪瑕除蕩，冤債和平，九曜迴臨照之災，三命息刑衝之厄，克獲貞吉，常遂亨通。誓虔焚炷之誠，上答尊靈之祐。不任。

原載《全唐文》卷944

刁子宗勉太尉謁靈池朱真人洞詞

伏聞生成妙道，宏大教以度人；不宰玄功，布慈風而及物。隨迎靡滯，拯護無遺。由是青簡丹篇，繼著登真之品；幽關夜府，亦該鍊化之仁。薪火傳明，古今攸普。某身逢景運，名造真乘，每虔焚祝之心，潛希道力。冀啓延洪之福，上答君恩。期靈常勵於丹襟，屬念早參於玄籙。翹勤徒切，景仰何階。伏惟仙君道逸冥鴻，壽逾遼鶴。指三山而高舉，莫認雲程；越累歲而暫歸，想非塵世。某慚盧敖之末迹，瞻若士之遐踪，瀝懇齋心，燃香拜手，仚迴真鑒，俯沃玄波，俾於修學之中，少達希微之趣。推誠律己，永酬君父之慈；見素全真，願奉神仙之躅。不任。

原載《全唐文》卷944

太傅相公修黑符醮詞

伏聞至道垂科，正一啓醮祈之品；《河圖》著訓，太玄開懺謝之門。蓋所以拯護人倫，恢宏法力，恩庥廣被，今古攸宗。臣運偶昌期，叨膺重寄。雖竭誠而報國，未效涓埃；懼福過以災隨，因罹疾疹。今則黑符飛化，正入中宮，本禄納音，爲災尤重。是敢冥心玄極，稽首清壇，恭備香燈，虔申醮祝。伏惟元元降鑒，五帝宣慈，敕九宮貴神，命三官曹屬，解消厄運，和釋冤仇，蕩滌罪瑕，增延禄算；使百關調豫，久疾痊平，誓傾忠孝之心，冀啓聖明之澤，永遵妙道，仰副玄慈。不任。

原載《全唐文》卷944

洋州令公宗夔宅陳國夫人某氏拜章設九曜詞

伏聞天地萬靈，陰陽庶品，資元和而覆育，禀道氣以生成。三命五行，是定吉凶之數；南宮北府，爰司罪福之文。善惡無遺，錙銖不爽。況復三元遷易，九曜躔移，示譴降祥，影隨響答。得不兢懷悚惕，祇敬真靈？某氏以土火二星，行於午地，既當命位，仍在身宮。小運丑中，況爲六害；大運戌土，又值墓神。大運則午命稍衰，小命則壬禄初薄。以兹憂懼，恐履災期。是敢精勵丹誠，歸依玄象。遵拜章之典式，稽首三天；備祈醮之物儀，馳心九曜。伏惟至真憫祐，衆聖垂恩，赦往歲之罪瑕，解積生之冤債；消平災厄，拯度凶衰；延益壽年，增加禄祚；克蒙覆護，常賜安貞。永奉真靈，誓勤修敬。不任歸命虔祈之至。

原載《全唐文》卷944

洋州令公宗夔生日南斗醮詞

伏聞列曜凝光，麗天垂象，南昌上府，生籙是司。致福流祥，潛資邦國。《河圖》秘戒，式明瞻敬之文；正一靈科，亦備存修之旨。敢披玄訓，虔罄素誠。臣夙荷洪庥，躬逢景運，便蕃寵澤，踐歷恩榮。無濟時匡國之功，叨相印兵符之重。循懷震惕，難酬造化之私；誓志愙恭，冀答君親之德。但勤砥礪，敢怠初終？是以輒就生辰，精修醮禮，仰丹臺而稽首，望玄極而冥心。靈炷騰烟，期達九清之上；良宵效懇，願通六聖之前。賜臣災滯蠲消，冤仇和釋，增加祚禄，延益年齡，赦已往之過尤，介將來之禎福；九玄昇度，舉族康寧。誓嚴尊奉之誠，永副真靈之祐。不任歸命虔祈之至。

原載《全唐文》卷 944

青城山丈人殿功畢安土地醮詞

伏聞混元既判，融結分形。惟彼岷山，廣吞西徼，壓二江而作鎮，冠五岳以居尊。窟宅神仙，含藏洞府。層峰疊巘，捧日月於雲閒；積翠堆嵐，隔塵埃於人世。闢天國而真靈雜集，廓成都而芝術駢羅，是曰福庭，統茲形勝！希夷真君道成上古，名重高真。軒帝南巡，嘗展師資之禮；明皇西幸，仍加崇飾之功。敞豐祠於炎漢之年，旌懿號於中和之日。每彰休應，丕祐寰區。頃者躬拂烟蘿，仰瞻羽衛，晬容在目，寤寐寧忘？近以闤闠層楹，風凋雨漬，歲華暗貿，頹朽可虞。爰命慧進大師行真，度木鳩工，成茲大壯。飛甍耀景，碧霤排空，四垣之圖像如新，重檻之階陛不改，爰復正寢，永播玄休。俾天地山川，神明職秩，常加禎眖，大庇烝黎，鷙暴不侵，沴瘥無作，稼穡蕃稔，風雨以時。旻穹觀璧合珠連，夷夏睹文修武偃，邊烽静息，妖孽殲平，車書丕混於萬方，正朔期同於九有。生靈蒙福，宗社永昌，式勤蘋藻之儀，常奉馨香之薦。遣廣成先生杜光庭，虔修大醮，昭謝真靈，遐望雲軒。仰希玄鑒。不任。

原載《全唐文》卷 944

宣再往青城安復真靈醮詞

蓋聞天設神墟，地開仙府，真靈是宅，幽顯攸尊，握群嶽之紀綱，司萬方之休否。雲峰霞觀，歷代所崇，垂眖庇人，古今受賜。頃者以遠披蘿薜，躬造軒庭，仰堂宇之威容，睹四垣之儀衛，光靈如在，翹矚常深。遂命圖繪神姿，鋪舒內殿，朝燃玉穗，夕備銀釭，禱祈蓋切於生民，注念非關於秘祝，欽惟不昧，必鑒斯誠。今則山觀之中，已加興葺，鼎新殿宇，別命焚修，既無葷雜之虞，益有清嚴之致。是用特申醮禮，精具告陳，謁請真靈，復還仙觀。霓幢鶴轡，優游松月之鄉；蕙郁蘭芬,瀟灑虛無之路。永安真域,丕祐邦家。自茲寰海之民,常徯龐洪之福。不任祝望之至。謹詞。

黔南李令公安宅醮詞

伏以道化肇分,百靈受職,晦明幽顯,咸繫統臨,既興棟宇之功,即辨主張之位。或五姓有宮商之異,八宅標乾坎之殊,陰陽各配於德刑,亥巳互陳於首尾,吉凶區別,悔吝乃彰,違之或慮其灾殃,順之寧虧於福善。伏自恩賜第宅,於茲數年,近象闕以巍峨,接天橋而煥麗。每慚薄德,靡稱華居,今則咫尺對街,大興土木,雖阡陌之有阻,且斤斧之相聞。

真聖生辰賀詞二首

禊事時修,慶長安之佳麗;極樞電繞,宜上聖之篤生。星拱群心,葵傾率土。伏念某世崇香火,身圍峀巘,幸逢毓聖之辰,敢效呼嵩之敬,諷演琅函之旨,披陳玉軸之文,用傾螻蟻之誠,仰祝龜蛇之衛。伏願一劍掃。除於妖氣,六丁拱衛於仙班。德日新日日新,齊天悠久;壽萬歲萬萬歲,永世無窮!

三月三日天氣新,篤生上聖;萬年萬壽文德洽,取薦微誠。共惟佑聖之資,實作玄天之主,孕太陰而成質,一氣甚宏;涵水德以耀靈,五陽方壯。惟功行圓成之久,故威嚴變化之神,宜民庶之皈依,拱帝尊之高上。某泊焉五濁,陋甚一寒,夙修香火之緣,久托雲天之庇。恭逢盛旦,輒控丹衷。輔正除邪,永作北方之鎮;銷灾降福,益綏南服之民。

老君贊

無上元元,化身萬億。開闢乾坤,古今莫測。萬象之宗,帝王之則。先天地生,備全道德。

釋老君聖唐册號

夫所言太上者,統教之尊名,證聖之極果也。"太"者"大"也,"上"者"高"也。太者大也,無大於太。上者高也,無高於上。乃修行證果,極位之稱也。世人修行,自凡而得道,自道而得仙,自仙而得真,自真而得聖。聖之極位,昇爲太上。太上者,六通萬德,無不畢備,紹法王位,統臨萬聖,即得居此尊名。亦如代閒皇帝,代代紹位,皆得稱之。自元始天尊之後,即有太上大道君、太上老君、太上丈人、太上高皇帝,皆極此位。而太上丈人、高皇帝,雖兼有尊極之名,而不行教。其傳祚行教,爲萬天之主,惟道君、老君耳。"玄"者"深"也、妙也,亦云"道"也。天也至高至妙,不可言詮。約妙與深,以玄爲證。言深妙玄遠,以明道體,故謂之元。"元"者"初"也、"始"也、"祖"也。《爾雅》云:"肇道根源,萬物宗祖。"處世出世之法,皆爲之本始,故謂之元。"皇"者"大"也,謂大道也。道大曰"皇"。《尚書·序》曰:"三皇之書,謂之三墳,言大道也。""帝"者"天"也,其德配天,次於道也。德大曰"帝"。道德兼稱,故云"皇帝"。又云:"法道法天,謂爲皇帝。"秦始皇既一統天下,垂法後代,上取三皇之尊名,下取五帝之美號,兼而稱之,曰皇帝焉。《尚書·序》曰:"五帝之書,謂之五典。"言常道也。内號者隱號也。老君千名萬號,不可備窮。以當時天下所稱,謂之老子。亦乃道尊德貴,不可斥名。天上人間,咸稱曰"老子",是則以老子之内號也。我大唐高宗天皇大帝乃老子三十三代聖孫,大唐之第三帝,太宗文皇帝之第三子也。承平嗣極,握記垂衣,耀仙李之靈葩,展昇平之盛禮。迴鑾苦縣,謁聖真源,表大孝於奉先,贊玄元於聖號。以乾封元年太歲丙寅二月二十八日下詔曰:"東臺,大道混成,先二儀而立稱,至人虛已,妙萬物以爲言。粵若老君,朕之本系,爰自伏羲之始,暨乎姬周之末,靈應無象,變化多方。游元氣以上昇,感日精而下降,或從容宇宙,吐納風雲。或師友帝王,丹青神化,譬陰陽而不測,與日月而俱懸。屬交喪在辰,晦迹柱下,大宏雅訓,垂範將來。雖心齊於太虛,而理歸於真宰。若夫絶聖棄智,安排寡欲,寂寞杳冥之際,希夷視聽之表,澹爾無爲,宛然自得,酌之不竭,用之不盈。執大象而還淳,滌玄覽而遣累,邈乾坤以長久,跨陶鈞而亭育，至矣哉！固無得而名也。況復大聖所資，克昌寶祚，上德所履，允屬休期。朕嗣膺靈命，撫臨億兆，總三光之明，而夙宵寅畏；居四大之重，而寢興祇惕。盡孝敬於宗祧，慶懷柔於幽顯，行清凈之化，承太平之業。登介丘而展采，坐明庭而受記，飛烟結慶，重輪降祥，鶴應九皋，山稱萬歲。越振古而會休徵，冠帝先而爲稱首。大禮云畢，迴輿上京，迂駕瀨鄉，躬奠椒糈。仰瑞柏以延佇，挹神泉而永嘆。如在之思既深，敬始之情彌切。宜昭元本之奧，以彰元聖之功，可追上尊號曰元元皇帝，仍改谷陽縣爲‘真源縣’。當縣宗姓，特給復一年，冀敦崇遠之情，用申尊祖之義。布告中外，咸使知聞，主者施行。”又永淳二年癸未十二月四日下詔曰：“君崇於道，宅紫微以垂衣；臣修於德，罄丹心而作礪。若使上守於義，下尊於禮，名教所以乖淳，忠信由其漸薄。在昔胥庭連陸，媧燧伏羲，不宰而天下化。軒頊堯舜，禹湯文武，至公猶行，深仁尚積。及秦居閏位，奢泰之漸聿興；漢襲霸圖，玄默之風已替。遐觀魏晉，近鑒周隋，代益囂浮，人逾僭侈，窮百王之弊俗，極千年之否運。以承大亂之後，方開大聖之期，既逾交喪之辰，必興交泰之緒。我高祖神堯皇帝受鑣宮之景命，蕩彎野之妖氛，重懸日月，一匡宇宙。太宗文皇帝披圖汶水，杖鉞參墟，降斗極之神兵，滌懷襄之巨浸，張四維而安赤縣，勞百戰而徇蒼生，聲教遐覃，隄封遠亙，緬維洪業，無得而稱。朕以寡昧，忝膺丕緒，未嘗不孜孜訪道，戰戰臨人，日慎一日，三十四載於今矣！況下安則上逸，時弊則君憂，雖身處九重，而情周萬姓，建本之懷愈切，抑末之念遒深。今庶績雖凝，而淳源未洽。朕之綿系，兆自元元。常欲遠叶先規，光宣道化，變率土於壽域，濟蒼生於福林，屬想華胥，載勞寤寐。所冀内外僚寀，各竭乃誠，敦勸黎萌，俱從簡質，舊染薄俗，咸與惟新，憑大道而開元，共普天而更始，宜申霶澤，廣被紘埏，可大赦天下，改永淳二年爲宏道元年。仍令天下諸州置道士觀，上州三所，中州二所。下州一所，每觀度道十七人，以彰清凈之風，佇洽無爲之化。主者施行。”是則奉先尊祖，復樸還淳之旨也。

原載《全唐文》卷 944

温湯洞記

開州後倚盛山，東枕清江，泝江而北三十餘裏，至温湯井。井有湯泉北山，麟德年震雷摧裂，山腳洞山自開。當門有天然石鍾，如數千斤重，空懸去地二尺許，而中實，扣之無聲。門兩壁有石，如金剛力士之形者數輩。鍾傍有小徑，高六尺以來，行二三丈稍闊。有石碑，巨龜負之，自然而成，但中無文字。碑側有巨屏，上與鼎相連。下一穴，側身入，可一二尺許。自是廣闊，中路徑平坦，與常無異。路左右滴乳爲石，羅列衆形，龍麟鸞鶴，頽雲巍山，如林如柱，似動似躍，乍飛乍顧，千形萬態，不可殫紀。僅一里許，傍竦蓮台，周迴數步，高三四丈，層綴重疊，皆可攀躋。旋生乳石，如臂如指者，以燭照之，通透塋徹，隨折脆斷。及出洞門外，得風皆爲白石矣。自台側三四十步，步有蓮花，羅布於地。傍有甘泉，水色温白，游洞者汲之烹茗。前自有橫溪，湍波甚急，其聲喧汹，流出洞外。溪上有橋，長二三丈，闊一丈許，非石非土，功甚宏壯。過橋得黃土坡，高四五丈，道徑險滑，行者累息，方至其頂。坡上有巨堂，四壁平静，中高數丈，壁上多游人題記年月。堂之極處曲角有一穴，高四五丈，廣三四尺，去下丈餘，躋攀莫及。相傳云："昔有游人扳緣而入，累月之後，出於巫山洞中，自後無復敢入者。"

原載《蜀中廣記》卷23

魚龍洞記

岐府西隴州路七十餘里，有魚龍洞。中有石，或大或小，隨水流出。破而看之，石中皆有魚龍形。人過洞前，并不敢語，語者便聞風雷之聲，立致驚懼奔走，但諸人不聞耳。

原載《廣博物志》卷7

劉　贊

前蜀人，撰此志署鄉貢進士。

大漢左雄霸軍使瑯琊王公夫人故隴西李氏内志銘并序

鄉貢進士劉贊撰並書

夫人李氏,其先奉天人也。□祖端,皇姓宋氏,前朝追贈官爵,存於史策。祖,今鳳翔秦王,受姓於僖宗皇帝。父,今皇□朝駙馬都尉、前天雄軍節度使、守武泰軍節度觀察處置等使、檢校太傅兼中書令、食邑五千戶,隴西郡王。夫人則令□之次女也。□母曰普慈公主,皇帝之愛女也。夫人禀冲和之氣,降神仙之質。珪璋比德,□李同芳。友愛之間,聰惠特異。及笄,適左雄霸軍使、金紫光禄大夫、檢校尚書左僕射、左威衛將軍□正、兼御史大夫、上柱國、瑯琊王公。公則故通王太師之次子也,兩朝聖裔,榮冠當時。和順謙恭,顯然□□□□德。盡如賓之敬,立内則之□。方在韶年,忽縈沉疾。醫藥無驗,俄歸下泉。好月西傾,□波東去。以天漢元年五月癸丑,終於文翁坊之私第,享年一十有九。丁巳年,葬於華陽縣星橋鄉清泉里之塋,禮也。□□□僕射撫棺長慟,淚血交灑,懼陵谷遷改,請爲志焉。辭讓不從,乃作銘曰:

乃宗乃祖、克聖克賢。雅範芳恣,介潔嬋娟。歸魂蓬丘,掩骨松阡。刊之貞石,永閟重泉。

原載《五代前蜀李氏墓志銘考釋》

許　寂

前蜀官員(?—936)。早年隱居四明山。被唐昭宗征召,堅請還山。天祐末,隨荆南節度使趙匡凝入蜀。蜀主王建待以師禮,位至蜀相。前蜀亡後,入後唐洛陽授工部尚書致仕。清泰三年(936)卒。

上蜀主求賢書

歷代之君,乘時啓運,莫不博訪髦士,詳求碩畫。以武定禍亂,以文致康羲。故軒皇命六相,虞舜舉八元,伯禹拜昌言,成湯師一德。周有多士,文王以寧。此歷代之大經,求賢之極摯也。今百辟之中,有謀可以策國,勇可以蕩寇,或博究治體,或精知化源,未擢穎於明

廷,尚含光於庶位者,伏望恢明聖之略,開户牖之圖,親賜顧問,以觀
其能。置之列位,盡其獻納。俾官無敗政,人無滯才。

謝信物書

右件鞍轡馬腰帶甲胄槍劍麝臍琥珀玳瑁金稜碗越瓷器並諸色藥
物等,皆大梁皇帝降使賜覗。雕鞍撼玉,堅甲爍金。十圍希世之珍,
六轡絕塵之用。槍森蛇槊,劍耀龍鋒。金稜含寶碗之光,秘色抱青瓷
之響。上藥非蜀都所紀,名香從外國稱奇。遠有珍華,並由惠好。顧
酬謝而增愧,仰渥澤以難勝。捧閱品名,實慚祇受。

蜀答聘書

大蜀皇帝謹致書於大梁皇帝閣下:竊念早歲與皇帝共逢昌運,同
事前朝。俱榮倚注之恩,並受安危之寄。豈期王室如燬,大事莫追。
橫流泛濫於八方,衰氛凌夷於九廟。此際與皇帝同分茅土,共統邦
家。扶危者力既不宣,握兵者計無所出。某忝列同盟之分,幸居平蜀
之功。所宜治兵甲以固封疆,聚徵賦以修進貢。望星使而經年不至,
指雲鄉而就日無期。

遠聞皇帝應天順人,開基立極。拯生靈於塗炭,示恩信於豚魚。
東南之王氣咸歸,河洛之殊祥畢至。四門盡闢,百度惟貞。竟無意於
興邦,止施仁而濟物。以此内量分限,不在經綸。七十州自可指揮,
八千里半因開拓。遂至萬民叶議,八國來朝。爰徵史册之文,亦有變
通之說。且東漢亂離之後,三國齊興。西周微弱之時,六雄競起。俱
非恃强逼禪,皆以行道濟時。雍容於揖讓之前,輕重於英雄之内。況
西蜀開山立國,燒棧爲謀。稱雄雖處於一隅,避狄曾安於二帝。鼎峙
之規模尚在,山呼之氣象猶存。永言梁蜀之歡,合認弟兄之國。今蒙
皇帝遠尋舊好,專降嘉音。坦無間諜之嫌,再叙始終之約。款慮則春
冰共泮,開通則東海可歸。光榮遽被於子孫,暢遂咸孚於草野。今則
盡焦勞而勵已,用勤儉以師賢。常瞻偃草之風,以繼用天之道。又蒙

厚加賜覠，別降珍奇。十驥聯鑣，六龍並駕。稱德曾參於萬乘，呈才皆過於千金。載觀戀主之心，益勵懷恩之志。寶帶輳異方之貢，名香加遠國之珍。奇鋒利過於雪霜，雅器價齊於金玉。入用多慚於未識，捧持方喜於初觀。望思而一日三秋，仰德而跬步千里。自此榮遵天路，繼遣星槎。緘章不候於飛鳶，裂帛豈勞於繫雁。忻榮慰嘉，並集此時。敬以專使盧卿等迴，備陳所志。幸望開覽。謹白

原載《錦里耆舊傳》卷 2

歐陽彬

前蜀官員（？—950），衡州衡山（今湖南衡陽）人。後主王衍時，曾任翰林學士、户部侍郎、兵部侍郎。後蜀時歷任嘉州刺史、尚書左丞、寧江軍節度使。廣政十三年（950）卒。

哀帝降表

臣聞滄海澄波，納百谷朝宗之水。皇風扇物，來萬邦向化之人。蓋由負罪不誅，銜冤獲免。鄭伯沐焚棺之惠，許男荷解縛之仁。得不頂戴穹昊，仰祈渥澤。恭惟皇帝陛下承乾啓運，握鏡開圖。發機而上應天心，恤物而下從民欲。斷十八祚崇隆之德，高步泰階。應一千年挺特之風，廣施王道。混車書於天下，走聲教於域中。而臣僻在遐方，遠居蜀部。承先父經營之業，為巴人主者之司。但荒聾瞽之迷，罔顧危亡之患。玉帛既乖於正朔，包茅是闕於薦羞。殊不知唐德惟新，元功再造。致王師之遠辱，勞雄武以遐臨。太陽出而冰雪自消，睿澤敷而黔黎盡泰。而臣自知罪釁，不敢逭逃。命戎士以倒戈，挈壺漿而塞路。遂即舁棺麾下，束手馬前。向丹闕以馳魂，掩黃沙而聽命。豈謂魏王布惠，真宰垂仁。入臣境無犯纖毫，問臣罪不加一二。推陛下好生之旨，闡堯天宥惡之文。釋殘生於撲蛾之燈，全必死於戲魚之鼎。使肌骨重生於聖日，燋枯再沐於天波。然則盡節輸誠，安足以贖臣之罪。塗肝碎膽，不足以報君之恩。幸得捧日傾心，歸明向化。積懼而鋒鋩聚背，推忠而丹赤貫心。今則已遠龜城，將趨鳳闕。

雖亡家國,喜歸有道之朝。縱別鄉園,幸在太平之化。臣以正月二日
與母親並姨舅兄弟骨肉等發離當道,奔赴京師。攀望聖慈,無任瞻天
仰德,惶懼戰越,死罪之至。

原載《錦里耆舊傳》卷2

房 謂

前蜀官員,累官至太常少卿。

■太廟事兼御史大夫上柱國賜紫金魚袋太原王公墓志銘并序

■柱國賜紫金魚袋房謂撰

■仙傳有王子晉,游嵩高山,白日昇天,即其人也。時號王家,因
以爲氏。遠祖翦,秦時爲■。十五代祖西晉龍驤將軍濬,有平吳之
功,載於史册。派分周室,嵩山之羽化冲天;族■年,皇任信州刺史。
祖弘儉,大中初皇任漢州金堂縣令,政居尤最,吏服清通,訟庭■州銀
山縣令,留心鵠箭,點額龍津,甘於侯府,曳裾屈就,琴堂調輔。公則
銀山之長子■宅,其後進德修業,日就月將,天爵甚高,士風可法。若
乃下幬發憤,閉户自强。披沙揀■守君子之道,此則公之業文也。若
乃貞固立事,孝悌承家,廉足分財,平逾宰社。效■陋巷而自樂,此則
公之慎行也。若乃有犯無隱,以公滅私。慕弘演納肝,壯朱雲折檻,
■纓之族,此則公之懷忠也。若乃去華務實,送往事居,風雨晦而不
渝,用友言而可■里,此則公之守信也。恢張四教,輝映九流,政事負
季之能,詞藻得屈宋之體。■果就弓招,非因薦托。禮優交辟,奏章
尋達於堯階;道洽從知,贊畫迴彰於儉府。■支使。廣明二年,僖宗
皇帝巡幸蜀都,公選授巴州歸仁縣令。光啓二年,■以幹敏有聞,就
加試大理評事、兼監察御史。大順元年,授大理司直、兼殿中侍御史。
■大蜀開國之歲,■流,以盛鵷鸞之列。武成二年,除宗正丞。通正
元年,又除檢校尚書水部員外郎,守綿■師,見推時彦。至於剸繁理,
去弊除奸,投刃皆虛。當仁不讓,妙於盤錯。輕鄲縣之投■晉國公。
代天理物,求賢審官。當爐治而推至公,執鈞衡而録片善。捨築投竿

之□，景■斯在襟靈豁然，擢英俊之下僚，委宗廟之大事。光天元年，除朝議大夫，守宗正■宇初構，神主俄遷。雖昭穆可觀，而制度或異。公力排群議，獨案禮文。創便殿於■蒸嘗，克遵舊典，所謂倫材雅當，舉職難偕。台庭纔議於陟明，■議大夫、檢校戶部尚書、守太僕卿、兼御史大夫、上柱國，依前知■榮，尚阻懸車之請。一旦杯蛇結，床蟻爲妖，寒暑旁侵，膏肓易變。道飆莫駐，回眸而■一月五日，啓手足於太廟之官舍，春秋七十一。翌日，遷於荷聖佛寺■無閡，以其月十五日，葬于成都府成都縣廣平鄉茂荆里，禮也。

夫人濮陽吳氏，吳■風斯在。男廷祐，前吉王府長史。早窺豹略，妄擲雞窗。班超之筆虛投，侯白之言非■[太]子左贊善大夫、兼通事舍人、柱國、賜緋魚袋。贊誠明入仕，介潔修身。陳孔璋裁檄，■陸氏機雲俱擅，洛中才子。自公寢疾，至于送終。天倫之痛尤深，月旦之評永已。■□□公季弟，前涪州司馬賣，歷職戎伍，染疾淪亡。親侄男九人。長曰廷規，■[廷]誨、廷矩、廷瀣、廷乂、廷徽、廷璧、廷頊。侄女五人，並未出事。公義男永順，■預辨吉凶，頗明窮達。半年前自修行狀，懇以志文見托。殊不知諤漁經獵史，固■荒虛歿，後濡毫牽課，而多慚漏略。乃爲銘曰：

■翦平荆土，濬泛樓舡。勛閥之盛，典籍攸傳。其一。百代子孫，一時髦俊。■世綱縈身，秋霜染鬢。其二。顯揚名實，雅稱階資。光陰暗度，筋力潛衰。■驟困沉痾，奄歸大夜。方睹強明，豈期凋謝。其四。迅若湍流，倏如幻化。■骨文王。定其優劣，寧足比方。其五。卜宅平原，開塋厚土。左倚龜城，■形莫睹。刻貞石兮一勞，播徽猷兮萬古。

■前興州司馬吳延昌書

原載《五代石刻校注》

楚巒

前蜀僧人，一名曉巒。爲爲釋夢龜弟子。精於草書，頗得張旭筆法。

■參軍樊(德鄰)府君墓志銘并序

■應制化因大師賜紫楚巒述

■初名德鄰,入蜀方更名。其先上黨人也,因仕家長■焉。昔仲山甫匡輔宣王,中興周道,食菜於樊,以爲氏,■州司户參軍。祖諱良,守滑州長史■,妣平昌孟氏。府君即司馬第二■,肅肅有度,習吳通微書,盡得筆法。十五仕進,■點□,尋授登州司馬。皇唐末,與兄檢校■中,僅及二紀。洎王氏開霸,歲在甲申,蜀使及■南。既而裹足裂裳,間道歸蜀,與兄再會,且喜■揚於王庭。尋授朝議郎、守太子洗馬、賜緋魚■祖文皇帝,龍躍坤維,擢君知青城縣事。俄改■什邡令,加金紫,轉朝散大夫、檢校尚書水部郎中、■秩滿,又轉郫縣。政聲靄然,天書屢降。或■欺,西門爲政,民不敢欺。吾恥居季孟末由也已。郫■恩,除授成都府司録參軍、兼御史中丞。餘如■于龜城清賢坊之私第,春秋五十有■□(華)陽縣星橋鄉望鄉里高原,禮也。■範,痛傷摧鯁,益異鄉之悲慟。撫孤弱■郎體,府君筆扎,綽有遺風。殞■檢校户部尚書燕諤,次女三人■悲哀摧慟。府君好釋氏,教■食,午後唯薦湯藥。始君之未疾,■生微恙。嗚呼!達人先覺知終者也。余之與■君之去就,亦可以式揚休列。銘曰:

■芳問,孰敢與儔。開悟佛理,■嘉猷。

隽字陳延昌

原載《五代石刻校注》

闕　名

敕□□□□□□王公造彌勒殿記

□聞□□□□□□□釋□之□□□人天之妙乘。崇斯盛事,不可思□□□□之□□□慈悲之力。王公□□□□□□□□□□□於□□□□□□□悠悠時□□□□□□□宮□□□□川□□□□□山□高而峥□水□□而□□□□□□□□□□之□□□之□□□德。自大曆十三年,□□□□□□□□□□□□□□□□□□□□□厄□□歲

□□六十七年□□□□□□□□□□□□□□□□□□石像大小□身,公
□□□□首□□□□□□□□□□□良工而□□,俄□彩□□□□斤
□明帝之□□,□□□□□王之寐□玉殿巍巍。像倚懸崖,□□□
□□高低之□□□□□□□□□遠近之□□。傍臨大監。此役□聲,□
贊□音,晨昏不□□香□,□夕無虧於□□。又乃郊坰甚邇,里邑非
遙。公私獲展敬之緣,□□□歸依之所。公朝庭望重,□□□□□大
蜀之優,權任軍儲之劇要。官榮百揆,務顯三司。千兵□□□□
□,兩紀臨而恩威並布。年荒歲旱,開廩庾以賑飢貧;宥過寬□,□□
□□矜老弱。鄉增戶口,井溢鹹源,皆由□茸之能,盡自公忠之化。
□□□□如山□□□□□□□□□□□□□□□□□□□□□□□
□□□□□之風;煮海□□,永繼吳王之德。豐登稼穡,止苗螟葉蟥
之□;□□□□,休猛焰驚波之患。神龜□上,秋冬鎮息於狼□石灝
灝前往□□□□鶇首。書刊峻壁,匪足言文。貴留不朽之名,圖記□
□之績。

　　時武成元年歲次戊辰四月辛丑朔十三日癸丑奉命記。

原載《八瓊室金石補正》卷81

僧□□造象題字

　　武成元年二月□□□□□造,至五月十五日功□□□。僧□□。

原載《八瓊室金正補正》卷81

王常鍵造三聖龕記

　　寵衛左飛□都都知兵馬使、充富義營監■發運等使、金紫光禄大
夫、檢校尚書左僕射、左監門衛大將軍同正、兼御史大夫王常鍵,■惠
造三聖一龕,共七身,永爲供養。時武成元年五月十五日記。

原載《五代石刻校注》

种審能造像記

　　敬造地藏菩薩一身。右衙第三軍散副將种審能,爲亡男希言被
賊傷煞,造上件功德,化生西方,見佛聞法。以永平五年四月四日,因

緣七齋表贊訖,永爲供養。敬造觀音菩薩,鄠鹽永安無灾。又爲男師
乞醜胡泰造。敬造阿彌陀佛,上下四月内常俊榮,弟子種審能願奉
祐,永平五年七月六日設齋贊訖。

原載《五代石刻校注》

田氏成都百花潭建經幢記

通政[正]元年三月八日,弟子郡夫人田氏,發願敬造此尊勝,安
於江中。河伯水官,一切水族龍神,溺死者姑(孤)魂,願各承此功德,
往生净土。

原載《全唐文補遺》第 7 輯

太原王公墓志

■議大夫檢校户部尚書守太僕卿兼御史大夫上柱國依前知
■通正元年,又除檢校尚書水部員外郎,守綿■師,見推時彦。
至於剗繁理劇,去弊除奸,投刃皆虚,當仁不讓,妙於盤錯,輕鄲縣之
投■晉國公,代天理物,求賢審官,當爐冶而推至公,執鈞衡而録片善,
舍築投竿之者景■斯在,襟靈豁然,擢英俊於下僚,委宗廟之大事。■。

原載《五代墓志彙考》

蜀騫知進造象記

□□贊用開鴻澤,永爲供養,心遂鎸造上件菩薩,□已周圓。以
天漢元年二月十五日就院修,發願上造,賢聖願齊,加護□□安泰,與
骨肉團圓,今不負前。右弟子軍事押衙蹇知進,先爲□□□寨□中之
際,夫婦驚憂,同敬鎸造大悲千手眼菩薩壹龕。□□□□□。

原載《金石苑》卷二

曹彦暉等成都百姓百花潭建經幢記

天漢元年十月十八日,弟子曹彦暉、小滿哥敬造。願水族之類同
往生净土。

原載《全唐文補遺》第 7 輯

王建謚册文

惟光天元年歲次戊寅十月辛丑朔廿五日，□□□皇帝衍俯伏哀號，虔遵典禮。伏惟大行皇帝睿智天縱，聖文日躋，□紫氣於□□□□□□□□我武惟揚，聖德無疆。□□夜號□□□□□□□□□□□□□□□□□□□□□浦罪□□靖□□□□□□□□□□□序六合□□□□□□□□□□淮流瀉潤□□□之洪波法度□□□□□□□兵井□□□坤維善□□醜□□其興□□□□有大功於唐室□□明德□□□□□□□□□□太□□□大□□□□□相而保久□□□□亭毒萬方，不尚繁華，唯敦樸□□□□酒不遂乎。罷罾繳於虞人，撤□□□□府，琥珀枕碎而不用，雉頭裘焚以無服。□□陶簋之規，清風自遠；茅屋土階之制，□□□□。爰正三綱，漸成一統，而猶夜分不寐，日昃不食，躬覽萬機，親臨庶政，本乎□勤，遂遘沉綿。方期避暑甘泉，怡神温室，長登壽域，永神蒸人。下齊昌發之年齡，上續□龍之算數。俄悲劍在，遽痛□□。雨泣雲愁，恨□□之晚出；烟□海暝，傷日馭之西傾。□□以摧攀，□□而目斷。嗚呼！太白入南辰之際，方啓□□；歲星臨井極之時，忽嗟變易。臣衍□□□末徒荷，續承欲報之恩，昊天罔極。昔居儲位，每聞當室之稱。今紹洪緒，獲奉綴衣之命，忍悲茹，嘆五內，傷裂誓，謁酒心。庶幾□□，今則嫠靈將舉，日月有期，必修禘祫之儀，以正昭穆之序。是以就遷清廟，□□□宜□於明堂，奠□□□遵誥誠命□□□司徒平章事□□天子之奠。謹上尊謚曰"神武聖文孝德明惠皇帝"，廟稱"高祖武皇帝"，陵號"永陵"。

嗚呼！玄宮擖耀，玉輅摧輈。徒懷啜血之悲，永抱終天之恨。但嗟□長隔，□□訓言。難勝號慕之心，用展孝思之道。嗚呼哀哉！

原載《前蜀王建墓發掘報告》

王建哀册文

惟光天元年夏六月壬寅朔，大行皇帝登遐。粤十一月三日，神駕
遷座於永陵，禮也。嗚呼！攢塗已撤，翣靈將舉，玄堂啓扉，龍輴戒
路，六合悲惨，萬方號慕。痛仙馭以莫留，仰高天而誰訴。哀子嗣皇
帝臣衍，恨慈顏之永遠，愴風樹之難追，傷慟宸極，哀咽宮闈，凄涼行
止，髣髴形儀。將問安而莫就，欲侍膳以無期。念音徽之已隔，奠盞
斝以增悲。爰詔宰輔，用述孝思，抑纏綿而執筆，收涕淚以陳辭，辭
曰：維嵩孕靈，長淮積潤，周之子孫，克比堯舜。我祖惟何，寔曰子晉。
上賓於天，爰生聖胤。光啓霸圖，惟皇撫運。八海爲家，萬方作鎮。
體道承乾，□明出震。禮節樂和，獻琛納賮。常星永□，兩曜不食。
山呼萬年，水變五色。予諧汝弼，自合天心，鑿井耕田，焉知帝力。三
面解綱，中衢置罇。神□聖□，□□道孫。收兵地絡，仗劍天門。金
承土運，開國於坤。恭儉□人，慈惠及物。撫下以恩，懷遠以德。承
天之休，順帝之則。□□□□，搜羅俊逸。明明在上，濟濟□朝。□
□□□，德音孔昭。日環黃道，雲簇絳霄。□□□□，朱草長搖。三
辰克□，六符爰吐。惟睿作聖，惟德是輔。玉燭璇樞，□烟含露。
乃聖乃神，允文允武。況復□□□□，□産金龜素烏，□□神鼎靈
芝。禾生九穗，麥秀兩歧。瑞□盈畝，嘉蓮出池。禎祥疊□，王道
雍熙。御宇一紀，上下交泰。肅靖邊□，寧輯中外。九服胥悅，萬
靈和會。歷諸難，黜陟三載。將期文軌，混一寰瀛。勞神苦志，暮
思晝行。觀書乙夜，求衣未明。去華務實，極思研精。始因勤倦，
寒暑遘侵。方藥無驗，靈威坐沉。星流迴漢，武□重□，遠隔顯晦，
俄成古今。嗚呼哀哉！朝露易晞，隙駒難駐。日惨行車，塵昏□
路。情觸緒以增哀，氣填膺而曷顧。笳簫□兮惨□徒，御翠搖兮歌
薤露。其反也如疑，其往也如慕。嗚呼哀哉！□恨者不得告成□
□□□□□□躋壽域，永享遐齡，桂殿夕掞，□門□扃，勃郁而龍岡
邐迤，斷續而馬鬣□□。嗚呼哀哉！雨漬玉除，月斜金殿。申號慕
而□□，托夢魂而如見。思玄壤以傷心，撫梓宮而一奠。有哭如
雷，有淚如霰。置主清廟，永申享薦。嗚呼哀哉！修短常數，司命
難遷。遺風餘烈，子授孫傳。□世長久，瓜瓞綿綿。同金石而永

固,與日月而高懸。嗚呼哀哉!

原載《前蜀王建墓發掘報告》

王宗軌等成都百花潭建幢記

乾德二年正月□日,男弟子王宗軌造。回旋水族一切馱龍魚鱉等,伏願承此功德,往生净土。

原載《全唐文補遺》第 7 輯

雙流縣福田寺殘碑(福田寺碑)

■龍德三年癸未,勒石銘曰:原其東接劍南益州之阻□□引至蜀川之東北,西自岷峨青城之來脉,匯注曲百江九十九曲之畢,終合二江而下引,縣治西關,石梁之交□□近面旄丘子午□□隱幾後函大阜丁丙三奇阻山帶河,□□泉水地脉,虎踞龍蟠,人安物盛。■

原載《唐文續拾》卷 13

後　蜀

後蜀主孟知祥

後蜀開國皇帝(874—934),邢州龍岡(今河北邢臺)人。後唐時任太原留守。同光三年(925)前蜀被滅,任成都尹,充西川節度使。與東川節度使董璋聯合,對抗後唐朝廷。擊退後唐的討伐軍隊後,遂於長興三年(932)擊破東川,兼并兩川。四年(933)爲東、西川節度使,封蜀王。應順元年(934)稱帝,國號蜀,年號明德,史稱後蜀。在位僅七月即以風疾去世。

下蜀國教

取威定霸,乃公侯權變之方;捨爵榮勛,乃皇王叙酬之典。其或兵屯萬旅,地廣三川,周環列國之山河,奄有全蜀之封部。儻不從權而徇衆,則稽録效以報功。今稟命於中朝,得專制而行賞。但念承世家之餘慶,受旌鉞之殊榮。自領成都,於兹半紀。窮奢極侈,固斷意而不爲;講武教民,在安邊而有作。往歲方勤述職,務保永圖,不幸諸藩構成深隙。此際主兵將帥,爭陳排難之功;運策賓僚,咸展出奇之略,因興武旅,分蕩渠魁。累破竹以焚枯,連開疆而拓土。其次諸司奉職,庶吏推誠,咸著勛勞,豈忘獎答? 一昨聖上以顯分忠佞,遂降册封。礪岳帶河,銘大君之異寵;輅車珠冕,表列國之殊榮。仍示優崇,俾行墨制。上自藩方之任,下及州縣之官,凡黜陟幽明,許先行而後奏,自可保不僭不濫之典,賞立功立事之人。必無患於不均,庶有覿於允當。布告遐邇,咸使聞知。

起兵西川示諸州榜

蓋聞皇王御下,恩信乖而叛離;臣子事君,猜忌生而權變。固不可刮席而忍恥,膠柱而移音,開户牖以啓戎,長根芽而稔患。以至舉戈問罪,誓衆言征,旁庇齊民,式求多福。某國朝懿戚,受命莊宗,自節制於西川,遇鼎移於東洛。且以時變則變,喪君有君,因盡節而傾誠,遂梯航而入貢。五年之内,發運無虛,積數五十萬縞,粗給朝中之費,此則勵勤蓋於天子,欲表率於諸侯,宇内皆知,人誰不見? 至於屢加官秩,亦荷寵光。不幸間諜潛興,窺覦顯露,於閬中而立節,就列鎮而益兵,摇動我軍民,控扼我吭背,頻將異議,累具上聞,冀粗軫於懷柔,希稍安於方面。而朝廷不以爲德,轉深其疑,竟乖魚水之歡,自絶雲龍之契。某與東川相公已聯姻好,況密封坼,朝聞雞犬之聲,暮接笙簧之響,地里雖分於兩鎮,人心何異於一家,勢比同舟,事資共濟。今與東川點檢馬步軍十五萬人騎,分路往武信利閬路黔夔等州,問逐制置之由,與興屯集之衆。其行師法令,别載條章,務期晏寧,必無侵虐。況王氏開國,久霸成都,東則鐵鎖於瞿唐,北則泥封於大散。自是子孫失守,將相離心,合在蜀之烝人,固未忘於霸主。某因衆多之感舊,奮武旅以開疆,佇遣四民,各安其業,然後花林步月,錦水行春,繁華何讓於往年? 爵禄重新於此日。凡百士庶,宜體端倪。

原載《錦里耆舊傳》卷 3

收閬州示西川榜

昨者兩川以朝廷自生疑貳,不體忠良,信讒賊之閒言,致諸侯之離德。始則閬州節度使李仁矩,兩來奉使,頻此覷窺,謂於果閬之閒,便是控臨之地,妄興謀畫,濫置節旄,及奸計之遂心,猶陰邪而未已。數聞奏報,背請兵師,欲結禍階,自爲戎首。所以東川相公慮其稔惡,須議摧凶,連興貔虎之師,共破豺狼之窟。自今月二十九日酉時得東川相公來書云:“二十五日夜三更三點,親領兩川大軍,四面圍裹,攻打閬州城池,至其日平明打破,斫到李仁矩首級,並捉到都指揮使姚洪馬軍指揮使王景步軍指揮使費暉等訖,餘城下見機來投,指揮使都頭已下,便與賞給安存。兼本城軍人百姓並不傷動外,餘拒敵黨類,殺戮無餘。此則天贊兵威，人叶勇力，遂至元凶斬首，同惡就擒。我師四合以環圍，逆壘一攻而瓦解。"捷書雷迅，喜氣山構，想與士民，同多慶快，見便乘勝前進，攻收利州，只期反掌之間，更俟克敵之捷。

原載《錦里耆舊傳》卷 3

收下夔州並黔南榜

　　今月二十一日，據峽路行營討伐招收使狀報，黔南節度使去今月二十七日將手下元戎兵士，拋本州下水奔竄。尋差衙隊指揮使朱偓，部領左右飛棹，并諸指揮兵士，乘戰船十五隻，往黔南安慰。至今月二日午時回，其黔南節度使今見在渠溪，團點元隨兵士。及旋添水軍，却有五百餘人，排比小戰船，候寧江應接兵士到，却欲歸復本州。其朱偓當日辰時，部領戰船往渠溪襲逐，至午時與賊軍相見交戰，趁下水約百餘里，至酆都壩頭，殺獲賊軍一百餘人，斬黔南內外都指揮使郭太尉吳近思。張瓊等三十餘人，奪得衣甲器械不少，收獲牌印四副，其黔南節度使則携餘黨乘小船沿流直下忠州者，竊以大舉舟師，遠征峽路，旗鼓纔聞其下瀨，雲檣尋指於上游，連降郡城，繼收營監，勢且疾於破竹，聲有類於爇蓬。今則更閱捷書，屢聞勝策。況寧江軍以黔南為肘臂之地，以渝合為饋運之衢，我已斷之，彼何望矣？節帥棄城而竄遁，裨將兼隊而追擒。數俘馘以既多，收鎧甲而亦衆。指期蕩定，以固封寓，凡曰軍民，攸同快慰。

原載《全唐文》卷 129

討平董璋榜

　　蓋聞皇天無親，唯德是輔；明神不昧，稔惡則亡。逆賊東川節度使董璋，包藏禍心，負背盟約，暴興士馬，急寇封圻，迎鋒而尋没全軍，單馬而竄歸本府。昭武司徒統領大衆，追襲餘妖。則有前陵州刺史王暉，睹其將亡，因圖轉禍，梟斬董璋父子，雙獻其元，克保軍城，待余旌斾。念其智勇，足可嘉稱。且謀不自於衆人，罪止歸於元惡，既除心腹之患，永固邦國之基。某見親往東川，慰諭軍民。

原載《全唐文》卷 129

後蜀後主孟昶

後蜀皇帝(919—965),孟知祥第三子。初名仁贊,字保元,即位後改名昶。孟知祥卒後,即皇帝位。仍用明德年號,後改元廣政。用王昭遠等分掌機要,總内外兵柄。廣政二十八年(965)宋軍入蜀。臨戰,王昭遠股栗失次,據胡床不起,後蜀軍一敗塗地。宋軍自出師至滅後蜀,僅用六十六天。宋太祖封孟昶爲秦國公,舉族遷往汴梁。僅七日而卒,追封楚王。

勸農桑詔

刺守縣令,其務出入阡陌,勞來三農。望杏敦耕,瞻蒲勸穡。春鵑始囀,便具籠筐;蟋蟀載吟,即鳴機杼。

原載《成都文類》卷16

與周世宗書

七月一日,大蜀皇帝謹致書於大周皇帝閣下:竊念自承先訓,恭守舊邦,匪敢荒寧,於兹二紀。頃者晉朝覆滅,何建來歸,不因背水之戰爭,遂有仇池之土地。洎審晉君歸北,中國且空,暫興敝邑之師,更復成都之境。前時秦成階鳳,實爲下國之邊陲,其後漢主徑自并汾,來都汴浚。聞征車之未息,尋神器之有歸。伏審貴朝先皇帝應天順人,繼統即位,奉玉帛而未克,承弓劍之空遺,但傷嘉運之難諧,適嘆新歡之且隔。以至前載,忽勞睿德,遠舉全師,土疆尋隸於大朝,將卒亦拘於貴國。幸蒙皇帝惠其首領,頒以衣裘,偏裨盡補其職員,士伍遍加於糧賜,則在彼無殊於在此,敝都寧比於雄都,方懷全活之恩,非有放還之望。今則指揮使蕭知遠馮從讜等,押領將士子弟,共計八百九十三人,已到當國,具審皇帝迴開仁愍,深念支離,厚給衣裝,兼加巾屨,給沿程之驛料,散逐分之緡錢,仍以官僚之迴還,安知所報?此則皇帝念疆場則已經幾代,舉干戈則不在盛朝,特軫優容,曲全情好,永懷厚義,常貯微衷。載念前在鳳州,支敵虎旅,偶於行陣,曾有拘擒。其排陣使胡立已下,尋在諸州安排,及令軍幕收管,自來各支廩食,並給衣裝,却緣比者不測宸襟,未敢放還鄉國。今既先蒙開釋,已認沖融,歸朝雖愧於後時,報德未稽於此日。其胡立已下,今各給鞍馬衣裝錢帛等,專差御衣庫使李彥昭部領,送至貴境,望垂宣旨收管。矧以昶昔在韶齔,即離并都,亦承皇帝鳳起晉陽,龍興汾水,合叙鄉關之分,以陳玉帛之歡,儻蒙惠以嘉音,即仁專馳信使。謹因胡立行次,聊陳感謝,詞莫披述,伏惟仁明洞鑒垂念不宣。

原載《全唐文》卷 129

結河東蠟彈書

初,蜀土五十州,後主昶性慈孝明敏,刻九經,置貢舉。季年求治太過,好聚斂。宋興,宰臣李昊上書,以中原久否,今聞真人應運,禮宜貢奉。如允所請,願備行人。時信近密,弗納,翻聽王昭遠密議,不與宰執商量,結援太原。其文不委翰苑,昭遠自令幕吏張延偉所修。略曰:

早歲曾奉尺書,尋達睿聽。丹素備陳于翰墨,歡盟已保於金蘭。泊傳吊罰之嘉音,實動輔車之喜色。

原載《成都文類》卷 19

上宰臣樞密使狀

竊念頃自北京,即隨先父,泊臨西蜀,嗣守餘基,自量小國之封疆,常阻大朝之正朔。伏自皇帝位登宸極,禮盛郊禋,令預梯航,願同臨照。而以阻遙障險,稍易歲時。今則遠勞王師,恭行天討,有征無戰,詎可抗威?棄甲倒戈,尋皆效順,具陳降款,上達冕旒。所希者,存濟活於蒼生,報劬勞於老母,忠惟奉主,孝則養親,固於生平,無所覬望。許男衛璧,已蒙解釋之儀;虞舜垂衣,仁保安全之望。丹誠備寫,雪涕難勝。伏惟某官叶贊萬機,懷柔八表,迴敷恩信,并及幽遐。願垂前席之言,特加敷奏;冀遂保家之懇,終養晨昏。烏反哺以知恩,竊將比喻;雀銜環而報德,以荷生成。倚賴感銘,陳詞罔盡,遐瞻德宇,但瀝虔誠。今遣親弟仁贄詣闕上表待罪。

原載《錦里耆舊傳》卷 4

崔 善

後蜀官員。撰此志時署攝東川節度判官、判軍州等事、金紫光禄大夫、檢校刑部尚書、兼御史大夫、上柱國。

唐推忠再造致理功臣劍南兩川節度使管内營田觀風處置統押近界諸蠻兼西山八國雲南安撫制置等使開府儀同三司檢校太尉兼中書令行成都尹上柱清河郡開國公食邑一千五百户食實封一百户孟公（知祥）夫人福慶長公主（李氏）墓志銘并序

攝東川節度判官判軍州等事金紫光禄大夫檢校刑部尚書兼御史大夫上柱國崔善奉命撰

將仕郎前守秘書省秘書郎令狐嶠奉命書

福慶長公主李氏，即後唐太祖武皇帝之長女，光聖神閔孝皇帝廟號莊宗之長姊。母曰貞簡皇后。初，太祖代襲師壇，位尊侯伯。英姿偉量，惟孝與忠。居文公虎視之鄉，擁高祖龍潛之境。禮賢無倦，納諫如流。務全尊獎之忠，雅馨匡服之力。於是朝廷降旨，册封晉王，莫不朱邸分華，維城益固。擢金柯於盤石，茂玉葉於本枝。姬周之所重宗盟，麟趾之所推信厚，別顯親賢之命，載弘仁壽之鄉。長公主性秉天和，榮分聖緒。四德純茂，六行兼修。賢明雅契於典經，謙敬仍光於懿範。未笄而歸我令公焉。時也靈龜入兆，威鳳和鳴，衿鞶當展於盛儀，秦晉乃洽於嘉禮。群仙奉職，百福延休。如賓之敬將崇，中饋之儀允穆。加以位隆將相，德合天人。諒惟匡輔之名，遐暢恢弘之業。必欲永安王室，再紉皇綱。壯志未伸，鑾輿播越。洎太祖即世，莊宗紹興。天命中缺於咸秦，神器潛移於鞏洛。八紘鼎沸，四海塵昏。贊成一統之尊，光闡九重之貴。當疇功之際，以遂良爲先，暫輟鴻鈞，遠安全蜀。今上眷言碩德，繼有渥恩，旌賢別舉其徽章，下詔顯開於湯沐。是以同光三年十一月封瓊華長公主。天成三年十月三日，進封福慶長公主，皆寵報我令公德重三朝，勛高百揆，享育坤維之衆，控臨邊徼之虞者也。爾後義切尊周，誠堅奉主，任土賦充庭之實，

苞茅供縮酒之勤。不謂釁起鄰藩，猜生恰巧。每構沉舟之羽，多興投
杼之疑。貢奉不通，奏章不達。以至訓齋十乘，備御四封。賴上玄之
昭昭，成宇內之晏晏。軍民輯睦，稼穡豐登。咸安惠養之恩，更懋神
明之政，雖災臨分野，而福蔭山河。轉禍亂爲休徵，變憂勤爲康愜。
時論以爲皇天無親，惟德是輔。春秋所謂在其君之德也。況乃三時
不害，四遠懷柔。崇衛侯大帛之冠，躡吳王不重之席。約恭儉以設
教，行禮樂以律人。獸去珠還，不獨傳於往古；政清事簡，實亦盛於當
今。俄以長公主疾恙經時，藥石無驗。既牽修短之分，難移珍瘁之
期。長興三年正月十三日，長公主享年六十，薨於正寢，殞於咸宜之
堂，禮也。嗚呼！人無定檢，數有恒程，雲衢已造於仙階，世路徒哀於
物化。我公乃制崇廬杖，饌徹膏粱。軒懸頓止於笙鏞，幃幬不施於組
繡。於是法惟辯貴，禮重送終。虔祝蓍龜，卜安陵兆。考青鳥之妙
術，詢金馬之名崗。長亭追控於牛頭，列宿上分於鶉首。曉登蘭阪，
嗟玉葉之凋零；遐眺雲軒，痛銀河之杳絕。然後繚牆周亘，飛閣紛綸。
透迤無異於蓮宮，偃蹇還同於梵宇。珍臺互構，廣廡聯甍。燕隧將
封，嘆懸黎之掩耀；雁池斯空，傷龍輔之韜光。

　　長公主有郎君二人：長曰貽範，官至銀青光祿大夫、檢校左散騎
常侍、守代州刺史、右威衛將軍同正兼御史大夫、上柱國，早亡。次曰
貽邕，官至銀青光祿大夫、檢校右散騎常侍、守忻州長史、左威衛將軍
同正兼御史大夫、上柱國，早亡。皆學奧典墳，情敦孝愛。棣萼得聯
榮之寵，晨昏通不匱之名。福善無徵，追思莫及。今有郎君三人：長
曰貽矩，見任攝彭州刺史、銀青光祿大夫、檢校尚書左僕射兼御史大
夫、上柱國。次曰貽鄴，見任左右牢城都指揮使、金紫光祿大夫、檢校
尚書右僕射兼御史大夫、上柱國。次曰仁贊，見任節度行軍司馬兼都
總轄、義勝定遠兩川衙內馬步諸軍事、銀青光祿大夫、檢校尚書右僕
射兼御史大夫、上柱國。小娘子二人：長曰久住，次曰延意，并玉瑩珠
明，敦詩説禮。宛是保家之主，居然經世之材。孝敬兼優，令淑有則。
自長公主薨變，涕泣無時。既彰孺慕之哀，不闕問安之禮。令公悲深
念往，懼及傷生。徘徊永訣之情，悵望幽扃之際。以長興三年十一月
廿四日，葬於成都縣會仙鄉，即良辰也。又以善叨依門館，粗熟勛庸，

令叙風徽,俾刊貞琰。況善才非穎邁,學謝淵深。固慚潤色之工,但以悲哀爲主。敢爲銘曰:

銀潢緬邈,聖緒靈長。下降侯國,遐辭帝鄉。稽諸上古,顯忠遂良。彝倫攸叙,如珪如璋。其一。爲善不同,同臻於理。斯焉取斯,其歸一揆。五緯迭興,萬國錯峙。周流六虛,肇修人紀。其二。舉不失德,王化之基。苴茅錫土,大斾高麾。治定制禮,其安易持。進退有度,事美一時。其三。恩降絲綸,邑封湯沐。咸與惟新,宜其遐福。蓮蓋陵車,文茵暢轂。服冕乘軒,保天之禄。其四。龍戰於野,河出馬圖。誕膺天命,萬邦作乎。心懸玉鏡,手握乾符。下民胥悦,八紘大酺。其五。天命有常,隙不留駟。夢竪成灾,秋霜夜墜。涉水泣珠,莫不代匱。藥石無徵,邦國殄瘁。其六。庭懸丹旐,楹敞縓帷。易簀告謝,中外興悲。咸傷失儷,喪容累累。樂止軒懸,薄言慕之。其七。爰祝菁龜,謹其封樹。白日西沉,逝川東注。貴有常尊,禮亦異數。遠邇嘆嗟,諸侯贈賻。其八。馬鬣佳制,龍耳名岡。安貞之吉,至理馨香。愁雲慘霧,載飛載揚。窀穸之事,率由舊章。其九。

鐫字節度隨軍陳德超。

原載《全唐文補編》卷 119

崔昭象

後蜀官員。撰此志時署朝議郎、檢校尚書祠部員外郎、前□梁州録事参軍、兼侍御史、上柱國。

唐故北京留守押衙前左崇武軍使兼宣威軍使西川節度押衙銀青光禄大夫檢校工部尚書兼御史大夫上柱國渤海高公(暉)墓志銘并序

朝議郎檢校尚書祠部員外郎前□梁州録事参軍兼侍御史上柱國賜緋魚袋崔昭象撰

夫天地之間,其如橐籥。處四海之内,誰超生死? 向百年中,焉定短修。日落虞泉,宜有禺中之分;川奔巨□,終無却返之由。貴賤雖殊,後先而已。縣是尼父顯夢楹之霙兆,曾生啓手足之孝思。在乎人倫,宜遵軌範。其有名揚位顯,列職居官。生值明時,享茲考壽。
歿歸厚□,合紀行藏。欲使雲來,知門風之覆遠;俟其桑海,不泯墜於
聲光。雖竭荒蕪,莫得覼縷述行。按高氏係自一家,孤分八望。粵自
齊宗卿傒之後也。傒曾孫固,棃石以救人。曰欲勇者,賞余餘勇。食
邑於高,以邑爲氏。又惠公孫虿,字子尾,亦焉高氏,於姜得姓,譜□
備傳自遠,源流於今不絶。降自魏晉,迄至隋唐。襲武也,榭勛王室,
仗鉞秉麾。出鎮山河,英賢繼出。居文也,□天理物,入輔皇猷。是
知勇冠關西,族稱山北。不可備載,聊陳紀綱者歟。

尚書諱暉,字光遠。郡聯渤海,今爲河東晉州人也。曾祖以性便
雲水,志尚希夷,避世怡情,不參祿位。祖亮,皇任右神策軍衙前虞
候、檢校太子賓客。父行本,皇任朝散大夫、前行石州司馬、柱國。公
即故石州典午之令子也。渤海公少而好奇,長負大志。處衆則謙和
爲最,居家則孝悌爲先。瞻□無過,雄才穎脱。臨事不懼,好謀而成。
洎壯年,爰初入仕,歷和門而歲久,常以盡忠;□□校而時深,獨□許
國。觧弓在手,頻施汗馬之勞;霜鍔懸□,繼破魚麗之陣。僖皇自蜀
還京之載,例□溥見。首錫恩銜,俾加弄印。逎後,昭宗踐祚,復示寵
徽。特轉貂蟬,徒□負荷。相次北都守職,隨從先晉王,充留守押衙
兼甲院軍使。久從征伐,粗曉□虚。歷試艱危,出無不捷。莊宗皇帝
龍飛之後,凡是衛駕功臣,懋賞策勛。各膺睿渥,特敕授銀青光禄大
夫、檢校工部尚書兼御史大夫、上柱國、充左崇武軍使。是歲也,我府
主中令選自國戚,出鎮坤維。舊沐臺恩,並蒙録使。公於此際,特署
西川節度押衙、□監都作院使。況乃修仁可重,積德彌高,□齊松□
之遐齡,永保門庭之餘慶。誰料遘侵□□,景慕桑榆。蛇影見於□
□,□□喧於枕側。偶因微恙,莫起良醫。遽及蒼惶,俄隨風燭。以
唐長興三年歲次壬辰三月癸未朔十日壬辰終於成都府華陽縣果園坊
之私第也。享年八十有一。

有男一人□□,西川節度押衙、銀青光禄大夫、檢校左散騎常侍
兼御史大夫、上柱國、充昭武軍主客馬步軍都押衙。□玉奇姿,隨□
□□□□氣概卓犖宏□。屺岵情傷,纏哀義切。泣高柴三年之血,絶
蔣詡七日之□。顯□令□□□□□。有女一人,在河東,適劉氏。有

孫子三人：兒曰全義。女曰娘子、喜子。並皆歧嶷，骨秀□清。公娶
清河郡夫人張氏，早馳□德，□稱閨閫，爰備三周，歸於君子。昭明
婦禮，肅穆親鄰。久播母儀，每彰慈善。偕老之期必俟，如賓之敬
何□。□悲矚壙之辰，永絕齊眉之理。銜冤茹慕，墮□潺湲。幸有
子而承家，望夫形之空在。公生居祿位，壽享遐□。□操不□，倜
儻自負。揚名立事，善始令終。至於丘壟松楡，輀車旐纛，悉皆備
矣，後誰及乎。以其年十有一月二十八日，葬於華陽縣昇仙鄉暮二
里，禮也。於戲！良木壞，泰山頹。蒿里迎歸，泉扃即掩。清風永
□，想游岱之青容；長恨難裁，痛終天之訣別。象奉哀托，修志文
略。銘曰：

渤海華枝，齊卿後裔。得姓於姜，出芳於世。公之世族，歷代所
傳。公之德行，弈□相聯。勇冠關西，族稱山北。積善垂休，承家可
則。轅門發迹，衙閫立身。忠孝事主，謙和奉親。履歷官資，彌臻考
壽。蒲柳相侵，膏肓莫□。音容眇邈，光景逝徂。莫駐風艷，難留隙
駒。陟岵情深，游魂何處。夕叶杜鵑，朝晞薤露。形銷影絕，物是
人非。翔鸞先去，彩鳳無依。佳城一闔兮封之蒼苔，貞珉萬古兮藏
之隧表。

原載《全唐文補遺》第四輯

賈鶚

後蜀官員。後蜀高祖時任御史、權判彭州事。

判彭州人請歸醋頭僧狀

出家長頭，未除煩惱。爲衣挂像，豈敬慈尊。向禪室以邪淫，發
妖言而惑衆。妄裁曆數，上侮朝廷。謾述灾殃，下迷聾俗。況今有
漏，未證無生。將修功德以爲名，積聚私財而作賈。但以正人息事，
君子含宏。未議剪除，致兹猖熾。所嗟鄙俚，競言妖稱。列狀詣衙，
欲希迎請。須行嚴令，以絕風情。所由入界把捉，候到決脊。

原載《全唐文》卷 891

張 武

後蜀官員,合州石照(今重慶合川)人。仕蜀,累遷峽路應援招討使。入後蜀,加秩侍中,統飛棹諸營,爲峽路行營招收討伐使。

靈石碑

夫禎祥應見,事著前聞。期至聖之效徵,爲有年之先兆。備傳故實,預保時康。武唐大順己酉歲,以伐叛勤王之忠。忝專城剖竹之寄,時茲石出焉。去夏復領魚符,再莅巴蜀。值岷涪澄徹,瑞應重睹。內循薄德,寧契殊祥。但荷天休,遂刻貞石。

原載《全唐文》卷 891

慈覺長老

後蜀成都僧人。

書妙圓塔院張道者屋壁

成都有一張道者,五十年來住村野。秖將淡薄作家風,未省承迎相苟且。南地禪宗盡遍參,西蜀叢林游已罷。深知大藏是解粘,不把三乘定真假。張道者,傍沙溪,居蘭若,草作衣裳茅作舍,活計生涯一物,無免被外人來措借。寅齋午睡樂哈哈,檀越供須都不謝。沿身不直五分銅,一句玄玄豈論價。張道者,貌古神清不可畫。鶴性雲情本自然,生死無心全不怕。總逢劫火未爲災,暗裏龍神應嘆訝。張道者,不說禪,不答話,蓋爲人心難誘化。盡奔名利謾馳驅,個個何曾有般若。分明與說速休心,供家却道也爛也。張道者,不聚徒,甚脫灑,不結遠公白蓮社。心似秋潭月一輪,何用聲名播天下。

原載《茅亭客話》卷 3,宋元筆記小說大觀

劉曦度

後蜀官員。撰此志時署翰林學士、中散大夫、守尚書工部侍郎、知制誥、上柱國。

蜀故朝議大夫守太常少卿兼成都少尹柱國賜紫金魚袋崔公府君墓志銘并序

翰林學士中散大夫守尚書工部侍郎知制誥上柱國賜紫金魚袋劉曦度撰

公諱有鄰,字朋善,貝州清河人也。厥初生爲神農,所扡姜姓。至周秦漢以降,梁宋魏皆夾輔公侯,藩衍盛大,弈業穹崇,迨至有唐,世習貴胄。昔南有顧陸,北有崔盧。推號甲族,無以加也。曾祖皇唐淮南節度使諱從。祖河南壽安尉諱彥方。大父太子詹事諱敬嗣。從父潭、廣、鄂三鎮節度使,四授中書門下侍郎,守侍中諱胤。曾祖母盧氏,燕國夫人。祖母盧氏。妣盧氏,不幸短折。生一子名整,茂才擢第,平判入等,歷官殿院,賜緋,續婚榮陽鄭氏。外祖皇唐丞相諱昌圖。府君即鄭夫人所出。其或繕甲治戎,愛民如子。三吳阜俗,百越通賈。得柳莊社稷臣名,郄縠詩書將譽,即揚帥之政令也。次若南昌馳譽,北部收威。志在三清,門懸五色,即壽安尉之問望也。有是授經胄子,贊道東宮。可憑寔類山濤,堪重頗同孔霸,乃大詹之懿範也。矧乎視三足,肖一拳,詢庶啓沃,翼亮濟世。紫宸獻替,黃閣論道。扶危返政,去虐除邪。無何三百年季有終,十八帝位有限。天不從願,時不載立。所謂曆數乃歸於梁,斯大貂之茂績也。公本高門大族,因谷改陵變,晚尚典誥。承祖德之業,履元和之惇。貞而有信,幹而無擾,不赴調舉。一子出身授京兆參軍,房陵、禹城、衛南、壽光令在任。以務滋稼穡,樹之風聲。雖羃羃烟深,不種陶潛之柳。而遲遲風暖,爰開潘岳之花。自尌灌受徵,拜監察御史。觸邪挺直,辯訟明了。出職鄭巡,復除殿院。賜緋,試小版、孟州廉判。次授祠部郎中,出職遂州節判。屬中原倀擾,西蜀開霸。首拜中駕、柱史、判雜,賜紫,改成都少尹，奉常、貳卿。臨事知機，當塗有斷。積功累行，祖仁本義。守志道不矜，其才勤庶務。罔怠於治俾，期播以美政。將惠勞人，忽斯降罰。偶嬰微恙，詎至彌懵。所謂不融景命，中歲傾喪。苟上天有鑒，豈賢者無祜。即於其年二月十一日薨于成都府成都縣石鏡里私第，享年有六十。夫人盧氏，乃太子少詹虔之長女。技能彈絲捻竹，功有紉針執箒，止臻中壽而殞。公有子二人，長曰明濟，未婚宦。僙人敏健，耽味墳籍。穎晤辯惠，可繼德門。一子哥奴，年才齠齓。長女適范陽盧延雍。第二適姑臧李椿，故右貂光憲之子。次適姑臧李致堯，故右揆燕之子。最小適河東裴貫，故殿院紹昌之子。嗚呼！日月遄邁，興亡遞迭。昨非今是，儵往欻來。留去之間，前後而以。莫不二子泣血，一女絶漿。鄰爲停舂，里爲罷社。天子悼耶，賢相嗟矣。贈之布帛，錫之金錢，用明追想。至當年三月八日卜穴於華陽縣普安鄉欽仁里郊原，禮也！小子昔在故國求進沐，府君解而餞之，擢第與未成名俱同。故譙國夏相幕中首尾二紀，備諳履行。二子以將植松梓，尚闕紀頌。眷斯相托，乃爲銘曰：

猗嗟崔氏，姜折源流。世習軒冕，代繼弓裘。出將入相，爲伯爲侯。家不絶嗣，乃有二卿。性惟端愨，行也貞明。如何中壽，景命俄傾。在昔我里，交友惟良。無悔無咎，有則有常。今聞代謝，圖茹悲傷。二子孤藐，一女號啕。叩□地兮地深邃，訴青天兮天更高。卜丘墟而冀安宅兆，立銘紀而用報劬勞。

馮翊党茂先書 并篆額 陳延昌鐫
大蜀明德四年太歲丁酉三月甲寅朔八日辛酉記

原載《全國金石名家傳拓邀請展》

王文祐

後蜀官員。撰此志時署前幕吏、將仕郎、守左拾遺。

大蜀故匡國奉聖叶力功臣北路行營都招討安撫使興元武定管界沿邊諸寨屯駐都指揮使左匡聖馬步都指揮使山南節度興鳳等州管内觀風營田處置等使開府儀同三司檢校太師兼中書令行興元尹清河郡開國公食邑四千户食實封三百户□□□□□□賜[諡温穆]清河郡張公（虔釗）墓志銘并序

前幕吏將仕郎守左拾遺賜紫金魚袋王文祐撰

公諱虔釗，字化機。出黄帝軒轅之後，第五子揮，始造弦弧矢，是張墨□，以取禽獸。主祀弧星，代掌其職，因爲氏焉，清河則其望焉。曾祖□，後唐贈銀青光禄大夫、檢校左散騎常侍兼御史大夫。祖榮，後唐贈銀青光禄大夫、檢校户部尚書、兼御史大夫。顯考簡，後唐贈金紫光禄大夫、檢校尚書左僕射、兼御史大夫、上柱國。顯妣洪氏，後唐贈□國太夫人，則□□僕射長子也。□王□□□□□。吕光之戰陣排時，年雖尚幼，鄧侯之軍營□處，志已不群。爰值舊唐土崩，□□角立，地敗□思兹分□，四方自耀於戈□□□□□□功名不事其親□衣私室，□男和門。彎弧則百步楊穿，跨馬則一□□去。未弱冠，以騎射出衆。方□□相國一見而奇之，□以□□善射者七十餘人，薦公爲首領。洎武皇與莊宗龍潛汾水，虎據并州。遂置親衛左右突騎。以騎□□異者，不可□□□□首彰謂於使善將校，並當大□，□立臣勛。天祐十七年，制累遷右突騎軍使、銀青光禄大夫、檢校國子祭酒、兼御史中丞、□□□□□知制誥、□□□□、轉兼御史大夫。莊宗□□□千輦，奄有河州，頃在重齊。武士俾衛乘輿，爰擅威名，俾當委任。同光元年■右突騎守闕指揮使、兼隨駕馬步軍都軍頭、檢校右散騎常侍。莊宗自奄有汴洛，混一車書。至同光二年，既加左散騎常侍，仍□□□□□功臣。四年，就轉檢校工部尚書。□□莊皇失邦，明宗□運，公昇居侍衛，亟歷戰争。□□汗馬之勞，果契雲卿之命。□□□年五月，乃授□□□隨軍將都指揮使、檢校□部尚書、守遼州刺史。公既諧衣錦，方欲褰帷。蓋□□駕□師慕，遂還鄉□□□年秋□□檢校尚書左僕射、守春州刺史。明宗□以北面多虞，委公傳命。凡該利病，□請施行，克合人情，亦符上旨。二年□月，就轉金紫光禄大夫。九月，並轉檢校司空，仍賜竭忠建策功臣。三年正月，移授鄭州刺史，充本州防禦使。四月，以義武軍節度使內聚逆□，外結匈奴。□□窮兵，天下□□。僉曰：“監護無出英才。”乃授公充北面行營兵馬都監。稟命請行，奉辭討罰。公外則平援助之□虜，內則□□拒之果克。延至鹹耳者谷量，橫尸者山積。一境之叛□既靜，九霄之瑞雲爰臨。鳳既銜書，龍初上節。近委鏧門之寄，以酬□□□功。四年二月，授光禄大夫、檢校司徒，充橫海軍節度使。長興初，轉授檢校太保、利州大都督府長史，充武寧軍節度使。二年四月，轉授檢校太傅、行歧陽尹、充歧陽節度使。三年七月，復轉授特進，依前檢校太傅、行興元尹、充山南西道節度、兼西面都部署水陸轉運□□。四年□□□□同中書門下平章事、兼西面諸馬步軍都部署，仍賜耀忠匡定保節功臣。雞樹初栽，鳳池乍啓。土茅望重，將□□□□□□□□□□君。即繼就加檢校太尉。□□□戎之術，就兼掌武之策。無何，故帥肆志不臣，朝庭下詔伐叛。方期澆湯沃□□□□□□□□□六軍束手，俱□□□之臣；萬旅投戈，盡作□□之虜。公剛腸愈勁，壯志不迴，難屈節以事讎，固無心□□□。□□□□□□□□□□樂安徐公□□武信太師令公同歸命入朝。我高祖文皇帝倍弘禮遇，悉有頒宣。恩既□□□□□□□□□□□□□朝方開□□□□英雄得此一賢，若生兩翼。次日□謂公曰：“昔者陳平去項羽而歸漢，許攸□□□□□□□□□□明，豈迨逃天之責，曷若少□□壯節□爾忠□□□抒□我君之尤□能追我思。趙遁無出境之見，果受惡名。”於是□□□□□□□□□□元年七月，重授山南節度使，仍賜安時順國全節功臣。洎文皇晏駕，今上承□，乃降白麻，薦加皇澤。二年正月，授檢校太尉兼侍中、昭武軍節度使，仍賜匡國奉聖叶力功臣。二月，奉□□右匡聖馬步都指揮使。四年三月，轉充左匡聖馬步都指揮使。廣政元年正月，□□□中書令，充寧江軍節度使。四年二月，罷鎮寧江，加爵邑實封，依前充左匡聖馬步都指揮使。六年，再授昭武軍節度使。七年，就加檢校□□□□。十年閏七月，轉授山南節度使、行□□□、兼充山南武定管界沿邊諸寨都指揮使。公自戎服出身，轅門歷事，以至三提郡印，九鎮藩室，皆是將七德訓兵，約六條撫俗，□□□□□□酌彼人情。無蠹本之除，有偉門而必塞。而況務弘簡靜，議絕疵瑕。以至訟碑苔□，非所蕪没，再從□利，繼住南梁。公方欲更行□□，重施善政，旋屬晉□獻□，岐陽乞降，朝庭命公爲北面行營都招討安撫使。公□□之日，釁鼓而行。道自邊城，□入外境。無何，咸陽失於慎密，□此事宜授兵，尋至於鳳鳴，降帥□成於猶豫。謀飛穀楚，計□安秦，衆詞同議於班師，公意亦思於養勇。□□□之天水，邈彼山川。旋運心機，更觀形勢。將欲重振萬旅，别整六師。必成電掃之功，以奉河清之運。旋以癸卯年中，氣疹復作，□□言還，路遠三嗟，程遥千里。比翼却迴漢上，别訪秦醫，事雖煩於□良，志未休於城郭。散關去日，將成韓信之前功；渭水迴時，何異武侯之故事。廣政十一年二月二十三日，薨於興州之公館，享年六十有六。乃歸山南僧舍，備殯殮之具。遺章至闕，上爲慘然，扰涕經旬，輟朝三日。頒宣賵贈，常數有加。都尉少卿匡弼供奉□□車一行，元從將校扶護來歸。以不入都城，權窆光夏門外亭臺之内也。皇上念切元臣，特加異禮，降使贈太子太師，賜謚温穆。以其年九月十五日備有本官儀□葬於國之東郊華陽縣普安鄉白土里高原，禮也。

公婚楚國夫人樂氏，夙推貞順，素號賢明。既四德之聿修，則三從之何爽。有子二人：長曰匡弼，守衛尉少卿、駙馬都尉，尚金仙長公主。次曰匡堯，前利州别駕，娶今太傅令公宋王之女。侄一人，曰匡仁，充西頭供奉官。長女出適東頭供奉官安匡裔，乃今山南元戎太保之子。小女幼，雖落髮，年未勝喪。並皆號則過傷，毀將滅性。爰自告□之際，終日絕漿；漸臨卜兆之辰，無時泣血。將刊貞石，乃屬小才文祐也，依栖則十改年華，僭濫則四遷賓職■。

原載《全唐文補遺》第七輯

徐光溥

後蜀大臣。初在孟知祥幕府任觀察判官，孟知祥稱帝後遷翰林學士。後主時，累官兵部侍郎、中書侍郎、兼禮部尚書、同平章事。

上後蜀高祖請行墨制疏

我蜀被山帶江，足食足兵，實天下之强國也。我公本仁祖義，允武允文，乃天下之賢主也。以我公之賢，拓土開封，取威定霸，固得其宜矣。而况内則有紅蓮上客，參帷幄之謀。外則仗細柳將軍，專斧鉞之任。率土之内，足可保磐石之固，泰山之安。顧惟冗賤，何補高明。但念智者百慮，必有一失。愚者百慮，必有一得。狂夫之言，聖人擇之。樵童之歌，哲王聽焉。竊以惟賞與刑，國之利器。懲惡勸善，君之要權。不可偏行，尤須具舉。歷觀往典，備考前規，或王命而不通，或公室以多難。列國率聞於專制，諸侯或可以從權。苟有利於生靈，又何辭於通變。昔來歆鄧禹，擅命於征伐之間。蜀主岐王，承制於隔絶之間。事俱非己，實欲安人。昨鄰近諸藩，間謀上國，有虎視狼貪之意，阻君臣魚水之歡。添益兵師，動摇生聚。况我公恒修貢職，不虧楚子之茅。遽構讒邪，竟擲曾參之杼。以至兩川衊血，合從連橫。列校齊心，奉辭伐罪。今則旋平狁穴，漸拓鴻基。立功者悉望昇榮，向化者皆思叙進。方屬路途有阻，恩信未通。二星不見於雲霄，三蜀久怨於雨雪。將期勸善，切在報功。酬庸合議於策勛，列爵宜遵於故事。自今以後，若且行墨制，以布鴻恩。式副群情，無虧大體。先宜曉諭，後可施行。所冀設爵待功，免授逾時之賞，允協稱霸之宜。

原載《錦里耆舊傳》卷3

田　淳

後蜀官員，成都人。後主廣政中，官龍游縣令。多次上疏進諫，爲時人所稱道。

諫用兵疏

伏見三年以來，民頗怨嗟，謂陛下求賢失道，爲政不平；重纂組，奪女工；貴雕鏤，損農事；法令不信，賞罰無誠；納諫之心，微自滿假；馭朽之念，漸乖始卒。載舟覆舟，不可不懼。而况北有大敵，方籍支禦。若失人心，其何以濟？臣又見頻發士卒，遠戍邊庭，人心動摇，莫測其故。家構異議,如臨湯火,人且憂駭,將何撫寧?若夫舉衆興師,須明利害,況關大事,豈可容易?必若金鼓一鳴,前鋒稍接;一敗一成,疾如反掌。願陛下先事而計,無貽後患。

今之動靜,頗涉因循。臣不知所發之兵,爲防邊乎?爲赴敵乎?若云防邊,不當驟有徵發;若云赴敵,則須先決便宜。師出無名,三軍必怨;三軍既怨,何以成功?以我朝之甲兵,擬柴氏之士馬;以我朝之將領,比柴氏之師帥;以我朝之帑藏,比柴氏之囷廩。至於法律刑名,聲明文物,彼長此大,差牙不同。須用權奇,以謀拒捍。若二國交鬥,恐未十全。況我天府之邦,用武之地。一夫守隘,萬旅無前。假使柴師能於野戰,攻城奪壘,利在平川。儻入隘途,如無手足。願陛下以短兵自固,扼塞要衝,分布腹心,把斷細徑。精加號令,老彼敵師。縱柴氏親來,未敢便謀深入。以日繼月,以月繼年。敵勢自羸,我師彌銳。不折一戟,不失一卒,而柴氏自疲,信所謂彼竭我盈,以逸待困。此爲上計,符合天機。

原載《成都文類》卷18

諫蜀後主疏

今甲子欲交,陰陽變動。天運人事,合有改更。如采厚斂之末議,必亂經國之大倫。此犯天意者一也。太乙所行,將離分野。初來爲福,末去爲譴。轉災作福,是宜早圖。若更倍賦加租,則將有不測之禍。此犯天意者二也。四海財貨,盡屬至尊。散在民間,積爲資産。或有科索,誰敢抵拒。陛下何不舍其小畜,以成大有乎?此損君道者一也。夫百姓,六軍之主也。百姓足,則軍莫不足。百姓不足,軍孰與足?務奪百姓,專瞻六軍,此其損君道者二也。

原載《太平治迹統類》卷1

趙延齡

後蜀時人,撰此志時署鄉貢進士。

故竭誠耀武功臣左匡聖步軍都指揮副使兼第二明義指揮使金紫光禄大夫檢校太保使持節彭州諸軍事守彭州刺史兼御史大夫上柱國高平縣開國男食邑三百户徐公(鐸)内志

公諱鐸,字宣武。本帝顓頊之裔,大業之苗。至伯翳左禹平土有功,舜賜嬴姓。其後始封於徐,即彭城,其本望也。至後漢徐範八代孫績,爲高平太守,家於高平,故以高平爲望也。公即績之苗裔矣。曾祖諱承筆,皇任銀青光禄大夫、檢校刑部尚書、鎮州左都押衙。祖諱令釗,皇任銀青光禄大夫、檢校國子祭酒、鎮州土客馬步使。考諱宥德,皇任銀青光禄大夫、檢校工部尚書、守梓州別駕。妣廣平宋氏。公即其長子也。仕後唐莊宗皇帝,同光初,補充左羽林效義指揮第二都軍使。及莊宗克平梁,霶以軍功,三年夏六月,除授銀青光禄大夫、檢校太子賓客兼監察御史,仍賜忠義功臣。宣從興聖太子,令公入蜀。高祖文帝作鎮成都,改補充劍南西川節度左廂第五懷忠指揮使,用是訓齊士伍,習練干戈,祚有機謀,熏業始著。天成三年,奏加殿中侍御史。長興元年春二月,改轉充左廂第四宣威指揮使。明年,集州行營,大顯殊功,還歸京輦。尋屬東川董相加兵,涉於雁水,大戰操搞,復立巨功,高祖褒其英勇,署攝普州刺史。施仁布義,去弊除訛,百姓咸歸焉。四年,高祖真封,承制加檢校工部尚書,正守普州刺史。明德元年,高祖龍飛。夏六月,就加檢校兵部尚書,依守普州刺史。是歲,高祖晏駕,今上踐祚,不忍改年。二年春,考秩未滿,復加檢校尚書右僕射,改轉使持節渝州諸軍事、守渝州刺史,仍賜竭誠耀武功臣、峽路行營都指揮使。威振吳越,惠安夔萬。廣政元年春二月,改轉充左匡聖步軍都指揮副使兼第二明義指揮使、檢校尚書左僕射。赴聖主之憂勤,定邊接之烽燧。二年春三月,除授使持節渠州諸軍事、守渠州刺史。既正六條,雄歌五袴。六年春二月,加司空、使持節眉州諸軍事。守眉州刺史,守子罕清廉,行國喬之惠愛。七年秋,就加金紫光禄大夫,依前檢校司空,進封高平縣開國男,食邑三百户。增封示貴,列爵稱榮。望重世家,永隆宗祖。十年,奉旨充北路行營。勢動關西,威加隴右。十年秋八月,加檢校司徒。九霄雨露,沛沾戰伐之勞;一品元熏沐浴優隆之澤。十三年夏五月,加檢校太保。尋奉宣旨,補充峽路行營兼寧江軍管内沿邊諸寨屯駐都指揮使。十四年冬十月,除授使持節彭州諸事、守彭州刺史。睿澤既降,梁柱已摧。空悲定遠之心,獨繼伏波之志。以其年十有二月廿二日,薨於寧江軍屯駐官舍,春秋六十有三。維廣政十五年歲次壬子四月丙戌朔日,葬於華陽縣普安鄉沙坎里之塋,禮也。

夫人清河縣君張氏。男十三人:長男思言,左驍銳馬軍指揮第三都頭、銀青光祿大夫。次男殿直延楷。次男延矩,前任鳳州長史。又次男延範,任源州別駕。又次男延瑤,前任眉州長史。又延幀,前源州長史。次男延蘊,前任興州長史。餘二子,年齡尚幼,未有成立。長女適弓箭殿直、銀青光祿大夫、檢校太子賓客扶風郡馬延超。中女適殿前承旨太源郡王崇遇。又中女適殿前承旨京兆郡黎紹美。又中女適廣平郡焦重諤。余二女方尚稚齒,處失所恃。公之季弟雷唐,比俟急難,先□於世。並競持仁子之□。公發枊迹鎮州,起於蜀,輔冀明主,親總軍戎,拱衛兩朝,五持郡印,被堅執銳,破敵摧凶。勛績勞能,備於外志。慮其風雨寢漬,文字慮其磨滅,故以直書正事,秘於幽壤焉。

鄉貢進士趙延齡撰,鐫字官武仁永刻字。

原載《成都無縫鋼管廠發現五代後蜀墓》

彭　曉

後蜀官員,永康(今四川崇州西北)人。廣政初,授朝散郎,守尚書祠部員外郎,賜紫金魚袋。善修煉養生之道,別號真一子。

參同契通真義後序

"參同契"者,參,雜也,同,通也,契,合也,謂與諸丹經理通而契合也。凡修金液還丹,先尋天地混元之根,次究陰陽分孹之象。明水火相克,復爲夫妻。認金水相生,反爲父子。故有男兼女體,則鉛内產砂。女混男形,則砂中生汞。日者陽也,日中有烏,陽含陰也。月者陰也,月中有兔,陰含陽也。此天地顯垂真象,令達者則之,可謂真陰陽也。復有陰陽反復之道，水火相須之理，造化生成之徑，既知其經，須原其根。根者則天地混元之根也。既得其根，須取其象。象者則陰陽分擘之象也。既得其象，須循動靜。既循動靜，須知其數。既知其數，須依刻漏。既依刻漏，須明進退。既明進退，須分龍虎。既分龍虎。則南北之界定矣，金木之形全矣，大道之丹成矣。復有內外法象內外水火，有壇竈焉，有鼎室胞胎焉，有爻象焉，有水火之候焉，有抽添之則焉。有擣駕之模範，有離合之形體。此皆頭頭俱備，闕一不可。志士又須徹聲色，去嗜欲，棄名利，投靈山，絕常交，結仙友，隱密漕溪，晝夜無怠，方可期望。或不如是，則虛勞勤爾。故陰真君曰："莫辭得失，一志而修，還丹可冀也。"時孟蜀廣政十年歲次丁未九月初八日，昌利化飛鶴山真一子彭曉叙。

原載《全唐文》卷 891

周易參同契分章通真義叙

按《神仙傳》："真人魏伯陽者，會稽上虞人也。世襲簪裾，惟公不仕。修真潛默，養志虛無。博贍文詞，通諸緯候。恬淡守素，唯道是從。每視軒裳，如糠粃焉。不知師授誰氏，得古文《龍虎經》盡獲妙旨，乃約《周易》撰《參同契》三篇。又云未盡纖微，復作補塞遺脫一篇。繼演丹經之元奧，所述多以寓言借事，隱顯異文，密示青州徐從事，徐乃隱名而注之。至後漢孝桓帝時，公復傳授與同郡淳于叔通，遂行于世。"

公撰參同契者謂修丹與天地造化同途，故托易象而論之。莫不假借君臣，以彰內外。叙其離坎，直指汞鉛。列以乾坤，奠量鼎器。明之父母，係以始終。合以夫婦，拘其交媾。譬諸男女，顯以滋生。析其陰陽，導之反復。示之晦朔，通以降騰。配以卦爻，形於變化。隨之斗柄，取以周星。分爲晨昏，昭諸刻漏。故以乾坤爲鼎器，以陰陽爲隄防。以水火爲化機，以五行爲輔助。以真鉛爲藥祖，以元精爲丹基。以離坎爲夫妻，以天地爲父母。互施八卦，驅役四時。分三百八十四爻循行火候，運五星二十八宿環列鼎中。乃得水虎潛形，寄庚辛而西轉。火龍伏體，逐甲乙以東旋。《易》曰："聖人有以見天下之賾,而擬諸其形容,象其物宜。"公因取象焉。非天下之至通,其孰能與於此哉?乃見鑿開混沌,擘裂鴻蒙。徑指天地之靈根,將爲藥祖。明視陰陽之聖母,用作丹基。泄一氣變化之元,漏大冶生成之本。非天下之至達,其孰能與於此哉?其或定刻漏,分晷時,簇陰陽,走神鬼。蠹三千六百之正氣,回七十二候之要津。運六十四卦之陰符,天關在掌。鼓二十四氣之陽火,地軸由心。天地不能匿造化之機,陰陽不能藏亭育之本。致使神變無方,化生純粹。非天下之至明,其孰能與於此哉?契云:"混沌金鼎,白黑相符。"龍馬降精,牝牡襲氣。如霜馬齒,如玉犬牙。水銀與姹女同名,朱汞共嬰兒合體。明分藥質,細露丹形。盡周已化之潛功,大顯未萌之眹兆。非天下之至神,其孰能與於此哉!其有假借爻象,寓此事端,不敢漏泄天機,未忍秘藏元理,是以鋪舒不已,覼縷再三,欲罷不能,遂成篇軸。蓋欲指陳要道,汲引將來,痛彼有生之身,竟作全陰之鬼。非天下之至仁,其孰能與於此哉!復有通德三光,游精八極。服金砂而化形質,餌火汞以鍊精魂。故得體變純陽,神生真宅。落三尸而超三界,朝上清而登上仙。非天下之至真,其孰能與於此哉!曉所分真契爲章義者,蓋以假借爲宗,上下無準。文泛而道正,事顯而言微。後世議之,各取所見。或則分字而義,或則合句而箋。不無畎澮殊流,因有妍媸互起。末學尋究,難便洞明。既首尾之議論不同,在取舍而是非無的。今乃分章定句,所貴道理相黏,合義正文。及冀藥門附就,故以四篇,統分三卷,爲九十章,以應陽九之數。名曰"分章通真義",復以朱書正文,黑書旁義,而顯然可覽也。上卷分四十章,中卷分三十八章,下卷分十二章。內有歌鼎器一篇,謂其詞理勾連,字句零碎,分章不得,故獨存焉,以應水一之數,喻丹道陰陽之數備矣。復自依約真契,撰明鏡圖訣一篇,附於下卷之末,將以重啓真契之户牖也。曉因師傳授,歲久留心,不敢隱蔽元文,是用課成真義,庶希萬一,貽及後人也。昌利化飛鶴山真一子彭曉叙。

原載《全唐文》卷 891

王 乂

後蜀官員。撰此志時署前遂合渝瀘昌等州觀風支使、將仕郎、兼監察御史。

大蜀故匡時翊聖推忠保大功臣武信軍節度遂合渝瀘昌等州管內觀風營田處置等使開府儀同三司守太傅兼中書令使持節遂州諸軍事守遂州刺史上柱國樂安郡王食邑三千戶食實封二伯戶贈太尉梁州牧賜謚忠簡孫公（漢韶）內志

門吏前遂合渝瀘昌等州觀風支使將仕郎兼監察御史賜緋魚袋王乂撰

公諱漢韶，字享天，其先太原人也。昔周武王克商，成王□□，選建明德，以藩屏周，封康叔於衛，至武公子惠孫曾耳，仕衛爲卿，因以爲氏。公即唐雲州別駕諱□之曾孫，嵐州使君司徒諱昉之孫，後唐振武軍節度使、贈太尉、諱存進之長子。大昴傳精，洪□降氣，早親弓劍，素蘊機謀。爰屬後唐高祖武皇帝潛龍并汾，先太尉握兵輔翼。歲在庚申，遂內舉公，武皇録公充隨使軍將。天祐初，轉充定海軍副兵馬使。三年，武皇厭代，莊宗嗣興。四年春，署公定安軍使，墨制授銀青光禄大夫，檢校國子祭酒兼御史中丞、上柱國。于時寶位未定，戎事方殷。公累歷艱危，繼伸勞效。至癸酉，轉五院第五院軍使。丁丑，以功昇第二院兼都知兵馬使，加檢校左散騎常侍兼御史大夫。庚辰，遷牢城都指揮使，授金紫光禄大夫、檢校兵部尚書。同光元年，莊宗克復梁朝，奄有區宇，以麟州蕃落背叛，命公剪除。氛祲才消，絲綸薦至。三年冬十有二月，授公檢校尚書右僕射、守蔡州刺史。四年，莊宗晏駕，明宗鼎新，改元天成。至二年秋八月，就加公竭忠建策興復功臣，超授檢校司空，依前守蔡州刺史。向國輸忠，臨民布惠，土豐襦袴，境絕凶荒；千里無虞，一郡大理。三年春三月，除檢校司徒、充彰國軍節度觀風留後、封樂安縣開國男，食邑三百戶。四年春三月，天子以故林在乎彰國，薦其祖宗。公躬奉詔書，修崇清廟。厥工纔畢，寵澤爰覃。就加光禄大夫、檢校太保，依前充彰國軍節度觀風留後。其年夏四月，值太夫人凶變，俄返北京。哭即過哀，毀而幾滅。雖□加起復，而終被縗麻。長興二年秋，服滿朝參，尋奉宣充西面行營步軍都指揮使。三年春正月，除依前檢校太保，遥授昭武軍節度使，充西面行營副都部署，遷封開國子，加食邑二百户。四年夏六月，移授武定軍節度使兼西面諸州本城屯駐馬步軍副都部署，封開國伯，加食邑二百户，改賜耀忠匡定保節功臣。更峻軍權，顯持龍節，帥戎集睦，黎庶安康。舉申令以嚴明，致封疆而肅静。明年春正月，就轉檢校太傅，遷封開國侯，加食邑三百。會明宗遺劍，嗣主承乾。公方竭孝忠，欲匡運祚，而岐帥肆無君之志，堅篡立之心。公乃請行營都部署、山南節度使故温穆張公，勁領鋭帥，欲平患難。及軍情翻變，神器遷移，遂與故温穆張公遠貢表彰，同歸明聖。高祖文皇帝以公太原之舊，禮遇加崇。明德元年秋七月，制賜公安時順國全節功臣，授永平軍節度使，依前光禄大夫、檢校太傅，封開國公，加食五百户。是月，高祖登遐，今上篡極。二年春正月，就加公開府儀同三司、中書門下平章事，添食邑五百户，改賜匡國奉聖叶力功臣。四年春三月，奉宣充右匡聖馬步軍都指揮使。廣政元年春正月，除昭武軍節度使，加食邑五百户，食實封一伯户。二年春二月，上以公世爲華族，家□名才，爰遵歸妹之文，遂展降嬪之禮。秋七月，遽轉授公山南節度使。自秩滿歸朝，至七年春正月，復加檢校太尉兼中書令，增食邑五百户，食實封一伯户。其年夏六月，再授山南節度使。十年春正月，雄武帥臣，將山河而仗順；鳳集郡守，據兵甲以携離。公奉命專征，籌謀制勝，洎成勛烈，益膴渥恩。秋七月，除武信軍節度使，旋年，轉左匡聖馬步軍都指揮使。十有三年春正月，公以聖主昭彰一德，表正萬邦，乃竭赤誠，同獻徽號。册禮既飭，命數彌隆，就加公守太保，改賜匡時翊聖推忠保大功臣。十有四年春正月，轉充捧聖控鶴都指揮使。十有七年春三月，再授武信軍節度使，加守太傅，依前兼中書令，封樂安郡王。旋年賜肩輿出入，崇恩厚也。公歷仕數朝，久登貴位，□戎有截，事主無回，以至位正公台，爵分王土。將覬長施宏略，永奉明時，何期忽染微瘝，□成美疹，顧短長而有數，諒藥石以無徵。以廣政十有八年歲次乙卯秋八月丁酉朔十日丙午,未罷藩鎮,薨於成都縣武檐坊私第,享年七十有二。上聞之出涕,輟朝七日,降使持節行禮。追贈太尉、梁州牧,賜謚忠簡。其年冬十有二月乙丑朔六庚午,以官儀衛葬於華陽縣昇仙縣貿仙里之原,禮也。

贈譙國大人李氏,公之夫人也。先公歿世,有子五人:長曰晏琮,懷忠秉義□臣、銀青光禄大夫、檢校司空、守右威衛大將軍、守眉州刺史兼御史大夫、駙馬都尉,尚蘭英長公主。□曰晏琦、晏珍,充束頭供奉官。幼曰晏珪、晏玫,未仕。一女,妻於武定軍節度使呂公之第二男、西頭供奉官宗□。公巨績殊庸,備載外志,惟慮土昏苔駁,以昧厥文,別刻貞珉,兼藏閟室,故直書其事者矣。

前攝保勝軍團練巡官將仕郎試秘書省秘書郎白守謙書並篆。

蹇弘信刻字。

原載《五代後蜀孫漢韶墓》

僧紹□

後蜀廣政時僧人。

普慈縣永封里再興王董龕報國院碑記

住持沙門紹□□

夫覺皇垂慈,應生乾竺,乘六牙而辭兜率,踊七步而誕迦,維月□超□,星光□耀,則知超凡入聖。歷劫修來證無上之菩提,獲當世之妙果,故得周□□□□顯□金眉抽白毫頂旋紺髮。窮生死際,盡未來時,巍巍稱三界之能,師蕩蕩□四生之慈父。遂感十方皈敬,萬類虔誠,垂慈於天上人間,利物於此邦他土,莫不□□□□□雕□形,一念志誠。塵沙罪滅,則有宣徽南院相公莊保頭林延璋,伏見□□□□□□□所地名,王董龕額標報國院,嚚有一佛二菩薩並聖□兩龕,積年□□□□像□遂乃上聞都莊僕射,許令召僧興修。即經本縣鎮判狀,請羅大德奉□□令上□皇帝文武重臣,本莊南院相公、州縣僚寀都莊僕射及遠近士□,□□起□□□住持葺理,供佛香燈,永爲福祚。其

院元有常住永封里普慈大路□□旁□□壹□大七拾八隻，並院基乾
地，前後謹具，四至界畔，聲堅於内，東從天□□□□□，南接三地石
至水井，西從石橋沿天流水，上接崖棱，尋崖棱向北，却沿天□接，無
水雷爲界。其院常住所立四至，盟誓已後，異日他時，忽有別人侵拼，
一犁□□□□□税課者，願行藏不吉染疾百牛，順其斯善者，願福至
命通，運爲稱意。相次緣化□□十六羅漢一堂及重粧修。釋迦部衆
慶贊訖，皆因聖化，實賚堯年堪發道心□□□□佛□，既因知識立身，
遽自发朋，聞勝善而忻躍，齋心見修崇而悉，皆注意求哀□□□□□
□，任是闡提之流，亦發正真之路，祛除謟詐，消磨業輪，一向迴猛，興
大善心，彫克備功德。□□分明，了衣上之珠，仿拂鑒礦中之寶。伏
願國安民泰，雨順風調，田種豐盈，公私叶遂。大蜀廣政二十年歲次
丁巳十一月二十七日，設齋表贊訖。

　　道場主莊保頭林延璋，女弟子程氏、楊氏，新婦馮氏，長男林知
□，次男知鎸、知海、知義、知愛、知俊、知勝、知朗，孫子林德超、德歡，
同發心弟子王宗貴，女弟子戚氏、新婦梁氏，長男王洪諫、洪朗、洪連、
洪仙，院内小師智添、智詮，簡州清化軍鎸字衙推楊朗，袁氏鎮遏使李
仁悦。上偈昔日古伽藍名爲王董龕，數載無僧俗，積歲少人瞻，縣鎮
興三善率土盡粧嚴，我佛□□□□□□□□。

原載《八瓊室金石補正》卷 81

知　鐸

後蜀廣政時僧人。

報國院西方並大悲龕記

　　夫慈心廣大，宏願殊常，開塵勞煩惱之門，啓解脱菩提之路。恩
憐三界，慈念四生，□使場煦令證果，斯則無量壽尊也。因地之時於
世間，自在王佛所發四十八願，□□有情，願力既宏，遂證佛果，尊居
净土，利濟含靈。無數聲聞，皆來聽法，百億菩薩，咸願傳經。寶鐘擊
而聲貫玉琴，金磬響而韻舍仙籟。天人就席，竟求解脱之源；緣覺趨

莚,□究真詮之理。瞻仰者咸臻異慶,修崇者必遇良緣。宏斯莫大之因,又同鴻休之善,則有簪裾盛族,禮樂名家,傾自贊佐,令嗣超騰,職□莅事,未聞於曠□,輸誠夙於廉明。令望昭然,聲猷著矣。洎休事務瑢,逸林泉,游心於覺苑之中,傾意於福田之內。知身似芭蕉,不永悟身,若蘭槿非堅,歌樂歡而暫時,聲色追而非久。遂命良工也,鐫呈西方,妙相並造滿願,大悲當來希佛國,會中咸使受菩提記。荊院乃迤兮四遠,峭然千尋山,爰岮而交橫,石徑嶻嶭而匝於是。瓊樓寶殿,迷皓月之輝華;硃窗玳窗,奪流霞之彩錯。欄楯綴七重縲絡,階墀鋪百種珠珍,仙女持花似墜苦空之艷,鈞天樂奏唯傳無量之音。花雨零而鶯鵡飛,蓮渚平而鴛鴦浴,金沙玉磧恒聚化生象,閣珝臺戲諸禽鶴,瑞烟罩樹,難分寶綱之紋。麗日融軒,交雜筠簾之影,歷其浩劫,豈幻死生依歸。清净之鄉,永奉白毫之相,雕鐫告畢,粉繪云周。將窮願作之功,是罄披宣之懇,伏願可元,自身康吉,災星不撓於行藏,夫婦咸安諸佛。匡扶於動止,闔宅少長,並保乂寧。内外枝羅,盡期繁盛。既刊金石,俟顯贊揚:

萬法視相,三身本空。有爲皆貫,無願不通。霞明翠岫,烟霽孤松。嚴鋪皓月,鑿引清風。爰有信士,早悟真詮。思崇妙福,乃結良緣。遂鐫變相,保祐壽年。斯設即畢,永鎮金田。

大蜀廣政二十六年歲次癸亥伍月拾伍日丙寅題訖,永爲瞻敬。

奉命書野褐知鐸

女聲前當州長史石湍、市主文寔瑠、長史王延歲;弟子前耆壽鄭可元、女弟子杜氏、女四娘、六娘、□娘子、新婦李氏;簡州清化軍鐫字衙推楊朗、男前崇龕場鎮將魯侯、新婦王氏、次男充本縣勾當衙司魯珍、魯遷、魯榮。

原載《金石苑》卷2

李 昊

後蜀大臣。唐末隨劉知俊入蜀,爲武信軍從事。前蜀後主繼位,授彭州導江令,歷中書舍人、翰林學士。前蜀亡後,在後唐任檢校兵部郎中。後隨孟知祥入蜀爲掌書記。知祥稱帝,擢爲禮部侍郎、翰林學士。後主孟昶時,拜門下侍郎兼户部尚書、同平章事。後蜀亡後,入宋任工部尚書。前蜀降後唐,後蜀降北宋,降表皆李昊所爲,蜀人書其門曰"世修降表李家"。

爲孟知祥答唐明宗奏狀

伏以故東川節度使董璋,與臣爲鄰,從初不睦,常厚誣於表疏,每深間於朝廷,欲竊兵權,來並土宇。及審聖聽不惑,物論難從,臣合此時奮激驍雄,誅殛奸宄。尋屬陛下翠華外駐,黄屋未安,捨亦何傷,克之不武。用是益勞宵旰,因議寢停。雖隱忍以累年,且參商而終日。其後故臣安重晦,特承君寵,恣弄國權。窺劍外之有萌,示寰中之無畏。□料聖君之意,必推亡以固存。其如倖臣之言,恐怒衆而難犯。臣與董璋,愛以暫合,和而不同。雖玉帛之交馳,豈心貌之相類。誠知蘊蓄,且務包容。儻敢飛颺,必當掃殄。其董璋至今年四月二十八日,暴興兵甲,五月一日,驟入漢州。臣其日先差昭武軍節度兵馬留後兼左廂步軍都指揮使趙廷隱,總領三萬人騎,發次新都,臣自統領衙内親軍二萬人騎繼之,俱列營於彌牟鎮北。至三日詰旦,結其大陣,俟剿元凶。其董璋至午時,敢領妖徒,衆來當鋒鋭。臣則親驅戈甲,趙廷隱手奮鼓旗,一擊而魚潰鳥離,四合而豕分蛇斷。斬首一萬餘級,執俘八千餘人,生擒賊中都指揮使元瓌,衙内副都指揮使董光演,及以下指揮使都頭八十餘員,奪下甲馬五百餘匹,收獲衣甲器械十萬餘事。其餘逆漏之徒,尋令搜捉并盡。其董璋只與親男衙内都指揮使董光嗣並從騎二人,罄馬而奔,棄甲而遁。撫隻輪而掩泣,視亂轍以咸哀。烏江之死所不遥,赤壁之慚顔更厚。臣幸以疾雷之勢,破其急電之機。臣便統領大軍,壓背追襲。其董璋至四日巳時,走入東川。至午時,有前陵州刺史王暉,知寇巢之已傾,驗城池之不守,梟斬董璋父子首級,相次迎獻軍門。徑進師徒,收下城壘。平定一方之衆,止於四日之間。莫不遄仗皇威,戡除鄰穢。臣方以自違君命,未達臣誠。捷音雖審其風馳,奏疏未遑於羽插。豈謂皇帝陛下才聆動静,遽軫憂勞。遣降使臣,特頒明詔。諭董璋之奸罪,勉微臣以削平。仍敕軍前,俾施掎角。并得暗合方略,顯應神機。更無唇齒之虞,永荷股肱之寄。

原載《全唐文》卷 891

代後蜀主孟昶降表

臣生自并門，長於蜀土。幸以先臣之基構，得從幼歲以纂承。只知四序之推移，不識三靈之改卜。伏自皇帝陛下大明出震，聖德居尊，聲教被於遐荒，慶澤流於中夏。當凝旒正殿，虧以小事大之儀；及告類圜丘，廣執贄奉琛之禮。蓋蜀地居遐僻，路阻闕庭，已慚先見之明，因有後時之責。今則皇威電赫，聖略風馳。干戈所指而無前，鼙鼓纔臨而自潰。山河郡縣，半入於提封；將卒倉儲，盡歸於圖籍。但念臣中外骨肉二百餘人，高堂有親，七十非遠，弱齡侍奉，只在庭闈，日承訓撫之恩，粗勤孝養之道。實願克終甘旨，保此衰年。其次得子孫之團圓，守血食之祭祀。伏乞皇帝陛下，容之如地，蓋之如天。特軫仁慈，以寬危辱。臣復輒徵故事，上瀆嚴聰。竊念劉禪有"安樂"之封，叔寶有"長城"之號，皆因歸款，盡獲全生。顧眇眛之餘魂，得保家而爲幸。庶使先臣寢廟，不爲樵采之場；老母庭除，尚有問安之所。見今保全府庫，巡遏軍城，不使毀傷，將期臨照。臣昶謹率文武見任官望闕上表歸命。

原載《全唐文》卷 891

上皇太子稱呼疏

按《漢書》：諸侯王上疏稱"陛下"。應劭釋云："陛者，昇堂之陛。王者必有執兵陳於陛階之側，群臣與至尊言，不敢指斥，故呼在陛下者而告之，因卑以達尊之意。"若今呼殿下、閣下、侍者、足下、執事之類是也。臣等以爲凡上箋皇太子，合連殿下呼之；若等候起居，祇合稱"皇太子萬福"；其前導者，亦祇呼"皇太子來"，不宜呼"殿下來"。詳"殿下""陛下"之稱，顯是指陛殿之下他人也。今若言"殿下來"，即是他人來。請百官起居祇稱"皇太子萬福"，前導者呼"皇太子來"。

原載《全唐文》卷 891

創築羊馬城記

粵若蠶叢啓國，魚鳧羽化於湔山；望帝開基，鼈靈復生於岷水。然則疏鑿巫峽，管籥成都，而猶樹木柵於西州，跨土田於南越。其後兼并梁漢，睥睨巴賨，獵騎奔馳，會秦王於哀谷；石牛來去，闢蜀路於劍門。空驚化土之徵，寧獲糞金之利！爰自朔分秦曆，聲接華風，代有雄豪，迭爲侯伯。運當奇特，子陽乘虎踞之機；時遇非常，玄德負龍蟠之勢。若迴張儀之經營版築，役滿九年；楊秀之壯觀崇墉，功加一簣。洎我唐臨御，聖德昭融。武威雷駭於百王，文德日輝於四海。惟茲益部，扼彼卭關。蒙王肆猾夏之心，坦綽苞亂華之志，時或窺吾卧鼓，覘我韜戎。彎弧學射之山，飲馬沈犀之水。玉帛子女，漂流鑿齒之鄉；珠翠綺羅，散失雕題之域。累朝是忘逸樂，深軫殷憂。夢卜良臣，控彈巨屏。南康王以儒術柔服，教習詩書；燕國公以將略威懷，淬磨斧鉞。息波瀾於錦水，創制度於羅城。逾百雉之恒規，補一隅之闕事。有備無患，庇蜀人以金埇；避狄蒙塵，安僖皇之玉輦。雲蠻稽顙，遣使來朝。航滇河以獻琛，越沉黎而納款。當廟社阽危之際，鑾輿出狩之秋，坐鎮南荒，終無北寇，乃燕公之力也。

往以玄穹告變，天禄中微。夷門方轉其斗魁，王氏遂分其鼎足。既而莊宗繼絶，皇祚中興。靈旗西指於巴庸，蜀主東朝於伊、洛。先帝以初復故地，方懷遠人，須仗權謀，迺眷勛戚。於是詔飛丹鳳，召何晏於并門；節立蒼龍，封杜悰於井絡。即我太尉侍中平原公分茅金闕，受瑞彤廷，帳移竹馬之邦，輪輾木牛之路。星馳十乘，霧廓三川。宣皇風於上事之初，慰人望於下車之日。且以城邑自經克復，勢尚搖搖。公來如太華之安，帝寄得磐石之固。益民多福，而遇賢侯。公曠度涵空，英風擴古，襲門胄則重侯累將，保勛榮則帶河礪山，會族而象簡盈床，奕葉而貂冠滿座。其爲盛也，無得名焉！

頃者以龍戰玄黄，虎爭區夏，殺氣晝昏於日月，陣雲宵蔽於星辰。天柱傾欹，海波動蕩。鼓鼙未息，干戈日尋。公是時斡運璇樞，端持瑶鏡。贊神謀於不測，斷大事以無疑。獻替經綸，折衝樽俎。決勝廟堂之上，制敵掌握之間。借箸爲籌，舉無遺算。内則翊戴天子，外則承寧諸侯。言正色莊，有犯無隱。成少康祀夏之德，弼光武興炎之功。再造巨唐，削平新室，曆數允集，神器知歸，皆由公協和元勛，光輔洪業。是知取威定霸，崇文教以興隆；安上治民，修禮容而鎮靜。足以神交旦、奭，士撫平、參，力致大同，宜亨廣運。以之首揚紅旆，式遏錦川。古有遺機，待乎作者。

公鎮臨之始年，中興之四載也，歲在丙戌，春正月十有一日，杖鉞而至。無何期月，逆帥康延孝，自普安竊兵叛亂，矯詔窺覦，犯我鹿頭，營於雒縣，勢將率衆，必寇近郊。公曰：“清野待敵，於民何罪？堅壁而守，謂我無謀。況城雖大而弗嚴，隍已平而可步！”衆情憂汹，公意晏如。飛羽檄以會兵，伐林木而立柵。森然族戟，密爾橫簫。環以深溝，屹如斷岸。五日之內，四面尋周。民一其心，士百其勇。於是精選將領，分部熊羆，電激妖巢，火熏狡窟。一鼓而元凶氣喪，載攻而同惡疲頹。擒鄧艾於轞中，斬龐涓於樹下。長蛇碎首，封豕析骸。獻捷功於王廷，掃逋穢於侯甸。一除芽蘖，大定疆陲。公於是提振紀綱，恢弘典法。六條已正，七德兼修。言出令行，家至日見。

未幾先皇厭世，今上纂圖。聖政惟新，睿思求舊。不改山河之寄，永繫社稷之臣。一年而加珥貂，再歲而昇掌武。將軍幕下，列虎豹之爪牙；丞相府中，排鴻鵠之腹背。猶且爵盈而不飲，肴乾而不食，診療生靈，討論獄訟。固以忠爲令德，孝出因心，力奉國家，勤修職貢。賟賚縈紆於劍棧，包茅旁午於玉京。史不絕書，府無虛月。閱其廷實，標出群芳。推晉文尊獎之誠，紹齊桓糾合之業。天子得以居南面之貴，銷西顧之憂。萬里長城，炭然存矣。

公一旦謂諸將吏曰：“夫華陽舊國，宇內奧區。地稱陸海之珍，民有沃野之利。郛郭則樓臺疊映，珠碧鮮輝；江山則襟帶牽連，物華秀麗。閭閻棋布，廛陌駢羅，不戒嚴陴，是輕武備耳。亂臣賊子，何嘗不窺？南詔西羌，曾聞入寇。將沮豺狼之意，須營羊馬之城。吾已揣之，衆宜葉力。”封章上奏，挨日量工。分界繩基，辨方畫址。百城耆壯，呼之響答以雲來；十萬貔貅，令之風行以霧集。杵聲雷震，版級雲排。王猛鬻奮於城隅，傳說飛鍪於巖下。公間日巡撫，役者忘疲。周給米鹽，均頒牢酒。如般五丁之力，纔逾三旬而成。克就厥功，不愆於素。遠而望也，象衆山之迤邐；俯而瞰也，若峭壁之斗懸。掘大壕以連延,增長隈而固護。鷙鳥搏兮可越,武夫勇兮莫干。摩壘者諒之摧心,守陴者由之示暇。舊城崢嶸而後竦,新城嵽嵲以前蹲。勢而言之,若泰嶽之與梁甫;亞而稱矣,若夫子之與顔面。重門開而洞深,危樓亘而翼展。至若八月之江澄寒碧,七星之橋架晴虹。偉乎津梁,成兹壯麗!

公以羅城雖設,智有所虧,重築大敵,鎮於四角。嶔岑挂兔,嶮巇栖烏。儼樓櫓於沉寥,懸刁斗於天表。其東南也,直分象耳,迥眺蛾眉,雲霞斂吳、楚之天,烟水送黔、夔之棹。其西南也,旁連玉壘,平視金隄。宵瞻火井之光,曉望雪峰之彩。其東北也,樹遥雲頂,氣鬱金堂,雨收而疊嶂屏新,靄薄而重巒晝暗。其西北也,襟袖廣漢,肘腋天彭,魚龍躍萬歲之池,鸞鶴舞陽平之化。其或碧鷄啼曉,金馬嘶風,擁旄戟以登臨,睹山川之形勝,有以見公心同軒鏡,竄斁鬼神,手秉漢鈞,錙銖造化,能於昭代樹此豐功。鄙金甌爲漏卮,小鐵甕爲凡器。其興也已當農隙,其罷也不害蠶時。帝旨咨嗟,王綸獎録。詔書:"敕知祥。省所奏,重修葺當府城池,已取十二月一日興功,事具悉。卿寵分玉節,榮鎮錦城。守富貴以無疆,募功名於不朽,特峻金湯之固,以威蠻貊之邦。況屬年豐,復當農隙,既暫勞而永益,仍預備於不虞。益見廟謀,允符朝寄。省閱陳奏,嘉嘆殊深。"

公猶歸善於君,讓功於下。諸軍馬步軍都指揮使、光禄大夫、檢校太保、守彭州刺史、上柱國李仁罕,左厢馬步軍都指揮使、金紫光禄大夫、檢校司空、守漢州刺史、上柱國趙廷隱,右厢馬步軍都指揮使、金紫光禄大夫、檢校司空、守簡州刺史、上柱國張知業等,家傳義烈,世襲丕勛,托弓而霹靂聲乾,揮劍而魚麗陣破。曹景宗鼻頭火出,薛孤延髭尾烟生。英毅無儔,智謀咸博。左都押衙、金紫光禄大夫、檢校司空、守蜀州刺史、上柱國潘在迎等,或鼎鍾盛族,或書劍名門,佩韝執弭以從戎,憑軾搴帷而至理。至於華皓,不墜忠勞。是能領袖雄藩,表儀會府,而皆躬臨卒列,統攝庶工。無楊干之亂行,絶趙羅之辭役。明興晦息,日就月將。巨績告終,群才叶贊。自天成二年丁亥歲十二月一日起工版築,至三年正月八日畢手,公再飛章上奏。詔曰:"敕知祥:省所奏,修治城壕畢功,事具悉。百堵皆興,四旬而畢。亘羅城而雲蠶，引錦水以環流。外禦蠻夷，中權帷幄。公家之事，相業可觀。備覽奏陳，殊深嘉獎。"于以表綸綍褒楊之寵，知朝廷倚注之恩。

其新城周圍凡四十二里，疏一丈七尺，基闊二丈二尺，其上闊一丈七尺。別築陴四尺，鑿壕一重。其深淺闊狹，隨其地勢。自卸版日，構覆城白露舍四千九百五十七間，內門樓九所，計五十四間。至三月二十五日，停運斧斤。其版築采造軍民，共役三百九十八萬工。其執事餱糧及役罷賞賚，斗支秤給，緡貫囊裝，其數凡費一百二十萬。其諸將大校，出良駒於皁棧，解重帶於腰圍，選其纖柔，釋其好玩，曾無顧愛，一以頒酬。其縣大夫及僚佐已下，或賞之器帛，或給以緡錢，咸有等差，不無均普。公却奢從儉，節事省財。馬如羊而不入私門，金如粟而不藏私橐。悉肆公家之利，盡充王事之資。圖有謂之功，非無度之費也。

公誠欲爲而不載，樸而無文。衆意未然，牆進固請。四民喧闐於衖閭，萬口號沸於階墀。父老曰："公侯政治神明，慈如父母。前年定延孝之亂，今歲防蠻蜑之虞。盡力城隍，務安井邑。遂使我等保家庇族，養老寧冲。如是者，功德在民，憂勤報國，安可不叙述休、烈，雕篆貞珉？豈不美歟，何容辭也！"公謂諸賓佐曰："抑聞乘人之約，義士猶或不爲；貪天之功，智者宜然不取。所修邊備，式耀國威，將欲罄臣節於一時，彰帝猷於萬古。殊非己力，難遏人情。誰當游、夏之才？請紀見聞之事。"昊相門牢落，堂構蕭條。翁歸文武之材，明時待問；荀息忠貞之志，暗室不欺。寐酣而白鳳昂藏，染翰而墨龍夭矯。嗟乎！鄧禹秉鈞之歲，雖慶承家；陸機赴洛之年，不堪觀國。空餘壯節，退卜良知。驅車幸返於故園，提筆謬登於華館。金臺玉帳，敢差俊彥之肩；綠水紅蓮，獲繼鴛鸞之踵。酷慚薄伎，莫贊雄猷，杜征南以矜大平吳，沉碑漢水；竇車騎以章明出塞，勒碣燕山，猶能炳著簡書，發揮功業。寧偕巨制，永固坤維。尚乏黃絹之辭，孰拂白珪之玷？受恩稟命，紀事表年。巍巍乎不騫不崩，何患於爲陵爲谷！

原載《成都文類》卷24

歐陽炯

後蜀官員。歷官武德軍判官、翰林學士、中書舍人。善文章，尤工詩辭，其詩文見重於當時。

蜀八卦殿壁畫奇異記

夫龍圖鳳紀，初宣上古之文；帝室皇居，必蘊非常之寶。是以書美鍾張之翰，畫稱顧陸之踪，代有其人，朝無乏事。今上睿文英武聖明孝皇帝御極之一十九載，九功惟叙，七政斯齊，化溢昇平，俗登仁壽，天惟行健。動則總覽萬機，道法自然；静則無遺一物，將欲權衡三代，拱揖百王，宸襟所適，諒超化表。嘗於大殿西門，創一小殿，藻井之上，輪排八卦，故以爲號焉。其御座几案圖書之外，非有異於常者，固不關於聖慮。其年秋七月，上命内供奉檢校少府少監黄筌，謂曰：“爾小筆精妙，可圖畫四時花木蟲鳥、錦鷄鷺鷥、牡丹躑躅之類，周於四壁，庶將觀矚焉。”筌自秋及冬，其工告畢。間者，淮南獻鶴數隻，尋令貌於殿之間。上曰：“汝畫逼真，其精彩則又過之。”筌以下臣末技，降階曲謝而已。至十二月三日，上御斯殿，有五坊節級羅師進呈雄武軍先進者白鷹。其鷹見壁上所畫野雉，連連掣臂，不住再三，誤認爲生類焉。上嗟嘆良久，曰：“昔聞其事，今見其人。”遽令所進呈者引退，無至搦損兹壁。因目筌爲當代奇筆，仍令宣付翰林學士歐陽炯紀述奇異。微臣拜手，因得叙其事焉。

伊昔大舜垂衣，作繪乃彰於象物；宗周鑄鼎，觀形可禦於神奸。漢號雲臺，唐稱烟閣，圖畫之要，史策攸傳，公私雖見於數家，今古皆言於六法。六法之内，惟形似氣運，二者爲先。有氣運而無形似，則質勝於文；有形似而無氣運，則華而不實。筌之所作，可謂兼之。不然者，安得粉壁之中，奮霜毛而欲起；彩毫之下，混朱頂以相親。而又觀彼白鷹，昐乎錦雉，儼丹青而可測，狀若偎叢；掣絛縱以難停，勢將掠地。遂契重瞳之鑒，假以好生；俄回三面之仁，真疑害物。舉斯二類，兼彼群花，四時之景堪觀，千載之名可尚。稽諸往牒，少有通神。

圖海獻以騰波,秦朝賈譽;畫池龍而致雨,唐室垂名。至於誤點成蠅,
徒成小巧;不成似犬,安可勝言。況茲殿也,迴架昭回,高臨爽塏。瑤
池水滿,浮鏡裏之樓臺;玉樹風輕,鑲壺中之日月。聖上以動咏墳典,
親講政刑,崇制禮作樂之名,極侍問安親之孝,允文允武,無怠無荒,
故士有一技一藝,皆昇陟褒賞,如筌者焉。激東海之波濤,難方聖澤;
拱北辰之光耀,永固皇基。誠非末士之常談,可紀至尊之所御。臣職
叨翰苑,譽乏儒林,因廣聖模,聊同畫品。恭承宣命,實愧菲辭。時廣
政十六歲,歲次癸丑,十二月記。

原載《益州名畫録》卷上

花間集序

　　鏤玉雕瓊,擬化工而迴巧。裁花剪葉,奪春艷以爭鮮。是以唱雲
謡則金母詞清,挹霞醴則穆王心醉。名高白雪,聲聲而自合鸞歌。響
遏行雲,字字而偏諧鳳律。楊柳大堤之句,樂府相傳。芙蓉曲渚之
篇,豪家自製。莫不爭高門下,三千玳瑁之簪。競富樽前,數十珊瑚
之樹。則有綺筵公子,綉幌佳人,遞葉葉之花箋,文抽麗錦。舉纖纖
之玉指,拍按香檀。不無清絶之辭,用助嬌嬈之態。自南朝之宮體,
扇北里之倡風,何止言之不文,所謂秀而不實。有唐已降,率土之濱,
家家之香徑春風,寧尋越艷。處處之紅樓夜月,自鎖嫦娥。在明皇
朝則有李太白應制《清平樂》詞四首,近代温飛卿復有《金荃集》邐
來作者,無愧前人。今衛尉少卿趙崇祚,以拾翠洲邊,自得羽毛之
異。纖綃泉底,獨殊機杼之功。廣會衆賓,時延佳論。因集近來詩
客曲子詞五百首,分爲十卷,以炯粗預知音,辱請命題,仍爲序引。
乃命曰《花間集》將使西園英哲,用資羽蓋之歡。南國嬋娟,休唱蓮
舟之引。

原載《花間集校注》

幸寅遜

　　後蜀官員。初仕孟昶爲茂州録事參軍,遷新都令,拜司門郎中、

知制誥、中書舍人。拜翰林學士，加工部侍郎，判吏部三銓事，領簡州刺史。蜀亡後，入宋任右庶子，後出爲鎮國軍行軍司馬。

諫孟昶書

寅遜，成都人。孟蜀明德二年，昶好擊毬，左右不敢諫。寅遜爲茂州録事參軍，上書。昶雖不從，亦優容之。未幾，馬蹶，太后曰：“奈何以馳騁爲樂，貽吾之憂。”由是稍止。

臣聞諸召公曰：“玩人喪德，玩物喪志。不作無益害有益，功乃成；不貴異物賤用物，民乃足。”又曰：“不寶遠物，則遠人格；所寶惟賢，則邇人安。”夫心猶火也，縱則自焚，故文王命周公、召公、太公、畢公輔相太子發。太子嗜鮑魚，太公不進。曰：“鮑魚不登於俎豆，豈可以非禮養太子哉？”由此觀之，飲食必遵禮，况起居玩好乎！

高祖皇帝節衣儉食，惠養黎元，化家爲國，傳之陛下。陛下宜親賢俊，去壬佞，視前代書傳，究歷世興廢，選端良之士置於左右，訪時政得失，天下利病，奈何博戲擊鞠，妨怠政事，奔車躍馬，輕宗廟社稷？昔陶侃藩臣，猶投樗蒲於江，况萬乘之主乎！前蜀王氏，覆車不遠矣！

臣又聞食君之禄，懷君之憂。臣雖爲外官，每聞陛下賞一功、誅一罪，未嘗不振衣踊躍，以爲再睹有唐貞觀之風也。今復聞陛下或采戲打毬，雖宮禁無事，止於釋悶，亦可一兩月時爲之。臣慮積習生常，不唯勞倦聖體，復且妨於庶務，諸司中覆因之淹滯；其次奔蹄失馭，奄有驚蹶。陛下雖自輕，奈宗廟社稷何！

原載《成都文類》卷 19

韋 縠

後蜀官員。累遷監察御史。有《才調集》10 卷，流傳於世。

才調集序

余少博群言，常所得志，雖秋螢之照不遠，而雕蟲之見自佳。古人云，自聽之謂聰，内視之謂明也。又安可受誚於愚鹵，取譏於書厨者哉。暇日因閱李、杜集,元、白詩,其間天海混茫,風流挺特,遂采摭奧妙,并諸賢達章句。不可備錄,各有編次。或閒窗展卷,或月榭行吟,韻高而桂魄爭光,詞麗而春色鬥美。但貴自樂所好,豈敢垂諸後昆。今纂諸家歌詩,共一千首,每一百首成卷,分之爲十目,曰《才調集》。庶幾來者,不謂多言,他代有人,無嗤薄鑒云爾。

原載《才調集・序》

闕　名

楊潯求買地券

　　維明德四年歲次丁酉七月辛亥朔二十二日壬申,故銀青光禄大夫、檢校工部尚書、左千牛衛將軍員正、兼御史大夫、上柱國楊潯求,生居城邑,死安宅兆。龜筮叶從,相地襲吉,宜於華陽縣昇遷鄉[常]平里之原安厝。宅地謹用伍彩、銅錢買得,其地東至青龍,西至白虎,南至朱雀,北至玄武。内方勾陳,分掌四域。[丘承]墓陌,封[步]界畔。道路將軍,整肅齊阡陌。千秋萬歲,永無殃咎。訶禁[之者,將軍亭長,收付]河伯。今以牲牢□□,百味香馨,共爲信契。財地交付,工匠修營。安厝之後,永保貞吉。知見人:歲月主者;保人:今日直符。故氣邪精,不得忓吝。先有居者,永避萬里。若違此約,地府主吏,自當其禍。主人内外,存亡安吉。急急如五帝女律令。

原載《五代石刻校注》

蜀龍興寺塔記

　　故記在此。道衆□□掃塔訖,設齋□二□。龍興寺主尼守信。廣政四年正月十九日。

原載《金石苑》卷 2

張虔釗買地券

　　維廣政十一年,歲次戊申,九月丙午朔,十五日庚申,故匡國奉聖叶力功臣、北□行營招討安撫等使、左匡聖馬步都指揮使、山南節度興鳳等州管内觀風營田處置等使、興元武定管界沿邊諸寨屯駐都指揮使、開府儀同三司、檢校太師、兼中書令、清河郡開國公、食邑四千户、食實封三百户、行興元尹張府君家。生居城邑，死安宅地。卜筮叶從，相地襲吉，宜於此華陽縣普安鄉白土里之原安厝。謹用信錢買地，其地東至青龍，西至白虎，南至朱雀，北至玄武。中方勾陳，分掌四域。丘承墓陌，封步界畔，道路將軍，整齊阡陌。千秋萬歲，永無殃咎。若輒忓犯詞禁者，將軍停長，收付河伯。今以牲牢酒食，百味香宰，共爲信契。財地交付，工匠修塋。安厝已後，永保貞吉。知見人歲月主者，保人今日直符。故氣邪精，不得忓吝。先有居者，永避萬里。若違此約，地府主吏，自當其禍。主人内外，存亡安吉，急急如五帝使者律令。

原載《四川出土買地券的初步研究》

袁氏解伏連

太上司□河伯水府門下係大蜀國西川成都府成都縣石鏡坊、左控鶴□□指揮、弟一都軍將楊景瑭妻袁氏，行年卅九歲，二月廿二日生。先去廣政十年五月内，忽患心氣痛，至今未校。今卜決，是伏連纏繞。女鬼高氏，行年卅二歲，十一月生，去廣政二年七月十三日身亡。女鬼吳氏，行年卅六歲，小名姿婢，先去廣政九年十月廿四日身亡。女鬼高氏，行年卅歲，名姿女，先去廣政元年身亡。□□干□，今行符、設醮、書名，送水府收録驅使者。廣政十三年五月廿九日，符到奉行。（上刻道符）符除高氏、吳氏、高氏，速須早去千里，急急如律令。

原載《五代石刻校注》

徐鐸買地券

維廣政十五年歲次壬子四月丙戌朔日。府君地券，生居城邑，死安宅兆。龜筮叶從，相地襲吉，宜於華陽縣鄉里之原安厝。謹用伍彩信錢，買得其地。東至青龍，西至白虎，南至朱雀，北至玄武。内方勾陳，分掌四域。丘承墓陌，封步界畔。道路將軍，整齊千陌。千秋萬歲,永無殃咎。若輒有忓犯呵禁之者,將軍停長,收付河伯。今以牲牢酒食,百味香新,共爲信契。財地交付,工匠修營。安厝已後,永保貞吉。知見人歲月主者,保人今日直符。故氣邪精,不得忓吝。先有居者,永避萬里。若違此約,地府主吏,自當其禍。主人内外,存亡安吉。急急如五帝使者女清律令。

原載《五代石刻校注》

王氏成都百花潭建經幢記

廣政十六年正月□日,女弟子王氏造。水□□□□伏願冤家解失,罪障消滅。

原載《全唐文補遺》第 7 輯

劉恭造象記

敬鎸造藥師琉璃光佛、八菩薩、十二神王、一部衆,并七佛阿彌陁佛尊勝幢壹所,兼地藏菩薩三身,都共壹龕。右弟子右厢都押衙、知衙務劉恭、姨母任氏、男女大娘子、男仁壽、仁福、仁禄等,并發心鎸造前件功德,今并周圓。伏願身田清爽,壽算遐昌,眷屬康安,高封禄位,先靈祖遠,同沾殊善。以廣政十七年太歲甲寅二月丙午朔十一日丙辰,設齋贊訖,永爲瞻敬。

原載《大足石刻銘文録》

蜀劉恭造象記

壽算遐昌,眷屬康安,高封禄位,先靈祖遠,同沾殊善。以廣政十七年太歲甲寅二月丙午朔十一日丙辰,設齋表贊訖,永爲弘敬。右弟子右厢都押衙、知衙務劉恭、姨母任氏、男女大娘子、二娘子、男仁壽、仁福、仁禄,并發心鎸造前件功德,今并周圓。伏願身田清爽,敬鎸造藥師琉璃光佛、八菩薩、十二神王、一部衆,並七佛、三世佛、阿彌陁佛、尊勝幢壹所,兼地藏菩薩三身,都共壹龕。

原載《金石苑》卷 2

王承秀造象記

弟子通引首行首王承秀、室家女弟子張救脫部衆並十方佛、阿彌陁佛尊勝幢、地藏菩薩四身共一龕,■氏發心誦念《藥師經》二卷,并捨錢粧此龕,劭氏同發心造上件□□,今已就。伏冀福壽長遠,灾障不侵,眷■私清吉。以廣政十八年二月廿四日修齋表■德意希保家門之昌盛,保夫婦以康和。男□□□□婦□□子李氏、周氏、叁娘子、四娘子■娘子。女□、子承□、子五香、一香、二香。

原載《金石苑》卷 2

譙氏買地券

大蜀國邛州安仁縣廣德鄉和衆里奉道女弟子安定郡譙氏,謹用閏九月廿五日,於此和衆里置立吉宅之原。謹用五彩、五菓、酒脯、金銀信錢,對天地衆神買得此田,一團封一十日。東至青龍,西至白虎,南至朱雀,北至玄武,内方鉤陳。則當□□。謹將青石一枚,替代生人之,永鎮壽堂之宅。今適逢良友勸課修因,置立壽堂吉宅,後彫保千春,永無灾難。故氣邪精,萬福來襲。養鬼長鬼,保壽千春。仙洞靈宮,保存吉壽,永無灾禍。置立吉宅之後。青龍守左,白虎守右,朱雀居前,玄武守後。譙氏今日設延意者,覺凡夫之脆境無保,壽而有終。丘墳上聖,猶然吉慶,永壽遐年。急急如律令。

原載《五代石刻校注》

宋琳買地券

維廣政十八年太歲乙卯十二月乙亥朔二十日甲申,大蜀國眉州彭山縣樂陽鄉北通零里歿故宋琳地券。然琳生居郡邑,死安宅兆。昨去十月二十三日傾背。今歸協從,相地襲吉。宜於上代塋内庚地置造莊宅,東至青龍,西至白虎,南至朱雀,北至玄武,上至青天,下至黄泉。内方勾陳,分掌四域。丘承墓陌,封步界畔。道路將軍,整齊阡陌。阡秋萬歲,永無殃咎。若輒有忓犯訶禁者,將軍亭長,收付河伯。今用酒脯錢財,共爲信契。財地交度,工匠修塋,永保求吉。知見人歲月主者,保人今日直符。故氣邪精,不得忓咨。先有居者,各去萬里。如爲此約者，地府主吏，自當期禍。主人内外，存亡安吉。一如五帝使者女青召書契券，急急如律令。

原載《五代石刻校注》

佚名買地券

唯廣政二十年歲次丁巳四月戊午朔七日甲子，□□孔目官、□府君地券。生居城邑，死安宅兆。龜筮叶從，相地襲吉。宜■鄉勸同里之原安厝。其地■東至青龍，西至白虎，南至朱雀，北至玄武。内方勾陳，分掌四域。丘承墓伯，封步界畔。道路將軍，整齊阡陌。千秋萬歲，永無殃咎。訶禁之者，將軍亭長，收付河伯。今以牲牢酒餔，百味香新，共爲信契。財地交付，工匠修營。安厝已後，永保貞吉。故氣邪精，不得忓吝。先有居者，永避萬里。若違此約，地府主吏，自當其禍。主人内外，存亡安吉。急急如五帝女青律令。

原載《五代石刻校注》

陳氏買地券

維廣政二十二年歲次己未四月丙子朔十日乙酉，故陳氏地券。生居城邑，死安宅兆。卜筮叶從，相地襲吉。宜於成都縣善政鄉肅清里之原安厝。其地謹用銅錢買得，東至青龍，西至白虎，南至朱雀，北至玄武。四方拘陳，分掌四域。丘承墓陌，封步界畔。道路將軍，整齊阡陌。千秋萬歲，永無咎殃。今以牲牢酒食，百味香新，共爲信契。若有先來居者，永避萬里。若違此約，地府主吏，自當其禍。主人内外，存亡安吉。急急如律令。

原載《五代石刻校注》

[大蜀]利州都督府皇澤寺唐則天皇后武氏新廟記

若夫維睿作聖，乘時奄有於帝圖；不測謂神，終古是存於廟食。敬■能終復子而明辟，即唐天后武氏其人也。事具實録，此不備書。貞觀時，父士護爲都督於是[州，乃生]后焉。寺内之廟，不知所創之因。古老莫傳，圖經罕記。若乃地分綿谷，■□蒙之靈宫。管境所依,禱祈必驗。洎我蜀之開霸,以爲國之大事,在祀與戎。咸秩無文,謂祭有益。凡關祠府帥檢校太傅、隴西李公,命世挺生,與時爲瑞。攀龍■先帝以經綸。服冕乘軒,預内臣之班列。聖上嗣位之始,恩禮有加。自弓箭庫使,授昭武軍兵馬都監,善撫戎■民政。由是特降宣命,委公知軍府事,又充北路計度轉運使,績效具彰。再歲,■朝廷以邊境方謀足食,宜切峙糧。苟千里之饋或虧,則三軍之衆安■之職。公奉詔而行,驅車以至。不日而漕運相續,□時■營心智計。采於林木,堰此江波。俾成利涉之功,罔違程限。可謂出奇之■公昭武軍節度、利巴集文等州觀風處置等使,管界沿邊諸寨屯駐都[指揮使],■賞,時議榮之。是冬,屬敵境動搖,邊城備擬。凡當隘路,悉布奇兵。又授■以防邊,是隆倚注之恩,雅屬安危之寄。聽於輿論,允謂兼才。加■旄鉞。其間以水旱灾沴之事,爲軍民祈禱於天后之廟者,無不響應。未釄玄覛,何安素心?且舊廟地勢攲斜,■鴻庬纔興,棟宇俄就。創造殿四間,對廊四間,並兩廊,及別塑神像,圖□□□□□□俎邊饎薦,簫鼓畢陳。以爲遺民,永祈景福。有以見公之施爲也。重以兩朝佐命,三紀勤王。疊縮郡符,榮開將幕。事君■永豐庫使、充兵馬都監樂安孫公,才推幹濟,業著韜鈐。自内班■節度判官汾陽郭公、觀風判官兼供軍判官吳興沈公,■參罇俎,佐碧幢而外控山河。籌畫並優,聲塵衆仰,而乃共遵■非健筆。翠琘可立,慚無幼婦之辭。粉署濫居,空愧望郎之秩。蓋承指諭,難避讒咍。

　　廣政二十二年歲在己未九月六日記。懷□□□□路都招討副使、昭武軍節度利巴集文等州管内觀風營田處置等使、管界沿邊諸寨屯駐都指揮使、北路計度轉運使□□□。

背面

　　所創起立則天聖后新殿,並買置常住莊田,集用家具一物已上等具列如後:

　　一今特使錢壹佰伍貫伍佰伍拾文省除,並別支絹貳匹,絶價於則天坦白沙里百姓高師全、俠景重■斗叁勝,稅米肆斗肆升,小豆肆斗,禾草肆束肆斤,桑■目稅色並集用家具一物已上,並已備録帖過,本寺管■山壩壹段,計叁拾貳畝。東接水溪爲界,南接石蕩溪爲界,西

至雍公壠後面亞溪爲界,北至■。坝田三契合爲一段,計叁拾畞。南
畔與賈進夔地連界,從東畔河岸一直量至西畔任洪集廣行周地連接
爲界,計六十八丈;北畔■;西畔何黃地界,一直量至河岸爲界,計七
十五丈。

一契使錢柒拾伍貫文省除,並別支錢伍貫文省除,於白沙里百姓
高師全處,絶價買得山田叁■。

一契使錢壹拾伍貫伍佰伍拾文省除,於白沙里百姓俠景重處,絶
價買得坝田壹段,計伍■。

一契使錢壹拾貫文省除,於白沙里婦人阿黃處,絶價買得坦田壹
段,計肆畞半,並別支■。

一集使家具等。紅羅帳壹軀,都計壹拾貳匹,共叁拾貳幅。渡金
熟銅香爐壹底一蓋貳件,準簾叁扇,並簾鈎陸隻,紅綃全蠟燭臺壹對,
黑漆立櫃壹,朱漆書案壹張,朱漆硯臺壹,小油畫罍子壹拾伍隻,並花
金漆卓子肆隻,五水大鍋兩口,爐鏊壹副,上牢朱漆揲子壹佰片。

右件所創起立則天聖后殿舍肆間,對廊四間,挾廊兩間,計壹拾
間,並門外第一重門屋壹間,挾舍兩間,□□■。則天聖后常住所有
莊內户人等,除供納兩税外,請州、縣、鄉、社放免雜色差徭,並住持僧
□□■。

廣政二十二年九月六日。昭武軍節度使、管界沿邊諸寨屯駐都
指揮使、北路供軍糧料使、檢校太傅李□奉□□。

原載《全唐文補遺》第一輯

王彥昭造尊勝幢記

敬造尊勝幢壹座。

右佩法弟子王彥昭,先發願爲上祖先靈、所生父母、亡過眷屬等
就此壁隱鐫上件幢。伏願承此功德,超昇净邦。生前債主冤家,冥途
願無讎訟;餘覬合家長幼,咸乞康寧。此世不值冤嫌,來生願同佛會。
時廣政二十四年,歲次辛酉八月壬辰朔十五日丙午鐫畢。前攝龍州
兼普州軍事衙推、五音地理王彥昭造。

原載《五代石刻校注》

佚名買地券

維廣政二十四年歲次辛酉■朔二十七日□酉,■左■上柱國、右任■揮第二■宅兆。卜筮叶從,相地襲吉。■之原安厝。其地■得。東至青龍,西至白虎,南至朱雀,北至玄武。内方鈎陳,分掌四域。丘丞墓伯,道路將軍。整齊阡陌,千秋萬歲,永無殃咎。訶禁之者,將軍停長,收付河伯。今以牲牢□□,百味香新,共爲信契。財地交付,工匠修塋。安厝已後,永保貞吉。先有居者,永避萬里。若違此約,地府主吏,自當其禍。主人内外,存亡安吉。急急如五帝使者律令。

原載《五代石刻校注》

李才買地券

維廣政二十五年歲在庚申,十二月乙酉朔十八日壬寅,今有邛州蒲江縣美充鄉善通里殁故亡人李才之靈。今用銅錢萬萬九千九佰九十九文,就於黄天父、伯土母、十二神邊買得前件墓田,周流壹傾。東至青龍,西至白虎,南至朱雀,北至玄武。上至蒼天,下至黄泉,四至分明。即日錢財分付天地神名了。保人:張堅固、李定度;知見:東王父、西王母。書契人:石功曹;讀契人:金主簿;書契人:鳥飛上天;讀契人:魚入黄泉。急急如律令。

原載《蒲江發現後蜀李才和北宋魏訓買地券》

張匡翊等題名

蜀廣政癸亥歲二月十日,雲安権鹽使、守右驍衛大將軍、前守眉州刺史、駙馬都尉張匡翊與賓僚同屆此。

原載《五代石刻校注》

蜀報國院西方並大悲龕記

夫慈心廣大,宏願殊常,開塵勞煩惱之門,啓解脱菩提之路。恩憐三界,慈念四生,□使登場,煦令證果,斯則無量壽尊也。因地之時,於世間自在王佛所發四十八願。□□有情,願力既宏,遂證佛果,

尊居净土,利濟含靈,無數聲聞,皆來聽法;百億菩薩,咸願傳經。寶
鍾擊而聲貫玉琴,金磬響而韻含仙籟。天人就席,竟求解脱之源;緣
覺趨筵,欲究真詮之理。瞻仰者咸臻異慶,修崇者必邁良緣,宏斯莫
大之因,又同鴻休之善。則有簪裾盛族,禮樂名家,傾自贊佐令衙,超
騰職□,茲事未聞於曠犯,輸誠夙播於廉明,令望昭然,聲猷著矣。洎
休事務,散逸林泉,游心於覺菀之中,傾意於福田之内,知身似芭蕉不
永,悟體若蘭槿非堅,歌樂歡而暫時,聲色追而非久。遂命良工也,鐫
呈西方妙相,並造滿願大悲,當來希佛國會中,咸使受菩提記。荊院
乃逖兮四遠,峭然千尋,山突屼而交横,石徑才巉而匝匝。於是瓊樓
寶殿,迷皓月之輝華,硃牖玳窗,奪流霞之彩錯。欄楯綴七重纓絡,階
墀鋪百種珠珍。仙女持花,似墜苦空之艷;鈞天樂奏,唯傳無量之音。
花雨零而鶯鵡飛,蓮渚平而鴛鴦浴。金沙玉磧,恒聚化生;象閣琱臺,
戲諸禽鶴。瑞烟罩樹,難分寶綱之紋;麗日融軒,交雜筠簾之影。歷
其浩劫,豈幻死生,依歸清净之鄉,永奉白毫之相。雕鐫告畢,粉繪云
周,將窮願作之功,是罄披宣之懇。伏願可元自身康吉,灾星不撓於
行藏;夫婦咸安,諸佛匡扶於動止,闔宅少長,並保乂寧,内外枝羅,盡
期繁盛。既刊金石,俟顯贊楊。

　　萬法視相,三身本空。有爲皆貫,無願不通。霞明翠岫,烟霄孤
松。岩鋪皓月,壑引清風。爰有信士,早悟真詮。思崇妙福,乃結良
緣。遂鐫變相,保祐壽年。斯設既睾,永鎮金田。

　　大蜀廣政二十六年歲次癸亥五月十五日丙寅題訖,永爲瞻敬,奉
命書野褐知鐸。

原載《唐文拾遺》卷 61

徐延買地券

　　維大蜀廣政二十七年六月■日丙申,陵州籍縣漢陽鄉思忍里殁
故亡人徐公■十■醜■九日亡。家人用錢萬萬千千貫,於黃土將買
得■[東接]青龍,西接白虎,南接朱雀,北接玄武,上至倉天,下至黃
泉,用作■鬼,不得侵□。亡人徐延,保人張堅固、李定度。天上功
曹,地下■於地下鬼母,共同證知。書券人,東海童子。書券了,自還

東海。急■

原載《五代石刻校注》

雙流縣丕樂莊孟蜀内侍殘墓碑(丕樂莊半截碑)

廣政□□□□辛丑,給内侍□□□□□□□□□□葬於丕樂莊上原□□□□□□□□□□孤松却老□延年□□□□□□□□詩卷不泯娛□晨夕。■

原載《雙流縣志》卷 1

王啓仲造阿彌陀佛龕記

敬造阿彌陁佛,兼觀■右孤子王啓仲,奉爲■願亡者神生净土,■。

原載《五代石刻校注》

尼正儀成都百花潭建佛頂尊勝陀羅尼咒碑記

尼正儀爲一切濕居衆生造,願承此功德,往生净土。

原載《全唐文補遺》第 7 輯